国家示范性高职院校建设项目成果

汽车运用技术专业工学结合系列教材

汽车结构与拆装

QICHE JIEGOU YU CHAIZHUANG

主　编◎陈忠吉　田兴勇

副主编◎王文杰　戴　颂　侯　涛　马智敏

主　审◎蒲永峰

云南出版集团

云南人民出版社

图书在版编目（CIP）数据

汽车结构与拆装 / 陈忠吉，田兴勇主编. —昆明：
云南人民出版社，2019.6
汽车运用技术专业工学结合系列教材
ISBN 978-7-222-16336-2

Ⅰ. ①汽… Ⅱ. ①陈… ②田… Ⅲ. ①汽车-结构-
教材②汽车-装配-教材 Ⅳ. ①U463②U472

中国版本图书馆 CIP 数据核字（2018）第 147178 号

出 品 人：赵石定
组稿统筹：冯　琰
责任编辑：李　洁
　　　　　解彩群
责任校对：苏敬华
装帧设计：李　洁
责任印制：马文杰

汽车结构与拆装
主　编　陈忠吉　田兴勇
副主编　王文杰　戴　颂　侯　涛　马智敏
主　审　蒲永峰

出　版　云南出版集团　云南人民出版社
发　行　云南人民出版社
社　址　昆明市环城西路 609 号
邮　编　650034
网　址　www.ynpph.com.cn
E-mail　ynrms@sina.com
开　本　787mm×1092mm　1/16
印　张　31.25
字　数　780 千
版　次　2019 年 6 月第 1 版第 1 次印刷
印　刷　昆明理煜印务有限公司
书　号　ISBN 978-7-222-16336-2
定　价　65.00 元

云南人民出版社微信公众号

如需购买图书、反馈意见，请与我社联系
总编室：0871-64109126　发行部：0871-64108507　审校部：0871-64164626　印制部：0871-64191534

前　　言

为贯彻《国务院关于大力推进职业教育改革与发展的决定》以及教育部等六部门《关于实施职业院校制造业和现代服务业技能型紧缺人才培养培训工程的通知》精神，为职业教育教学和培训提供更加丰富、多样和实用的教材，更好地满足职业教育改革与发展的需要，我们紧密结合目前汽车维修行业实际需求编写了《汽车结构与拆装》。

本教材的最大特点是各部分内容均来自原版汽车维修资料，这使得本书有较强的实用性，特别适合汽车维修专业技术人员阅读与参考。同时内容方面特别贴近实际，文字通俗易懂，注重理论与实践的紧密结合，并紧跟时代潮流阐述汽车的新技术、新结构。本教材适合于职业教育高职、中职汽车类相关专业学生，也可作为相关技术人员的技术参考资料。

本教材由云南交通职业技术学院陈忠吉和云南机电职业技术学院田兴勇担任主编，王文杰、戴颂、侯涛、马智敏担任副主编，广州轻工业职业技术学院蒲永峰担任主审，参与本教材编写的教师还有杨楠、叶升强、吕庆志、张力丹、何慰宁、刘洪军、王加丽和陈丽松。

本教材编写过程中得到了同行的支持和帮助，在此表示衷心感谢！教材编写过程中参考了大量国内外技术文献资料，在此，谨向所有文献资料的作者表示衷心感谢！由于编写时间仓促，加之编者水平有限，书中难免会有疏漏和错误，恳请读者不吝赐教，以便再版时修正。

目　　录

单元1　汽车总体认识

学习任务1.1　车辆铭牌识别

☞学习情境

客户桑塔纳轿车5000公里维护后，发现汽车停车地点有漏油痕迹，检查发动机油尺，发动机润滑油油位偏低，经维修店检查发现是汽车发动机油底壳放油螺钉处漏油，进一步检查发现为油底壳放油螺钉螺纹损伤导致不能拧紧所致，而螺纹损伤的原因是轿车保养更换润滑油时，在拧紧放油螺钉时维修工使用工具不当和用力过猛，这个故障虽然问题不大，但维修较为麻烦。因此，正确地使用维修工具是对维修人员最基本的要求。

☞学习目标

通过本任务的学习，应能：

1. 通过与客户交流、查阅相关维修技术资料等方式获取车辆信息。
2. 通过查阅资料和观摩，掌握汽车常用拆装工具和设备的种类和用途。
3. 熟练使用各种拆装工具和设备。
4. 能根据环保要求，妥善处理辅料、废弃液体和损坏零部件。
5. 在车上找到车辆识别代码的位置，并描述其功用和基本原理。

☞学习信息资源

我国GB/T 3730.1—2001《汽车和挂车类型的术语和定义》中对汽车的定义是：由动力驱动，具有四个或四个以上车轮的非轨道承载的车辆。按照汽车的上述定义，我国二轮摩托车和三轮机动车都不属于汽车的范畴，不带动力装置的全挂车和半挂车不算汽车，但当它们与牵引车组合成汽车列车后属于汽车。

☞学习场所和设备

1. 汽车整车实训室。
2. 桑塔纳车辆及举升机。

☞学习任务

1. 会正确叙述汽车的类型。
2. 掌握汽车动力装置形式。
3. 能说出世界名车的型号。
4. 认识汽车总体结构。

1.1.1 汽车总体结构

汽车由发动机、底盘、车身、电气设备四大部分组成。

1. 发动机。

发动机是汽车的动力装置。作用是将热能转化成机械能。

2. 底盘。

底盘是汽车构成的基础。由传动系统、行驶系统、转向系统及制动系统组成。

3. 车身。

车身既是驾驶员工作的场所，又是容纳乘客和货物的场所。

4. 电气设备。

电气设备是汽车上的电源及用电设备。由电源系统、起动系统、点火系统、灯光信号仪表报警系统及辅助电气设备组成。

1.1.2 汽车分类

按 GB/T 3730.1—2001 把汽车分为乘用车和商用车两种。

1. 乘用车。

乘用车（passenger vehicle）指在其设计和技术特性上主要用于载运乘客及其随身行李或临时物品的汽车，包括驾驶员座位在内最多不超过 9 个座位。它也可以牵引一辆挂车。乘用车具体划分为普通乘用车、活顶乘用车、高级乘用车、小型乘用车、敞篷车、舱背乘用车、旅行车、多用途乘用车、短头乘用车、越野乘用车、专用乘用车共 11 种。

（1）普通乘用车（saloon，sedan）。封闭式车身，固定式车顶（顶盖），有的顶盖一部分可开启。有 4 个或 4 个以上座位，至少 2 排，后座椅可折叠或移动以形成装载空间；2 个或 4 个侧门，可有 1 个后开启门。如图 1－1 所示。

图1－1　普通乘用车

（2）活顶乘用车（convertible saloon）。具有固定侧围框架可开启式车身，车顶为硬顶或软顶。车顶至少有两个位置：封闭和开启或拆除。可开启式车身可以通过使用一个或数个硬顶部件和合拢软顶将开启的车身关闭。有4个或4个以上座位，至少2排；2个或4个侧门；4个或4个以上侧窗。如图1－2所示。

图1－2　活顶乘用车

（3）高级乘用车（pullman saloon）。封闭式车身，前后座之间可以设有隔板，固定式硬车顶，有的顶盖一部分可开启。有4个或4个以上座位，至少2排，后排座椅前可安装折叠式座椅；4个或6个侧门，也可有1个后开启门；6个或6个以上侧窗。如图1－3所示。

图 1－3　高级乘用车

（4）小型乘用车（coupe）。封闭式车身，通常后部空间较小。固定式硬车顶，有的顶盖一部分可开启。有 2 个或 2 个以上座位，至少 1 排；2 个侧门，也可有 1 个后开启门；2 个或 2 个以上侧窗。如图 1－4 所示。

图 1－4　小型乘用车

图 1－5　敞篷车

（5）敞篷车（convertible，open tourer）。可开启式车身，车顶可为软顶或硬顶。车顶至少有两个位置：第一个位置遮覆车身，第二个位置车顶卷收或可拆除。有 2 个或 2 个以上的座位，至少 1 排；2 个或 4 个侧门；2 个或 2 个以上侧窗。如图 1－5 所示。

（6）舱背乘用车（hatchback）。封闭式车身，固定式硬车顶，有的顶盖一部分可开启，以形成一个装载空间。有 4 个或 4 个以上的座位，至少 2 排，后座椅可折叠或可移动；2 个或 4 个侧门，车身后部有一舱门。如图 1－6 所示。

图 1－6　舱背乘用车

图 1－7　旅行车

（7）旅行车（station wagon）。封闭式车身，车尾外形可提供较大的内部空间，固定式硬车顶，有的顶盖一部分可以开启；有 4 个或 4 个以上的座位，至少 2 排，座椅的一排或多排可拆除，或装有向前翻倒的座椅靠背，以提供装载平台；2 个或 4 个侧门，并有 1 个后开启门；4 个或 4 个以上侧窗。如图 1 – 7 所示。

（8）多用途乘用车（multi – purpose passenger car）。上述（1）到（7）车辆以外的，只有单一车室载运乘客及其行李或物品的乘用车。如图 1 – 8 所示。

（9）短头乘用车（forward control passenger car）。一半以上的发动机长度位于车辆前风窗玻璃最前点以后，并且转向盘的中心位于车辆总长的前 1/4 部分内。如图 1 – 9 所示。

图 1 – 8　多用途乘用车

图 1 – 9　短头乘用车

（10）越野乘用车（off – road passenger car）。所有车轮同时驱动，或其几何特性、技术特性和它的性能允许在非道路上行驶的一种乘用车。如图 1 – 10 所示。

（11）专用乘用车（special purpose passenger car）。运载乘员或物品并完成特定功能的乘用车，它具备完成特定功能所需的特殊车身或装备，如旅居车、防弹车、救护车、殡仪车等。图 1 – 11 所示为国产旅居车。

图 1 – 10　越野乘用车

图 1 – 11　国产旅居车

2. 商用车（commercial vehicle）。

商用车指在设计和技术特性上用于运送人员和货物的汽车，并可以牵引挂车。商用车包括客车、半挂牵引车、货车、挂车、汽车列车 5 种。

（1）客车（bus）。在设计和技术特性上用于载运乘客及其随身行李的商用车辆，包括驾驶员座位在内座位数超过 9 座。客车有单层的和双层的，也可牵引一挂车。客车又分为小型客车、城市客车、长途客车、旅游客车、铰接客车、无轨电车、越野客车、专用客车等。图 1 – 12 所示为城市客车。

图 1－12　客车

图 1－13　半挂车

（2）半挂牵引车（semitrailer towing vehicl）。装备有特殊装置用于牵引半挂车的商用车辆，如图 1－13 所示。

（3）货车（goods vehicle）。一种主要为载运货物而设计和装备的商用车。货车又分为普通货车、多用途货车、全挂牵引车、越野货车、专用作业车、专用货车等。如图 1－14 所示。

图 1－14　货车

图 1－15　挂车

（4）挂车（trailer）。需由汽车牵引才能正常使用的一种无动力的道路车辆，用于载运人员或货物或特殊用途。挂车又分为牵引杆挂车、半挂车、中置轴挂车等。如图 1－15 所示。

（5）汽车列车（combination vehicles）。一辆汽车与一辆或多辆挂车的组合。汽车列车又分为乘用车列车、客车列车、货车列车、牵引杆挂车列车、铰接列车、双挂列车、双半挂列车和平板列车等。如图 1－16 所示。

图 1－16　汽车列车

图 1－17　F1 方程式赛车

另有一类专为汽车比赛而设计生产的专用车辆，称为竞赛汽车，它是按照特定的竞赛规范而设计的汽车。著名的竞赛规范有一级方程式竞赛、拉力赛等。竞赛汽车的结构和设计原理虽然与其他汽车大致相同，但由于竞赛过程中汽车的各种零部件及其性能都需经受极其严峻的考验，因此，在竞赛汽车上集中使用了大量尖端科技成就。各厂商为了争夺好成绩也不惜大量投资进行代价昂贵的研制工作。图 1－17 所示为 F1 方程式赛车。

1.1.3　根据汽车动力装置形式分类

1. 活塞式内燃机汽车。

根据使用的燃料不同，活塞式内燃机汽车通常分为汽油车和柴油车。汽油和柴油在近期内仍将是活塞式内燃机的主要燃料，而各种代用燃料的研究工作也在大力开展，例如，以丙烷和丁烷为主的液化石油气（LPG）、压缩天然气（CNG），还有甲醇和乙醇以及它们的衍生产品等。活塞式内燃机还可按其活塞的运动方式分为往复活塞式和旋转活塞式内燃机等类型。

2. 电动汽车。

电动汽车动力装置是直流电动机。电动汽车的优点是无废气排出、不产生污染、噪声小、能量转换效率高、易实现操纵自动化。电动机的供能装置通常是化学蓄电池。传统式的铅蓄电池在重量、充电间隔时间、寿命、放电能力等方面还不完全令人满意，从而限制了电动汽车的大量普及。但是，在汽车公害、能源等社会问题进一步突出的今天，又会促使电动汽车的研究和推广工作加快步伐。目前，碱性蓄电池（镍镉电池、镍铁电池）的研究取得了较大的进展，这种电池性能好、重量轻，但是制造工艺较复杂，致使价格过高。此外，电动机的供能装置也可以是太阳能电池，或者是其他形式的电源。

3. 混合动力汽车。

混合动力汽车是指车上装有两个以上动力源，由电动机驱动，符合汽车道路交通、安全法规的汽车。车载动力源有多种，如蓄电池、燃料电池、太阳能电池、内燃机车的发电机组等。当前混合动力汽车一般是指内燃机再加上蓄电池的汽车，它由计算机管理系统精确控制，按照不同工况安排使用不同动力，使其始终在油耗低、污染少的最优工况下工作。当需要大功率而内燃机功率不足时，由蓄电池来补充；当负荷少时，富余的功率可发电给蓄电池充电。因为有了电池，可以十分方便地回收制动时、下坡时、怠速时的能量。在繁华市区，还可关停内燃机，由蓄电池单独驱动，从而降低能量消耗，实现零排放。

4. 燃气轮机汽车。

与活塞式内燃机相比，燃气轮机功率大、质量小、转矩特性好，所使用的燃油无严格限制，但其耗油量大、噪声较大，制造成本也较高。

1.1.4　根据汽车行驶机构的特征分类

1. 轮式汽车。

轮式汽车是通过车轮承载车重，并传递驱动和制动力矩的。通常可分为非全轮驱动和全轮驱动两种形式。汽车的驱动形式一般用符号“$n \times m$”表示，其中 n 为车轮总数（在同一个轮毂上安装双轮胎仍算 1 个车轮），m 为驱动轮数。例如，普通轿车和解放 CA1091

一类的普通货车属于4×2型，北京牌2020越野汽车属于4×4型，东风EQ2080越野汽车属于6×6型等。

2. 其他形式的汽车。

其他形式的汽车有履带式（如图1－18所示）、雪橇式、螺旋推进式、气垫式、步行机构式等。

图1－18　履带式汽车

1.1.5　根据汽车类型按行驶道路条件分类

1. 公路用车。

公路用车指主要行驶于道路和等级公路（包括高速公路和1～4级公路）的车。公路用车的长度、宽度、高度、单轴负荷等均受交通法规的限制。

2. 非公路用车。

非公路用车主要有两类：一类是本身的外廓尺寸、单轴负荷等参数超出了法规限制而不适于公路行驶，只能在矿山、机场和工地内的无路地区或专用道路上行驶的汽车，如大吨位矿用自卸车、大型挖掘机等；另一类是既能在非公路地区，又可在公路上行驶的越野汽车。

1.1.6　按轿车车身结构分类

1. 三厢式。

轿车车身结构由三个相互封闭、用途各异的车厢所组成，包括前部发动机舱、车身中部的乘员舱和后部的行李舱，如图1－19所示。早期的发动机舱只是用来安置轿车发动机、变速器及转向机构等总成。现代轿车发动机舱还具有被动安全的作用。当轿车发生意外正面碰撞时，发动机舱会折皱变形以吸收碰撞产生的巨大能量，减小碰撞对车内外人员的猛烈冲击，起到保护车内乘员的作用。车身中部乘员舱设计坚固、刚性大，遇到碰撞和翻滚冲击时，车厢不易变形，有利于车祸后顺利地打开车门逃生。后行李舱除用于放置行李外，还有降低后车追尾所致伤害的功能。三厢轿车中间高两头低，从侧面看前后对称，造型美观大方。其缺点是车身长，在交通拥挤的大城市里行驶及停泊不方便。

2. 两厢式。

两厢轿车前部与三厢式的没有区别，作用也是一样的。不同之处在于这种轿车将乘员舱近似等高向后延伸，把后行李舱和乘员舱合为一体，使其减少为发动机舱和乘员舱两厢。由于两厢轿车也有独立的前发动机舱，与三厢轿车一样，具有良好的正面碰撞保护性能。两厢轿车尾部有宽大的后车门，使这种轿车具备了使用灵活、用途广泛的特点：放倒（平）后排座位，就可以获得比三厢车大得多的载物空间。如图1－20所示。

3. 单厢式。

单厢车其实就是面包车（厢式车）的高级变种。面包车空间较大，既可载客，又可拉货，但单厢车没有单独的发动机舱，在发生正面撞击时没有缓冲。由于严格的安全法规，北美和欧洲已禁止生产这种原始形态的单厢车，但受该车型的启发，结合两厢车和面包车的特点，生产出了新型的单厢车。与典型的两厢车相比，这种单厢车的高度更高（一般为1.6米）。单厢车虽然也有突出的前鼻，但发动机舱和乘员舱的构架是连贯一体的。单厢车的好处是内部空间增大，脚部和头部空间更充裕。世界上最成功的单厢车是雷诺的风景和雪铁龙的毕加索。如图1－21所示。

图1－19 三厢轿车

图1－20 两厢轿车

图1－21 单厢汽车

1.1.7 汽车铭牌及车辆识别代码

1. 常见国产车型号的介绍。

CA1092：第一汽车制造厂，总质量9吨，第三代产品。

TJ6481：天津客车厂，长4.8米，第二代产品。

TJ7100：天津汽车制造厂，排量1.0升，第一代产品。

此号码的位置一般均在仪表板与前风挡左下角的交界处，但也有在散热器框架上方的（如韩国现代Sonata）；日本车则多在发动机舱后部防火墙板上；还有部分欧洲车型将此编号压制在一块细长条状的金属薄片上，或印制在胶纸上粘贴在发动机与车身前隔板交界处的下方。

我国于1988年制定了新的国家标准GB 9417—88《汽车产品型号编制规则》，用简单的汉语拼音字母和阿拉伯数字编号来表示国产汽车的企业代号、车辆类型代号、主要特征参数代号、产品序号和企业自定代号等。

□□ ○ ○○ ○ ■■■

a b c d e

a：企业名称代号；b：车辆类别代号；c：主参数代号；d：产品序号；e：专用汽车企业自定代号。

□：用汉语拼音字母表示。

○：用阿拉伯数字表示。

■：用汉语拼音字母或阿拉伯数字均可。

（1）首部“a”，由2个或3个汉语拼音字母组成，是识别企业名称的代号。如表1-1所示。

表1-1　企业名称代号

企业名称代号	车辆种类	企业名称代号	车辆种类
EA	二汽东风	ZZ	重汽
CA	一汽解放	HN	华菱
BJ	北京福田	ND	北奔
HFC	江淮		
SX	陕西陕汽		

（2）中部“b、c、d”，由四位阿拉伯数字组成。

第一位数字“b”为车辆类别代号，如表1-2所示。

表1-2　车辆类别代号

车辆类别代号	车辆种类	车辆类别代号	车辆种类
1	载货汽车	6	客车
2	越野汽车	7	轿车
3	自卸汽车	8	—
4	牵引汽车	9	半挂车及专用半挂车
5	专用汽车		

注：上表也适用于所列车辆的底盘。

第二、三位数字“c”代表各类汽车的主要特征参数：载货车用总质量（t）数值、客车用总长度（0.1 m）数值、轿车用排量（0.1 L）数值。

第四位数字“d”则代表产品的序号。“0”为第一代产品，“1”为第二代产品。

（3）尾部“e”是专用汽车企业自定代号，表示不同的驾驶室类型、轴距和发动机。可用汉语拼音字母和阿拉伯数字表示，位数也由企业自定。如表1-3所示。

表1-3　一汽集团专用汽车企业自定代号

代号	车辆种类	代号	车辆种类	代号	车辆种类	代号	车辆种类
A	有空调客车底盘	G	高动力性能汽车	N	液化煤汽车	U	客货两用车
B	自卸车底盘	H	豪华轿车	P	平头车	V	厢式货车
C	牵引车底盘	J	检阅用轿车	Q	起重车底盘	W	运木材车
D	公共汽车底盘	K	柴油车	R	双排座或卧铺	X	消防车底盘
E	高拦板	L	长轴距	S	加油车底盘	Y	右置转向盘车
F	后轮单轮货车底盘	M	高原车	T	非4×2的驱动形式	Z	出口车

例：解放牌CA1258P11K2L7T1型6×4平头柴油载货汽车：

CA——表示一汽；

1——表示货车；

25——表示总质量25吨；

P——表示平头；

K——表示柴油发动机；

L——表示长轴距；

T1——表示驱动型式为6×4。

2. 车辆识别代码（VIN）。

ASE标准规定：VIN码由17位字符组成，如图1-22所示。它包含了车辆的制造商、车型年份、车型、车身型式及代码、发动机代码及组装地点等信息。通过汽车的VIN，可以得到汽车的历史报告，而这也逐渐成为旧车买卖中买方重视的资料。

图1-22　车辆识别代码

VIN的历史可以追溯到1949年。但直到1981年之前，标准一直处于变换中。比如：1965~1969年的VIN有9位，当生产量超过100万之后采用10位；1970~1980年的VIN则固定为10位。现行的17位汽车识别码始于1981年。

作为一般用户，并不需要了解如何完全解读一个VIN。因为VIN代码中有通用的部分，也有依据制造厂商不同而各有不同定义的部分。在各类汽车历史报告网站上面可以得到详细的资料。不过，作为旧车的买家，掌握一些基本的代码含义，在看到一辆车的VIN时就立刻了解几个基本信息，这对交易可能有意想不到的帮助。

（1）第1位：生产国家、地区代码。

1—美国　2—加拿大　3—墨西哥　4—美国　6—澳大利亚　9—巴西

S—英国　J—日本　K—韩国　T—瑞士　L—中国　V—法国　R—中国台湾

W—德国　Y—瑞典　Z—意大利

（2）第2位：汽车制造商代码。

1—Chevrolet　3—Oldsmobile　4—Buick　7—GmCanada　B—BMW　M－Mitsubishi　C—Chrysler　N—Nissan　F—Ford　P—Plymouth　G—Generalmotors　S—Subaru　H—Acura　T—Toyota　H—Honda　V—Volkswagen　A—Audi　V—Volvo　L—Daewoo　Z—Ford　Z—Mazda

（3）第3位：汽车类型代码（不同的厂商有不同的解释）。有些厂商可能使用前3位组合代码表示特定的品牌。

（4）第4～9位（VDS）是车辆特征代码（不同的厂商有不同的解释）。

（5）第10位：汽车制造年份。

B—1981　C—1982　D—1983　E—1984　F—1985　G—1986　H—1987　J—1988　K—1989　L—1990　M—1991　N—1992　P—1993　R—1994　S—1995　T—1996　V—1997　W—1998　X—1999　Y—2000　1—2001　2—2002　3—2003　4—2004　5—2005　6—2006　7—2007　8—2008　9—2009　A—2010　B—2011　C—2012　D—2013　E—2014　F—2015　G—2016　H—2017

（6）第11位：装配厂（不同的厂商有不同的解释）。

（7）第12～17位：汽车出厂序列号。

需要注意的是，VIN中不会包含I、O、Q三个英文字母。

根据上面的解释，在看到1G1BL52P7HR115520这个VIN时，能够立刻了解的信息为：2017年，产地：美国。

3. 汽车的车型标牌对汽车配件营销和使用有什么重要作用。

一块完整的汽车车型标牌，除了表明该车的型号外，还注有发动机型号和排量、车架编号、变速器编号、车轴编号、装饰编号及制造厂编号等。有的进口汽车甚至还注有车身颜色编号（油漆型号）。所以，汽车的车型标牌所包含的内容十分丰富，它几乎浓缩了组成该车的各大部件（总成）的详细情况，是该车档案的缩写。

由此可见，汽车车型标牌除了介绍了该车的基本性能和出厂日期外，最重要的作用是在筹措汽车配件时作为重要的依据。特别是进口汽车，制造厂家为了随时适应市场需要，对汽车的变型换代十分迅速，有时虽然是同一车型，但因生产时间不同或者标牌上某个字母和数字的微小变化，也许就显示了某一总成和重要零部件上的重大改进，造成同一种车型的某些零部件不能相互通用。所以在采购、保管和销售等汽配流通环节上必须严格按车型标牌所示的字母和数字，查明该车生产日期和所需配件的零件编号，使之“对号入座”，不能马虎。因此，汽车配件的经营、销售、仓储等方面人员以及汽车维修工人都必须熟悉车型标牌，学会查找和确认零件编号后，才能保证其准确无误。

4. 世界名车型号。

世界名车各个品牌不太一样，尤其是国内和进口都有区别。

（1）奥迪汽车型号。打头的第一个字母“A”，如奥迪A1、A2、A3、A4、A5、A6、

A7、A8 系列等。后面的数字越大表示等级越高：A2、A3 系列是小型轿车，A4 系列是中级轿车，A6 系列是高级轿车，A8 系列是豪华轿车。除了以 A 字打头的轿车外，奥迪还有 S 系列和 TT 系列：S 系列多是高性能车型，但并非越野车，主要有 S3、S6 及 S8 等；TT 系列则全部是跑车。Q 系列为越野车，如：Q3、Q5、Q7。

（2）奔驰汽车型号。奔驰汽车前面的字母表示类型和级别：A 级是小型单厢车，C 级为小型轿车，E 级为中级轿车，S 级为高级轿车，M 级为 SUV，G 级为越野车，V 级为多功能厢式车，SLK 为小型跑车，CLK 为中型跑车，SL 为高级跑车，CL 为高级轿跑车，SLR 为超级跑车。型号中间的数字，如 280、300 及 500 代表发动机排量，分别表示发动机排量为 2.8 L、3 L 及 5 L。型号尾部的字母 L 表示为加长车型，Diesel 表示为柴油。如 S600L 表示为高级、排量 6 L、加长型轿车。

（3）宝马汽车型号。宝马汽车公司主要有轿车、跑车、越野车三大车种。轿车有 3、5、7 和 8 四个系列，轿车型号的第一个数字即为系列号，第 2 和第 3 个数字表示排量，最后的字母中 i 表示燃油喷射、A 表示自动挡、C 表示双座位、S 表示超级豪华。比如，318iA 表示为 3 系列，排量为 1.8 L，燃油喷射，自动挡；850si 表示 8 系列轿车，排量为 5 L，超级豪华型，燃油喷射。

跑车型号用 Z 打头，主打车型有 Z3、Z4、Z8 等，后面的数字越大表示越高级。越野车用 X 打头，代表车型是 X1、X3、X4、X5、X6。

☞学习工作页

<table>
<tr><td rowspan="2">学习工作页</td><td>学习单元</td><td colspan="4">汽车总体认识</td></tr>
<tr><td>学习任务</td><td colspan="4">车辆铭牌识别</td></tr>
<tr><td>姓　名</td><td></td><td>班　级</td><td></td><td>小　组</td><td></td></tr>
<tr><td>日　期</td><td></td><td>开始时间</td><td></td><td>结束时间</td><td></td></tr>
<tr><td>场　地</td><td colspan="5">整车理实一体教室</td></tr>
<tr><td>用品、用具、工具、设备</td><td colspan="5">桑塔纳轿车一辆、通用工具</td></tr>
<tr><td>工作记录</td><td colspan="5">1. 记录汽车的 VIN 码。
2. 判断出汽车的生产国家及生产年份。</td></tr>
</table>

1. 填空题。

(1) 目前柴油发动机使用的电控系统主要有__________系统、__________系统、__________系统和__________系统。

(2) 汽车由发动机、__________、__________、__________四部分组成。

(3) 一块完整的汽车车辆标牌，除了表明该车的型号外，还注有__________和__________、__________、__________、__________、__________及制造厂编号等。

2. 判断题。

(1) 汽车 VIN 码中，第 1 位是代表生产国别，第 10 位是代表生产年份。 (　　)

(2) 汽车配件的经营、销售、仓储等方面人员以及汽车维修工作人员都必须熟悉车辆标牌，学会查找和确认零部件编号后，才能保证其准确无误。 (　　)

3. 完成任务。

在教师提供的车辆或电控柴油发动机上，通过查阅维修手册等资料，判断其电控燃油喷射系统属于哪一种，并说明它是如何工作的。

车型：______________________________

柴油喷射系统类型：______________________________

柴油喷射系统的部件：______________________________

柴油喷射系统的工作过程：______________________________

____

指导教师评语：

____

____

教师签字：__________　　日期：______年______月______日

学习任务1.2　汽车行驶基本原理

☞学习情境

一辆桑塔纳3000手动挡车辆，行驶里程为8万公里，近期出现发动机“丢转”现象（指发动机转速高，但车速上不去），而且逐渐严重。经维修人员分析判断，是由于离合器打滑所导致的，然后对离合器进行拆装、检查，最终确认故障是由于离合器摩擦片过度磨损变薄，导致离合器打滑、发动机丢转。

☞学习目标

通过本任务的学习，应能：

1. 叙述汽车驱动力的产生。
2. 掌握汽车行驶的附着条件。

☞学习信息资源

要使汽车行驶，必须具备两个基本的行驶条件：驱动条件和附着条件。

☞学习场所和设备

1. 汽车底盘实训室及整车实训室。
2. 手动变速器车辆，举升机。
3. 汽车检测线。

1.2.1　驱动条件

汽车必须具有足够的驱动力，以克服各种行驶阻力，才能正常行驶。这些阻力包括滚动阻力、空气阻力、坡度阻力和加速阻力。

1. 驱动力。

汽车的驱动力来自发动机。驱动力的产生原理如图1－23所示。发动机发出的转矩经过汽车传动系统施加给驱动轮的转矩为M_t，它力图使驱动轮旋转。在M_t的作用下，驱动轮与路面接触处对地面施加一个作用力F_0，其方向与汽车行驶方向相反，其数值为M_t与车轮滚动半径r_r之比。

$$F_0 = M_t / r_r$$

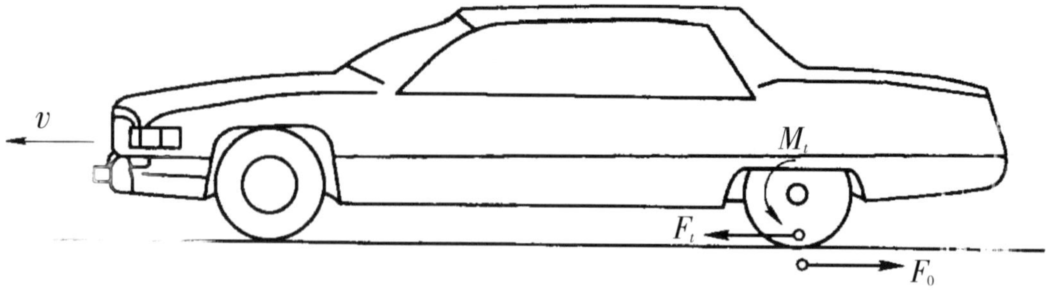

图 1－23　驱动力产生示意图

由于车轮与路面的附着作用，在驱动车轮对路面施加力 F_0 的同时，路面对车轮施加一个大小相等、方向相反的反作用力 F_t，这就是使汽车行驶的驱动力，即 $F_t = M_t/R_t$，为便于理解，图中把 F_0 与 F_t 绘在不同的物体上，其实它们应在同一直线上。

2. 滚动阻力。

滚动阻力是车轮滚动时轮胎与路面两者在其接触区域发生变形而产生的。车轮在硬路面上滚动时，驱动汽车的一部分动力消耗在轮胎变形的内摩擦上，而路面变形很小；车轮在软路面（松软的土路、沙地、雪地等）上滚动时，路面变形较大，所产生的阻力就成为滚动阻力的主要部分。滚动阻力以 F_f 表示，其数值与汽车的总质量、轮胎的结构和气压以及路面的性质有关，它等于车轮负荷与滚动阻力系数之积。

3. 空气阻力。

汽车在空气中向前行驶时，前部承受气流的压力而后部抽空，产生压力差。此外，空气与车身表面以及各层空气之间存在着摩擦，再加上引入车内冷却发动机和室内通风以及外伸零件引起气流的干扰，就形成空气阻力。空气阻力以 F_w 表示，它与汽车的形状、汽车的正面投影面积、汽车与空气相对速度的平方成正比。可见，汽车速度很快时，空气阻力相当可观，并将成为总阻力的主要部分。

4. 坡度阻力。

汽车在坡道上行驶时，其总重力沿坡道方向的分力称为坡度阻力，以 F_i 表示。汽车只有在上坡时才存在坡度阻力，但汽车上坡所做的功并没有白白耗费，而是转化为重力势能。当汽车下坡时，重力势能促使汽车下坡并转化为动能。

5. 加速阻力。

汽车加速行驶时，需要克服其自身质量加速运动的惯性力，即加速阻力，以 F_j 表示。

6. 驱动力与总阻力的关系。

汽车的驱动力 F_t 与上述各项阻力之和（总阻力）存在如下关系：

$$F_t = F_f + F_w + F_i + F_j$$

当 $F_j = 0$ 时，汽车在坡道上匀速行驶；当 $F_j > 0$ 时，汽车在坡道上加速行驶，但随着速度的增加，空气阻力也随之增加，在某个较高的车速处达到新的平衡，然后匀速行驶；当 $F_j < 0$ 时，汽车将减速行驶或停驶。当汽车在平直的路面上以最高车速行驶时，只需克服滚动阻力和空气阻力。

1.2.2　附着条件

汽车能否充分发挥其驱动力，还受到车轮与路面之间附着作用的限制。在平整的干硬路面上，汽车附着性能的好坏取决于轮胎与路面间摩擦力的大小。这个摩擦力阻碍车轮的滑动，使车轮能够正常地向前滚动并承受路面的驱动力。如果驱动力大于轮胎与路面间的最大静摩擦力，车轮与路面之间就会发生滑转。在松软的路面上，除了轮胎与路面间的摩擦阻碍车轮滑转外，嵌入轮胎花纹凹处的软路面凸起部还起一定的抗滑作用。通常把车轮与路面之间的相互摩擦以及轮胎花纹与路面凸起部的相互作用综合在一起，称为附着作用。由附着作用所决定的阻碍车轮滑转的最大力称为附着力，用 F_φ 表示。附着力与车轮所承受的垂直于路面的法向力 G（称为附着重力）成正比，即 $F_\varphi = G_\varphi$，其中 φ 称为附着系数，其值与轮胎的类型及路面的性质有关；附着重力 G 是指汽车总重力分配到驱动轮上的那部分。

由此可知，汽车所能获得的驱动力受附着力的限制，一般可表达为：

$$F_t \leqslant F_\varphi$$

此公式即为汽车行驶的附着条件。

在冰雪或泥泞路面上，由于附着力很小，汽车的驱动力受附着力的限制而不能克服较大的阻力，导致汽车减速甚至不能前进。即使加大节气门开度，或变速器换入低挡，车轮也只会滑转而驱动力仍不能增大。为了增加车轮在冰雪路面的附着力，可采用特殊花纹轮胎或在普通轮胎上绕装防滑链，以提高其对冰雪路面的抓着能力。非全轮驱动汽车的附着重力只是分配到驱动轮上那部分汽车的总重力；而全轮驱动汽车的附着重力则是全车的总重力，因而其附着力较前者显著增大。

☞学习工作页

<table>
<tr><td rowspan="2">学习工作页</td><td>学习单元</td><td colspan="4">汽车总体认识</td></tr>
<tr><td>学习任务</td><td colspan="4">汽车行驶基本原理</td></tr>
<tr><td>姓　名</td><td></td><td>班　级</td><td></td><td>小　组</td><td></td></tr>
<tr><td>日　期</td><td></td><td>开始时间</td><td></td><td>结束时间</td><td></td></tr>
<tr><td>场　地</td><td colspan="5">整车理实一体教室</td></tr>
<tr><td>用品、用具、工具、设备</td><td colspan="5">桑塔纳轿车一辆、通用工具</td></tr>
<tr><td>工作记录</td><td colspan="5">记录汽车的主要参数，分析汽车的行驶原理</td></tr>
</table>

1. 填空题。

汽车必须具有足够的驱动力，以克服各种行驶阻力，才能正常行驶。这些阻力包括__________、__________、__________和__________。

2. 判断题。

在冰雪或泥泞路面上，由于附着力很小，汽车驱动力受附着力的限制而不能克服较大的阻力，导致汽车减速甚至不能前进，即使加大节气门开度，或变速器挂入低挡，车轮也只会滑转而驱动力仍不能增大。（　　）

3. 完成任务。

通过对汽车行驶原理的学习，会认真准确地分析汽车行驶应具备的条件，并对各行驶阻力进行分析。

____

指导教师评语：

____

____

教师签字：__________　日期：________年________月________日

☞拓展学习

汽车常用工具设备的使用

一、扳　手

扳手用以紧固或拆卸带有棱边的螺母和螺栓，常用的扳手有开口扳手、梅花扳手、套筒扳手、活络扳手、管子扳手等。

1. 开口扳手

开口扳手按形状有双头扳手和单头扳手之分。其作用是紧固或拆卸一般标准规格的螺母和螺栓。这种扳手可以直接插入或套入，使用方便。扳手开口方向与其中间柄部错开一个角度，通常有15°、45°、90°等，以便在受限制的部位中扳动方便。

2. 梅花扳手

梅花扳手同开口扳手的用途相似，但两端是花环式的。其孔壁一般是十二边形，可将螺栓和螺母头部套住，扭转力矩大，工作可靠，不易滑落，携带方便。适用于触转空间狭小的场合。

3. 套筒扳手

套筒扳手除了具有一般扳手的用途外，特别适用于旋转部位很狭小或隐蔽较深处的六角螺母和螺栓。由于套筒扳手各种规格是组装成套的，故使用方便，效率更高。

4. 扭力扳手

扭力扳手是能够控制扭矩大小的扳手，由扭力杆和套筒头组成。凡是对螺母、螺栓有明确规定扭力的（如汽缸盖、曲轴与连杆的螺栓、螺母等），都要使用扭力扳手。在扭紧时指针可以表示出扭矩数值，通常使用的规格为0～300 N·m。

5. 活络扳手

活络扳手的开口宽度可调节，能在一定范围内变动尺寸。其优点是遇到不规则的螺母或螺栓时，更能发挥作用，故使用较广。使用活络扳手时，扳手口要调节到螺母对边贴紧。扳动时，应使扳手可动部分承受推力，固定部分承受拉力，且用力必须均匀。

6. 管子扳手

管子扳手主要用于扳转金属管子或其他圆柱工件。管子扳手上有牙，工作时会将工作表面咬毛，应避免用来拆装螺栓、螺母。

7. 火花塞套筒扳手

火花塞套筒扳手是一种薄壁长套筒，是用手拆除火花塞的专用工具。使用前，应根据火花塞六角对边的尺寸，选用内六角对边尺寸与其相同的火花塞套筒。拆卸时，套筒应对正火花塞六角头套接妥当，不可歪斜，然后再逐渐加大扭力，以防滑脱。

二、活塞环拆装钳

1. 用途

活塞环拆装钳是一种专门用于拆装活塞环的工具。维修发动机时，必须使用活塞环拆装钳拆装活塞环。

2. 使用方法

使用活塞环拆装钳时，将拆装钳上的环卡住活塞环开口，握住手把稍稍均匀用力，使拆装钳手把慢慢地收缩，环卡将活塞环徐徐地张开，使活塞环能从活塞环槽中取出或装入。使用活塞环拆装钳拆装活塞环时，用力必须均匀，避免用力过猛而导致活塞环折断，同时能避免伤手事故。

三、气门弹簧拆装架

1. 用途

气门弹簧拆装架是一种专门用于拆装顶置气门弹簧的工具。

2. 使用方法

使用时，将拆装架抵住气门，压环对正气门弹簧座，然后压下手柄，使得气门弹簧被压缩。这时可取下气门弹簧锁销或锁片，慢慢地松抬手柄，即可取出气门弹簧座、气门弹簧和气门等。

四、滑脂枪

1. 用途

滑脂枪又称黄油枪，是一种专门用来加注润滑脂（黄油）的工具。

2. 使用方法

（1）填装黄油。

①拉出拉杆使柱塞后移，拧下滑脂枪筒前盖。

②把干净黄油分成团状，徐徐装入缸筒内，且使黄油团之间尽量相互贴紧，便于缸筒内的空气排出。

③装回前盖，推回拉杆，柱塞在弹簧作用下前移，使黄油处于压缩状态。

（2）注油方法。

①把滑脂枪接头对正被润滑的黄油嘴（滑脂嘴），直进直出，不能偏斜，以免影响黄油加注，减少润滑脂的浪费。

②注油时，如注不进油，应立即停止，并查明堵塞的原因，排除后再进行注油。

（3）加注润滑脂时不进油的原因。

①滑脂枪缸筒内无黄油或压力缸筒内的黄油间有空气。

②滑脂枪压油阀堵塞或注油接头堵塞。

③滑脂枪弹簧疲劳过软而造成弹力不足或弹簧折断而失效。

④柱塞磨损过甚而导致漏油。

⑤滑脂嘴被泥污堵塞而不能注入黄油。

五、千斤顶

1. 用途和种类

千斤顶是一种最常用、最简单的起重工具，按照其工作原理可分为机械丝杆式和液压式。按照所能顶起的质量可分为3000 kg、5000 kg、9000 kg等多种不同规格。目前广泛使用的是液压式千斤顶。

2. 使用方法

现以液压式千斤顶为例，介绍其使用方法。

(1) 起顶汽车前，应把千斤顶顶面擦拭干净，拧紧液压开关，把千斤顶放置在被顶部位的下部，并使千斤顶与被顶部位相互垂直，以防千斤顶滑出而造成事故。

(2) 旋转顶面螺杆，改变千斤顶顶面与被顶部位的原始距离，使起顶高度符合汽车需要的顶置高度。

(3) 用三角形垫木将汽车着地车轮前后塞住，防止汽车在起顶过程中发生滑溜事故。

(4) 用手上下压动千斤顶手柄，被顶汽车逐渐升到一顶高度，在车架下放入搁车凳，禁止用砖头等易碎物支垫汽车。落车时，应先检查车下是否有障碍物，并确保操作人员的安全。

(5) 徐徐拧松液压开关，使汽车缓缓、平稳地下降，架稳在搁车凳上。

3. 使用注意事项

(1) 汽车在起顶或下降过程中，禁止在汽车下面进行作业。

(2) 应徐徐拧松液压开关，使汽车缓慢下降，汽车下降速度不能过快，否则易发生事故。

(3) 在松软路面上使用千斤顶起顶汽车时，应在千斤顶底座下加垫一块有较大面积且能承受压力的材料（如木板等），防止千斤顶由于汽车重压而下沉。千斤顶与汽车接触位置正确、牢固。

(4) 千斤顶把汽车顶起后，当液压开关处于拧紧状态时，若发生自动下降故障，则应立即查找原因，及时排除故障后方可继续使用。

(5) 如发现千斤顶缺油时，应及时补充规定油液，不能用其他油液或水代替。

(6) 千斤顶不能用火烘热，以防皮碗、皮圈损坏。

(7) 千斤顶必须垂直放置，以免因油液渗漏而失效。

六、汽车举升器

为了改善劳动条件，增大空间作业范围，汽车举升器在汽车维修中的使用日益广泛。汽车举升器按立柱数可分为单立柱式、双立柱式、四立柱式。按照结构特点可分为电动机械举升器和电动液压举升器。

汽车举升器使用注意事项：

(1) 汽车的总质量不能大于举升器的起升能力。

（2）根据车型和停车位置的不同，尽量使汽车的重心与举升器的重心相接近，严防偏重，为了打开车门，汽车与立柱间应留有一定的距离。

（3）转动、伸缩、调整举升臂至汽车底盘指定位置并接触牢靠。

（4）汽车举高前，操作人员应检查汽车周围人员的动向，防止意外。

（5）汽车举升时，要在汽车离开地面较低位置进行反复升降，无异常现象时方可举升至所需高度。

（6）汽车举升后，应落槽于棘牙之上并立即进行锁紧。

七、起重吊车

1. 起重吊车的种类

常用的吊车有门式、悬臂式、单轨式和梁式四种类型。使用最多的是悬臂吊车，它分为机械式和液压式两大类。

（1）机械式悬臂吊车。通过手柄转动绞盘和棘轮，收缩或放长铁链使重物上升或下降，可做短距离移动。

（2）液压式悬臂吊车。起吊时由于油泵的作用，使压力油进入工作油缸内，推动顶杆外移，使重物起吊。打开放油阀，工作缸内的油流回油箱，压力降低，使重物下降。

2. 起重设备的使用

（1）吊运重物不允许超过核定载荷。

（2）钢丝绳及绳扣应安装牢固。

（3）吊件应尽量靠近地面，以减小晃动。下放吊件时要平稳，不可过急。

（4）严禁用吊车拖拉非起重范围内的吊件。

（5）吊运过程中，重物在空中悬吊时间不可太长，更不允许将吊件始终悬吊在空中。

☞小结

本单元主要介绍了汽车的总体结构、类型、铭牌以及汽车的行驶基本原理。通过这单元的学习和实训，不仅要掌握汽车的结构类型，同时要通过一辆车的VIN码来准确判别该车的国别以及生产年份，并会对汽车的行驶阻力进行分析。

☞复习思考题

1. 汽车由哪几部分组成？各部分有什么功用？
2. 汽车主要技术参数有哪些？
3. 列举一款车的VIN码，并解释各部分含义。
4. 分析汽车的各种行驶阻力。

单元2 汽车发动机总论

学习任务2.1 发动机总论

☞学习情境

一辆奥迪A6L轿车，行驶20000公里，客户反映该车在高速行驶时发动机噪声较大，现客户将车辆驶进4S店，要求对该车进行保养及检修该故障。

☞学习目标

通过本任务的学习，应能：

1. 正确描述发动机的基本结构、作用和发动机常用名词术语。
2. 掌握四冲程发动机工作原理。
3. 了解国产发动机编号规则和发动机总体构造。
4. 掌握发动机主要性能指标定义和作用。

☞学习信息

2.1.1 往复活塞式内燃机的基本结构和工作原理

内燃机：直接以燃料燃烧所生成的燃烧产物为工作介质的热机。

2.1.1.1 发动机的分类

按使用燃料不同分为汽油机、柴油机、醇类、气体类、电动、混合动力等。

按完成一个工作循环所需行程数分为四行程发动机和二行程发动机。

按冷却方式分为水冷式、风冷式。

按配气机构的布置形式分为顶置气门式、侧置气门式。

按气缸排列形式分为直列式、V型、对置式。

按气缸数分为单缸、多缸。

2.1.1.2 基本结构

发动机的基本结构如图2-1所示。

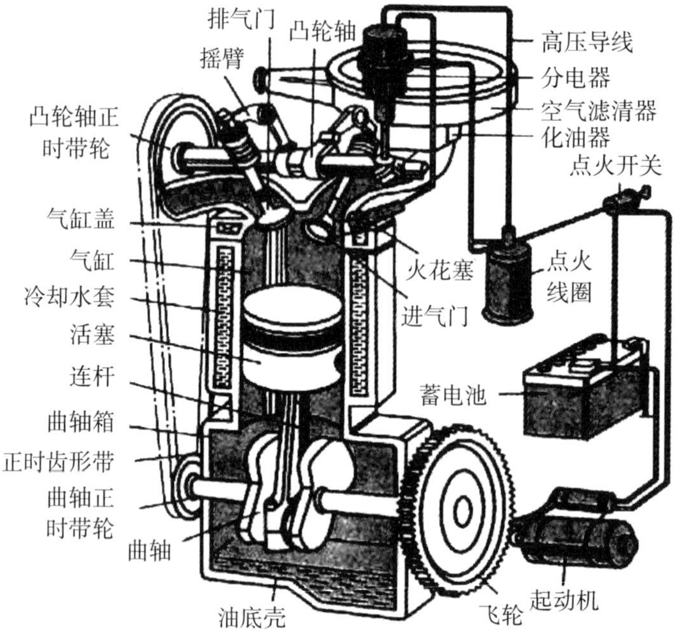

图 2－1　发动机结构图

2.1.1.3　基本名词术语

上止点（TDC）：活塞离曲轴回转中心最远处。活塞最高位置。

下止点（LDC）：活塞离曲轴回转中心最近处。活塞最低位置。

活塞行程（S）：上、下两止点之间的距离（mm）。

曲柄半径（R）：曲柄销中心到曲轴回转中心的距离。

气缸工作容积（V_h）：活塞从上止点到下止点所让出的空间容积。

$$V_h = \frac{\pi D^2 S}{4 \times 10^6} \quad (\mathrm{L})$$

发动机排量（V_L）：发动机所有气缸工作容积之和。

$$V_L = i \cdot V_h$$

燃烧室容积（V_c）：活塞在上止点时，活塞上方的空间容积。

气缸总容积（V_a）：活塞在下止点时，活塞上方的容积。

$$V_a = V_c + V_h$$

压缩比 ε：气缸总容积与燃烧室容积的比值。

$$\varepsilon = \frac{V_a}{V_c} = \frac{V_c + V_h}{V_c} = 1 + \frac{V_h}{V_c}$$

发动机的工作循环：在气缸内进行的每一次将燃料燃烧的热能转化为机械能的一系列连续过程（进气、压缩、做功、排气）。

二行程发动机：二冲程发动机的工作循环也包括进气、压缩、做功和排气四个过程，但是它在活塞往复运动的两个行程内完成。

四行程发动机：活塞在气缸内往复四个行程（相当于曲轴旋转两周），完成一个工作循环的发动机。

2.1.1.4　四行程汽油机工作原理

1. 进气行程。

活塞：上止点→下止点。

进气门：开启，排气门：关闭。

进气终了状态。

2. 压缩行程。

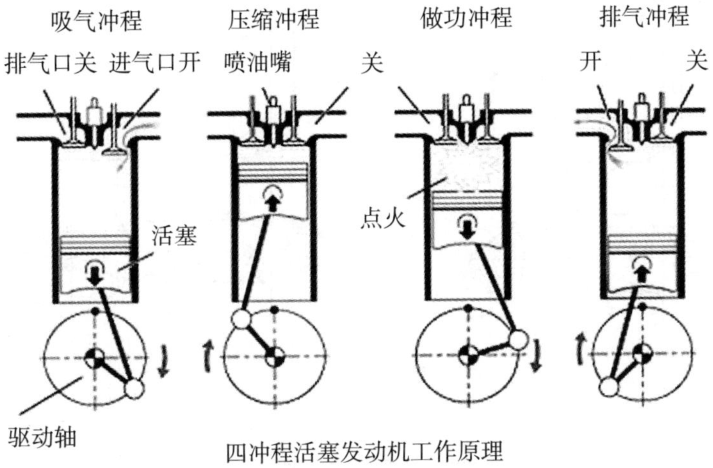

图 2－2　四冲程工作过程

活塞：下止点→上止点。

进气门：关闭，排气门：关闭。

压缩终了状态。

3. 做功行程。

活塞：上止点→下止点。

进气门：关闭，排气门：关闭。

4. 排气行程。

活塞：下止点→上止点。

进气门：关闭，排气门：开启。

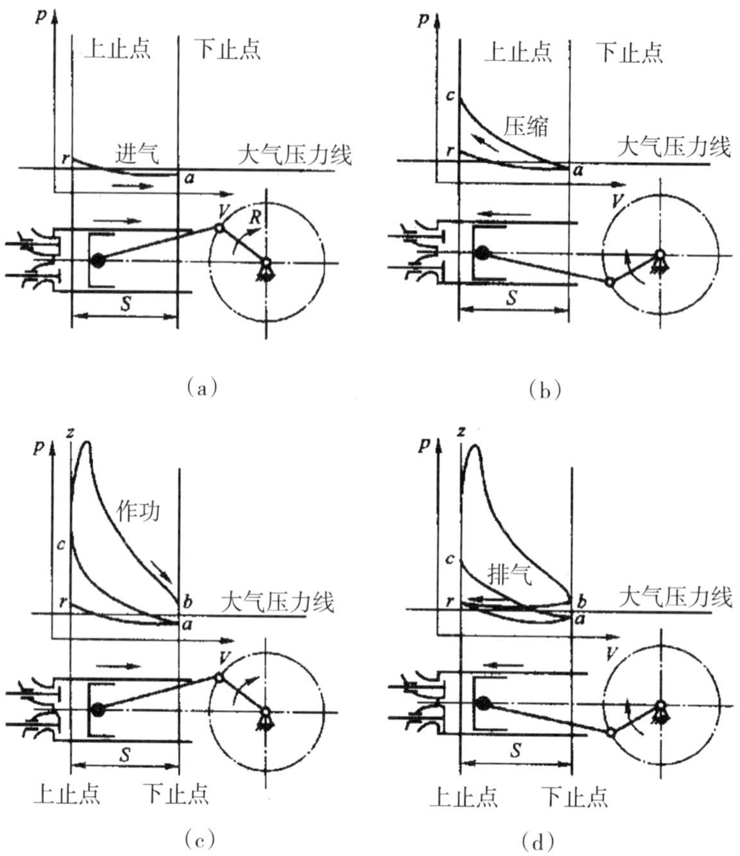

图 2-3　四冲程汽油机的示功图

(a) 进气行程；(b) 压缩行程；(c) 做功行程；(d) 排气行程

四行程汽油机与柴油机的区别：

(1) 燃料性质不同；(2) 着火方式不同；(3) 压缩比不一样。

汽油机优点：转速高，质量小，工作时噪声小，起动容易，制造和维修费用低；缺点：燃料消耗率高，经济性差。

柴油机优点：燃料消耗比汽油机低 30% 左右，经济性好；缺点：转速低，质量大，制造和维修费用高。

2.1.1.5　二行程汽油机的工作原理

1. 第一行程：

活塞：下止点→上止点；

活塞上方：换气、压缩；

活塞下方：进气。

2. 第二行程：

活塞：上止点→下止点；

活塞上方：做功、换气；

活塞下方：预压缩。

2.1.2　发动机总体构造

2.1.2.1　发动机组成

1. 两大机构。

（1）曲柄连杆机构。

组成：气缸体与曲轴箱组、活塞连杆组、曲轴飞轮组。

功用：将燃料燃烧所产生的热能由活塞的往复直线运动转变为曲轴的旋转运动而对外输出动力。

（2）配气机构。

组成：进气门、排气门、挺柱、推杆、摇臂、凸轮轴、凸轮轴正时齿轮。

功用：适时开关进、排气门。

2. 五（四）大系统。

（1）燃料供给系统。

①汽油机燃料供给系组成：

a. 化油器式：由浮子机构、喷管、量孔、喉管、节气门、空气室和混合室等组成。

b. 喷射式：由汽油箱、汽油泵、汽油滤清器、压力调节器、喷油器、空气滤清器等组成。

②柴油机燃料系统组成：油箱、喷油泵、喷油器、燃油滤清器、空气滤清器、进排气歧管、消声器等。

（2）润滑系统。

组成：机油泵、限压阀、集滤器、机油滤清器、油底壳。

功用：将润滑油输送到各工作表面起到润滑作用。

（3）冷却系统。

①水冷式。

②风冷式。

（4）点火系统。

（5）起动系统。

2.1.2.2　国产内燃机编号规则

为了便于内燃机的生产管理、使用与维修，我国对《内燃机产品名称和型号编制规则》（GB/T 725—2008）重新进行了审定并颁布。该标准的主要内容如下：

1. 首部。

由产品系列代号、换代符号和地方、企业代号组成。由制造商根据需要选择相应的字母表示，但需经行业标准化归口单位核准、备案。

2. 中部。

由缸数符号、气缸布置形式符号、冲程符号和缸径符号组成。

3. 后部。

由结构特征符号和用途特征符号组成。必要时，其他结构及用途符号允许制造商选用，但不得与本标准规定的字母重复。

4. 尾部。

尾部为区分符号，同系列产品由于改进等原因需要区分时，允许制造商选用适当的符号表示。后部与尾部之间可用“－”分隔。

内燃机的型号应简明，中部、后部规定的符号必须标出，但首部和尾部视情况而定。由国外引进的内燃机产品，若保持原结构性能不变，允许保留原产品型号。

我国内燃机型号表示方法及其含义如图 2－4 所示。

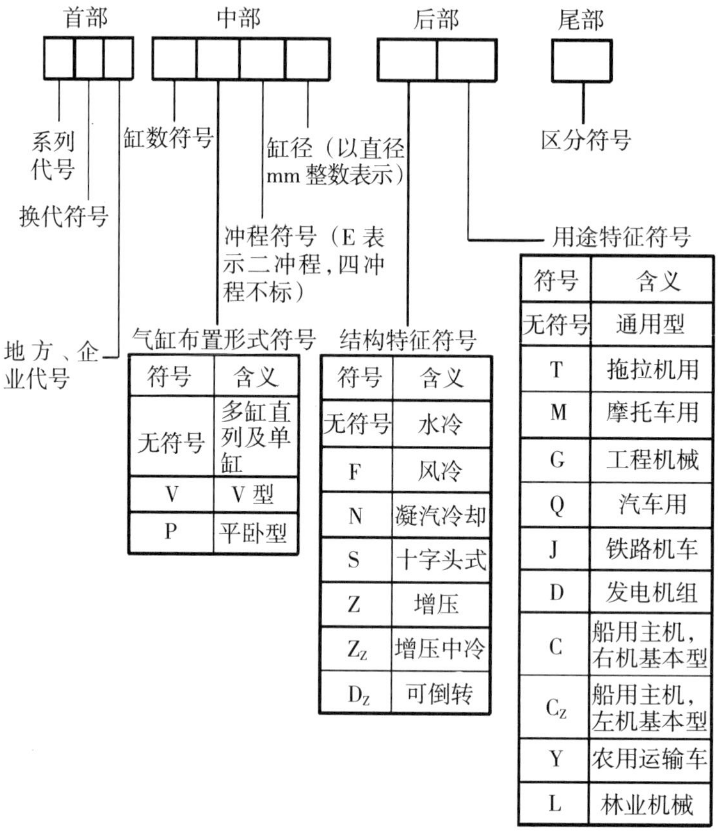

气缸布置形式符号

符号	含义
无符号	多缸直列及单缸
V	V 型
P	平卧型

结构特征符号

符号	含义
无符号	水冷
F	风冷
N	凝汽冷却
S	十字头式
Z	增压
Z_Z	增压中冷
D_Z	可倒转

用途特征符号

符号	含义
无符号	通用型
T	拖拉机用
M	摩托车用
G	工程机械
Q	汽车用
J	铁路机车
D	发电机组
C	船用主机，右机基本型
C_Z	船用主机，左机基本型
Y	农用运输车
L	林业机械

图 2－4　内燃机型号表示方法及其含义

2.1.3　发动机主要性能指标和特性

发动机主要性能指标有动力性能指标（有效转矩、有效功率、转速等）、经济性能指标（燃油消耗率）和运转性能指标（排气品质、噪声和起动性能等）。

2.1.3.1　动力性能指标

1. 有效转矩。

发动机通过飞轮对外输出的平均转矩称为有效转矩，以 T_{tq} 表示。有效转矩与外界施加于发动机曲轴上的阻力矩相平衡。

2. 有效功率。

发动机通过飞轮对外输出的功率称为有效功率，以 P_e 表示。它等于有效转矩与曲轴角速度的乘积。发动机的有效功率可以用台架试验的方法测定，也可以用测功器测定有效转矩和曲轴转速，然后用下式计算：

$$P_{e}=T_{tq}\frac{2\pi n}{60}\times10^{-3}=\frac{nT_{tq}}{9550} \quad (2-5)$$

式中，T_{tq}为有效转矩（N·m）；n 为曲轴转速（r/min）。

发动机曲轴转速的高低，关系到单位时间内做功次数的多少和发动机有效功率的大小，即发动机的有效功率随曲轴转速的不同而变化。因此，在说明发动机有效功率大小时，必须同时指明其相应的转速。在发动机产品标牌上规定的功率及其相应的转速分别称作标定功率和标定转速。发动机在标定功率和标定转速下的工作状况称为标定工况。标定功率是发动机所能发出的最大功率，是根据发动机用途而制定的有效功率最大使用限度。同一种型号的发动机，当其用途不同时，其标定功率值并不同。按照汽车发动机可靠性试验方法的规定，汽车发动机应能在标定工况下连续运转 300～1000 h。

2.1.3.2　经济性能指标

发动机每发出 1 kW 有效功率在 1 小时内所消耗的燃油质量（以 g 为单位），称为燃油消耗率。用 b_e 表示。很明显，燃油消耗率越低，经济性能越好。

燃油消耗率［g/（kW·h）］为

$$b_{e}=\frac{B}{p_{e}}\times10^{-3} \quad (2-6)$$

式中，B 为发动机在单位时间内的耗油量（kg/h），可由试验测定；p_e 为发动机的有效功率（kW）。

发动机性能是随着许多因素而变化的，其变化规律称为发动机特性。

2.1.3.3　运转性能指标

发动机运转性能指标主要是指排气品质、噪声、起动性能等。由于这些性能不仅与使用者利益相关，更关系到人类的健康，因此必须指定共同遵守的统一标准，并给予严格控制。

1. 排气品质。

发动机的排气中含有对人体有害的物质，它对大气的污染已形成公害。为此，各国采取了许多对策，并制定相应的控制法规。我国最新颁布了污染物排放标准《轻型汽车污染物排放限值及测量方法（中国第六阶段）》（GB 18352.6—2016）。

2. 噪声。

噪声会刺激人的神经，使人心情烦躁，反应迟钝，甚至造成耳聋，诱发高血压和神经系统的疾病，因此也必须用法规进行限制。汽车是城市中主要的噪声源之一，发动机又是汽车主要噪声源，故必须给予控制。在我国制定的标准《汽车加速行驶车外噪声限值及测量方法》（GB/T 1495—2002）中，对不同分类的汽车以及同一分类中不同总质量和发动机不同额定功率的汽车详细制定了噪声限值。

3. 起动性能。

起动性能好的发动机在一定温度下能可靠而迅速地起动，起动消耗的功率小，起动期磨损少。发动机起动性能的好坏，除与发动机结构有关外，还与发动机工作过程相联系，它直接影响汽车机动性。我国标准规定，不采用特殊的低温起动措施，汽油机在 -10 ℃，柴油机在 -5 ℃以下的气温条件下起动发动机时，15 秒以内发动机要能自行运转。

2.1.3.4 发动机的速度特性

当燃油供给调节机构位置固定不变时，发动机性能参数（有效转矩、功率、燃油消耗率等）随转速改变而变化的规律称为速度特性。

2.1.3.5 发动机的负荷特性

当发动机转速一定时，经济性能指标的有效比燃油消耗量随发动机负荷的变化关系。利用这一变化曲线，可最全面地确定发动机在各种负荷和转速时的经济性。

发动机分为汽油机和柴油机两大类。汽油机是依靠节气门调节负荷的，因此汽油机负荷特性又称节流特性；柴油机是靠改变喷油量来调节负荷的，通过喷油量变化改变混合气成分，因此柴油机负荷特性又称燃油调整特性。

普通汽油机负荷特性曲线的特征：开始启动时 de 最大（此时需要浓混合气），但随节气门逐渐开启，负荷增大而 de 减少直至最低点，此时节气门接近全开。继续开大节气门，de 又会开始上升，曲线呈现一条内凹抛物线。曲线的最小 de 值越低越好，同时 de 随负荷的变化越平缓，发动机在不同负荷下工作的经济性越好。从曲线的形状可以分析出哪一个负荷区域是最经济的。

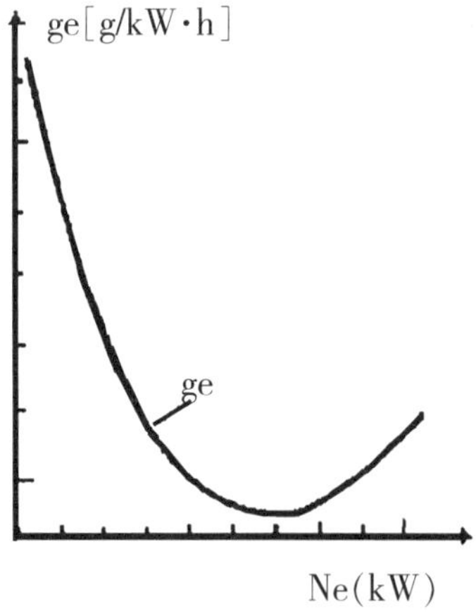

图 2-5　汽油机负荷特性曲线

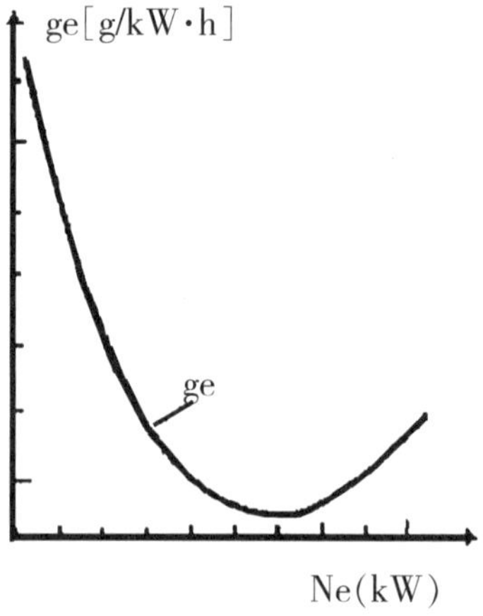

图 2-6　柴油机负荷特性曲线

柴油机负荷特性曲线的走向特征与汽油机基本一样。但两者对比，柴油机的负荷特性曲线比较平坦，这也就是柴油机比汽油机省油的重要原因。

☞学习工作页

<table>
<tr><td rowspan="2">学习工作页</td><td>学习单元</td><td colspan="4">汽车发动机总论</td></tr>
<tr><td>学习任务</td><td colspan="4">发动机总论</td></tr>
<tr><td>姓　名</td><td></td><td>班　级</td><td></td><td>小　组</td><td></td></tr>
<tr><td>日　期</td><td></td><td>开始时间</td><td></td><td>结束时间</td><td></td></tr>
<tr><td>场　地</td><td colspan="5"></td></tr>
<tr><td>用品、用具、工具、设备</td><td colspan="5">实训车辆、笔记本电脑、投影设备、组合工具</td></tr>
<tr><td>工作记录</td><td colspan="5">1. 认识发动机的类型及型号。
2. 说出发动机的组成及进行发动机性能的分析。</td></tr>
<tr><td colspan="6">1. 填空题。
(1) 汽油发动机是由曲柄连杆、配气两大机构以及__________、__________、__________、__________、__________五部分组成，而柴油机少了一个__________系统。
(2) 汽油机采用__________的方式点燃可燃混合气，柴油机则采用__________、__________的方式点燃可燃混合气。
2. 判断题。
(1) 当燃油供给调节机构位置固定不变时，发动机性能参数（有效转矩、功率、燃油消耗率等）随转速改变而变化的规律称为速度特性。（　　）
(2) 汽油机是依靠节气门调节负荷的，因此汽油机负荷特性又称节流特性；柴油机是靠改变喷油量来调节负荷的。（　　）
3. 完成任务。
在教师提供的车辆上，说出发动机的类型及型号，并说明各部件名称及如何拆装。
车型：__________________
发动机类型：__________________
发动机各部件的名称：__________________
发动机的工作原理：__________________

指导教师评语：
____
____

教师签字：__________　日期：______年______月______日</td></tr>
</table>

单元3　机体组及曲柄连杆机构的结构与拆装

☞学习情境

一辆大众捷达轿车进店，客户反映该车排气管冒蓝烟，且发动机动力不足，4S店维修人员正在对此辆轿车进行检修。

☞学习目标

通过本单元的学习，应能：

1. 正确描述机体组各零部件的名称。
2. 正确描述活塞连杆组的部件名称。
3. 熟悉曲轴飞轮组的组成。

☞学习信息资源

曲柄连杆机构是往复活塞式发动机将热能转化为机械能的主要机构。

机体组及曲柄连杆机构主要由以下几部分组成：

（1）气缸体与曲轴箱组（机体组），包括：气缸体、曲轴箱、气缸盖、气缸套、气缸垫。

（2）活塞连杆组，包括：活塞、活塞环、活塞销、连杆。

（3）曲轴飞轮组，包括：曲轴、飞轮。

学习任务3.1　机体组

☞学习情境

小李在维修一台发动机时，测量气缸后判断该发动机需更换气缸套。

☞学习目标

通过本任务的学习，应能：

1. 掌握机体组的结构及拆装。
2. 学习气缸套的类型及如何更换气缸套。
3. 了解燃烧室的类型。

☞学习信息

3.1.1　气缸体

1. 气缸体。
作用：发动机的各个机构和系统的装配基体。
要求：气缸体应具有足够的刚度和强度。
结构形式：
（1）一般式（水平式）：便于机加工，刚度小，多用于中小型发动机。
（2）龙门式：工艺性差，刚度强度较好，多用于大中型发动机。
（3）隧道式：拆装困难，刚度比龙门式好。
2. 气缸。
（1）要求：耐高温，耐磨损，耐腐蚀。从气缸材料、加工精度、结构方面采取措施。
（2）材料：优质合金铸铁，并提高加工精度。
（3）冷却方式：水冷——水在水套中流动；风冷——散热片。
（4）气缸布置形式：
单列式：结构简单，易加工，长度、高度较大。
双列式：
①V 型：长度、高度缩短，宽度大，形状复杂，夹角小于 180°。
②对置：高度小，利于汽车总体布置，夹角等于 180°。
（5）气缸套，如表 3 – 1 所示。

表 3 – 1　气缸套名称及性能

名　称	特　点	示意图	性　能
干气缸套	外壁不直接与冷却水接触。 （1）壁厚较薄（1 ~ 3 mm）； （2）与刚体承孔过盈配合； （3）不易漏水漏气	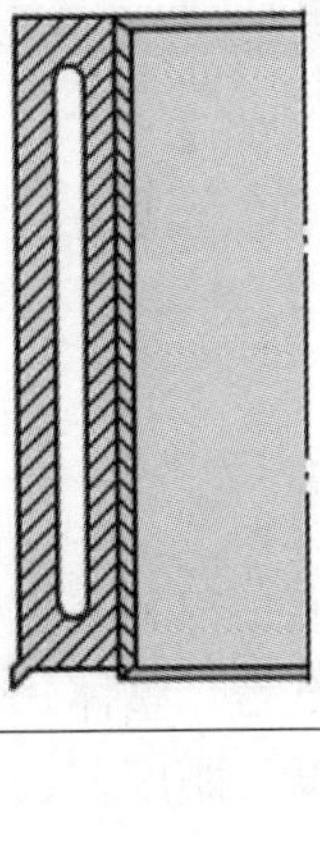	强度刚度都较好，加工复杂，拆装不便，散热不良

续表

名　称	特　点	示意图	性　能
湿气缸套	外壁直接与冷却水接触。 (1) 壁厚较厚 (5 ~ 9 mm); (2) 散热效果较好; (3) 易漏水漏气; (4) 易穴蚀	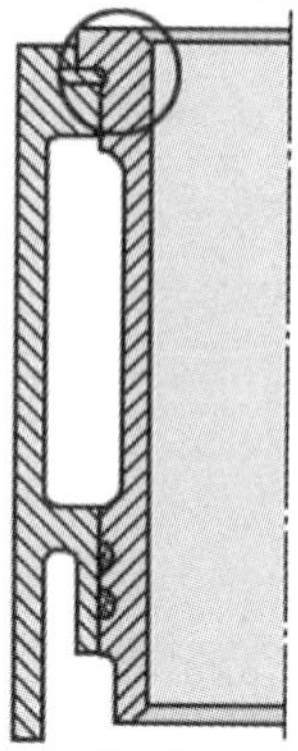	强度刚度不如干气缸套，易漏水，加工容易，散热良好，冷却均匀

①定位：

径向：靠上下两个凸台的、与气缸体间为动配合的圆环带 A 和 B。

轴向：利用缸套上部凸缘与缸体相应的台阶。

下部：1 ~ 3 个耐油、耐热的橡胶密封圈。

②密封：缸套顶面高出缸体 0.05 ~ 0.15 mm（如图 3 - 1 所示），当气缸盖螺栓拧紧后，缸套与缸体凸台接合处、缸套与缸垫接合处承受较大的预紧力。

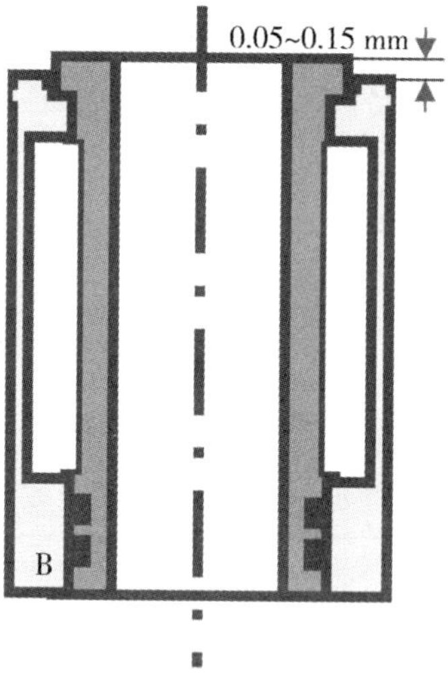

图 3 - 1　气缸套与气缸体

3.1.2　气缸盖

(1) 作用：封闭气缸上部，与活塞顶部和气缸壁形成燃烧室。

(2) 结构：单体气缸盖、块状气缸盖、整体式气缸盖。

(3) 特点及性能：缩短发动机长度，刚度差，发动机缸径小于 105 mm 时用。

（4）材料：灰铸铁、合金铸铁。

（5）燃烧室。

①要求：结构紧凑，冷却面积小，以减少热量损失；使混合气在压缩终了时具有一定的涡流运动。

②结构，如表 3－2 所示。

表 3－2　燃烧室名称及特点

名　称	特　点	示意图	车　型
半球形燃烧室	结构紧凑，排气效果好，火焰行程短，燃烧速率高，热损失少，热效率高。 （1）气门呈横向 V 形排列，因此气门头部直径可以做得较大，换气好。 （2）火花塞位于燃烧室的中部，火焰行程短，燃烧速度最高，动力性、经济性最好。高速发动机常用燃烧室。 （3）CO 和 HC 排放最少，而 NO 排放较多。	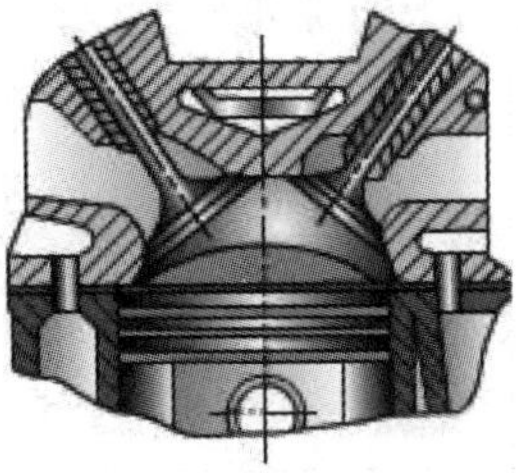	桑塔纳、夏利、富康
楔形燃烧室	结构简单、紧凑，散热面积小，热损失少；火花塞置于燃烧室最高处，火焰传播距离长，燃烧速度较快。 （1）气门斜置，气流导流较好，充气效率高。 （2）有挤气，冷激面，可形成挤气涡流。 （3）燃烧速度较快，CO 和 HC 排放较少，而 NO 的排放稍多。		切诺基
盆形燃烧室	工艺性好，成本低，进排气效果不如半球形燃烧室，燃烧速度较低。 （1）气门平行于气缸轴线。 （2）有挤气，冷激面，可形成挤气涡流。 （3）盆的形状狭窄，气门尺寸受限，唤起质量较差，燃烧速度较低，CO 和 HC 排放较多，而 NO 的排放较少。	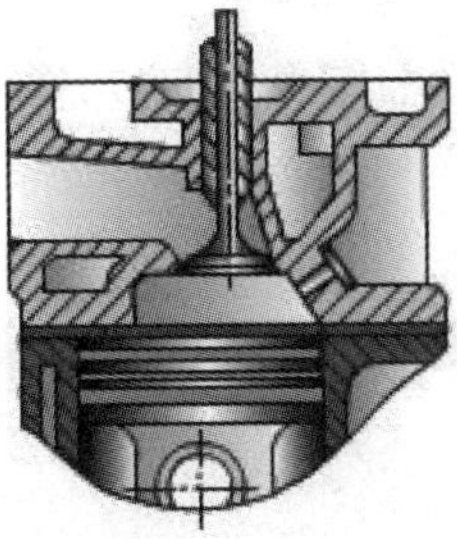	捷达、奥迪

3.1.3　气缸盖衬垫

气缸垫安装在气缸体和气缸盖之间，其功用是保证气缸体与气缸盖接合面间的密封，防止漏水、漏气。气缸垫与高温高压燃气接触，在使用中易被烧蚀，故要求其耐热、耐腐蚀，有一定的弹性和足够的强度，且拆卸方便，能重复使用，寿命长。按所用材料的不同，气缸垫可分为金属－石棉气缸垫、纯金属气缸垫等形式。

3.1.4 油底壳

油底壳的主要功用是储存润滑油并封闭曲轴箱。油底壳一般采用薄钢板冲压而成，其形状取决于发动机总体布置及润滑油的容量。

在有些发动机上，为达到良好的散热效果，采用铝合金铸造而成的轻金属油底壳，且其底部铸有散热片。

为保证发动机在纵向倾斜时机油泵仍能吸到润滑油，油底壳中部或后部一般做得较深，油底壳内还设有挡油板，防止汽车行驶时油面波动过大。油底壳底部装有磁性的放油塞，能吸附润滑油中的金属屑，以减少发动机的磨损。

学习任务 3.2 活塞连杆组

☞学习情境

大众厂家在召回帕萨特汽车时，为降低机油消耗，需要按照统一制订的工作计划更换活塞环。

☞学习目标

通过本任务的学习，应能：

1. 掌握活塞连杆组的各部件检测及拆装。
2. 了解活塞环及活塞的选配。
3. 掌握连杆的检验及校正方法。
4. 了解活塞销的类型。

☞学习信息

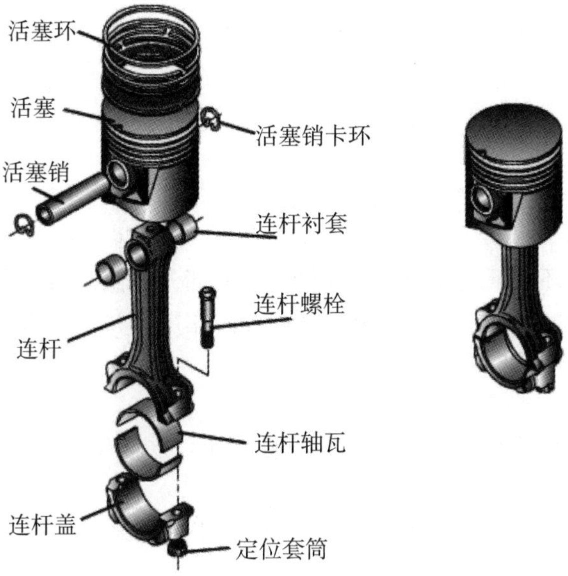

图3－2　活塞连杆组

3.2.1　构造表

表3－3　活塞的形状及特点

形　状	示意图	特　点
平顶		结构简单，制造容易，受热面积小，应力分布均匀，多用在汽油机上
凸顶	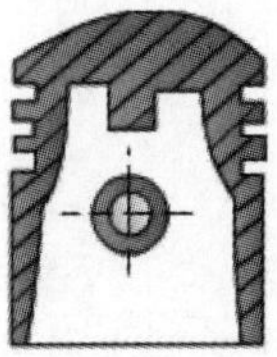	凸顶呈球状、顶部强度高，起导向作用，有利于改善换气过程
凹顶	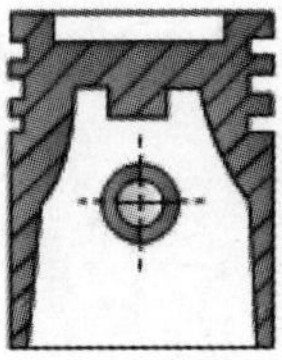	凹坑的形状、位置必须有利于可燃混合气的燃烧；提高压缩比，防止碰气门（高压缩比发动机为了防止碰气门，也可用凹坑的深度来调整压缩比）

1. 头部。

(1) 位置：第一道活塞槽与活塞销孔之间的部分。

注意：活塞头部工作条件恶劣，应离顶部远些。

(2) 作用：

①安装活塞环，与活塞环一起密封气缸。

②防止可燃混合气漏到曲轴箱内。

③将顶部吸收的热量通过活塞环传给气缸壁。

2. 裙部。

(1) 位置：从油环槽下端面起至活塞最下端的部分，包括销座孔。

(2) 作用：对活塞在气缸内的往复运动起导向作用，并承受侧压力，防止破坏油膜。

(3) 活塞变形及应采取的措施：

①变形原因：

由活塞裙部变形图可看出：(a) 受热膨胀，(b) 受侧压力，(c) 受气体压力是活塞变形的主要原因。最终变形如图 (d)。

可见，活塞裙部变形为沿着活塞销轴线向外膨胀（活塞销处的金属量比较大）。

②变形规律：

a. 活塞的热膨胀量大于气缸的膨胀量，使配缸间隙减小（因活塞温度高于气缸壁，且铝合金的膨胀系数大于铸铁）。

b. 活塞自上而下膨胀量由大到小（因温度上高下低，壁厚上厚下薄）。

c. 裙部周向近似椭圆形变化，长轴沿销座孔轴线方向（因销座处金属量多而膨胀量大，以及侧压力作用结果）。

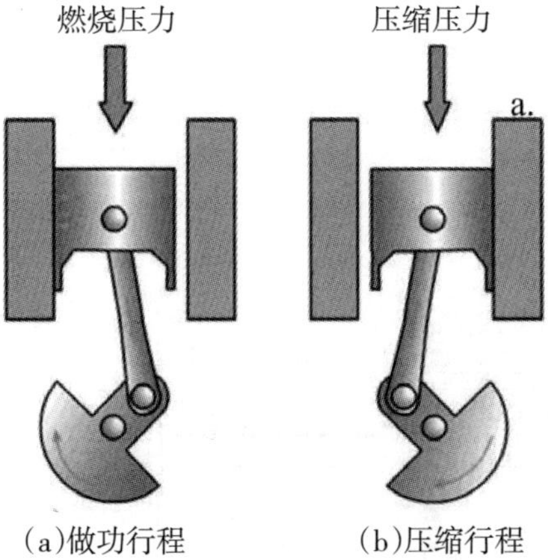

(a)做功行程　　(b)压缩行程

活塞裙部侧压力

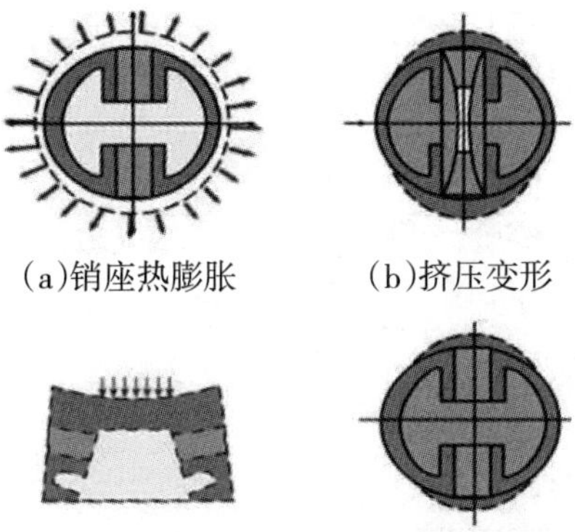

(a)销座热膨胀　　(b)挤压变形

(c)弯曲变形　　(d)裙部变形

图3-3　活塞裙部变形图

③结构措施：

a. 活塞纵断面制成上小下大的截锥形。如：阶梯形活塞、锥形活塞。

b. 活塞裙部制成椭圆形，长轴垂直于销座孔轴线方向，即侧压力方向。销座处凹陷0.5～1.0 mm。

c. 裙部开隔热槽和膨胀槽，其中横槽叫隔热槽，竖槽叫膨胀槽。(柴油机一般不开。)

3. 偏置销座。

(1) 定义：活塞销座朝向承受做功侧压力的一面偏移1～2 mm做功时，侧压力在左侧。

(2) 作用：减轻活塞换向时对气缸壁的敲击。

(3) 原理：因销座偏置，在接近上止点时，作用在活塞销座轴线以右的气体压力大于左边，使活塞倾斜，裙部下端提前换向。当活塞越过上止点，侧向压力反向时活塞才以左下端接触处为支点，顶部向左转（不是平移），完成换向。

(4) 偏置销座使活塞换向分成两步：

第一步：在气体压力较小时进行，且裙部弹性好，有缓冲作用，使换向冲击力减小。

第二步：虽气体压力大，但它是个渐变过程。

3.2.2 活塞环

如图 3 –4 所示。

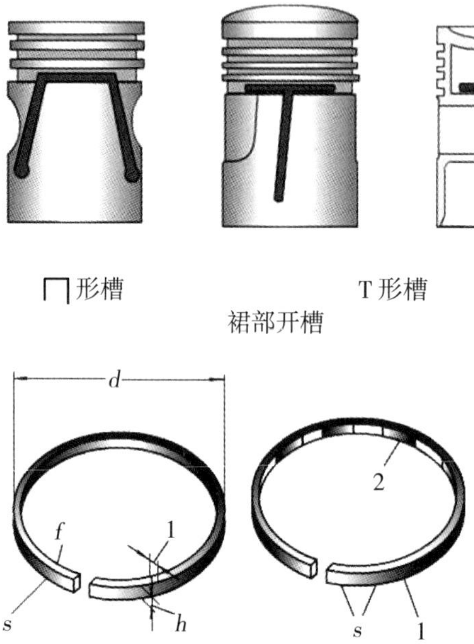

图 3 –4 活塞及活塞环

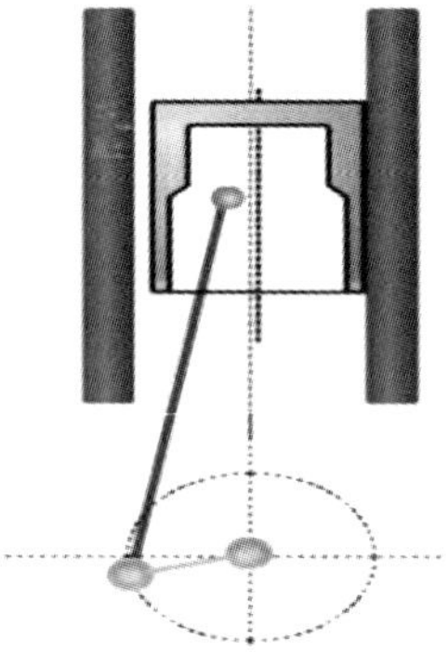

图 3 –5 偏置销座运动示意图

分类：气环和油环。

要求：耐热，耐磨，有较高的强度和冲击韧性。

材料：合金铸铁。

1. 气环。

气环尽量少（2 ~3 个），安装时切口错开。

（1）作用：密封、传热、隔热。

密封：防止高温高压燃气大量漏入曲轴箱。

传热：将活塞顶部的大部分热量传到气缸壁上，再由冷却水和空气带走。

（2）气环结构与密封原理：

活塞环间隙：

①端隙 Δ1：又称开口间隙，使活塞环装入气缸后开口处的间隙。一般为 0. 25 ~ 0. 50 mm。

②侧隙 Δ2：又称边隙，是环高方向上与环槽之间的间隙。第一道 0. 04 ~0. 10 mm；其他气环 0. 03 ~0. 07 mm。

③背隙 Δ3：是活塞环装入气缸后，活塞环背面与环槽底部的间隙，为 0. 5 ~1 mm。

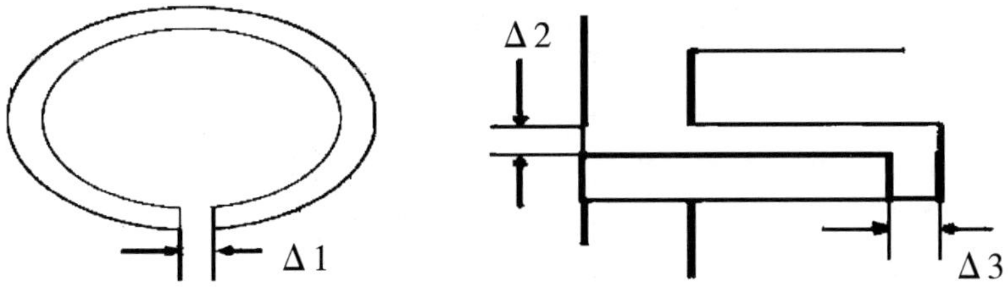

图 3－6　气环的密封原理

第一密封面的建立：环在自由状态下，环外径 > 缸径，装缸后在其弹力 P_0 作用下与缸壁压紧，形成第一密封面。

第二密封面的建立：活塞环在运动时产生惯性力 P_j，与缸壁间产生摩擦力 F，以及侧隙有气体压力 P_1，在这三个力的共同作用下，使环靠在环槽的上侧或下侧，形成第二密封面。

气环的第二次密封：窜入背隙和侧隙的气体，使环对缸壁和环槽进一步压紧，加强了第一、二密封面的密封。

活塞环的泵油作用及危害：

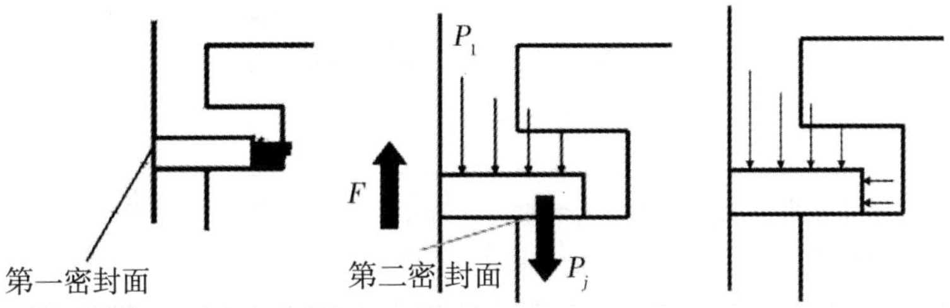

图 3－7　活塞环的泵油作用及危害

①原因：存在侧隙和背隙；环运动时在环槽中靠上靠下。

②危害：增加了润滑油的消耗；

火花塞沾油不跳火；

燃烧室积碳增多，燃烧性能变差；

环槽内形成积碳，挤压活塞环而失去密封性。

加剧气缸磨损。

③解决措施：采用扭曲环；

采用组合式油环；

油环下设减压腔。

(3) 气环的断面形状。如表 3－4 所示。

表 3－4　气环的断面形状及其特点

<table>
<tr><th>形　状</th><th>特　点</th><th>安装图</th><th>备　注</th></tr>
<tr><td>矩形环</td><td>结构简单、制造方便、易于生产、应用广泛，与缸壁接触面积大，散热好，但易泵油。</td><td></td><td></td></tr>
<tr><td rowspan="2">扭曲环
将矩形环内圆上方或外圆下方切成台阶或倒角而成。
安装：内上切扭曲环装入第一道环槽，外下切扭曲环装入第二、三道环槽。</td><td>断面不对称，受力不平衡，使活塞环扭曲。
①具有锥形环的特点；
②减少了泵油作用；
③做功行程环不再扭曲，两个密封面达到完全接触，利于散热。</td><td>内切口扭曲环
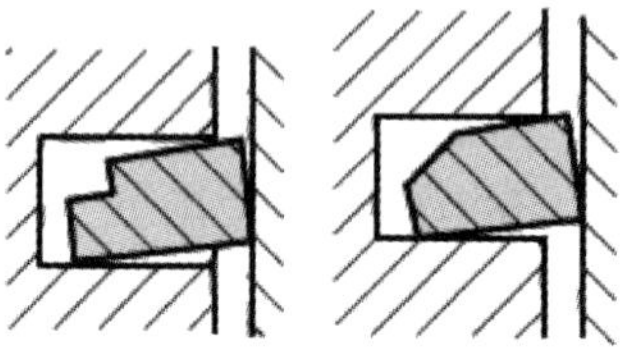
外切口扭曲环
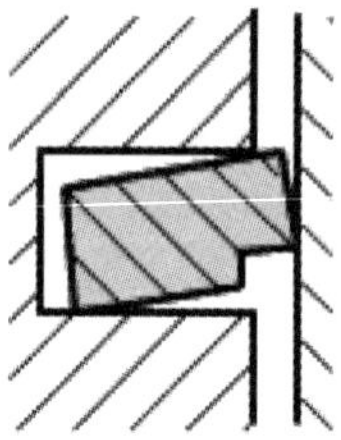</td><td>安装：注意断面形状和方向，内切口朝上，外切口朝下，不能装反。</td></tr>
<tr><td colspan="3">扭曲原理：当活塞环装入气缸后，环受到压缩产生弯曲变形，断面中性层以外产生拉应力、中性层以外产生压应力，矩形环由于中性层内外断面不对称，使 F_1 和 F_2 不在同一平面内，从而形成力偶 M，在力偶的作用下，活塞环发生微量的扭曲变形。
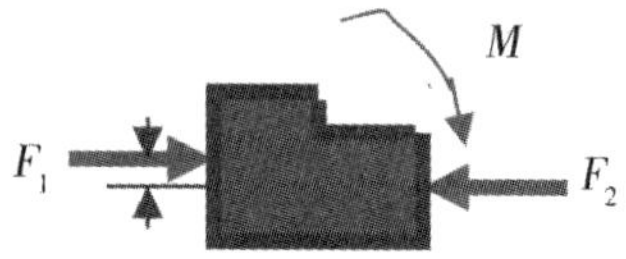
</td></tr>
<tr><td>锥面环</td><td>减少了环与气缸壁的接触面，提高了表面接触压力，有利于磨合和密封。与缸壁线接触，有利于密封和磨合。下行有刮油作用。上行有布油作用，并可形成楔形油膜</td><td>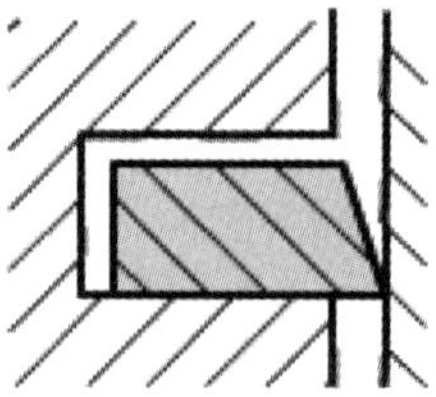</td><td>安装注意：
1. 锥角朝下（在环端有向上或 top 等标记）；安装时不能装反，否则会引起机油上窜。
2. 锥形环传热性差，常装到第二、三道环槽上。</td></tr>
</table>

续表

形　状	特　点	安装图	备　注
梯形环	加工困难，精度要求高 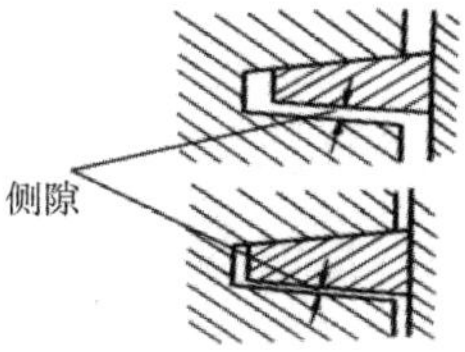 梯形环侧隙的变化	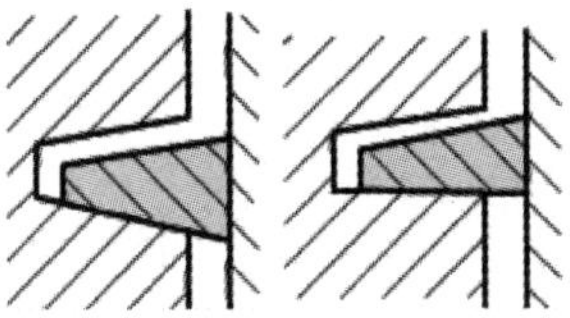	当活塞在侧压力作用下左、右换向时，环的侧隙和背隙将不断变化，使胶状油焦不断从环槽中被挤出。梯形环用于热负荷较大的柴油机的第一道环。
桶面环	①外圆为凸圆弧形； ②环面与缸壁圆弧接触，避免了棱角负荷； ③环上下运动时，均能形成楔形油膜。	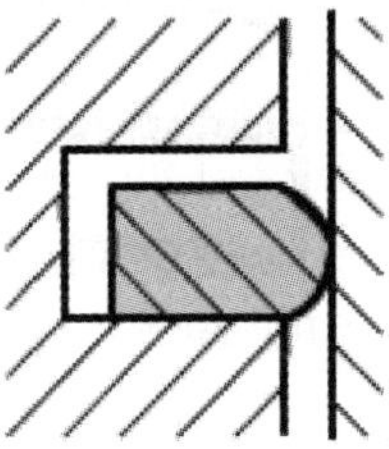	

(4) 气环的切口形状：直角口、梯形口、平行口等。

2. 油环。

(1) 作用：使气缸壁上机油膜均匀分布，改善润滑条件，辅助封气。

(2) 普通油环：合金铸铁制造，外圆面中间切有一道凹槽，槽底部加工出小孔。

(3) 组合油环：由三个刮油钢片和两个弹簧衬环组成。

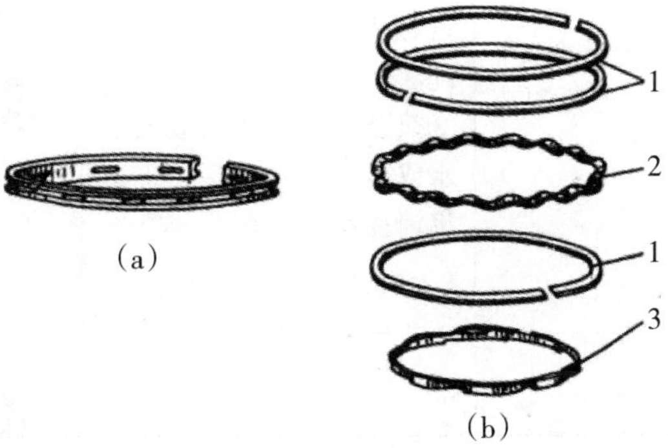

图3-8　油环

组合环特点：①密封好：第一密封面，靠径向力（因衬簧长大于刮片长而产生径向力）。

第二密封面，靠轴向力（因衬簧和钢片总厚度大于环槽高而产生轴向力）。

②无侧隙，不窜油。

③刮油能力强：因钢片薄，对缸壁比压大。

④上下片可分别动作，适应性好。

⑤回油能力强。

油环一般侧隙较小，为0.025～0.07 mm。

3.2.3 活塞销

1. 功用：连接、传力。
2. 要求：有足够的强度、刚度和表面耐磨性，质量尽可能小。
3. 结构：减少质量，采用空心钢管。

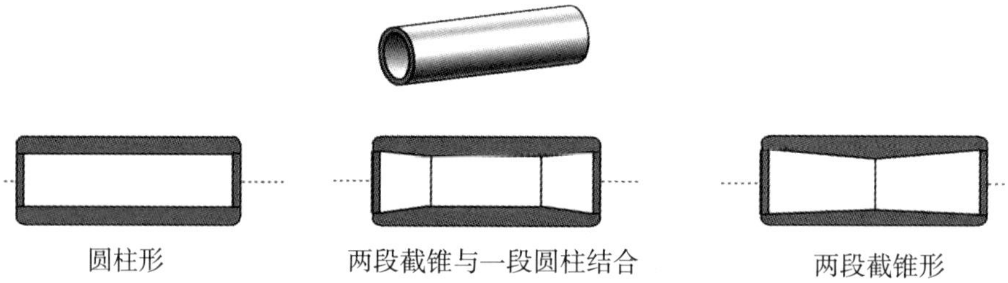

图3－9 活塞销

4. 材料：低碳合金钢，经表面渗碳处理。
5. 连接方式，如表3－5所示。

表3－5 活塞销的连接方式

连接方式	定 义	装 配	示意图
全浮式	在发动机正常工作温度下，活塞销在连杆小头孔和活塞销座孔中都能转动。	①销和销座孔在冷态时为过渡配合，采用分组选配法。 ②热装合：将活塞放入热水或热油中加热后，迅速将销装入。	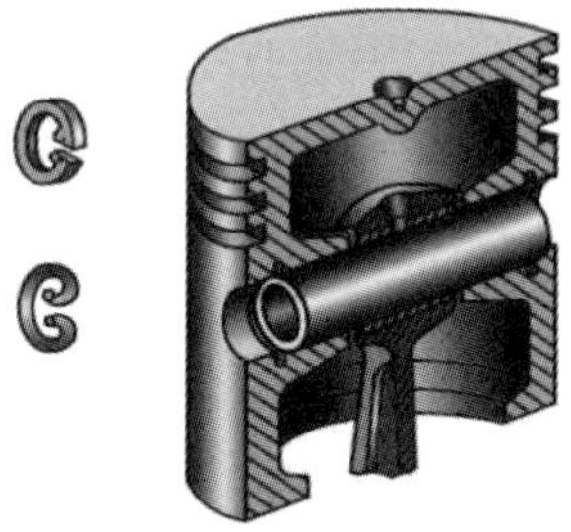
半浮式	销与销座孔和连杆小头两处，一处固定，一处浮动。(一般固定连杆小头)	加热连杆小头后，将销装入，冷态时为过盈配合。	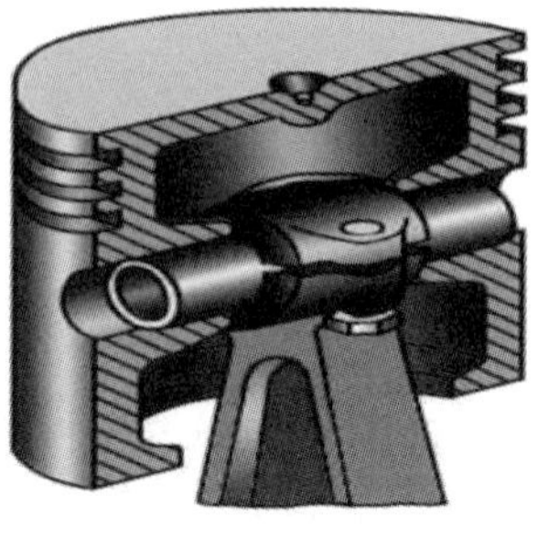

3.2.4　连　杆

1. 功用：将活塞承受的力传给曲轴，从而使活塞往复运动转变为曲轴的旋转运动。
2. 要求：质量尽可能小的条件下，有足够的刚度和强度。
3. 材料：中碳钢或合金钢。
4. 结构：小头、杆身、大头。
5. 切口的定位形式。

（1）平切口：利用连杆螺栓上加工的圆柱凸台光圆柱部分。

（2）斜切口：止口定位；套筒定位；锯齿定位。

（3）采用较多的定位方式有：连杆螺栓定位、套筒定位、锯齿定位。如图 3－10 所示。

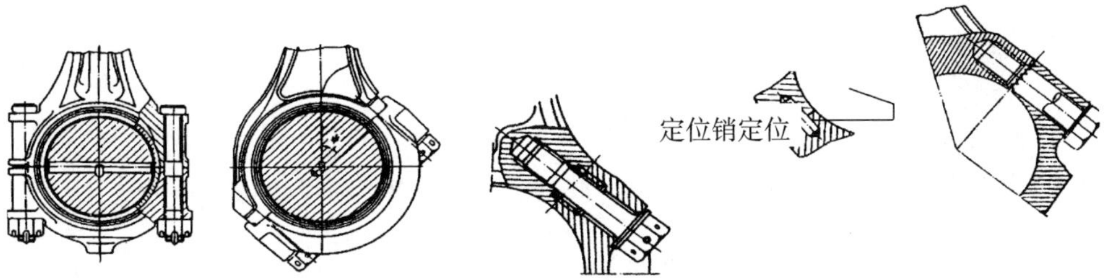

(a)平切口　(b)止口定位　(c)套筒定位　(d)定位销定位　(e)锯齿定位

图 3－10　连杆盖的定位方式

学习任务 3.3　曲轴飞轮组

☞学习情境

一台捷达发动机正在大修，经测量曲轴发生变形，需要更换，请问曲轴如何检测及修复？

☞学习目标

通过本任务的学习，应能：
1. 掌握曲轴的测量。
2. 学习各种发动机的做功顺序。
3. 了解飞轮的作用。

☞学习信息

3.3.1 曲　轴

1. 功用：

（1）把活塞连杆组传来的气体压力转变为扭矩对外输出。

（2）驱动配气机构及其他附属装置。

材料：大多采用优质中碳钢或中合金碳钢。有的采用球磨铸铁。

2. 曲轴由三部分组成：

曲轴前端——自由端。

曲拐——曲柄销，曲柄，主轴颈。

曲轴后端——曲轴的曲拐数目取决于气缸的数目和排列方式。

直列式：曲拐数 = 气缸数；

V 列式：曲拐数 = 气缸数的一半；

对置式：曲拐数 = 气缸数的一半。

3. 曲轴分类：按主轴颈数分为全支承曲轴、非全支承曲轴，如表 3 - 6 所示。

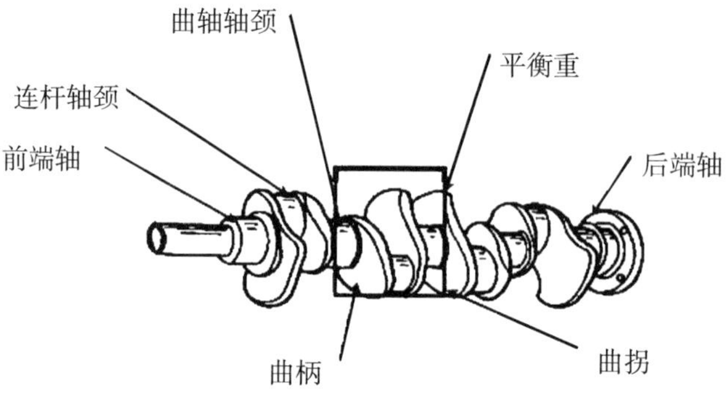

图 3 - 11　曲轴

表3－6　定义及优缺点

	全支承曲轴	非全支承曲轴
定义	每个连杆轴颈两边都有一个主轴颈	主轴颈数等于或少于连杆轴颈数
示意图	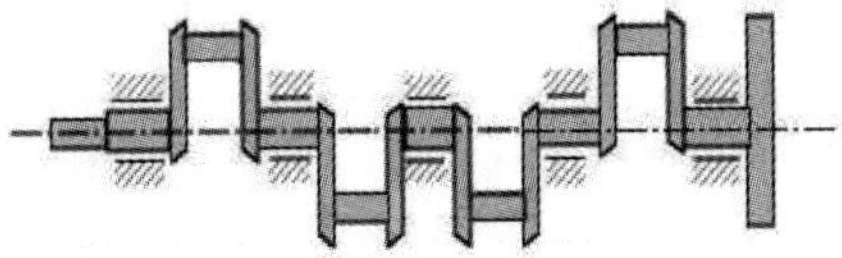	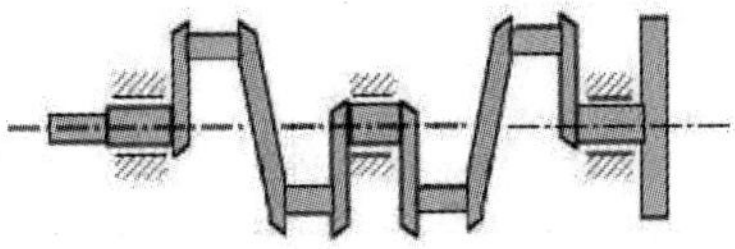
优点	提高曲轴的刚度和弯曲强度，减轻主轴承的载荷	缩短了曲轴的长度，使发动机总体长度有所减少
缺点	曲轴的加工表面增多，主轴承数增多，使机体加长	主轴承载荷较大
应用	柴油机	承受载荷较小的汽油机

4. 曲轴的形状和位置。

取决于缸数、气缸排列方式和发火次序。

在安排多缸发动机发火次序时，应注意以下四点：

（1）使连续做功的两缸相距应尽可能远，以减轻主轴承的载荷。

（2）避免可能发生的进气重叠现象（即相邻两缸进气门同时开启），以免影响充气。

（3）做功间隔应力求均匀，就是说在发动机完成一个工作循环的曲轴转角内，每个气缸都应发火做功一次且各缸发火间隔角（以曲轴转角表示，称发火间隔角）应力求均匀。

（4）V型发动机左右两缸尽量交替做功，对缸数为 i 的四冲程发动机而言，发火间隔角为 $720°/i$，发火次序以“尽可能远”原则选取，若选定某缸为第一缸着火，则第二次着火就不应在同向曲拐所对应的那个缸，而应在除第一缸外，远离第一次着火缸的那一缸。

5. 常用曲拐布置。

工作顺序：各缸完成同名行程的次序。

（1）直列四冲程四缸发动机：①曲拐对称布置于同一平面内。

②相邻做功气缸的曲拐夹角为 $720°/4 = 180°$。

③发动机工作顺序：1—3—4—2，1—2—4—3，如表3－7、表3－8所示。

表 3－7　发火次序：1—3—4—2

曲轴转角（°）	第一缸	第二缸	第三缸	第四缸
0～180	做功	排气	压缩	进气
180～360	排气	进气	做功	压缩
360～540	进气	压缩	排气	做功
540～720	压缩	做功	进气	排气

表 3－8　发火次序：1—2—4—3

曲轴转角（°）	第一缸	第二缸	第三缸	第四缸
0～180	做功	压缩	排气	进气
180～360	排气	做功	进气	压缩
360～540	进气	排气	压缩	做功
540～720	压缩	进气	做功	排气

（2）直列四冲程六缸发动机：

①发动机工作顺序：1—5—3—6—2—4，1—4—2—6—3—5。

②曲拐对称布置于三个平面内。

③相邻做功气缸的曲拐夹角为 720°/6＝120°。

a. 直列式：分左手排列和右手排列两种形式。

左手排列，即从曲轴前端看，第二缸在第一缸左侧；

右手排列，即从曲轴前端看，第二缸在第一缸的右侧。

第一缸与第六缸、第二缸与第五缸、第三缸与第四缸在同一平面内，曲轴配角为 120°，使用四道或七道轴颈。

点火顺序：左手曲轴为 1—5—3—6—2—4；右手曲轴为 1—4—2—6—3—5。

b. 型左右排的相对气缸共用一道曲柄销，使用四道轴颈。

点火顺序为 1—6—5—4—3—2（右 1—左 3—右 3—左 2—右 2—左 1），如表 3－9 所示。

表 3－9 曲轴转角

<table>
<tr><th colspan="2">曲轴转角（°）</th><th>第一缸</th><th>第二缸</th><th>第三缸</th><th>第四缸</th><th>第五缸</th><th>第六缸</th></tr>
<tr><td rowspan="3">0～180</td><td>60</td><td rowspan="3">做功</td><td rowspan="2">排气</td><td>进气</td><td>做功</td><td rowspan="2">压缩</td><td rowspan="3">进气</td></tr>
<tr><td>120</td><td rowspan="3">压缩</td><td rowspan="3">排气</td></tr>
<tr><td>180</td><td rowspan="3">进气</td><td rowspan="3">做功</td></tr>
<tr><td rowspan="3">180～360</td><td>240</td><td rowspan="3">排气</td><td rowspan="3">压缩</td></tr>
<tr><td>300</td><td rowspan="3">做功</td><td rowspan="3">进气</td></tr>
<tr><td>360</td><td rowspan="3">压缩</td><td rowspan="3">排气</td></tr>
<tr><td rowspan="3">360～540</td><td>420</td><td rowspan="3">进气</td><td rowspan="3">做功</td></tr>
<tr><td>480</td><td rowspan="3">排气</td><td rowspan="3">压缩</td></tr>
<tr><td>540</td><td rowspan="3">做功</td><td rowspan="3">进气</td></tr>
<tr><td rowspan="3">540～720</td><td>600</td><td rowspan="3">压缩</td><td rowspan="3">排气</td></tr>
<tr><td>660</td><td rowspan="2">进气</td><td rowspan="2">做功</td></tr>
<tr><td>720</td><td>排气</td><td>压缩</td></tr>
</table>

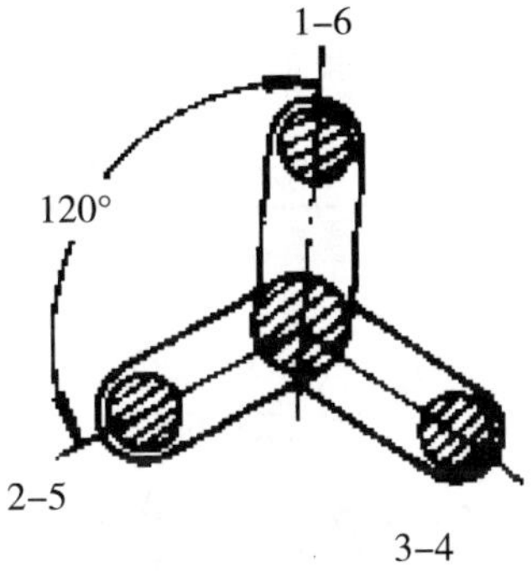

图 3－12 曲轴转角

（3）四行程 V 型八缸发动机。

①发动机工作顺序：1—8—4—3—6—5—7—2。

②曲拐对称布置于四个（或一个）平面内。

③相邻做功气缸的曲拐夹角为 720°/8＝90°。

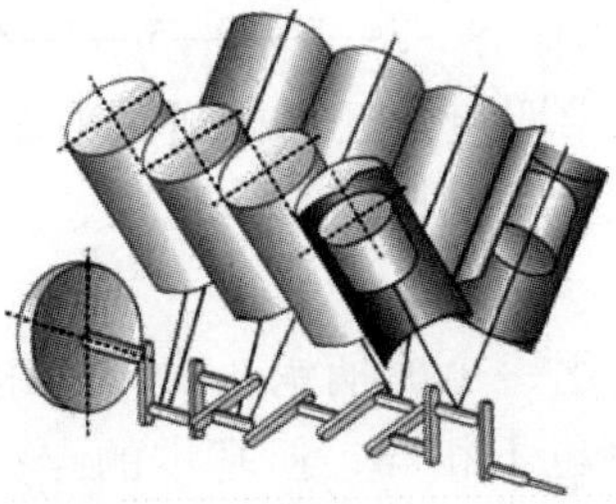

图 3－13 八缸机曲拐布置

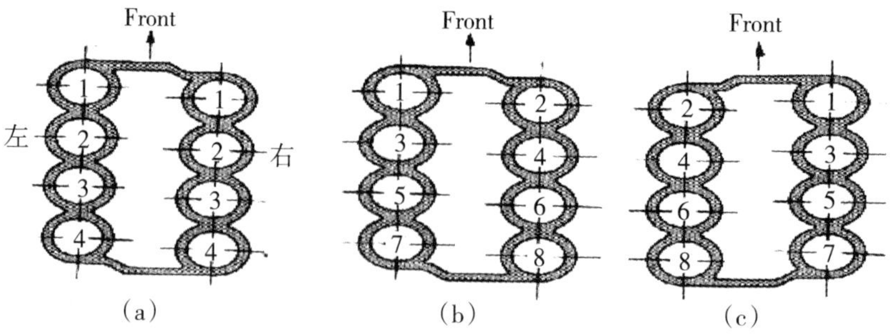

图 3-14　发动机气缸布置

表 3-10　发火顺序为 1—8—4—3—6—5—7—2 的 V 型八缸四行程发动机循环表

<table>
<tr><th colspan="2">曲轴转角（°）</th><th>第一缸</th><th>第二缸</th><th>第三缸</th><th>第四缸</th><th>第五缸</th><th>第六缸</th><th>第七缸</th><th>第八缸</th></tr>
<tr><td rowspan="2">0～180</td><td>90</td><td rowspan="2">做功</td><td>做功</td><td>进气</td><td rowspan="2">压缩</td><td>排气</td><td rowspan="2">进气</td><td rowspan="2">排气</td><td>压缩</td></tr>
<tr><td>180</td><td rowspan="2">排气</td><td rowspan="2">压缩</td><td rowspan="2">进气</td><td rowspan="2">做功</td></tr>
<tr><td rowspan="2">180～360</td><td>270</td><td rowspan="2">排气</td><td rowspan="2">做功</td><td rowspan="2">压缩</td><td rowspan="2">进气</td></tr>
<tr><td>360</td><td rowspan="2">进气</td><td rowspan="2">做功</td><td rowspan="2">压缩</td><td rowspan="2">排气</td></tr>
<tr><td rowspan="2">360～540</td><td>450</td><td rowspan="2">进气</td><td rowspan="2">排气</td><td rowspan="2">做功</td><td rowspan="2">压缩</td></tr>
<tr><td>540</td><td rowspan="2">压缩</td><td rowspan="2">排气</td><td rowspan="2">做功</td><td rowspan="2">进气</td></tr>
<tr><td rowspan="2">540～720</td><td>630</td><td rowspan="2">压缩</td><td rowspan="2">进气</td><td rowspan="2">进气</td><td rowspan="2">做功</td></tr>
<tr><td>720</td><td>做功</td><td>进气</td><td>排气</td><td>压缩</td></tr>
</table>

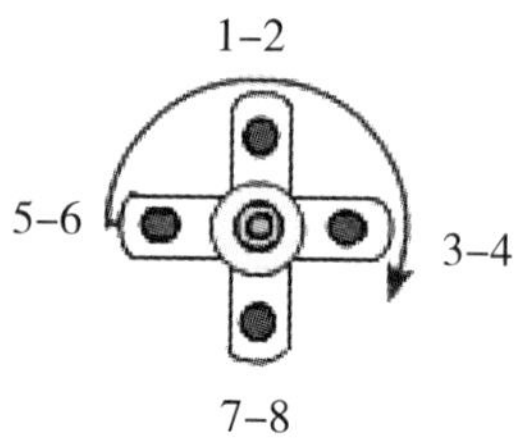

图 3-15　曲轴转角

④直列式：八缸直列式曲轴又分 4—4 型和 2—4—2 型。用两根直列四缸曲轴成 90°连接在一起，称为 4—4 曲轴，将一根四缸直列曲轴断成两节，分别接在另一根曲轴的前后端的称为 2—4—2 曲轴。4—4 曲轴第一与第四缸、第二与第三缸、第五与第八缸、第六与第七缸在同一平面，点火顺序为 1—8—3—7—4—5—2—6，2—4—2 曲轴第一与第八缸、第二与第七缸、第三与第六缸、第四与第五缸在同一平面，点火顺序为 1—6—2—5—8—3—7—4，这两种形式的曲轴使发动机整体结构变长，且平衡性较差，现代发动机已不采用。

⑤V 式：左右相对的气缸共用一个曲柄销，曲轴配角为 90°，使用三道或五道轴颈，因各发动机标法不同，点火顺序也不相同，但基本的点火顺序有两种，即 1—5—4—8—6—3—7—2 和 1—8—4—3—6—5—7—2。

3.3.2　飞　轮

1. 功用。

（1）贮存能量：在做功行程贮存能量用以完成其他三个行程，使发动机运转平稳。

（2）利用飞轮上的齿圈启动时传力。

（3）将动力传给离合器。

（4）克服短暂的超负荷。

2. 构造。

（1）飞轮为一外缘有齿圈的铸铁圆盘。

（2）有的飞轮上有一缸上止点记号和点火提前角刻度线（汽油机）或供油提前角刻度线（柴油机），以便调整和检验点火正时、供油提前角和气门间隙。

（3）飞轮与曲轴在制造时一起进行过动平衡实验，在拆装时为了不破坏它们之间的平衡关系，飞轮与曲轴之间应有严格不变的相对位置。通常用定位销和不对称布置的螺栓来定位，圆周装有齿环，安装齿环时通常将齿环加热后套入，冷却后即紧密结合在一起。

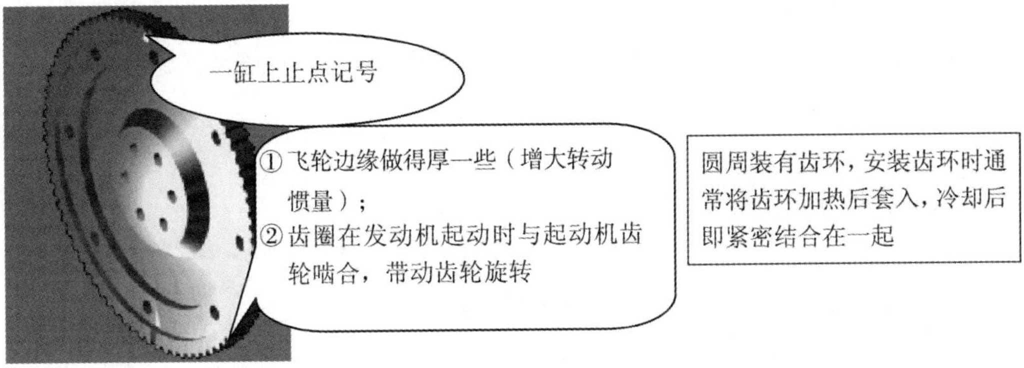

图 3 – 16　飞轮

3.3.3　扭转减震器

1. 扭转振动。

在发动机工作过程中，经连杆传给连杆轴颈的作用力的大小和方向都是周期性变化的，所以曲轴各个曲拐的旋转速度也是忽快忽慢呈周期性变化。安装在曲轴后端的飞轮转动惯量最大，可以认为是匀速旋转，由此造成曲轴各曲拐的转动比飞轮时快时慢，这种现象称为曲轴的扭转振动。

当曲轴第一、二缸做功行程时，有使曲轴前部向前转动的倾向，而曲轴后部则因飞轮惯性不能立刻跟随转动，此时曲轴产生扭曲现象。第一、二缸做功行程以后，飞轮惯性反使曲轴后部较前部转得快，而发生另一方向扭转。这种来回扭转若不加以控制，在某种转速时会产生共振，而曲轴经长时间承受扭转应力会产生疲劳而折断。

2. 扭转减震器。

减震器就是起吸收振动的作用。当曲轴前端发生加速或减速时，减震器上的配重就发生迟滞作用而吸收扭转振动。减震器有磨擦片式、橡胶式和液体式三种。

3. 曲轴的平衡。

曲轴如果局部重量不均，运转时将产生剧烈振动，致使曲轴疲劳折断。因此，在曲柄销对面必须加上配重以保持平衡。配重有些可用螺丝固定，可拆卸，有的配重直接铸造在曲轴上。

现代的高速发动机为减小噪声，利用平衡轴来提高平衡度。平衡轴通常使用两根，断面为半圆，使用胶木齿轮与曲轴齿轮相啮合，平衡轴与曲轴转动方向相反，以消除曲轴转动的惯性力。

学习任务 3.4　机体组及曲柄连杆机构的拆装

☞学习情境

一辆 Passt 汽车发动机正在进行大修，需要对发动机进行解体检修，更换磨损件后组装发动机，并装车测试。

☞学习目标

通过本任务的学习，应能：

1. 掌握发动机机体组及曲柄连杆机构的拆装方法。
2. 掌握精密测量仪器的用途和使用方法。
3. 掌握镗缸磨轴的要领。

☞学习场所和设备

1. 汽车发动机实训室。
2. 车辆发动机、台架、发动机拆装专用工具。
3. 游标卡尺、卡环钳、维修手册、工作台。

☞学习信息

3.4.1　机体组的拆装

1. 气缸盖和气缸垫的拆卸（以桑塔纳 2000GLi AFE 发动机为例）。

气缸盖的分解图如图 3－17 所示。

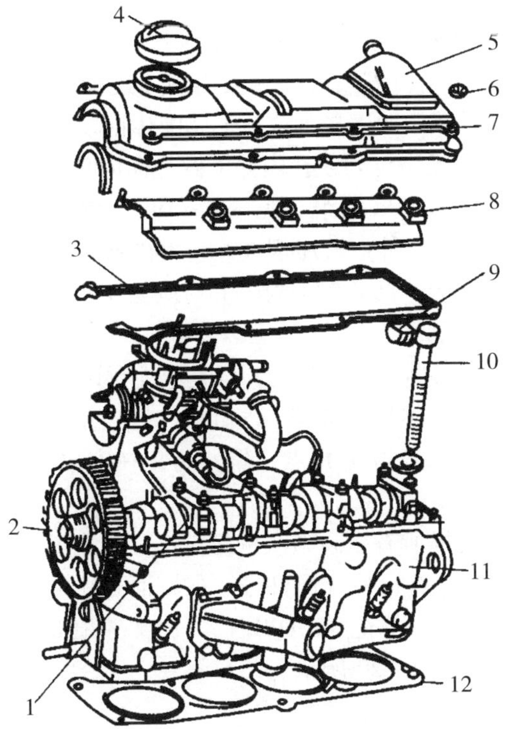

图 3－17　气缸盖分解图

1—凸轮轴；2—凸轮轴正时同步带轮；3—气门罩盖密封衬垫；4—润滑油加注口盖；
5—气门罩盖；6—螺栓；7—压条；8—润滑油反射罩；9—半圆塞；
10—气缸盖螺栓；11—气缸盖；12—密封衬垫

（1）拆下润滑油加注口盖，拆下进、排气歧管。

（2）拧下气门室罩盖的螺母，依次取下支架、压条、气门室罩盖、气门室罩盖衬垫和润滑油反射罩。

（3）按照图 3－18 所示，用扭力扳手按①～⑩的顺序松开气缸盖螺栓，将气缸盖和气缸垫取下。

注意：分 2～3 次松开气缸盖螺栓，防止因拆卸不当使气缸盖变形。

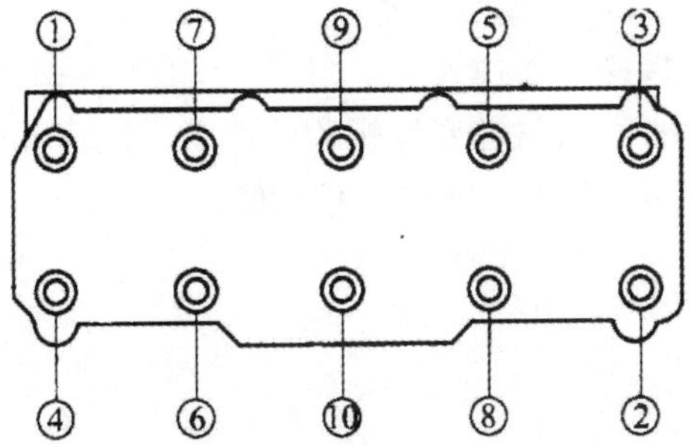

图 3－18　气缸盖螺栓拆卸顺序图

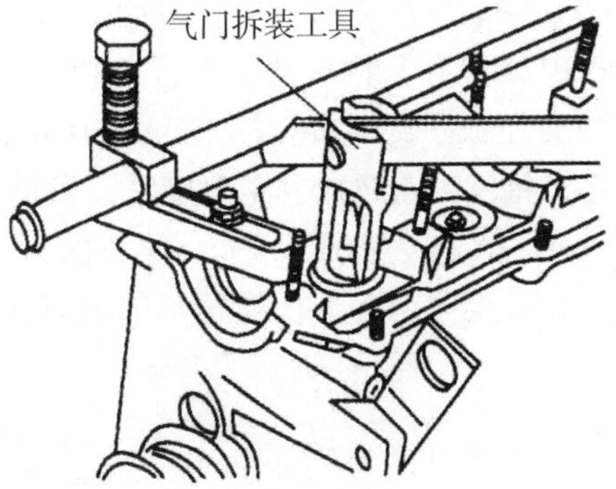

图 3－19　用专用工具拆卸气门组

(4) 拆卸同步带轮螺栓（必须使用专用工具）取下凸轮轴同步带轮。

(5) 拆下凸轮轴各道轴承盖的紧固螺母，先拆下第1、3、5号轴承盖，然后按对角线交替方式松开第2、4号轴承盖。安装时按相反的顺序进行，拧紧力矩为20 N·m。取下轴承盖及凸轮轴，并把轴承盖按顺序排列或打上装配标记，不得错乱。

(6) 取出液压挺柱，按顺序排列或在内壁上做上标记。

(7) 用气门弹簧拆装钳拆卸气门组（见图3-19），取出气门锁片、气门弹簧座、气门弹簧、气门油封及气门，各组件按顺序摆放好，不得错乱。

(8) 拆下火花塞。密封圈、凸轮轴油封拆卸后应更换。

2. 气缸盖和气缸垫的安装。

气缸盖的安装顺序基本与拆卸顺序相反，但是应注意以下事项：

(1) 气缸盖在安装前，必须将气缸盖、气缸体、螺栓及螺孔等处的脏物彻底清除掉。

(2) 转动曲轴使所有活塞离开上止点位置，防止在安放气缸盖时，气门和活塞顶撞击坏。

(3) 安装气缸垫时应更换所有密封条或密封衬垫，并注意衬垫的安装位置和方向。

①安装发动机气缸垫时，有标号（配件号）的一面必须可见。

②换用新的气缸垫时，把有标记［“OBEN”（德文“顶部”），“top”（英文“顶部”）等］的一面朝向气缸盖，如图3-20所示。

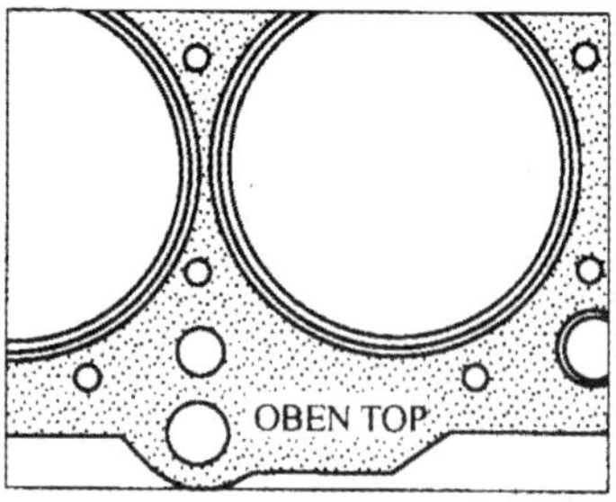

图3-20　气缸垫标记

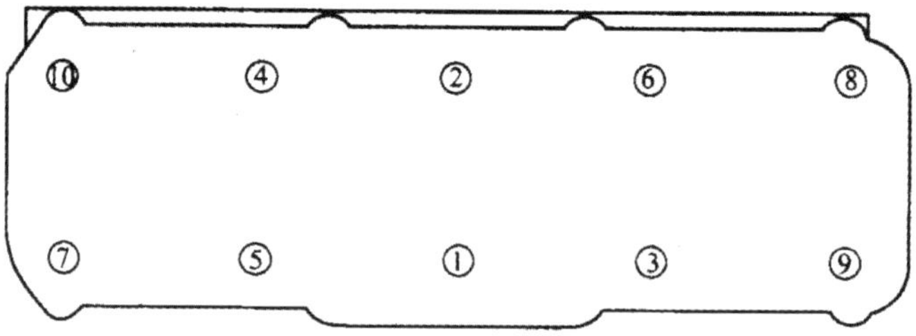

图3-21　气缸盖螺栓安装顺序

③气缸垫有卷边的一面，应朝向易修整的接触面或硬平面。如气缸盖和气缸体同为铸铁时，卷边应朝向易修整的气缸盖；气缸盖为铝合金，气缸体为铸铁时，卷边应朝向气缸体。

(4) 安装气缸盖时，应将专用工具3070定位导向螺栓旋入气缸体第8和第10孔（第8和第10螺栓孔）内。放上气缸盖和其余8个螺栓，并稍微拧紧。

(5) 用扳手旋出事先拧入的3070定位导向螺栓，并拧入气缸螺栓。按图3-21所示的顺序，将气缸盖螺栓分4次旋紧，发动机冷态时，气缸盖紧固螺栓的拧紧力矩第1次为40 N·m，第2次为60 N·m，第3次为75 N·m，第4次再拧紧1/4圈。

(6) 注意气缸盖紧固螺栓不能重复使用。

3.4.2　活塞连杆组的拆装

3.4.2.1　活塞连杆组的拆装

1. 活塞连杆组的拆卸。

（1）转动曲轴，使发动机 1、4 缸活塞处于下止点。

（2）分别拆卸 1、4 缸的连杆紧固螺母，取下连杆轴承盖。

注意：连杆轴承盖与连杆体侧面有配对记号（图 3－22），应配对放好，各缸连杆也应按顺序放好。

（3）用橡胶锤或锤子木柄分别推出 1、4 缸的活塞连杆组件，用手在气缸出口接住并取出活塞连杆组件，注意活塞安装方向（见图 3－23）。

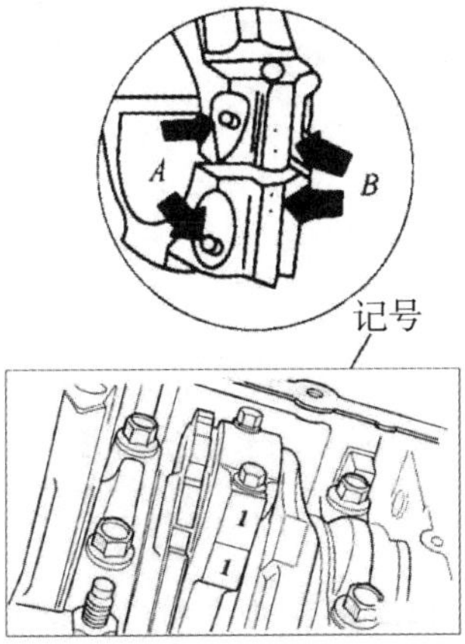

图 3－22　连杆标记

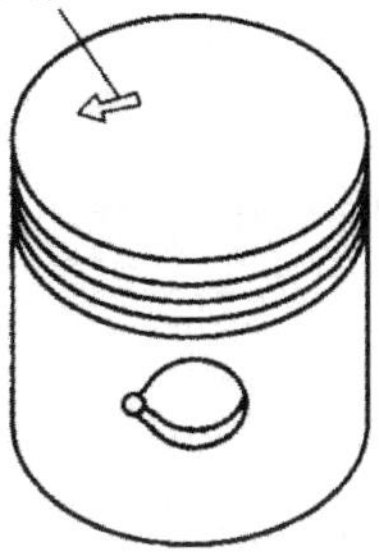

图 3－23　活塞标记

（4）将连杆轴承盖、连杆螺栓、螺母按原位置装回。

（5）同样方法拆卸 2、3 缸的活塞连杆组。

（6）采用专用的活塞环装卸钳拆装各缸活塞环，不同缸的连杆不能互相调换（见图 3－24）。

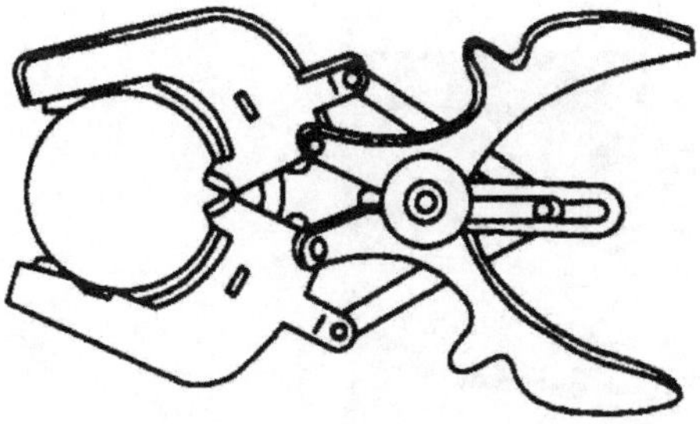
图 3－24　拆装活塞环

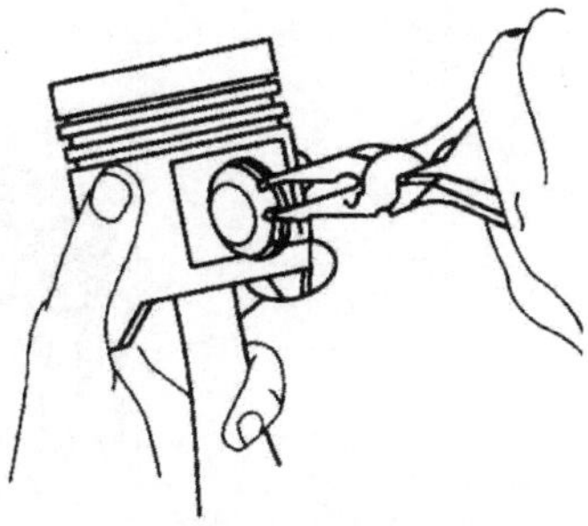
图 3－25　拆卸活塞销卡环

（7）采用卡簧钳拆卸活塞销卡环（见图 3－25），半浮式配合则没有活塞销卡环。

（8）在油压机上进行活塞销的拆卸。如无油压机，也可以将活塞连杆组浸入 60 ℃的热水或润滑油中加热，然后用专用工具进行拆卸。

2. 活塞连杆组的安装（见图 3-26）。

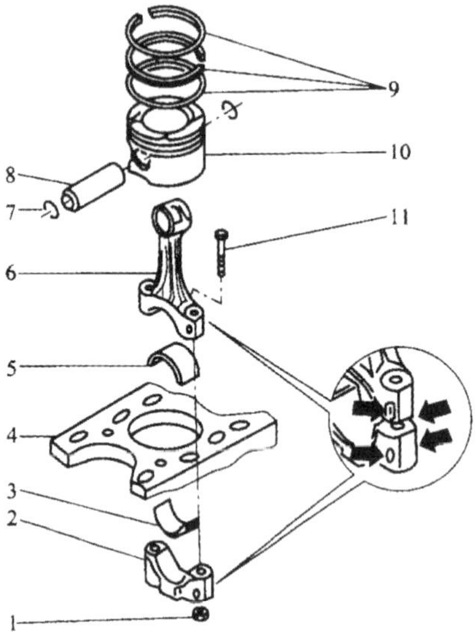

图 3-26　活塞连杆组件安装

1—连杆紧固螺母；2—连杆盖；3、5—连杆瓦；4—气缸体；6—连杆；
7—卡环；8—活塞销；9—活塞环；10—活塞；11—连杆螺钉

注意：

①安装前应全面清洗发动机零部件，尤其是相互配合的运动件表面应保持清洁，并应涂抹润滑油。

②安装顺序一般与拆卸顺序相反，由内向外进行。

③各配对的零部件不能互相调换，安装方向也应该正确。各零部件相对装配关系应保持正确。

④各紧固螺钉应按规定力矩和方法拧紧。

⑤发动机正式修理时，所有的油封、密封垫等一次性的零部件都应该更换。

⑥用专用工具（见图 3-27）将活塞环装入活塞环槽内，使各活塞环开口互相错开 120°。

图 3-27　活塞环夹紧工具

⑦活塞环容易折断，在安装时应使用专用夹具，如无专用夹具，也可用两手大拇指适

当扳开活塞环端口，其余四指护着环的四周，小心地将活塞环套进活塞环槽内，同时注意各道环的结构和安装方向。

⑧扭曲环应分清正反，安装时内圆切槽、倒角的，槽口向上；外圆切槽、倒角的，槽口向下；两种环混装的，内圆切槽、倒角的装第一道环槽，外圆切槽、倒角的装第二、三道环槽，不能装反。

⑨有些车型有镀铬环时应将其装在第一道环槽内。某些锥形环有标记，安装时有标记的一面应向上。

⑩避免可燃混合气从活塞环的开口间隙中漏出，装配时各道环的开口应相互错开。装四道环的，各开口相隔180°，装三道环的，各开口相隔120°，各道环的开口应和活塞销口中心线相隔45°。

⑪活塞环装入活塞后，活塞环上应涂抹润滑油。

⑫将连杆瓦装入连杆，在连杆瓦表面、曲轴连杆轴颈表面、活塞表面、气缸壁表面涂抹润滑油。

⑬采用专用工具夹紧活塞环，从气缸顶端装入活塞连杆组件，用锤子木柄将活塞组件推入气缸。

⑭安装连杆轴承盖，拧紧连杆轴承盖螺母，拧紧力矩为45 N·m+90°（Mgxl螺母）或30 N·m+90°（MSxl螺母），并且每缸的两个螺母应交替拧紧。

3. 活塞环的检查。

活塞环检查的项目有弹力检查、"漏光度"检查和"三隙"检查。

（1）活塞环的弹力检查（见图3－28）。活塞环与气缸内壁应有一定的压力，使环的周围均匀地压在气缸壁上。弹力过大，增加摩擦损耗；弹力过小，不能起到良好的密封作用，引起气缸的漏气、窜油。进行检测时，将活塞环放在弹力检测器上，把活塞环的开口间隙放置在水平位置，移动检查器上的量块，当把活塞环开口间隙压缩至标准数值时，弹力应符合各机型的规定要求。如奥迪轿车发动机第一道气环弹力为8.5～12.3 N，第二道气环弹力为7.5～11.3 N，油环弹力为35～52.5 N。

（2）活塞环的漏光检查。活塞环漏光检查的目的是查看活塞环与气缸壁的贴合情况，漏光度过大，活塞环局部接触面积小，易造成漏气和润滑油上窜。选配时，必须进行漏光检查，检查时将活塞环平放在气缸内，在活塞环的下边放一个发亮的灯，活塞环上面放一块盖板，盖住活塞环的内圆，如图3－29所示。一般漏光缝隙不得超过0.03 mm，每处漏光弧长对应的圆心角不得大于25°，同一环上的漏光弧度总和不超过45°，在环端开口处左右30°范围内不允许有漏光现象。

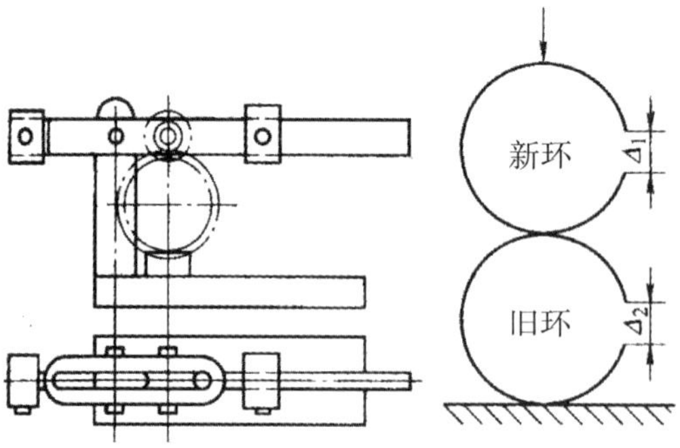

图 3－28 活塞环的弹力检查

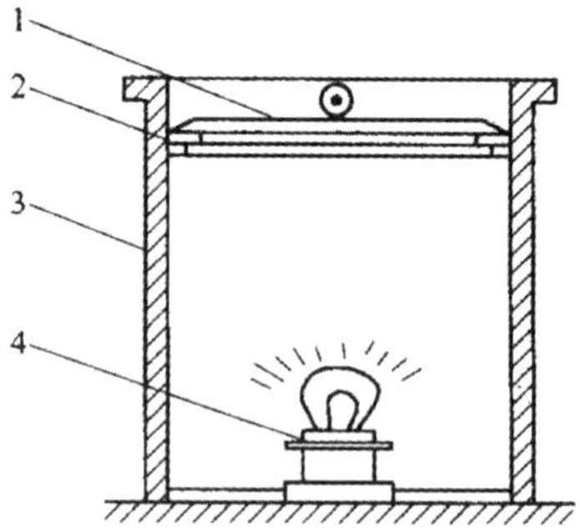

图 3－29 活塞环的漏光度检查

1—盖板；2—活塞环；3—气缸；4—灯光

（3）活塞环的“三隙”检查。

①端隙。活塞环的端隙是指活塞环随活塞装入气缸后，该环在上止点时环的两端头的间隙或活塞环在标准环规内两端头的间隙。它是为了防止活塞环受热膨胀卡死在气缸内而设置的，端隙过大，影响气缸的密封性；端隙过小，将引起活塞环的运动状态不正常。

如图 3－30 所示，检查端隙时，将活塞环置于气缸套内，并用倒置活塞的顶部将环推入气缸内其相应的上止点，然后用塞尺测量。若端隙大于规定值则应重新选配活塞环；若端隙小于规定值时，应利用细平锉刀对环口的一端进行锉修。锉修时只能锉一端且环口应平整，锉修后应将加工产生的毛刺去掉，以免在工作时刮伤气缸壁。

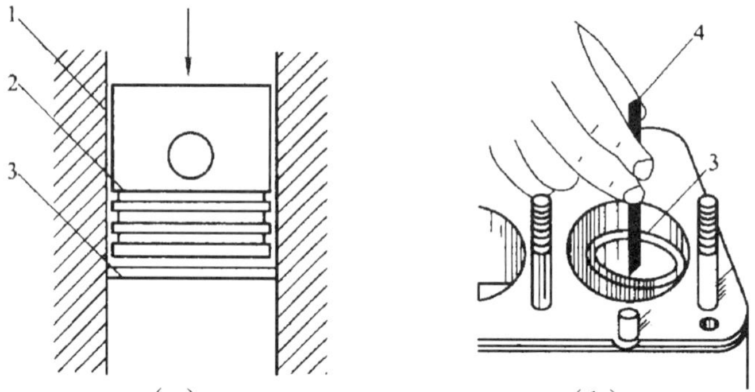

（a）　　（b）

图 3－30 活塞环端隙的检查

（a）从活塞顶部把活塞环推平；（b）用塞尺测量端隙

1—气缸；2—活塞；3—活塞环；4—塞尺

②侧隙。活塞环侧隙，即活塞环在环槽内的上下间隙。侧隙过大将影响活塞环的密封作用；过小则可能卡死在环槽内，造成拉缸事故。若侧隙过小时，车削加宽活塞环槽修整侧隙。现代汽车的活塞一般采用表面喷铂等表面强化措施，因此禁止再采用研磨环上下平面的办法修整侧隙。检查时，将活塞环放入环槽内，用塞尺按图 3－31 所示的方法测量。其经验是：活塞环在其槽内，能沿槽转动自如，且无松旷感觉为宜。侧隙过大或过小，均需重新选配。

③背隙。活塞环的背隙是指活塞与活塞环装入气缸后，活塞环内圆柱面与活塞环槽底

面的间隙。背隙是为建立背压、储存积炭和防止活塞工作时膨胀过大挤断活塞环而设置的。背隙的值为活塞环的内圆柱面与活塞环槽底部直径差值的一半，但一般不用此法表示，为测量方便，通常是将活塞环装入活塞内，以环槽深度与活塞环径向厚度的差值来衡量。测量时，将环落入环槽底，再用深度游标卡尺测出环外圆柱面沉入环岸的数值。如背隙过小，应更换活塞环或车深活塞环槽的底部。其检查方法如图 3 – 32 所示。

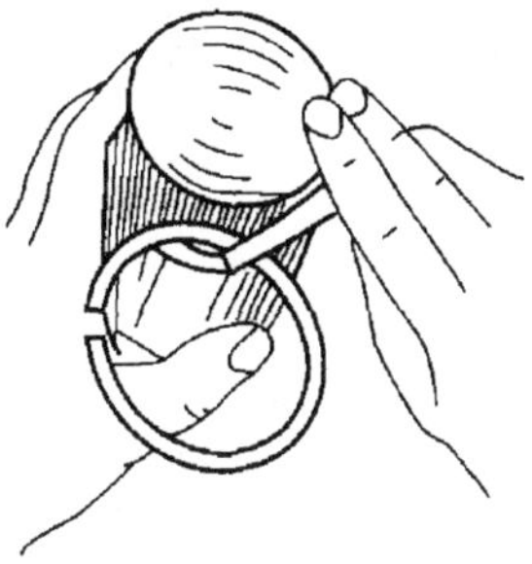

图 3 – 31　侧隙的检查

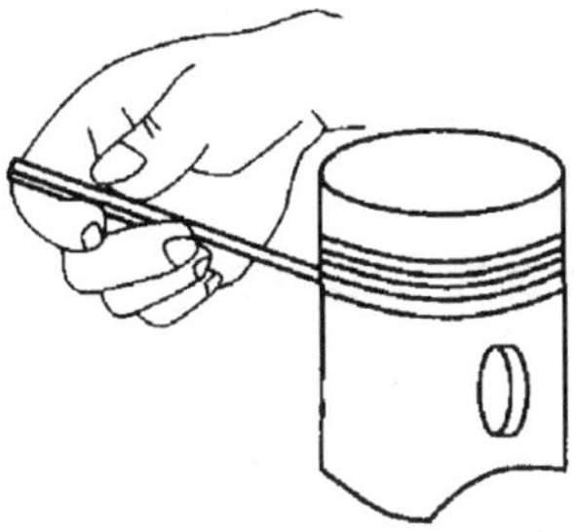

图 3 – 32　背隙的检查

常见车型活塞环的装配间隙见表 3 – 11。

表 3 – 11　常见车型活塞环的装配间隙

标准/mm 发动机型 项目			CA6102	EQ6100 EQ6100-1	BJ492Q	桑塔纳
端隙	压缩环	第一道	0.50 ~ 0.70	0.29 ~ 0.49	0.20 ~ 0.40	0.30 ~ 0.45
		其余	0.40 ~ 0.60	0.29 ~ 0.49	0.20 ~ 0.40	0.25 ~ 0.40
	油环		0.30 ~ 0.50	0.50 ~ 0.70	0.20 ~ 0.40	0.25 ~ 0.50
侧隙	压缩环	第一道	0.055 ~ 0.087	0.055 ~ 0.087	0.05 ~ 0.08	0.02 ~ 0.05
		其余	0.055 ~ 0.087	0.04 ~ 0.072	0.23 ~ 0.67	
	油环		0.40 ~ 0.80	0.09 ~ 0.20	0.23 ~ 0.67	
背隙	压缩环			0.20 ~ 0.90	0.20 ~ 0.60	
	油环			0.88 ~ 1.335	0.305 ~ 0.745	
使用极限	压缩环		端隙:2.00 ~ 4.00　侧隙:0.20 ~ 0.40			侧隙:0.15
	油环		端隙:2.00 ~ 3.00　侧隙:0.20 ~ 0.30			端隙:1.00

4. 活塞环的选配。

在更换选配活塞环时，应对其进行检验测试，并应达到如下要求：

（1）活塞环的工作表面不得有刻痕、擦伤、剥落处，外圆柱面粗糙度应符合要求。

（2）沿环圆周方向漏光处不得超过两处，每处漏光弧长对应的圆心角总和不大于 45°，距开口间隙两侧 30°范围内不应漏光，漏光处的最大缝隙不大于 0. 03 mm。

（3）活塞环的翘曲度一般不大于 0. 02 mm。

（4）活塞环在槽中的标准下沉量应在 0. 15 ~ 0. 25 mm 范围内。

（5）活塞环的端隙、侧隙、背隙、弹力等应符合规定。

5. 活塞环的修磨。

在选配过程中，若活塞环的端隙、侧隙不符合规定，应通过修磨使其达到要求。

（1）活塞环端隙的修磨。活塞环端隙如太大，则气缸密封性能下降，此时必须更换活塞环。活塞环端隙如太小，可能造成受热膨胀而卡死，此时可采用对环口一端加以锉修的方法修正，注意保持环口端面的平整，并应边锉边测量。锉后环的外端应倒角，以防拉伤气缸。

（2）活塞环的平面修磨。活塞环的侧隙过大，将造成气缸漏气、窜油，此时应更换活塞环。活塞环的侧隙过小，将会造成活塞环卡死在环槽中，此时可通过车削活塞环槽上、下端面的方法进行修配，也可采用修磨活塞环平面的方法进行修配。修磨活塞环平面可在专用磨床上进行，也可在0#砂纸上手工研磨。

3.4.2.2　曲轴飞轮组的拆装

1. 曲轴飞轮组的拆卸。

（1）旋松飞轮紧固螺钉，拆卸飞轮（飞轮较重，拆卸时注意安全）。

（2）拆卸曲轴前端及后端密封凸缘及油封。

（3）按图3－33所示的螺钉序号从两端到中间旋松曲轴主轴承盖紧固螺钉，取下主轴承盖。

注意：各缸主轴承盖有安装标记，不同缸的主轴承盖及轴瓦不能互相调换。

（4）抬下曲轴，再将主轴承盖及垫片按原位装回，并将固定螺钉拧入少许。注意曲轴推力轴承的定位及开口的安装方向。

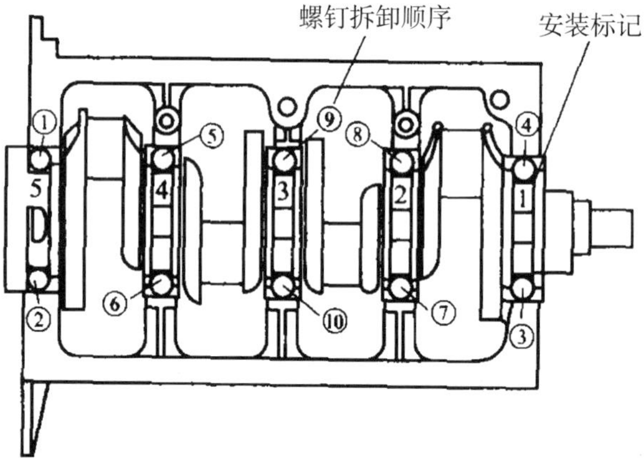

图3－33　曲轴主轴承盖螺钉拆卸顺序

2. 曲轴飞轮组的安装。

安装位置如图3－34所示。

（1）在发动机体上安装曲轴主轴瓦和推力轴承，并在轴瓦表面涂抹润滑油。

（2）将曲轴平稳放入主轴瓦上，注意推力轴承不要脱落或阻卡。

（3）将主轴瓦装入主轴承盖中，再把主轴承盖固定于发动机机体上，按图3－35中的顺序和要求力矩（桑塔纳2000GSi发动机为65 N·m＋90°）紧固螺钉。装配完毕，用手摇转曲轴，应该感觉轻松自如、无阻卡，否则应检查原因，重新安装。

(4) 安装曲轴前、后油封。

(5) 安装飞轮部件。采用专用工具固定飞轮（见图3－36），按要求拧紧飞轮固定螺栓（桑塔纳2000GSi发动机为60 N·m＋90°）。

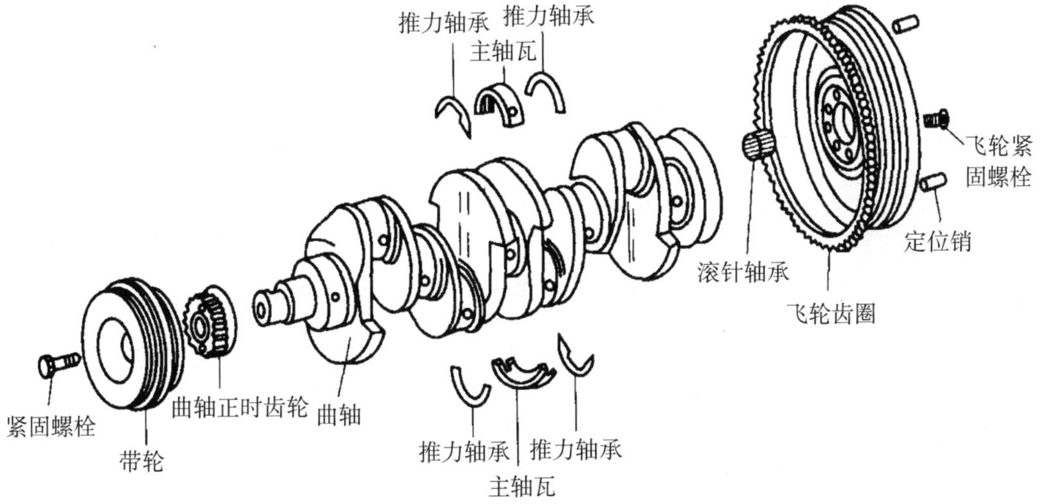

图3－34　曲轴飞轮组安装位置

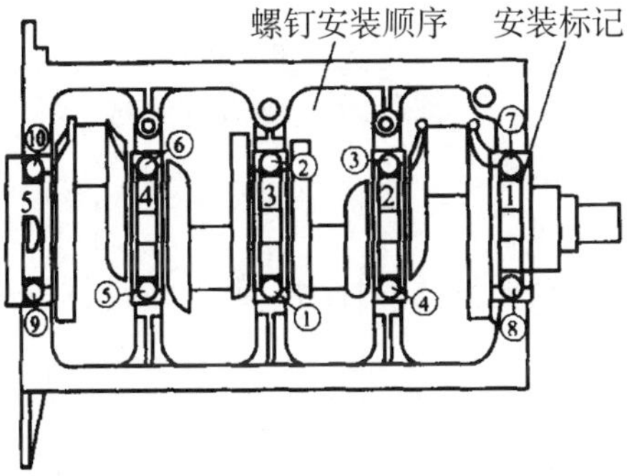

图3－35　曲轴主轴承盖螺钉安装顺序

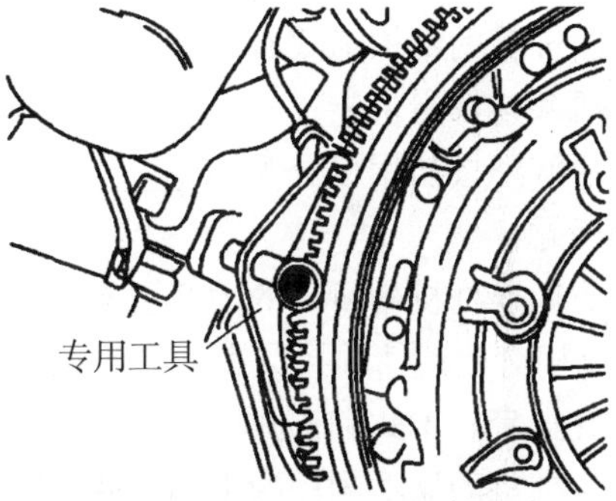

图3－36　采用专用工具固定飞轮

☞学习工作页

学习工作页	学习单元	机件组及曲柄连杆机构的结构与拆装			
	学习任务	机件组、活塞连杆组、曲轴飞轮组、机件组及曲柄连杆机构的拆装			
姓　名		班　级		小　组	
日　期		开始时间		结束时间	
场　地	整车理实一体教室				
用品、用具、工具、设备	汽车拆装工具、整车 1 辆、举升机 1 台、发动机 1 台				
工作记录	1. 记录机体组及曲柄连杆机构的拆装顺序及方法。 2. 记录量缸、量曲轴的数据及方法。 3. 记录连杆的测量及校验方法。				

1. 填空题。

(1) 曲柄连杆机构包括__________、__________、__________三部分。

(2) 曲轴箱的结构形式有__________、__________、__________三种。

(3) 活塞连杆组由__________、__________、__________连杆等主要机件组成。

(4) 活塞环按功用可分为__________、__________两类。

2. 判断题。

(1) 曲柄连杆机构所受的力主要有气体作用力、运动质量的惯性力、旋转运动件的离心力以及相对运动件的接触表面产生的摩擦力。 (　　)

(2) 气缸套有干式和湿式两种。 (　　)

(3) 八缸机的做功顺序为 1—8—4—3—6—5—7—2。 (　　)

3. 完成任务。

(1) 气缸体作用：____

(2) 气缸体的结构形式：______________________________________

(3) 连杆的定位方式：____

指导教师评语：

____

____

教师签字：________________　日期：________年________月________日

单元4　配气机构的结构与拆装

☞学习情境

汽车发动机在使用过程中由于配气机构某些零件的磨损或松动，会导致气门间隙变化，因此一般行驶10000公里左右维护时，应检查和调整气门间隙，使之符合技术规范。

☞学习目标

通过本单元的学习，应能：

1. 了解配气机构的功用。
2. 了解配气机构的组成。

☞学习信息

配气机构的作用是按照发动机各缸的做功次序和每一缸工作循环的要求，定时将各缸进气门和排气门打开、关闭，以便发动机进行进气、排气和压缩、做功等工作过程。

发动机配气机构由气门组和气门传动组两部分组成。

学习任务4.1　气门组

☞学习情境

小王正在维修一台桑塔纳2000型轿车发动机，该发动机气门漏气，需要磨气门。

☞学习目标

通过本任务的学习，应能：

1. 了解气门组的组成及功用。
2. 了解气门间隙的含义。
3. 了解几种常见的气门防漏油装置。

☞学习信息

1. 气门的功用。

气门的功用是分别用来开关进、排气通道，分为进气门和排气门两种。

2. 气门的构造。

气门由头部和杆部两部分组成，其结构如图 4－1 所示。

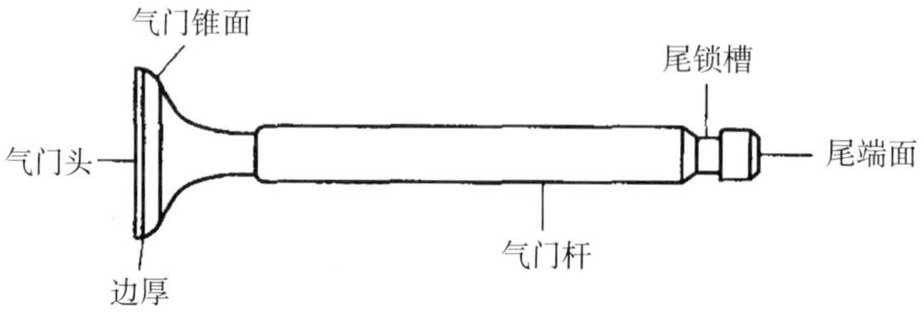

图 4－1　气门的结构

（1）气门头部。

①气门顶部的形状。气门顶部的形状有平顶、球面顶（凸顶）和喇叭形顶（凹顶）3 种。

②气门密封锥面。气门密封锥面是与杆身同心的圆锥面，用来与气门座接触，起到密封气道的作用。气门密封锥面与气门顶平面之间的夹角称为气门锥角，气门锥角有 30°和 45°两种。一般排气门采用 45°，以保证受高温的排气门头部有足够的刚度；进气门可采用 30°或 45°，采用 30°时气门开启时通道断面较大，而采用 45°时维修方便。

③气门头部直径。通常进气门头部直径大于排气门头部直径。气门顶部边缘与气门密封锥面之间应有一定的厚度，一般为 1 ~ 3 mm，以防止在工作中受冲击损坏或被高温气体烧坏。

（2）气门杆部。

①气门杆的作用与结构。气门杆与气门导管配合，应有利于气门运动导向和传热。气门杆身为圆柱形，气门杆的尾部结构随气门弹簧座的固定方式不同而不同。

②气门弹簧座的固定。气门杆的尾部用来固定气门弹簧座，其结构随气门弹簧座的固定方式不同而不同。常用的固定方式有锥形锁片式和锁销式两种。

③气门润滑油防漏装置。适量的润滑油进入气门导管与气门杆之间的间隙，对于气门杆的润滑是必要的。但如果进入的润滑油过多，将会在气缸内造成积炭和在气门上产生沉积物，使润滑油消耗增加。需要指出的是，进气管中有一定的真空度，润滑油会被从气门杆与导管之间的间隙吸入进气管并进入气缸。因此，有的发动机在气门杆上设有润滑油防漏装置。常见的几种防漏装置结构形式如图 4－2 所示。

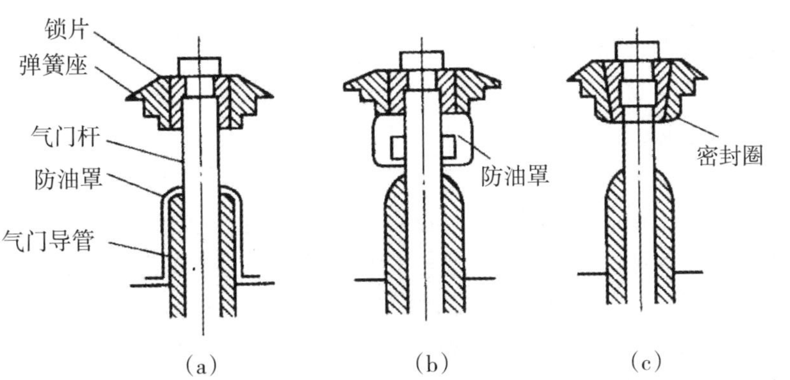

图 4－2　气门防漏油装置

3. 气门座与气门座圈。

进、排气道口与气门密封锥面直接贴合的部位称为气门座。气门座与气门头部密封锥面配合对气缸起密封作用，同时气门头部的热量也经过气门座，起到对气门散热的作用。气门座可以在气缸盖或气缸体上直接撞出，也可以单独制成气门座圈，镶嵌在气缸盖或气缸体上。气门座圈用耐热钢或耐热铸铁制成。

4. 气门导管。

（1）气门导管的功用：气门导管的主要功用是为气门运动导向，以保证气门上下运动时不发生径向摆动而准确落座，同时起导热作用。

（2）气门导管的结构如图 4－3 所示，气门导管外圆与气缸盖承孔为过盈配合，内孔与气门杆相配合。为了防止气门导管在使用过程中松脱，有的发动机对气门导管用卡环定位。气门杆与气门导管孔的配合间隙必须适当，一般为 0.05～0.12 mm。间隙过大，导管导向不好，散热不良；而间隙过小，热状态下可能卡死气门杆。

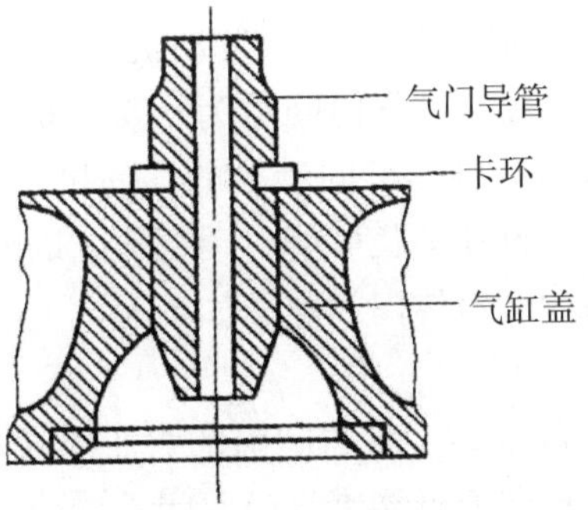

图 4－3　气门导管

5. 气门弹簧。

（1）气门弹簧的功用。气门弹簧的功用是使气门座紧密贴合，克服气门和气门驱动件所产生的惯性力的干扰，避免各零件彼此脱离而破坏配气机构的正常工作。

（2）气门弹簧的结构。当气门弹簧的工作频率与其固有的振动频率相等或为整数倍时，气门弹簧就会发生共振。共振时，配气相位将遭到破坏，使气门发生反跳和冲击，甚至使弹簧折断。为防止共振的发生，常采取以下结构措施：

①采用双气门弹簧。

②采用变螺距气门弹簧。

③采用锥形气门弹簧。

④采用气门弹簧振动阻尼器。

6. 气门间隙。

（1）气门间隙的含义。通常在发动机冷态装配（气门完全关闭）时，在气门与其传动机构中留有适当的间隙，以补偿气门受热后的膨胀量，这一间隙通常称为气门间隙，如图4－4所示。在凸轮轴通过摇臂间接驱动气门开启的配气机构中，气门间隙是指摇臂与气门杆尾部之间的间隙；在凸轮轴直接驱动气门开启的配气机构（如上海桑塔纳轿车发动机装用普通挺柱的配气机构）中，气门间隙是指凸轮与挺柱之间的间隙。

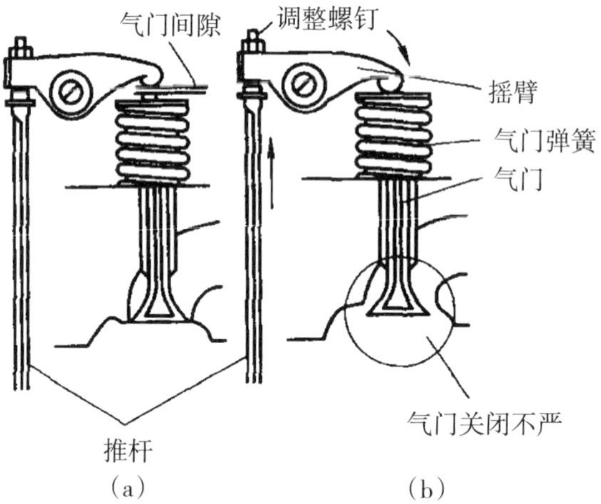

图4－4　气门间隙

（2）气门间隙的大小。气门间隙的大小由发动机制造厂根据试验确定。一般在冷态时，进气门间隙为0.25～0.35 mm，排气门间隙为0.30～0.35 mm。在使用和维修中，必须将气门间隙调整到合乎标准值范围。不同型号的发动机，气门间隙的部位和大小不同。对采用液压挺柱的发动机，由于挺柱的长度能自动变化，以随时补偿气门的热膨胀量，故不需要预留气门间隙，也不需要调整气门间隙，如奥迪、上海别克、广州本田雅阁和桑塔纳等轿车的发动机。

（3）气门间隙过大、过小的危害。气门间隙的大小对发动机的工作和性能影响很大。如果气门间隙过小，发动机在热态下可能因气门关闭不严而发生漏气，导致功率下降，甚至烧坏气门；如果气门间隙过大，则使传动零件之间以及气门和气门座之间产生撞击响声，并加速它们的磨损，同时也会使气门开启的持续时间减少，气缸的充气以及排气情况变坏。

7. 气门传动组。

气门传动组的主要机件有凸轮轴及其驱动装置、挺柱、推杆、摇臂及摇臂轴等。其功用是使进、排气门按配气相位规定的时刻开闭，且保证有足够的升程。

学习任务4.2　凸轮轴

☞学习情境

一台发动机配气不正时，导致汽车难起动，动力不足，现修理工正准备重新配正时。

☞学习目标

通过本任务的学习，应能：

1. 了解凸轮轴的功用及组件。
2. 了解凸轮轴的驱动与轴向定位。
3. 掌握遥臂总成的结构和工作原理。

☞学习信息

4.2.1　凸轮轴

1. 凸轮轴的功用。凸轮轴是气门传动组中最主要的零件。其功用是驱动并控制各缸气门的开启和关闭，使其符合发动机的工作顺序、配气相位及气门开度的变化规律等要求。

2. 凸轮轴的结构。凸轮轴主要由凸轮和轴颈两部分组成，如图4－5所示。凸轮轴上还装有弧齿锥齿轮和偏心轮，用来驱动机油泵、分电器。凸轮轴的前端通过键联结装有凸轮轴正时齿轮或链轮及同步带轮。

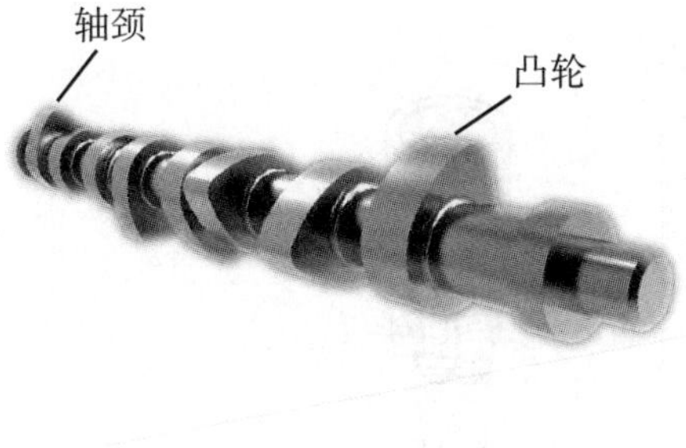

图4－5　凸轮轴的结构

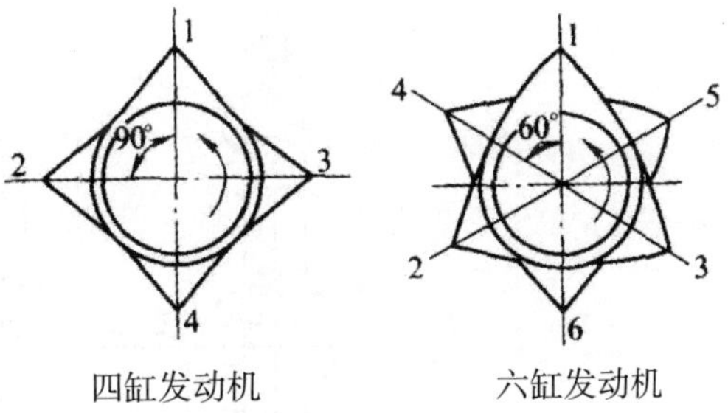

图4－6　同名凸轮的相对角位置

凸轮是凸轮轴的主要工作部分。凸轮轴上各缸的进气凸轮（或者排气凸轮）称为同名凸轮。各同名凸轮的相对角位置与凸轮轴旋转方向、发动机气缸工作顺序及气缸数或做功间隔角有关。如果从发动机风扇端看凸轮轴逆时针方向旋转，则工作顺序为1—3—4—2

的四缸发动机，其做功间隔角为720°/4 = 180°曲轴转角，相当于90°凸轮轴转角，即各同名凸轮间的夹角为90°，如图4-6所示。对于工作顺序为1—5—3—6—2—4的直列六缸发动机，其同名凸轮的相对角位置见图4-6。凸轮轴上同一缸的进、排气凸轮称为异名凸轮。异名凸轮相对角位置决定于配气相位及凸轮轴旋转方向。

凸轮轴轴颈用来支撑凸轮轴，凸轮轴有全支撑和非全支撑两种。全支撑凸轮轴每个气缸两端都有一个轴颈，而非全支撑凸轮轴则是每隔两个气缸设置一个轴颈。由于装配方式的不同，轴颈的直径有的相等，有的则从前向后依次减小，以便于安装。一般凸轮轴轴承做成衬套压入整体式的座孔中，与轴颈配合。其材料多与曲轴轴承相同，由低碳钢在背内浇注减摩合金制成，也有的用粉末冶金衬套或铜套。凸轮轴轴颈的润滑采用压力润滑，气缸体或气缸盖上钻有油道与轴承相通，凸轮与挺柱间采用飞溅润滑。

3. 凸轮轴的驱动。凸轮轴是由曲轴通过传动装置来驱动的。由于四冲程发动机每完成一个工作循环，曲轴转2圈，各缸进、排气1次，因而凸轮轴只需转1圈，所以曲轴与凸轮轴的传动比为2:1。凸轮轴的传动装置有齿轮式（已淘汰）、链条式和同步带式3种。

4. 凸轮轴的轴向定位。为了防止在工作中产生轴向窜动，凸轮轴都设有轴向定位装置。上置式凸轮轴利用某一道凸轮轴轴承的翻边或轴承盖的两侧实现轴向定位，如桑塔纳轿车AJR型发动机是利用凸轮轴第五道轴承盖的两侧来实现轴向定位的。

4.2.2　挺　柱

挺柱的功用是将凸轮轴旋转时产生的推力传给推杆或气门。挺柱常用合金钢或合金铸铁制成，有普通挺柱和液压挺柱2种。

1. 普通挺柱。普通挺柱主要有菌形、筒形和滚轮形3种，如图4-7所示。通常把挺柱底部工作面设计为球面，并且将凸轮制成锥形，使两者的接触点偏离挺柱轴线。工作中，当挺柱被凸轮顶起时，接触点间的摩擦力使挺柱绕自身轴线旋转，以实现均匀磨损。挺柱可直接安装在气缸体一侧的导向孔中，或安装在可拆卸的挺柱架中。

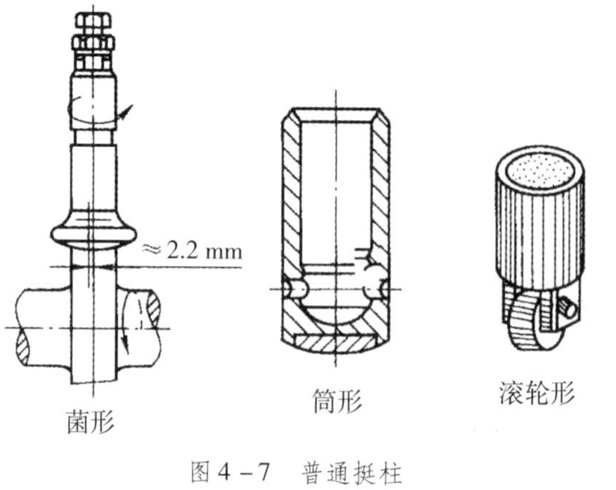

图4-7　普通挺柱

2. 液压挺柱。配气机构中留有气门间隙，工作时会产生撞击和噪声，所以现代轿车发动机多采用液压挺柱，如上海别克、广州本田雅阁、奥迪A6、上海帕萨特和上海桑塔纳轿车。液压挺柱工作时，能自动补偿配气机构各传动件尺寸的变化，保证气门严密关闭，同时保持各零件始终接触，因此无须预留气门间隙，不存在调整气门间隙这项工作。图 4－8 所示为顶置式凸轮直接驱动的配气机构所采用的液压挺柱。其工作原理是：气门关闭时，弹簧推起柱塞和外壳，消除间隙，保持与凸轮接触，同时润滑油由缸盖上供油孔进入 B 室（储油室）并通过单向阀（球阀）补充到 A 室（工作室）。当凸轮旋转要开启气门时，A 室油压上升，关闭单向阀，此时凸轮经外壳、柱塞，利用液压作用经柱塞壳体推开气门。

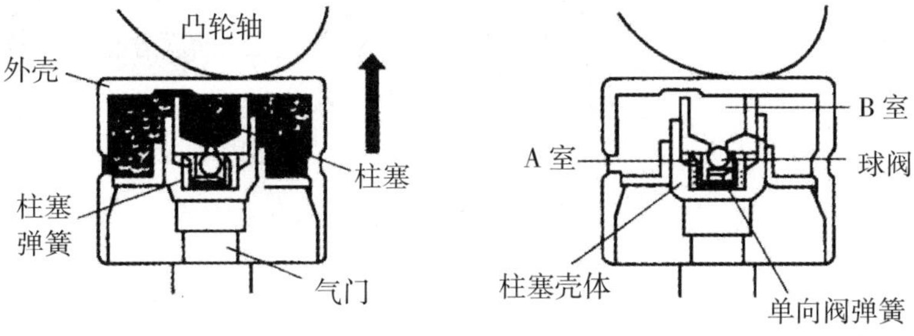

图 4－8　液压挺柱

4.2.3　推　杆

推杆位于挺柱和摇臂之间，其功用是将挺柱传来的运动和作用力传给摇臂。主要应用于凸轮轴中置或下置式配气机构中。推杆的外形如图 4－9 所示。

图 4－9　推杆

一般推杆用冷拔无缝钢管制成，两端焊上球头和球座。也可以用中碳钢制成实心推杆，这时两端的球头或球座与推杆锻成一个整体。对于机体和气缸盖都是用铝合金制造的发动机，宜采用锻铝或硬铝制造的推杆，并在其两端压入钢制球头和球座，其目的是当发动机温度变化时，不致因为材料热膨胀系数不同而引起气门间隙改变。推杆两端的球头或球座均需淬硬和磨光，以提高其耐磨性。

4.2.4　摇臂组件

摇臂组件主要由摇臂、摇臂轴、摇臂轴支座、气门间隙调整螺钉等零件组成，如图

4－10所示。摇臂的功用是将凸轮或推杆传来的力改变方向后传给气门，使其开启。摇臂轴是一个两臂不等长的双臂杠杆，长臂一端用来推动气门。摇臂通过摇臂轴支座装在气缸盖上。摇臂上有油道，摇臂轴的中间是空的，兼起油道的作用，通过支座油道与气缸盖上的油道相通。

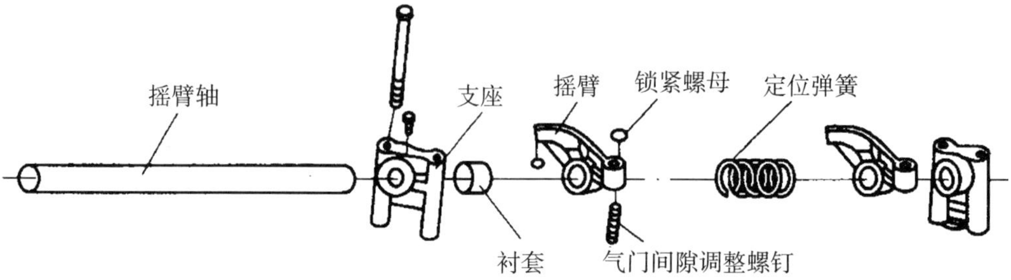

图4－10 摇臂组件

4.2.5 气门的驱动方式

气门的驱动方式有两种：利用摇臂驱动和凸轮轴直接驱动。摇臂驱动方式必须在凸轮与气门杆之间布置摇臂，通过选择摇臂两段的长度比来改变气门升程的大小。气门升程较大的发动机可以采用此种驱动方式，如图4－11所示。其优点是气门间隙调整方便，但与直接驱动方式相比，摇臂驱动的机构比较复杂，使气缸盖总成结构不紧凑，尺寸较大，另外，在发动机转速过高时，摇臂还容易产生挠曲变形。凸轮轴直接驱动方式不使用摇臂之类的中间机构，由凸轮轴直接驱动气门，顶置双凸轮轴配气机构最适合于这种驱动方式，如图4－12所示。由于不用摇臂，减少了零件数量，而且气缸盖上的布置空间比较宽敞，有利于减小气门的夹角布置；没有摇臂传动，也减少了一部分气门机构的摩擦损失。由于提高了气门机构的刚性，对于提高转速十分有利，其不足之处是这种驱动方式的气门升程不能太大。

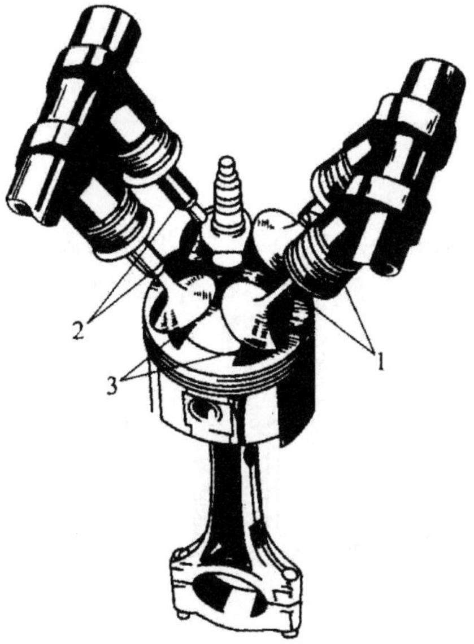

图4－11　摇臂驱动式配气机构
1—凸轮；2—摇臂；3—气门弹簧

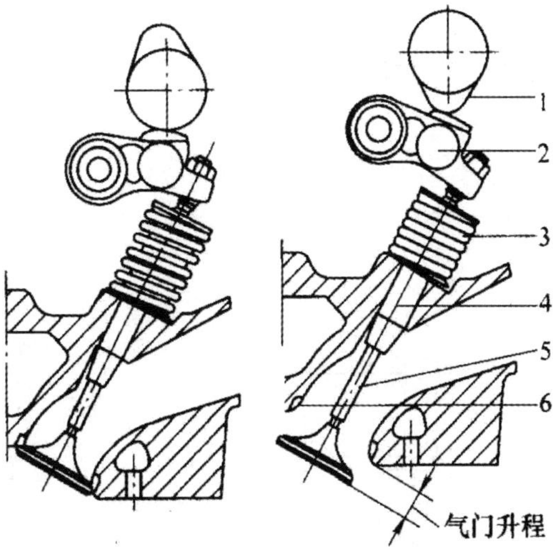

图4－12　直接驱动式配气机构
1—进气门；2—排气门；3—活塞顶上气门凹坑；4—气门导管；5—气门；6—气门座

学习任务4.3　配气机构的拆装

☞学习情境

一辆轿车，行驶了8万公里，发动机正在大修，需要拆装发动机的各个机构。

☞学习目标

通过本任务的学习，应能：

1. 掌握气门的拆装方法。
2. 掌握气门传动组的拆装方法。
3. 掌握气门间隙的调整方法。
4. 会磨气门及对配气正时。

☞学习场所和设备

1. 发动机实训室。
2. 游标卡尺、气门铰刀、气门弹簧拆装工具、维修手册、工作台。

☞学习信息

4.3.1 气门组的拆装

拆卸完气缸盖后，取出液压挺柱，用气门弹簧拆装钳拆卸气门组，取出气门锁片、气门弹簧座、气门弹簧、气门油封及气门，各组件按顺序摆放好，不得错乱，如图 4－13 所示。

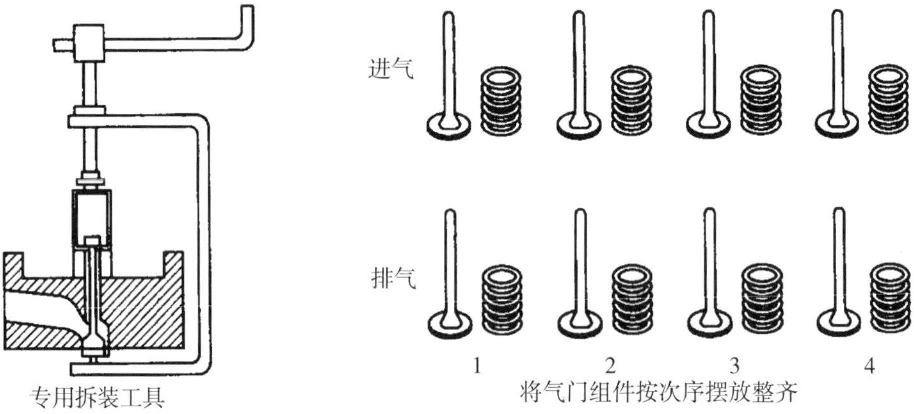

图 4－13　气门组的拆卸

安装时与拆卸顺序相反。

注意：装入气门组件时注意配时标记，不得装错。

4.3.2 气门传动组的拆装

1. 气门传动组的拆卸（以桑塔纳 2000GLi 型桥车 AFE 型发动机为例）。AFE 型发动机配气机构的组成如图 4－14 所示。配气机构主要包括气门、气门座、气门弹簧、气门导管、凸轮轴及液压挺柱等。

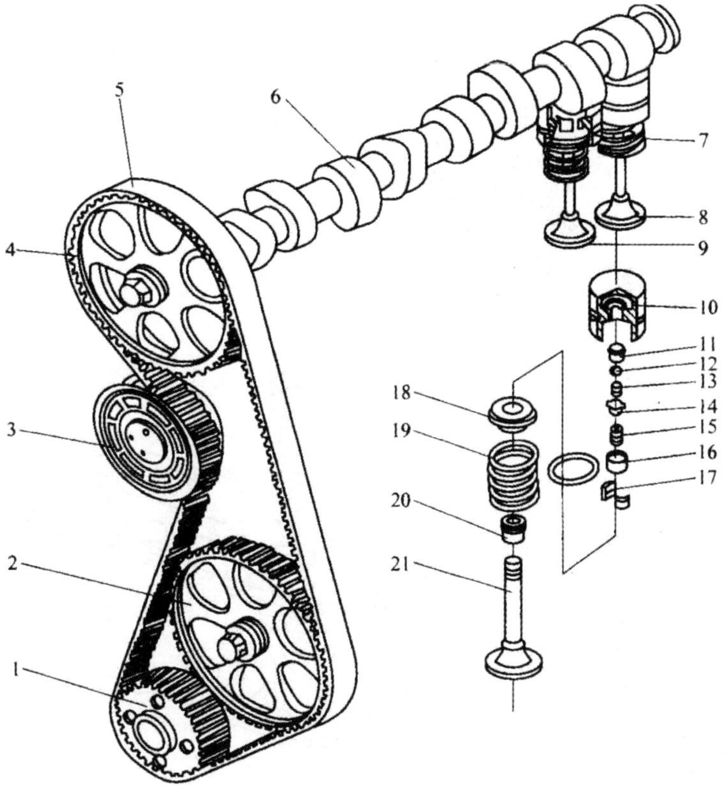

图4－14　AFE型发动机配气机构的组成

1—曲轴同步带轮；2—中间轴同步带轮；3—张紧轮；4—凸轮轴同步带轮；5—正时同步带；
6—凸轮轴；7—液压挺柱组件；8—排气门；9—进气门；10—挺柱体外壳；11—柱塞；
12—单向阀钢球；13—小弹簧；14—托架回位弹簧；15—回位弹簧；16—液压缸；17—气门锁片；
18—上弹簧座；19—气门弹簧；20—气门油封；21—气门

AFE发动机配气机构的分解图如图4－15所示，按前所述气缸盖拆卸的操作工艺拆卸下气缸盖，分解发动机气门传动组。

轿车凸轮轴的拆卸可按以下方法：

（1）拆下空气滤清器，拆下润滑油加注口盖。

（2）拆下气门罩盖，拧下气门罩盖的螺母，依次取下支架、压条、气门罩盖、气门罩盖衬垫和润滑油反射罩。

（3）拆下同步带防护罩。

（4）转动曲轴使凸轮轴同步带轮位于第一缸上止点标记。凸轮轴同步带轮上的标记必须对准同步带防护罩上的箭头。

（5）转动曲轴到第一缸上止点，检查并做好正时记号。

（6）松开半自动张紧轮，从凸轮轴同步带轮上拆下同步带。

（7）先拆第1、3、5号轴承盖，然后对角交替松开第2、4号轴承盖。

（8）拆下凸轮轴。

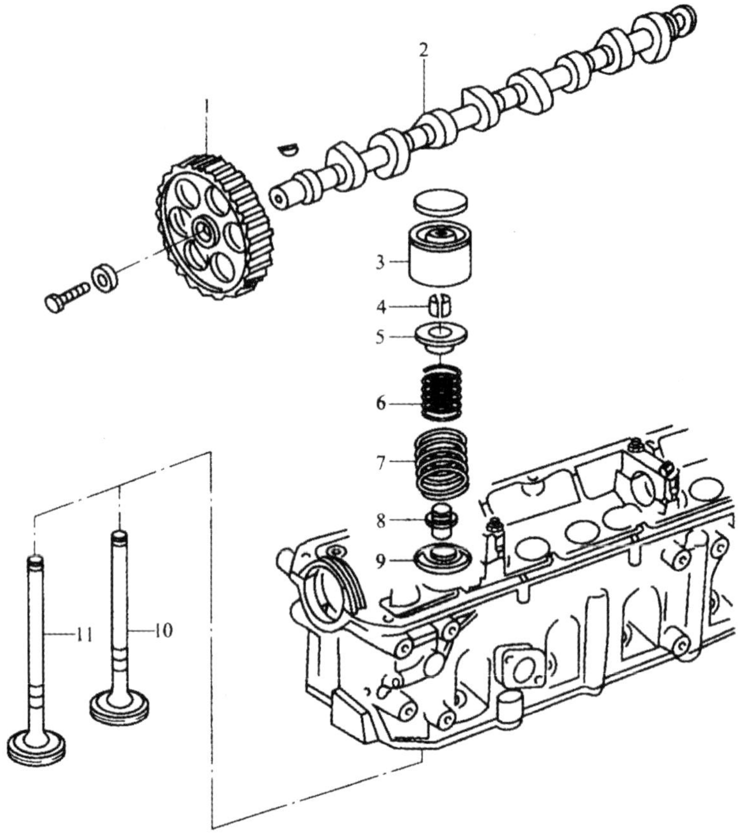

图 4－15　AFE 发动机凸轮轴与气门、液压挺柱分解图
1—凸轮轴同步带轮；2—凸轮轴；3—液压挺柱；4—气门锁夹；5—气门锁夹座；
6—气门内弹簧；7—气门外弹簧；8—气门杆油封；9—弹簧座；10—进气门；11—排气门

2. 气门传动组的安装。

（1）气门传动组的安装，按拆卸时的相反顺序操作。

（2）清洗、校验零部件。

（3）按原位装入气门组件、液压挺柱、凸轮轴轴承盖等部件，不得装错。

（4）安装凸轮轴前放上轴承盖，确定安装位置（注意孔的上下两半部要对准，如图4－16所示）。

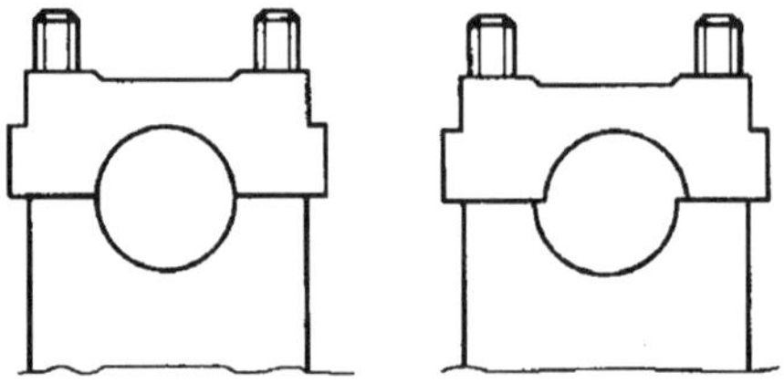

(a)正确装法　(b)错误装法

图 4－16　凸轮轴轴承盖安装位置

（5）安装凸轮轴时，第一缸凸轮必须朝上。凸轮轴转动时，曲轴不可置于上止点位置，否则会损坏气门和活塞顶部。

（6）润滑凸轮轴轴承表面。

（7）先安装 2、4 号轴承盖，对角交替拧紧第 2、4 号轴承盖螺栓，拧紧力矩为20 N·m。

（8）再安装1、3、5 号轴承盖，对角交替拧紧第1、3、5 号轴承盖螺栓，拧紧力矩为20 N·m。

（9）装入凸轮轴同步带轮并紧固，拧紧力矩为 80 N·m。

（10）安装同步带（调整配气相位）时注意使凸轮轴同步带轮上的标记与气门罩盖平面平齐，转动曲轴使凸轮轴同步带轮位于第一缸上止点标记处。

（11）按与拆卸相反的顺序安装其他零部件。

（12）安装好凸轮轴后，发动机在约 30 min 之内不得起动，以便液压挺柱的补偿元件进入状态，否则气门将敲击活塞。

（13）在对配气机构进行过维修后，应小心地转动曲轴至少两圈，以防止发动机起动时敲击气门。

4.3.3　气门间隙的检查与调整

4.3.3.1　气门间隙检查与调整的基本原则

气门间隙的检查与调整必须在气门完全关闭状态下进行。根据发动机的工作循环和点火顺序，结合配气相位分析确定各缸气门的工作状态，以确定可调气门，其基本原则是：处于压缩上止点的气缸，进气门和排气门均可调；处于排气行程上止点的气缸，进气门和排气门均不可调；处于进气行程和压缩行程的气缸，排气门可调；处于做功行程和排气行程的气缸，进气门可调。气门开着、将要打开、刚关不久等几种工作状态下的气缸其气门间隙是不可调的。气门间隙必须在规定的冷机或热机状态下调整到标准值。

4.3.3.2　气门间隙的检查与调整方法（以四缸直列做功顺序为 1—3—4—2 的发动机为例）

1. 逐缸法。

第一步：打开气门室盖。

第二步：摇转曲轴，直至飞轮（或曲轴带轮）的正时记号与缸体上固定的正时记号对正，这时，第一缸和第四缸活塞均处于上止点位置。

第三步：判断第一缸是压缩上止点还是排气上止点。用手摇一缸的气门摇臂，如果进排气门的摇臂均可摇动，则表明此时一缸处于压缩上止点。如果进排气门的摇臂均摇不动，则表明此时一缸处于排气上止点，再转动曲轴一周，使一缸处于压缩上止点。或用其他方法使一缸处于压缩上止点。

第四步：气门间隙检查。用规定厚度的塞尺插入气门杆与摇臂之间，来回抽动塞尺，如果过紧或过松，都表明气门间隙不合适，需要进行调整。

第五步：调整气门间隙。松开锁紧螺母，旋出调整螺钉，在气门杆与摇臂之间插入厚度与气门间隙相等的塞尺，一边拧进调整螺钉，一边不停地来回抽动塞尺，直到抽动塞尺有阻力又能抽出时为止，锁紧螺母，在锁紧螺母时，不能让调整螺钉转动，最后再复查一遍。

第六步：按做功顺序，分别摇转曲轴 180°，依次使下一缸处于压缩上止点，用同样的方法，检查与调整各缸的气门间隙。如做功顺序为 1—3—4—2，则摇转曲轴 180°，检查调整 3 缸的气门间隙。用同样的方法再检查调整 4 缸和 2 缸的气门间隙。

2. 两次调整法（“双排不进”法）。

第一步：打开气门室盖。

第二步：摇转曲轴至一缸处于压缩上止点，方法可用多种。

第三步：检查与调整第一缸两个气门的间隙、第三缸的排气门间隙、第二缸的进气门间隙，方法与逐缸法相同。

调整时，如图 4－17 所示。先松开锁紧螺母 1，用螺钉旋具旋动调整螺钉 2，将规定厚度的塞尺插入气门杆端部与摇臂之间。当抽动塞尺时有阻力感，拧紧锁紧螺母，再复查一次，符合规定值即可。

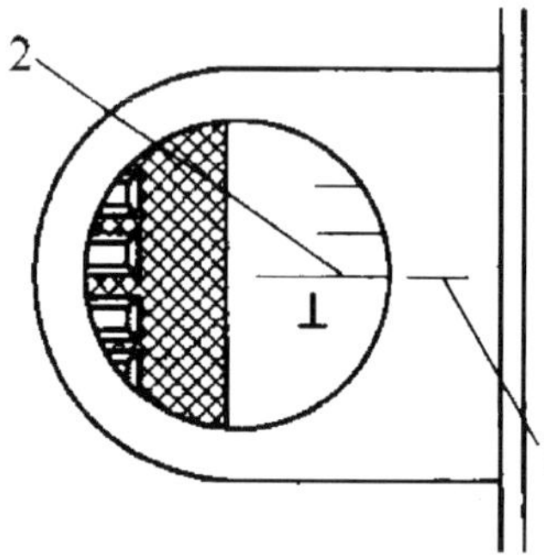

图 4－17　气门间隙的检查与调整
1—固定螺母；2—调整螺钉

3. 操作实例。

（1）气门间隙两次调整法操作步骤（以 462Q 型四缸直列发动机为例）：

①将点火开关转到 OFF，拔出点火开关锁匙。

②从气缸盖罩上拆下曲轴箱通风软管，拆下气缸盖罩。

③从离合器外壳上拆下点火正时检查窗橡胶塞。

④拆下分电器盖，顺时针方向转动曲轴（从发动机前端看），当分火头将要指向分电器盖第一缸高压线位置时，再慢转曲轴，使飞轮上的冲印标记“T”处的直线 2 与离合器外壳上的直线标记 1 对齐，如图 4－18 所示。此即第一缸压缩行程上止点位置。

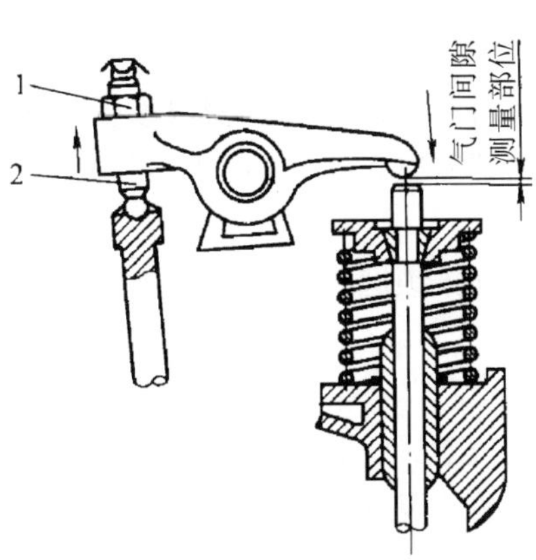

图4－18　对标记，使第一缸处在压缩行程上止点位置
1—离合器外壳上的直线标记；2—飞轮上的冲印“T”标记

⑤将气门编号。如若将气门按如图4－19所示的顺序编号，则此时可检查调整气门1、2、5和7的气门间隙。即第一缸进、排气门均可检查调整，第二缸可检查调整进气门，第三缸可检查调整排气门。

⑥检查气门间隙时可用塞尺塞入气门间隙中进行，如图4－20所示。

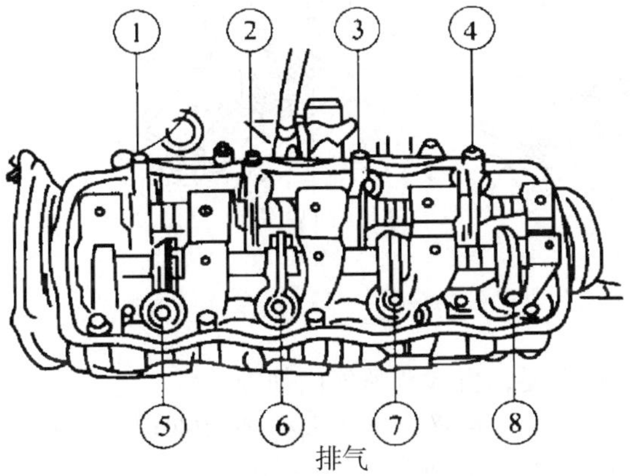

图4－19　气门编号

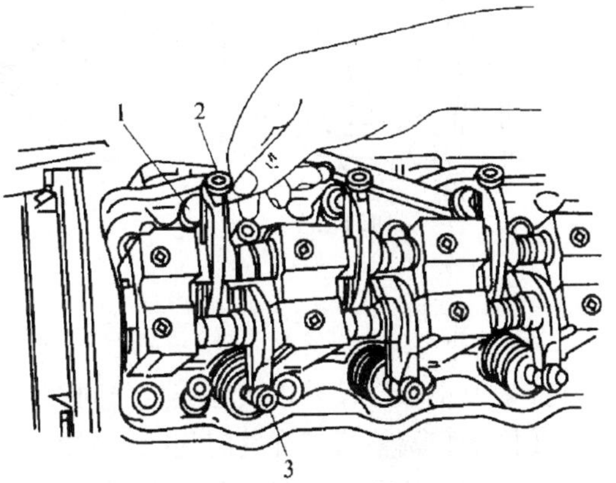

图4－20　检查气门间隙
1—塞尺；2—进气门；3—排气门

⑦经检查，如果气门间隙不符合规定，则应进行调整。调整时，应先用扳手松开锁紧螺母，再利用螺钉旋具调整螺钉。旋入调整螺钉时，气门间隙减小；反之，旋出调整螺钉时，气门间隙增大。气门间隙值调整至规定值后，应一面用螺钉旋具固定住调整螺钉，一面将锁紧螺母以15～19 N·m的拧紧力矩拧紧。

⑧旋转曲轴360°，未调整的气门3、4、6和8均可检查调整。第二缸可检查调整排气门，第三缸可检查调整进气门，第四缸进、排气门均可检查调整。

⑨用塞尺复查气门间隙值，如不合格，应重新进行调整。

⑩装上气缸盖罩，并按规定力矩拧紧其固定螺栓，再装上曲轴箱通风软管。

（2）气门间隙逐缸调整法操作步骤（以广州本田雅阁VTEC16气门四缸直列发动机为

例)：

广州本田雅阁 VTEC16 气门四缸直列发动机仅在缸盖温度低于 38 ℃时才可对气门进行调整。调整完毕后，重新将曲轴带轮螺栓以 245 N · m 力矩拧紧。

气门间隙逐缸调整法的步骤如下：

①将点火开关转到 OFF，拔出点火开关锁匙。

②检查和调整第一缸气门间隙。

拆下气门室盖。

将第一缸活塞转至上止点（TDC）位置，即凸轮轴带轮上的“UP”，标志应在顶部，带轮上的上止点凹槽与气缸盖平面对齐的位置（见图 4 - 21）。

检查第一缸进、排气门的间隙，如图 4 - 22 所示。进气门的间隙为（0. 26 ± 0. 02）mm;排气门的间隙为（0. 30 ±0. 02）mm。

调整第一缸气门的间隙，松开锁止螺母，转动调整螺钉，直到用规定厚度的塞尺前后移动时仅有极小的阻力为止（见图 4 - 23）。各缸的气门间隙调整螺钉位置如图 4 - 24 所示。

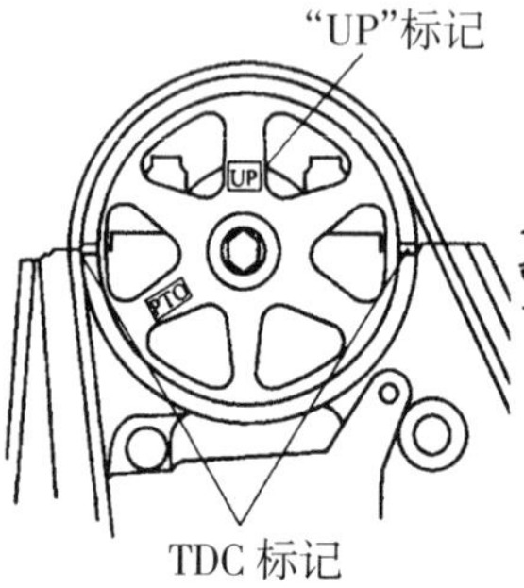

图 4 - 21 一缸上止点位置

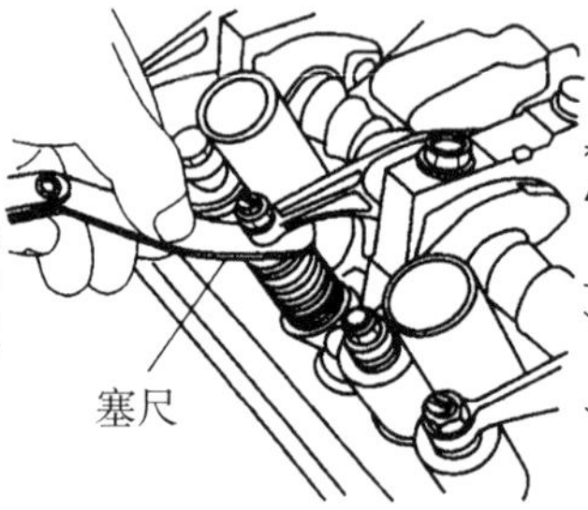

图 4 - 22 检查气口间隙

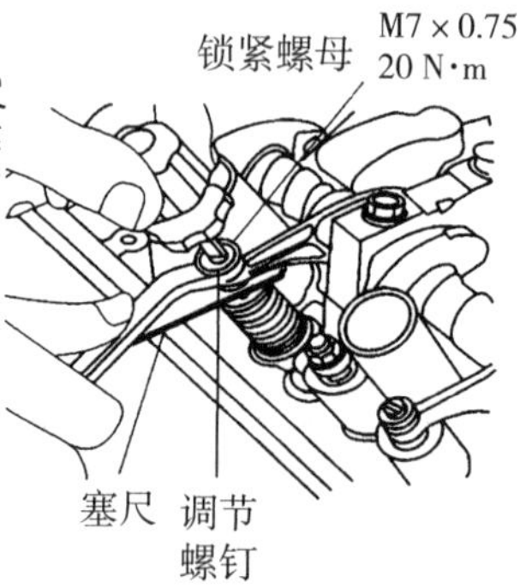

图 4 - 23 调整气门间隙

拧紧锁止螺母，并再次检查气门间隙，如有必要，再次调整气门间隙。

③检查和调整第三缸气门间隙，如图 4 - 25 所示。按逆时针方向转动曲轴 180°（凸轮轴转动 90°），“UP” 标记在排气侧时，检查和调整第三缸进、排气门间隙。

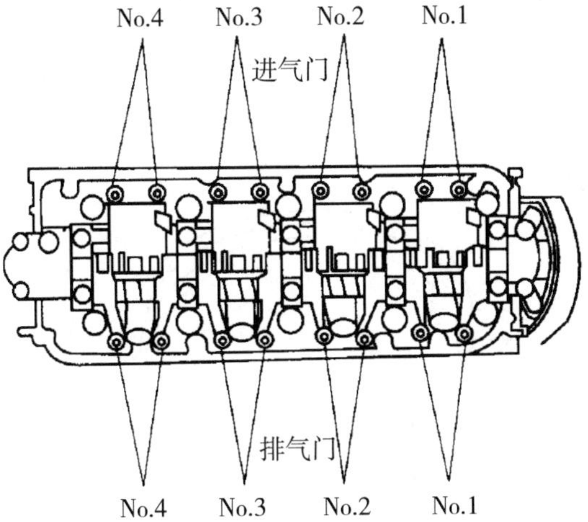

图 4－24　各缸气门间隙调整螺钉的位置

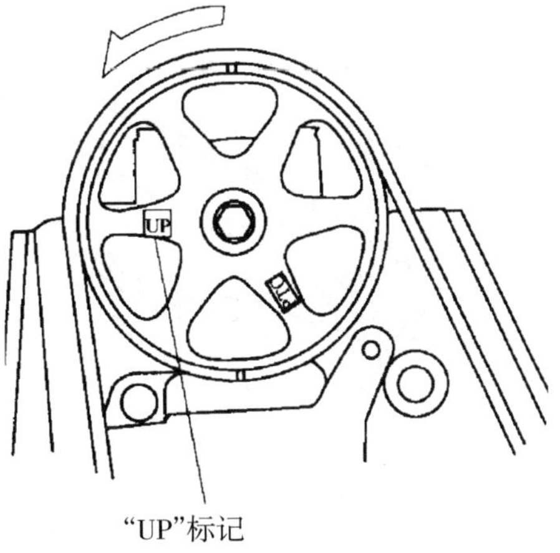

图 4－25　第三缸活塞压缩行程上止点位置

④检查和调整第四缸气门间隙，如图 4－26 所示。按逆时针方向再转动曲轴 180°，"UP" 标记在下方时，检查和调整第四缸进、排气门间隙。

⑤检查和调整第二缸气门间隙，如图 4－27 所示。按逆时针方向再转动曲轴 180°，"UP" 标记在进气侧时，检查和调整第二缸进、排气门间隙。

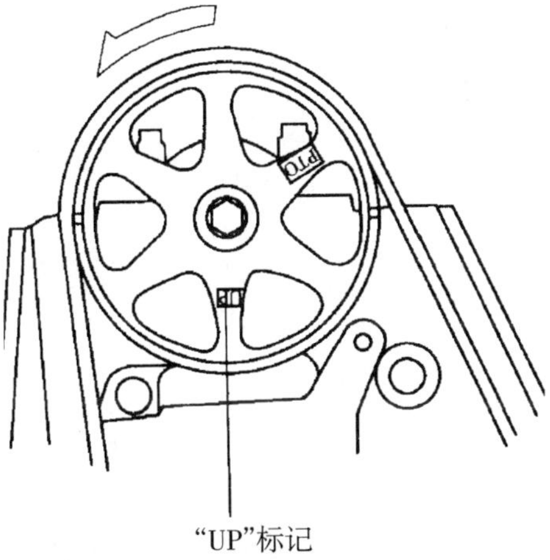

图 4－26　第四缸活塞压缩行程上止点位置

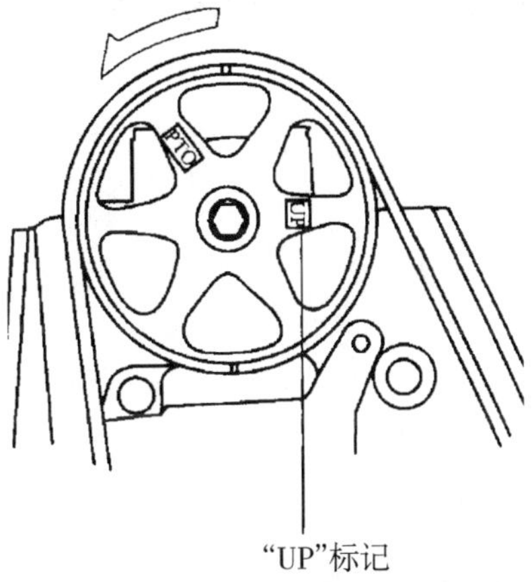

图 4－27　第二缸活塞压缩行程上止点位置

⑥安装气门室盖垫，如图 4－28 所示。在安装气门室盖垫之前，应彻底清洁密封件和槽口，在安装时，确认缸盖密封垫紧密地贴合，与槽口之间无缝隙。

⑦在气门室盖垫凹槽的四角处涂上一层液体密封剂，如图 4－29 所示。在涂抹密封剂前，应检查配合表面是否清洁干燥；涂抹密封剂后，应在 5 min 内安装，如果达到或超过了 5 min，则应清除密封剂后重新涂上密封剂；安装后应在 30 min 以后再向发动机添加润滑油。

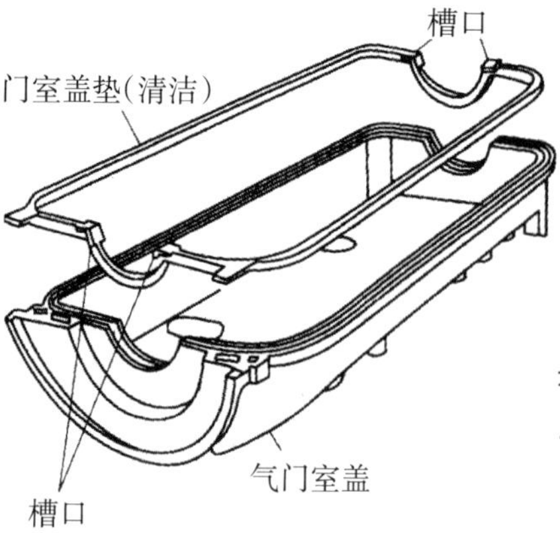

图 4－28　安装气门室盖垫

图 4－29　气门室盖垫涂抹密封剂

⑧安装气门室盖。用手指按住凸轮轴盖托架的接触表面（半圆顶部），以便把缸盖垫放入凹槽内。

注意：安装气门室盖之前，应清洁缸盖接触表面；不要触摸涂抹了密封剂的零件表面。在安装气门室盖时，不要损坏火花塞密封件，如果火花塞密封件有损坏或老化，则应更换。

⑨按顺序分 2～3 次将螺母拧紧至 95 N・m。

⑩安装完毕，检查所有气管、各类软管和插头是否安装正确。

☞学习工作页

<table>
<tr><td rowspan="2">学习工作页</td><td>学习单元</td><td colspan="4">配气机构的结构及拆装</td></tr>
<tr><td>学习任务</td><td colspan="4">气门组、凸轮轴、配气机构的拆装</td></tr>
<tr><td>姓　名</td><td></td><td>班　级</td><td></td><td>小　组</td><td></td></tr>
<tr><td>日　期</td><td></td><td>开始时间</td><td></td><td>结束时间</td><td></td></tr>
<tr><td>场　地</td><td colspan="5">整车理实一体教室</td></tr>
<tr><td>用品、用具、工具、设备</td><td colspan="5">发动机、投影设备、组合工具</td></tr>
<tr><td>工作记录</td><td colspan="5">1. 认识发动机的配气机构。
2. 说出发动机配气机构的拆装步骤及如何找排气正时。</td></tr>
</table>

1. 填空题。

(1) 气门的功用是用来开关__________气门、__________气门的通道，气门分为__________、__________两种。

(2) 配气机构主要包括气门、__________、气门弹簧、__________、__________及液压挺柱等。

2. 判断题。

(1) 配气机构的作用是按照发动机各缸的做功顺序和每一缸工作循环的要求，定时将各缸进气门和排气门打开、关闭，以便发动机进行进气、排气、压缩、做功等工作过程。(　　)

(2) 凸轮轴是气门传动组中最重要的零件，主要是由凸轮和轴径两部分组成。(　　)

3. 完成任务。

在教师提供的车辆上，说出发动机配气机构的类型，并说明各部件名称及如何拆装。

车型：____________________

发动机类型：____________________

配气机构各部件的名称：____________________

叙述配气机构的工作原理：____________________

指导教师评语：

____

____

教师签字：__________　日期：_____年_____月_____日

单元5 润滑系统的结构与拆装

学习任务5.1 润滑系统的结构

☞学习情境

随着汽车工业的发展，现代汽车发动机内部的高温化对润滑油的功能要求越来越高。汽车在使用一段时间后，润滑系统中会沉积大量的油泥，影响其正常工作，甚至出现严重的机械故障，所以对润滑系统的维护工作就显得特别重要。

☞学习目标

通过本任务的学习，应能：

1. 了解润滑系统的功用、组成和分类。
2. 了解机油泵的结构与工作原理。
3. 掌握机油泵及其他润滑部件的拆装方法。
4. 了解润滑油的基本知识。

☞学习信息

5.1.1 润滑系统的作用

1. 润滑作用：将清洁的、压力和温度适宜的润滑油不断地供给各需要部件的摩擦表面，形成润滑油膜，使发动机内部运动零件表面之间的干摩擦变为液体摩擦，减小零件的摩擦、磨损和功率消耗。

2. 冷却作用：运动零件的摩擦和混合气的燃烧，使某些零件产生较高的温度。而润滑油经过零件摩擦表面时，可带走摩擦副产生的6%～14%的热量，并将部分热量带回到油底壳散入大气中，从而起到冷却作用，维持零件的正常工作温度。

3. 清洁作用：发动机工作时，不可避免地要产生金属磨屑，还有空气所带入的尘埃及燃烧所产生的固体杂质等。这些颗粒若进入零件的工作表面，就会形成磨料，大大加剧零件的磨损。而润滑系统通过润滑油的流动将这些磨料从零件表面冲洗下来，带回到曲轴箱，大的颗粒沉到油底壳底部，小的颗粒被机油滤清器滤出，从而起到清洁作用。

4. 密封作用：利用润滑油的黏性，附在相互运动零件的表面上产生一层薄膜，这层薄膜作为保护性密封剂，可以提高间隙密封效果。如发动机气缸壁与活塞、活塞环与环槽间隙中的油膜，减少了气体的泄漏，保证了气缸的应有压力，起到了密封作用。若没有这层油膜，压缩气体将漏入曲轴箱。

5. 防腐防锈作用：由于润滑油黏附在零件表面上，避免了零件与水、空气、燃气等的直接接触，起到了防止或减轻零件锈蚀和化学腐蚀的作用。还起到减少零件振动、降低噪声的作用。

5.1.2 润滑系统的组成

1. 油底壳。油底壳用来储存润滑油。大多发动机上的油底壳还起到为润滑油散热的作用。

2. 机油泵。机油泵将润滑油从油底壳中抽出加压后，不断地送到各零件表面进行润滑，维持润滑油在润滑系统中的循环。机油泵大多装于曲轴箱内，也有些柴油机将机油泵装于曲轴箱外面。机油泵都采用齿轮驱动方式，通过凸轮轴、曲轴或正时齿轮来驱动。

3. 油管及油道。将机油泵输出的压力润滑油送到各摩擦表面。油道在气缸体与气缸盖上直接铸出或加工在一些零件内部，可分为主油道和分油道。一般主油道是指铸造在气缸体侧壁内、沿发动机纵向布置的油道，其他油道均为分油道。

4. 机油滤清器。机油滤清器用来过滤掉润滑油中的杂质、磨屑、油泥和水分等杂物，使送到各润滑部位的都是清洁的润滑油。由于过滤能力与流动阻力成正比，根据能够滤除杂质的直径不同可分为机油集滤器、机油粗滤器和机油细滤器三种，设于润滑系统的不同部位。

5. 阀类。限压阀用来限制机油泵输出的润滑油压力；旁通阀在粗滤器发生堵塞时打开，机油泵输出的润滑油可直接进入主油道；机油细滤器进油限压阀用来限制进入细滤器的油量，防止因进入细滤器的油量过多而导致主油道压力降低，影响润滑。

6. 检测报警装置。随时监测发动机润滑系统的工作情况。机油压力表、机油温度表和机油压力传感器用来检测并通过仪表显示润滑油压力和温度，机油量尺用来检测润滑油油量，液面高度报警器在油位超过允许值时报警。

7. 机油散热器。某些热负荷较大的发动机，如柴油发动机还设有机油散热器，对润滑油进行散热冷却。

5.1.3 润滑方式

发动机工作时，由于各运动零件的工作条件不同，因而所要求的润滑强度和方式也不同。发动机各零件表面的润滑强度和润滑方式取决于该零件的工作条件，以及相对运动速度和承受机械负荷、热负荷的大小。按其供油方式可将润滑方式分为压力润滑、飞溅润滑和定期润滑，目前的汽车发动机都采用压力润滑和飞溅润滑相结合的复合式润滑方式。

1. 压力润滑：压力润滑就是将一定压力的润滑油源源不断地输送到零件的摩擦面间，形成具有一定厚度并能承受一定机械负荷的油膜，尽量将两摩擦面完全分开，实现可靠润滑。发动机上采用这种润滑方式的是负荷大、相对运动速度高的零件，如曲轴各主轴颈与主轴承、连杆轴颈与连杆轴承、凸轮轴轴颈与轴承等。采用压力润滑比较可靠，但必须设置专门的油道输送润滑油。

2. 飞溅润滑：飞溅润滑是依靠运动零件飞溅起来的或从专门的油孔中喷出的润滑油滴或油雾，对摩擦表面进行润滑的方式。发动机上的一些外露部位、负荷较小的零件或相对运动速度较低的零件，一般采用飞溅润滑方式，如活塞与气缸壁、活塞销与衬套、凸轮表面和挺杆等。飞溅润滑可靠性较差，但结构简单，在活塞与气缸壁间采用飞溅润滑，还可以防止由于润滑油压力过高而进入燃烧室参与燃烧，导致润滑油消耗异常、燃烧室积炭加剧和发动机工作恶化等。

3. 定期润滑：采用定期加注润滑脂对摩擦表面进行润滑的润滑方式称为定期润滑。发动机上一些不太重要、比较分散的部位一般采用此种润滑方式，如水泵轴承等。定期润滑不属于润滑系统的工作范畴。

典型发动机润滑系统桑塔纳 2000 型轿车 AFE 型发动机润滑系统采用复合润滑方式，即压力润滑与飞溅润滑相结合。润滑系统示意图如图 5－1 所示。

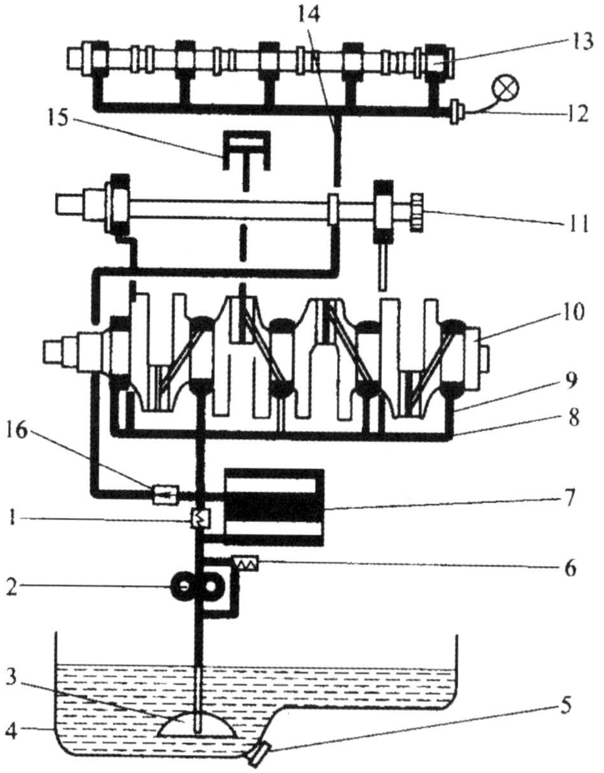

图 5－1　AFE 型发动机润滑系统示意图

1—旁通阀；2—齿轮式机油泵；3—机油集滤器；4—油底壳；5—放油螺塞；
6—安全阀；7—机油滤清器；8—气缸体主油道；9—分油道；10—曲轴；11—中间轴；
12—气缸盖主油道端压力开关；13—凸轮轴；14—第 4 挡气缸盖螺柱孔；15—活塞；
16—机油滤清器上的单向阀

AFE 型发动机润滑系统主要由机油泵、机油滤清器及压力开关等组成。一般机油泵采用齿轮式机油泵，由中间轴驱动，在其上有一个安全阀，当润滑油压力过高或流量过大时，润滑油由安全阀旁流回油底壳，不影响发动机的正常工作。AFE 型发动机采用粗滤和细滤集为一体的过滤器，机油滤清器堵塞后，润滑油能直接短路进入主油道。集滤器为固定淹没式，避免机油泵吸入表面泡沫，保证润滑系统工作可靠。机油滤清器盖上装一只压力开关，起动压力为 0. 18 MPa。当发动机转速超过 2150 r/min 时，如果润滑油压力达不到 0. 18 MPa，油压开关触点断开，润滑油压力警告灯闪烁，报警蜂鸣器也同时鸣响报警。缸盖上凸轮轴总油道尾端，也是整个压力油润滑路线的终端，在此也装一只压力开关，即最低压力报警开关，动作压力为 0. 03 MPa。打开点火开关，仪表板中的润滑油压力警告灯即闪烁。起动发动机，当润滑油压力大于 0. 03 MPa 时，开关触点开启，该警告灯自动熄灭。当发动机低速运转时，若润滑油压力低于 0. 03 MPa，则开关触点闭合，润滑油压力警告灯闪烁。

润滑油路如图 5 - 1 所示，当发动机工作时，机油从油底壳经机油集滤器，除去较大杂质后，被机油泵吸入，加压后经机油滤清器进一步过滤后大部分压力油进入发动机主油道，一小部分压力油直接到中间轴。进入主油道的润滑油又分成 7 路，5 条分油道分别将机油送到 5 道曲轴主轴承，经过曲轴内部油道进入连杆轴承，再经过连杆体中油孔进入连杆小头衬套，喷到活塞内腔后流回油底壳。主油道有一分油道将为凸轮轴的 5 个轴承供油，再进入配气机构，回到油底壳。主油道上还有一分油道，将压力油引到中间轴的后轴承，再进入油底壳。桑塔纳 2000 轿车 AFE 发动机润滑系统油路简图如图 5 - 2 所示。

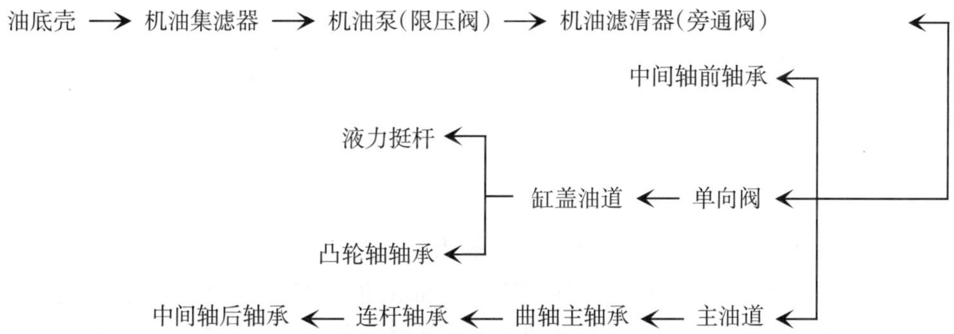

图 5 - 2　桑塔纳 2000AFE 发动机润滑油路简图

学习任务 5.2　润滑系统的拆装

☞学习情境

一轿车机油报警灯亮，经检查发现机油泵不泵油，现维修工正在进行更换。

☞学习目标

通过本任务的学习，应能：

1. 掌握发动机润滑系统总体拆装方法及步骤。
2. 学习机油泵及机油滤清器的拆装。
3. 掌握润滑系统的部件更换方法。

☞学习场所和设备

1. 发动机实训室。
2. 机油压力表，棉纱。
3. 维修拆装工具。

☞学习信息

5.2.1　润滑系统总体拆装

1. 观察润滑系统总体组成。润滑系统一般由机油泵、油底壳、润滑油管、润滑油道、机油滤清器、机油散热器、各种阀、油压传感器和机油压力表、机油温度表及油压过低警报灯等组成。现代汽车发动机润滑系统的组成及油路布置方案大致相似，只是由于润滑系统的工作条件和具体结构的不同而稍有差别。如图 5－3 所示为捷达 ATK 发动机润滑系统总体组成。

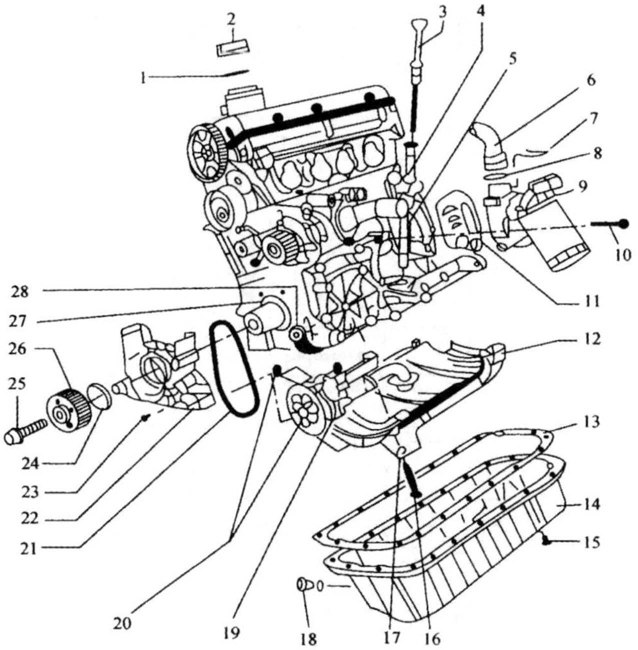

图5－3　捷达ATK发动机润滑系统总体组成

1—密封圈；2—机油加油口盖；3—机油标尺；4—导向套：5—导管；6—连接管；7—紧固夹；8—"O"形环；9—滤清器支架；10、15、16、23—螺栓；11—密封垫；12—防溅挡板；13—密封垫；14—油底壳；17—隔套；18—放油螺栓；19—机油泵；20—紧配衬套；21—机油泵链条；22—前密封法兰；24—油封；25—中央螺栓；26—皮带轮；27—链轮；28—链轮张紧器

2. 润滑油路分析。不同发动机的润滑油路有所不同，捷达轿车发动机润滑油路示意图如图5－4所示。

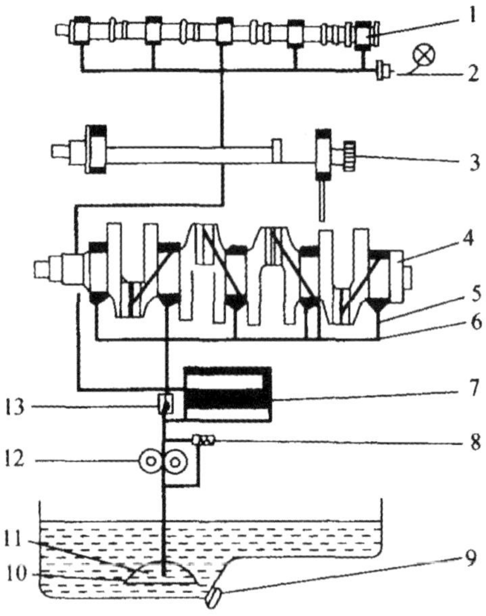

图 5-4 捷达轿车发动机润滑油路示意图

1—凸轮轴；2—压力开关；3—中间轴；4—曲轴；5—油道；6—主油道；7—机油滤清器；
8—安全阀；9—放油塞；10—油底壳；11—粗集油器；12—机油泵；13—旁通阀

3. 润滑系统的拆装步骤。

（1）拆开蓄电池负极接线。

（2）举升并安全支撑车辆。

（3）放出发动机油。

（4）推动中央锁销，从而拆下右侧挡泥板。

（5）若装有，则拆下动力转向装置和可调节传动带。

（6）松开水泵带轮固定螺栓。

（7）拆下交流发电机传动带。

（8）拆下水泵带轮和交流发电机支座。

（9）拆下曲轴带轮、正时传动带外盖、正时传动带导杆和正时传动带。

（10）拆下润滑油标尺。

（11）若装有空调，则拆下可调节压缩机支座螺栓。

（12）拆下正时传动带和曲轴带轮。

（13）拆下油底壳和油泵滤清器。

（14）拆下连接油泵与发动机汽缸体的螺栓，并拆下油泵。

安装过程与拆卸过程相反。

4. 润滑系统总体拆装注意事项。

（1）对于机油压力传感器、机油压力表和报警开关，各机型有所不同，如捷达、桑塔纳汽车发动机的机油高压不足传感器安装在机油滤清器座上，机油低压不足传感器安装在汽缸盖油道的后端。拆装时要注意其位置。

（2）安装油底壳的固定螺钉时，应注意从内到外分次拧紧油底壳各螺钉。

（3）机油滤清器拆装时应使用专用工具。

（4）在发动机拆装过程中如发现大量铁屑或磨屑，要及时清理机油管路，防止曲轴和连杆瓦抱死。

（5）对拆装后要求发动运行的发动机，机油的加注量不能超过上限，如未换机油滤清器，加注 3.3 L，更换后加注 3.8 L。

5.2.2　机油泵拆装

1. 捷达轿车机油泵及其附件。

如图 5－5 所示为捷达 ATK 轿车机油泵及其附件结构图。

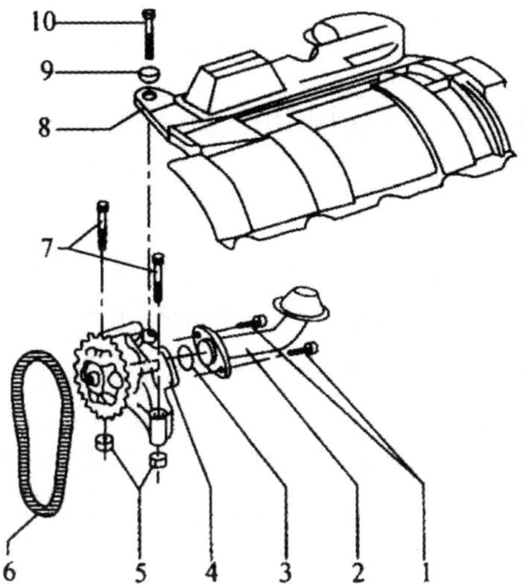

图 5－5　捷达 ATK 轿车机油泵及其附件结构图

1—螺栓；2—吸油管；3—“O”形环；4—机油泵；5—紧配衬套；6—机油泵链条；7—螺栓；8—防溅挡板；9—隔套；10—螺栓

2. 齿轮式机油泵的拆装与检测。

（1）齿轮式机油泵的拆卸。

①观察齿轮式机油泵基本结构，它主要由一对齿轮组成。其结构如图 5－6 所示。

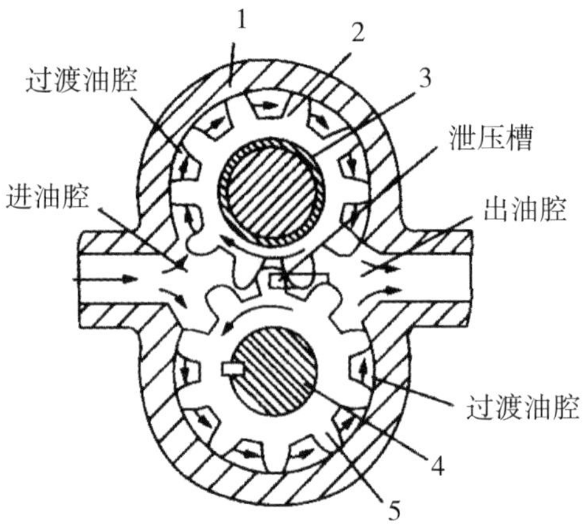

图 5-6　齿轮式机油泵结构图

1—机油泵体；2—机油泵被动齿轮；3—衬套；4—驱动轴；5—机油泵主动齿轮

②旋松分电器轴向限位卡板的紧固螺栓，拆去卡板，拔出分电器总成。

③旋松并拆卸两根将机油泵盖、机油泵体紧固到机体上的长紧固螺栓，将机油吸油部件一起拆下。

④拧松并拆下机油吸油管组件紧固螺栓，拆下吸油管组件，检查并清洗滤油网。

⑤旋松并拆下机油泵盖短紧固螺栓，取下机油泵组件，检查泵盖上的限压阀。

⑥分解主被动齿轮，再分解齿轮和轴，垫片更换新件。

（2）齿轮式机油泵的检查。

①检查机油泵盖与齿轮端面间隙。用钢尺直边紧靠在带齿轮的泵体端面上，将塞规插入两者之间的缝隙进行测量，其标准为 0.05 mm，使用极限为 0.15 mm，若不符，可以通过增减泵盖与泵体之间的垫片来进行调整。

②检查主、被动齿轮与泵腔内壁间隙。用塞规插入两者之间的缝隙进行测量，超过 0.3 mm 时应换新件。

③检查主、被动齿轮的啮合间隙。用塞规插入啮合齿间，测量 3 点齿侧，标准为 0.05 mm，使用极限为 0.2 mm。

（3）齿轮式机油泵的安装。将所有零件清洗干净，按分解的逆顺序进行装配。

3. 转子式机油泵拆装与检测。

（1）观察转子式机油泵基本结构，它主要由一对内外转子组成。其结构如图 5-7 所示。

（2）转子式机油泵安装位置与结构形式随发动机不同而有所不同，一般多放在发动机前端的机油泵体内，拆卸机油泵盖螺钉即可拆卸转子式机油泵。有的机油泵带有安全阀（限压阀），可将端部的调整螺钉旋松，即可取出安全阀及弹簧组件。有的则是不可拆卸的。

（3）转子式机油泵检测。检测项目、方法与齿轮式机油泵相同。

（4）转子式机油泵装配。装配顺序与安装时相反。

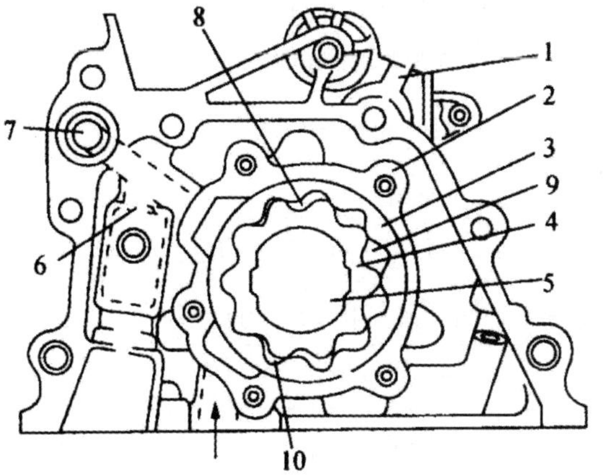

图5-7 转子式机油泵结构图

1—发动机；2—机油泵体；3—外转子；4—内转子；5—驱动轴；6—安全阀；
7—出油孔；8—出油腔；9—过渡油腔；10—进油腔

5.2.3 机油滤清器的更换

机油滤清器分可拆卸和不可拆卸两种，不可拆卸式只能一次性使用，不能更换滤芯。

1. 机油滤清器的更换步骤。

（1）将车辆停放于水平路面上。

（2）将发动机暖机至正常工作温度再停止。

（3）拧开机油加油孔盖。

警告：小心不要被热机油或其他发动机零部件烫伤。

（4）在放油栓下放一容器，以盛装排出的机油。

（5）用扳手将放油塞及密封垫拧开，让机油彻底流出。必要时请戴上安全护目镜。

（6）用机油滤清器扳手将滤清器拧松，再用手取下。

（7）沾一点机油在新滤清器的橡胶垫圈上。

（8）将新滤清器拧入，直到垫圈与底座接触，然后再锁紧3/4～1圈。

（9）安装放油螺塞并更换新垫圈（注意垫片上下面）再锁紧。锁紧扭矩为20～30 N·m。

注意：不可将机油滤清器及放油螺塞拧得过紧，否则将会造成渗油。

（10）将机油慢慢加入。请遵循手册推荐的机油规格及添加量。

（11）将机油盖装回。

（12）等待数分钟后，再检查机油的油位。

（13）将发动机起动运转以检查机油滤清器及放油螺塞是否漏油，如漏油则表示安装不当。

（14）关闭点火开关，等待数分钟。再次检查机油油位，必要时再添加机油。

2. 注意事项。

（1）流出的残油要清除。如任其留在高温的部件上，可能会引起火灾。

（2）将手彻底清洁干净。长期接触机油可能导致皮肤癌。

（3）不要将使用过的机油直接排放于地面、水沟等处，确认废油已装入适当的容器。

☞学习工作页

<table>
<tr><td rowspan="2">学习工作页</td><td>学习单元</td><td colspan="4">润滑系统的结构及拆装</td></tr>
<tr><td>学习任务</td><td colspan="4">润滑系统的结构与拆装</td></tr>
<tr><td>姓　名</td><td></td><td>班　级</td><td></td><td>小　组</td><td></td></tr>
<tr><td>日　期</td><td></td><td>开始时间</td><td></td><td>结束时间</td><td></td></tr>
<tr><td>场　地</td><td colspan="5">整车理实一体教室</td></tr>
<tr><td>用品、用具、工具、设备</td><td colspan="5">发动机，组合工具。</td></tr>
<tr><td>工作记录</td><td colspan="5">1. 认识发动机的润滑系统。
2. 说出发动机润滑系统的拆装和如何更换机油泵及机油滤清器。</td></tr>
</table>

1. 选择题。

(1) 一位顾客说车辆空转时的机油压力报警灯会亮，机油压力表面机油压力太低。技师 A 说发动机轴承磨损。技师 B 说机油压力卸荷阀（安全阀）间歇关闭。请问谁的说法正确？(　　)

A. 只有技师 A 正确　　B. 只有技师 B 正确

C. 技师 A、B 都正确　　D. 技师 A、B 都不正确

(2) 车辆起动后机油压力报警灯仍不亮。维修技术人员 A 说，是因为输入电路中的某根电线没有接好。维修技术人员 B 说，将输入电路接地，如果报警灯亮说明输入电路断路。请问谁的说法正确？(　　)

A. 只有维修技术人员 A 正确　　B. 只有维修技术人员 B 正确

C. 维修技术人员 A、B 都正确　　D. 维修技术人员 A、B 都不正确

2. 判断题。

(1) 润滑系统的作用主要有：润滑、冷却、清洁、密封及防腐防锈等。　(　　)

(2) 润滑的方式有：压力润滑、飞溅润滑及定期润滑等。　(　　)

3. 完成任务。

在教师提供的车辆上，请按以下步骤记录一些信息。

(1) 查阅维修手册，寻找有关机油压力检测的详细步骤。请记录具体检测步骤：______

______

(2) 检查机油液面：满　　低　　太满

如果太低添加到合适的位置。如果太满了，放掉一些机油直到合适的位置。检查机油中是否有气体或冷却液。(注意：量油尺放置要正确)

(3) 从发动机上拆下机油压力传输模块。

(4) 使用合适的适配器将机油压力检查表与发动机相连。

(5) 起动发动机，观察发动机空转时压力表的示值并记录：______

(6) 记录发动机达到正常工作温度时的压力值：______

(7) 如果以上压力值正常，那么将发动机转速提高到 2000 r/min，记录此时的压力值：

______

(8) 关闭发动机，将测量结果与维修手册上的值比较，你的建议：______

(9) 拆下机油压力检查表，连上机油压力传输模块。

(10) 起动发动机，观察传输模块处是否泄漏，关闭发动机。

指导教师评语：

______

______

教师签字：______　日期：____年____月____日

单元6 冷却系统的结构与拆装

学习任务6.1 冷却系统的结构与原理

☞学习情境

有一位顾客把他的2002年的福特福克斯开到店里维修，这是因为车在高速公路上行驶时有两次温度表的指针达到红色区域。维修技术人员问了他一些更具体的细节，得知指针达到红色区域没多久又落回到正常的温度区域。维修技术人员就把车辆开到车间内，检查了冷却液的液面和冷却液的状态，都没有问题。接着，检查了水泵的驱动皮带，既没有磨损，张紧力也正常，就怀疑是节温器间歇开启的缘故。于是维修技术人员把发动机起动了，并检测散热器上部软管的温度。当发动机达到正常运行的温度时，软管正常发热，风扇也正常运转。接下来，维修技术人员换了个新的节温器，并起动车辆，待风扇运转几圈后又把车开到外面的好路上进行路测。温度表的指针停留在正常的区域。维修技术人员把车辆交付给顾客，并记录下顾客的电话，以跟踪车辆是否已经完全修好。最终顾客说车辆的故障已经消除，非常感谢维修技术人员。

☞学习目标

通过本任务的学习，应能：

1. 了解冷却系统的作用、构成。
2. 了解冷却系统的冷却水循环路线。
3. 了解增压空气冷却系统的结构。

☞学习场所和设备

1. 发动机实训室。
2. 水箱焊接设备及工具。
3. 维修拆装工具套件。

☞学习信息

6.1.1　冷却系统的组成、功用

冷却系统一般由散热器、水泵（电动水泵）、水管、水套、节温器（电子节温器）、膨胀罐、电子风扇、温度传感器、冷却液温度表等组成。

冷却系统的功用是使发动机在所有工况下都保持在适当的温度范围内。既要防止发动机过热，也要防止冬季发动机过冷。在发动机冷态起动之后，冷却系统还要保证发动机迅速升温，尽快达到正常的工作温度。在发动机工作期间，最高燃烧温度可能高达 2500 ℃，即使在怠速或中等转速下，燃烧室的平均温度也在 1000 ℃以上。因此，与高温燃气接触的发动机零件受到强烈的加热。在这种情况下，若不进行适当的冷却，发动机将会过热，工作过程恶化，零件强度降低，机油变质，零件磨损加剧，最终导致发动机动力性、经济性、可靠性及耐久性的全面下降。但是冷却过度也是有害的，过度冷却或使发动机长时间在低温下工作，均会使散热损失及摩擦损失增加，零件磨损加剧，排放恶化，发动机工作粗暴，发动机功率下降及燃油消耗率增加。

6.1.2　冷却系统的循环水路

1. 大循环：当发动机内冷却液温度升高到 359 K（86 ℃）时，主阀门完全开启，旁通阀完全关闭，冷却液全部流经散热器，称为大循环，如图 6－1 所示。由于此时冷却液流动量大，冷却强度强。

2. 小循环：常温下石蜡呈固态，冷却液温度低于 349 K（76 ℃）时，主阀门完全关闭，旁通阀完全开启，冷却液不流经散热器，称为小循环，冷却强度弱，如图 6－2 所示。

3. 混合循环：当发动机的冷却液温度在 76～86 ℃范围内，主阀门和侧阀门处于半开闭状态，此时一部分水进行大循环，而另一部分水进行小循环，称为混合循环，如图 6－3 所示。

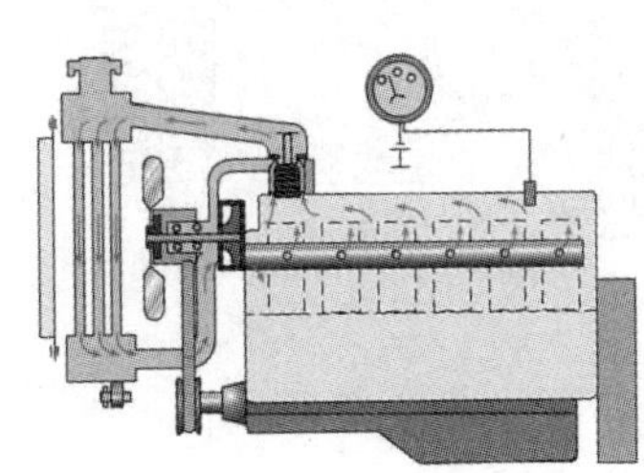

图 6－1　大循环

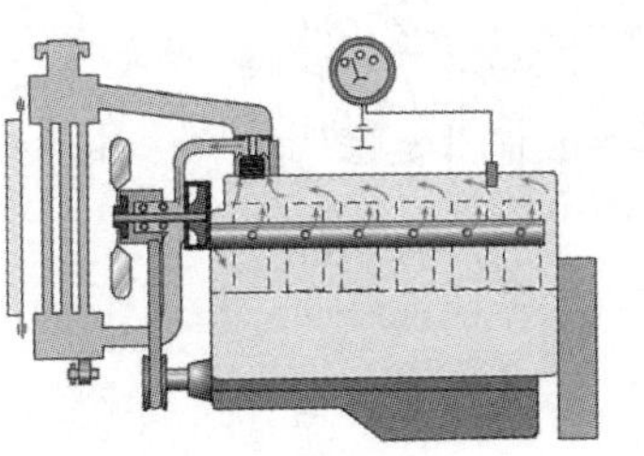

图 6－2　小循环

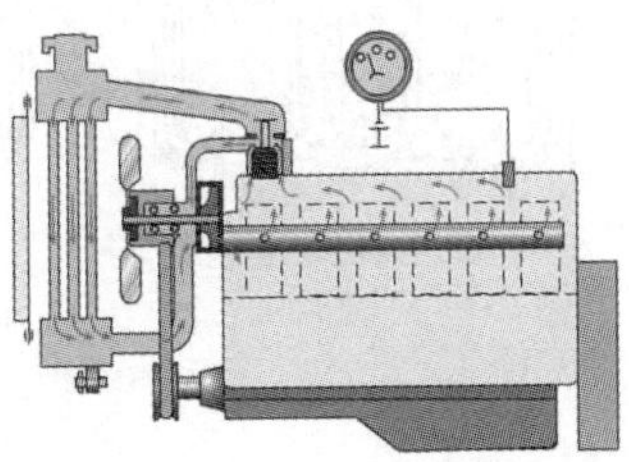

图 6－3　混合循环

6.1.3 冷却系统的部件

1. 节温器。

节温器是控制冷却液流动路径的阀门。当发动机冷起动时，冷却液的温度较低，这时节温器将冷却液流向散热器的通道关闭，使冷却液经水泵入口直接流入机体或气缸盖水套，以便使冷却液能够迅速升温。如果不装节温器，让温度较低的冷却液经过散热器冷却后返回发动机，则冷却液的温度将长时间不能升高，发动机也将长时间在低温下运转。同时，车厢内的暖风系统在长时间内不能发挥作用。蜡式节温器有单阀型及双阀型之分，单阀蜡式节温器的结构如图6-4（a）所示。中心杆的一端紧固在带状上支架上，而另一端则插入感温体内的胶管当中。感温体支承在带状下支架及节温器阀之间。在感温体外壳与胶管中间充满精制石蜡。

（1）单阀蜡式节温器工作原理：当冷却液温度低于规定值时，节温器感温体内的石蜡呈固态，节温器阀在弹簧的作用下关闭，冷却液经旁通孔和水泵返回发动机进行小循环。当冷却液温度达到规定值后，石蜡开始熔化，逐渐变成液体，体积随之增大并压迫橡胶管使其收缩，在橡胶管收缩的同时对中心杆作用向上的推力。由于中心杆上端固定，因此，中心杆对胶管和感温体产生向下的反推力使阀门开启，这时冷却液经节温器阀进入散热器并由散热器经水泵流回发动机，进行大循环，节温器全开，其升程应超过7 mm。

（2）双阀蜡式节温器工作原理：双阀蜡式节温器如图6-4（b）所示。长方形的阀座与下支架铆接在一起，紧固在阀座上的中心杆的锥形下端插在橡胶管内，橡胶管与感温器体之间的空腔内充满特制的石蜡。常温下石蜡呈固态，当温度升高时，逐渐熔化，体积也随之增大，感温器体上部套装在主阀门上，下端则与副阀门铆接在一起。节温器安装在水泵下端，进水口的前部，用来控制水泵的进水。

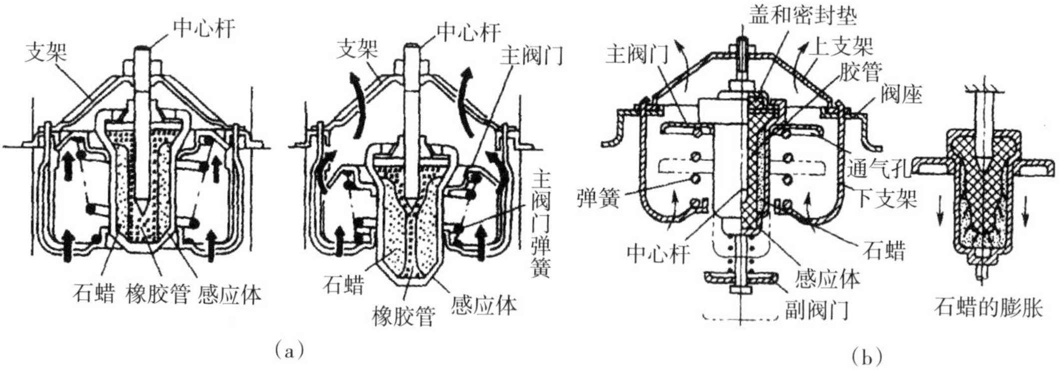

图6-4 节温器原理图
（a）单阀蜡式节温器；（b）双阀蜡式节温器

当冷却液温度低于85 ℃时，节温器体内的石蜡体积膨胀量尚小，故主阀门受大弹簧作用紧压在阀座上，来自散热器的水道被关闭，而副阀门则离开来自发动机的旁通水道，所以冷却液便不经过散热器，只在水泵与发动机水套之间进行小循环流动。这样，冷发动机开始工作时，冷却液快速升温，能很快暖机，在短时间内达到发动机正常工作温度。当冷却液温度高于 85 ℃时，石蜡体积膨胀，使橡胶管受挤压变形，但由于中心杆是固定不动的，于是橡胶管收缩则对中心杆锥形端部产生一轴向推力，迫使感温器体压缩大弹簧，使主阀门逐渐开启，副阀门逐渐关闭，因而部分来自散热器的冷却液进行大循环流动。随着温度升高，主阀门开大，大循环的冷却液量增多。当冷却液温度达到 105 ℃时，主阀门全开，开足升程至少 7 mm，副阀门则完全关闭，全部冷却液流经散热器进行大循环流动。

2. 散热器。

发动机水冷系统中的散热器由进水室、出水室及散热器芯等三部分构成，如图 6－5 所示。冷却液在散热器芯内流动，空气在散热器芯外通过。热的冷却液由于向空气散热而变冷，冷空气则因为吸收冷却液散出的热量而升温，所以散热器是一个热交换器。按照散热器中冷却液流动的方向可将散热器分为纵流式和横流式两种。纵流式散热器芯竖直布置，上接进水室，下连出水室，冷却液由进水室自上而下地流过散热器芯进入出水室，如图 6－5（a）所示。横流式散热器芯横向布置，左右两端分别为进、出水室，冷却液自进水室经散热器芯到出水室横向流过散热器，如图 6－5（b）所示。大多数新型轿车均采用横流式散热器，这可以使发动机罩的外廓较低，有利于改善车身前端的空气动力性。

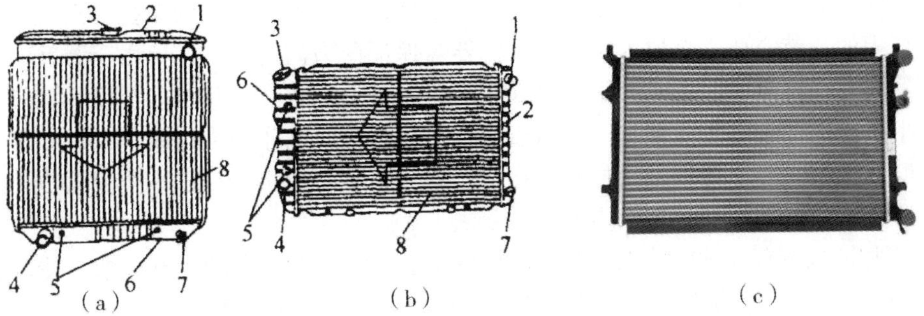

图 6－5　散热器的结构

(a) 纵流式散热器；(b)、(c) 横流式散热器

1—进水口；2—进水室；3—散热器盖；4—出水口；5—变速器油冷却器进、出口；6—出水室；7—放水阀；8—散热器芯

6.1.4　直喷发动机双节温器循环系统

直喷发动机双循环冷却系统在大众新款高尔夫 A6、奥迪 1.4TSI 发动机上已应用。该系统有两个独立的冷却循环系统：增压空气冷却系统和主冷却系统。

6.1.4.1　增压空气冷却系统

1. 增压空气冷却系统的结构。

增压空气冷却系统用于冷却涡轮增压器和增压空气，该系统主要由冷却液循环泵 v50、冷却器、节流阀、单向阀、附加散热器及冷却液罐等组成。因为增压空气冷却系统与主冷却系统的温度和压力都是不同的，两边最大的温差可以达到 100 ℃，因此，通过节流阀将增压空气冷却系统与主冷却系统分离开来，使两个冷却系统的冷却液混合减至最小。当主冷却循环内有高压的时候，单向阀关闭（靠压力来关闭），这样可以避免主冷却系统内的高温冷却液进入增压空气冷却系统。

2. 增压空气的冷却。

增压空气由布置在进气歧管内的冷却器（采用集成在进气歧管内的液—气冷却器）来冷却。冷却液循环泵由负荷来控制，将前端的附加散热器内的冷却液吸出，泵入冷却器和涡轮增压器，以达到冷却增压空气和涡轮增压器的目的。在大负荷的时候，经过冷却的进气温度和大气温度的差值可以达到 20 ~ 25 ℃。系统内有增压压力传感器 G31 和进气温度传感器 2G299，其作用是：监测并控制增压压力；保护发动机，温度超差后，降低增压压力；控制冷却液循环泵，两个温度传感器温差小于 8 ℃，冷却液循环泵被激活；监控冷却液循环泵的工作情况，温差小于 2 ℃，OBD 警告灯亮。如果两个传感器同时失效，系统将用默认值替代，增压压力和动力性下降。

3. 双节温器的控制原理。

为了控制冷却系统内的温度，1/3 的冷却液用来冷却缸体，2/3 的冷却液参与冷却缸盖，主要用来冷却燃烧室。流速和温度是通过节温器的横截面积来控制的，由于两个循环系统的温度不同，所以开启的温度也就不同，在这种情况下，需要两个分开的节温器。由于缸体循环的压力高，所以使用的是双行程的节温器，用以实现精准的温控开启。如果使用的是单行程的，就需要一个更大尺寸的节温器盘保证压力高时开启。但由于弹簧力的作用，节温器将只在高温的时候打开。如果采用双行程节温器，在达到开启温度的初期，只需要一个小尺寸的节温器盘就能打开。由于受力面积小，反向作用力也就小，所以节温器在精确的温度控制过程中可以精确打开。在节温器盘移动一段距离后，小节温器盘驱动一个大节温器盘来打开节温器的整个横截面。

（1）冷却液温度低于 87 ℃时两个节温器都处于关闭状态，发动机升温快。冷却液流经下面这些元件：冷却液泵—气缸盖—节温器支架—小冷却液箱—机油冷却器—冷却液罐。

（2）冷却液温度介于 87 ~ 105 ℃时，节温器 1 开启，节温器 2 关闭，从而将气缸盖的温度设定在 87 ℃，气缸体进一步升温。冷却液流经下面这些元件：冷却液泵—气缸盖—节温器支架—小冷却液箱—机油冷却器—冷却液罐—散热器。

（3）气缸盖温度设定在 87 ℃，气缸体温度达到 105 ℃时，两个节温器都打开。冷却液流经下面这些元件：冷却液泵—气缸盖—节温器支架—小冷却液箱—机油冷却器—废气再循环阀—冷却液罐—散热器—缸体—节温器。

4. 冷却液温度传感器。

冷却液温度传感器 G83 安装在散热器出口。该传感器与安装在节温器支架上的冷却液温度传感器 G62 的信号做比较，反映散热器散热程度，如果 G83 失效，风扇可能会长转，用 G62 信号替代。

6.1.4.2 大众轿车水泵驱动及随动泵 V50

大众 CC、迈腾、奥迪 1.4TSI 轿车是直接由进气侧平衡轴驱动齿轮驱动的，如图6－6所示。平衡轴末端驱动经过齿形带驱动水泵，发动机转速被降低（$i=0.59$）。泵的叶轮由塑料制成，为防止在高的发动机转速下形成气穴，叶轮有特殊形状。驱动带的张紧是靠水泵安装位置确定的，不能调整，齿带驱动轮是左旋螺纹。节温器 95 ℃打开，在 105 ℃时最大行程为 8 mm。

图 6－6　水泵驱动

与老机型相比，新机型进行了以下改进：

(1) 气缸盖中冷却液横向流动。

(2) 水泵、节温器和冷却液温度传感器都集成在节温器壳体上。

学习任务 6.2　发动机冷却系统的拆装

☞学习情境

客户将一辆排量为 2.4 L 的奥迪轿车拖到维修厂，向维修人员述说汽车发动机水温过高，希望维修人员尽快把车修好。

☞学习目标

通过本任务的学习，应能：

1. 解释冷却系统温度过高的故障原因。
2. 掌握水温高的维修方法。
3. 掌握发动机冷却系统的拆装方法及要领。

☞学习信息

6.2.1　捷达 ATK 发动机冷却系统结构

捷达轿车采用 ATK 型发动机，该冷却系统为密闭压力循环系统，使用液力耦合冷却风扇，发动机的冷却主要靠汽车向前行驶产生的风。其冷却系统主要由散热器、水泵、节温器、液力耦合冷却风扇和上、下水管等组成。如图 6 -7 所示为捷达 ATK 发动机部分冷却系统部件，如图 6 -8 所示为发动机外部冷却系统的基本部件，如图 6 -9 所示为冷却液软管连接图。

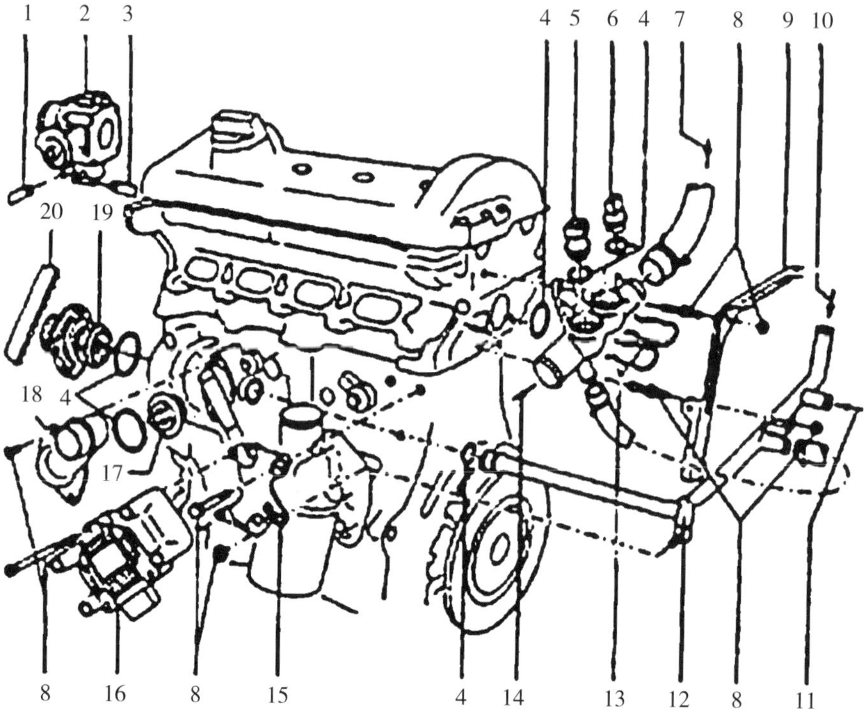

图 6 -7　发动机部分冷却系统基本部件

1—节温器；2—出水法兰；3—固定夹；4、8、15—O 形环；5—连接插头；6—冷却液温度传感器；7、10—螺栓；9—节流阀体；11—冷却液进水管；12—螺栓；13—冷却液膨胀水箱盖；14—冷却液膨胀水箱；16—冷却水泵；17—齿形皮带；18—齿形皮带上护罩；19—密封圈；20—齿形皮带

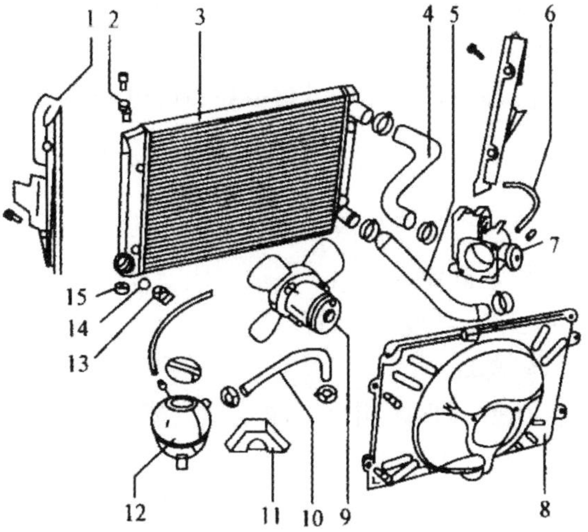

图6-8 发动机外部冷却系统基本部件

1—空气导板；2—支架；3—散热器；4—冷却液上软水管；5—冷却液下软水管；6，10—水管；7—节流阀体；8—风扇护罩；9—风扇；11—护罩；12—膨胀水箱；13—热敏开关；14—O形环；15—橡胶垫圈

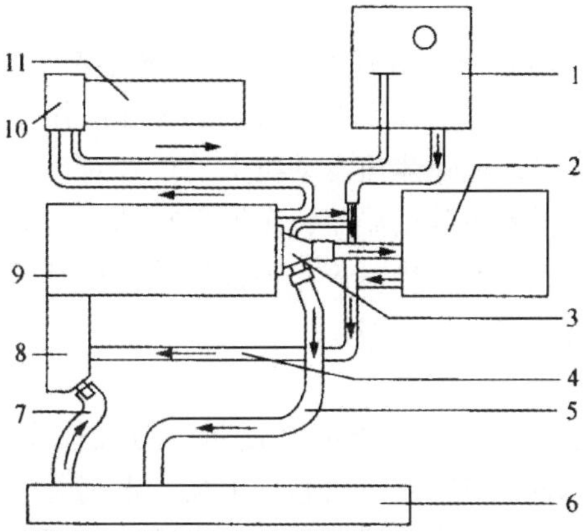

图6-9 冷却液软管连接图

1—膨胀水箱；2—空调热交换器；3—出水法兰；4—金属水管；5—冷却液出水管；6—散热器；7—冷却液进水管；8—冷却液节温器；9—缸体；10—节流阀体；11—进气管

6.2.2 捷达ATK发动机冷却系统的拆装

1. 冷却系统的观察。

（1）观察散热器、风扇、水泵、百叶窗、水温表、水温传感器和节温器等的安装位置和相互间的连接关系。

（2）观察散热器、风扇、水泵、缸体与缸盖水套、水温表传感器、节温器和百叶窗等主要机件的总体构造。在观察散热器芯的构造时，可用一根较散热器芯管内孔尺寸小的软金属扁通条插入芯管中来回抽拉几次，以验证冷却水由上水室通过芯管流向下水室的情况。

（3）观察冷却水进行大循环和小循环流动路线。大小循环由节温器自动控制，可将一节温器放在玻璃杯中，倒入 90 ℃以上热水，观察节温器阀门开启情况。

2. 散热器的拆装方法和步骤。

（1）在发动机冷却水冷却后，才允许进行散热器的拆卸。首先将蓄电池的正、负极导线拆下后，再拆下蓄电池。

（2）拆下散热器盖。

（3）拆下散热器出水口连接管，将冷却水放干净。

（4）拆卸温度传感器和电机导线。

（5）拆下散热器进水连接管和旁通水管。

（6）拆卸散热器和风扇总成。

散热器的安装程序与其拆卸程序相反，注意找准安装位置，拧紧螺栓，上好软管接头，上好管接头处的密封圈。

3. 节温器的拆装方法和步骤。

（1）节温器的检查。检查节温器的功能是否正常，可将节温器置于热水中，观察温度变化时节温器的动作。捷达轿车的节温器在 86 ℃ ±2 ℃时开始打开，温度达到 102 ℃ ±3 ℃时，其升程大于 7 mm。若达不到要求，就应更换节温器。

（2）节温器的拆卸：①断开蓄电池负极导线，放出冷却液。②拆下节温器壳体。③拆下节温器，卸下垫片。

（3）节温器的安装：①认真清洁所有零件尤其是外壳结合表面，保持拧紧冷却套的螺栓不能生锈或损坏，清洁螺栓，以防损坏发动机上的螺孔。用冷却液涂抹垫片后，装上垫片。②把节温器安装在壳体内，把壳体与发动机上的位置对准。③添加冷却液到合适的位置。④连接蓄电池负极导线，去掉散热器盖，车辆运转到使节温器打开，尽可能向散热器添加冷却液至规定的范围。⑤安装散热器盖，关掉发动机使其冷却。待机体冷却后，再检查散热器和储水箱的冷却液量。

4. 水泵的拆装方法和步骤。

（1）水泵的结构。水泵的结构如图 6－10 所示，目前汽车发动机上多采用离心式水泵，捷达型轿车发动机的冷却系统就采用离心式水泵。水泵装在汽缸体的前段上部，多数发动机水泵和风扇共用一轴，水泵主要通过叶轮的旋转产生真空，使冷却水不断地由进水管进入。

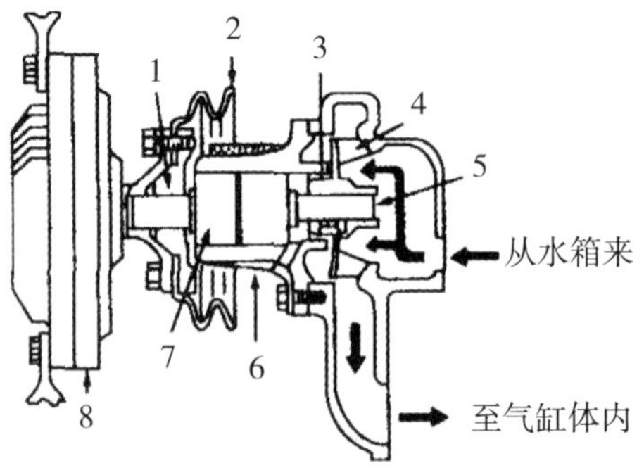

图 6－10　离心水泵结构图

1—水泵轴；2—皮带轮；3—水封；4—叶轮；5—水泵轴；6—泵体；7—轴；8—风扇离合器

(2) 水泵的拆卸与分解。首先放尽冷却水（液），拆下散热器进、出水软管及旁通软管，取出暖器软管，卸下 V 带及带轮。然后拧下水泵的固定螺栓，拆下水泵总成。

分解：①清除水泵表面脏污，将水泵固定在夹具或台虎钳上。

②拧松并拆下带轮紧固螺栓，拆卸带轮。

③用专用拉具拆卸水泵轴凸缘。

④拧松并拆卸水泵前壳体的紧固螺栓，将前泵壳段整体卸下，并拆下衬垫。

⑤用拉具拆卸水泵叶轮，应仔细操作，防止损坏叶轮。

⑥从水泵叶轮上拆下锁环和水封总成。

⑦如果水泵轴和轴承经检测需要更换，则先将水泵加热到 75 ℃～85 ℃，然后用水泵轴承拆装器和压力机将其拆卸下来。

⑧拆卸油封及有关衬垫，从壳体上拆下浮动座。

⑨换位夹紧，拆卸进水管紧固螺栓，拆卸进水管。

⑩拆卸密封圈、节温器。安装时更换所有衬垫及密封圈。

⑪将拆卸的零件放入清洗剂中清洗。

(3) 水泵的装配。水泵安装时基本顺序与拆卸顺序相反。但是，除更换衬垫及密封圈外，首先对清洗好的零件进行检查测量，磨损超过极限的，必须更换新件，各零部件检查合格才能装复。

①水泵轴与轴承的配合，一般为 0.0105 ± 0.0125 mm，大修允许为 0.0105 ± 0.0305 mm。

②水泵轴承与承孔的配合，一般为 0.02 ± 0.025 mm，大修允许为 0.02 ± 0.0445 mm。

③水泵轴与叶轮承孔的配合，无固定螺栓（螺母）的，一般为 0.04 ± 0.025 mm，有固定螺母的，一般为 0.01 ± 0.015 mm。

④水泵叶轮装合后，一般应高出泵轴 0.01 ± 0.05 mm。

⑤水泵装合后，叶轮与泵盖之间应有 0.075 ± 1.005 mm 的间隙。

⑥各部螺栓、螺母应按规定的力矩拧紧，锁止应可靠。

⑦水泵下方的泄水孔应畅通。

⑧水泵装合后，应对水泵轴承加注规定牌号的润滑脂。

安装时，特别注意水泵叶轮与水泵壳体的轴向间隙、水泵叶轮与壳体的径向密封处的间隙，并注意轴承的润滑条件。

☞学习工作页

学习工作页	学习单元	冷却系统的结构及拆装			
	学习任务	冷却系统的结构与原理、发动机冷却系统的拆装			
姓　名		班　级		小　组	
日　期		开始时间		结束时间	
场　地	整车理实一体教室				
用品、用具、工具、设备	发动机实训室、万用表、组合工具				
工作记录	1. 认识发动机的冷却系统。 2. 说出发动机冷却系统的拆装和如何更换机水泵及冷却液。				

1. 填空题。

(1) 冷却系统的功用是使________在所有工况下都保持在适当的温度范围内。

(2) 冷却系统一般是由________、________、________、________、________、________等组成。

(3) 小循环：常温下石蜡呈固态，冷却液温度低于________时，主阀门完全关闭，旁通阀完全打开，冷却液不流经散热器。

2. 判断题。

(1) 冷却系统的功用是使发动机在所有工况下都保持在适当的温度范围。（　　）

(2) 冷却系统处在小循环工作状态时，冷却水将通过水箱（散热器）进行循环。（　　）

3. 完成任务。

在教师提供的车辆上，请按以下步骤记录一些信息。

(1) 查阅维修手册，寻找到拆下和更换水泵的详细步骤。请记录具体拆卸步骤：________

____

(2) 打开散热器堵塞，将冷却液排入排放盆中。你是怎样引导冷却液的？________

(3) 拆下散热器底部的软管，并检查；拆下并检查水泵皮带。记录检查结果：________

(4) 按照维修手册上的步骤拆卸水泵。清洗发动机配合面。安装新的垫片，需要的话涂密封胶。安装新的水泵。是否涂密封胶：________

水泵固定螺栓的额定扭矩是：________

(5) 安装水泵驱动皮带，需要的话调整张紧力。

(6) 添加冷却液。

指导教师评语：

____

____

教师签字：________　日期：____年____月____日

单元7　供给系统的结构与拆装

学习任务7.1　空气供给系统

☞学习情境

小张到修理厂实习，有一天厂里来了一辆宝马528Li，他很感兴趣，到车上却没有找到油门拉线，通过与厂里的技师交流，原来这辆车采用电子节气门（即电子油门）来控制进气量。这个系统是怎么工作的呢？

☞学习目标

通过本任务的学习，应能：

1. 能通过与客户交流、查阅相关维修技术资料等方式获取车辆信息。
2. 能够找到各个车型电子节气门相关部件的位置。
3. 熟悉使用各种拆装工具和设备。
4. 能够维修空气供给系统方面的常见故障。

☞学习信息

7.1.1　功　用

计量、提供和控制空气的供量。

7.1.2　组　成

由空气滤清器、进气总管、空气流量计、节气门体（节气门拉锁、节气门位置传感器、怠速控制阀）、进气绝对压力传感器、进气歧管等组成。

7.1.3　空气流量计（AFS/MAF）

7.1.3.1　作　用

对进入发动机的空气质量、流量进行直接或间接的检测，并把空气的质量、流量信号以电信号的方式输送到 ECU。

7.1.3.2 安装位置

安装在进气总管上的空气滤清器与节气门体之间。

7.1.3.3 按进气量的检测方式不同可将发动机分类

1. D 型：是利用进气绝对压力传感器来间接性对进入气缸的空气量进行检测的发动机。如图 7－1 和图 7－2 所示。

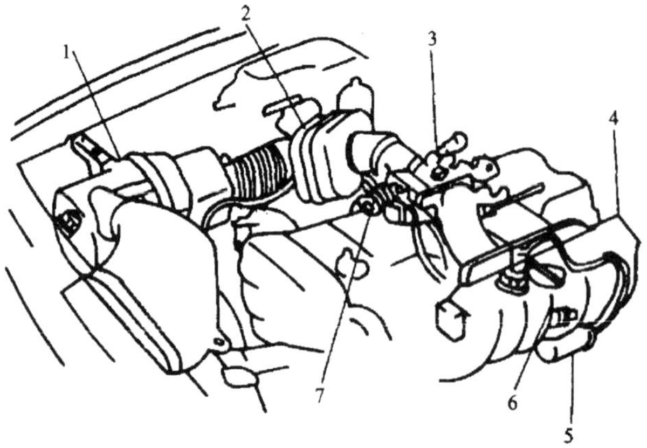

图 7－1 D 型电控发动机进气系统元件布置图
1—空气滤清器；2—谐振器；3—节气门体；4—进气室；
5—真空罐；6—电磁真空阀；7—怠速控制阀

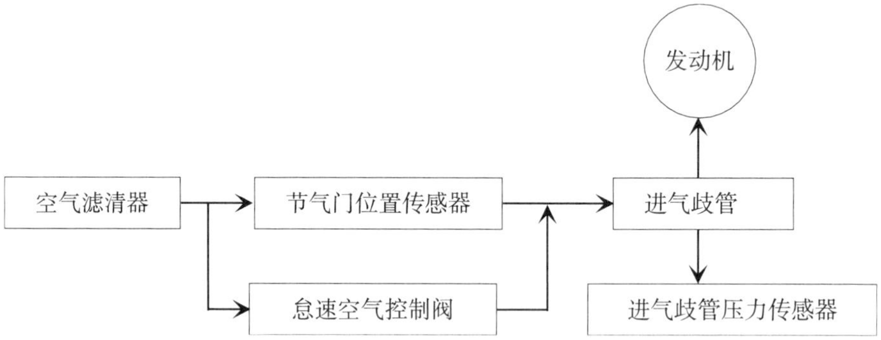

图 7－2 D 型电控发动机进气系统工任务过程图

2. L 型：是利用空气流量计来直接性对进入气缸的空气量进行检测的发动机。如图 7－3和图 7－4 所示。

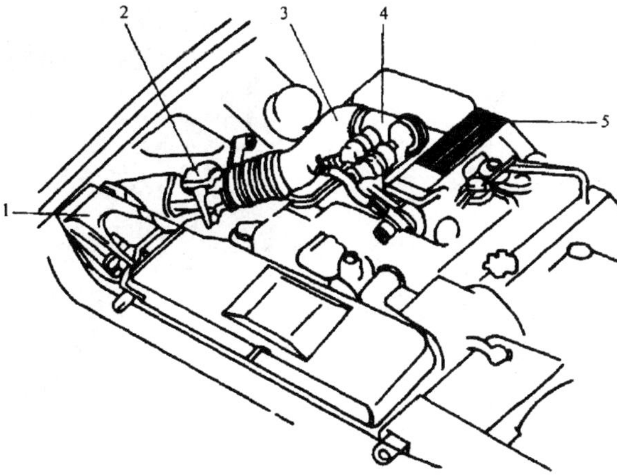

图 7－3　L 型电控发动机进气系统元件布置图

1—空气滤清器；2—空气流量计；3—进气连接管；4—节气门体；5—进气室

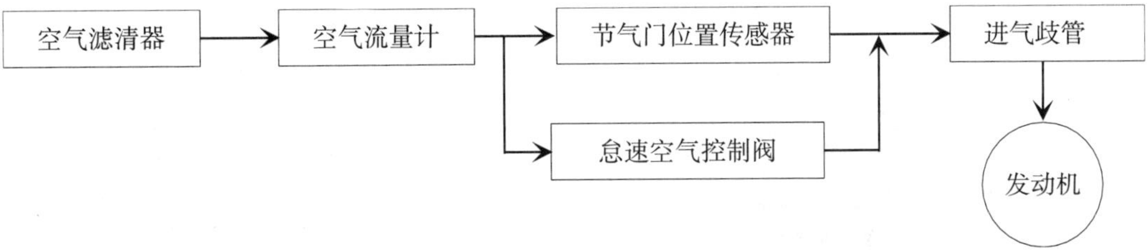

图 7－4　L 型电控发动机进气系统工作过程

7.1.3.4　类　型

- 容积空气流量计
  - 翼板式空气流量计
  - 卡门涡流型
    - 超声波涡流型
    - 光学涡流型
- 质量空气流量计
  - 热线型
  - 热膜型

1. 翼片（叶片）式空气流量计（主要用于丰田车系）。

（1）组成。

由翼片部分、电位计部分、接线插头三部分组成。

（2）结构（如图 7－5、7－6、7－7、7－8 所示）。

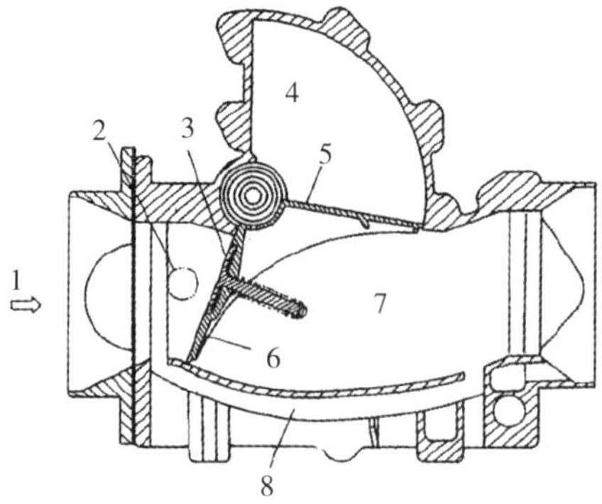

图 7-5 翼片式空气流量计外形图

1—空气进口；2—进气温度传感器；3—阀门；4—阻尼室；
5—缓冲片；6—旋转翼片；7—主气路；8—支气路

图 7-6 翼片部分实物图

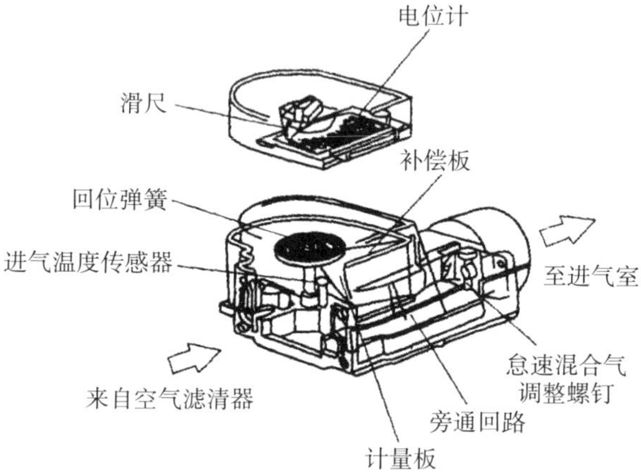

图 7-7 翼板型空气流量计结构

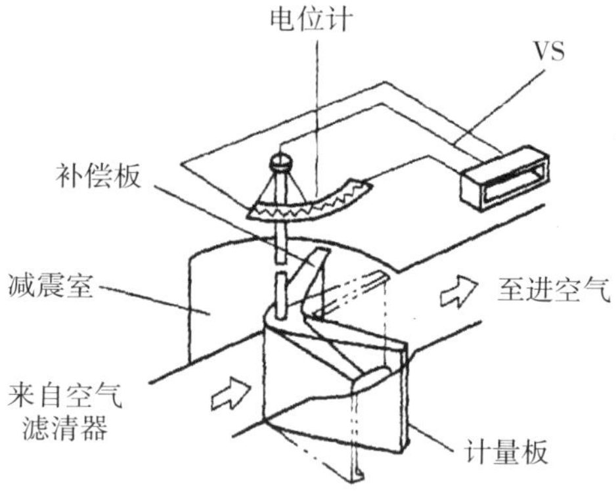

图 7-8 电位极和计量板

（3）工作原理。

当空气通过空气流量计主通道时，翼片在气流的压力作用下，克服复位弹簧的弹力偏转一个角度，若空气流增大，则偏转的角度随之增大，反之减小。与此同时，电位计中的滑片在翼片轴的带动下随之偏转，此时 Vc 与 Vs 之间的电阻减小，据 $U=IR$ 可知，电压也会随之降低，ECU 就可以根据输入电压的高低来计算出进入气缸的空气量。

其工作原理具体如下：（如图 7-9 和图 7-10 所示）

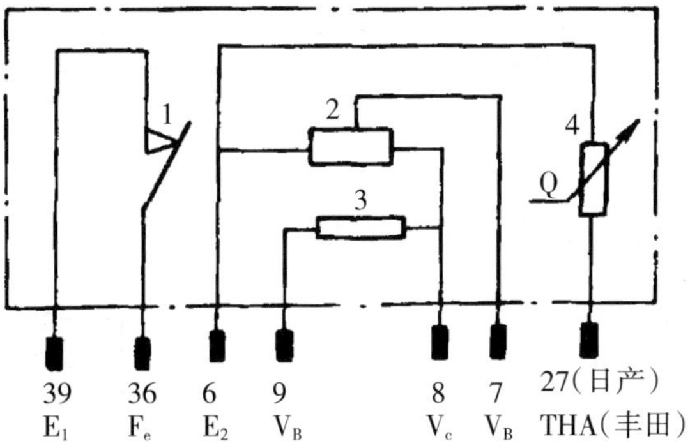

图7－9　翼片式空气流量计电路原理

1—燃油泵控制触点；2—可变电阻；3—固定电阻；

4—热敏电阻（进气温度传感器）

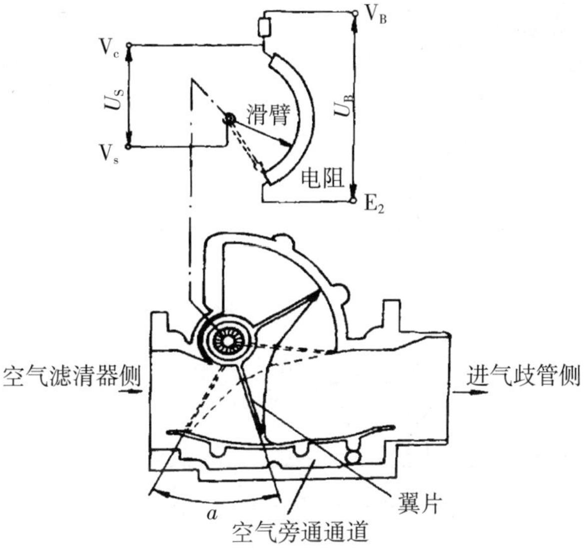

图7－10　翼片式空气流量计工作原理图

翼片式空气流量计的一般工作原理如图7－9所示。当空气通过空气流量计主通道时，翼片在吸入空气气流的压力和复位弹簧弹力的作用，偏转至某一个角发度 a。若空气流量增大，由此产生的气流压力也随之增大，则叶片的偏转角度 a 也增大，直到气流压力与弹簧力达到新的平衡。与此同时，电位计中的滑臂随翼片轴同步偏转一个 a 角度，此时接线插头Vc与Vs间的电阻减小，电压值降低。ECU根据空气流量计送入的 U_s/U_B 信号，通过计算得到单位时间空气流量值，U_s/U_B 的值与空气流量成反比。当空气流量减少时，由于气流压力也随之减小，翼片在复位弹簧力的作用下回转，偏转角 a 减小，接线插头Vc与Vs间的电阻值增大，电压值上升，U_s/U_B 的值也随之增大，由此ECU经计算得到一个新的空气流量值。

使用 U_s/U_B 电压比作为空气流量计的输出，其优点是：当加给电位计的电源电压 U_B 发生变化时，U_s/U_B 也成比例变化，代表空气流量值的输出信号 U_s/U_B 仍保持不变，使空气流量计的输出信号不会受到电源电压变动的影响，流量测量的准确性得到了保证。

翼片式空气流量计的主要优点是：结构简单，价格便宜，可靠性好。但也存在体积大，不便于安装，急加速响应滞后较长，进气阻力大，须进行大气压力和温度补偿等缺点。这种空气流量计曾广泛应用于波许的 1 - Jetronic 和 Motronic 系统、日产的 EGI 系统、丰田的 EFI 系统、五十铃的 ECGI 系统中。

（4）电路图。

①七脚（角）翼片式空气流量计，如图 7 - 11、7 - 12、7 - 13 所示。

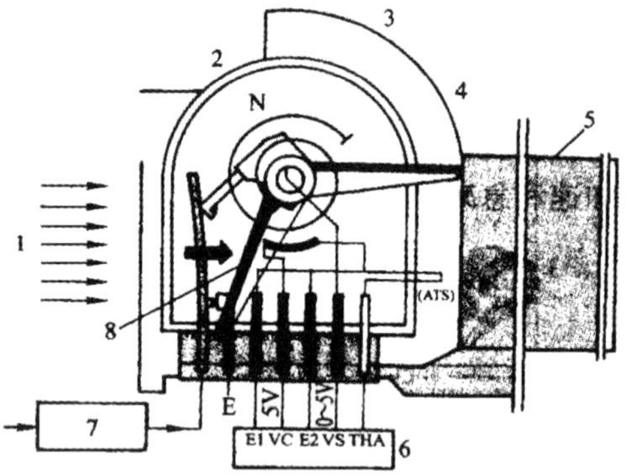

图 7 - 11　翼片式空气流量计的电位计部分
1—空气流量；2—扭簧；3—空气缓冲室；
4—缓冲板；5—外壳；6—ECU；
7—油泵；8—流量板

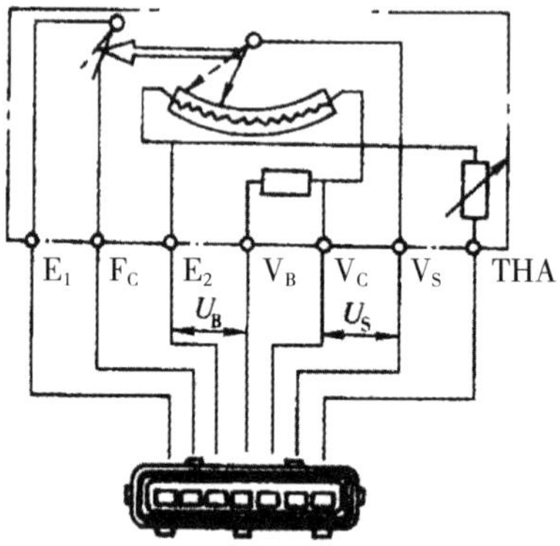

图 7 - 12　翼片式空气流量计内部结构图

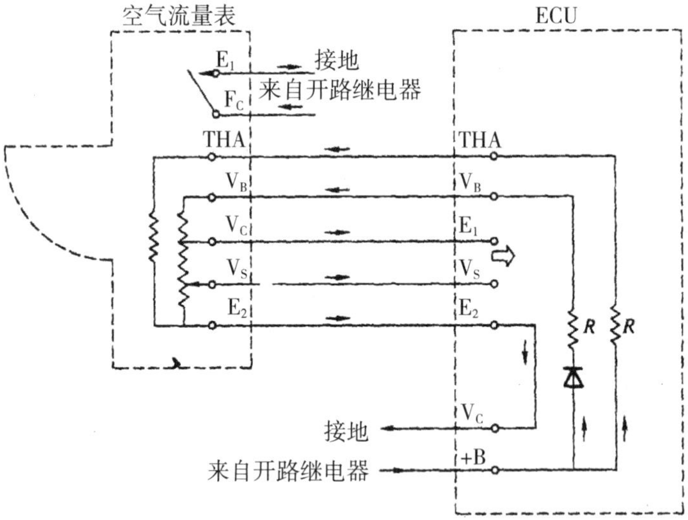

图 7 - 13　翼板式空气流量计电路图

检测：

表 7－1　丰田车翼片式空气流量计各端子说明

端子名称	THA	V_S	V_C	V_B	F_C	E_1
作用	进气温度信号	基准电压	参考电压	蓄电池电压	来自油泵开路继电器	接地

附表　丰田车翼片式空气流量计各端子间的电阻值

端　子	电阻值	条　件	温　度/℃
$Fc-E_1$	∞	测量翼片全关闭	
	0 Ω	测量翼片非全关闭	
V_S-E_2	200～600 Ω	测量翼片全关闭	
	20～1200 Ω	测量翼片从全关到全开	
V_C-E_2	200～400 Ω	—	
$THA-E_2$	10 kΩ～20 kΩ		－20
	4 kΩ～7 kΩ		－20
	2 kΩ～3 kΩ		0
	0.9 kΩ～1.3 kΩ		20
	0.4 kΩ～0.7 kΩ		40

表 7－2　翼片式空气流量计标准信号电压值

端　子	电压值/V	条　件	
$Fe-E_1$	12	测量翼片全关闭	
	0	测量翼片非全关闭	
V_S-E_2	3.7～4.3	V 点火开关“ON”	测量翼片全关闭
	0.2～0.5		测量翼片全开
	2.3～2.8	怠速	
	0.3～1.0	3000 r/min	
V_C-E_2	4～6	点火开关“ON”	

在车上检测的步骤如图 7－14 所示。

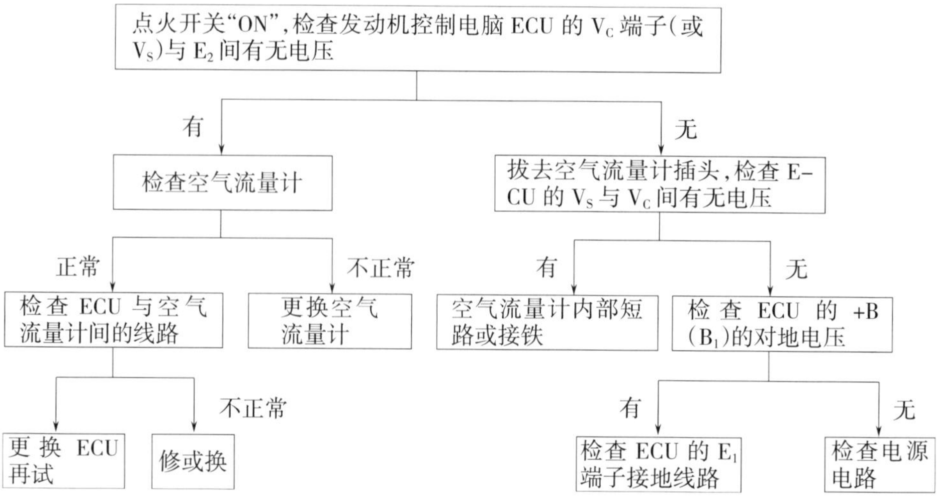

图7-14　丰田车翼片式空气流量计的检测步骤

如用示波器检测，则在菜单中选择通用传感器或燃油/空气，再选择其中的空气流量计，再选择其中的翼片式空气流量计，红表棒接V_S端子，黑表棒接在E_2端子，随着节气门开度的增加，信号电压从2.3~2.8 V下降到0.3~1.0 V。翼片式空气流量计安装在丰田大霸王车、部分佳美车、日产兰鸟和部分宝马车上，这些车的发动机ECU不提供或仅提供很少的数据流，所以不能用诊断仪检测数据。

②六脚（角）翼片式空气流量计，如图7-15所示。

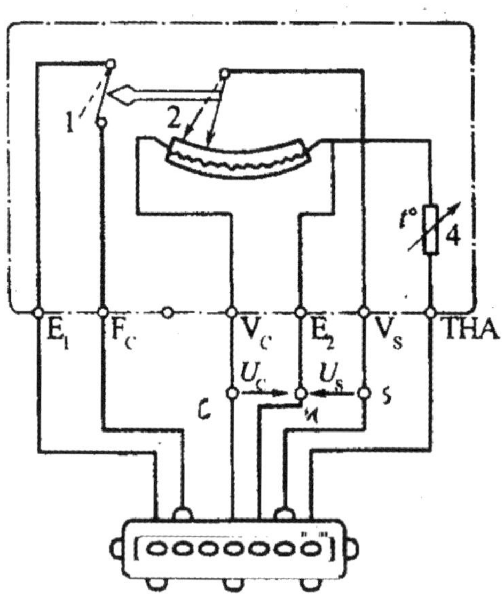

图7-15　六脚（角）翼片式空气流量计

1—油泵触点；2—电位计；3—限流电阻；4—进气温度传感器；U_b=12 V；U_C=5 V

检测：与七脚式同。

2. 光电式空气流量计。

（1）组成。

由涡流发生器、发光二极管、光敏晶体管、反光镜、集成控制电路等组成。

（2）结构如图 7－16 所示。

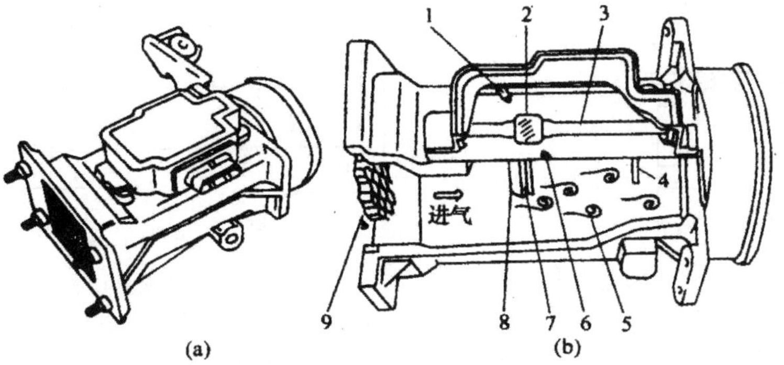

图 7－16　光电检测涡流式流量传感器的结构

（a）外形结构；（b）内部结构

1—发光二极管；2—反光镜；3—张紧带；4—进气温度传感器；5—涡流；6—光敏三极管；7—导压孔；8—涡流发生器；9—整流网栅

（3）工作原理。

如图 7－17 所示的发动机进气过程中，在没有漩涡经过的时候，反光镜平放，发光二极管的光线经过反光镜反射到光敏三极管上，光敏三极管就产生一个电压。当气流经过涡流发生器后，产生空气漩涡，空气漩涡对振动反光镜产生振荡，反光镜的振荡使发光二极管的光线发生偏斜，光敏三极管不能正常接收光线，三极管不导通，不产生电压。所以在有大量空气经过时，传感器就会产生一个频率与进气量成正比的脉冲信号，如图 7－18 所示。V1—E 间电压为 5 V，V2—E 间电压应在 0～5 V 之间脉冲变化，当发动机的转速达到 2000 r/min 时，V2—E 间电压应为 2～4 V。

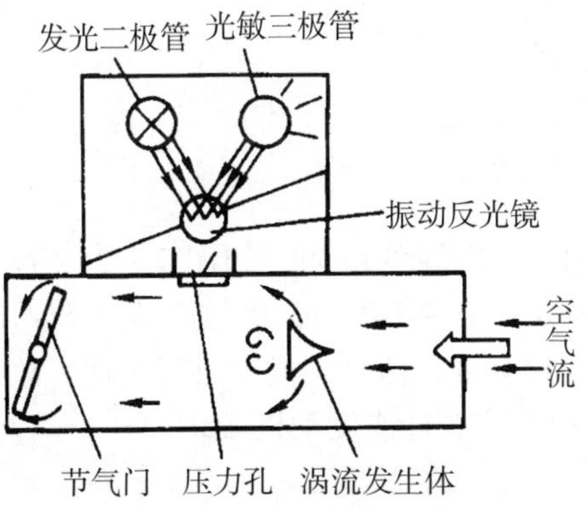

图 7－17　反光镜式流量计工作原理图 1

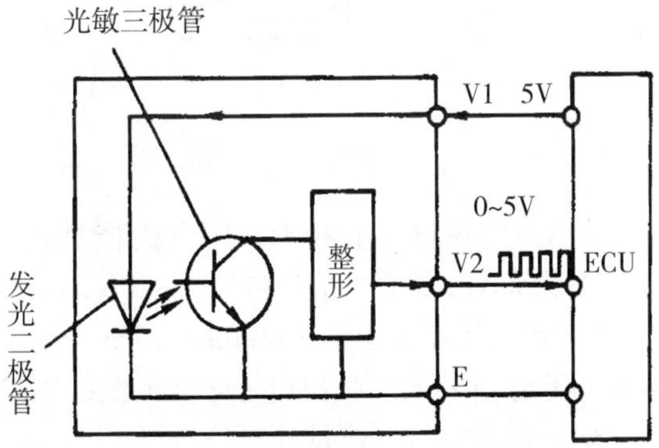

图 7－18　反光镜式流量计工作原理图 2

（4）电路图。

①三脚光电式空气流量计，如图7－19、7－20所示。

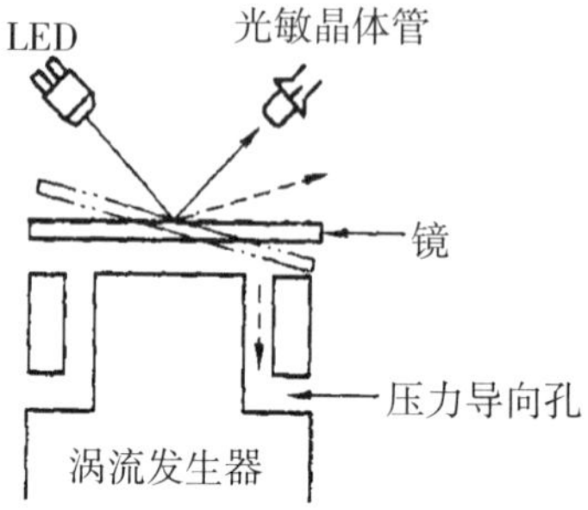

图7－19　光电涡流发生器

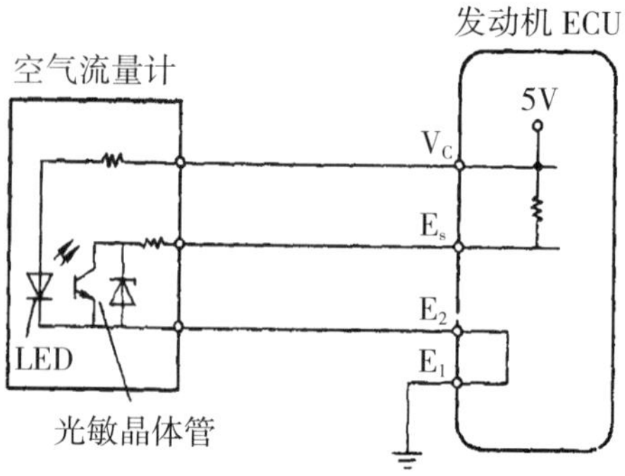

图7－20　空气流量计线路图

万用表检测：

V_C：参考电源为4.5～5.5 V。

K_S：信号线，万用表的频率挡位，怠速时信号为20～30 Hz，全负荷时为800 Hz左右；万用表的电压挡测量信号电压为2～4 V。

E_2：搭铁。

使用万用表的频率（Hz）挡位检测信号线（K_S）。进气量少时，这一信号频率低于进气量多电压信号时，这一信号频率高。例如，LS400在怠速时信号低，为20～30 Hz，全负荷时信号为800 Hz。

②五脚光电式空气流量计。

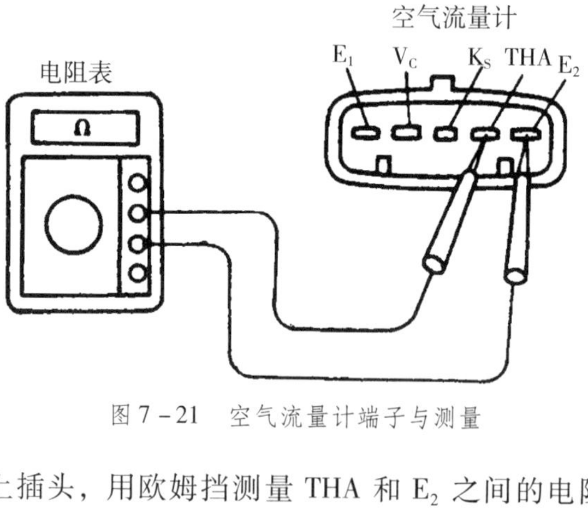

图7－21　空气流量计端子与测量

拔开空气流量计上插头，用欧姆挡测量THA和E_2之间的电阻，如图7－21所示，20 ℃时为2kΩ～3kΩ，信号电压1～3 V，60 ℃时为0.4kΩ～0.7kΩ，信号电压0.5～1.0 V。当发动机转速高于300 r/min时，空气流量计5 s没有输入信号，发动机就失速，故障部位可能是ECU与空气流量计之间的配线连接器、空气流量计或发动机ECU。

3. 超声波式空气流量计。

（1）组成。

由涡流发生器、超声波发生器、超声波接收器、集成控制电路和外壳等组成。如图

7－22所示。

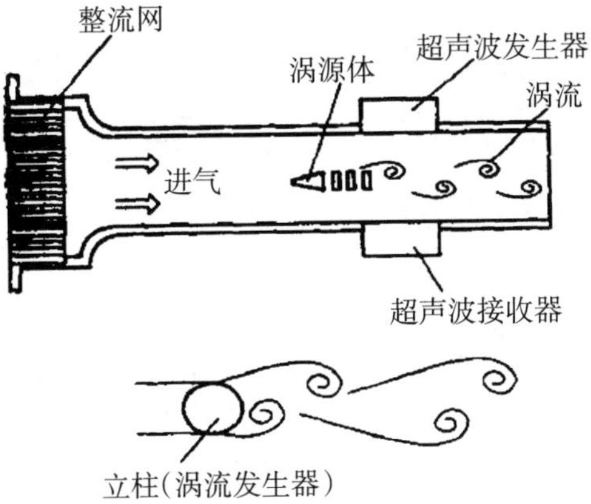

图7－22　超声波涡流式空气流量计

（2）结构，如图7－23所示。

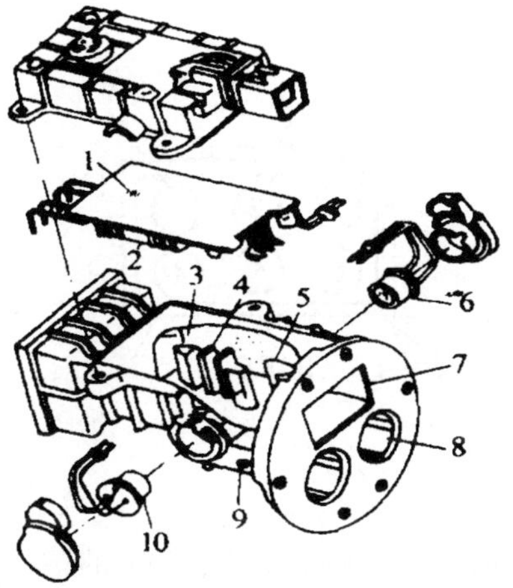

图7－23　超声波检测涡流式流量传感器的结构

1—大气压力传感器；2—集成控制电路；3—涡流发生器；4—涡流稳定板；5—漩涡；6—超声波接收器；7—主空气道；8—旁通空气道；9—进气温度传感器；10—超声波发生器

（3）工作原理。

发动机进气过程中，如图7－24所示，在没有漩涡经过的时候，超声波发生器发出的超声波到达超声波接收器，接收器把信号发送到信号处装置。当气流经过涡流发生器后，产生空气漩涡，空气漩涡对超声波产生干扰，接收器则没有超声波信号到达，信号处理装置把接到的超声波脉冲信号进行整形处理，发送到ECU，作为信号输出。

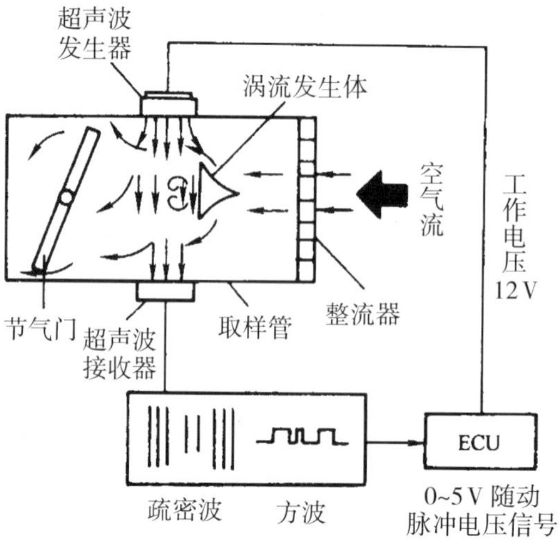

图 7－24　超声波式流量计原理图

（4）电路图。

①六脚超声波式空气流量计。

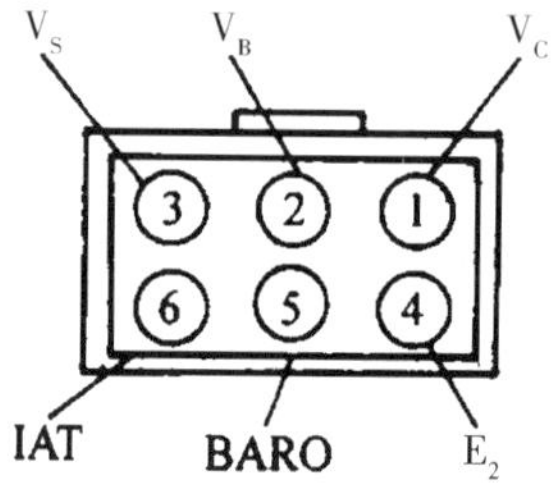

图 7－25　超声波式流量计端子排列

V_C 为参考电压，5 V；V_B 为电源电压，12 V；V_S 为进气流量信号，30～100 Hz；E_2 为搭铁；BARO 为大气压力信号，3.5～4.5 V；IAT 的信号为 THA：进气温度信号2.5～3.0 V，电阻为2.7 kΩ（20 ℃时）。

②七脚超声波式空气流量计，如图 7－26 所示。

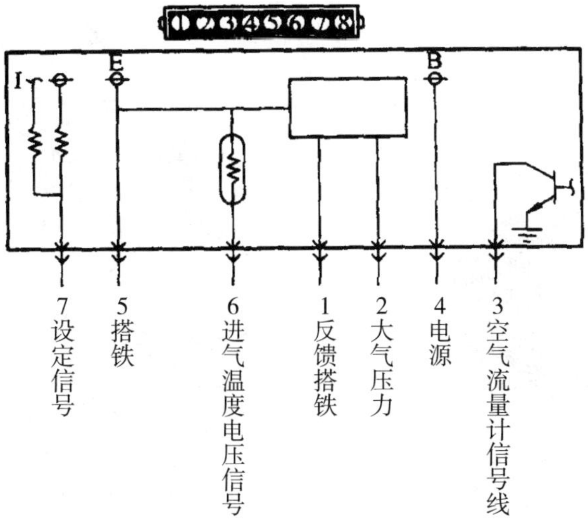

图 7－26　空气流量计线路图

1：反馈搭铁；

2：大气压力信号（此信号随大气压力的变化而变化）；

3：空气流量计信号线，怠速时 22～48 Hz，2000 r/min 时 60～100 Hz，此信号使用示波器检测；

4：电源＋B；

5：搭铁；

6：进气温度电压信号；

7：设定信号，侦测负荷，怠速时 0～1.3 V，3000 r/min 时 6～9 V。

4. 热线式空气流量计。

（1）组成。

它主要由铂丝制成的热线（发热体）、温度补偿电阻、控制热线电流并输出信号的控制电路、采样管和流量计壳体等组成。如图 7－27 所示。

（2）结构（如图 7－28 所示）。

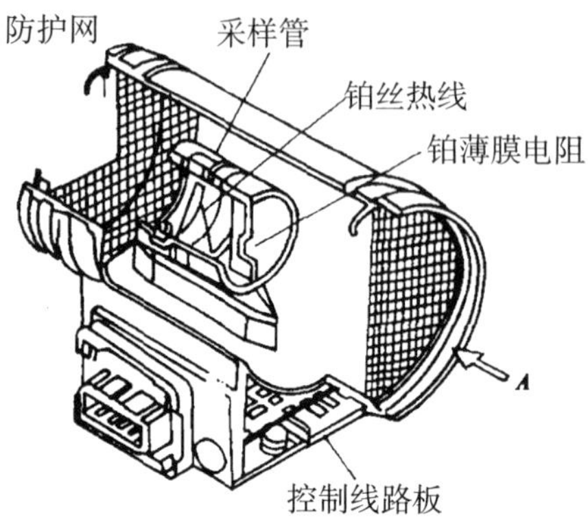

图 7－27　主流测量方式热线式空气流量计

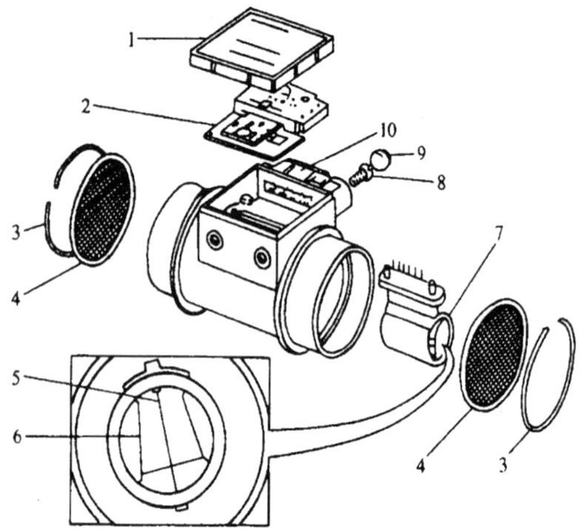

图 7－28　热丝式空气流量传感器（AFS）的结构
1—传感器密封盖；2—控制电路板；
3—卡环；4—防护网；5—温度补偿电阻丝（冷丝）；
6—铂金丝（热丝）；7—取样管；8—CO 调节螺钉；
9—防护塞；10—接线插座

（3）工作原理，如图 7－29 所示。

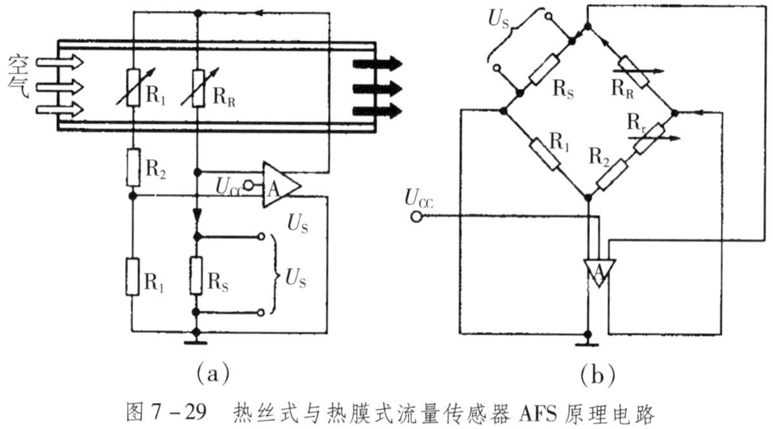

图 7－29　热丝式与热膜式流量传感器 AFS 原理电路
（a）电路连接；（b）电桥丝路
R_T—温度补偿电阻（进气温度传感器）；R_R—发热元件（热丝或热膜）电阻；
R_S—信号取样电阻；R_1、R_2—精密电阻；U_{CC}—电源电压；U_S—信号电压；A—控制电路

当温度较低的进气气流流过放置在空气通道中温度较高的热线时，热线与空气发生热量交换，使热线温度下降。通过热线的空气质量流量越大，被空气带走的热量就越多，热线温度下降也越多。由于热线是惠斯顿平衡电桥电路的一个组成部分（即电阻 R_2），当热线温度下降、电阻值发生变化时，电桥出现不平衡。为了使电桥平衡，必须加大流过热线的电流，使热线温度升高，阻值恢复到使电桥平衡的值。由此可知，流过热线的空气质量越大，空气带走的热量越多，为保持电桥平衡，维持热线温度所需的电流也越大，反之则越小。热线式空气流量计正是利用流过热线的空气质量与保持热线温度所需热线电流的对

应关系测量空气的质量流量的。发动机工作时，热线所需的加热电流一般在 50 ~ 120 mA 之间。

另外，在空气质量流量不变的情况下，当进气温度发生变化时，会使空气从热线带走的热量发生变化，最终使加热热线所需的电流变化，对测量值的精度造成不利影响。为了解决这一问题，在采样管的前端另装一个温度补偿电阻 R_4（冷线），R_4 的阻值也随进气温度变化，起参照基准的作用。流过热线的电流由混合集成电路控制，它使热线和冷线之间的温度差保持不变（一般为 100 ℃），从而消除了进气温度对测量值的影响。热线式空气流量计的输出信号是精密电阻 R_1 上的电压降，该信号与热线电流成正比。

（4）电路图。

①四脚式空气流量计电路图，如图 7 – 30、7 – 31 所示。

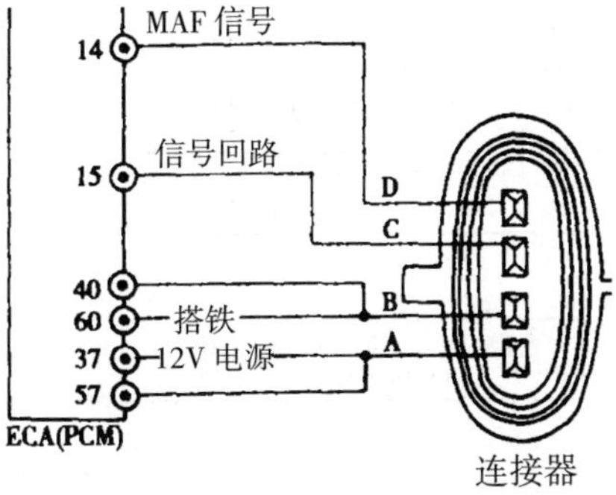

图 7 – 30　四脚式空气流量计电路图

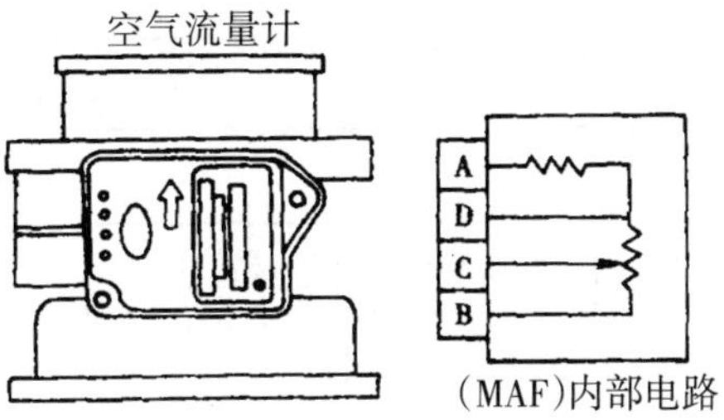

图 7 – 31　四脚式空气流量计电路图

表 7 – 3　福特车热线式空气流量计检测数据

端　子	阻值（电压）	条　件
A—B	12 V	点火开关“ON”
A—D	10 kΩ 拔开插头	
B—D		
B—C		
B—D	0.8 ~ 1.0 V	怠速

②六脚式空气流量计电路图，如图 7 – 32 所示。

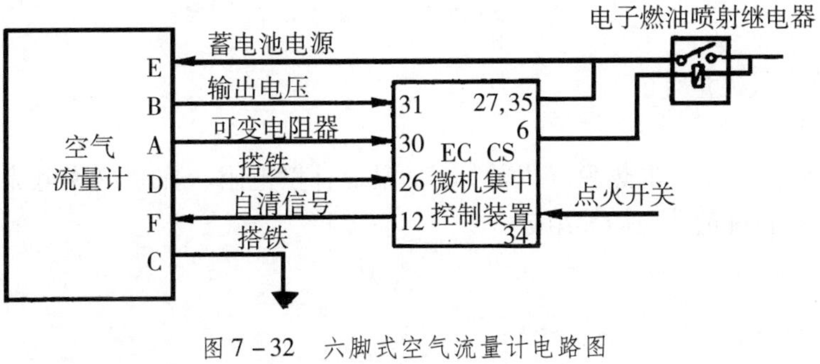

图 7 – 32　六脚式空气流量计电路图

自洁功能发动机熄火后，电脑能自动将热线加热至1000 ℃，时间约1 s，从而烧掉贴附在热线上的尘埃。在工作时其控制电路能始终保持热线的温度比大气温度高出200 ℃，以防止污物粘附。这类流量计测量精度高、响应速度快，且进气阻力小。

拔去空气流量计插头，接通点火开关，测量插头的有关端子，E端子为电源电压，A端子为5 V，D和C端子接地。插上插头，B端子为空气流量计输出电压，怠速时1.2 V左右，3000 r/min时为3.6 V左右。

（5）检测步骤，如图7－33所示。

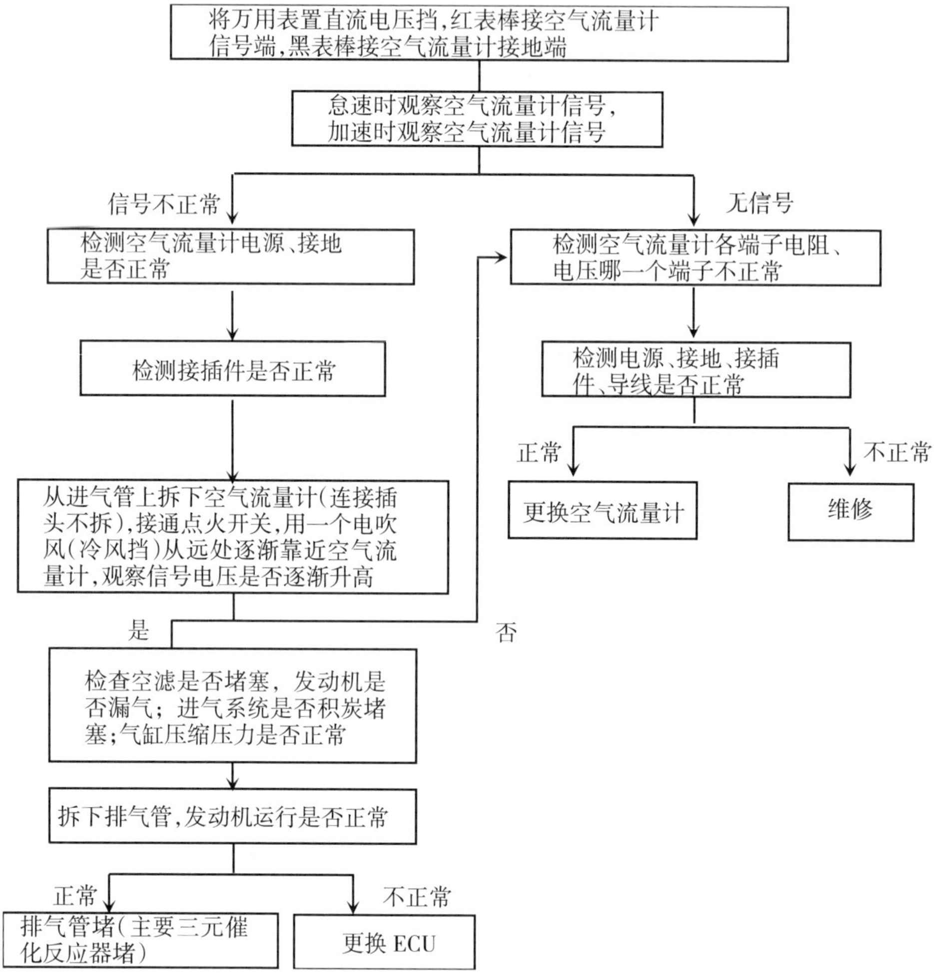

图7－33　热线式空气流量计的检测步骤

5. 热膜式空气流量计。

（1）组成。

它主要由铂金属制成的热膜（发热体）、温度补偿电阻、控制热膜电流并输出信号的控制电路、采样和流量计壳体等组成。

(2) 结构，如图 7－34 所示。

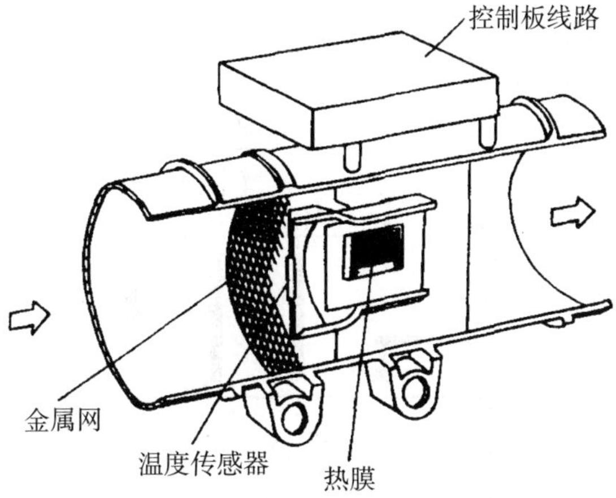

图 7－34　热膜式空气流量计

(3) 工作原理。

利用热丝或热膜作为发热元件的空气流量传感器，其测量原理完全相同。为了叙述方便，将热丝与热膜统称为发热元件。

(4) 电路图。

①三脚式空气流量计电路图如图 7－35 所示。

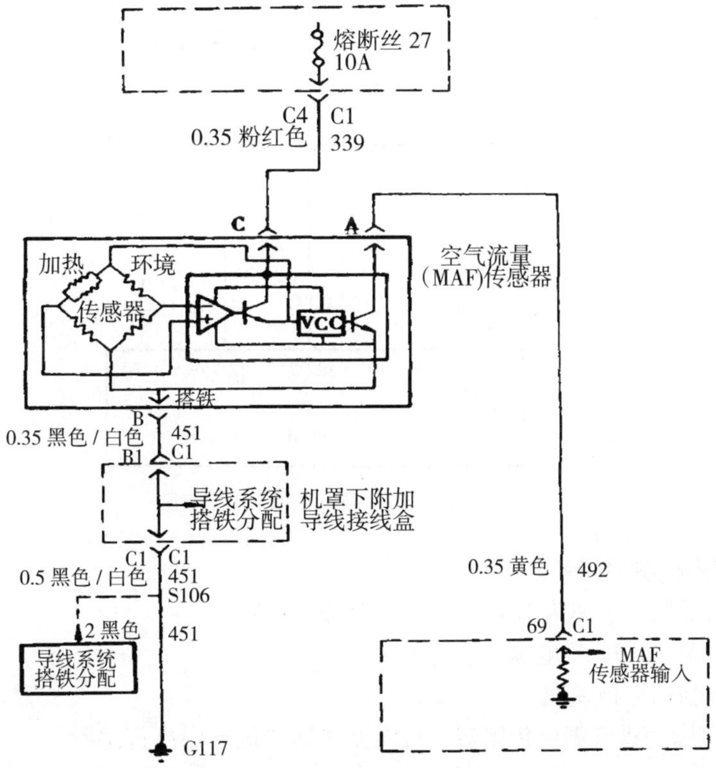

图 7－35　三脚式空气流量计电路图

由于热膜式空气流量计的信号是频率型的，所以用万用表检测信号应选择频率挡（Hz），SGM 别克车怠速时 2000 Hz，若信号低于 1200 Hz，将设置故障为 P0102。时代超人车上的热膜式空气流量计的信号应使用诊断仪检测，怠速时为 2 ~4 g/s。

②四脚式空气流量计电路图。

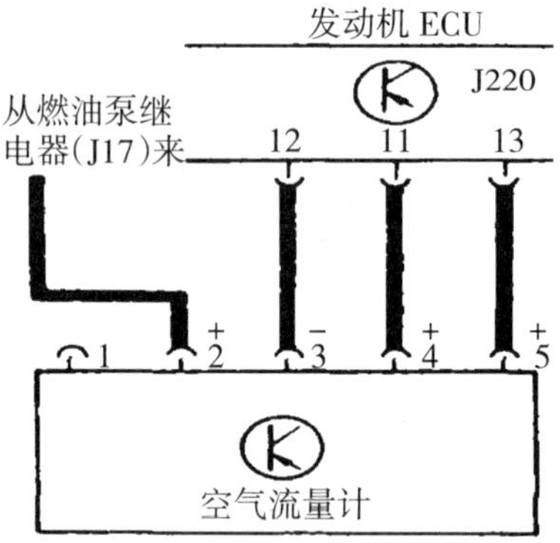

图 7 -36　四脚式空气流量计电路图

1：空脚；2：来自油泵继电器 +12 V；3：搭铁脚；4：MAF 频率信号；5：参考电压 +5 V

③五脚式空气流量计电路图如图 7 -37 所示。

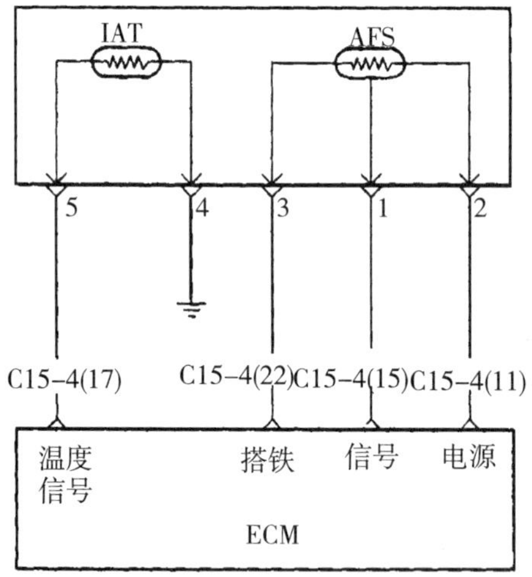

图 7 -37　空气流量计线路图

a. 万用表检测线路：

1——信号线，怠速为 1.1 ~1.5 V，全开 4.0 V。

2——电源线，12 V 电源。

3——电脑回馈搭铁线。

4 和 5 接脚为进气温度传感器，检测方法见“进气温度传感器”。

注意：空气流量计信号有两种，一种是电压信号为 1.1 ~4.0 V；另一种是频率信号 2000 ~8000 Hz（上海别克）。如果此信号是频率信号，当用万用表的电压挡检测信号时则为 2～6 V 的平均电压，在转速变化时信号电压不会发生变化。

参考：三线空气流量计不带进气温度传感器，四线式多一根 5 V 参考电源或搭铁线。

b. 示波器检测电压信号波形如图 7－38 所示，要注意示波器的量程的选择，量程选择不合适波形不能完全显示，其信号在怠速、加速及全负荷时的变化如图 7－38 所示。

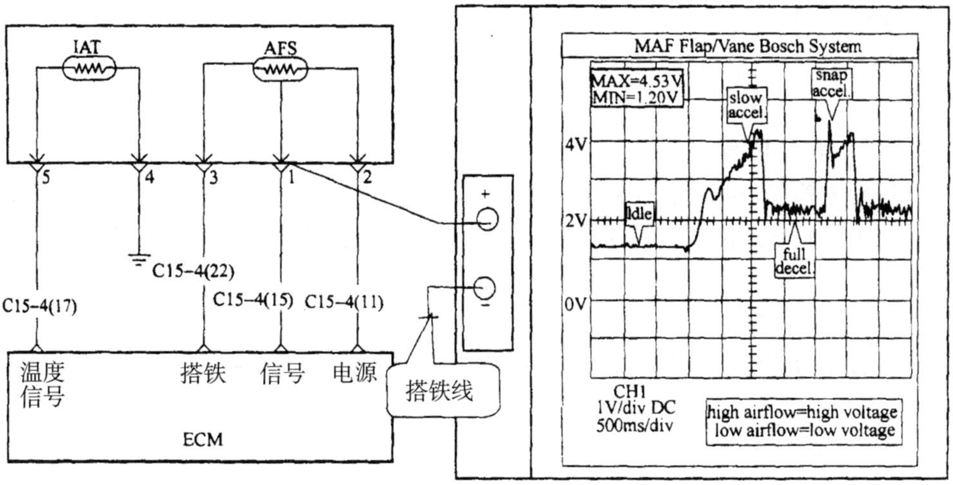

图 7－38　空气流量计电压信号

（5）频率信号：使用示波器检测空气流量计的频率信号如图 7－39 所示，此信号是怠速时的频率信号，加速时频率变大，图上的信号显示变密。

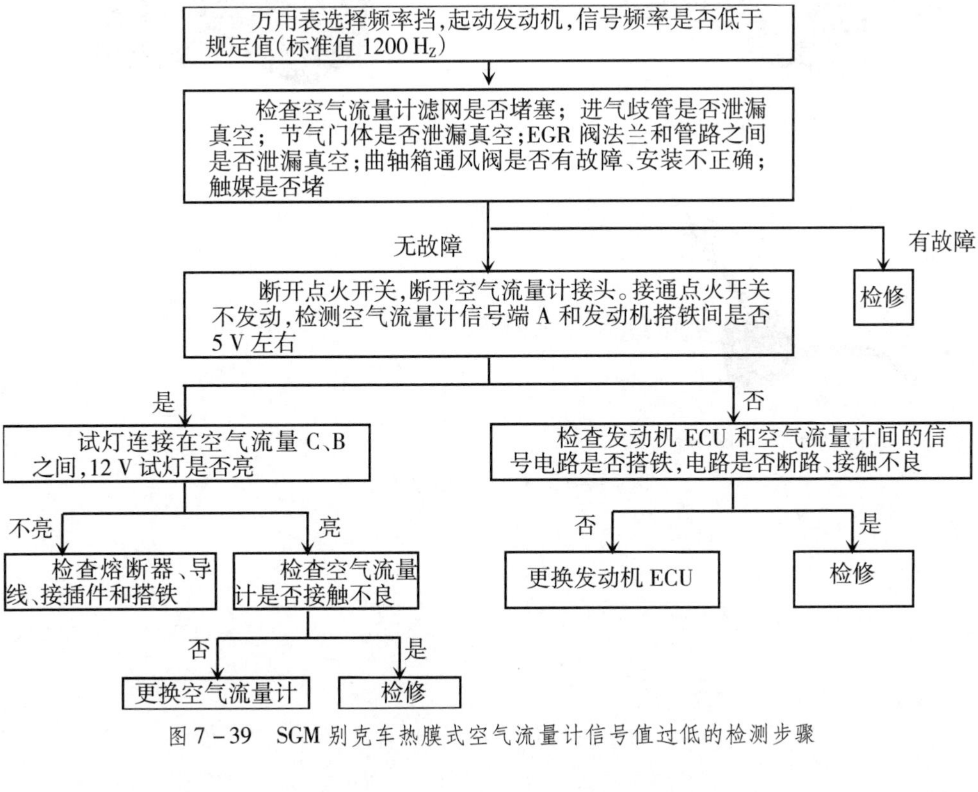

图 7－39　SGM 别克车热膜式空气流量计信号值过低的检测步骤

7.1.4 进气绝对压力传感器（MAP）

7.1.4.1 作 用

检测进气歧管的真空度，并将压力信号转变成电子信号输送给发动机控制 ECU，作为控制喷油脉冲宽度和点火正时的主要参考信号。

7.1.4.2 安装位置

进气压力传感器一般安装在两个位置，一是安装在节气门后方的进气总管管路上；二是安装在发动机舱任意位置，只要从进气管路上引出一条真空管路到传感器即可。

7.1.4.3 类 型

进气歧管压力传感器主要包括半导体压敏电阻式、膜盒传动式和电容式三种。

7.1.4.4 结 构

BUICK 轿车进气歧管压力传感器

SANTANA轿车时代超人进气歧管压力传感器

丰田进气歧管压力传感器

图 7－40 进气绝对压力传感器

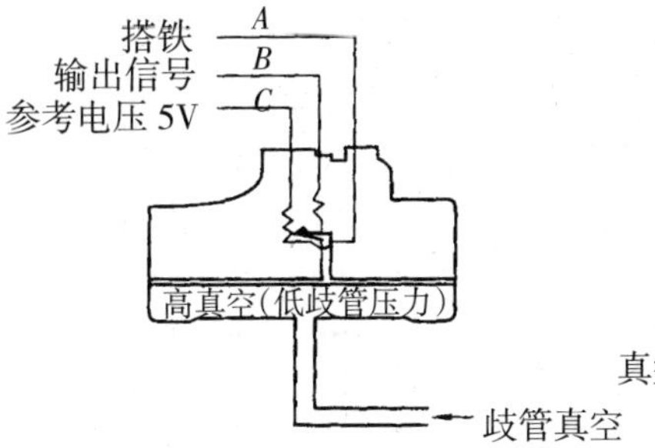

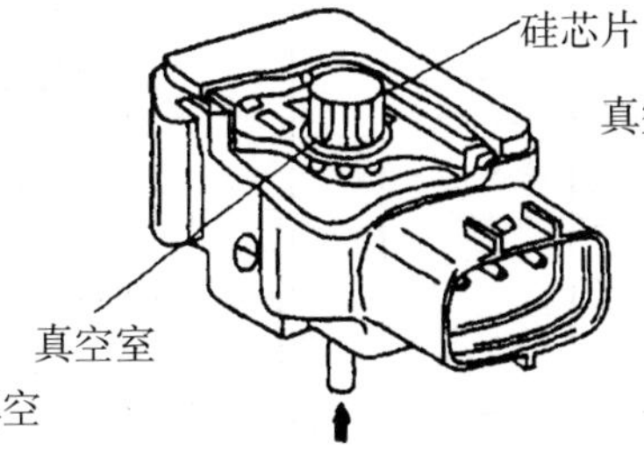

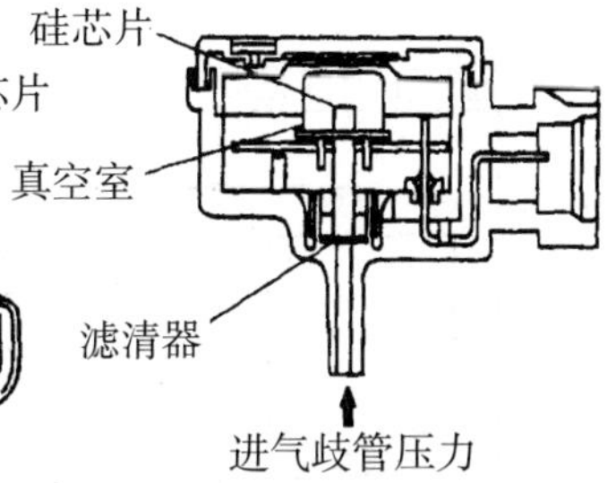

图 7 -41　膜盒式进气压力传感器　图 7 -42　进气歧管压力传感器　图 7 -43　进气压力传感器

7. 1. 4. 5　工作原理

压敏电阻器式进气压力传感器由压力转换元件即压敏电阻器、集成电路、滤清器等元件组成，当进气压力发生变化时，进气压力同时通过滤清器作用在压敏电阻器上，压敏电阻器的阻值发生变化，电压同时发生变化，该变化的电压就作为传感器的输出信号。

7. 1. 4. 6　电路图及检测

1. 进气压力传感器电路图如图 7 -44 所示。

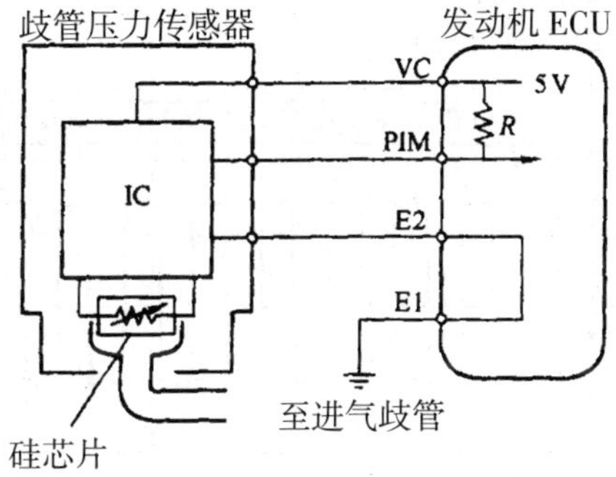

图 7 -44　进气压力传感器电路图

2. 检测。

（1）万用表检测。

VC：参考电源线 5 V。

E2：电脑回馈搭铁线信号，怠速时信号电压为 0. 8 ~ 1. 5 V，全开时信号电压为 3. 8 ~ 4. 5 V。

（2）示波器检测。

①电压信号波形如图 7 -45 所示，进气歧管内的压力与其传感器信号电压成正比，在怠速时进气歧管压力较低，所以信号电压低，为 1. 1 ~ 1. 4 V；当加大油门时歧管压力升高，信号电压也升高；在强制怠速时歧管压力最低，所以信号电压最低。

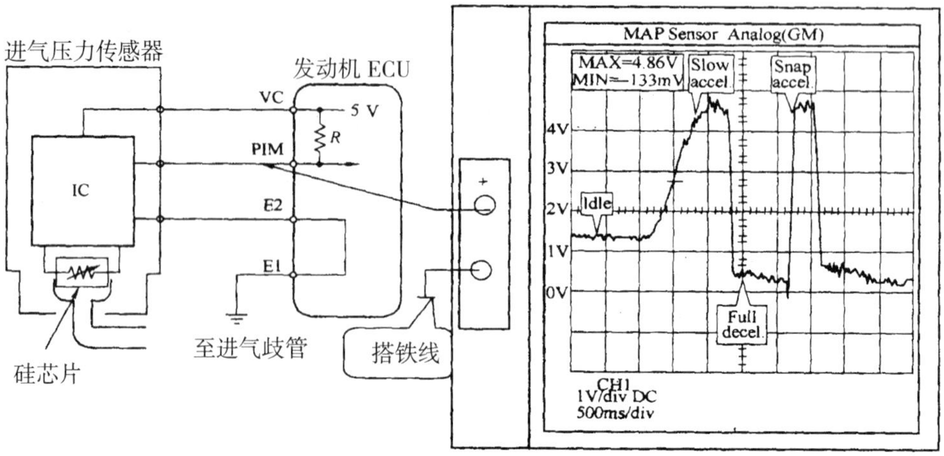

图 7－45　进气压力传感器电压波形信号

②频率信号波形如图 7－46 所示，一些车型上采用的传感器采用频率信号，如福特车。

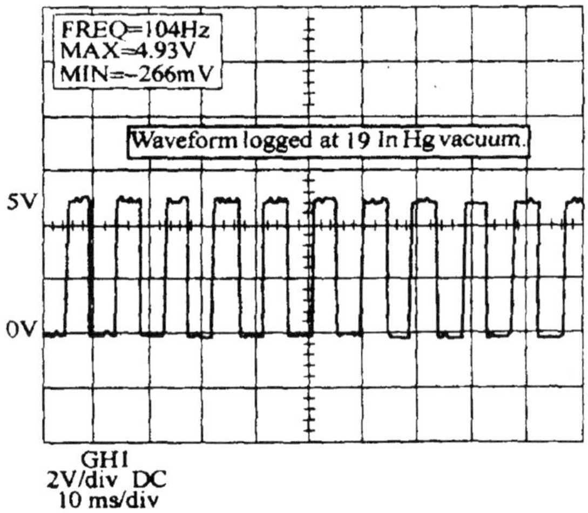

图 7－46　进气压力传感器频率波形信号

通过诊断仪读出系统诊断的故障。20～30 ℃的常温下，MAP 阻值为 3510～2240 Ω。

7.1.5　大气压力传感器（BARO/HAC）

大气压力传感器又叫海拔自动补偿装置。HAC 检测大气压变化，其构造和运作与进气压力传感器相同。HAC 压力传感器可安装在发动机 ECU 内（如本田车型），或者从发动机 ECU 引出，单独安装在乘客舱内。当前，安装在发动机 ECU 内的用得最多。在高海拔地区行驶时，不仅是大气压降低，进气的密度也降低。结果，在装有 L 型 EFI（不包括热电阻丝型空气流量计）的发动机内，空燃比移向浓的一侧；HAC 传感器可校正空燃比的这些偏离。

（1）如图 7－47 所示为大气压力传感器的线路图。

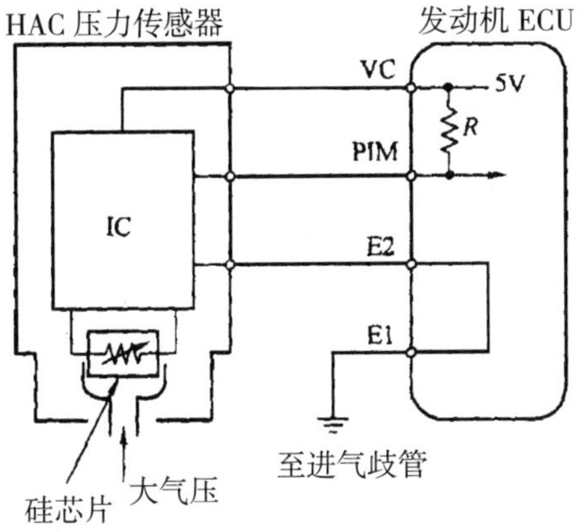

图 7－47　大气压力传感器线路图

（2）检测与进气压力传感器的检测方法相同。

7.1.6　进气温度传感器（IAT）

1. 作用。

当进气温度低时，燃油蒸发差，所以需要较浓的混合物，由于这个原因，当进气温度较低的时候，热敏电阻值增加，高电压信号 THA 传送至 ECU（电子控制元件）。

相反地，当进气温度高时，低电压信号 THA 传送至 ECU，燃油喷射量便减少。

2. 安装位置及结构。

如图 7－48 所示。

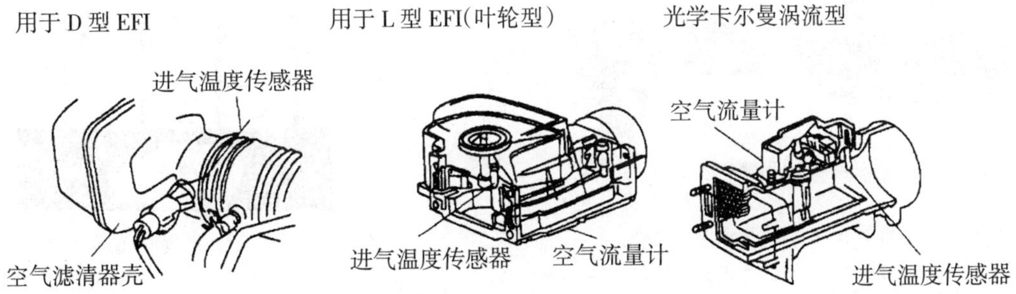

图 7－48　进气温度传感器的安装位置

3. 电路图及检测。

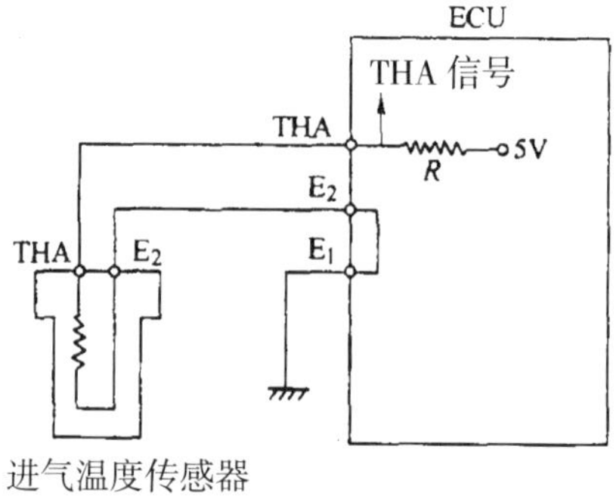

图 7－49　进气温度传感器线路图

进气温度/℃（F）	电压/V
20（68）	0.5～3.4
60（140）	0.2～1.0

进气温度/℃（F）	电阻/kΩ
－20	13.6～18.4
20	2.21～2.69
60	0.493～0.667

7.1.7　进气压力温度传感器

图 7－50　进气压力温度传感器外形图

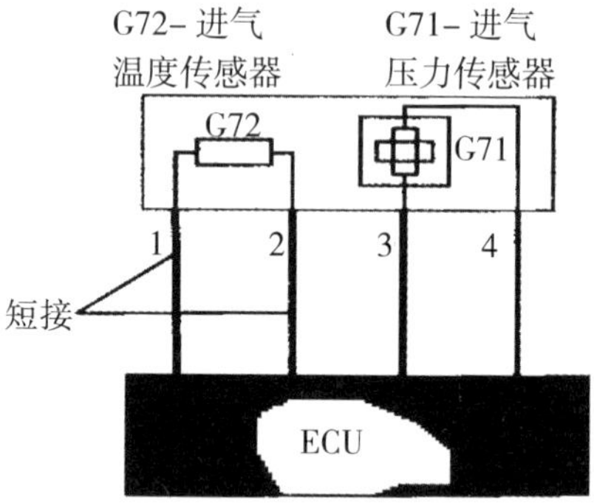

图 7－51　进气压力温度传感器电路图

检测：

1 号与 2 号脚之间电阻会随温度的变化而发生变化则进气温度信号正常；

3 号与 4 号脚之间的电阻会随压力的变化而发生变化则进气压力信号正常。

7.1.8　节气门体

7.1.8.1　作　用

节气门体是用来控制进气量的一个装置。

7.1.8.2　结构及安装位置

节气门体安装在进气总管上，位于空气流量计与进气歧管之间。

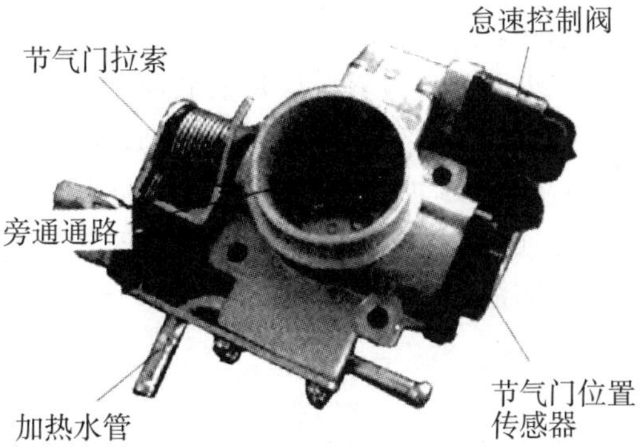

图 7－52　MPI 多点喷射节气门体实物图

7.1.8.3　组　成

由节气门、节气门拉索、节气门位置传感器、怠速控制阀（ISCV）、怠速旁通气道、怠速调整螺钉、辅助空气阀等组成。

7.1.8.4　辅助空气阀

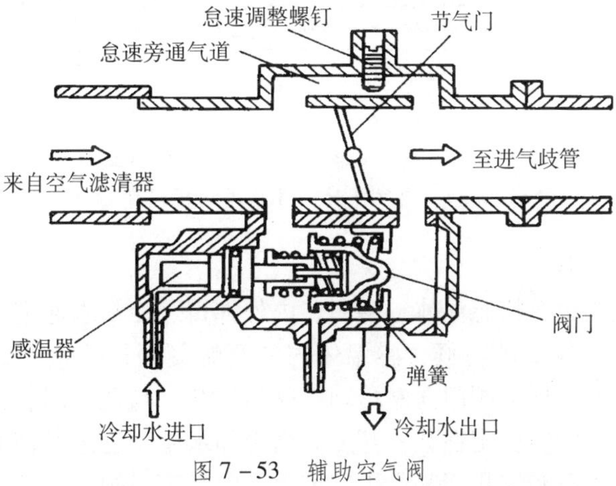

图 7－53　辅助空气阀

发动机低温起动后，进入暖机运转时，发动机温度比较低，发动机内部的摩擦阻力较大，为了克服发动机的内部摩擦阻力，提高怠速转速，加快暖机过程，在发动机的进气系统中设置了辅助空气阀（也称高怠速控制），以增加暖机过程中所需的空气量。

在早期的电控汽油喷射系统中使用的辅助空气阀有两种：双金属片式辅助空气阀和石蜡式辅助空气阀。

1. 双金属片式辅助空气阀。

其结构和工作原理如图 7 – 54 所示。

发动机温度较低且加热线圈无电流通过时，阀门处于开启状态。由于此时节气门处于关闭状态，空气便从辅助空气阀流入进气总管。ECU 根据此时的空气量，相应地增加喷油量，使怠速转速提高至快怠速状态。

发动机起动后，电流经点火开关流过双金属片上的加热线圈，双金属片受热弯曲，逐渐将阀门关闭，在此过程中流经辅助空气阀的空气量也逐渐减少，发动机转速也逐渐下降。加热线圈通电达到一定时间或发动机水温达到一定温度时，辅助空气阀的阀门完全关闭，怠速所需空气经怠速旁通气道供给，发动机稳定在怠速转速运行。辅助空气阀阀门的最初开度取决于发动机冷却水的温度，一般温度低于 –20 ℃时阀门全开，大于 60 ℃则完全关闭。

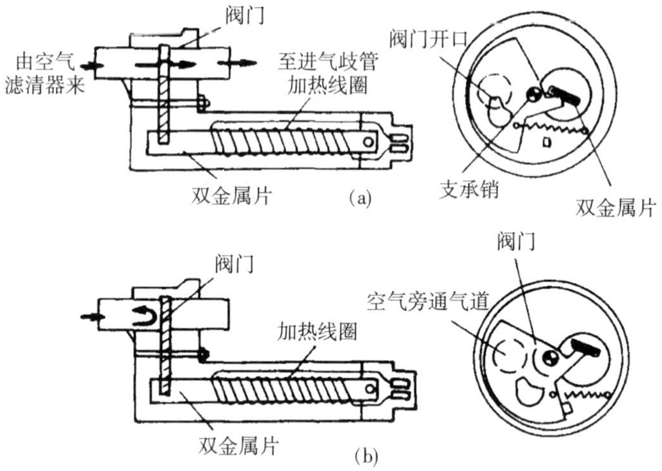

图 7 – 54 双金属片式辅助空气阀的结构和工作原理
(a) 发动机温度低时；(b) 发动机温度高时

2. 石蜡式辅助空气阀。

石蜡式辅助空气阀由石蜡感温体、阀门、内外弹簧、冷却水通道、空气通道等组成。

发动机冷却水温度较低的时候，感温体内的石蜡凝固，体积收缩，不产生向右的推力，此时外弹簧的预紧力推动阀门向左移动，阀门打开，与此同时，内弹簧被压缩，当内外弹簧的力相平衡时，阀门稳定在某一开度。当冷却水温度逐渐升高时，感温体内的石蜡熔化，体积膨胀，由于石蜡体积膨胀产生的推力及内弹簧在阀门打开时被压缩所产生的合力大于外弹簧的弹簧力，使阀门逐渐关闭，当水温大于 80 ℃时阀门完全关闭，发动机恢复正常的怠速。

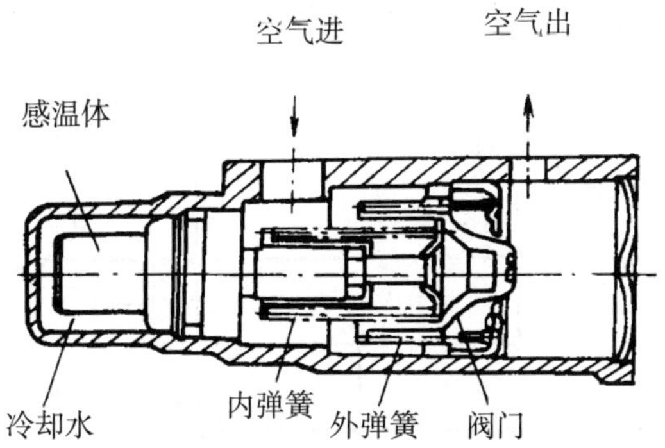

图7-55　石蜡式辅助空气阀

7.1.8.5　**节气门位置传感器**

1. 作用。

是检测节气门开度的一个传感器，它将节气门开度（即发动机负荷信号）以电信号的方式输入ECU以便控制发动机点火及喷油。

2. 安装位置。

安装在节气门体上，位于节气门轴的一侧。

3. 分类。

节气门位置传感器分为：开关量输出型、线性输出型及带Acc信号的开关量输出型节气门位置传感器三种类型。

4. 开关量输出型节气门位置传感器。

（1）结构及电路图如图7-56、7-57所示。

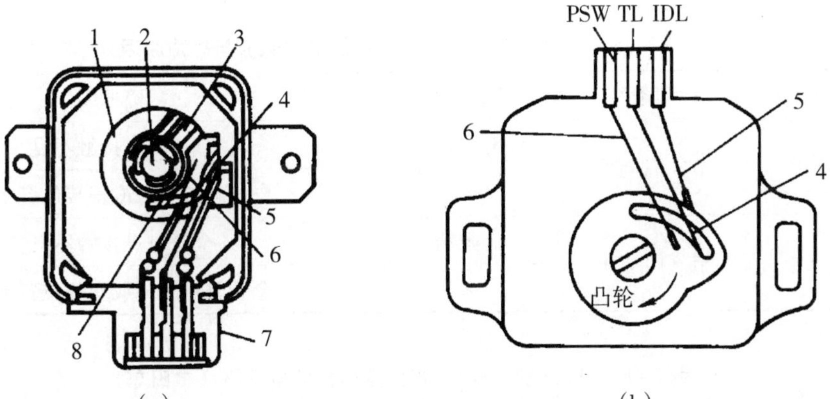

图7-56　开关量输出型节气门位置传感器结构

1—导向凸轮；2—节气门轴；3—控制杆；4—可动触点；5—怠速触点；6—全开触点；7—导线插头；8—导向凸轮槽

IDL——怠速触点信号；

PSW——功率（全负荷）触点信号。

IDL信号主要用于燃油切断控制和点火正时校正，而PSW信号则主要用于增加燃油喷射量以提高发动机输出功率。

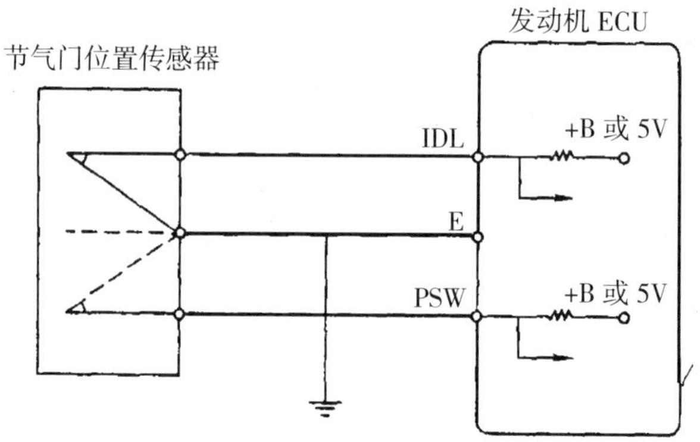

图7-57 电路图

（2）检测。

表7-4 开关量节气门位置传感器标准电阻值（丰田车）

端　子	检测条件	标准阻值/Ω
IDL-E1	节气门全闭	0
	部分负荷	∞
	全负荷（节气门开度50°以上）	∞
PSW-E1	节气门全闭	∞
	部分负荷	∞
	全负荷（节气门开度50°以上）	0

表7-5 开关量节气门位置传感器错误阻值与故障原因

端　子	检测条件	阻　值	故障原因
OD1-EIP	节气门全闭	有阻值	怠速触点接触不良
		∞	怠速触点故障或安装位置不良
PSW-E1	节气门全开	有阻值	全开触点接触不良
		∞	全开触点故障或安装位置不良

表7-6 开关量节气门位置传感器标准电压值（丰田车）

端　子	检测条件与电压/V		
	节气门全闭	部分负荷	全负荷
IDL-E1	0	12	12
PSW-E1	12	12	0

表7－7　开关量节气门位置传感器错误电压与故障原因

端　子	检测条件	电　压	故障原因
IDL	节气门全闭	大于0	怠速触点接触不良
		等于12 V	怠速触点在怠速时不能闭合，怠速触点故障或安装位置不良
PSW－E1	节气门全开	大于0 V	全开触点接触不良
		等于12 V	怠速触点在怠速时不能闭合，怠速触点故障或安装位置不良

5. 线性输出型节气门位置传感器。

目前汽车上使用的线性输出型节气门位置传感器有三脚式和四脚式两种。

(1) 三脚式线性输出型节气门位置传感器如图7－58所示。

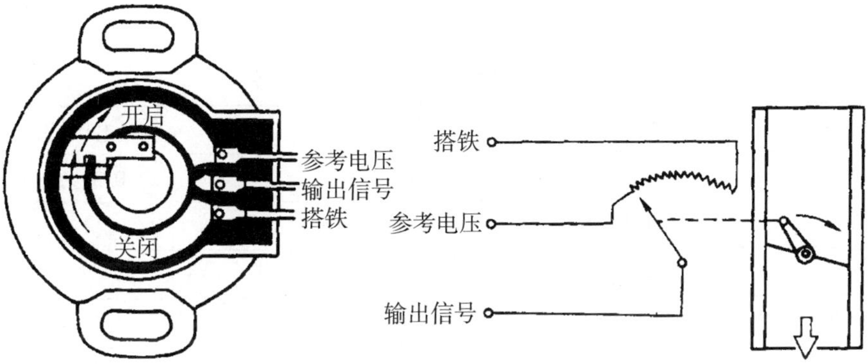

图7－58　三脚式线性输出型节气门位置传感器

Vc为参考电压+5V；

VTA为输出信号，此信号随节气门的开度而变化（0～5V）；

E_2为搭铁。

(2) 四脚式线性输出型节气门位置传感器。

结构和电路图如图7－59、7－60所示。

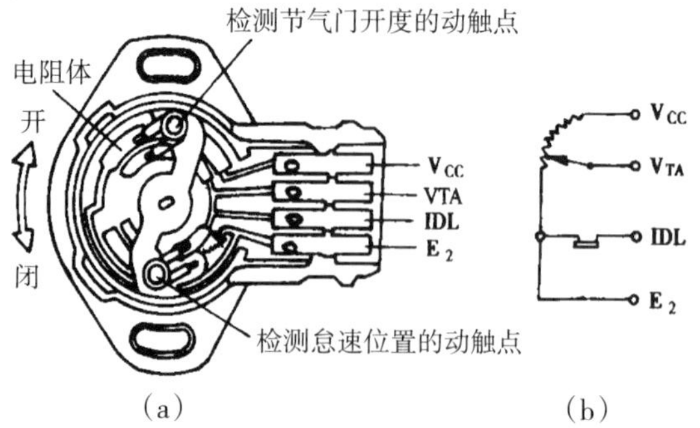

图 7－59　线性输出型节气门位置传感器结构和电路
(a) 构造；(b) 电路
V_{CC}—电源；VTA—节气门开度输出信号；
E_2—地线

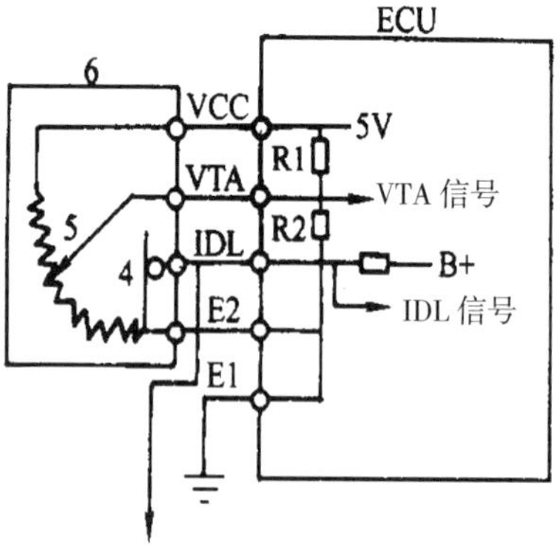

图 7－60　电路图
4—怠速触点开关；5—滑动触头；
6—传感器

检测：

表 7－8　节气门位置传感器的信号

节气门状态	端子之间	电阻/Ω	电压/V
全关	VTA—E_2	200～800	0.3～0.8
全关	IDL—E_2	不高于 2300	12
稍开	IDL—E_2	无穷大	0
全开	VTA—E_2	3300～10000	3.5～4.5
不限	V_C—E_2	3000～7000	0.3～4.5

6. 带 Acc 信号的开关量输出型节气门位置传感器。

为了检测发动机的加速状况，某些发动机在节气门位置传感器中增加了 Acc 信号输出接头。该传感器的一般构造如图 7－61 所示。该传感器除了具有检测怠速状态的怠速触点（IDL 触点）、检测大负荷状态的功率触点（PSW 触点）外，还具有可检测出加速状态的 Acc_1 和 Acc_2 输出信号的接头。

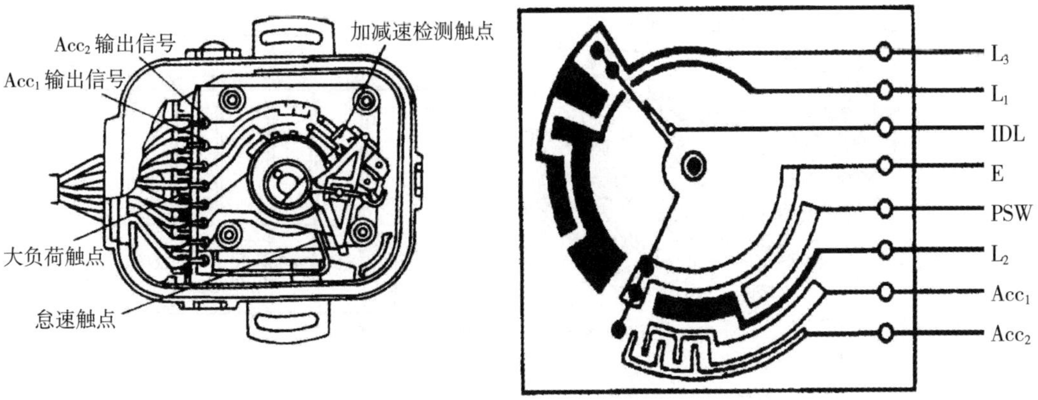

图 7－61　开关量输出型节气门位置传感器的一般构造

表 7－9　丰田 TOYOTA 开关输出型节气门位置传感器的输出特性

节气门开度/%	传感器输出信号			
	IDL	L_1	L_2	L_3
0	0	1	1	1
0 ~ 7	1	1	1	1
7 ~ 15	1	1	1	0
15 ~ 25	1	1	0	0
25 ~ 35	1	1	0	1
35 ~ 50	1	0	0	1
50 ~ 65	1	0	0	0
65 ~ 85	1	0	1	0
85 ~ 100	1	0	1	1

注："0" 表示触点闭合，输出低电平；"1" 表示触点断开，输出高电平。

L_1、L_2、L_3 为提供自动变速器的控制信号；

IDL、PSW 为节气门位置信号；

Acc_1、Acc_2 为加速和加浓信号。

7. 大众、奥迪、红旗车专用的节气门控制组件。

（1）结构及电路图如图 7－62 所示。

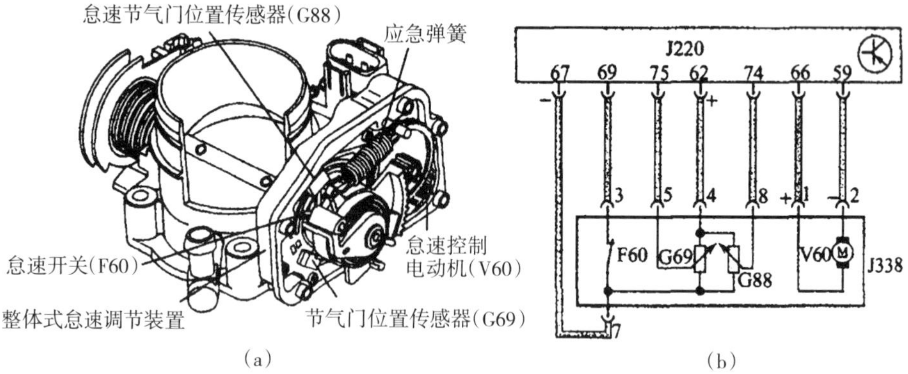

图 7-62 节气门控制组件 J338 的结构与电路连接

(a) 结构图；(b) 电路连接

(2) 检测，如图 7-63 所示。

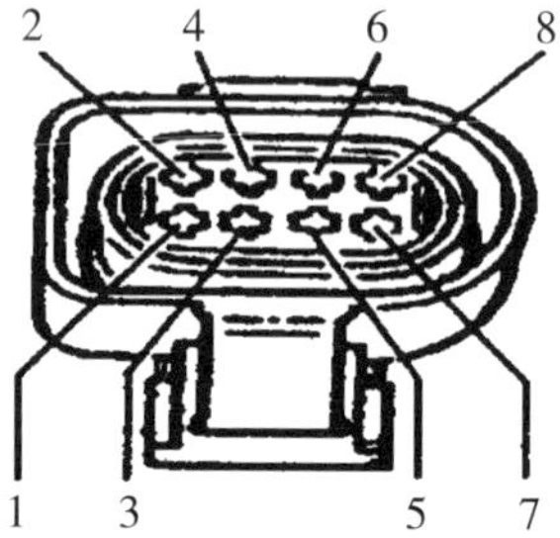

图 7-63 控制组件 J338 线束插头

1—电动机正极端子；2—电动机负极端子；3—怠速开关信号输出端子；
4—节气门位置传感器 G69 和怠速节气门位置传感器 G88 电源端子；
5—节气门位置传感器 G69 信号端子；6—备用端子；7—搭铁端子；
8—怠速节气门位置传感器 G88 信号端子

表 7-10　桑塔纳 2000GSi 型轿车节气门控制组件检修标准

检测项目	检测条件	检测部位	标准值
G88 与 G69 电源电压	拔下节气门组件 8 端子插头，接通点火开关	节气门控制组件插头端子 4 与 7	≥4.5 V
F60 电源电压	拔下节气门控制组件 8 端子插头，接通点火开关	节气门控制组件插头端子 3 与 7	≥9.0 V
导线有无断路	断开点火开关，拔下节气门控制组件 J338 连接器插头和电控单元 J220 连接器插头	控制组件插头 1 端子、电控单元插头 66 号插孔	<1.5 Ω
		控制组件插头 2 端子、电控单元插头 59 号插孔	<1.5 Ω
		控制组件插头 3 端子、电控单元插头 69 号插孔	<1.5 Ω
		控制组件插头 4 端子、电控单元插头 62 号插孔	<1.5 Ω
		控制组件插头 5 端子、电控单元插头 75 号插孔	<1.5 Ω
		控制组件插头 7 端子、电控单元插头 67 号插孔	<1.5 Ω
		控制组件插头 8 端子、电控单元插头 74 号插孔	<1.5 Ω
导线有无短路	断开点火开关、拔下节气门控制组件 J338 连接器插头和电控单元 J220 连接器插头	检测控制组件插头上各端子之间的电阻值	>1 MΩ
		检测电控单元插头上各个插孔之间的阻值	>1 MΩ

怠速控制电机 V60 的检修，将万用表拨到电阻挡，两只表笔分别连接节气门控制组件插座上的 2 号端子，检测怠速控制电机绕组电阻值应为 3～200 Ω。如阻值不符合规定，说明电机故障，需要更换节气门控制组件。

7.1.9　电控动力阀控制系统

7.1.9.1　定　义

动力阀控制系统，根据发动机的不同负荷，改变进气流量以改善发动机的动力性。

7.1.9.2 结构示意图

如图 7－64 所示。

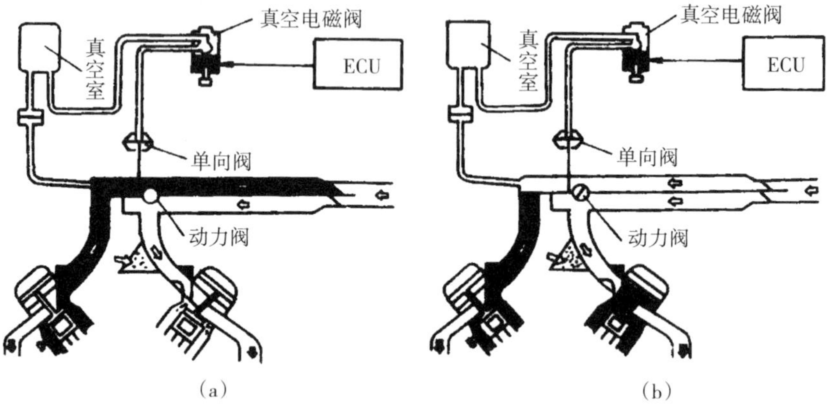

图 7－64 电控动力阀控制系统
(a) 真空电磁阀打开，动力阀关闭；(b) 真空电磁阀关闭，动力阀打开

7.1.9.3 工作原理

由 ECU 控制的动力阀控制系统如图 7－64 所示。受 ECU 控制的真空电磁阀，控制装在进气管上的动力阀，通过改变进气管通道的截面积控制进气流量。当发动机小负荷运行时，ECU 根据发动机转速、冷却水温度、空气流量等信号接通真空电磁阀电路，真空电磁阀打开，真空室的真空度进入动力阀上部的真空室，动力阀关闭，进气通道截面积变小，发动机处于小输出转矩与小输出功率运行状态，如图 7－64（a）所示。发动机处于大负荷运行工况时，受 ECU 控制的真空电磁阀关闭，真空室的真空度不能进入动力阀上部的真空室，动力阀打开，进气通道截面积变大，发动机处于大输出功率运行状态。

7.1.9.4 检　修

主要检修真空膜盒是否工作，以及电磁阀是否正常（该电磁阀检测方法有两种：给电磁阀通电看其是否动作和检测其电阻应为 3～30 Ω）。

7.1.10 电控进气惯性增压控制系统（ACIS）

7.1.10.1 定　义

进气惯性增压控制系统（ACIS）也称谐波增压进气控制系统，它利用进气气流惯性产生的压力波来提高进气效率。

7.1.10.2 进气惯性增压机理

如果进气压力脉动波与进气门开闭配合好，使反射的压力波集中到要打开的进气门旁，在进气门打开时，就会形成对进气进行增压的效果。一般而言，进气管长度长时，压力波波长长，可使发动机的中低转速区功率增大；进气管长度短时，压力波波长短，可使发动机的高速区功率增大。如果发动机运行过程中，根据发动机的运行工况使进气管长度可改变，则可兼顾增大功率和增大转矩。

7. 1. 10. 3 结构示意图

如图 7 – 65 所示。

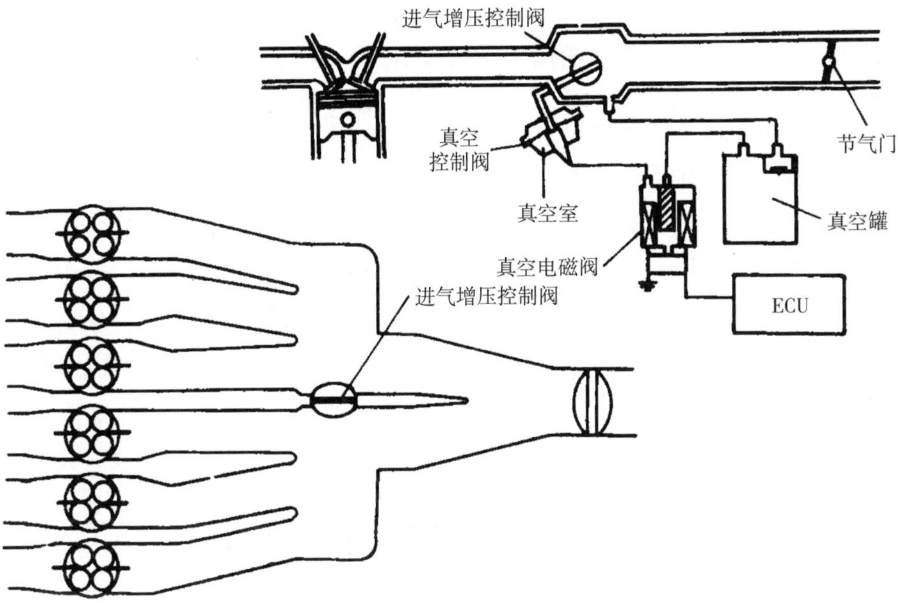

图 7 – 65 电控进气惯性增压系统结构图

7. 1. 10. 4 工作原理

进气惯性增压系统控制原理如图 7 – 65 所示。发动机的进气管长度虽不能改变，但由于在进气管中部增设了一个大容量的空气室和电控真空阀，实现了对压力波传播路线长度的改变，从而兼顾了低速和高速的进气增压效果。ECU 根据转速信号控制真空电磁阀的开闭。低速时，真空电磁阀电路不通，真空阀关闭，真空不能通过真空罐进入真空控制阀的真空气室，受真空控制阀控制的进气增压阀处于关闭状态。此时进气管长度长，压力波波长大，以适应低速区域形成气体动力增压要求。高速时 ECU 接通真空电磁阀的电路，真空阀打开，真空罐的真空进真空控制阀的真空气室，吸动其膜片，将进气增压控制阀打开，由于大容量空气室加入，缩短了压力波的传播距离，使发动机在高速区也能得到较好的气体动力增压效果。

7. 1. 10. 5 检 修

主要检修真空膜盒是否工作，以及检测电磁阀是否正常（该电磁阀检测方法有两种：

给电磁阀通电看其是否动作和检测其电阻应为 3 ~ 30 Ω）。

7.1.11 废气涡轮增压控制系统

7.1.11.1 工作原理

废气涡轮增压控制系统工作原理如图 7 – 66 所示。控制废气流动路线的切换阀受驱动气室（切换阀控制装置）的控制。在废气涡轮增压器出口与切换阀控制装置之间的管路上装有受 ECU 控制的释压电磁阀，释压电磁阀控制进入切换阀控制装置的气体压力。当 ECU 检测到的进气压力在 0.1 MPa 以下时，受 ECU 控制的释压电磁阀的搭铁回路断开，释压电磁阀关闭。此时由废气涡轮增压器出口引入的进气压力，经释压阀进入驱动气室，克服气室弹簧的压力推动切换阀将废气进入涡轮室的通道打开，同时将排气旁通通道关闭，此时废气流经泵轮带动涡轮对进气增压。当进气压力高于 0.1 MPa 时，ECU 将释压电磁阀搭铁回路接通，释压电磁阀打开，通往驱动气室的压力空气被切断，在气室弹簧力作用下驱动切换阀，关闭进入涡轮室的通道。同时，排气旁通口打开，废气不经涡轮室而直接排出，增压器停止工作，进气压力将下降，直到进气压力降到规定的压力时，ECU 又将释压阀关闭，切换阀又将废气引入涡轮室的通道口打开，增压器又开始工作。

7.1.11.2 结构示意图

如图 7 – 66 所示。

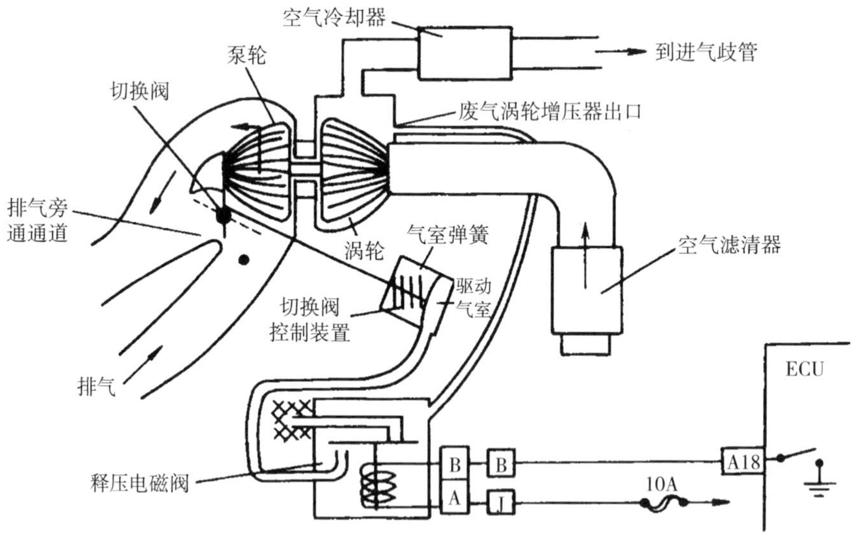

图 7 – 66　废气涡轮增压控制系统结构图

7.1.11.3 检　修

主要检修真空膜盒是否工作，以及检测电磁阀是否正常（该电磁阀检测方法有两种：给电磁阀通电看其是否动作和检测其电阻应为 3 ~ 30 Ω）。

7.1.12　现代轿车电子节气门的结构、原理、匹配

7.1.12.1　电子节气门控制电路

如图7－67所示。

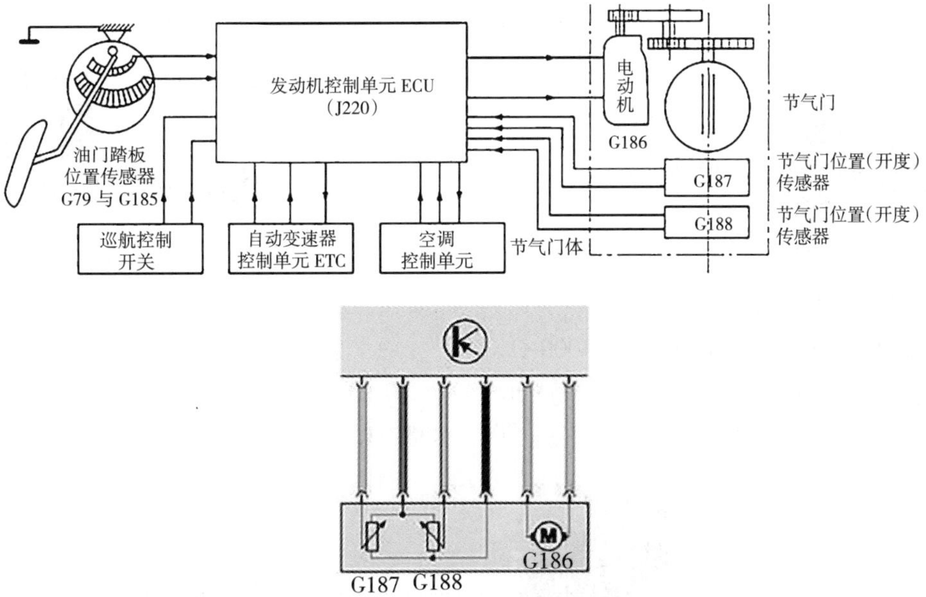

图7－67　电子节气门结构及电路图

G186—怠速步进电机；G187—1号节气门位置传感器；G188—2号节气门位置传感器

5号脚为M＋（由占空比信号控制）。

3号脚为M－。

1和4号脚为TPS传感器信号输出脚（从节气门全关闭到全开信号电压为0.5到4.5 V之间）。

6号脚为 E_2 公共搭铁脚。

2号脚为参考电压Vcc，其电压为＋5 V。

7.1.12.2　加速踏板位置传感器

外形如图7－68、7－69所示，电路图如图7－70所示。

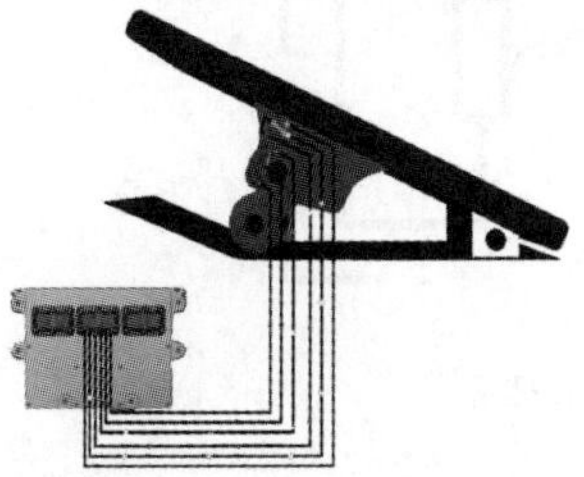

图7－68　加速踏板与ECU连线图

图7－69　加速踏板

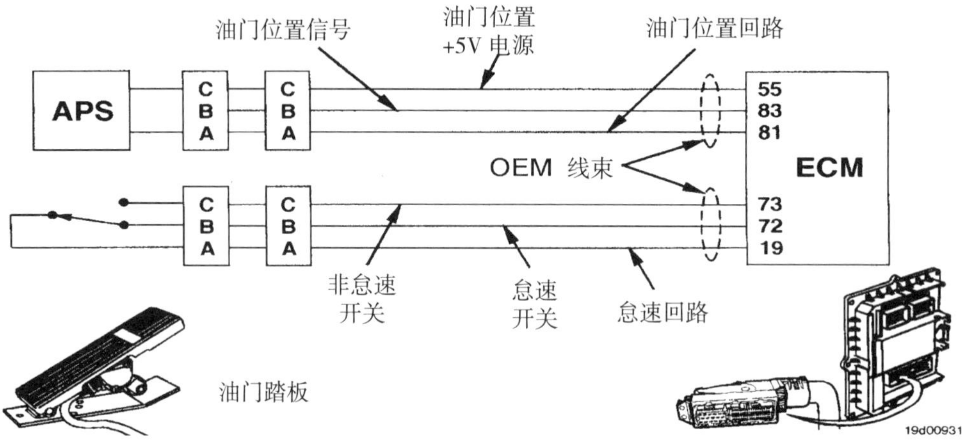

图 7－70　加速踏板位置传感器线路图

油门位置传感器线圈电阻：

电源和回路导线之间：2000～3000 Ω。

电源和信号导线之间（释放踏板）：1500～3000 Ω。

电源和信号导线之间（踩下踏板）：200～1500 Ω。

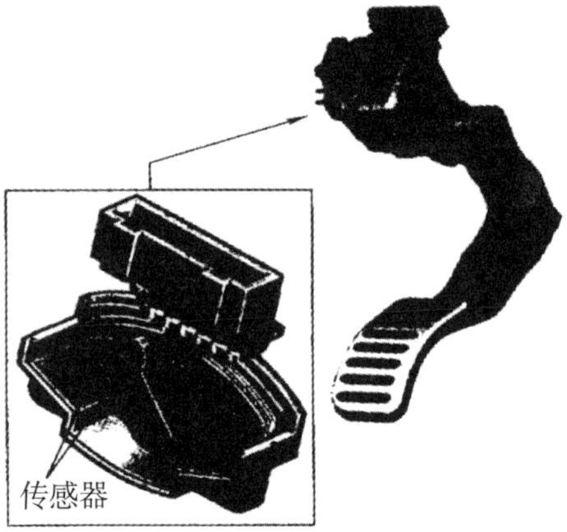

图 7－71　电子油门踏板

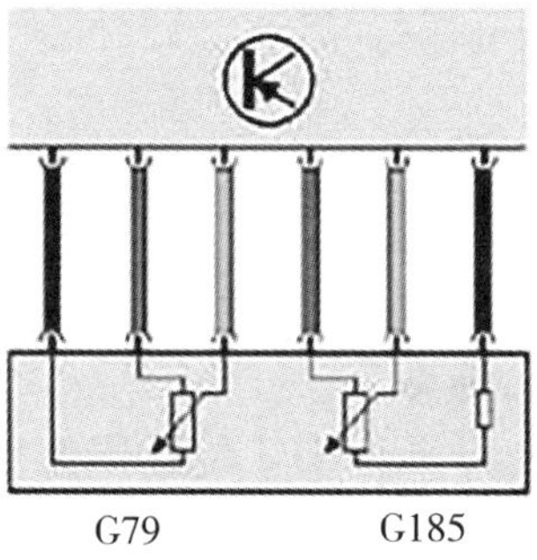

图 7－72　六线式电子油门踏板电路图

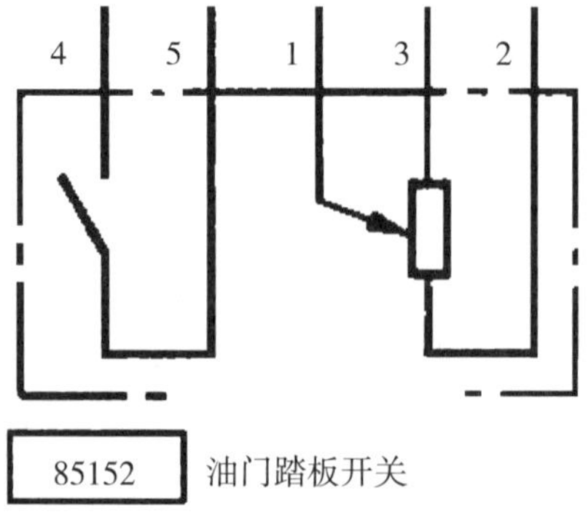

图 7－73　五线式电子油门踏板电路图

G79、G185 为油门踏板位置传感器；

5 号脚为怠速触点信号 IDL（+12 V 电压）；

4 号脚为公用搭铁角 E_2；

1 号脚为 VTA 信号角（其信号电压或电阻会随踏板角度的变化而变化）；

3 号脚为 Vcc 参考电压（+5 V）；

2 号脚为公用搭铁角 E_2。

7.1.12.3　为什么要进行电子节气门的匹配

清洗节气门后，必须重新进行节气门匹配。节气门是用来控制进气量的，而加速踏板实际控制的就是节气门的开度，控制单元再根据节气门的开度和开启速率来调节喷油量（大负荷时增加喷油次数）。节气门变脏后工作效率下降，开启角度加大，控制单元会进行一定的调整和匹配。在正常情况下怠速的自适应调节值为 1.00，即随着发动机工况的变化，当车辆长期行驶及节气门体变脏时会使空气流经节气门时截面积变小。这时为了稳定怠速，节气门开度就会适当开大。这样怠速的自适应调节值就会相应增加一点，变成大于 1.00，如 1.05、1.10 等。但是调节值最大只能到 1.15。如果节气门体继续变脏，就会使怠速时的进气量不够，造成怠速不稳，甚至出现熄火现象。这种情况下只要把节气门体清洗干净，就可以解决熄火的问题。但发动机控制单元中存储的自适应调节值并没有得到修改，仍旧为 1.15，这样节气门开度依然会较大，导致发动机出现怠速过高的现象。

所以清洗节气门以后，要重新对节气门进行初始化设定，恢复原始刚提车状态下的控制程序和参数。不进行匹配的话，控制单元长期学习使用中已经设定的起动时的节气门开度，在清洗后还设在原来的位置，会造成动率下降、抖动，甚至发动机报警。不重新匹配最直接的表现就是会出现怠速高，怠速自提速，有的发动机会提速到 1500 r/min 甚至更高，导致油耗高、排放超标、加速时排气管冒黑烟。这是因为控制单元保护转速学习值偏离基础值过大，要想回到基础值，控制单元需重新学习，有些车型反复起动几次即可完成重新学习，自己恢复正常；另一些车型因为控制单元刷新记忆需要 20～50 次发动机的冷热循环，才能完成重新学习，所以要行驶 1 周时间后发动机怠速转速才可以慢慢地自己恢复正常，在这个过程中油耗明显偏高。对于这些车辆，如用户提出立即恢复正常，那么必须对节气门位置传感器重新设定。设定又叫基本设定、标定、设置、适配、初始化和格式化，不同的车节气门位置传感器重新设定的方法不同，但节气门设定的基本条件相同。

节气门设定的基本条件：

（1）故障存储器中没有故障码存储。

（2）关闭所有的用电设备。

（3）冷却液温度达到 80 ℃以上，或散热器风扇开始旋转。

（4）变速器变速杆位于空挡位。

（5）蓄电池电压高于 11 V。

（6）节气门必须清洁，没有油泥和积炭。

（7）节气门拉锁的长度符合厂家规定，怠速时节气门拉锁略有松量，加速踏板踩到底，节气门拉锁完全绷紧，没有因此造成的机械限位。

（8）在基本设定过程中不踩加速踏板。

7.1.12.4 电子节气门匹配（设定）

清洗节气门后，不重新匹配最直接的表现就是会出现怠速高，怠速自提速，有的发动机会提速到1500 r/min 甚至更高，油耗高，排放超标，加速时排气管冒黑烟。

美国和日本的发动机清洗节气门后，不需要重新匹配，只需要将蓄电池负极断开 1min 使控制单元失去残存记忆，即可恢复正常。

菲亚特车系把点火开关旋转到 ON 位，停留 110 s，关闭点火开关，再重新打开点火开关，并起动发动机，即可完成节气门位置传感器的自适应。

起动发动机 12 次以上，每次不要起动着，起动后立即关闭，也可以完成捷达车节气门位置传感器的设定。

电子节气门一旦被灰尘严重污染，就会导致发动机怠速不稳，尾气排放超标，严重时还会出现怠速熄火，但中高速时运转平稳。

电子节气门系统中若有一个电位计失效退出，系统会自动转入紧急操作状态，最高车速被限制在 120 km/h。

马自达6 电子节气门进行重新设定。断开蓄电池负极 5 s 后，重新装复。打开点火开关至 ON 位，加速踏板踩到底保持 5 s 后放开。关闭点火开关，然后重新起动，检查放松加速踏板后发动机转速可正常下降，即完成电子节气门设定。

雪铁龙爱丽舍 16 V（16 气门发动机）电子节气门设定。雪铁龙车系爱丽舍在更换发动机控制单元、电子节气门或修理电子节气门及控制单元重新编码后需要对电子节气门进行初始化设定。

（1）将点火开关置于 m 位保持 30 s，此期间不得关闭点火开关，不得踩加速踏板。

（2）关闭点火开关 15 s（控制单元在 EEPROm 中记录，节气门初始化参数），在 15 s 内不要重新开启点火开关。

（3）拔出钥匙，完成电子节气门设定。

部分国产轿车电子节气门匹配方法：将点火开关转至 ON 挡，然后将油门踏板踩到底保持 30 s 后放开，然后立即将点火开关关闭，数秒之后再打开点火开关并启动发动机，这样就可完成电子节气门的匹配。

大众、奥迪车系节气门设定：

大众系列轿车节气门位置传感器通道号采用故障诊断仪执行基本设定、匹配、编码等功能时需要输入通道号。大众系列由于各车型发动机采用的电子控制系统的类型不同，所以同一种传感器匹配的通道号也不同。

大众系列非电子型节气门位置传感器匹配的通道号是：

（1）通道号 001 适用于奥迪 100、奥迪 200、奥迪 V6（2.4L）、帕萨特 B4、桑塔纳 GLi、红旗 7180 等车型。

（2）通道号 060 适用于奥迪 A6（2.4L 和 2.8L）、宝来、捷达（2 气门）、POLO 等车型。

（3）通道号 098 适用于奥迪 A6（1.8L）、帕萨特 BS、桑塔纳 2000、帕萨特 1.8GSi、帕萨特 1.8T、捷达（5 气门）、奥迪 1.8T 等车型。

大众系列节气门位置传感器基本设定的方法：大众系列轿车发动机节气门位置传感器

基本设定的方法是连接故障诊断仪，按 01 键，进入控制单元，按 Q 键确认。按右“→”键进入执行行程。按 04 键进入基本设定，然后输入厂家规定的通道号，如是奥迪 A6 (1.8L)、帕萨特 B5、捷达（5 气门）车，输入通道号 098，按 Q 键确认。在按 Q 键后，如节气门位置调节器在最大、最小和五个中间位置运行后，控制单元将在连续存储器中存储相应的节流阀角度。该过程持续约 10 s，随后节气门在起动位置保持片刻，随后关闭，显示屏右下角出现“OK”，节气门位置传感器匹配成功。然后存储这些值，关闭点火开关。如果控制单元通节气门位置传感器基本设定被中断，按“→”键结束节气门位置传感器基本设定，在数据流显示组 23 中检查节气门控制部件的允许值，如达不到允许值，则重新匹配。达到允许值，按 06 键选择结束输出，按 Q 键确认。

7.1.13　空气供给系统拆装

空气供给系统按照图 7－74 依次进行拆装。

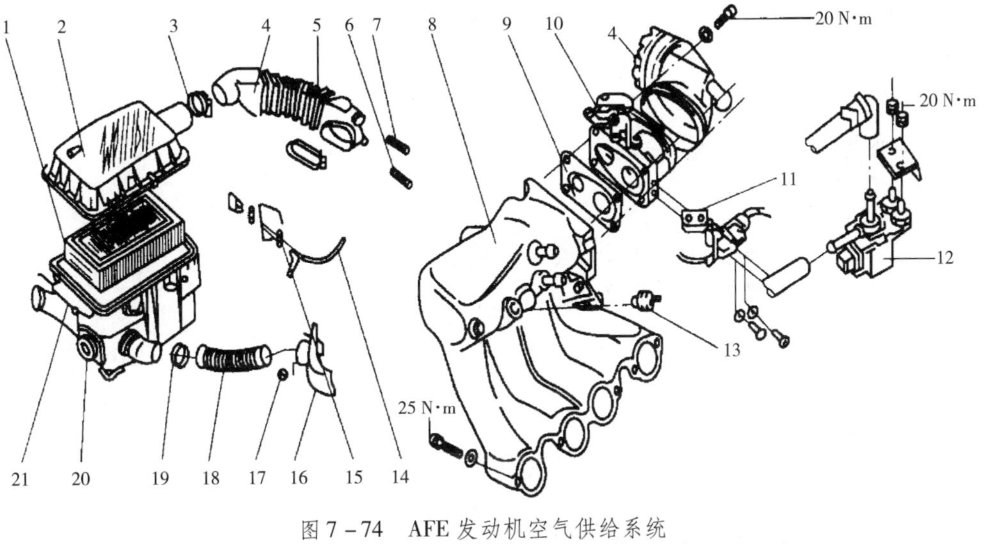

图 7－74　AFE 发动机空气供给系统

1—滤芯；2—滤清器上部；3、5、19—夹箍；4—进气软管；
6—通向怠速调节阀的进气软管；7—曲轴箱废气循环管；8—稳压箱与进气歧管；
9—衬垫；10—节气门体；11—节气门位置传感器；12—怠速控制阀；
13—热起动节流器；14—真空管（通向节气门体）；15—真空管（通向真空控制阀）；
16—热空气导流板；17—固定螺母；18—热空气软管；20—真空控制阀；
21—空气滤清器下部

学习任务 7.2　电控燃油供给系统（EFI）

☞学习情境

一辆上海大众桑塔纳轿车起动不良，经检查，起动系统正常，蓄电池电压也正常，初步判断是由燃油系统所致，你能说出故障部位，并进行排除吗?

☞学习目标

通过本任务的学习，应能：

1. 掌握电控燃油喷射系统的组成及工作原理。
2. 掌握燃油控制的电路图。
3. 掌握油压的检测方法。
4. 对喷油器进行清洗及汽车油路的清洗。

☞学习场所和设备

1. 电控发动机实训室。
2. 油压表、真空表、万用表、试灯、解码器。
3. 超声波喷油器清洗机，发动机油路就车清洗机。
4. 示波器、维修工具套件。

☞学习信息

7.2.1　电控燃油供给系统的作用

根据进入气缸中的空气流量及发动机的转速对燃油的供给进行精确控制，保证良好的混合比，以满足发动机的动力性、经济性及排放的控制。

7.2.2　电控燃油供给系统的组成

电控汽油机的燃油供给系统由油箱、电动汽油泵、燃油滤清器、燃油分配管、喷油器、压力调节器等组成，如图 7 –75 所示。

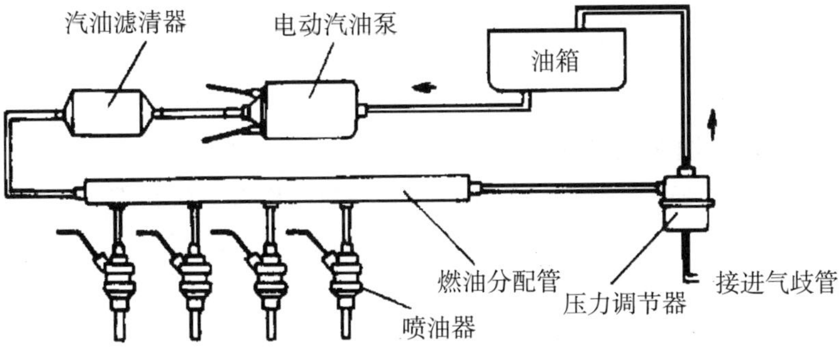

图 7－75　电控汽油机燃油供给系统简图

7.2.3　电控燃油供给系统的分类

7.2.3.1　按喷射位置分类

可分为缸内喷射和缸外喷射两种。

7.2.3.2　按喷油器安装位置分类

可分为单点喷射和多点喷射两种。

7.2.3.3　按喷射方式分类

可分为连续喷射和间歇喷射两种。

其中，间歇喷射又可以分为同时喷射、分组喷射和顺序喷射三种。见图 7－76、7－77、7－78。

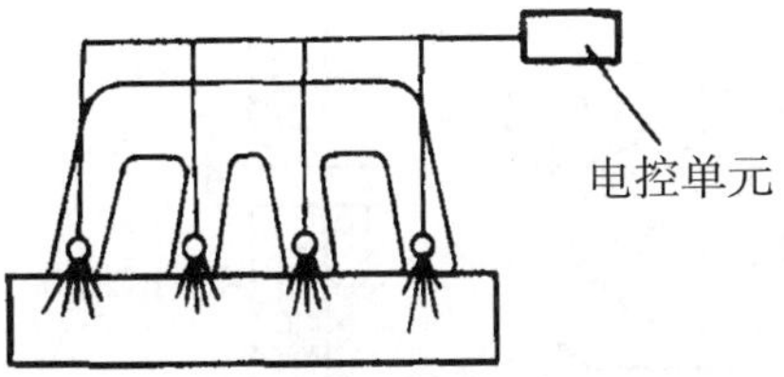

图 7－76　同时喷射

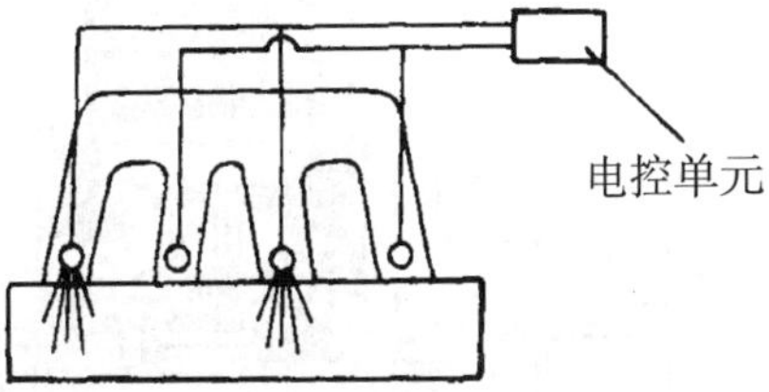

图 7－77　分组喷射

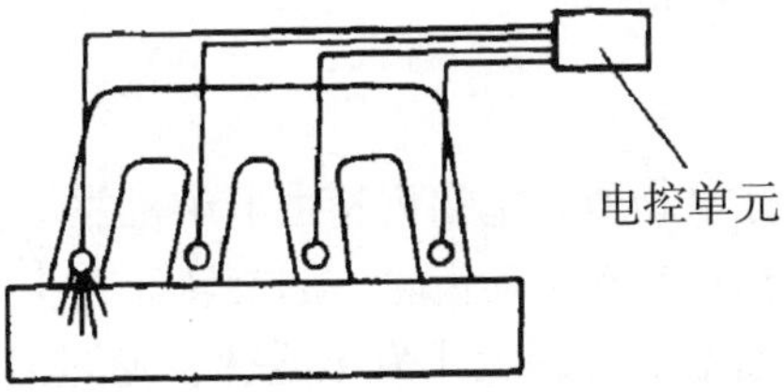

图 7－78　顺序喷射

7.2.3.4　按控制方式分类

可以分为机械式喷射（K 型）、机电结合式喷射（KE 型）、电控式喷射（EFI 型）。

7.2.4 电动汽油泵及其控制电路

7.2.4.1 电动汽油泵的作用

电动汽油泵的作用是将汽油从油箱中吸出，加压（0.25～0.5 MPa）后通过燃油管道输送到喷油器。

7.2.4.2 电动汽油泵的分类

1. 按汽油泵安装位置分类。

可以分为内装式和外装式两种。

2. 按汽油泵结构分类。

可以分为涡轮泵、侧槽泵、齿轮泵。

7.2.4.3 电动汽油泵的结构及工作原理

1. 结构。

齿轮泵由带外齿的主动齿轮和带内齿的从动齿轮及泵体构成，从动齿轮及泵体与主动齿轮偏心安装，如图 7－79 所示。

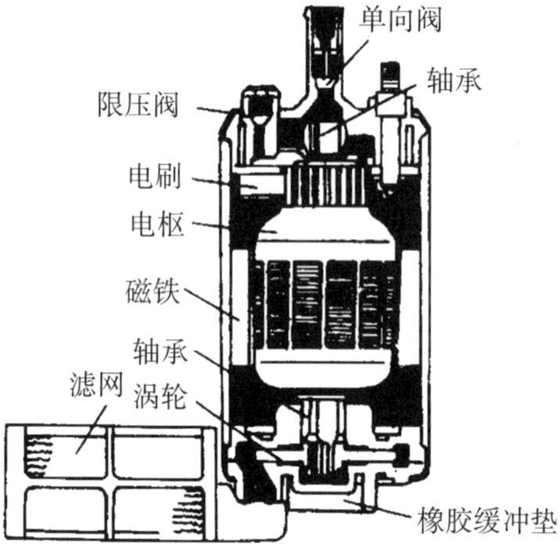

图 7－79　齿轮泵的结构

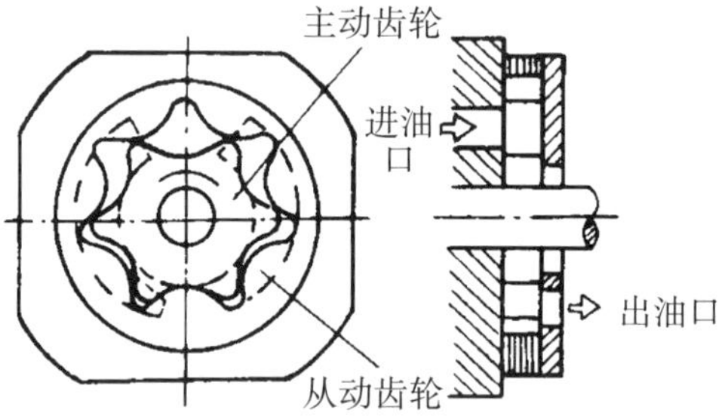

图 7－80　齿轮泵的工作原理

2. 工作原理。

齿轮泵的工作原理与滚柱泵相似，主动齿轮由电动机驱动。当主动齿轮在电动机带动下旋转时，其与从动齿轮啮合并带动从动齿轮一起旋转。在主动齿轮与从动齿轮啮合的过程中，由内外齿所围合的泵油室的容积大小发生变化，通过合理地设置进出油口的位置，即可利用这种容积的变化将汽油吸入，然后以一定的压力泵出。如图 7－80 所示。

3. 电动汽油泵其他组成部件如图 7－81 所示。

（1）单向阀。

单向阀的作用是防止燃油倒流，使管路中保持适当的残余压力，使油泵出口端与燃油压力调节器之间油道中的燃油仍能保持一定压力，有利于减少气阻现象，提高发动机高温起动性能。

（2）安全阀。

安全阀是一种保护装置。在电动汽油泵中，当出口及下游油路出现堵塞，油泵工作压力大于 0.4 MPa 时，安全阀自动打开，使油泵的高压侧与吸入侧连通，燃油仅在泵和电动机内部循环，避免发生管路破损和燃油泄漏事故。

（3）脉动阻尼减震器。

其作用是吸收油泵出口端燃油压力脉动的能量，降低其对燃油输送管路内油压的影响和降低噪声。

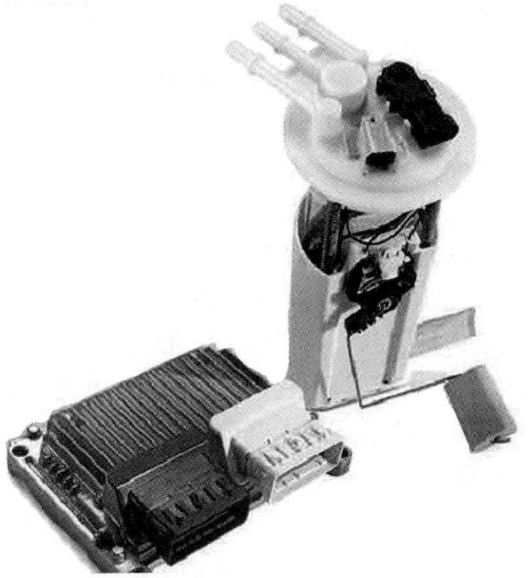

图 7－81　电动汽油泵部件

7.2.4.4　电动汽油泵控制电路

电控汽油喷射系统对油泵控制的基本要求是：只有当发动机处于运转状态时，油泵才工作；若发动机不运转，即使接通点火开关，油泵也不工作。

电控汽油喷射系统油泵控制电路有四种形式：ECU 控制的油泵控制电路、油泵开关控制的油泵控制电路、具有转速控制的油泵控制电路以及油泵 ECU 和发动机 ECU 共同控制的油泵控制电路。

1. ECU 控制的油泵控制电路，如图 7－82 所示。

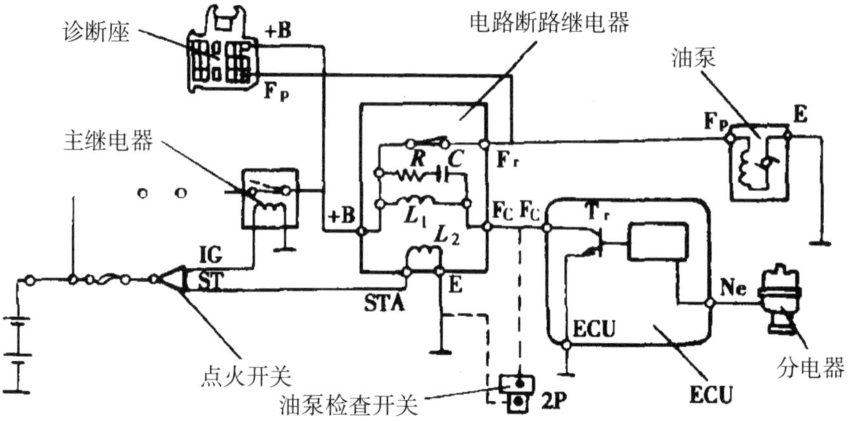

图 7－82　ECU 控制的油泵控制电路

当点火开关 IG 接通时，主继电器闭合，电控系统通电。此时若发动机起动，则 ST 端闭合，断路继电器线圈 L_2 通电，产生吸力使断路继电器油泵开关闭合，油泵开始工作。

发动机一旦运转，分电器即输出触发信号使 ECU 中的晶体管 Tr 导通，断路继电器线圈 L_1 通电。发动机起动结束，ST 端断开，线圈 L_2 断电，但由于线圈 L_1 仍然通电，故油泵开关仍保持闭合，油泵继续工作。发动机停止工作，分电器不输出触发信号，晶体管 Tr 截止，断路继电器线圈 L_1 断电，油泵开关断开，油泵停止工作。

2. 油泵开关控制的油泵控制电路，如图 7－83 所示。

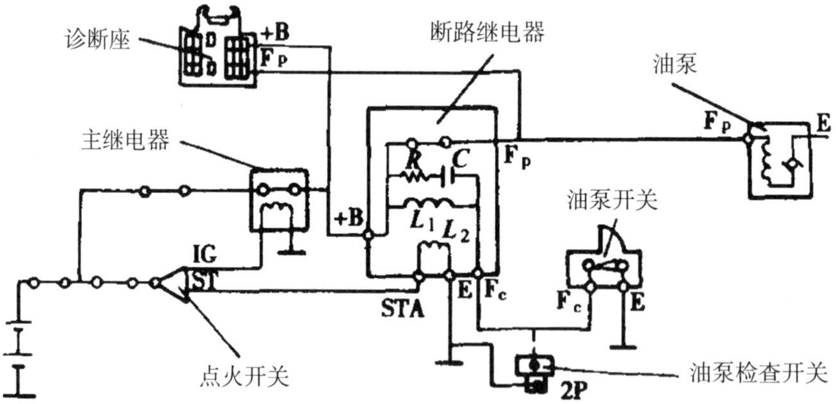

图 7－83　油泵开关控制的油泵控制电路

在使用叶片式空气流量计的电控汽油喷射系统中，油泵控制电路与上述的 ECU 控制相似，油泵开关控制的油泵控制电路与 ECU 控制的不同之处在于 ECU 控制电路中的开关晶体管 Tr，由空气流量计中的油泵开关控制。

3. 具有转速控制的油泵控制电路，如图 7－84 所示。

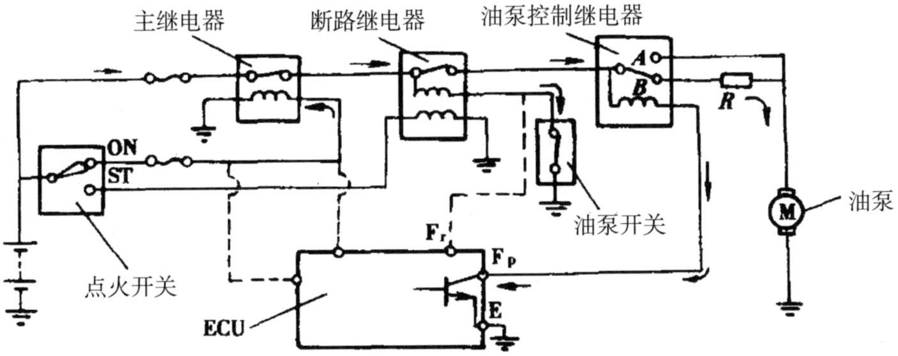

图 7－84　具有转速控制的油泵控制电路

具有转速控制的油泵控制电路的特点是：油泵的转速可以变化，发动机高速及大负荷工况时，由于所需油量增大，此时油泵高速运转，泵油量增加。在低速及中小负荷工况时，油泵低速运转，泵油量相应减少，有利于减小油泵的磨损和不必要的电能消耗。该控制电路与油泵开关控制电路基本相同，油泵工作由空气流量计油泵开关控制。ECU 中的开关晶体管通过控制继电器与触点 *A* 或 *B* 接通，改变油泵转速。晶体管导通，与 *B* 接通，电阻 *R* 串入油泵电路，油泵低速运转；晶体管截止，与 *A* 接通，油泵高速运转。

4. 燃油泵 ECU 和发动机 ECU 共同控制的油泵控制电路。

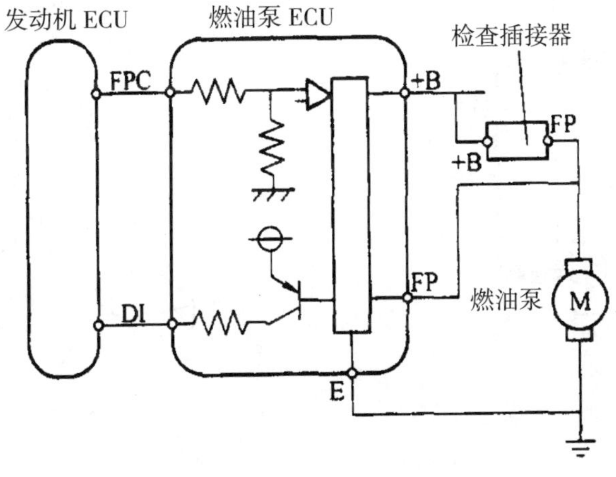

图 7－85　燃油泵电脑控制

油泵控制电路由发动机 ECU 和燃油泵 ECU 控制，这个系统的基本运作与以前所讲解的类型相同。但在这个系统中，通、断控制和燃油泵转速控制完全由燃油泵 ECU 根据来自发动机 ECU 的信号进行。燃油泵 ECU 的电路连接如图 7－85 所示，来自 ECU 的信号用于燃油泵速度在两极之间进行转换。此外，燃油泵 ECU 还具有燃油泵系统诊断功能。当检测到故障时，信号就由 DI 端子传送至发动机 ECU。

注意：

①燃油泵本体严禁拆卸，以免破坏其密封性而引起爆炸。

②油泵工作时会产生热量，需要燃油散热，所以油箱内不要长期处于缺油状态，这样会造成油泵过热而损坏。

故障案例：一辆新广本 2.0 L 雅阁，行驶里程 3000 km，出现急加速无力的故障，经检查发现油压较低，在转速达到 2500 r/min 时油压只有 280 kPa。更换油泵后，故障解决。

故障分析：由于此车是新车，但是车辆下线后，从出厂到客户接车要经过几次经销商的周转，在提车过程中，如果油箱没油，经销商总是加很少的油，使油泵总在半缺油的状态下工作，这样使油泵温度过高造成损坏。

7.2.5 燃油滤清器

7.2.5.1 安装位置

安装在燃油泵的高压侧，将燃油中的脏物及异物过滤掉，现在大部分车型的燃油滤清器安装在油箱内部和油泵总成在一起，注意维护车辆时更换。

7.2.5.2 结　构

如图 7－86、7－87 所示。

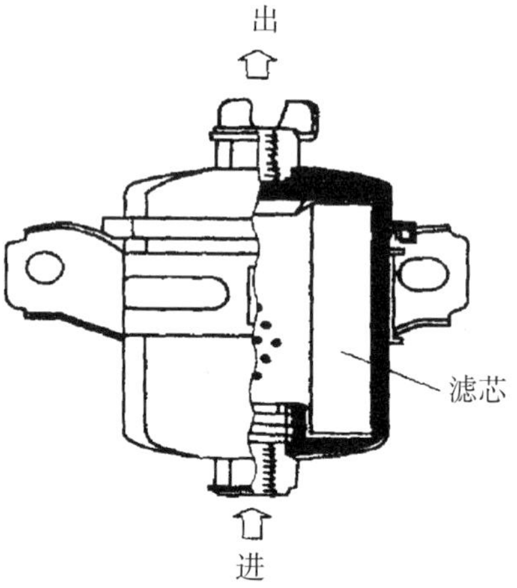

图 7－86　燃油滤清器

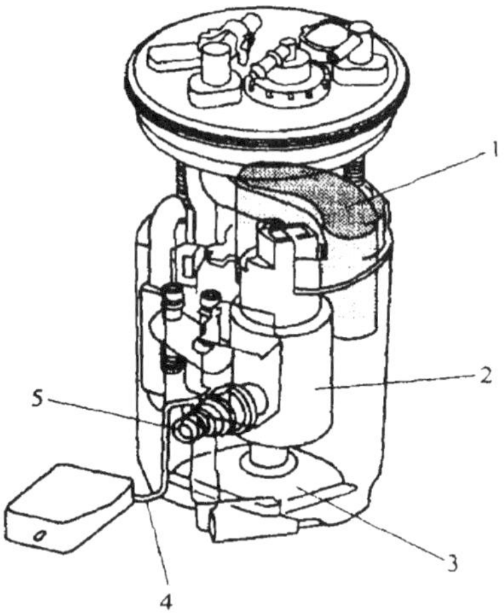

图 7－87　燃油泵总成

1—燃油滤清器；2—燃油泵；3—集滤器；4—燃油表发送装置；5—燃油压力调节器

7.2.5.3 保　养

1. 如果燃油滤清器被堵塞，输出压力会降低，造成起动困难，且会损坏发动机功率等。

2. 保养里程见表 7－11。

表7－11 燃油滤清器保养里程

使用地点	间 隔	
一般	第40000 km更换一次	
澳大利亚	1986年前的型号	每40000 km更换一次
	1986年以后的型号	每80000 km更换一次
欧洲	每80000 km更换一次	
美国和加拿大	无须保养	

注意：燃油系统中起到过滤杂质功能的除了燃油滤清器之外，还有两处，其一是油泵集滤器，其二是喷油器进口处滤网。

7.2.6 脉动阻尼减震器

7.2.6.1 作 用

其作用是吸收油泵出口端油压脉动的能量，降低其对燃油输送管路内油压的影响和降低噪声。

7.2.6.2 结构图

如图7－88所示。

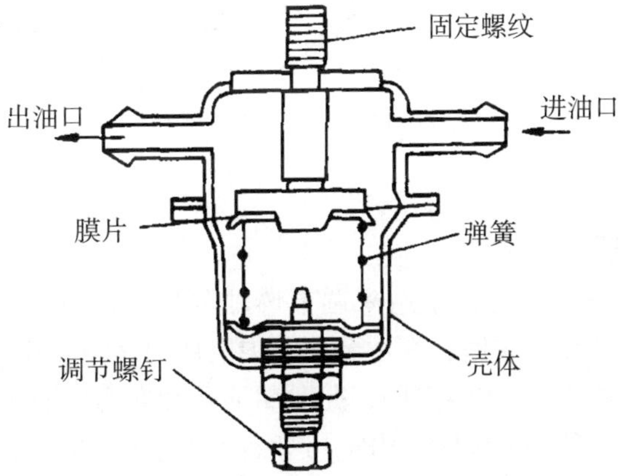

图7－88 脉动阻尼减震器

7.2.6.3 工作原理

当油压升高时，膜片向膜片室拱曲，燃油室容积增大，燃油脉动压力下降，同时弹簧被压缩；当燃油压力下降时，弹簧伸长，膜片向燃油室拱曲，燃油室容积减小，油压上升。燃油室容积的变化吸收了油压脉动的能量，使燃油压力脉动迅速衰减，有效地降低了由压力波动产生的噪声。

7.2.7 燃油压力调节器

7.2.7.1 作 用

作用是使燃油分配管压力与进气歧管压力的差值保持不变，一般为0.25~0.3 MPa。采用控制压差恒定的方法，可以使ECU用单一控制参数——喷油器开启时间，就能对喷油量进行既简单又精确的控制。ECU通过控制喷油器电磁线圈通电时间就能实现喷油器开启时间的控制。

7.2.7.2 结构图

如图7-89所示。

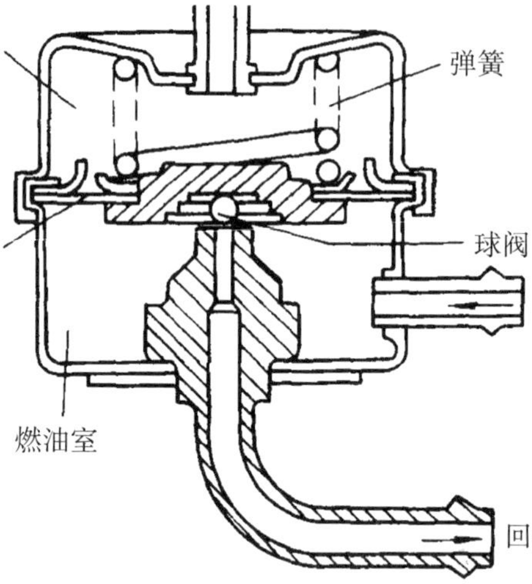

图7-89 燃油压力调节器

7.2.7.3 工作原理

作用在膜片上方的进气歧管负压用来调节燃油分配管内的压力。若弹簧的预紧力为0.25 MPa，则进气歧管负压为零时，燃油分配管内的压力保持在0.25 MPa。发动机在怠速工况时，进气歧管压力约为-0.054 MPa，此时回油孔开启的燃油压力为0.1 MPa。节气门全开时，进气歧管的压力约为-0.005 MPa，这时回油孔开启的燃油压力变为0.245 MPa，即节气门全开时的油压调整值自动调整为0.245 MPa。电动汽油泵停止工作时，膜片在弹簧力的作用下将回油孔关闭，使电动汽油泵与燃油压力调节器之间的油路内保持一定的残余压力。

7.2.8 喷油器及其控制电路

7.2.8.1 喷油器

1. 喷油器的作用。

根据 ECU 的喷油脉宽信号适时将燃油泵送来的高压燃油雾化后适量地喷入进气歧管或缸内，形成良好的可燃混合气，以保证发动机动力性、经济性和排放的要求。

2. 喷油器的安装位置。

安装在进气歧管靠近气缸盖的进气口处或气缸盖上。

3. 喷油器的组成。

电磁式喷油器由喷油器体、与衔铁（或称柱塞）做成一体的针阀、电磁线圈、复位弹簧等组成。

4. 喷油器的结构。

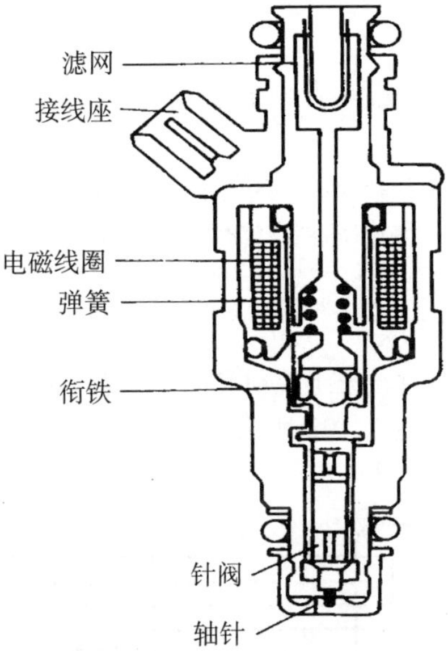

图 7－90 轴针式喷油器

5. 喷油器的类型。

（1）按喷油器针阀的结构分类。

可以分为轴针式和孔式喷油器（孔式又分为单孔、双孔、多空和环孔式）。

（2）按喷油器的电阻值分类。

可以分为高阻式喷油器（电阻值为 12 ~23 Ω，驱动电压为 12 V）；

低阻式喷油器（电阻值为 0. 3 ~6 Ω，驱动电压为 5 V）。

6. 喷油器的工作原理。

当电磁线圈内有电流通过时，线圈产生的磁场吸动衔铁（柱塞）向上移动，直到针阀的凸肩与挡板接触为止，此时针阀全开，与此同时汽油经喷油孔喷入气道或进气歧管。

7. 喷油器的清洗。

喷油器的清洗方法有就车清洗和拆下清洗（拆下清洗方法有手工简易清洗及清洗机清洗）。

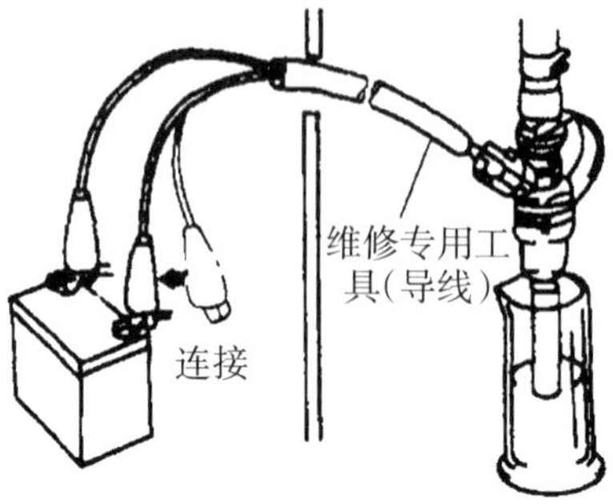

图 7-91　喷油器的手工清洗

8. 喷油器的检测。

（1）电阻的测量：将喷油器的插头拔下，使用万用表的电阻挡位检测喷油器的电阻。高电阻型喷油器的电阻为 12～23 Ω，低电阻型喷油器的电阻为 0.3～6 Ω。

（2）喷油脉宽（ms）：喷油器的喷油脉宽反映混合气的情况，喷油脉宽大说明混合气浓，喷油脉宽小说明混合气稀。

参考数值：亚洲车脉宽为 2～3 ms，美洲车为 3～4 ms，欧洲车为 3～5 ms。

（3）喷油器喷油为雾状，各缸喷油均匀性一致。

7.2.8.2　喷油器控制电路

喷油器控制电路有同时喷射、分组喷射和顺序喷射三种。

1. 同时喷射，其电路图如图 7-92 所示。

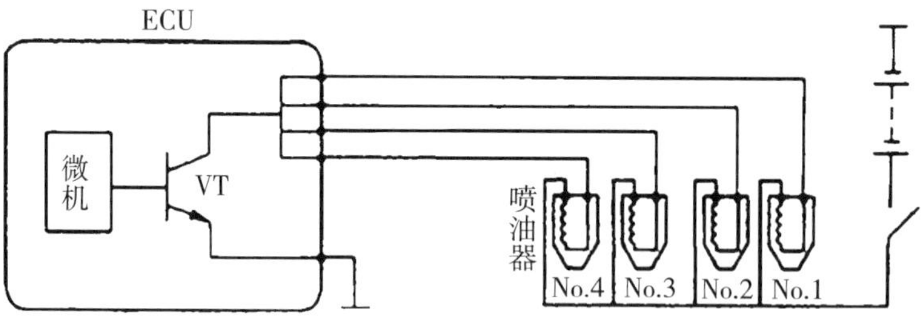

图 7-92　同时喷射

2. 分组喷射，其电路图如图 7－93 所示。

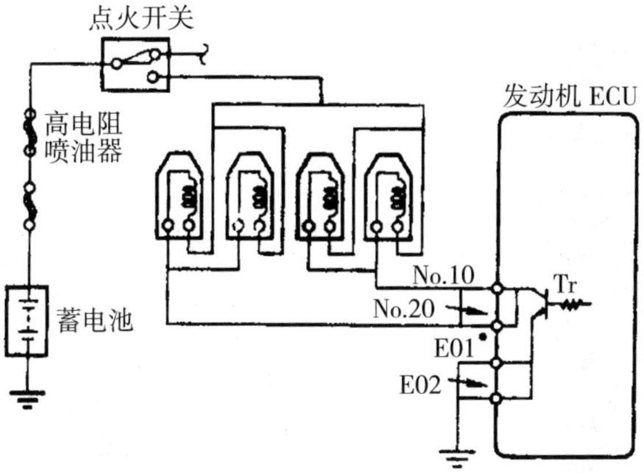

图 7－93　分组喷射电路图

3. 顺序喷射，其电路图如图 7－94 所示。

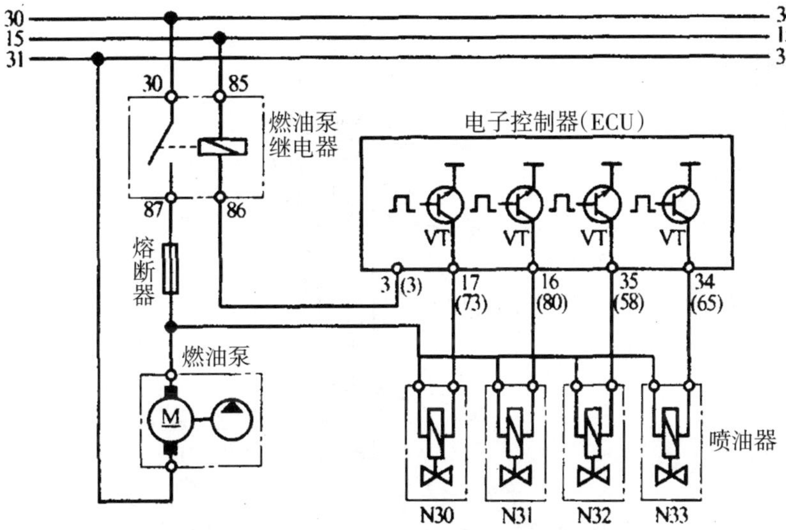

图 7－94　桑塔纳系列轿车喷油器控制电路
（括号内代号为桑塔纳 2000GSi、3000 型轿车 ECU 插座端子代号）

喷油量由基本喷油量、喷油修正量和喷油增量三部分决定。

基本喷油量由 MAF、CKP 及试验设定值决定。

喷油修正量由 IAT、BARO、O2、VBATT 决定。

喷油增量由 IGSW、THW、TPS 信号决定。

7.2.8.3　冷起动喷油器

冷起动喷油器的功能是在发动机的冷态时保持发动机的起动性能。

这个喷油器只在冷却液温度低时，发动机曲轴开始旋转时工作。其喷射持续时间，不仅由冷起动定时开关控制，也由发动机电脑根据冷却液温度控制。

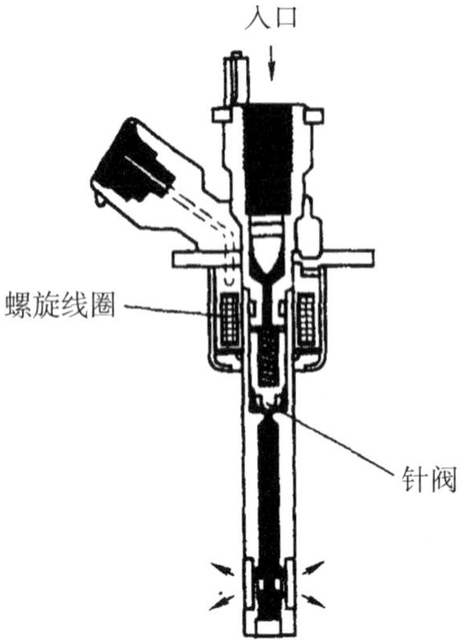

图 7－95　冷起动喷油器

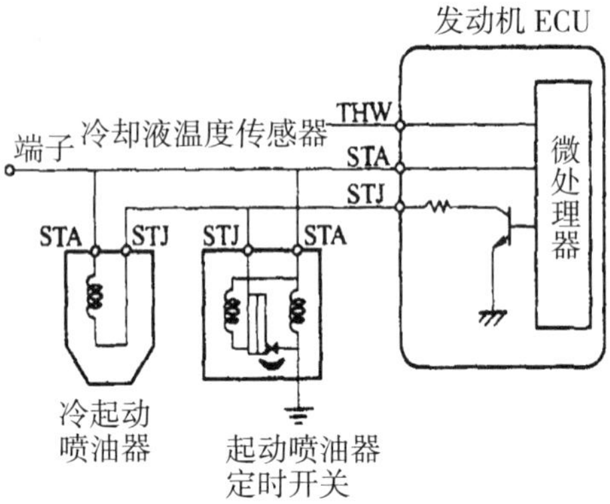

图 7－96　冷起动喷油器控制线路

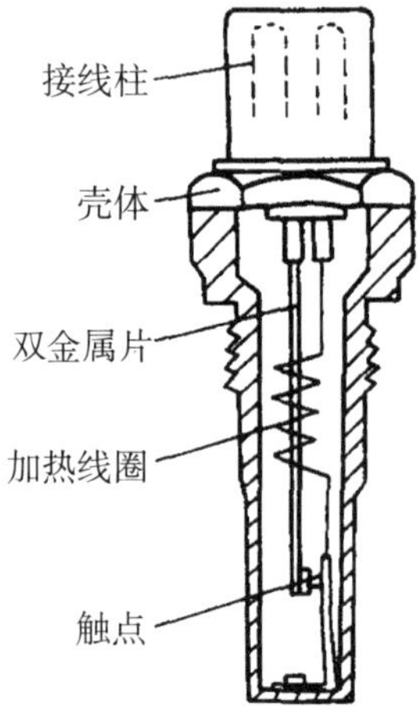

图 7－97　热控正时开关

7.2.9　燃油供给系统的故障检修

7.2.9.1　燃油系统油压测试内容

燃油系统油压测试内容有：供油压力；调节压力；最大油压；供油量；系统残压；油密测试。

1. 供油压力是指发动机怠速运转中燃油系统的实际工作油压。测试时油压表指针应稳定，如果指针剧烈摆动，油压可能不正常。

2. 调节压力是指发动机怠速运转中，将油压调节器真空管拆开后，燃油系统升高的油压减去供油压力的差值，应在 28 ~70 kPa。

3. 最大油压是指发动机怠速运转中，将回油管夹住时燃油系统的油压应为供油压力的 2 ~ 3 倍。

4. 供油量是指在发动机怠速运转中，读取燃油系统的供油压力，然后急加速到 3000 r/min 以上，此时立刻读取油压值，应不得低于供油压力 21 kPa 以上。如果低于此值，表示供油量不足。

5. 系统残压指在发动机怠速运转中，读取燃油系统油压，然后将发动机熄火，并等待 20 min 后，系统油压应保持在 140 kPa 以上。

（1）如果无法保持残压时，再将发动机发动，建立油压后熄火，然后将回油管夹住，即能保持正常残压，表示油压调节器漏油；如果夹住进油管时才能保持正常残压，则表示汽油泵（单向阀）内漏；如果同时夹住进油管及回油管仍无法保持残压，表示喷油器漏油。

（2）判断哪一缸喷油器漏油的方法：将发动机加速，并保持在 1500 r/min 以上 2 ~ 3 min，然后熄火，并拆下火花塞观察，如果在陶磁体表面有一边黑，一边白褐色，则表示该缸喷油器漏油。

6. 油密测试指判断喷油器是否滴油的测试：拆下分油管，喷油器保持在上面，当燃油系统油压保持在供油压力以上（不发动），观看喷油器，在 1 min 内不得有滴油现象。

燃油系统常见的单位转换见表 7 – 12。

表 7 – 12　燃油系统常见的单位转换

单位转换	Pai	kPa	bar	kgf/cm²
Pai	1	0.145	14.504	14.22
kPa	6.8946	1	100	98.074
bar	0.0689	0.01	1	0.9807
kgf/cm²	0.0703	0.0102	1.02	1

不同车系燃油压力表如表 7 – 13 所示。

表 7 – 13　不同车系燃油压力表

车　型	排　量	喷射类型	系统油压（接真空管）	残　压
桑塔纳时代超人	1.8 L	多点喷射	约 300 kPa	大于 150 kPa （停车 10 min 后）
奥迪 A6	1.8 L	多点喷射	约 350 kPa	大于 250 kPa （停车 10 min 后）
SGM 别克	3.0 L	多点喷射	284 ~ 325 kPa	大于 33 kPa （停车 10 min 后）
通用	5.0 L	单点喷射	75 kPa	残压很低
丰田		多点喷射	196 ~ 235 kPa（怠速） 265 ~ 304 kPa（静态）	熄火后 5 min 不降低

续表

车　型	排　量	喷射类型	系统油压（接真空管）	残　压
福特	2.3 L	多点喷射	206～318 kPa （怠速）	熄火后 5 min 不降低
克莱斯勒	2.5 L	单点喷射	98 kPa	残压很低
	2.5 L 切诺基	多点喷射	196 kPa（怠速） 268 kPa（静态）	大于 100 kPa （停车 10 min 后）
	3.3 L	多点喷射	270 kPa（怠速） 330±20 kPa（静态）	大于 150 kPa （停车 10 min 后）
本田	2.0 L 2.2 L	多点喷射	285±20 kPa（怠态）	大于 150 kPa （停车 10 min 后）

7.2.9.2　燃油系统故障诊断

燃油系统的故障分为：油路故障、油泵及喷油器控制电路的故障。

1. 油路的故障诊断。

采用油压表检测燃油管路中的油压是否正常的方法进行油路故障的检查分析。

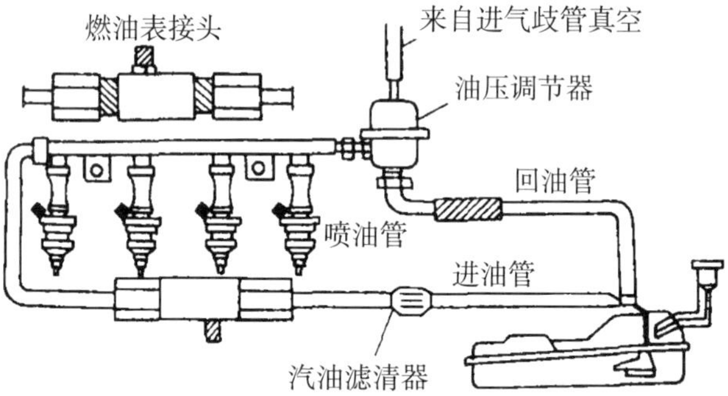

图 7－98　多点喷射系统

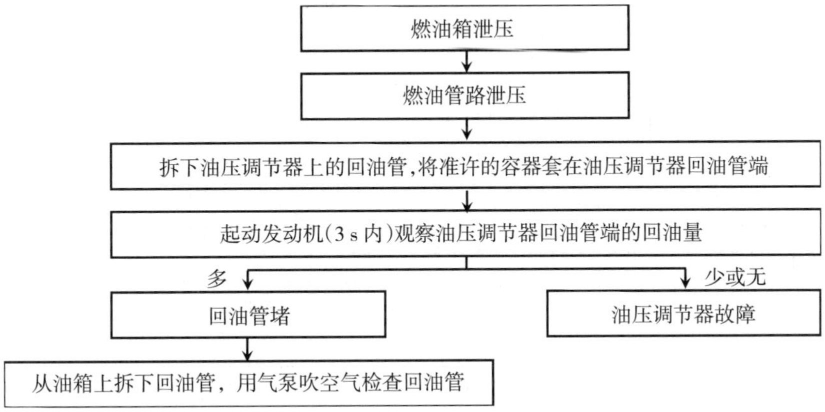

图 7－99　燃油系统压力过高的检测步骤

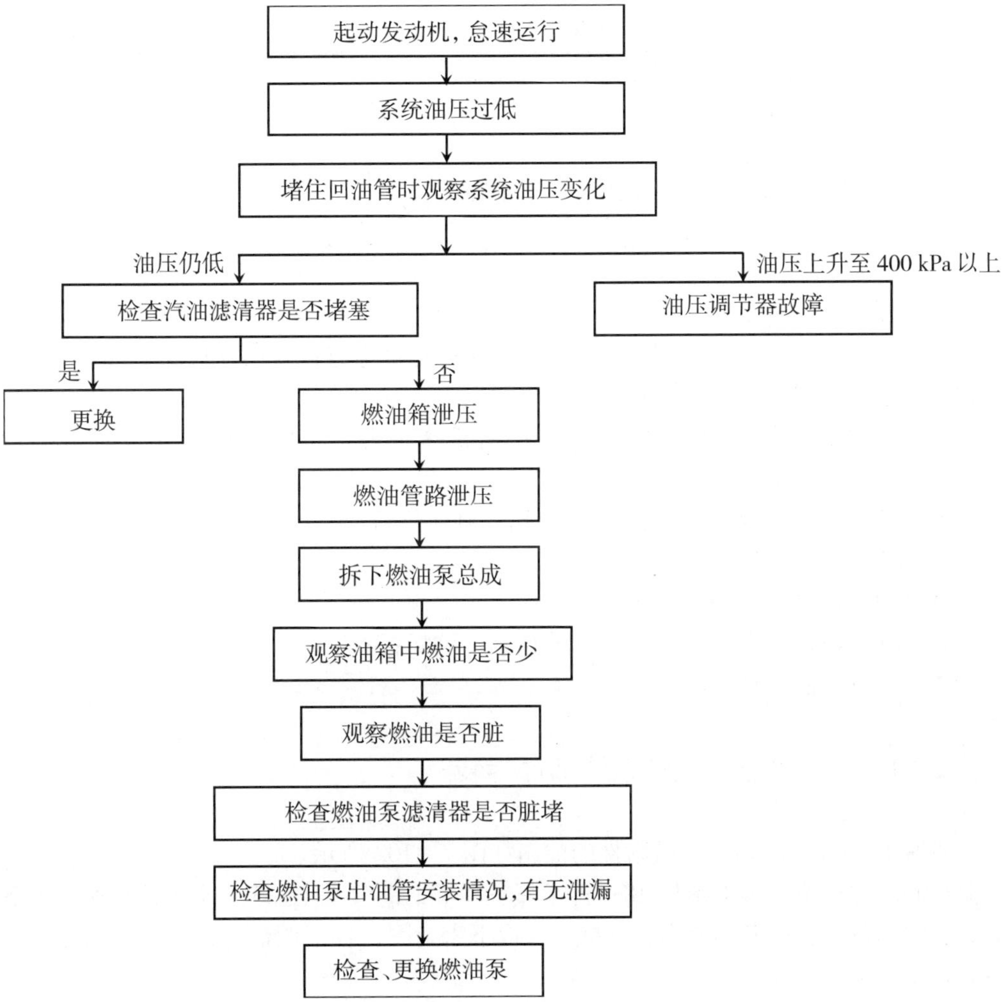

图 7－100　燃油系统油压过低的检测步骤

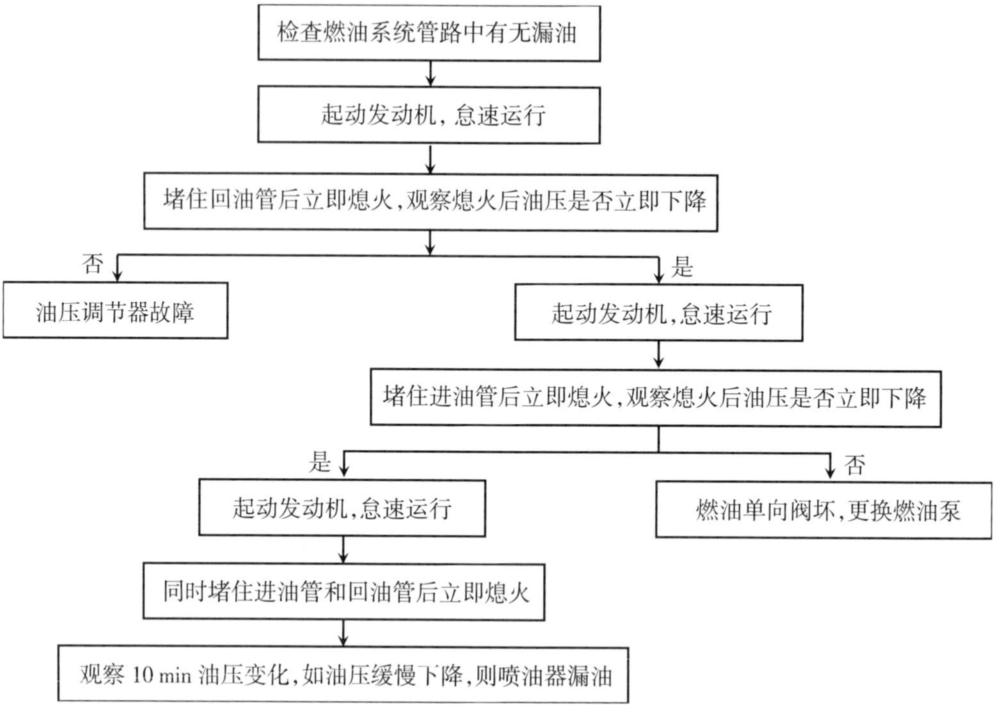

图 7－101　燃油系统残压过低的检测步骤

2. 喷油器控制电路的故障诊断。

（1）用万用表或者试灯检测喷油器控制电路的正极电路以及搭铁回路。（试灯会闪说明正常，如果不会闪则应进行以下检查。）

（2）用万用表电压挡检测喷油器的正极对机体是否有 5 V 或 12 V 电压（如果没有 12 V电压则应检查电源电路）。

（3）如果是 ECU 控制的搭铁回路没有信号则应进行以下检测：

检查 ECU 供电和搭铁是否正常；

检查喷油器连接线路是否完好；

检查 CKP、CMP 等信号是否发出并输送到电脑板；

检查点火反馈信号是否正常。

7.2.10　汽油机燃料供给系统部件拆装

1. 带附件的油箱的拆卸。带附件的油箱如图 7－102 所示。

其拆卸步骤如下：拆下螺栓 18；拆下紧固吊带；拆下螺栓 25；拔下回油管；拔下通气管；将油箱拆下；松开锁紧螺母并拆下；取下密封圈；拆下燃油泵；拔下燃油滤清器上油管，拆下燃油滤清器。

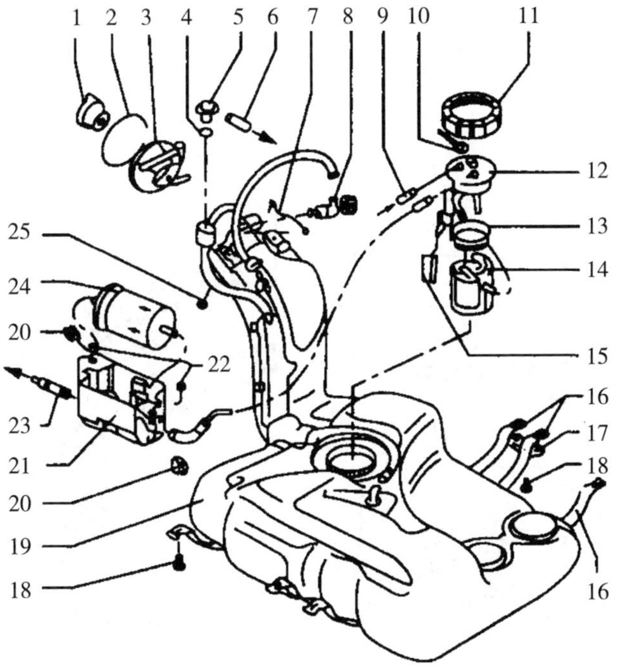

图 7－102　带附件的油箱分解图

1—加油口盖；2—弹性挡圈；3—橡胶接头；4—O 形环；5—重力阀；6—通气管；7—接地线；8—通风阀；9—回油管；10—插座；11—锁紧螺母；12—连接法兰；13—密封圈；14—燃油泵；15—燃油表传感器；16—紧固吊带；17—支架；18、25—螺栓；19—油箱；20—弹性夹；21—支架；22—隔离衬套；23—供油管；24—燃油滤清器

2. 燃油泵的拆装。

燃油泵的拆卸顺序如下：

（1）关闭点火开关，断开蓄电池接地线。

（2）拆下油箱盖。

（3）从燃油泵连接法兰上拔下供油和回油管插头。

（4）用专用工具从连接法兰上拧下紧固螺母。

（5）从油箱口处拔下带燃油传感器和密封圈的连接法兰，向下压并向左拧，从插入式座上松开燃油泵，并从油箱上取下。

燃油泵的安装顺序与拆卸顺序相反。要注意将法兰上标记和油箱上的标记对齐。

3. 活性炭罐的拆卸。

活性炭罐如图 7－103 所示。其拆卸步骤如下：

（1）断开电瓶负极线。

（2）拔下活性炭罐电磁阀插头。

（3）拆下活性炭罐电磁阀。

（4）拆卸螺栓 2。

（5）拆下支架。

（6）拆下螺栓 8。

(7) 拆下通风管。

(8) 拆下活性炭罐通往电磁阀的管。

(9) 拆下活性炭罐。

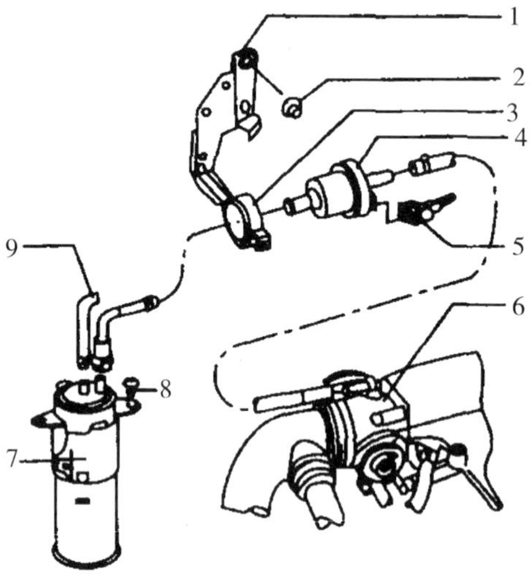

图 7-103 活性炭罐装置分解图

1—支架；2、8—螺栓；
3—紧固环；4—活性炭罐电磁阀；
5—插头；6—节气门控制单元；
7—活性炭罐；9—通风管

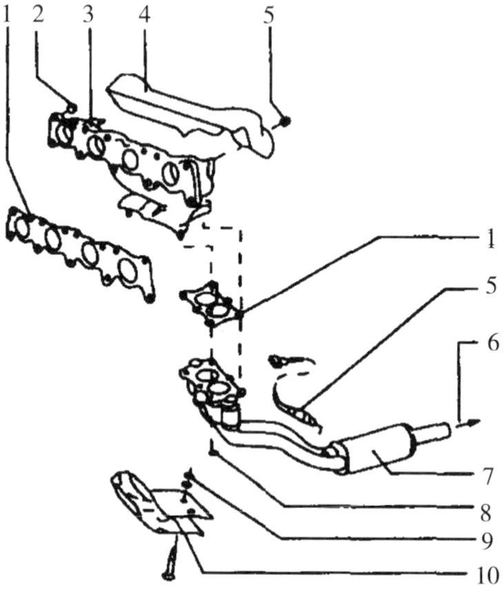

图 7-104 排气系统部件

1—密封垫；2、8、9—螺栓；
3—排气管；4—隔热板；5—热传感器；
6—接中间消声器；7—带谐振器的前排气管；
10—隔热板

4. 排气系统部件的拆装。

排气系统部件如图 7-104 所示。其拆卸步骤如下：

(1) 拔下传感器插头。

(2) 拆下传感器。

(3) 拆下螺栓 2，拆下隔热板 4。

(4) 拆下螺栓 8。

(5) 拆下带谐振器的前排气管。

(6) 拆下密封垫。

安装步骤相反。注意更换密封垫。

5. 燃油喷射主要部件拆装。

发动机燃油喷射主要部件拆装按照图 7-105 进行。

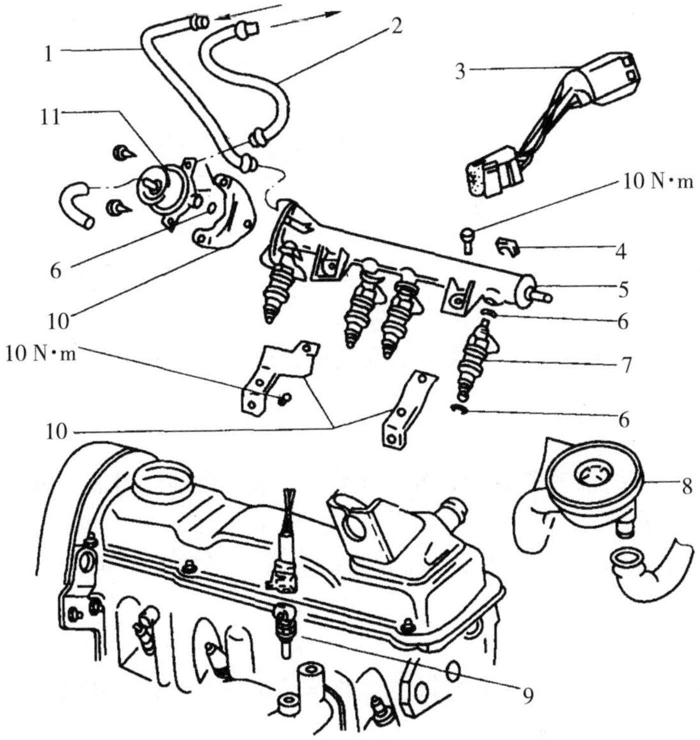

图 7－105　AFE 型发动机燃油喷射主要部件安装位置图

1—供油管（压力油）；2—回油管（无压力）；3—喷油器电阻器；4—卡夹；
5—喷油器总供油管；6—密封圈；7—喷油器；8—PCV；9—冷却液温度传感器；
10—安装支架；11—油压调节器

☞学习工作页

<table>
<tr><td rowspan="2">学习工作页</td><td>学习单元</td><td colspan="4">供给系统的结构与拆装</td></tr>
<tr><td>学习任务</td><td colspan="4">空气供给系统、电控燃油供给系统（EFI）</td></tr>
<tr><td>姓　名</td><td></td><td>班　级</td><td></td><td>小　组</td><td></td></tr>
<tr><td>日　期</td><td></td><td>开始时间</td><td></td><td>结束时间</td><td></td></tr>
</table>

1. 填空题。

电动汽油泵控制电路常见的有四种类型：空气流量计控制的油泵控制电路、________________、________________、________________。

2. 判断题。

（1）电控汽油机的燃油供给系统由油箱、电动汽油泵、燃油滤清器、燃油分配管、喷油器、燃油压力表调节器等组成。(　　)

（2）柴油发动机电控系统与汽油发动机电控系统有许多类似的地方，也有很多不同之处。(　　)

3. 完成任务。

通过查阅维修手册等资料，正确叙述汽油发动机电控燃油喷射系统的结构与原理，并在车辆上将它们分别指出来。

记录下燃油喷射系统部件的名称：________________________________

____

____

____

____

____

____

____

指导教师评语：

____

____

教师签字：________________　日期：________年________月________日

单元 8　直喷发动机燃油供给系统的结构与拆装

学习任务 8.1　缸内直喷发动机燃油供给系统的结构

☞学习情境

一辆 2010 款速腾 1.4TSI 发动机出现加速不良故障，接着发动机熄火。此车的故障只是在一个月内偶尔发生过一两次，如果在发动机熄火后马上再次起动发动机，起动不着，需等待 7 ~8 分钟才能起动，且起动后能正常行驶。改车当再次出现故障时被拖到 4S 店。

☞学习目标

通过本任务的学习，应能：

◎　叙述直喷发动机燃油供给系统的功用及结构。

◎　了解直喷发动机的喷油器。

◎　掌握直喷发动机的燃油控制过程。

☞学习场所和设备

1. 缸内直喷汽车发动机实训室。
2. 燃油压力表、万用表、解码器等检测仪器。
3. 维修手册。

☞学习信息

8.1.1　缸内直喷发动机的燃油供给系统概述

1. 功用。

汽油机燃油供给系统的作用是储存、输送清洁燃料，根据发动机不同工况的要求，配制一定数量和浓度的可燃混合气进入气缸，并在燃烧做功后，将燃烧产生的废气排至空气中。目前汽车发动机广泛采用电控喷射、直接喷射式燃油供给系统。

2. 缸内直喷发动机燃油供给系统的组成。

第二代和第三代高压燃油系统的结构和工作原理相近，都是采用按需调节高压油路。

目前常用的是第三代高压燃油系统。第三代缸内直喷发动机的燃油系统主要由燃油箱、电动燃油泵、燃油滤清器、燃油低压传感器、高压燃油泵、燃油压力调节器、油轨、限压阀、高压喷油器、燃油高压传感器等组成，如图 8－1 所示。

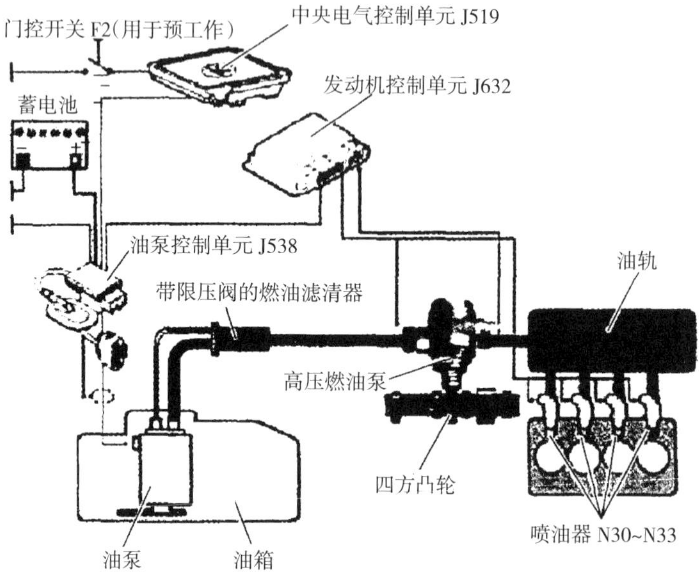

图 8－1　缸内直喷发动机燃油供给系统的组成

缸内直喷燃油供给系统可分为低压燃油供给系统和高压燃油供给系统。低压燃油供给系统是指电动燃油泵至低压喷油器之间的油路系统。高压燃油供给系统是指高压燃油泵至高压喷油器之间的油路系统，如图 8－2 所示。与传统的进气道燃油喷射系统相比，缸内直喷燃油供给系统的低压油路增加了燃油泵门控开关、燃油低压压力传感器 G410 、油泵控制单元 J538 。燃油低压压力传感器采用传统三线式压力传感器。燃油泵门控开关能使打开驾驶人侧车门时燃油泵即开始工作，车门开关信号被送至发动机控制单元，燃油泵被触发 2 s。燃油泵提前工作是为了迅速建立高压以缩短起动时间。

有些汽车还具有碰撞燃油切断装置，它是通过燃油泵继电器断开燃油泵的。

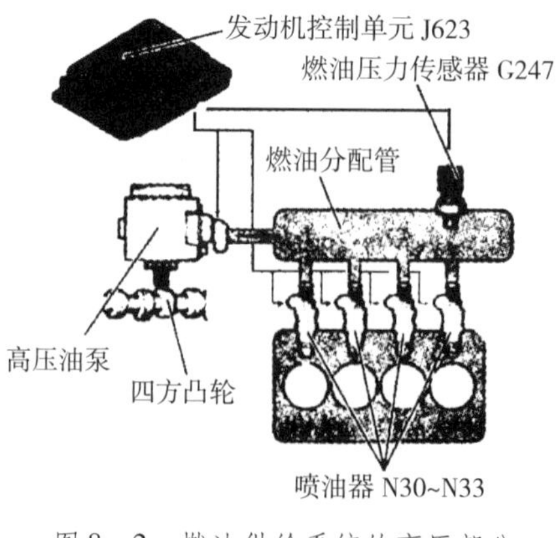

图 8－2　燃油供给系统的高压部分

3. 燃油供给系统工作过程。

燃油泵控制单元控制电动燃油泵，使低压油路内的油压达到 50 ~ 500 kPa ，在冷、热机起动发动机时，低压燃油系统内的油压可以达到 650 kPa 。燃油滤清器调节阀（调节阀安装在汽油滤清器内）的开启压力约为 680 kPa 。高压燃油泵由驱动凸轮驱动，经燃油压力调节器（高压）产生燃油轨内所需要的压力，约为 5 ~ 11 MPa（取决于发动机的负荷和转速）。高压燃油通过分配管被输送到各缸的喷油器内；高压油路内的限压阀在压力超过 15 MPa 时开启，以保护高压部件。燃油轨起缓冲器的作用，吸收高压油路内的压力波动，如图 8 – 3 所示。

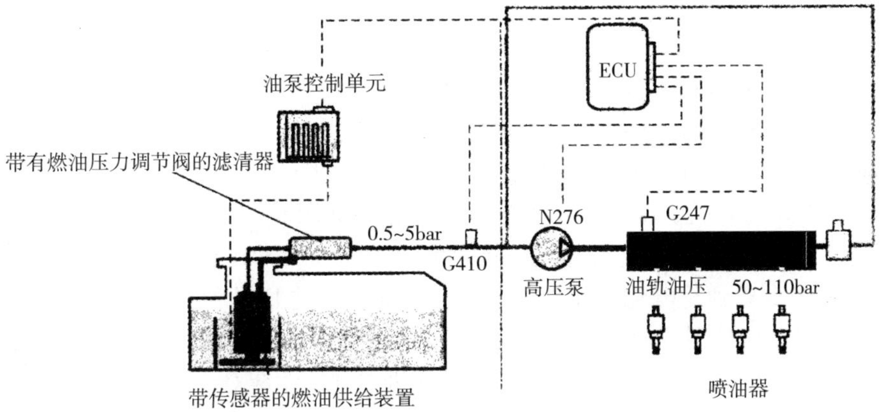

图 8 – 3　1. 8 TSI 燃油供给系统工作原理图

8. 1. 2　电动油泵及控制单元

大众 1. 4 TSI 缸内直喷发动机的电动燃油系统与 PFI 发动机相似。燃油泵主要由直流电动机和油泵组成，根据其油泵的结构与原理不同，燃油泵可分为滚柱式、叶片式等。平板叶片式电动汽油泵如图 8 – 4 所示。这种燃油泵与滚柱式电动燃油泵结构相似，但它的转子是一块圆形平板，平板圆周上开有小槽，形成泵油叶片。燃油泵在运转时，转子周围小槽内的燃油同时高速旋转。由于离心力的作用，使燃油出口处油压增高，同时在进口处产生一定的真空，从而使燃油从进口吸入并被泵向出口。这种泵的最大泵油压力可达 600 kPa 以上。

燃油泵中泄压阀的作用是防止供油管路中的油压过高，而单向阀的作用是在燃油泵停止工作时，使低压燃油管中保持一定的油压，以便在发动机再次起动时能及时供油而易于起动。

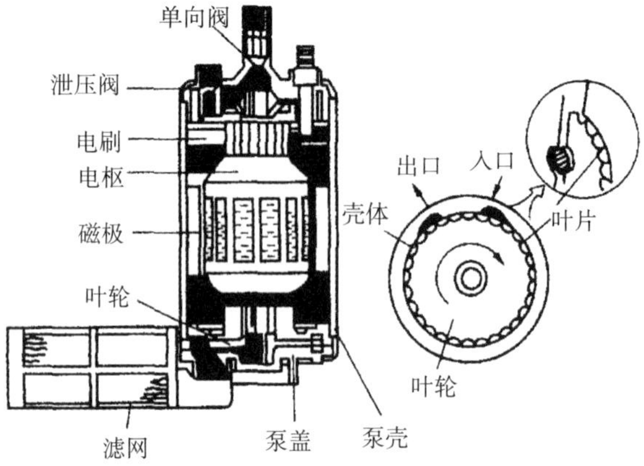

图 8 - 4　电动燃油泵结构

低压燃油泵控制单元 J538 安装在电动燃油泵上，其功能是控制单元通过脉宽调制 PWM（pulse - width modulated）信号来控制电动燃油泵，使低压燃油系统的油压达到 50～500 kPa。在冷、热起动时使低压燃油系统的压力达到 650 kPa。如果燃油泵控制单元失效，无法起动发动机，油位显示不正常，电路图如图 8 - 5 所示。低压系统没有压力传感器。为了调整油泵的供油量，油泵控制单元通过一个 PWM 信号来控制油泵的供电电压，油泵电压在 6 V 到蓄电池电压之间变换。修正油泵电压的信号由发动机控制单元提供。供油量靠发动机控制单元通过下面的方法检测：在油泵的工作循环内，油泵的供油量持续减少，直到高压系统的压力受到影响。发动机控制单元会对燃油泵的调制信号与存储在发动机控制单元内的调制信号进行比较，如果发现两个信号有偏差，以发动机控制单元内存储的为准。

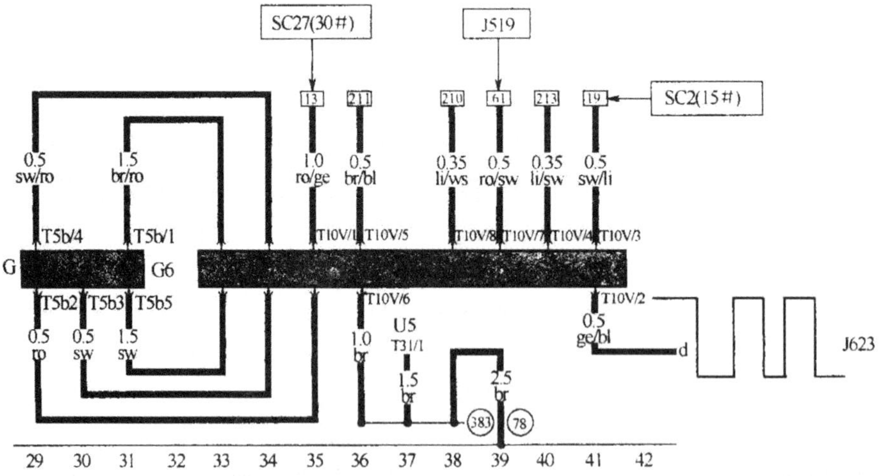

图 8 - 5　1.4 TSI 油泵控制电路图

8.1.3　高压油泵

1. 高压油泵的作用。

高压油泵是将来自低压的燃油（600 kPa）加压至 20 MPa，以供入油轨。其平均供油量是喷油器平均供油量的 2 倍左右。高压油泵由凸轮轴以机械方式来驱动。高压油泵的压力缓冲器会吸收高压系统内的压力波动。

2. 高压油泵的结构。

高压油泵一般采用活塞泵，由凸轮轴驱动，由凸轮、柱塞、进油阀、出油阀、燃油压力调节阀 N276 等组成，如图 8－6 所示。

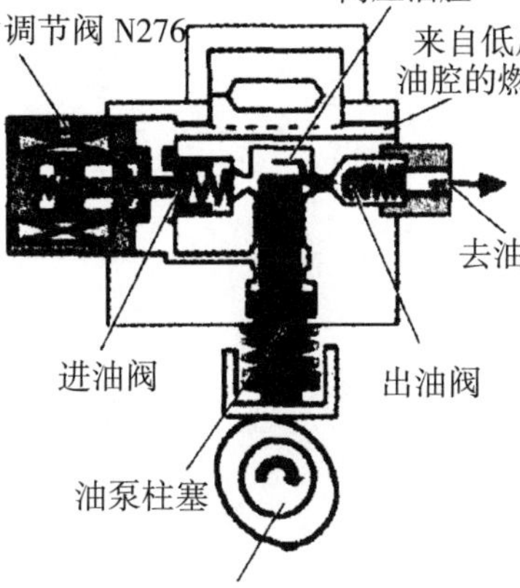

图 8－6　高压油泵的结构

8.1.4　直喷发动机喷油器

目前喷油器都采用 6 孔喷油器，其内部结构与传统喷油器相似。喷油器上 6 个精细的机械孔可以喷射出圆锥形的雾状燃油，这种结构可在节气门全开或在预热催化转换器阶段的二次喷射过程中避免油束覆盖整个活塞顶部，可大大降低碳氢化合物的排放。当发动机冷机时，更少的燃油混入发动机机油中。

发动机控制单元控制喷油器的电压为 65 V，控制单元内部有 DC / DC 变压器将 12 V 转换成 65 V。喷油器阀针开启时要 12 A 的电流，但保持开启仅要 2.6 A 的电流。喷油器的驱动电压约为 65 V，但这只是在喷油器阀针开启一刹那施加 65 V 电压，尔后阀针继续保持张开时，只加载较小的 12 V 电压。喷油器末端细长，以提高冷却效果。喷油器有一个安装卡夹，只要进行拆卸就需要更换。

目前在 GDI 发动机上得到广泛使用的是内开式旋流喷油器，其内部设有燃油旋流腔，燃油通过在其中产生的旋转涡流来实现微粒化并减小喷束的贯穿度，从而可以实现 5 MPa 的缸内喷射。

1. 组成。

喷油泵主要由电磁线圈、压力弹簧、阀针、阀座、供电接头等构成。

2. 喷油器的功用。

（1）将燃油形成细雾；

（2）正确计量出燃油量；

（3）将燃油准确地喷到燃烧室内相应区域；

（4）在正确的时刻燃油被直接压入燃烧室。

☞学习工作页

学习工作页	学习单元	直喷发动机燃油供给系统的结构与拆装			
	学习任务	缸内直喷发动机燃油供给系统的结构			
姓　名		班　级		小　组	
日　期		开始时间		结束时间	
场　地					
用品、用具、工具、设备	发动机实训室；万用表；组合工具				
工作记录	1. 认识直喷发动机燃油供给系统。 2. 说出直喷发动机燃油供给系统油泵和喷油器的结构及安装位置。				

1. 填空题。

(1) 第三代缸内直喷发动机的燃油供给系统主要由燃油箱、__________、燃油滤清器、燃油低压传感器、高压燃油泵、燃油压力调节器、油轨、限压阀、__________、燃油高压传感器等组成。

(2) 高压油泵是将来自低压的燃油（600 kPa）加压至__________ MPa，以供入油轨。

(3) 喷油泵主要由__________、压力弹簧、阀针、__________、供电接头等构成。

2. 判断题。

(1) 缸内直喷燃油供给系统可分为低压燃油供给系统和高压燃油供给系统。（　　）

(2) 燃油泵中泄压阀的作用是防止供油管路中的油压过高，而单向阀的作用是在燃油泵停止工作时，使低压燃油管中保持一定的油压，以便在发动机再次起动时能及时供油而易于起动。(　　)

3. 完成任务。

在教师提供的直喷发动机上，请按以下步骤记录一些信息。

查阅维修手册，寻找到高压油泵和喷油器。请记录具部位及作用：____________________

____

指导教师评语：

____

____

教师签字：__________________　日期：________年________月________日

学习任务 8.2 缸内直喷发动机燃油供给系统的拆装

☞学习情境

客户反映一辆行驶 20 万公里的迈腾 1.8 TSI 汽车，出现动力不足、排气管冒黑烟的问题，同时汽车在加速时会出现焦糊味等故障现象。初步判断此车需要对发动机进行大修。

☞学习目标

通过本任务的学习，应能：

1. 叙述拆卸燃油供给系统高压区的安全措施。
2. 能正确拆卸和安装燃油箱。
3. 能拆卸和安装高压燃油泵。

☞学习场所和设备

1. 缸内直喷汽车发动机实训室。
2. 燃油压力表、万用表、解码器等检测仪器。
3. 维修手册以及发动机拆装工具等。

☞学习信息

8.2.1 安全措施

1. 卸掉燃油系统高压区内的压力。

注意：喷射装置由高压部分（最大约为 12 MPa）和低压部分（大约为 0.6 MPa）构成。在打开高压范围，比如拆卸高压泵、燃油分配器、喷油阀、燃油管或燃油压力传感器 G247 之前，高压范围内的燃油压力必须被降低到剩余压力（大约为 0.6 MPa）。操作方法如下：

（1）连接车辆自诊断、测量与信息系统 VAS 5051，然后执行引导型功能“高压燃油压力，泄压”。

（2）关闭点火开关。

（3）将一块干净的抹布缠绕在连接点周围并小心地打开供油管路，以便解除大约为 0.6 MPa 的剩余压力。流出的燃油必须收集。

（4）在工作结束后查询发动机控制单元的故障存储器，删除故障记录。

2. 在燃油供应装置上进行作业时的安全措施。

（1）点火开关和驾驶人侧车门的车门接触开关可能激活燃油泵，所以必须在打开燃油系统前，将插头从燃油泵控制单元中拔出。碰撞燃油切断装置应能碰撞后通过关闭燃油泵而降低汽车失火的危险。同时使用该设备也能改善发动机起动过程的舒适性。在打开车门时燃油泵受控 2 s，以便在燃油系统中形成压力。

（2）从注满的或部分加注的燃油箱中拆装燃油储量传感器 G 或燃油泵时，必须注意：

①拆下燃油泵熔丝（高尔夫 A6 SC2 ）。

②在开始操作前必须将已接通的废气抽吸装置的排气软管放在油箱安装口附近，用来抽吸逸出的燃油气体。

③避免皮肤接触燃油，戴上耐燃油的手套！

8.2.2　燃油箱结构

燃油箱分解图如图 8 -7 所示。

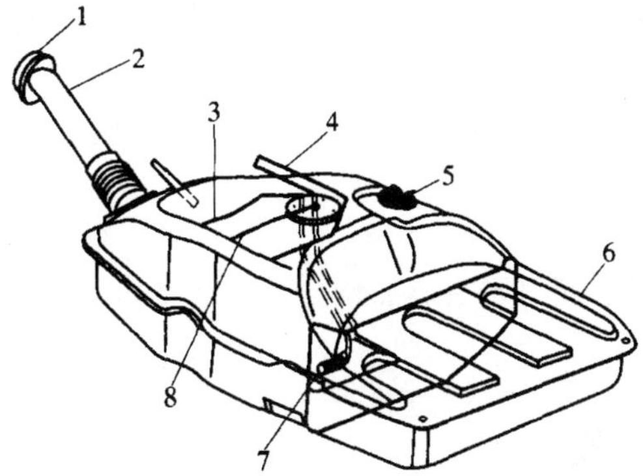

图 8 -7　燃油箱结构图

1—加油口盖；2—加油管；3—油管；4—输油管；
5—油面传感器；6—油箱本体；7—吸入滤清器；8—回油管

8.2.3　排空燃油箱

1. 在燃油箱中油量多于 3/4 时排空燃油箱，如图 8 -8 所示。

2. 将气门锥形锁夹 2 从燃油抽吸装置 VAS 5190 的杆件上拔下。

3. 在距带有绝缘带的吸油软管末端 $a = 1180$ mm 处的软管上粘贴一个标记箭头，如图 8 -8 所示。

4. 从燃油箱加油口上取下密封盖。

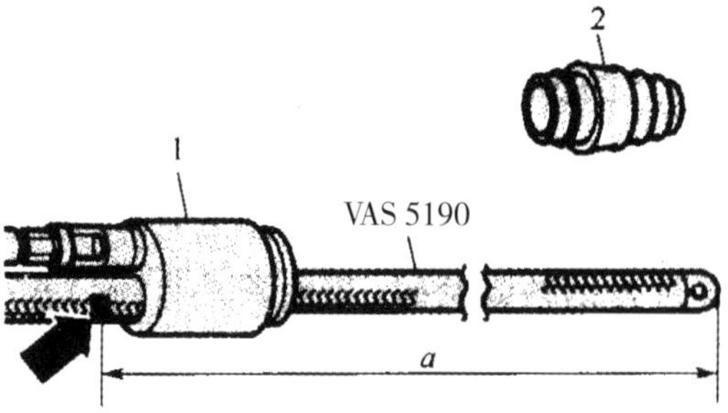

图 8－8　吸油软管

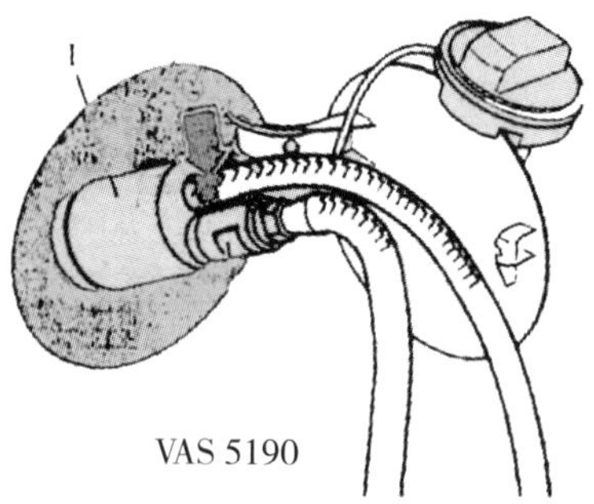

图 8－9　将燃油抽吸装置旋到燃油箱加注口上

5. 将燃油抽吸装置 VAS 5190 的杆件 1 旋到燃油箱加注口上。

6. 将吸油软管推入燃油箱，直到先前做的标记箭头与杆件 1 平齐，如图 8－9 所示。

提示：① 在燃油箱 1 内的底部，在加注口的下部末端有一个球阀 2，在推入吸油软管 3 时切勿将其碰坏，如图 8－10 所示。所以只能将软管推到做好标记箭头的地方。

② 尽可能地排空燃油箱，小心地拉出抽吸软管 3。

③ 当不再有燃油被抽出时，油箱即已排空到可以无危险地拆卸燃油泵的程度，也可以带着剩余的燃油拆卸油箱。

7. 拆下后排座椅。

8. 揭开座椅下的地毯，脱开带有燃油泵控制单元 J538（件 3 ）的盖板 1，如图 8－11 所示。

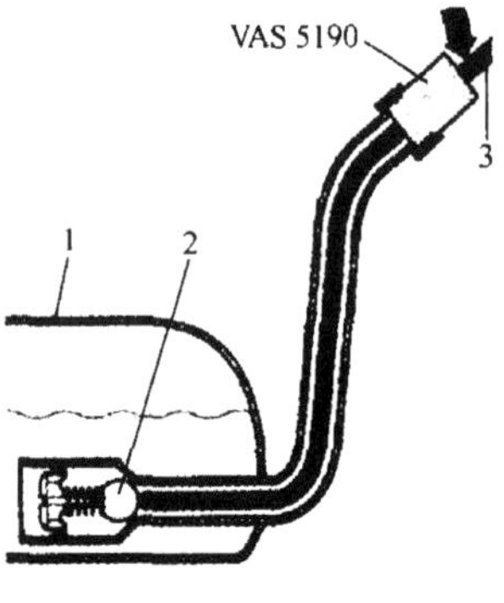

图 8－10　推入吸油软管

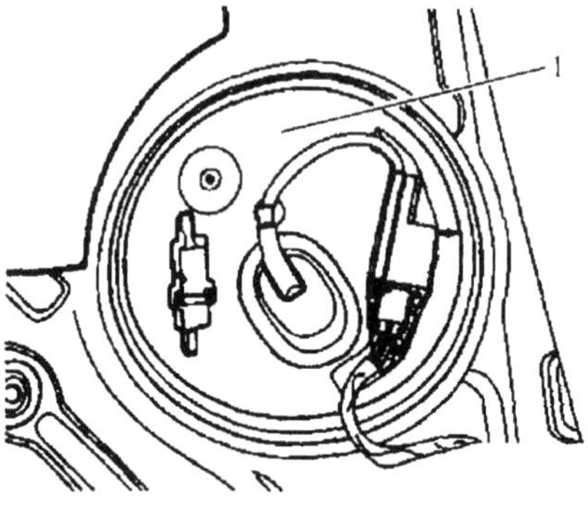

图 8－11　拆下燃油泵控制单元 J538

9. 拔出连接插头 1、黑色的供油管 2 和蓝色的回油管 3，如图 8－12 所示。

提示：松开管路时按压卡环。

10. 用扳手 T1020 或扳手 3087 松开锁紧螺母，如图 8－13 所示。

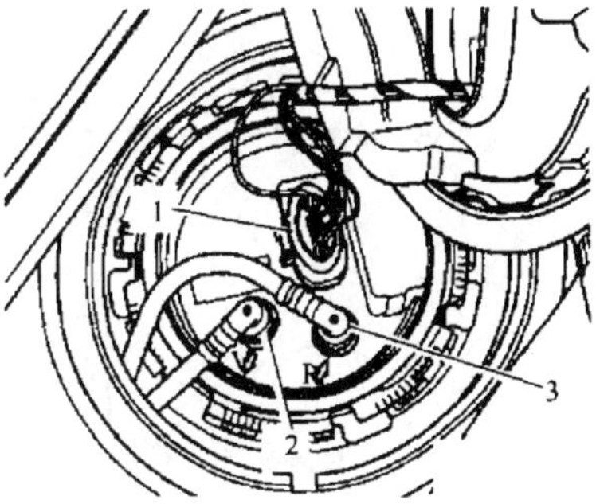

图8-12 拆下插头油管

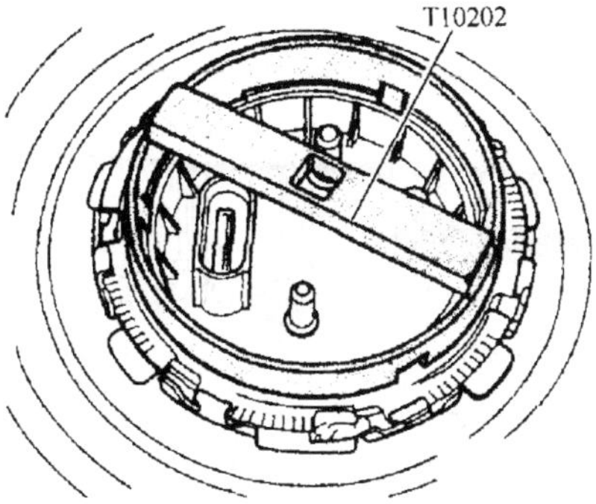

图8-13 松开锁紧螺母

11. 将燃油泵略微拔出一些。
12. 将燃油抽吸装置 VAS 5190 的吸油软管尽可能深地插入燃油箱，将燃油吸出。

8.2.4 拆卸和安装燃油箱

1. 拆卸。

（1）首先检查是否安装了已编码的收音机，必要时查询防盗密码。

（2）关闭点火开关并断开蓄电池搭铁线。

（3）打开燃油箱盖板并拧下端盖。

（4）拧出燃油箱盖板单元的紧固螺栓并拆下燃油箱盖板单元和橡胶头。

（5）拆下后排座椅。

（6）揭开座椅下的地毯，脱开带有燃油泵控制单元 J538 的盖板。

（7）将连接插头从燃油泵上拔下。

（8）拆卸后车轮、拆卸后桥。

（9 ）拆下右后轮罩内板。

（10）拧出燃油加注管的螺栓。

（11）脱开加注管导线支架上的 ABS 转速传感器导线。

（12）拔下白色的通风管 1 和黑色的供油管路 2，如图 8-14 所示。

（13）用发动机和变速器支架 VAG 1383A 支承住燃油箱，拧下固定带的紧固螺栓，如图 8-15 中箭头所示。

（14）将燃油箱降低，取出燃油箱。

2. 安装。

安装以倒序进行。安装时注意下列事项：

（1）铺设排气管路和燃油管路时不要弯折。

（2）不要混淆供油管路和回油管路（回油管路为蓝色，供油管路为黑色）。注意管路接头的固定位置。

（3）检查加注口旁的燃油箱/车身搭铁连接。

（4）安装燃油箱后检查油管是否装在燃油箱上。

（5）将燃油箱安装到车身上，螺栓 M8，25 N·m 。

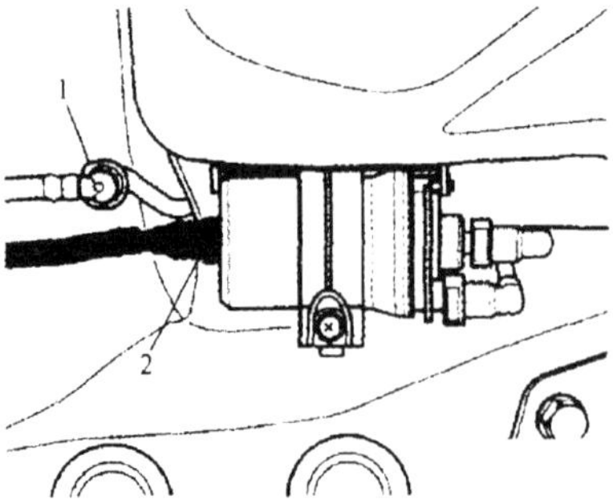

图 8－14　拔下白色的通风管和黑色的供油管路

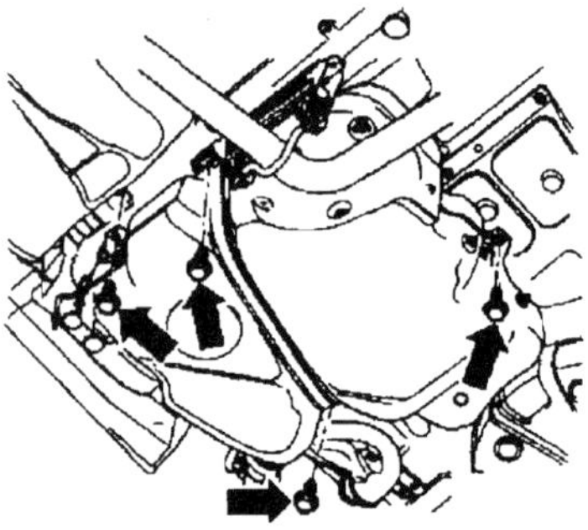

图 8－15　拆下固定带的紧固螺栓

☞学习工作页

<table>
<tr><td rowspan="2">学习工作页</td><td>学习单元</td><td colspan="4">直喷发动机燃油供给系统的结构与拆装</td></tr>
<tr><td>学习任务</td><td colspan="4">缸内直喷发动机燃油供给系统的拆装</td></tr>
<tr><td>姓　名</td><td></td><td>班　级</td><td></td><td>小　组</td><td></td></tr>
<tr><td>日　期</td><td></td><td>开始时间</td><td></td><td>结束时间</td><td></td></tr>
<tr><td>场　地</td><td colspan="5"></td></tr>
<tr><td>用品、用具、工具、设备</td><td colspan="5">发动机实训室；整车；燃油压力表；组合工具</td></tr>
<tr><td>工作记录</td><td colspan="5">1. 认识缸内直喷发动机各部件安装位置。
2. 记录拆下和更换燃油箱、燃油泵的步骤及方法。</td></tr>
</table>

1. 填空题。
喷射装置由高压部分（最大约__________ MPa）和低压部分（大约为 0.6 MPa）构成。在打开高压范围，比如拆卸__________、燃油分配器、喷油阀、燃油管或燃油压力传感器 G247 之前，高压范围内的燃油压力必须被降低到剩余压力（大约为 0.6 MPa）。
2. 制订更换燃油箱和燃油泵的维修计划。

____

____

3. 完成任务。
在教师提供的车辆上，请按以下步骤记录一些信息。
查阅维修手册，寻找到拆下和更换燃油箱及燃油泵的详细步骤。请记录具体拆卸步骤：

____

____

指导教师评语：

____

____

教师签字：________________　日期：________年________月________日

单元9 高压共轨柴油机柴油供给系统

☞学习情境

一辆客车装配玉柴（德尔福共轨系统）YC6L330 发动机，行驶 60000 km，发动机出现加速无力、冒黑烟等故障现象。连接诊断仪读取故障码，出现 P2159 车速信号故障不合理、P1018 轨压闭环控制模式故障 10—供油压力过大，其中车速信号故障不合理属于非主要故障，可以忽略。此车通过多方面诊断，最后发现是由于发动机喷油器故障，更换后故障消除。

☞学习目标

1. 叙述高压共轨系统的组成及工作原理。
2. 掌握喷油器的结构。
3. 了解共轨柴油机燃油供给系统的主要部件。

☞学习场所和设备

1. 高压共轨柴油机汽车发动机实训室。
2. 燃油压力表、万用表、解码器等检测仪器。
3. 维修手册以及共轨柴油发动机拆装工具等。

☞学习信息

9.1.1 共轨式电控燃油喷射系统的类型

共轨技术不仅是指用一个公共油轨（简称共轨）给各缸喷油器输送燃油，还包括用高压（或中压）输油泵、压力传感器和 ECU 组成的闭环系统独立控制喷油压力的供油方式。在共轨式电控燃油喷射系统（以下简称共轨系统）中，由高压（或中压）输油泵将高压燃油输送到公共油轨，ECU 对共轨内的油压和喷油时间进行控制。

保持喷油压力一定，通过控制喷油时间来控制喷油量，即称为“时间—压力控制”方式；保持喷油时间一定，通过控制喷油压力来控制喷油量，即称为“压力控制”方式。

按照共轨中的压力高低，共轨系统可分为高压共轨和中压共轨两种基本类型。因高压共轨系统应用较广泛，以下主要介绍高压共轨系统。

按控制喷油器喷油的电控执行元件不同，共轨系统可分为电磁阀式和压电式两种类型。

1. 高压共轨系统基本组成。

高压共轨系统主要由油箱、高压输油泵、共轨、喷油器和各种电子元件组成，见图9－1。

工作过程：高压输油泵从油箱中吸出柴油并将油压提高到约120 MPa后输入共轨，高压输油泵的供油量一般几倍于实际喷油量以保证供油的可靠性，多余的燃油经回油管流回油箱。高压输油泵的出口端装有一个用来调节共轨中油压的调压阀，ECU根据柴油机的转速、负荷等控制调压阀的开度，从而增加或减少高压输油泵输送给共轨的油量，实现对共轨中油压的控制，以保证供油压力稳定在目标值，使喷油压差保持不变。此外，ECU还根据燃油压力传感器信号对共轨中的油压进行闭环控制。

柴油机高压共轨系统采用的喷油器均为电/液控制式，它主要由高速电磁阀和各种液压伺服机构组成。ECU通过控制高速电磁阀工作对喷油器喷油的开始时刻和喷油时间进行控制。液压伺服机构的工作油液就是共轨中的高压柴油。

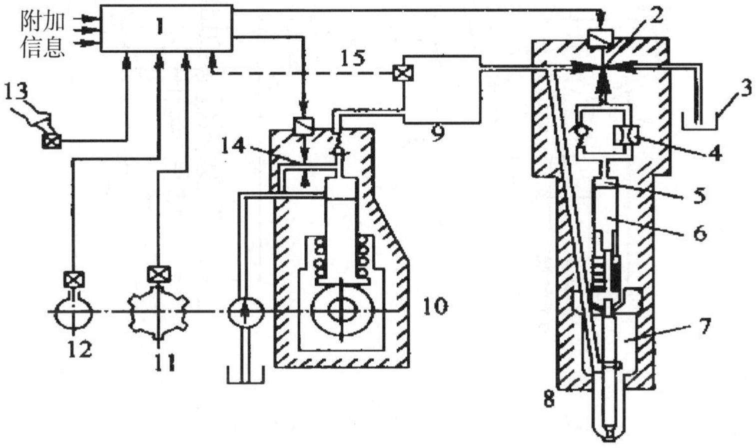

图9－1　高压共轨系统

1—ECU；2—三通电磁阀；3—油箱；4—节流孔；5—控制室；6—控制活塞；7—喷油器针阀偶件；8—喷油器；9—共轨；10—高压输油泵；11—曲轴位置传感器；12—凸轮轴位置传感器；13—加速踏板位置传感器；14—调压阀；15—燃油压力传感器

2. 高压共轨喷油器。

高压共轨系统中所用的电/液控制式喷油器有两种类型：二位三通电磁阀式、二位二通电磁阀式。

（1）二位三通电磁阀式喷油器。

①结构：见图9－2。

二位三通电磁阀安装在喷油器顶部，电磁阀主要由阀体、电磁线圈、内阀和外阀组成，内阀和电磁线圈均固定在阀体中，套装在内阀上的外阀与电磁阀的电枢做成一体，电磁阀通电和断电时，外阀则上下移动。

内阀下部密封锥面与其阀座（位于外阀下部中心孔的内侧）控制喷油器控制室进油通道，外阀下部密封锥面与其阀座（位于阀体上）控制喷油器控制室回油通道。

②工作过程：

电磁阀不通电时，外阀在其复位弹簧作用下保持在下端极限位置，此时外阀与其阀座压紧，内阀则离开其阀座，控制室的回油通道关闭、进油通道开启，共轨中的高压柴油进入控制室；尽管喷油器下部的油腔始终与共轨中保持相等的高压（油腔与油轨经油道连通），但喷油器针阀的承压锥面比控制活塞上部承压面小，加之针阀上作用着复位弹簧弹力，所以电磁阀断电使高压油进入控制室时，喷油器不喷油。

当 ECU 接通电磁阀电路时，产生的电磁力将外阀向上吸起，外阀离开其阀座，内阀则与其阀座压紧，控制室的回油通道开启、进油通道关闭，从而使控制室油压迅速下降，喷油器油腔内的高压油将针阀顶起开始喷油，直到电磁阀再次断电使高压油进入控制室时，喷油器喷油结束。

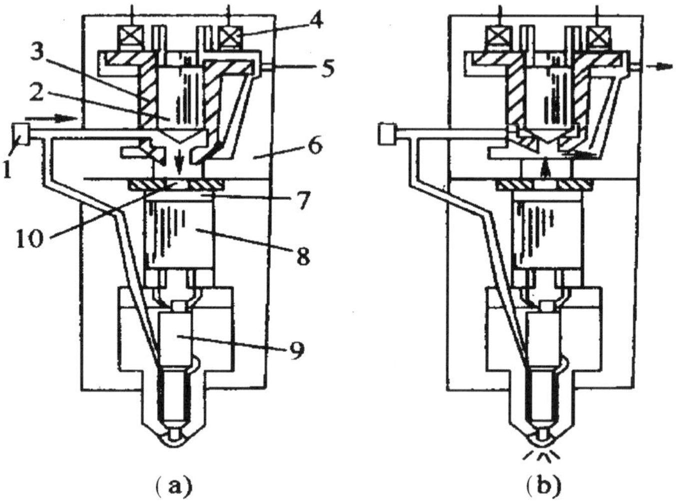

图 9－2　二位三通电磁阀式高压共轨喷油器

（a）电磁阀断电不喷油；（b）电磁阀通电喷油

1—共轨；2—内阀；3—外阀；4—电磁线圈；5—回油管；6—阀体；7—控制室；8—控制活塞；9—针阀；10—量孔

（2）二位二通电磁阀式喷油器。

①结构：

二位二通电磁阀式喷油器与上述二位三通电磁阀式喷油器的结构原理基本相同。

主要区别是只用电磁阀控制喷油器控制室的回油通道，而不控制进油通道，但进油通道中装有节流孔，见图 9－3。

来自共轨中的高压柴油进入喷油器后分成两路，一路直接进入喷油器下部的油腔，另一路经过节流孔进入控制室。

②工作过程：

电磁阀不通电时，控制室回油通道关闭，控制室与喷油器下部油腔内的油压相等，在控制活塞上部油压和复位弹簧力作用下，喷油器针阀关闭，喷油器不喷油。

电磁阀通电时，控制室回油通道开启，作用在液压活塞上部的油压迅速下降，喷油器下部油腔内的高压燃油将针阀顶开，使喷油器开始喷油，直到电磁阀再次断电时喷油结束。

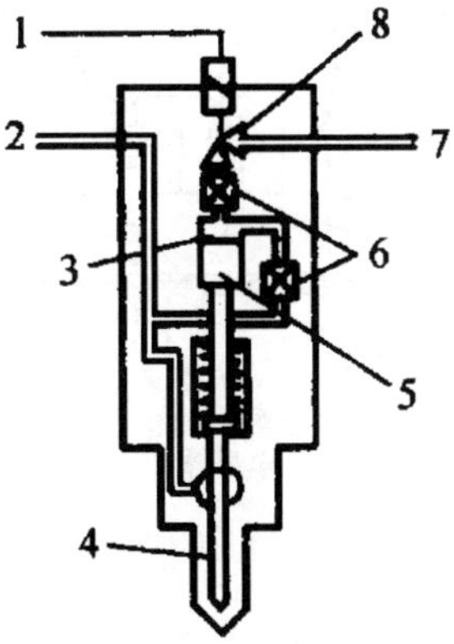

图 9-3 二位二通电磁阀式高压共轨喷油器

1—控制信号线；2—进油通道；3—控制室；4—针阀；5—控制活塞；
6—节流孔；7—回油通道；8—电磁阀

在喷油器控制室的进、回油通道中各有一个节流孔，进油通道中的节流孔（图中右侧）比回油通道中的节流孔（图中上部）小，否则即使电磁阀开启回油通道，控制室的油压也不会下降，喷油器也就无法喷油。回油通道中的节流孔主要是控制喷油规律，当电磁阀通电开启控制室回油通道后，节流孔可减缓控制室油压下降的速度，从而减慢针阀上升的速度，满足喷油规律“先缓”的要求。

9.1.2 压电式共轨系统

新款奥迪 A6 轿车装用的 3.0L TDI 柴油机采用了 Bosch 公司生产的压电式共轨系统（见图 9-4），该系统可降低柴油机废气排放高达 20%，提高功率 5%，降低油耗 3%，降低噪声 3 dB（A）。

柴油机工作时，柴油由低压电动燃油泵输送给具有泵油量调节功能的高压油泵，分配单元将进入的燃油分成两路：一路供给泵油元件，另一路用于冷却传动机构和润滑轴承。高压油泵将燃油压缩至最高压力达 160 MPa，并将其输入共轨。拧紧在共轨上的燃油压力传感器用于燃油压力的闭环控制，而安装在共轨上的调压阀则用于调节共轨中的油压。

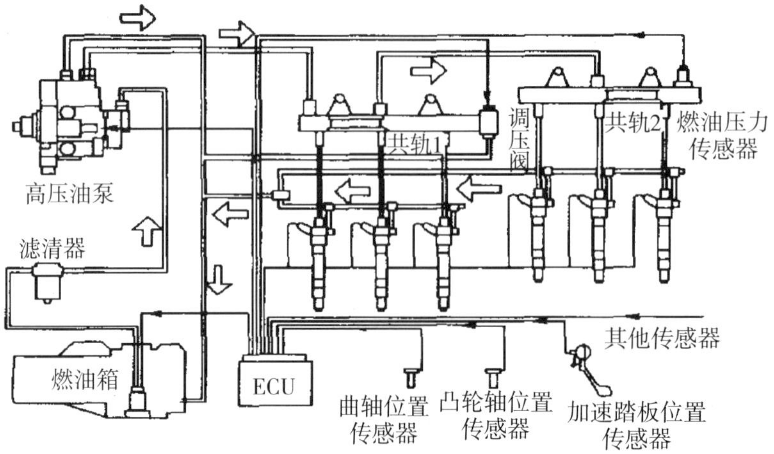

图 9－4　Bosch 公司压电式共轨系统

3. 压电式喷油器。

压电元件具有正向和反向压电效应，当压电元件受到外力变形时，会在两端产生电压，如压电式进气管绝对压力传感器、爆燃传感器即是利用这一原理来产生信号的；反之，当在压电元件两端施加电压时，压电元件就会发生形变，施加正向电压时其体积膨胀，施加反向电压时体积收缩，压电式喷油器就是利用这一原理来使喷油器控制室油道通断或针阀升程改变，从而实现对喷油量和喷油正时的控制。此外，利用压电元件快速响应的能力，通过压电元件通、断电多次切换，即可实现多次喷射，以满足最佳喷油规律的要求。

（1）用压电元件控制油道的喷油器。

此类喷油器的结构原理与前述高压共轨、中压共轨系统采用电磁阀控制的喷油器基本相同，只是用压电元件取代了电磁阀，所以高压共轨系统和中压共轨系统均可使用。Bosch 公司生产的压电式共轨系统一般采用此类喷油器。

（2）用压电元件控制针阀升程的喷油器。

此类喷油器在直喷式的汽油机和柴油机上均已得到应用，其结构见图 9－5。传统的柴油机喷油器都是利用燃油压力作用在针阀中部的承压锥面上来使针阀开启实现喷油，而用压电元件控制针阀升程的喷油器，则是利用压电元件直接控制针阀升程来实现喷油。因此，用压电元件控制针阀升程的喷油器，针阀中部无承压锥面和相应的压力室，称之为无压力室喷油器（VCO 喷油器）。VCO 喷油器无增压功能，只适用于高压柴油共轨系统。

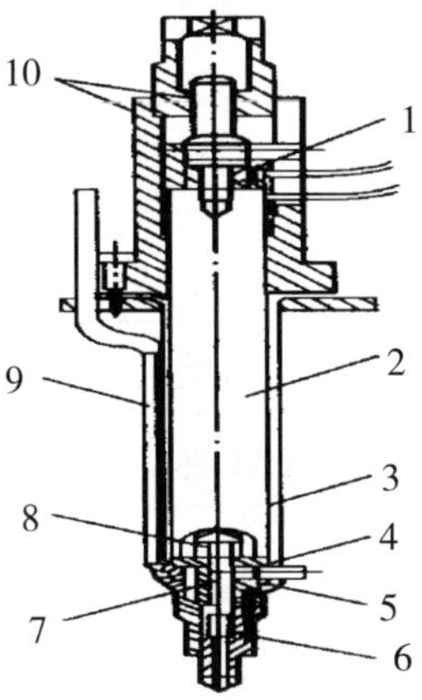

图 9-5　VCO 喷油器

1—石英测量垫片；2—压电执行器；3—外壳；4—密封垫；5—紧固螺套；6—针阀体；7—压杆；8—压帽；9—高压油管；10—差动螺纹

VCO 喷油器下部结构见图 9-6。由 ECU 控制给压电元件施加正向电压时，压电元件膨胀而使喷油器针阀关闭，喷油器不喷油；给压电元件施加反向电压时，压电元件收缩而使喷油器针阀开启，喷油器开始喷油。为保证喷油器不喷油时压电元件能将针阀压紧，依靠给压电元件施加正向电压显然会导致电能损耗。所以在喷油器顶部设有差动螺纹，可通过差动螺纹来调整压电元件的刚度（即预压力），而石英测量垫片则用来精确测量差动螺纹的调整量。

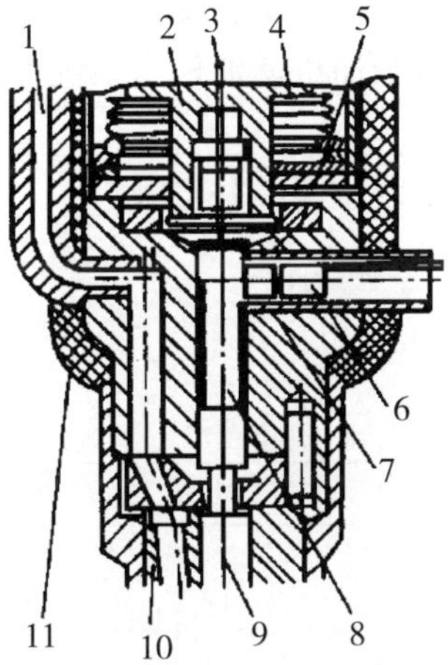

图 9-6　VCO 喷油器下部结构

1—高压油管；2—压电元件；3—压帽；4—碟形弹簧；5—膜片；6—磁铁；7—霍尔式针阀位置传感器；8—压杆；9—针阀；10—针阀体；11—外壳

此外，采用其他喷油器的共轨系统，通过改变共轨中的油压或喷油器喷油时间来控制喷油量；而采用压电元件控制针阀升程式喷油器的共轨系统，则是利用压电元件直接控制针阀升程来改变喷油孔流通截面，从而实现对喷油量的控制。在喷油压力和喷油时间一定的前提下，喷油器的喷油量与喷油器针阀的升程成正比，而喷油器针阀的升程与施加在压电元件两端的反向电压成正比，所以通过控制给压电元件施加的反向电压即可控制喷油量。

☞学习工作页

<table>
<tr><td rowspan="2">学习工作页</td><td>学习单元</td><td colspan="4">高压共轨柴油机柴油供给系统</td></tr>
<tr><td>学习任务</td><td colspan="4">高压共轨柴油机柴油供给系统</td></tr>
<tr><td>姓　名</td><td></td><td>班　级</td><td></td><td>小　组</td><td></td></tr>
<tr><td>日　期</td><td></td><td>开始时间</td><td></td><td>结束时间</td><td></td></tr>
<tr><td>场　地</td><td colspan="5"></td></tr>
<tr><td>用品、用具、工具、设备</td><td colspan="5">柴油发动机实训室；油压表；组合工具</td></tr>
<tr><td>工作记录</td><td colspan="5">1. 认识高压共轨柴油发动机供油系统。
2. 记录共轨柴油发动机燃油系统各部件位置及拆装步骤。</td></tr>
<tr><td colspan="6">1. 制订更换高压泵的维修计划：
____
____
2. 完成任务。
在教师提供的车辆上，请按以下步骤记录一些信息。
（1）查阅维修手册，寻找到共轨柴油机燃油供给系统拆卸的详细步骤：____________________
____
（2）认识燃油供给系统各部件安装位置，并记录：____________________
____
指导教师评语：
____
____
教师签字：__________　日期：______年______月______日</td></tr>
</table>

单元10 汽车底盘结构与拆装

☞学习情境

客户反映一辆行驶10万公里的汽车出现行驶跑偏及制动不灵的问题，同时汽车在加速时会出现焦糊味等故障现象。

☞学习目标

通过本任务的学习，应能：

1. 叙述汽车底盘的功用。
2. 了解汽车底盘的组成及各部分功用。
3. 掌握汽车底盘的总体布置。

☞学习场所和设备

1. 汽车底盘实训室。
2. 整车2辆，解剖汽车1辆。
3. 汽车四大组成部件模型。

☞学习信息

汽车一般是由发动机、底盘、车身和电气设备组成，下面对汽车底盘做一整体性的介绍。

10.1.1 汽车底盘的基本组成

汽车底盘由传动系统、行驶系统、转向系统和制动系统四大系统组成，其功用为接受发动机的动力，使汽车运动并保证汽车能够按照驾驶员的操纵而正常行驶。图10－1和图10－2所示为常见乘用车及货车的底盘结构图。

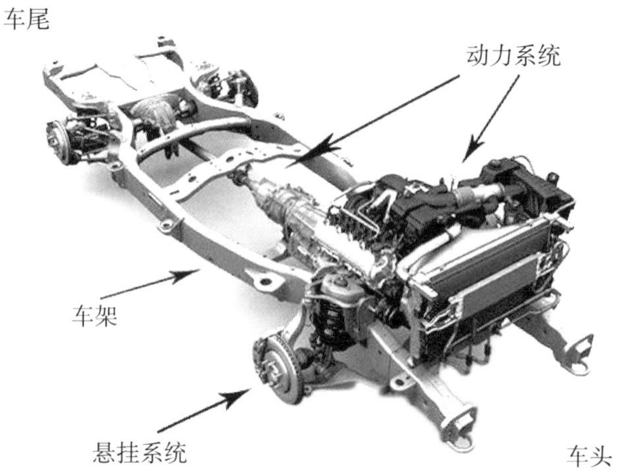

图 10－1　乘用车底盘结构图

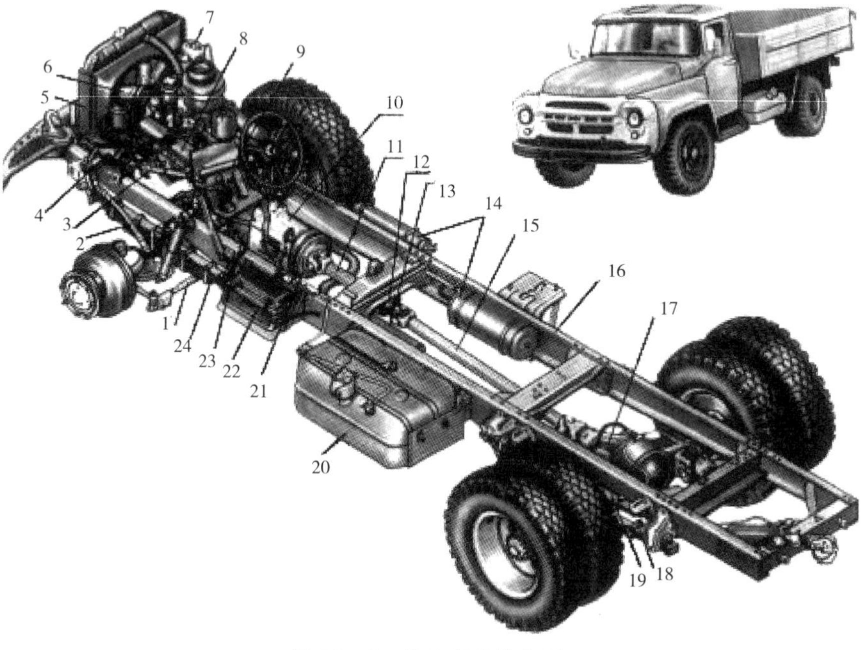

图 10－2　货车底盘结构图

1—转向横拉杆；2—转向直拉杆；3—铰链；4—方向机；5—散热器冷却系统；6—风扇冷却系统；7—空气压缩机；8—发动机；9—方向盘；10—变速器；11—传动轴；12—塔中间；13—消声器；14—气缸空气制动；15—万向传动装置；16—大梁；17—主减速器；18—后制动分泵；19—额外弹簧；20—油箱；21—鼓式制动器；22—蓄电池；23—离合器；24—前春天

10. 1. 1. 1　传动系统

汽车传动系统是从发动机到驱动车轮之间所有动力传递装置的总称，其功用是将发动机的动力传给驱动车轮。不同汽车底盘的组成稍有不同，如载货汽车及部分乘用车，其底盘一般是由离合器、手动变速器、万向传动装置（万向节和传动轴）、驱动桥（主减速器、差速器、半轴、桥壳）等组成，如图 10－3 所示；而现在乘用车中采用自动变速器的越来越多，其底盘包括自动变速器、万向传动装置、驱动桥等，即用自动变速器取代了离合器和手动变速器；如果是越野汽车（包括 SUV，即运动型多功能车），还应包括分动器。传动系统各组成部分的功用如下：

（1）离合器：保证换挡平顺，必要时中断动力传递。

（2）变速器：变速、变矩、变向、中断动力传递。

（3）万向传动装置：实现有夹角和相对位置经常发生变化的两轴之间的动力传递。

（4）主减速器：将动力传给差速器，并实现降速增矩、改变传动方向。

（5）差速器：将动力传给半轴，并允许左右半轴以不同的转速旋转。

（6）半轴：将差速器的动力传给驱动车轮。

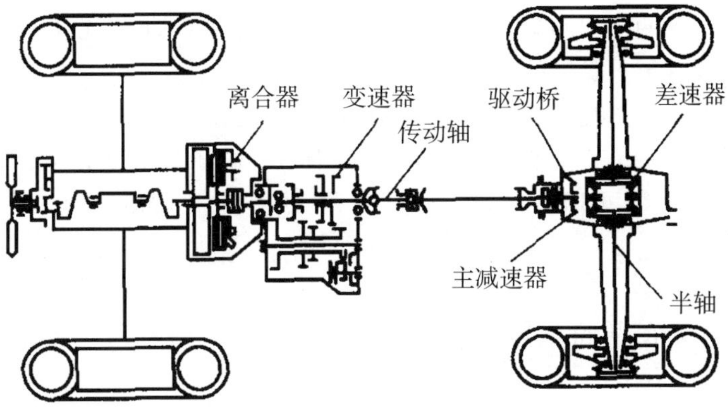

图 10－3　汽车传动系统的组成

10.1.1.2　行驶系统

汽车行驶系统一般由车架、悬架、车桥和车轮等组成，如图 10－4 所示。车轮通过轴承安装在车桥两边，车桥通过悬架与车架（或车身）连接，车架（或车身）是整车的装配基体。

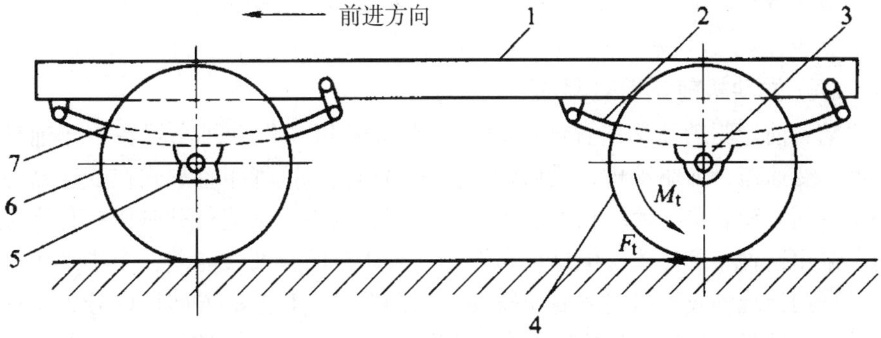

图 10－4　汽车行驶系统的组成

1—车架；2—后悬架；3—驱动桥；4—后轮；5—转向桥；6—前轮；7 —前悬架

汽车行驶系统的功用为：

①支承汽车的重量并承受、传递路面作用在车轮上的各种力。

②接受传动系统传来的转矩并转化为汽车行驶的牵引力。

③缓和冲击，减少振动，保证汽车平顺行驶。

10.1.1.3　转向系统

转向系统的功用是保证汽车能够按照驾驶员选定的方向行驶，主要由转向操纵机构、转向器、转向传动机构组成。现代汽车普遍采用动力转向装置。

10.1.1.4　制动系统

制动系统的功用是使汽车减速、停车并能保证可靠地驻停。汽车制动系统一般包括行车制动系统和驻车制动系统两套相互独立的制动系统，每套制动系统都包括制动器和制动传动机构。现代汽车的行车制动系统一般都装配有防抱死制动系统（ABS）。转向系统和制动系统都是由驾驶员来操控的，一般可以合称为控制系统。

现代汽车中电子控制技术的应用越来越广泛，如在底盘中普遍采用了电子控制自动变速器（EAT或ECT）、电子控制防滑差速器（ED1）、电子控制防抱死制动系统（ABS）、电子制动力分配系统（EBD）、电子控制悬架系统（EMS）、电子控制转向系统（EPS）等。

10.1.2　汽车底盘的总体布置

汽车底盘的总体布置与发动机的位置及汽车的驱动方式有关，一般有发动机前置后轮驱动、发动机前置前轮驱动、发动机后置后轮驱动、发动机前置全轮驱动等。

10.1.2.1　发动机前置后轮驱动

发动机前置后轮驱动简称前置后驱动，英文简称为FR。如图10－3所示，发动机布置在汽车前部，动力经过离合器、变速器、万向传动装置、后驱动桥，最后传到后驱动车轮，使汽车行驶。这是一种传统的布置形式，应用广泛，适用于除越野汽车外的各类型汽车，如大多数的货车、部分乘用车和部分客车都采用这种布置形式。

10.1.2.2　发动机前置前轮驱动

发动机前置前轮驱动简称前置前驱动，英文简称FF。发动机布置在汽车前部，动力经过离合器、变速器、前驱动桥，最后传到前驱动车轮，这种布置形式在变速器与驱动桥之间省去了万向传动装置，使结构简单紧凑，整车质量小，高速行驶时操纵稳定性好。大多数乘用车采用这种布置形式，但这种布置形式乘用车的爬坡性能差，豪华乘用车一般不采用，而是采用传统的发动机前置后轮驱动。根据发动机布置的方向可以分为发动机前横置前轮驱动和发动机前纵置前轮驱动，分别如图10－5（a）、图10－5（b）所示。

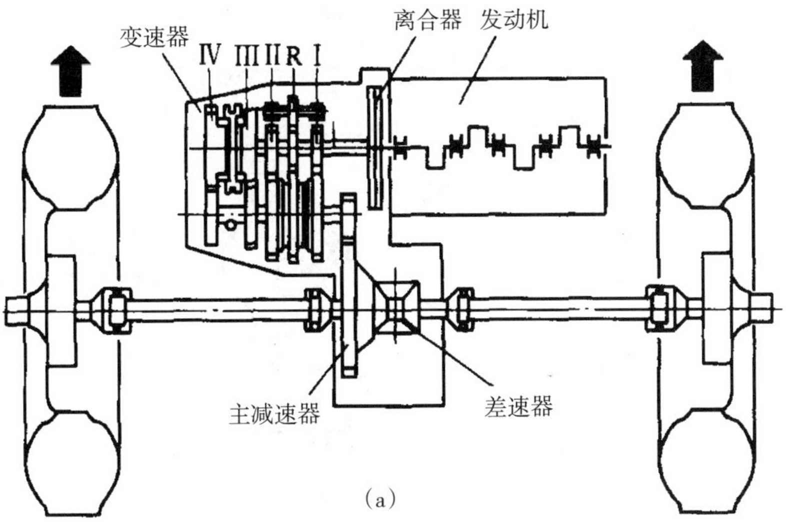

(a)

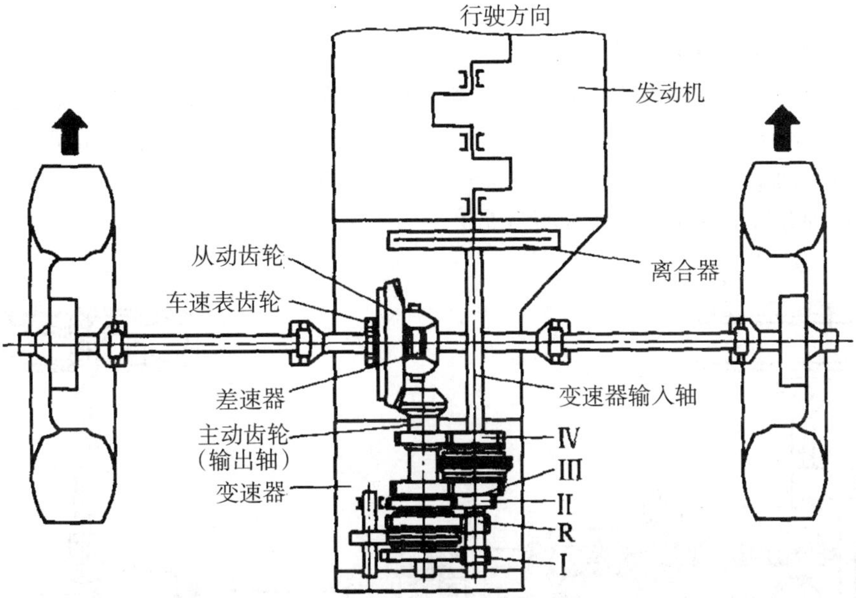

(b)

图 10－5　发动机前置前轮驱动示意图

(a) 发动机前横置前轮驱动示意图；(b) 发动机前纵置前轮驱动示意图

10. 1. 2. 3　发动机后置后轮驱动

发动机后置后轮驱动简称后置后驱动，英文简称 RR。如图 10－6 所示，发动机布置在汽车后部，动力经过离合器、变速器、角传动装置、万向传动装置、后驱动桥，最后传到后驱动车轮，使汽车行驶。这种布置形式便于车身内部的布置，减小室内发动机传入的噪声，一般用于大型客车。

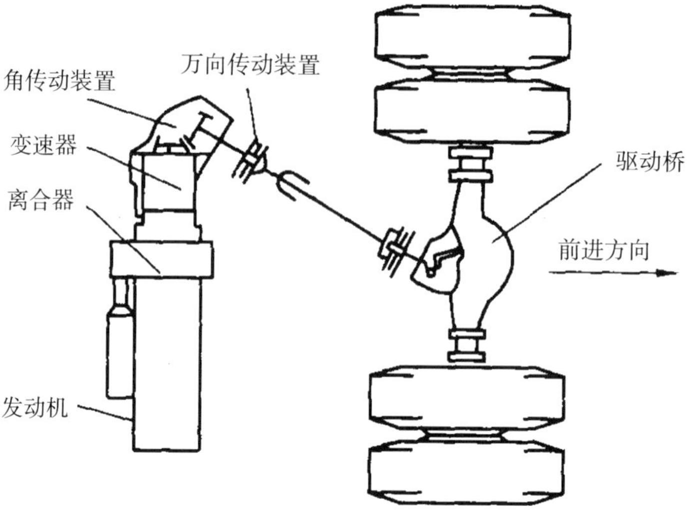

图 10－6　发动机后置后轮驱动示意图

10. 1. 2. 4　**发动机前置全轮驱动**

发动机前置全轮驱动简称全轮驱动，英文简称 XWD。如图 10－7 所示，发动机布置在汽车前部，动力经过离合器、变速器、分动器、万向传动装置分别到达前后驱动桥，最后传到前后驱动车轮，使汽车行驶。由于所有的车轮都是驱动车轮，提高了汽车的越野通过性能，这种布置形式主要用于越野汽车上。

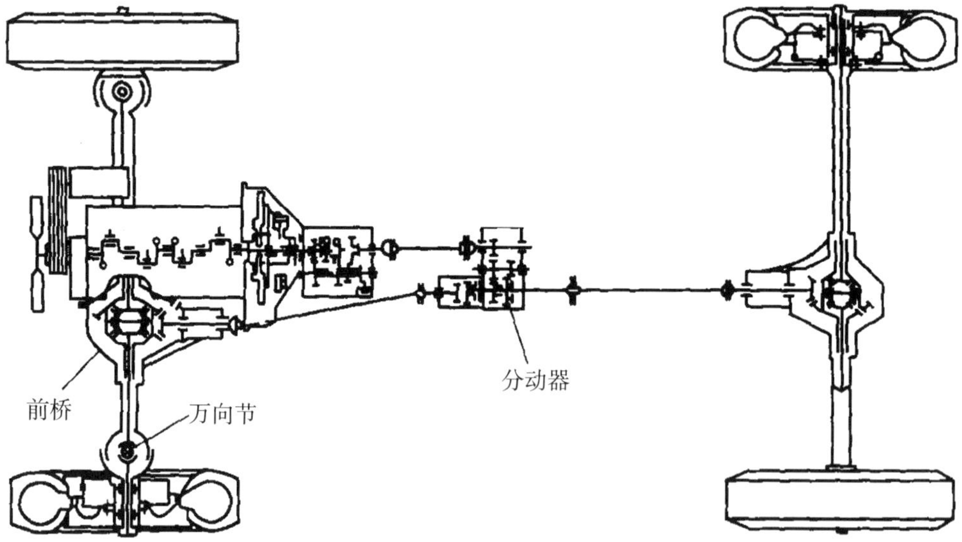

图 10－7　发动机前置全轮驱动示意图

☞学习工作页

<table>
<tr><td rowspan="2">学习工作页</td><td>学习单元</td><td colspan="4">汽车底盘结构与拆装</td></tr>
<tr><td>学习任务</td><td colspan="4">汽车底盘结构与拆装</td></tr>
<tr><td>姓　名</td><td></td><td>班　级</td><td></td><td>小　组</td><td></td></tr>
<tr><td>日　期</td><td></td><td>开始时间</td><td></td><td>结束时间</td><td></td></tr>
<tr><td>场　地</td><td colspan="5"></td></tr>
<tr><td>用品、用具、工具、设备</td><td colspan="5">汽车底盘实训室；整车；解剖车及其模型等。</td></tr>
<tr><td>工作记录</td><td colspan="5">1. 认识汽车底盘的各大部件。
2. 会判别汽车的驱动方式并记录各自的特点。</td></tr>
</table>

1. 填空题。

汽车底盘由__________、__________、__________、__________四大部分组成。

2. 判断题。

（1）汽车传动系统包括离合器、变速器、万向传动装置、驱动桥等。　　（　　）

（2）汽车行驶系统一般是由车架、车桥、车轮和悬架等组成。　　（　　）

3. 完成任务。

在教师提供的车辆上，请按以下步骤记录一些信息。

（1）查阅维修手册，寻找到汽车上底盘各大部件的位置。请记录具体名称及位置：____

____

（2）叙述底盘各总成的功用。记录结果：______________________

（3）按照具体安装位置，画出结构框图：______________________

指导教师评语：

____

____

教师签字：________________　日期：________年________月________日

单元11　汽车传动系统结构与拆装

学习任务11.1　离合器

☞学习情境

我们经常会在公路上看到新手驾驶人手忙脚乱地驾驶车辆，并且频繁熄火，这主要是离合器操纵不熟练的原因。那么，什么是离合器？离合器在哪？有什么用？驾驶人换挡时为什么要踩下离合器踏板？通过下面的学习我们会得到答案。

离合器是能够分离、接合发动机与变速器之间动力输送的一种总成。通过前面的学习，我们已知道离合器装在发动机和变速器之间，可以把发动机的动力传给变速器。通过本任务的学习可以更好地认识离合器。

一位车主开着一辆日产骐达到4S店反映自己的车挂挡困难，经维修人员检查，判断是由于离合器分离不彻底导致的。然后维修人员进一步拆检发现是由于液压操纵机构的离合器主缸皮碗失效导致离合器分离不彻底、挂挡困难。

为了能够对离合器操纵机构进行拆装、检修、排除故障，我们需要掌握离合器操纵机构的具体组成、构造和工作原理。

☞学习目标

通过本任务的学习，应能：

1. 叙述离合器的功用。
2. 正确操纵离合器。
3. 在车上找到离合器的位置，并描述其功用和基本原理。
4. 叙述离合器液压式操纵机构基本组成和原理。
5. 对离合器主缸和工作缸进行正确的拆装。
6. 对离合器总成进行正确的拆装。

☞学习信息资源

离合器是汽车传动系统中的第一个总成，安装在发动机与变速器之间，是发动机与汽车传动系统之间切断和传递动力的部件。

☞学习场所和设备

1. 手动变速器车辆。
2. 汽车底盘实训室或整车实训室。
3. 分解或解剖的离合器总成。
4. 游标卡尺、钢直尺、厚薄规、百分表、从动盘支架、卡环钳、旋具、维修手册、工作台。

☞学习任务

1. 会正确叙述汽车离合器的类型。
2. 掌握汽车传动装置的形式。
3. 能说出离合器的型号。
4. 认识汽车离合器的结构。

11.1.1　离合器的认识

11.1.1.1　离合器的功用

1. 保证汽车平稳起步。

汽车起步时，驾驶人缓慢抬起离合器踏板，使离合器的主、从动部分逐渐接合，与此同时，逐渐踩下加速踏板，以增加发动机的输出转矩，这样发动机的转矩便可由小到大地逐渐传给传动系统。当牵引力足以克服汽车起步时的行驶阻力时，汽车便由静止开始缓慢逐渐加速，实现平稳起步。

2. 保证发动机顺利起动和变速器换挡平顺。

发动机起动时，让离合器切断发动机与传动系统的联系，减少了起动阻力，有利于发动机的起动。

汽车在行驶过程中，由于行驶条件的变换，需要不断变换挡位。对于普通齿轮变速器，换挡时不同的齿轮副要退出啮合或进入啮合，这就要求换挡前踩下离合器踏板，中断发动机的动力传动，便于退出原有齿轮副的啮合，进入新齿轮副的啮合，以顺利换入新的挡位。

3. 防止传动系统过载。

汽车紧急制动时，如果发动机与传动系统刚性连接，发动机转速将急剧下降，其所有零件将产生很大的惯性力矩，会造成传动系统过载而使其机件损坏。有了离合器后，当传动系统承受载荷超过离合器所能传递的最大转矩时，离合器会通过主、从动部分之间的打滑来消除这一危险，从而起到过载保护的作用。

11.1.1.2　对离合器的要求

根据离合器的功用，它应满足下列要求：

（1）具有合适的储备能力，既能保证可靠地传递发动机的最大转矩又能防止传动系统过载。

（2）接合时应平顺柔和，以保证汽车平稳起步，减少冲击。

（3）分离时应迅速彻底，以保证变速器换挡平顺和发动机起动顺利。

（4）具有良好的通风散热能力，防止离合器温度过高。

（5）旋转部分的平衡性好，且从动部分的转动惯量小。

（6）操纵轻便，以减轻驾驶员的疲劳。

11.1.1.3 离合器的分类

汽车上应用的离合器主要有以下三种类型：

1. 摩擦离合器。

摩擦离合器是指利用主、从动件接触面间的摩擦作用来传递转矩的离合器。目前在汽车上广泛采用，用在发动机和手动变速器之间，如图 11－1 所示为常见的摩擦离合器。

图 11－1 摩擦离合器

2. 液力耦合器。

液力耦合器是指利用液体作为传动介质的离合器，如图 11－2 所示。液力耦合器原来多用于自动变速器，目前已被液力变矩器替代。

图 11－2 液力耦合器

3. 电磁离合器。

电磁离合器是指利用磁力传动的离合器，如在空调压缩机中应用的就是这种离合器，如图 11 -3 所示。

图 11 -3　电磁离合器

本任务只介绍在汽车传动系中应用最广泛的摩擦离合器。

11.1.1.4　摩擦离合器的基本组成和工作原理

1. 基本组成。

摩擦离合器由主动部分、从动部分、压紧机构和操纵机构四部分组成，如图 11 -4、11 -5 所示。

图 11 -4　摩擦离合器的基本组成

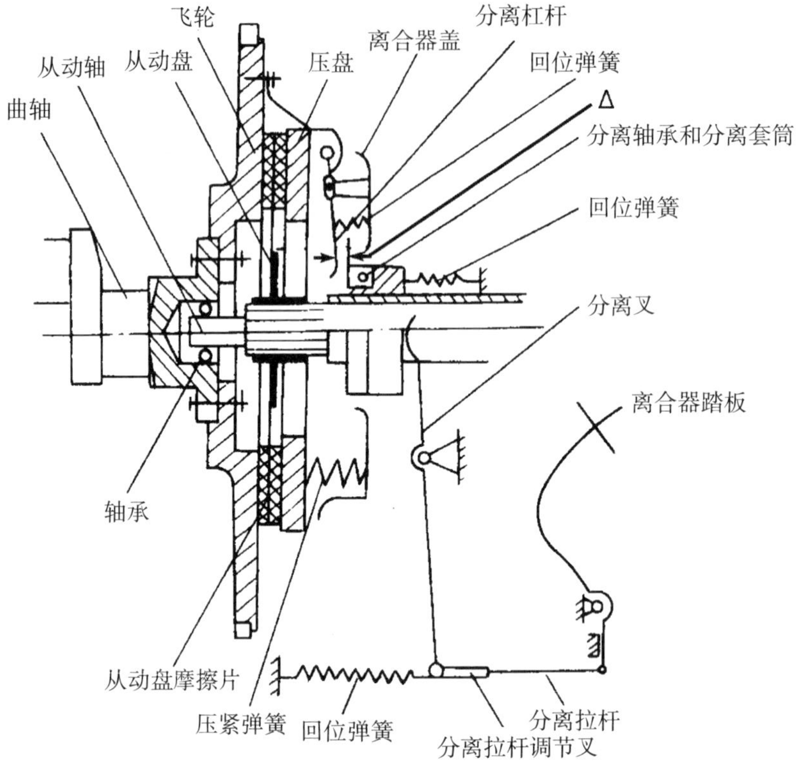

图 11－5　摩擦离合器的基本组成

Δ—自由间隙

（1）主动部分包括飞轮、离合器盖和压盘。离合器盖用螺栓固定在飞轮上，其侧面开有窗口。压盘外圆周上制有凸台，凸台伸入离合器盖的窗口中，使得压盘既能随离合器盖转动又能沿窗口轴向移动。

（2）从动部分包括从动盘和从动轴。从动盘带有双面的摩擦衬片，离合器正常接合时分别与飞轮和压盘相接触，从动盘通过花键毂装在从动轴的花键上，从动轴是手动变速器的输入轴（一轴），其前端通过轴承支承在曲轴后端的中心孔中，后端支承在变速器壳体上。

（3）压紧机构由若干根沿圆周方向均匀布置的压紧弹簧组成，它们装在压盘与离合器盖之间。在正常接合状态下，压紧弹簧将压盘和从动盘压向飞轮，使飞轮、从动盘和压盘三者压紧在一起。

主从动部分和压紧机构是保证离合器处于接合状态并能传递动力的基本结构。

（4）操纵机构包括离合器踏板、分离拉杆、调节叉、分离叉、分离套筒、分离轴承、分离杠杆、回位弹簧等，操纵机构是使离合器分离的装置。

2. 工作原理。

（1）接合状态：离合器在接合状态下，压紧弹簧将飞轮、从动盘和压盘三者压紧在一起，发动机的转矩经过飞轮及压盘通过从动盘两摩擦面的摩擦作用传给从动盘，再由从动轴向传动系统输出。

（2）分离过程：分离离合器时，驾驶员踩下离合器踏板，分离拉杆拉动分离叉的外端向后移动，分离叉内端则推动分离套筒和分离轴承前移，先消除分离轴承与分离杠杆内端之间的间隙，然后推动分离杠杆内端前移，使分离杠杆外端带动压盘克服压紧弹簧作用力后移，摩擦作用消失，离合器的主、从动部分分离，中断动力传动。

（3）接合过程：接合离合器时，驾驶员缓慢抬起离合器踏板，在压紧弹簧的作用下，压盘向前移动并逐渐压紧从动盘，使接触面间的压力逐渐增加，摩擦力矩也逐渐增加；当飞轮、压盘和从动盘之间接合还不紧密时，所能传动的摩擦力矩较小，离合器的主、从动部分有转速差，离合器处于打滑状态；随着离合器踏板的逐渐抬起，飞轮、压盘和从动盘之间的压紧程度逐渐紧密，主、从动部分的转速也渐趋相等，直到离合器完全接合而停止打滑，接合过程结束。

11.1.1.5　离合器的使用

1. 正确操作离合器。

通过离合器操作的实施进一步了解离合器的功用。

具体步骤如下：

（1）汽车起步。

踩下离合器踏板，起动发动机，将变速杆换至 1 挡，松开驻车制动手柄，缓慢抬起离合器踏板，并逐渐踩下加速踏板，使汽车平稳起步。

（2）换挡。

汽车起步后，适时踩下离合器踏板，松开加速踏板，迅速将变速杆换至 2 挡，再抬起离合器踏板，同时踩下加速踏板，使汽车平顺换挡。

（3）停驶。

踩下离合器踏板，将变速杆换至空挡，逐渐踩下制动踏板直到车辆停稳，拉起驻车手柄，关闭点火开关。

2. 认识离合器在车上的位置。

将装有手动变速器的车辆在举升机上升起至合适高度，在车下查找离合器的位置，如图 11－6 所示。

注：必要时需要拆卸发动机护板等附件。

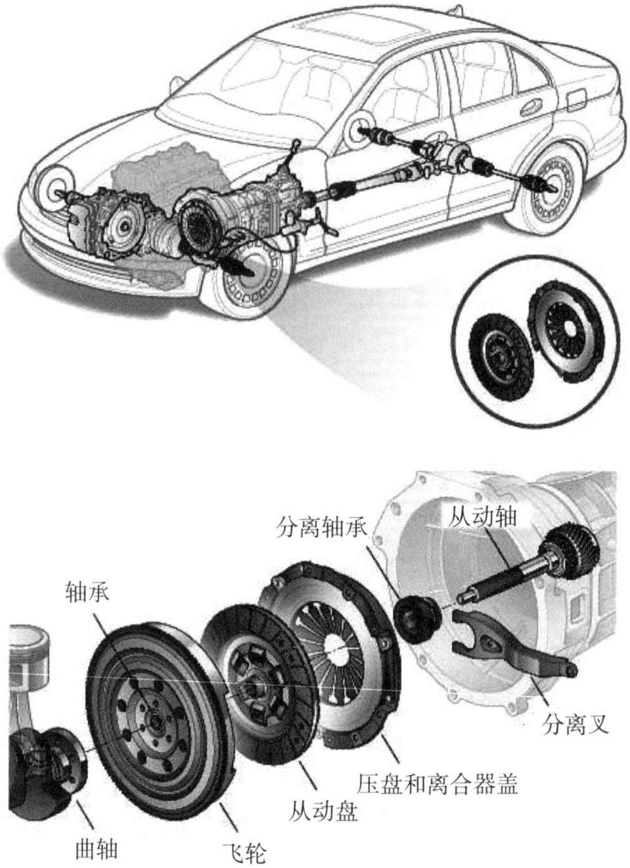

图 11－6　离合器在车上的位置及其组成

11.1.2　离合器总成的结构与拆装

汽车上应用的摩擦离合器有多种类型，其组成和工作原理基本相同，都是由主动部分、从动部分、压紧机构和操纵机构组成。下面以目前应用最多的膜片弹簧离合器为例进行介绍。膜片弹簧离合器广泛应用于轿车和各类型客、货车上。

膜片弹簧离合器的分解图如图 11－7 所示。

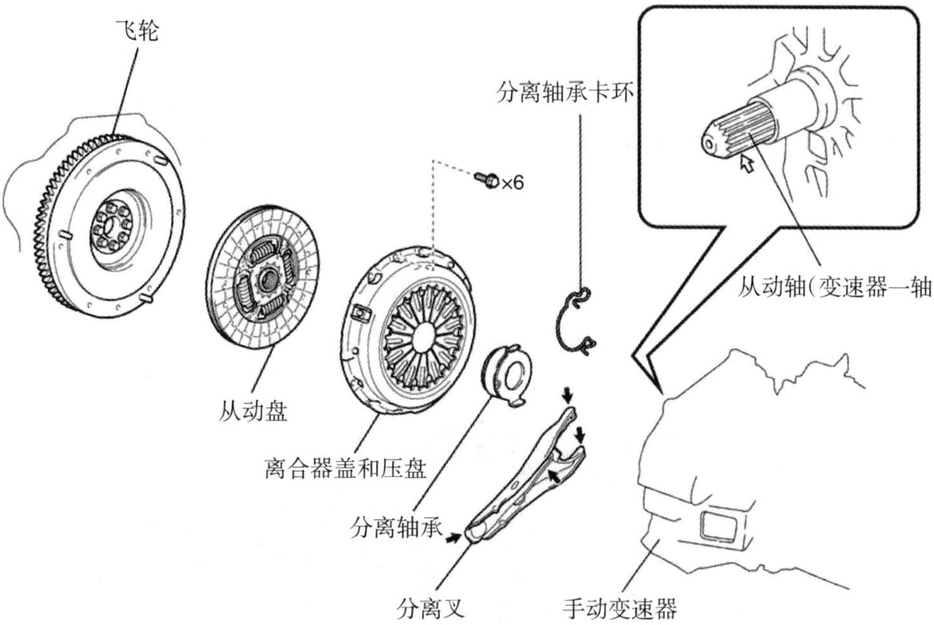

图 11 -7　膜片弹簧离合器分解图

11.1.2.1　膜片弹簧离合器的结构

1. 主动部分。

膜片弹簧离合器主动部分由飞轮、离合器盖和压盘组成。离合器盖和压盘的结构如图 11 -8 所示，离合器盖通过螺栓固定在飞轮上，为了保持正确的安装位置，离合器盖通过定位销进行定位。压盘与离合器盖之间通过周向均布的三组或四组传动片来传递转矩，传动片用弹簧钢片制成，每组两片，一端用铆钉铆在离合器盖上，另一端用螺钉连接在压盘上。飞轮转动时，转矩通过离合器盖、传动片传给压盘，离合器分离时，传动片弯曲。

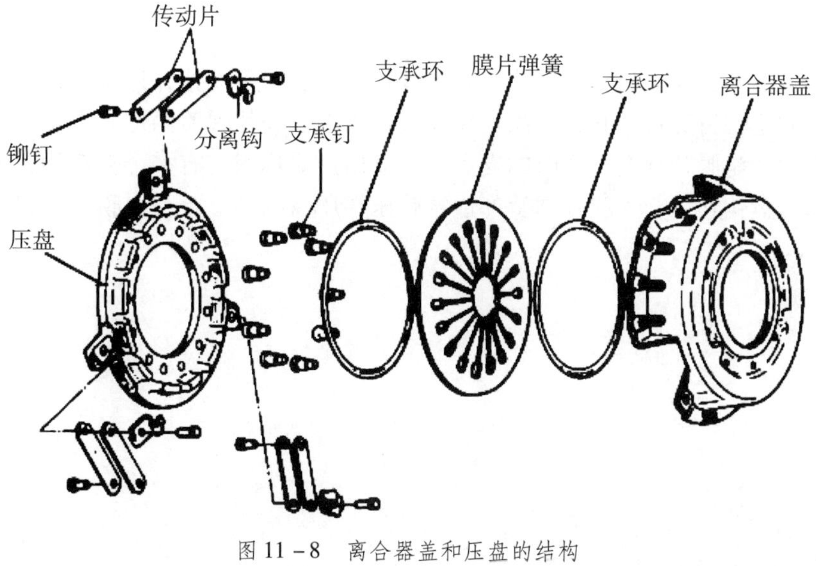

图 11 -8　离合器盖和压盘的结构

2. 从动部分。

膜片弹簧离合器从动部分包括从动盘和从动轴，从动盘一般都带有扭转减震器。发动机传到传动系统的转速和转矩是周期性变化的，使传动系统产生扭转振动，这将使传动系统的零部件受到冲击性交变载荷而使寿命缩短、零件损坏。采用扭转减震器可以有效地防止传动系统的扭转振动。

带有扭转减震器的从动盘结构、组成如图 11－9 所示。

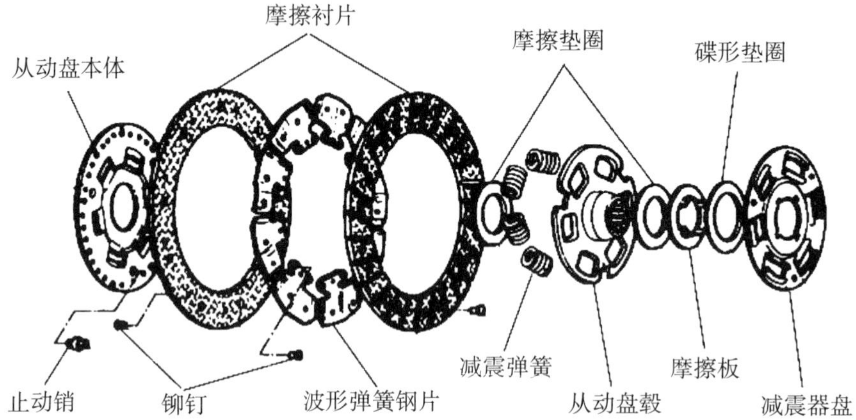

图 11－9　带扭转减震器的从动盘

从动盘钢片外圆周铆接有波形弹簧钢片，摩擦衬片分别铆接在弹簧钢片上，从动盘钢片与减震器盘铆接在一起，这两者之间夹有摩擦垫圈和从动盘毂。从动盘毂、从动盘钢片和减震器盘上都有 6 个圆周均布的窗孔，减震弹簧装在窗孔中。

当从动盘受到转矩时，转矩从摩擦衬片传到从动盘钢片，再经减震弹簧传给从动盘毂，此时弹簧将被压缩，吸收发动机传来的扭转振动。

摩擦衬片之间的波形弹簧钢片能使离合器逐渐接合，并使接合柔和、起步平稳。

3. 压紧机构。

膜片弹簧离合器压紧机构是膜片弹簧，其径向开有若干切槽，形成弹性杠杆。切槽末端有圆孔，固定铆钉穿过圆孔，并固定在离合器盖上。膜片弹簧两侧装有钢丝支承环，这两个钢丝支承环是膜片弹簧工作时的支点。压盘周边对称固定有多个分离钩，把膜片弹簧的外边缘和压盘钩在一起，膜片弹簧外边缘就压在压盘的环形台上。膜片弹簧的结构如图 11－10 所示。

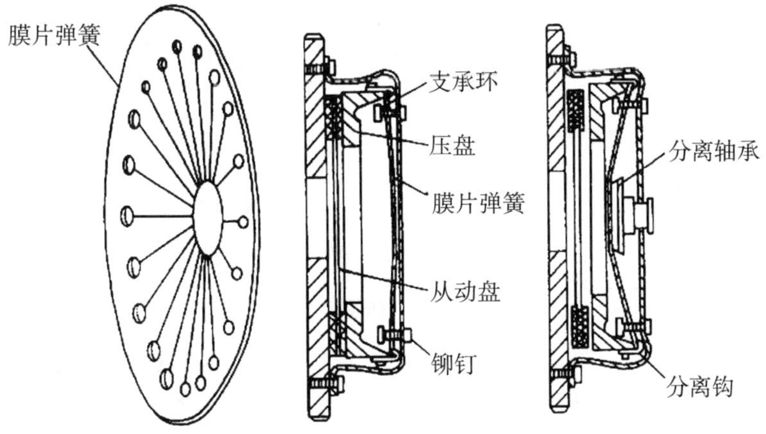

图 11－10　膜片弹簧的结构

4. 操纵机构。

离合器操纵机构是使离合器分离，并能柔和接合发动机与变速器间力矩的一套机构。它包括从离合器踏板到分离轴承之间的零部件与机构。

按照操纵能源的不同，离合器操纵机构可以分为人力式和助力式。人力式又可以分为机械式和液压式；助力式又可以分为气压助力式和弹簧助力式。目前在轿车上常见的是液压式离合器操纵机构，并多带有弹簧助力。

（1）离合器液压式操纵机构组成。

离合器液压式操纵机构由离合器踏板、储液罐、离合器主缸、离合器工作缸、液压管路、分离叉、分离轴承等组成，如图 11－11 所示。

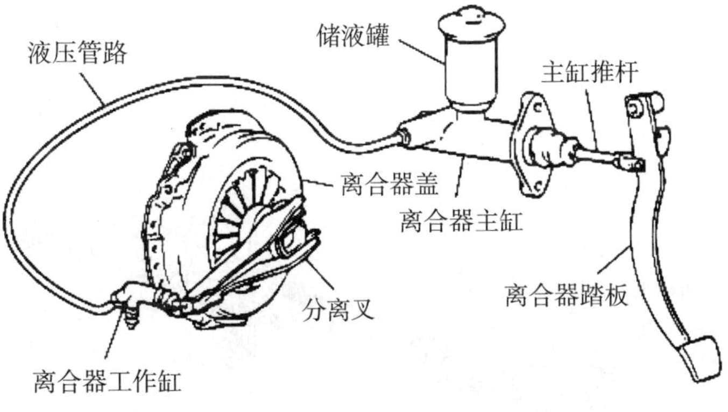

图 11－11　离合器液压式操纵机构组成

踩下离合器踏板时，主缸活塞运动产生液压力，并通过液压管路将液压力传入工作缸，推动工作缸活塞运动，使分离叉、分离轴承、膜片弹簧动作，并使离合器分离。

松开离合器踏板时，操纵机构各元件在回位弹簧的作用下回到接合位置，制动液通过液压管路回到主缸。当离合器在接合位置时，液压系统没有液压力。

（2）离合器液压式操纵机构主要元件。

①离合器主缸。

离合器主缸的结构如图 11－12 所示，主缸内装有活塞，活塞左端装有单向阀，使活塞左方的主缸内腔形成油室，活塞两端装有皮碗。主缸推杆上有锁紧螺母，旋松锁紧螺母，转动推杆可以改变推杆的长度。

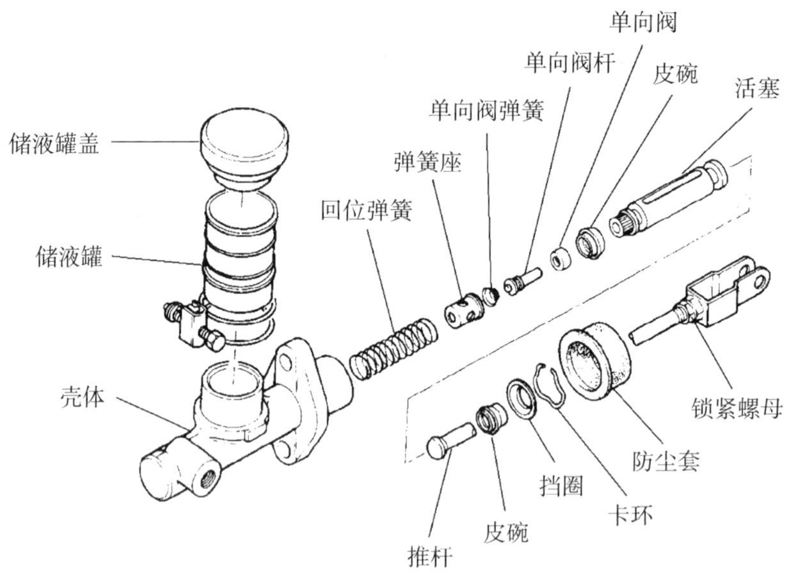

图 11－12　离合器主缸结构

②离合器工作缸。

离合器工作缸结构如图 11－13 所示，工作缸内装有活塞、皮碗、推杆等，缸体上还设有放气螺钉，当管路内有空气存在时，可拧出放气螺钉进行放气。工作缸活塞直径略大于主缸活塞直径，故液压操纵机构稍有增力作用，以补偿液体流过通道的压力损失。

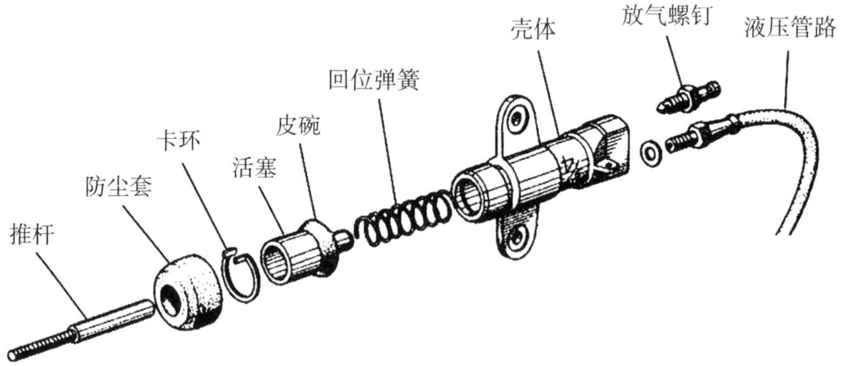

图 11－13　离合器工作缸结构

（3）弹簧助力式操纵机构。

为了尽可能减小作用于离合器踏板上的力，减轻驾驶员的劳动强度，目前离合器液压操纵机构都带有弹簧助力。

如图 11－14 所示为弹簧助力式操纵机构的示意图。当离合器踏板完全放松时，即离合器接合，此时助力弹簧轴线位于踏板转轴下方。踩下离合器踏板，踏板绕自身转轴顺时针转动，压缩助力弹簧，此时助力弹簧实际是起到阻碍的作用，即助力弹簧的伸张力产生一个阻碍踏板转动的逆时针力矩 F_L，但这个力矩是比较小的。当踏板转动到助力弹簧的轴线与踏板转轴处于一条直线上时，该阻碍力矩为零。随着踏板的进一步踩下，助力弹簧轴线位于踏板转轴上方，此时助力弹簧的伸张力产生一个有助于踏板转动的顺时针力矩 F_L。在踏板后段行程是最需要助力作用的，因而这种弹簧助力式操纵机构可以有效地减轻驾驶员疲劳程度。

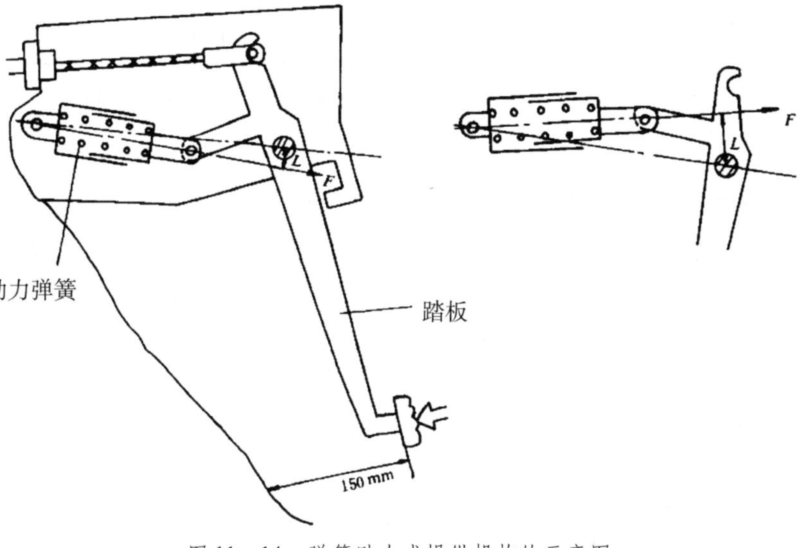

图 11－14　弹簧助力式操纵机构的示意图

11. 1. 2. 2　膜片弹簧离合器的工作原理

膜片弹簧离合器的工作原理如图 11－15 所示。当离合器盖未安装到飞轮上时，膜片弹簧不受力而处于自由状态，此时离合器盖与飞轮之间有一距离 S，如图 11－15（a）所示。当离合器盖通过螺栓安装在飞轮上时，离合器盖压向飞轮，消除了距离 S，膜片弹簧在支承环处受压产生弹性形变，此时膜片弹簧的外圆周对压盘产生压紧力使离合器处于接合状态，如图 11－15（b）所示。当踩下离合器踏板时，分离轴承推动膜片弹簧，使膜片弹簧压在支承环上并以支承环为支点、外圆周向后翘起，通过分离钩拉动压盘后移，使离合器分离，如图 11－15（c）所示。

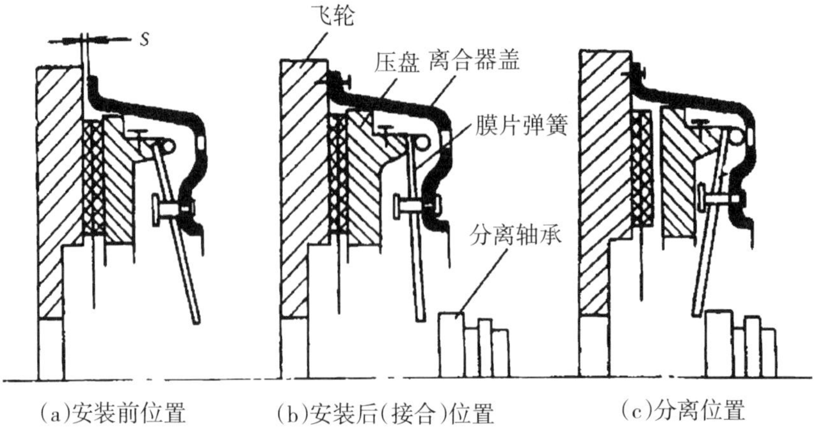

图 11－15　膜片弹簧离合器的工作原理

从膜片弹簧离合器的工作原理可以看出，膜片弹簧既是压紧弹簧，又是分离杠杆，使结构简化，同时也缩小了离合器的轴向尺寸。另外，膜片弹簧具有非线性的弹簧特性，优于圆柱螺旋弹簧的线性特性，具有操纵轻便和自动调节压紧力的特点，所以膜片弹簧离合器的应用越来越广泛，在各种车型上都有应用。

11.1.2.3　离合器的拆装

1. 离合器的拆卸。

拆下变速器（详见变速器拆卸与安装部分）。用专用工具将飞轮固定，如图 11－16 所示，然后逐渐将离合器压盘的固定螺栓对角拧松，取下离合器盖及压盘总成，并取下离合器从动盘。

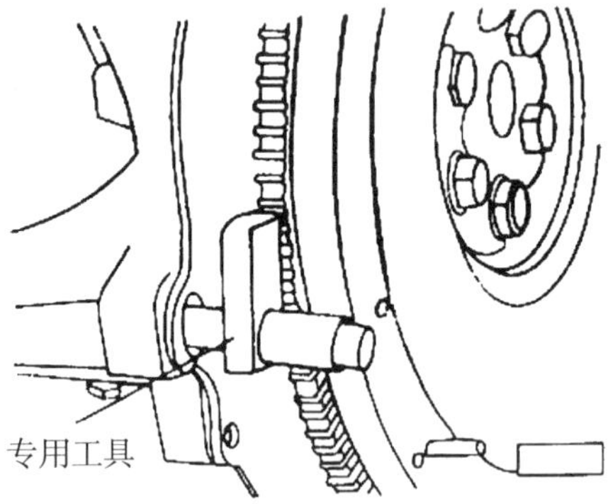

图 11－16　用专用工具固定飞轮

2. 离合器的安装。

用专用工具将飞轮固定，如图 11－17 所示，用专用工具将离合器从动盘定位于飞轮和压盘中心，装上紧固螺栓，并用 25 N·m 的力矩对角逐渐旋紧。

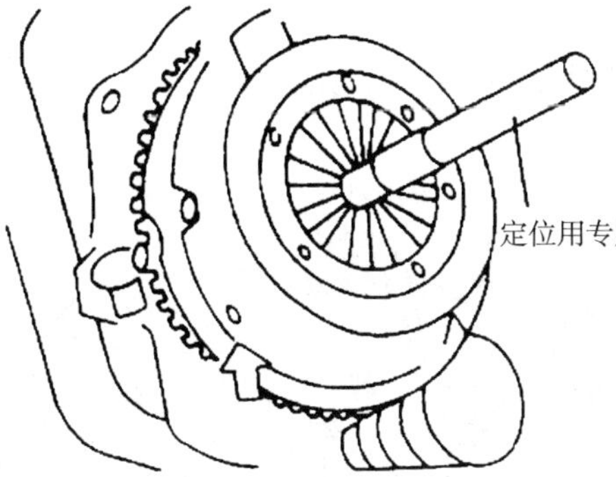

图 11－17　离合器的安装

11. 1. 2. 4　离合器操纵机构的拆装

1. 离合器主缸的拆卸与分解。

（1）取下离合器踏板与主缸推杆叉的连接销轴。

（2）从主缸上拧下进油管和出油管接头。

（3）拧下主缸固定螺栓，拉出主缸。

在解体离合器主缸前，应排净主缸中的制动液。主缸分解过程是：取下防尘套，用螺丝刀或卡环钳拆下卡环，拉出主缸推杆、压盖和活塞。

2. 离合器工作缸的拆卸与分解。

拧下工作缸进油管接头，再拆下工作缸固定螺栓，即可拉出工作缸。

工作缸的分解过程是：拉出工作缸推杆，拆下防尘套，然后用压缩空气将工作缸活塞从缸筒内压出来。

3. 离合器主缸、工作缸的检修。

主缸和工作缸是离合器液压操纵系统的主要部件，其工作性能的好坏直接影响离合器的工作性能。用游标卡尺测量缸筒内径和活塞外径，并计算缸筒内壁磨损量和活塞与缸筒的间隙；当出现缸筒内壁磨损超过 0. 125 mm，活塞与缸筒的间隙超过 0. 20 mm，皮碗老化及回位弹簧失效等情况时，应更换相应零件。

4. 离合器主缸、工作缸的装配。

主缸和工作缸的装配，按拆卸与分解相反顺序进行，但装配时应注意以下事项：

（1）零件在装配前要用非腐蚀性液体清洗干净，并在活塞、皮碗、皮圈、缸套等零件上涂一层制动液。装合后推杆在缸筒内运动应灵活。在放松（不工作）位置时，主缸皮碗和活塞头部应位于进油孔和补偿孔之间，两孔都开放。工作缸上带有塑料支承环，安装时外表面要涂上一层薄薄的润滑油，工作缸推杆末端也要涂上润滑脂润滑。

（2）安装离合器工作缸时，需要用一个适应的杠杆克服弹簧的弹力，将其压向变速器壳相应的孔中后，方能将固定螺栓旋入。

11. 1. 3　周布弹簧离合器介绍

除了目前普遍采用的膜片弹簧离合器，在一些车辆上还采用周布弹簧离合器。下面仅以单片周布弹簧离合器为例做一简单介绍。

单片周布弹簧离合器的构造如图 11 – 18 所示。

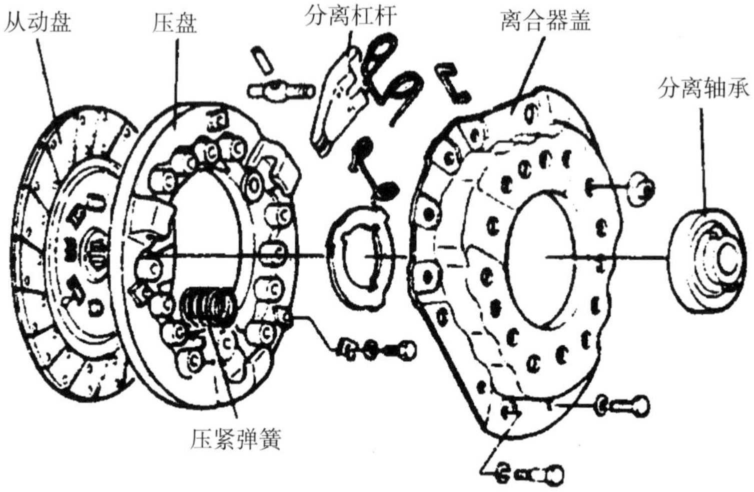

图 11 – 18　周布弹簧离合器

1. 主动部分和从动部分。

单片周布弹簧离合器的主动部分、从动部分的结构与膜片弹簧离合器基本相同，包括离合器盖、压盘和带扭转减震器的从动盘。

2. 压紧机构。

单片周布弹簧离合器的压紧机构由若干根螺旋弹簧组成，螺旋弹簧沿压盘周向对称布置，装在压盘和离合器盖之间。

☞学习工作页

<table>
<tr><td rowspan="2">学习工作页</td><td>学习单元</td><td colspan="4">汽车传动系统结构与拆装</td></tr>
<tr><td>学习任务</td><td colspan="4">离合器</td></tr>
<tr><td>姓　名</td><td></td><td>班　级</td><td></td><td>小　组</td><td></td></tr>
<tr><td>日　期</td><td></td><td>开始时间</td><td></td><td>结束时间</td><td></td></tr>
<tr><td>场　地</td><td colspan="5">汽车底盘实训室或整车实训室</td></tr>
<tr><td>用品、用具、工具、设备</td><td colspan="5">手动变速器汽车一辆、离合器拆装工具</td></tr>
<tr><td>工作记录</td><td colspan="5">1. 认识汽车离合器的类型及型号。
2. 说出汽车离合器的部件名称及拆装顺序。</td></tr>
<tr><td colspan="6">1. 填空题。
(1) 汽车离合器由＿＿＿＿＿＿、＿＿＿＿＿＿、＿＿＿＿＿＿、＿＿＿＿＿＿四部分组成。
(2) 离合器按结构分为＿＿＿＿＿＿、＿＿＿＿＿＿、＿＿＿＿＿＿三种类型。
2. 判断题。
(1) 摩擦离合器由主动部分、从动部分、压紧机构和操纵机构四部分组成。(　　)
(2) 离合器操纵机构是使离合器分离，并能柔和接合的一套机构。它包括从离合器踏板到分离轴承之间的零部件、机构。(　　)
3. 完成任务。
　　在教师提供的手动变速器车辆上，说出汽车离合器的类型及型号，并说明各部件名称及如何拆装。
车型：＿＿＿＿＿＿＿＿＿＿＿＿＿＿＿＿
离合器类型：＿＿＿＿＿＿＿＿＿＿＿＿＿＿＿＿
离合器各部件的名称：＿＿＿＿＿＿＿＿＿＿＿＿＿＿＿＿
离合器的拆装步骤：＿＿＿＿＿＿＿＿＿＿＿＿＿＿＿＿
＿＿＿＿＿＿＿＿＿＿＿＿＿＿＿＿＿＿＿＿＿＿＿＿

指导教师评语：
＿＿＿＿＿＿＿＿＿＿＿＿＿＿＿＿＿＿＿＿＿＿＿＿
＿＿＿＿＿＿＿＿＿＿＿＿＿＿＿＿＿＿＿＿＿＿＿＿

教师签字：＿＿＿＿＿＿＿＿　日期：＿＿＿＿年＿＿＿＿月＿＿＿＿日</td></tr>
</table>

学习任务 11.2 手动变速器与分动器

☞学习情境

一位车主开着一辆奇瑞风云到4S店反映自己的车挂挡困难，出现咯吱咯吱的异响，经维修人员检查，判断是由于离合器分离不彻底导致的。然后维修人员进一步拆检发现是由于液压操纵机构的离合器主缸皮碗失效导致离合器分离不彻底、挂挡困难。

为了能够对变速器及分动器总成进行拆装，我们需要掌握其总成的具体组成、构造和工作原理。

☞学习目标

通过本任务的学习，应能：

1. 叙述变速器的功用。
2. 正确操作变速器。
3. 在车上找到变速器的位置，并描述其功用和基本原理。
4. 叙述变速器操纵机构基本组成和原理。
5. 对变速器总成进行正确的拆装。

☞学习信息资源

变速器是汽车传动系统中的另一个总成，安装在离合器与万向传动装置之间，是离合器与汽车传动系统之间切断和传递动力、改变传动比的部件。

☞学习场所和设备

1. 手动变速器车辆，举升机，变速器拆装专用工具。
2. 游标卡尺、卡环钳、维修手册、工作台。
3. 汽车底盘实训室或整车实训室。
4. 分解或解剖的变速器总成。

☞学习任务

1. 会正确叙述汽车变速器的类型。
2. 掌握汽车变速器的结构及原理。
3. 能说出各种变速器的型号。
4. 会正确使用工具对手动变速器进行拆装。

11.2.1　变速器的功用

1. 在较大范围内改变汽车行驶速度和汽车驱动轮上扭矩的大小。

由于汽车行驶条件不同，要求汽车行驶速度应能在较大范围内变化。而内燃机曲轴转速变化范围较小，满足不了车速变化的要求。汽车在行驶时，行驶阻力变化也很大。根据汽车的不同使用条件，要求驱动轮上的扭矩应能在几倍甚至十几倍的范围内变化，而目前汽车上所用的内燃机若供油量不变，当发动机曲轴转速变化时，曲轴输出的扭矩变化范围很小，不能满足上述要求。因而在汽车传动系统中需要安装变速器，以便在较大范围内改变车速和驱动轮扭矩。

2. 实现倒车行驶（倒挡）。

汽车发动机曲轴一般只能向一个方向转动，而汽车有时需要倒退行驶，因此，往往利用变速器中设置的倒挡来实现汽车倒车行驶。

3. 实现空挡。

当发动机的动力输出给变速器的输入轴，而变速器中各组齿轮啮合，但不传递动力（与轴相对转动）时，变速器就可以实现动力不输出（空挡）。

4. 驱动其他机构。

通过变速器将发动机的动力输出给附加机构，如自卸车的油泵、某些汽车的绞盘等。

11.2.2　变速器的分类

1. 按传动比的变化方式分类。

变速器按传动比的级数可分为有级式、无级式和综合式三种。

（1）有级式变速器。

有级式变速器采用齿轮传动，具有若干个定值传动比。乘用车和轻、中型货车变速器多采用 3 ~ 5 个前进挡和 1 个倒挡，每个挡位对应一个传动比。重型汽车行驶的路况复杂，变速器的挡位较多，可有 8 ~ 20 个挡位。

齿轮式变速器具有结构简单、易于制造、工作可靠、传动效率高等优点。齿轮式的有级变速器按照结构不同又可以分为二轴式和三轴式变速器。二轴式变速器广泛用于发动机前置前轮驱动的乘用车，而三轴式变速器可应用于其他各类型车辆。

（2）无级式变速器。

无级式变速器英文缩写为 CVT，它的传动比的变化是连续的。目前的无级变速器一般都是采用金属带传递动力，通过主、从动带轮直径的变化实现无级变速。这种变速器在中、高级乘用车上的应用越来越多。

（3）综合式变速器。

综合式变速器是由液力变矩器和有级齿轮式变速器组成的，一般都是由微处理器来自动控制换挡，所以也称为自动变速器。这种变速器的传动比可在最大值与最小值之间的几个间断的范围内做无级变化，目前应用较多。

2. 按变速器操纵方式分类。

按变速器操纵方式可分为手动变速器、自动变速器和手动自动一体变速器三种。

（1）手动变速器。

手动变速器的英文缩写为 MT，即 manual transmission 的缩写。它是通过驾驶员用手操纵变速杆来选定挡位，并直接操纵变速器的换挡机构进行挡位变换。齿轮式有级变速器大多数都采用这种换挡方式。

（2）自动变速器。

自动变速器的英文缩写为 AT，即 automatic transmission 的缩写。这种变速器的自动控制系统根据发动机的负荷和车速的变化情况自动地选定挡位，并进行挡位变换，即自动地改变传动比。驾驶员只需要操纵加速踏板控制车速。

（3）手动自动一体变速器。

这种变速器可以自动换挡，也可以手动换挡，比较典型的如奥迪 A6 的 TIPtronic，上海帕萨特 1.8T 也装有手动自动一体变速器。

本节将介绍手动、有级、齿轮变速器，一般简称为手动变速器。

11.2.3　变速器的齿轮传动原理

普通齿轮变速器是利用不同齿数的齿轮啮合传动来实现转矩和转速的改变。

齿轮传动的基本原理如图 11－19 所示，一对齿数不同的齿轮啮合传动时可以实现变速，而且两齿轮的转速比与其齿数成反比。设主动齿轮转速为 n_l，齿数为 z_1，从动齿轮转速为 n_2，齿数为 z_2。主动齿轮（即输入轴）转速与从动齿轮（即输出轴）转速之比称为传动比，用字母 i_{12}表示。即由齿轮 1 传到齿轮 2 的传动比

$$i_{12}=n_1/n_2=z_2/z_1$$

当小齿轮为主动齿轮，带动大齿轮转动时，输出转速降低，即 $n_2<n_1$，称为减速传动，此时传动比 $i>1$，如图 11－19（a）所示；大齿轮驱动小齿轮时，输出转速升高，即 $n_2>n_1$，称为增速传动，此时传动比 $i<1$，如图 11－19（b）所示。这就是齿轮传动的变速原理。汽车变速器就是根据这一原理利用若干大小不同的齿轮副传动而实现变速的。

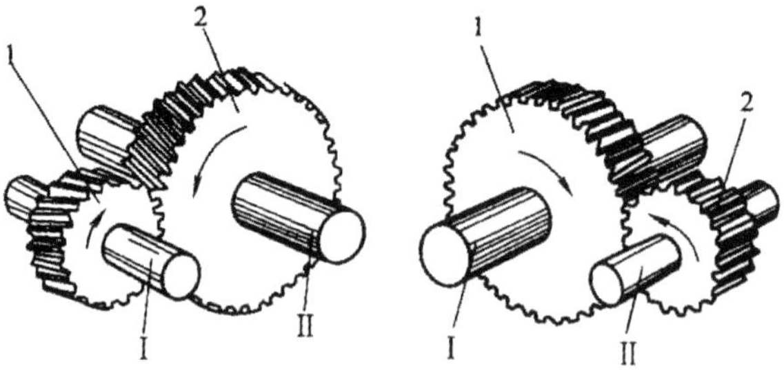

图 11－19　齿轮传动的基本原理

（a）减速传动　　　　（b）增速传动

Ⅰ—输入轴；Ⅱ—输出轴；1—主动齿轮；2—从动齿轮

如图 11－20 所示为两级齿轮传动示意图，齿轮 1 为主动齿轮，驱动齿轮 2 转动，齿轮 3 与齿轮 2 固连在一起，再驱动齿轮 4 转动并输出动力，此时由 1 传到 4 的传动比为

$$i_{14} = n_1/n_4 = (z_2z_4)/(z_1z_3) = i_{12}i_{34}$$

因此，可以总结出多级齿轮传动的传动比为：

i = 所有从动齿轮齿数的乘积/所有主动齿轮齿数的乘积 = 各级齿轮传动比的乘积

对于变速器，各挡的传动比 i 就是变速器输入轴转速与输出轴转速之比或输出转矩与输入转矩之比。即

$$i = n_{输入}/n_{输出} = T_{输出}/T_{输入}$$

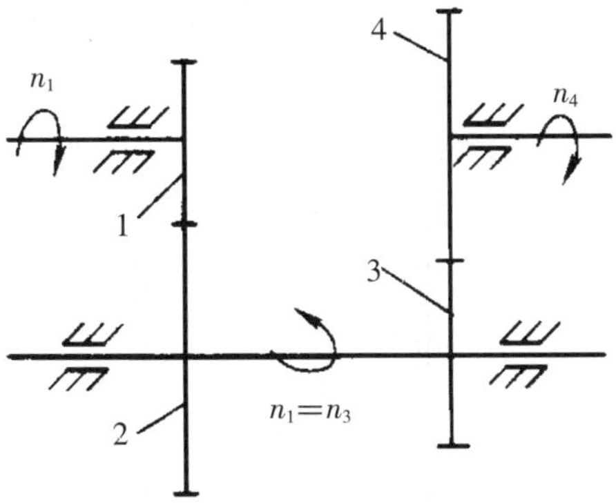

图 11－20　两级齿轮传动示意图

1、3—主动齿轮；2、4—从动齿轮

当 $i>1$ 时，$n_{输出}<n_{输入}$，$T_{输出}>T_{输入}$，此时实现降速增矩，为变速器的低挡位，且 i 越大，挡位越低；当 $i=1$ 时，$n_{输出}=n_{输入}$，$T_{输出}=T_{输入}$，为变速器的直接挡；当 $i<1$ 时，$n_{输出}>n_{输入}$，$T_{输出}<T_{输入}$，此时实现升速降矩，为变速器的超速挡。

例如，桑塔纳 2000 型乘用车 5 挡手动变速器各挡的传动比见表 11－1。其一至 3 挡为降速挡，4 挡为直接挡，5 挡为超速挡。

表 11－1　桑塔纳 2000 型乘用车 5 挡手动变速器各挡的传动比

挡　位	传动比	挡　位	传动比
I	3. 455	IV	0. 969
II	1. 944	V	0. 800
II	1. 286		

11. 2. 4　变速器的结构

变速器由变速传动机构和变速操纵机构两大部分组成。

11. 2. 4. 1　变速器的变速传动机构

变速传动机构的主要作用是改变转矩的大小和方向，操纵机构的作用是实现换挡。变速传动机构是变速器的主体。

按工作轴的数量（不包括倒挡轴）可分为二轴式变速器和三轴式变速器。

1. 二轴式变速器。

二轴式变速器用于发动机前置前轮驱动的汽车，一般与驱动桥（前桥）合称为手动变速驱动桥。目前，我国常见的国产乘用车均采用这种变速器，如桑塔纳、捷达、富康、奥迪等。前置发动机有纵向布置和横向布置两种形式，与其配用的二轴式变速器也有两种不同的结构形式。发动机纵置时，主减速器为一对锥齿轮，如奥迪 100、桑塔纳 2000 型乘用车，如图 11－21 所示；发动机横置时，主减速器采用一对圆柱齿轮，如捷达乘用车，如图 11－22 所示。

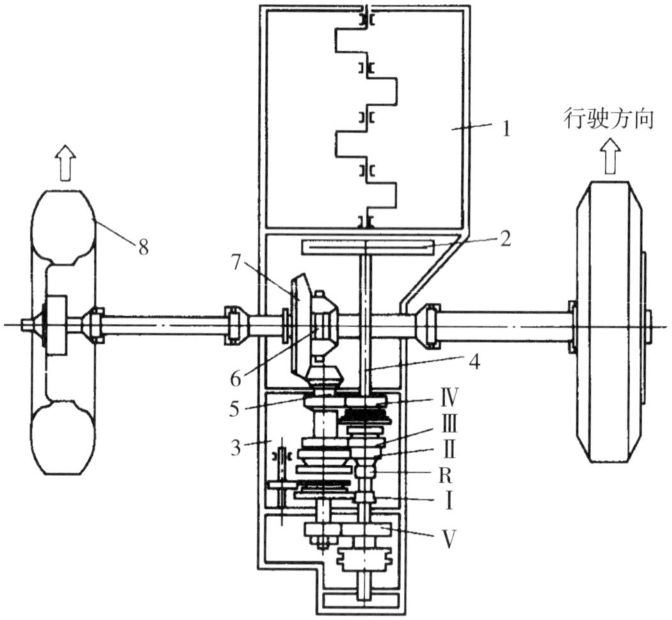

图 11－21　发动机纵置的二轴式变速器传动示意图（桑塔纳 2000）
1—纵置发动机；2—离合器；3—变速器；4—变速器输入轴；5—变速器输出轴（主减速器主动锥齿轮）；6—差速器；7—主减速器从动锥齿轮；8—前轮
Ⅰ、Ⅱ、Ⅲ、Ⅳ、Ⅴ—一、二、三、四、5 挡齿轮；R—倒挡齿轮

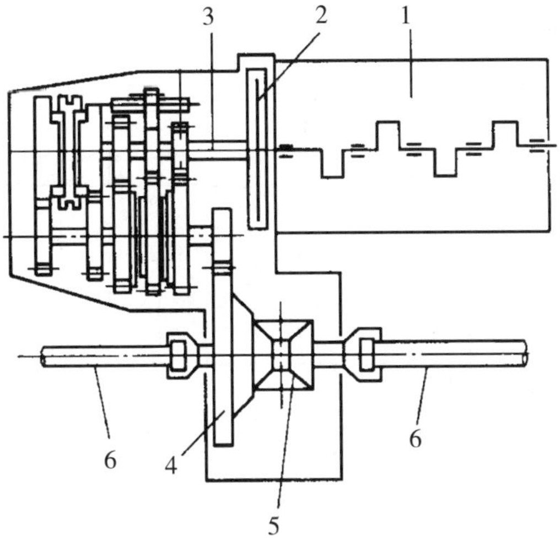

图 11－22　发动机横置的二轴式变速器传动示意图（捷达）

1—发动机；2—离合器；3—变速器；4—主减速器；

5—差速器；6—带等角速万向节的半轴

(1) 发动机纵向布置的二轴式变速器。

如图 11－23 和图 11－24 所示分别为桑塔纳 2000 型乘用车二轴式变速器传动机构的结构图和示意图。

①结构。

该变速器的变速传动机构有输入轴和输出轴，两个轴平行布置，输入轴也是离合器的从动轴，输出轴也是主减速器的主动锥齿轮轴。

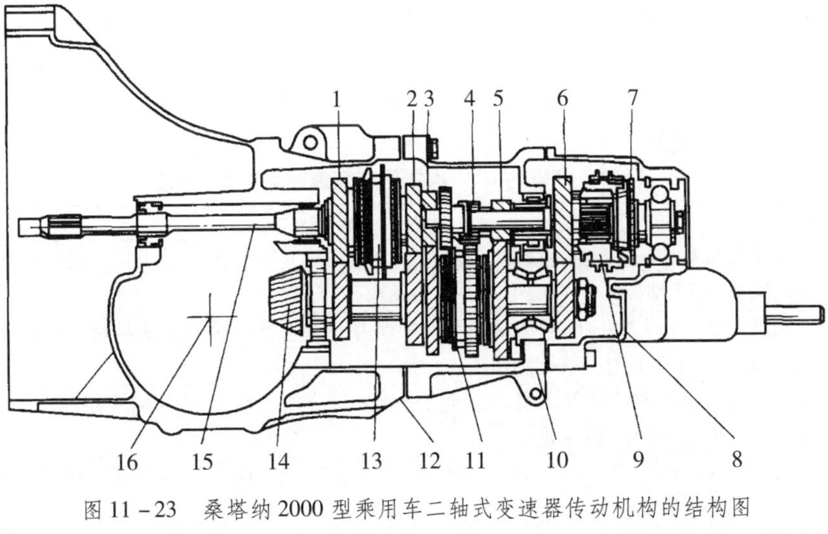

图 11－23　桑塔纳 2000 型乘用车二轴式变速器传动机构的结构图

1—4 挡齿轮；2—3 挡齿轮；3—2 挡齿轮；4—倒挡齿轮；5—1 挡齿轮；6—5 挡齿轮；

7—5 挡运行齿环；8—换挡机构壳体；9—5 挡同步器；10—齿轮箱体；

11—1、2 挡同步器；12—变速器壳体；13—三、4 挡同步器；

14—输出轴（主减速器主动锥齿轮）；15—输入轴；16—差速器

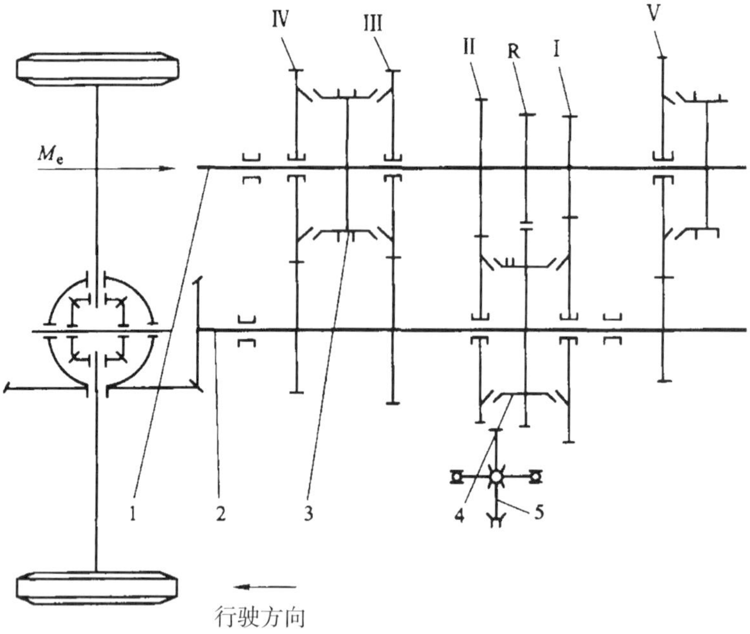

图 11-24　桑塔纳2000型乘用车二轴式变速器传动机构的示意图
1—输入轴；2—输出轴；3—3、4挡同步器；4—1、2挡同步器；5—倒挡中间齿轮
Ⅰ—1挡齿轮；Ⅱ—2挡齿轮；Ⅲ—3挡齿轮；Ⅳ—4挡齿轮；Ⅴ—5挡齿轮；R—倒挡齿轮

该变速器具有五个前进挡和一个倒挡，全部采用锁环式惯性同步器换挡。输入轴上有一至5挡主动齿轮，其中1、2挡主动齿轮与轴制成一体，三、四、5挡主动齿轮通过滚针轴承空套在轴上。输入轴上还有倒挡主动齿轮，它与轴制成一体。3、4挡同步器和5挡同步器也装在输入轴上。输出轴上有一至5挡从动齿轮，其中1、2挡从动齿轮通过滚针轴承空套在轴上，三、四、5挡齿轮通过花键套装在轴上。1、2挡同步器也装在输出轴上。在变速器壳体的右端还装有倒挡轴，上面通过滚针轴承套装有倒挡中间齿轮。

②各挡动力传递路线。

表 11-2　桑塔纳2000型乘用车变速器动力传动路线

挡位	动力传递路线
一	变速器操纵杆从空挡向左、向前移动，实现：动力→输入轴→输入轴1挡齿轮→输出轴1挡齿轮→输出轴上1、2挡同步器→输出轴→动力输出
二	变速器操纵杆从空挡向左、向后移动，实现：动力→输入轴→输入轴2挡齿轮→输出轴2挡齿轮→输出轴上1、2挡同步器→输出轴→动力输出
三	变速器操纵杆从空挡向前移动，实现：动力→输入轴→输入轴3、4挡同步器→输入轴3挡齿轮→输出轴3挡齿轮→输出轴→动力输出
四	变速器操纵杆从空挡向后移动，实现：动力→输入轴→输入轴3、4挡同步器→输入轴4挡齿轮→输出轴4挡齿轮→输出轴→动力输出
五	变速器操纵杆从空挡向左、向前移动，实现：动力→输入轴→输入轴上5挡同步器→输入轴5挡齿轮→输出轴5挡齿轮→输出轴→动力输出
倒	变速器操纵杆从空挡向右、向后移动，实现：动力→输入轴→输入轴倒挡齿轮→倒挡轴上倒挡齿轮→输出轴倒挡齿轮→输出轴→动力反向输出

（2）发动机横向布置的二轴式变速器。

①结构。

发动机横向布置的二轴式变速器结构如图 11－25 所示，所有前进挡齿轮和倒挡齿轮都采用常啮合斜齿轮，并采用锁环式同步器换挡。

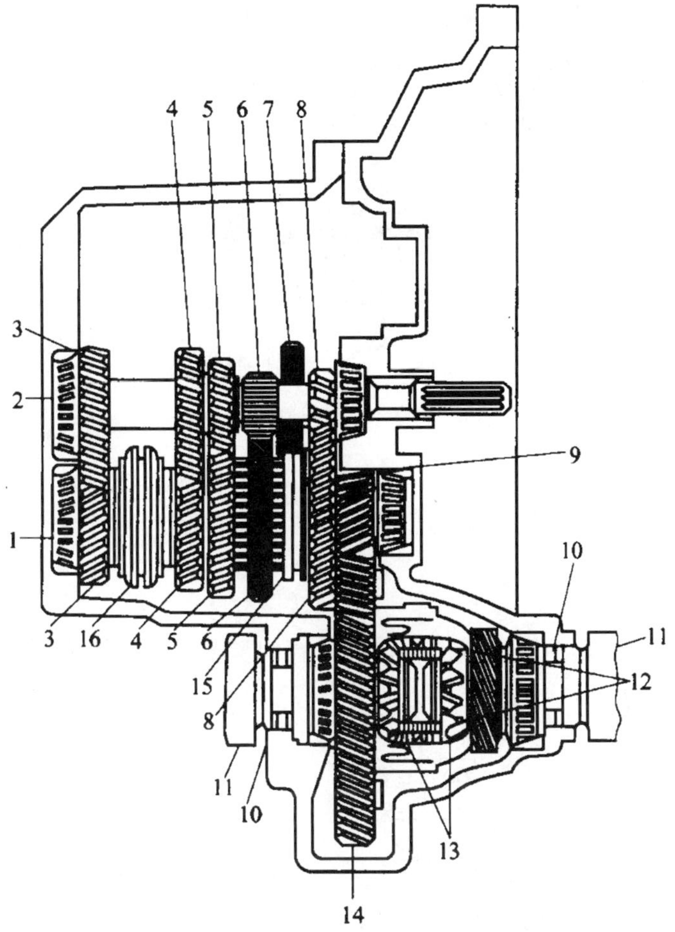

图 11－25　发动机横向布置的二轴式变速器结构图

1—输出轴；2—输入轴；3—4 挡齿轮；4—3 挡齿轮；5—2 挡齿轮；6—倒挡齿轮；7—倒挡惰轮；8—1 挡齿轮；9—主减速器主动齿轮；10—差速器油封；11—等速万向节轴；12—差速行星齿轮；13—差速半轴齿轮；14—主减速器从动齿轮；15—1、2 挡同步器；16—3、4 挡同步器

①各挡动力传动路线。

a. 1 挡。

如图 11－26 所示，1、2 挡同步器使 1 挡齿轮与主减速器主动齿轮轴接合，将变速齿轮锁定到主减速器主动齿轮轴上。输入轴齿轮的 1 挡主动齿轮顺时针转动，逆时针地驱动 1 挡从动齿轮和主减速器主动齿轮轴，顺时针驱动主减速器从动齿轮。

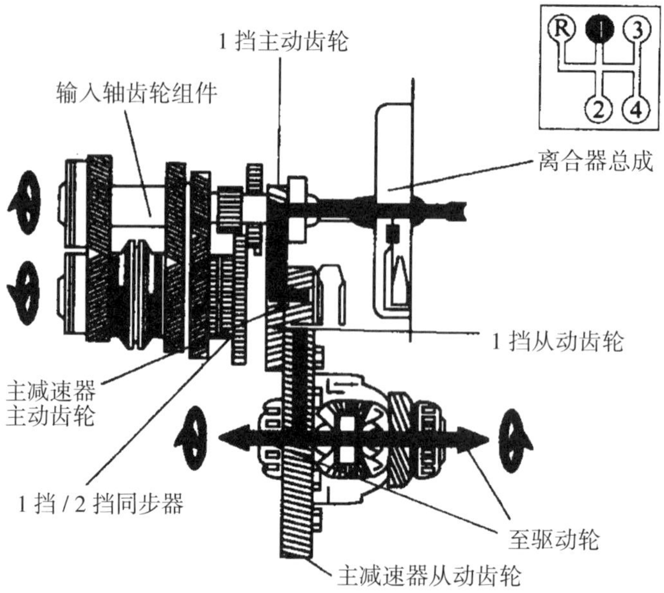

图 11－26　1 挡动力传动路线

b. 2 挡。

从 1 挡向 2 挡换挡时，1、2 挡同步器分离 1 挡从动齿轮，并接合 2 挡从动齿轮，动力传动路线如图 11－27 所示。

c. 3 挡。

当 2 挡同步器接合套返回空挡后，将 3、4 挡同步器锁定到主减速器主动齿轮轴上的 3 挡齿轮上。动力传动路线如图 11－28 所示。

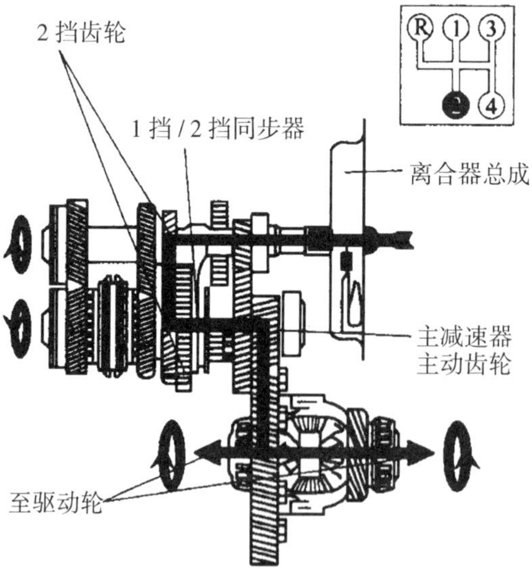

图 11－27　2 挡动力传动路线

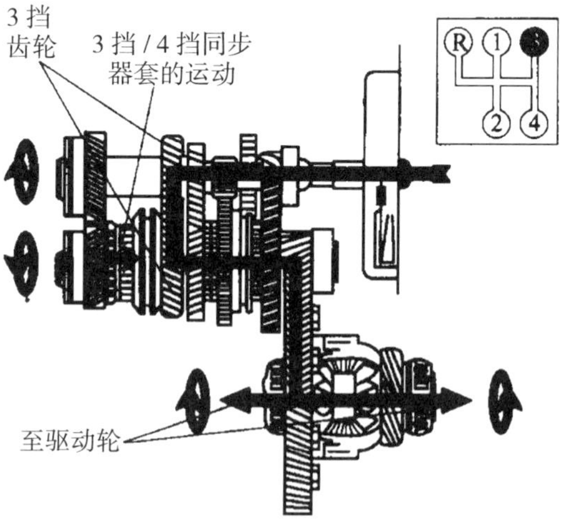

图 11－28　3 挡动力传动路线

d. 4 挡。

将 3、4 挡同步器接合套从 3 挡齿轮移开，移向 4 挡齿轮，将其锁定在主减速器主动齿轮轴上。动力传动路线如图 11－29 所示。

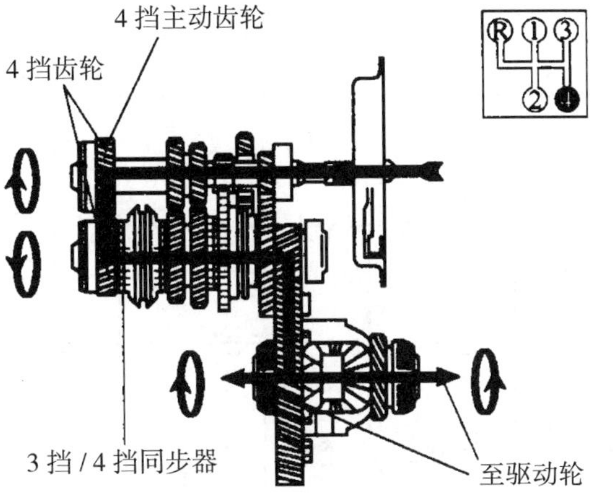

图 11－29　4 挡动力传动路线

e. 倒挡。

变速杆位于倒挡时，倒挡惰轮换入与倒挡主动齿轮和倒挡从动齿轮啮合。倒挡从动齿轮同时又是 1、2 挡同步器接合套，同步器接合套带有沿其外缘加工的直齿。倒挡惰轮改变变速齿轮的转动方向，汽车就可以倒车。动力传动路线如图 11－30 所示。

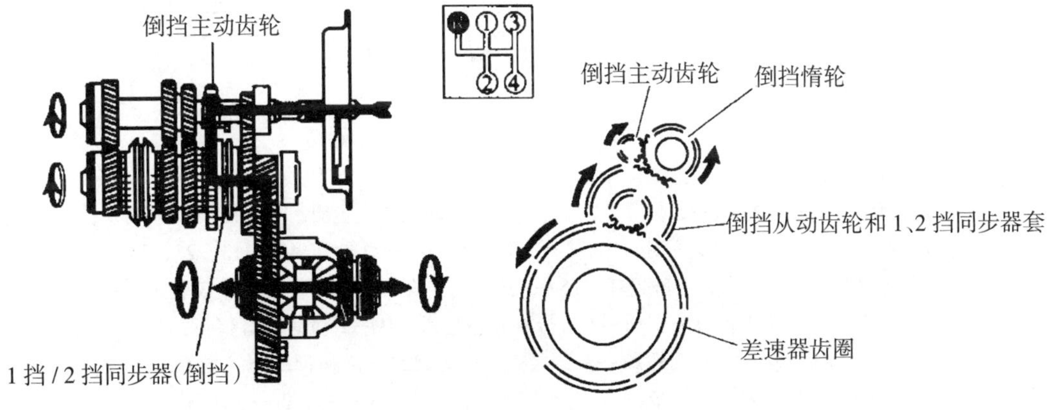

图 11－30　倒挡动力传动路线

2. 三轴式变速器。

普通三轴式变速器的结构如图 11－31 所示。第一轴（输入轴）1、中间轴 30 和第二轴（输出轴）26 支承于壳体之上。第一轴的前端借离合器与发动机曲轴相连，第二轴后端通过凸缘与万向传动装置相连。第一轴常啮合传动齿轮 2 与第一轴制成一体，与中间轴常啮合传动齿轮 38 构成常啮合传动齿轮副。齿轮 29、33、34、35、36 和 37 都固定在中间轴上，而齿轮 8、9、16、17、22 和 25 则空套在第二轴上。花键毂 13、27、28 和 40 以其内花键与第二轴上的外花键相连接，并且不能做轴向移动（用卡环锁止）。

图 11－31 所示为变速器的空挡位置，当第一轴旋转时，通过齿轮 2 带动中间轴及其上的各齿轮旋转。由于齿轮 8、9、16、17、22 和 25 是空套在第二轴上的，故第二轴不被驱动。

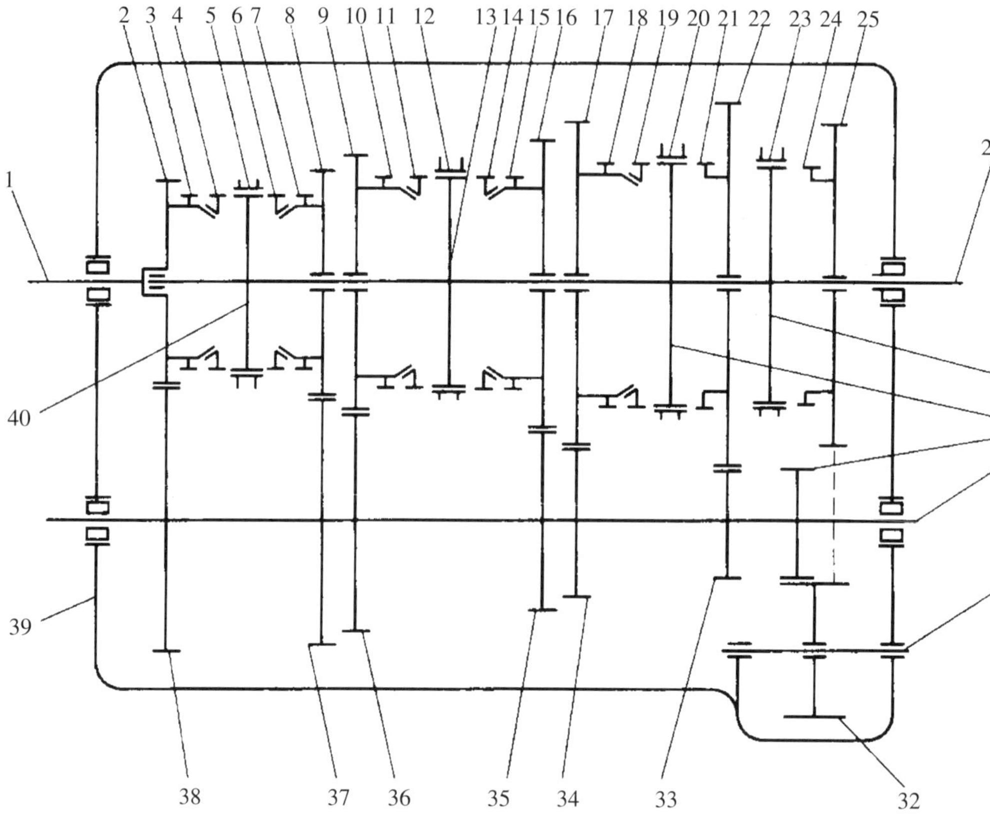

图 11－31　载货汽车 6 挡变速器传动示意图

1—第一轴；2—第一轴常啮合传动齿轮；3—第一轴齿轮接合齿圈；4—6 挡同步器锁环；5、12、20、23—接合套；6—5 挡同步器锁环；7—5 挡齿轮接合齿圈；8—第二轴 5 挡齿轮；9—第二轴 4 挡齿轮；10—4 挡齿轮接合齿圈；11—4 挡同步器锁环；13、27、28、40—花键毂；14—3 挡同步器锁环；15—3 挡齿轮接合齿圈；16—第二轴 3 挡齿轮；17—第二轴 2 挡齿轮；18—2 挡齿轮接合齿圈；19—2 挡同步器锁环；21—1 挡齿轮接合齿圈；22—第二轴 1 挡齿轮；24—倒挡齿轮接合齿圈；25—第二轴倒挡齿轮；26—第二轴；29—中间轴倒挡齿轮；30—中间轴；31—倒挡轴；32—倒挡中间齿轮；33—中间轴 1 挡齿轮；34—中间轴 2 挡齿轮；35—中间轴 3 挡齿轮；36—中间轴 4 挡齿轮；37—中间轴 5 挡齿轮；38—中间轴常啮合传动齿轮；39—变速器壳体

固定在第二轴上的各个花键毂 13、27、28 和 40 的外圆表面上均制有与其相邻齿轮的接合齿圈齿形完全相同的外花键，分别与相应的具有内花键的各个接合套相接合，并可沿花键毂轴向滑动。在该变速器中，除 1 挡、倒挡外，均采用同步器换挡。同步器是一种加装了一套同步装置的接合套换挡机构。同步装置的作用是使变速器在汽车行驶过程中换挡

时不发生接合齿的冲击。欲挂上1挡，可操纵变速杆，通过拨叉使接合套20右移，与1挡齿轮接合齿圈21接合后动力便可从第一轴依次经齿轮2、38，中间轴，齿轮33、22，接合齿圈21，接合套20，花键毂28再通过花键连接传给第二轴。欲脱开1挡，可通过拨叉使接合套20左移，使接合套与接合齿圈21脱离啮合，则变速器退回空挡位置。若将接合套20继续左移使之与2挡同步器锁环19的接合齿圈和2挡齿轮接合齿圈18接合后，变速器便从1挡换入了2挡。此时动力从第一轴依次经齿轮2、38，中间轴齿轮34、17，接合齿圈18，接合套20，花键毂28，最后传给第二轴。

同理，使接合套12右移到与3挡齿轮接合齿圈15接合，则可得到3挡；使接合套12左移到与4挡齿轮接合齿圈10接合，便换上4挡；使接合套5右移到与5挡齿轮接合齿圈7接合，则换入5挡；若使接合套5左移到与第一轴齿轮接合齿圈3接合，则换入第6挡，此时动力从第一轴经齿轮2、接合齿圈3、接合套5和花键毂40直接传给第二轴，而不再经过中间轴齿轮传动，故这种挡位称为直接挡，其传动比为1。

有些轿车和轻、中型货车的变速器在直接挡之后，还加设一个超速挡（$i=0.7\sim0.85$）。超速挡主要用于在良好路面上轻载或空车行驶的场合，借此提高汽车的燃料经济性。但如果发动机功率不高，则超速挡使用率很低，节油效果不显著，且将影响汽车的动力性。为实现汽车倒向行驶，在中间轴的一侧还设置了一根较短的倒挡轴31（图中按惯例采用展开画法，将倒挡轴画在中间轴的下方）。其上空套着倒挡中间齿轮29，它与第二轴倒挡齿轮25为常啮合斜齿轮。倒挡中间齿轮32与中间轴倒挡齿轮29亦为常啮合斜齿轮。使接合套23右移与倒挡齿轮接合齿圈24接合，即得倒挡。动力从第一轴经齿轮2、38，中间轴，齿轮29、32、25，倒挡齿轮接合齿圈24，接合套23，花键毂27传到第二轴。由于增加了一个中间齿轮，故第二轴的旋转方向与第一轴相反，汽车便倒向行驶。图11－32所示为实际结构，2挡使用锁销式同步器，3、1、6挡使用锁环式同步器。组装好的变速器总成用螺栓固定在离合器壳53上，并以第一轴轴承盖46的外圆面与离合器壳相应的孔配合，以保证第一轴和曲轴的轴线重合。第二轴26后段花键上装有用以连接万向传动装置的凸缘。

第一轴1的前端用向心球轴承支承在飞轮的中心孔内，其后端则利用圆柱滚子轴承支承在变速器壳体上。第二轴的前端用滚针轴承支承在第一轴常啮合传动齿轮2内圆孔中，其后端亦利用圆柱滚子轴承支承在壳体上。中间轴30的两端也采用圆柱滚子轴承为支承。倒挡轴31用锁片固定在壳体上，防止其转动和轴向移动。

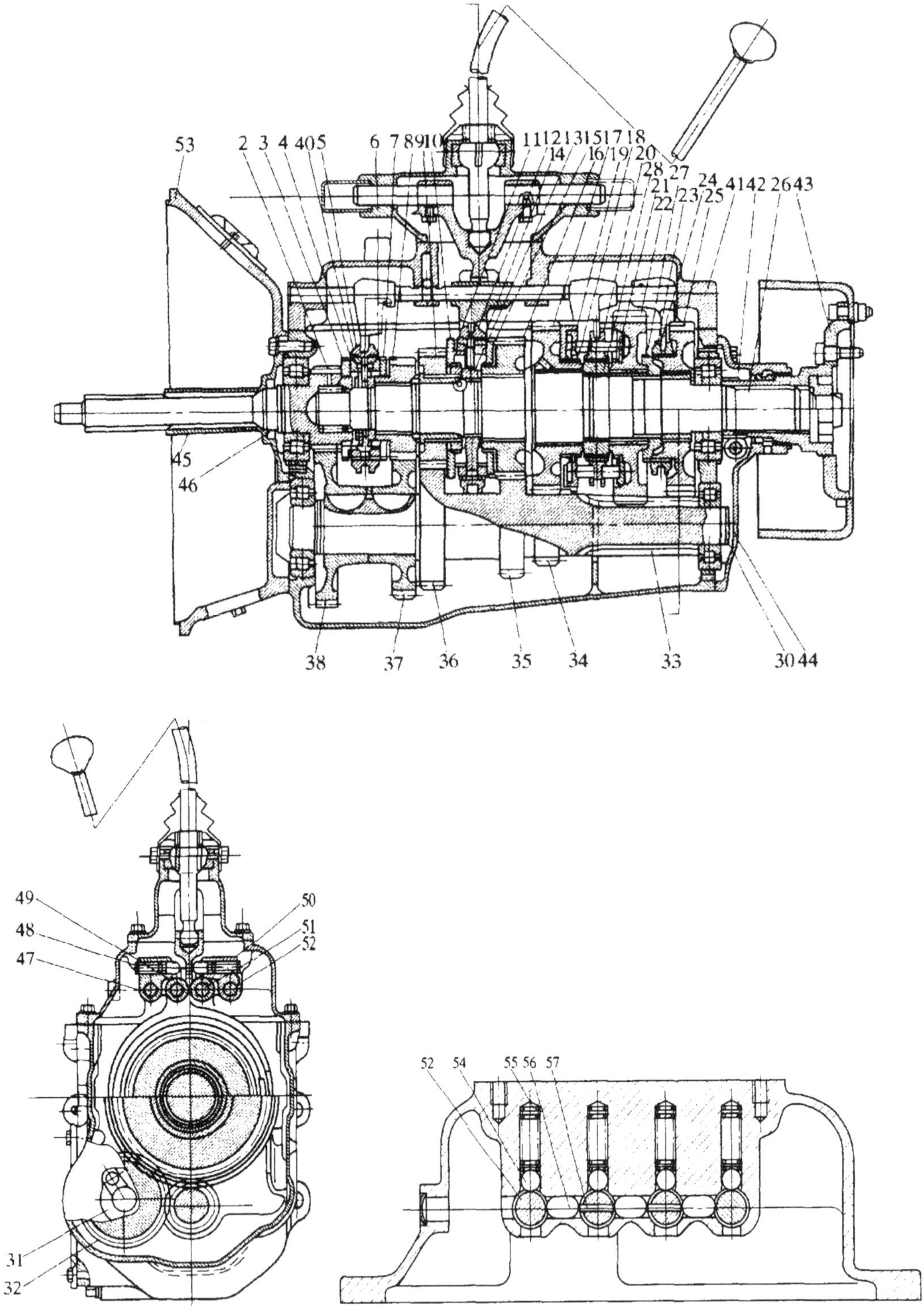

(a)　　　　　　　　(b)

图 11-32　某货车三轴式变速器

(a) 变速器剖面示意图；(b) 自锁和互锁装置示意图

41—变速器盖；42—车速表驱动蜗杆；43—第二轴凸缘；44—变速器后盖；

45—第一轴油封；46—第一轴轴承盖；47—倒挡拨叉轴；48—倒挡轴销；
49—1、2 挡拨叉轴；50—5、6 挡拨叉轴；51—3、4 挡拨叉轴；
52—5、6 挡拨叉轴；53—离合器壳；54—自锁钢球；55—自锁弹簧；
56—互锁柱销；57—互锁顶销（其他图注同图 11－31）

在该变速器中，由于各个挡位利用同步器和接合套换挡，第二轴和中间轴的轴向尺寸较大。为提高轴的支承刚度和轴承的承载能力，故第一、二轴和中间轴的支承有必要全部采用圆柱滚子轴承。与圆锥滚子轴承相比，它省去了调整轴承预紧度的烦琐操作。但由于圆柱滚子轴承（包括圆锥滚子轴承）的接触线长，滚动阻力较大，在汽车的大负荷、长时间运行中，易产生发热现象，严重时轴承可能被烧毁，故应加强变速器的润滑。为减少内摩擦引起的零件磨损和功率损失，需在壳体内注入齿轮油，采用飞溅方式润滑各齿轮副、轴与轴承等零件的工作表面。因此，壳体一侧有加油口，壳体底部有放油塞，通常润滑油液平面高度应保持与加油口的下沿平齐。在第一轴常啮合传动齿轮 2 和第二轴上的齿轮 9、17 上钻有径向油孔，第二轴上的其他齿轮，如齿轮 8、16、22、25 在其轮毂端面开有径向油槽，以便润滑所在部位的滚针轴承。为防止润滑油从第一轴 1 与轴承盖 46 之间的间隙流入离合器而影响其摩擦性能，在轴承盖内安装了橡胶油封 45，并且壳体上开有回油孔。为防止润滑油从第二轴后端流到中央制动器的工作表面上，在变速器后盖 44 内亦装有橡胶油封，并且装配时在各轴承盖、后盖、上盖等接合面间加涂密封胶。为防止变速器工作时由于油温升高、气压增大而造成润滑油渗漏现象，在变速器盖上装有通气塞。

普通齿轮式变速器的换挡装置常见的有直接滑动齿轮式、接合套式和同步器式几种结构形式。目前同步器式换挡装置使用普遍，将在下一部分（3. 同步器）中详细介绍。变速器换挡装置除应能保证顺利地挂挡和退挡外，在结构上还必须保证在汽车行驶过程中，当变速器换入某一挡位后不会出现自动脱挡现象。常见的防止自动脱挡的结构有齿端倒斜面式和减薄齿式两种形式。图 11－33 所示为齿端倒斜面式防止脱挡结构。它是将接合套齿 2 的两端及接合齿圈 1、4 的齿端都制有相同斜度的倒斜面。当接合套 2 向左或右移动，与接合齿圈 1 或 4 相啮合时，两者之间即以倒斜面接触传递动力。图示位置为左端接合，这时由于斜面的作用使接合齿圈与接合套之间的啮合存在一个向左的轴向作用力，阻止接合套 2 自动向右移动，即防止其自动脱挡。

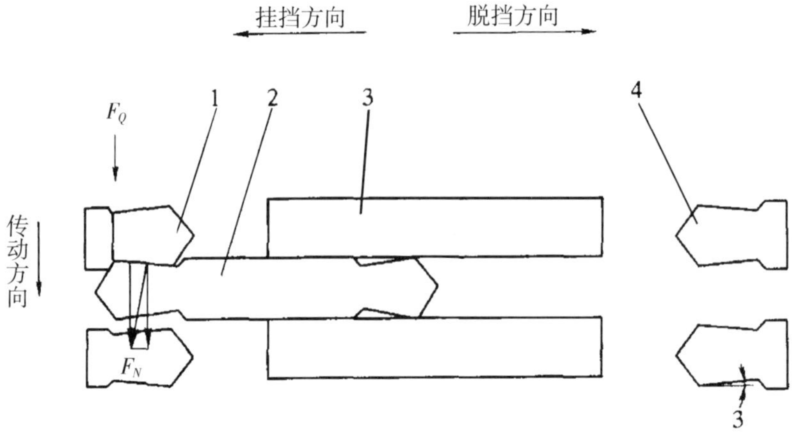

图 11－33　齿端倒斜面防止自动脱挡结构
1、4—接合齿圈；2—接合套；3—花键毂；
F—圆周力；F_N—倒锥齿面正压力；F_Q—防止跳挡的轴向力

减薄齿式防止脱挡结构如图 11－34 所示，同步器即采用这种防止脱挡结构。它是将花键毂外齿 3 的两端减薄 0.3～0.4 mm，使各花键齿中部形成一个凸台。当接合套 2 向左或向右移动与接合齿圈 1、4 接合传递动力时，其后端将被花键毂齿上的凸台挡住，从而防止自动脱挡。当要摘挡时，驾驶员放松加速踏板，发动机转速迅速降低，花键毂 3 则在惯性作用下相对于接合齿圈向接合套方向转过一个角度，使接合套与花键毂分离，便可以顺利地摘挡。

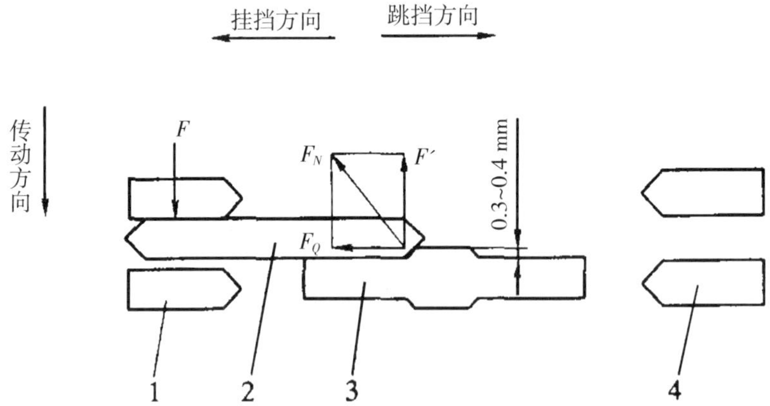

图 11－34　减薄齿防止自动脱挡结构
1—接合齿圈；2—接合套；3—花键毂；4—接合齿圈；
F—圆周力；F_N—凸台对接合套的总阻力；F_Q—防止跳挡的轴向力

3. 同步器。

（1）无同步器的换挡过程。

采用移动齿轮或接合套换挡时，应是待啮合的一对齿轮的轮齿或接合套与接合齿圈上相应的内、外花键齿的圆周速度相等时，即达到同步的时候再使两者进入啮合，才能保证换挡时齿轮之间无冲击、无噪声，做到平顺换挡，为了达到这一要求，驾驶员换挡时必须采取合理的换挡操作步骤。现以图 11－35 所示的无同步器的两个挡位之间的换挡过程予以说明。如图 11－35 所示，第二轴 4 挡齿轮 4 空套在第二轴上，接合套 3 通过花键毂与第二轴相连，接合套 3 向右移动与第二轴 4 挡齿轮 4 上的接合齿圈相接合构成低速挡；接合套 3 向左移动与齿轮 2 上的接合齿圈相接合则构成高速挡（即直接挡）。其换挡过程如下：

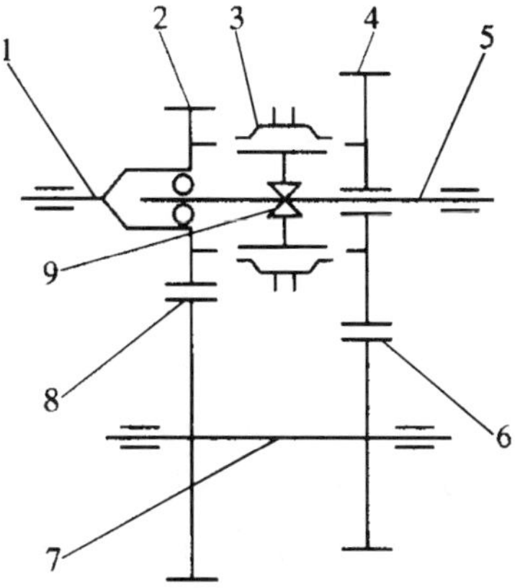

图 11－35　5 挡变速器 4、5 挡的示意图

1—第一轴；2—第一轴常啮合传动齿轮；3—接合套；4—第二轴 4 挡齿轮；5—第二轴；6—中间轴 4 挡齿轮；7—中间轴；8—中间轴常啮合传动齿轮；9—花键毂

①低速挡换入高速挡。

变速器在 4 挡工作时，接合套 3 与第二轴 4 挡齿轮 4 上的接合齿圈啮合，两者接合齿圆周速度 $v_3 = v_4$。欲换入 5 挡时，驾驶员先踩下离合器踏板，离合器分离，再通过变速操纵机构将接合套 3 左移，处于空挡位置。此时仍是 $v_3 = v_4$，因 4 挡齿轮 4 的转速低于第一轴常啮合传动齿轮 2 的转速，故圆周速度 $v_3 < v_4$。所以在挂入空挡的瞬间，$v_3 < v_4$，为避免齿轮冲击，不应立即换入 5 挡，应先在空挡停留片刻。在空挡位置时，变速器输入端各零件已与发动机中断了动力传递，且转动惯量较小，再加上中间轴齿轮的搅油阻力，所以 v_2 下降较快［图 11－36（a）］。整个汽车的转动惯性大，导致接合套 3（与第二轴转速相同）的圆周速度 v_3 下降较慢，图 11－36（a）中，v_2、v_3 的变化曲线为两直线，这两直线的倾斜度不同而相交，交点即为同步状态（$v_3 = v_4$）。此时将接合套左移与齿轮 2 上的齿圈啮合挂入 5 挡，不会产生冲击。但自然减速出现同步的时刻太晚，应在摘下 4 挡后，立即抬起离合器踏板，利用发动机怠速工况迫使第一轴更快地减速，v_2 下降较快［如图 11－36（a）中虚线所示］，同步点出现得早，缩短了换挡时间。

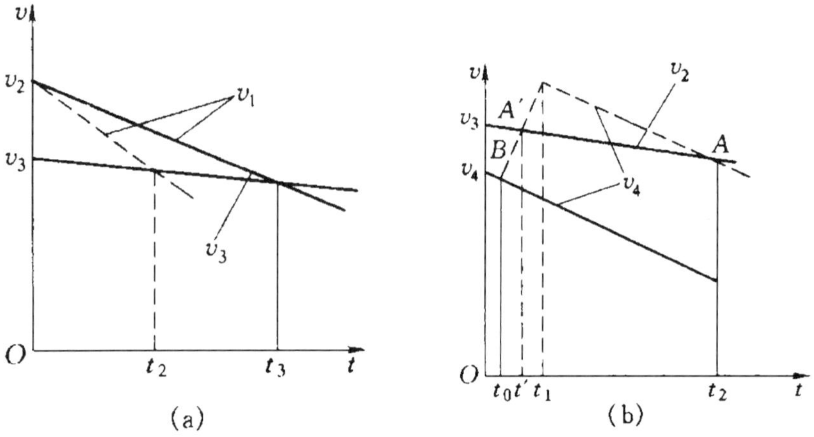

图 11－36　无同步器变速器换挡过程中各齿轮圆周速度的变化曲线
(a) 低速挡换高速挡；(b) 高速挡换低速挡

②高速挡换低速挡（5 挡换 4 挡）。

变速器在 5 挡工作时以及由 5 挡换入空挡的瞬间，接合套 3 与齿轮 2 接合齿圈圆周速度相同，即：$v_2=v_3$，因为 $v_2>v_4$，故 $v_3>v_4$ [图 11－36（b）]。但在空挡时 v_4 下降得比 v_3 快，即直线 v_4 与 v_3 不会出现相交点，不可能达到自然同步状态。所以驾驶员应在变速器换到空挡后，立即抬起离合器踏板，同时踩一下加速踏板，使发动机连同离合器从动盘和第一轴都从点 B 开始加速，让 $v_4>v_3$ [如图 11－36（b）中虚线所示]，再踩下离合器踏板稍等片刻，使 $v_2=v_4$（同步点 A），即可换入 4 挡。

图 11－36（b）中还有一次同步时刻 A'，利用这一点来缩短换挡时间，由于此点是在踩加速踏板过程中出现的，要求有熟练的操作技能。由此可见，欲使无同步器变速器换挡时不产生齿轮冲击，需采取较复杂的操作，不仅易使驾驶员产生疲劳，而且降低了齿轮的使用寿命。因此，多数汽车变速器中装有同步器，保证换挡迅速、平顺。

（2）同步器的构造及工作原理。

同步器有常压式、惯性式、自行增力式等种类。目前，汽车上广泛采用的是惯性式同步器。同步器都由同步装置（包括推动件、摩擦件）、锁止装置和接合装置三部分组成。目前，常用的有惯性锁销式同步器和惯性锁环式同步器，下面分别加以介绍。

①惯性锁环式同步器。

锁环式同步器的结构如图 11－37 所示。花键毂 15 用内花键套装在第二轴的外花键上，用垫圈、卡环轴向定位。花键毂 15 两端与齿轮 1 和 10 之间各有一个青铜制成的锁环（即同步环）4 和 8。锁环上有短花键齿圈，其花键齿的尺寸和齿数与花键毂、齿轮 1 和 10 的外花键齿均相同。两个齿轮和销环上的花键齿靠近接合套 7 的一端都有倒角（即锁止角），与接合套齿端的倒角相同。锁环有内锥面，与齿轮 1、10 的外锥面锥角相同。在锁环内锥面上制有细密的螺纹（或直槽），当锥面接触后，它能及时破坏油膜，增加锥面间的摩擦力。锁环内锥面摩擦副称为摩擦件，外沿带倒角的齿圈是锁止件，锁环上还有三个均布的缺口。三个滑块 5 分别装在花键毂 15 上三个均布的轴向槽内，沿槽可以轴向移动。滑块被两个弹簧圈的径向力压向接合套，滑块中部的凸起部位压嵌在接合套中部的环槽内。滑块和弹簧是推动件，滑块两端伸入锁环 4 或 8 的缺口中，滑块窄缺口宽，两者之差等于锁环的花键齿宽。锁环相对滑块顺转和逆转都只能转动半个齿宽，且只有当滑块位于锁环缺口的中央时，接合套与锁环才能接合。

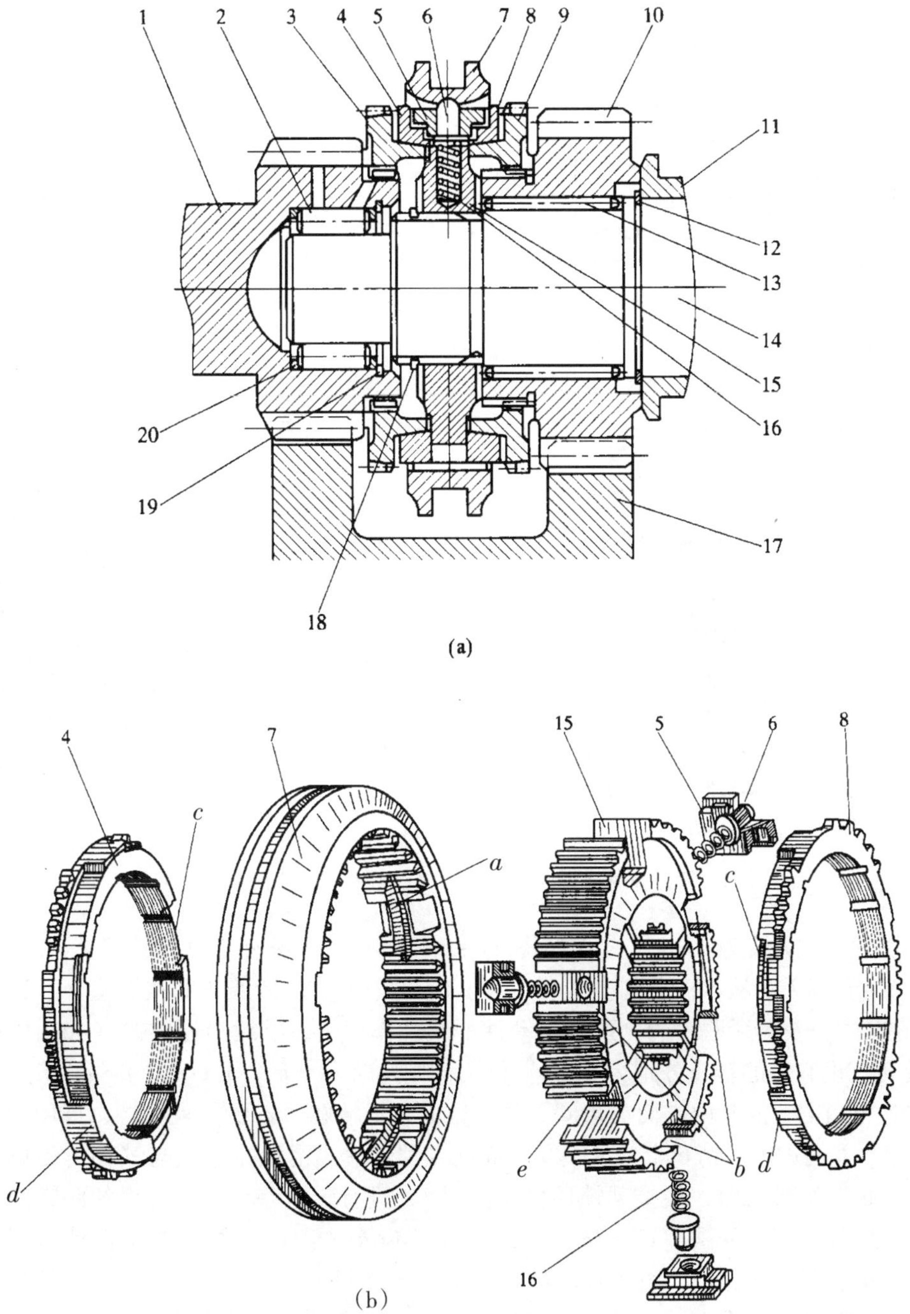

图 11 – 37　锁环式同步器

1—第一轴（齿轮轴）；2、13—滚针轴承；3—6 挡接合齿圈；4、8—锁环（同步环）；5—滑块；6—定位销；7—接合套；9—5 挡接合齿圈；10—第二轴 5 挡齿轮；11—衬套；12、18、19—卡环；14—第二轴；15—花键毂；16—弹簧；17—中间轴 5 挡齿轮；20—挡圈

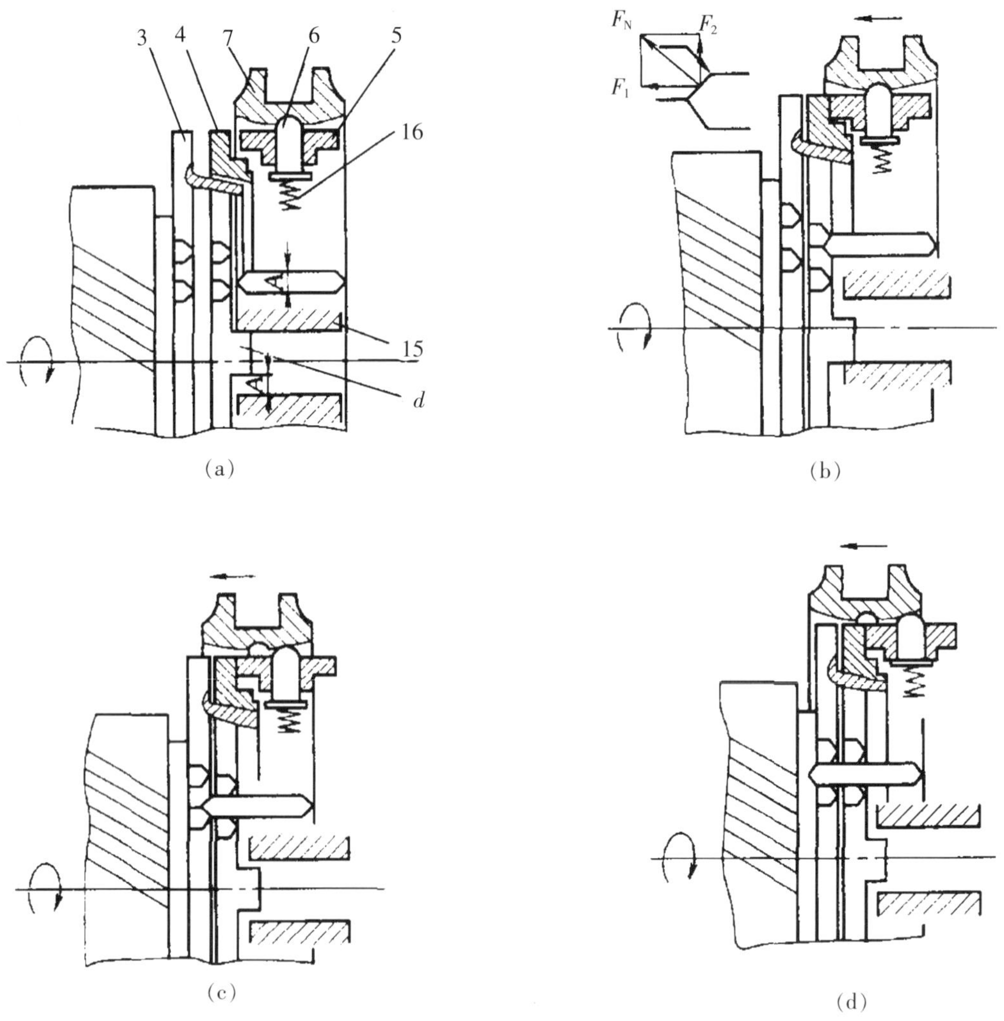

图 11－38　惯性式同步器工作过程示意图（图注同图 11－37）

惯性锁环式同步器的工作过程如图 11－38 所示。设变速器由 5 挡换入 6 挡（直接挡），当接合套 7 刚从 5 挡退到空挡时［图 11－38（a）］，齿圈 3 和接合套 7（连同锁环 4）都在其本身及其所联系的一系列运动件的惯性作用下，继续沿原方向（如图中箭头所示）旋转。设它们的转速分别为 n_3、n_7 和 n_4，则此时 $n_4=n_7$，$n_3>n_7$，即 $n_3>n_4$。锁环 4 在轴向是自由的，故其内锥面与齿圈 3 的外锥面并不接触。若要挂入 6 挡，可用拨叉拨动接合套 7，并通过定位销 6 带动滑块 5 一起向左移动。当滑块左端面与锁环 4 的缺口（图 11－37）的端面接触时，便推动锁环移向齿圈 3，具有转速差（$n_3>n_4$）的两锥面一经接触便产生摩擦作用。如图［11－38（a）］所示，齿圈 3 即通过摩擦作用带动锁环相对于接合套向前转过一个角度，直到锁环的凸起部与花键毂 15 通槽（图 11－37）的另一侧面接触时，锁环便与接合套同步转动。此时，接合套的齿与锁环的齿较锁环的凸起部 d（图 11－37）位于花键毂的通槽中央时错开了约半个齿厚（花键毂通槽宽度为锁环凸起部分的宽度加上接合套的一个齿厚），从而使接合套的齿端倒角与锁环相应的齿端倒角正好互相抵触而不能进入啮合。显然，此时若要接合套的齿圈与锁环的齿圈接合上，必须使锁环相对于接合套后退一个角度。图 11 - 38（b）中左上角的局部放大图表示，由于驾驶员始终对接合套施加一个轴向力使接合套齿端倒角压紧锁环齿端倒角，于是在锁环的锁止角斜面上作用有法向压力 F_N。力 F 可分解为轴向力 F_1 和切向力 F_2。切向力 F_2 所形成的力矩使锁环相对于接合套向后退转，称为拨环力矩。轴向力 F_1 则使锁环 4 与齿圈 3 二者的锥面产生摩擦力矩，使二者转速 n_2 和 n_3 迅速接近，并且实际上可认为 n_4 不变，只是 n_3 趋近于 n_4。这是因为锁环 4 连同接合套 7 通过花键毂 15 与整个汽车相联系，转动惯量大，转速下降很慢。而齿圈 3 仅与离合器从动部分相联系，转动惯量很小，速度降低较前者快得多。因为齿圈 3 是减速旋转，根据惯性原理，即产生惯性力矩，其方向与旋转方向相同。此惯性力矩通过摩擦锥面作用到锁环上，阻止锁环相对接合套向后退转。所以，在锁环上作用着两个方向相反的力矩：其一为切向力 F_2 形成的力使锁环相对于接合套向后退转的拨环力矩 m_2；其二为摩擦锥面上阻止锁环向后退转的质性力矩 m_1。在 n_3 尚未等于 n_4 之前，两个锥面间摩擦力矩的数值与齿圈 3 惯性力矩相等。如果 $m_2 > m_1$，则锁环 4 可相对于接合套向后退转一个角度，以便二者进入接合；若 $m_2 < m_1$，则二者不可能进入接合。摩擦力矩 m_1 与轴向力 F_1 的垂直于摩擦锥面的分力成正比，而 m_2 则与切向力 F_2 成正比。F_1 和 F_2 都是法向力 F_N 的分力，二者的比值取决于花键齿锁止角的大小。故在设计同步器时，适当地选择锁止角和摩擦锥面的锥角，便能保证在达到同步（$n_3 = n_4$）之前，齿圈 3 施加在锁环 4 上的惯性力矩 m_1 总是大于切向力 F_2 形成的拨环力矩 m_2。因而，不论驾驶员通过操纵机构加在接合套上的轴向推力有多大，接合套齿端与锁环齿端总是互相抵触而不能接合。只要驾驶员继续加力于接合套上，摩擦作用就迅速使齿圈 3 转速降到与锁环 4 转速相同而后二者保持同步旋转，即齿圈 3 相对于锁环的转速和角减速度均为零，于是其惯性力矩便消失。但由于轴向力 F_1 的作用，两个摩擦锥面还是紧密接合着的。因而，此时切向力 F_2 形成的拨环力矩 m_2 便使锁环连同齿圈 3 及与之相连的所有零件一起相对于接合套向后退转一个角度，使锁环凸起部 d 又移到花键毂 15 的通槽中央，两个花键齿圈不再抵触，此时接合套压下定位销 6 继续左移，而与锁环的花键齿圈进入接合［图 11 - 38（c）］，锁环的锁止作用即行消失。接合套与锁环接合后，轴向力 F_1 不再存在，锥面间的摩擦力矩也就消失。如果此时接合套花键齿与齿圈 3 的花键齿发生抵触，如图 11 - 38。所示，则与上述相似，作用在齿圈 3 花键齿 15 斜面上的切向分力使齿圈 3 及其相连零件相对于锁环及接合套转过一个角度，使接合套与齿圈 3 进入接合［图 11 - 38（d）］，而最后完成了换入 6 挡（由低速挡换入高速挡）的全过程。如果是由 6 挡（直接挡）换入 5 挡（由高速挡换入低速挡），上述过程也适用。

②惯性锁销式同步器。

目前中型及大型载货汽车较普遍地采用惯性锁销式同步器。其结构如图 11 - 39 所示，花键毂 9 通过内花键与第二轴 7 安装在一起。花键毂 9 的两侧分别为 4 挡接合齿圈 6 和 5 挡（为直接挡）接合齿圈 1。接合套 5 的圆周上相间均布着三个锁销 8 和三个定位销 4，锁销及定位销的两端安装着两个带外锥面的摩擦锥环 3（锥环 3 作为摩擦元件，在其锥面上制有细螺纹槽，以破坏油膜来增加摩擦力矩），与摩擦锥环 3 相配合的两个带内锥面的摩擦锥盘 2 则以其内花键齿分别固装在接合齿圈 1 和 6 上，可随齿圈一起转动。三个锁销 8 的两端插入到两锥环对应的孔中，并铆接成一体，锁销的中部制有一段环槽，环槽的两侧和接合套上相应的销孔的两端都切有相同的倒角，即为锁止角，三个锁销即通过此锁止角对接合套起锁止作用。锁销两端工作表面的直径与接合套上的销孔直径相同，接合套可以沿其轴向滑动。三个定位销4的作用是对接合套进行空挡定位，并可将作用于接合套的轴向推力传给摩擦锥环（所以也称作传力销）。定位销4的中间制有定位环槽，在接合套上的相应部位钻有斜孔，孔内装有定位钢球10及弹簧11。当变速器处于空挡位置时（如图11－39所示的位置），接合套5正好处于定位销的中间位置，此时定位钢球10便在弹簧11的作用下向外伸入到定位销中部的定位环槽内，以保证接合套准确地处于空挡位置。定位销两端的销杆部与接合套相应的销孔之间为间隙配合，接合套可以沿定位销轴向移动。两个定位销的两端伸入到两锥环3内侧面相应的弧形浅坑中，但销与锥环不相连，而与浅坑有一定的间隙，因此两锥环及锁销可以在一定范围内相对于接合套做周向转动，这样，两个锥环3（摩擦元件）、三个锁销8（锁止元件）、三个定位销4和接合套5（接合元件）构成一个部件，然后通过接合套的内花键齿套在花键毂的外花键齿圈上。

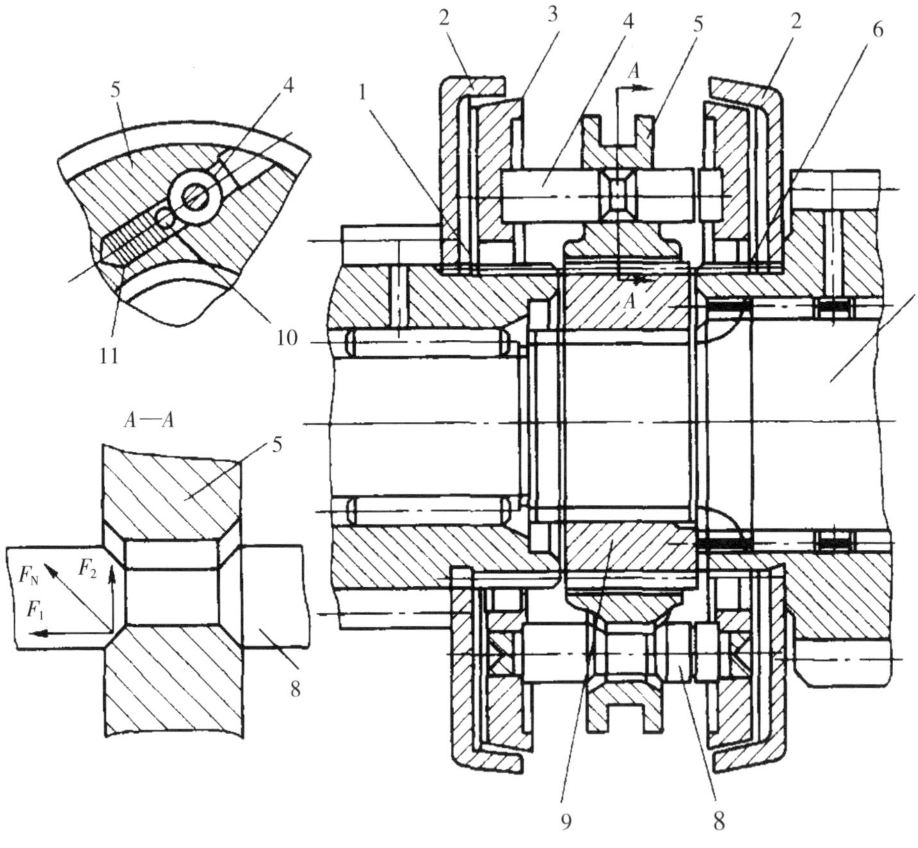

图11－39　锁销式惯性同步器

1—5挡接合齿圈；2—摩擦锥盘；3—摩擦锥环；4—定位销；5—接合套；6—4挡接合齿圈；7—第二轴；8—锁销；9—花键毂；10—钢球；11—弹簧

设图11－39所示的位置为刚由4挡退入空挡的位置。接合套5被定位销4和定位钢球10限定在中间位置，当要挂入5挡时，驾驶员通过变速操纵机构向左拨动接合套，对接合套施加一轴向推力F，接合套5便通过定位钢球10和定位销4推动左侧摩擦锥环3向左移动，使之与左侧摩擦锥盘2相接触。由于此时锥环3与摩擦锥盘2转速不相等，所以两者一经接触，便在其摩擦锥面之间的摩擦力矩作用下使摩擦锥环3连同锁销8一起相对于接合套5转过一个角度，使锁销与接合套相应销孔的中心线相对偏移，于是锁销中部环槽偏向接合套上销孔的一侧，锁销中部环槽倒角便与接合套销孔端倒角的锥面互相抵触，从而使锁销产生锁止作用，阻止接合套向左移动（见锁销放大图）。与锁环式同步器一样，在锁止倒角上的切向分力形成一个拨环力矩而使锁销及锥环倒转，但在锥盘与锥环未达到同步前，由摩擦锥盘2及与其相联系的旋转零件的惯性力矩所形成的摩擦力矩总是大于拨环力矩，因而可以阻止接合套5与5挡接合齿圈1在同步之前进入啮合。而只有当达到同步后，惯性力矩消失，拨环力矩便可拨动锁销及摩擦锥环、锥盘和5挡接合齿圈1等一起相对于接合套转过一个角度，*使锁销重新与接合套的销孔对中，接合套便在轴向推力的作用下，压下定位钢球10而沿定位销和锁销向左移动，与5挡接合齿圈1进入啮合，完成挂入5挡的换挡过程。

11.2.4.2　变速器的变速操纵机构

1. 变速器操纵机构的功用及类型。

变速器操纵机构的功用是进行挡位变换，即根据汽车行驶条件的需要改变变速传动机构的传动比、变换传动方向或中断发动机动力的传递。根据其变速操纵杆（简称变速杆）与变速器的相互位置的不同，可分为直接操纵式和远距离操纵式两种类型。

（1）直接操纵式。

直接操纵式变速器操纵机构的变速杆及所有换挡操纵装置都设置在变速器盖上，变速器布置在驾驶员座位的近旁，变速杆由驾驶室底板伸出，驾驶员可直接操纵变速杆来拨动变速器盖内的换挡操纵装置进行换挡。大多数小轿车和长头货车的变速器都采用这种操纵方式。

（2）远距离操纵式。

发动机后置的汽车，由于其总体布置的需要，变速器的安装位置离驾驶员座位较远，因而变速杆不能直接布置在变速器盖上，为此，在变速杆与变速器之间加装了一套传动杆件，构成远距离操纵的形式。图11－40所示为变速杆安置在驾驶室底板上的远距离操纵机构的布置形式。其变速杆2在驾驶员座位近旁穿过驾驶室底板安装在车架上，中间通过一系列的传动杆件与变速器8相连。

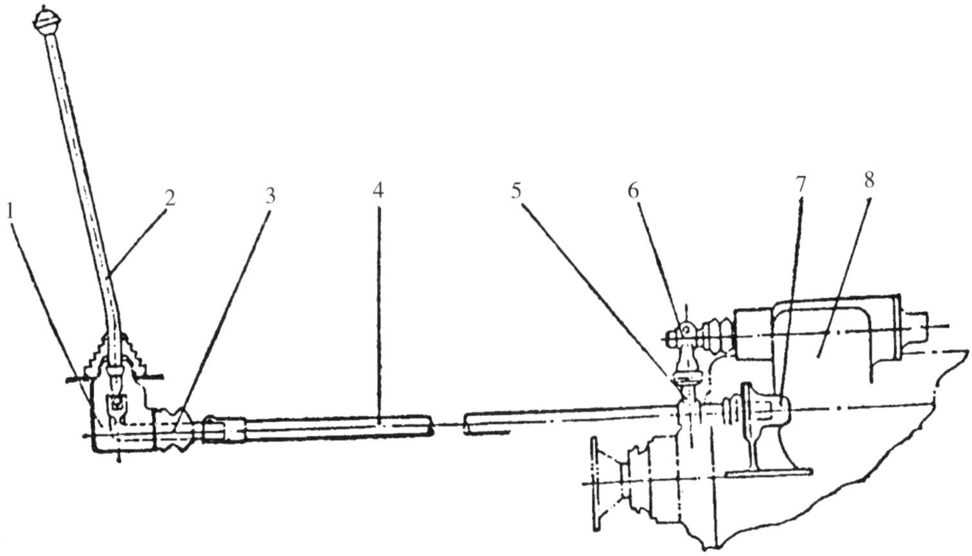

图 11－40　变速器在底板上的远距离操纵机构
1—变速杆支架；2—变速杆；3—驱动杆；4—传动杆；5—球头拨杆；
6—球窝拨杆；7—传动杆支座；8—变速器

另外，有些小客车和轻型货车的变速器，将变速杆安装在转向柱管上（如图 11－41 所示），因此，在变速杆与变速器之间也是通过一系列的传动杆件进行传动，这是远距离操纵机构的另一种形式。采用这种形式的变速操纵机构，可以减少变速杆占据的驾驶室空间，使驾驶室乘坐方便，但换挡操作的准确性和可靠性较差，故应用较少。

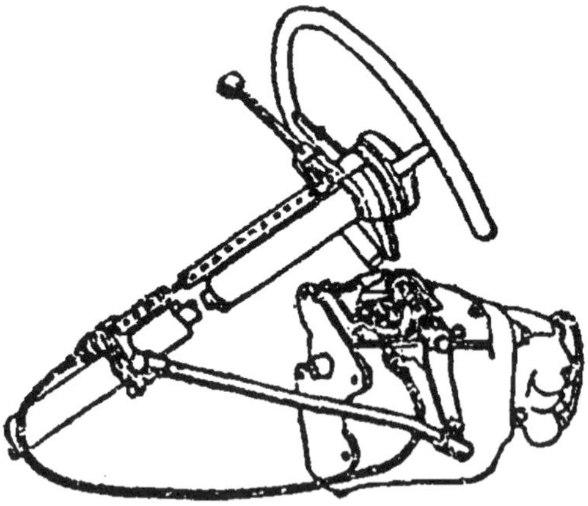

图 11－41　变速杆在转向器柱管上的远距离操纵机构

2. 变速器操纵机构的构造。

变速器操纵机构通常由换挡拨叉机构和定位锁止装置两部分组成。除了其中的变速杆有如上述不同的安装位置外，其他部分都以变速器盖为基础件，安装在变速器盖内，其结构也都基本相同。

（1）换挡拨叉机构。

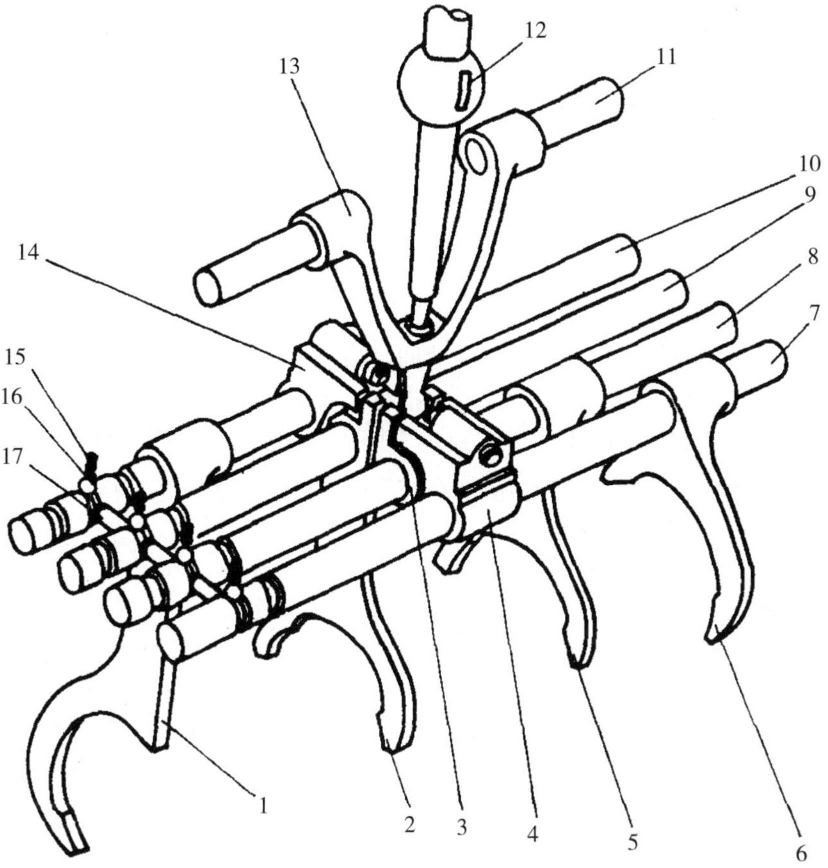

图 11 -42　汽车 6 挡变速器操纵机构示意图

1—5、6 挡拨叉；2—1、2 挡拨叉；3—1、2 挡拨块；4—倒挡拨块；5—1、2 挡拨叉；
6—倒挡拨叉；7—倒挡拨叉轴；8—1、2 挡拨叉轴；9—3、4 挡拨叉轴；
10—5、6 挡拨叉轴；11—换挡轴；12—变速杆；13—叉形拨杆；14—5、6 挡拨块；
15—自锁弹簧；16—自锁钢球；17—互锁柱销

图 11 -42 为汽车 6 挡变速器直接操纵式变速操纵机构的结构示意图。变速杆 12 的上部为驾驶员直接操纵的部分，伸到驾驶室内，其中间通过球节支承在变速器盖顶部的球座内，变速杆能够以球节为支点前后左右摆动。变速杆的下端球头插在叉形拨杆 13 的球座内。杆 13 由换挡轴 11 支承在变速器盖顶部支承座内，可随轴 11 向前后滑动或绕轴线转动，其下端的球头则伸入到拨块 3、4、14 的顶部凹槽中。拨块 3、4、14 分别与相应的拨叉轴固定在一起，四根拨叉轴 7、8、9、10 的两端支承在变速器盖上相应的轴承孔中，可以轴向滑动；四个拨叉 1、2、5、6 的上端通过螺钉固定在拨叉轴上（其中拨叉 2 的上端与拨块制成一体，顶部也制有凹槽），各拨叉下端的叉口则分别卡在相应挡位的接合套（包括同步器的接合套，或滑动齿轮的环槽）内。图示位置变速器处于空挡，各个拨叉轴和拨块都处于中间位置，变速杆及叉形拨杆均处于正中位置。变速器要换挡时，驾驶员首先向左右横向摆动变速杆，使叉形拨杆 13 下端球头置于所选挡位拨块的凹槽内，然后再

向前或向后纵向摆动变速杆，使叉形拨杆 13 下端球头通过拨块带动拨叉轴及拨叉向前或向后移动，从而可实现换挡。各种变速器由于挡位数及挡位排列位置不同，其拨叉和拨叉轴的数量及排列位置也不相同。例如，上述的 6 挡变速器的六个前进挡用了三根拨叉轴，倒挡独立使用了一根拨叉轴，共有四根拨叉轴；而 5 挡变速器具有三根拨叉轴，其二、3 挡和四、5 挡各占一根拨叉轴，1 挡和倒挡共用一根拨叉轴。

（2）定位锁止装置。

为了保证变速器能够准确地挂入选定的挡位，并能可靠地在所选挡位上工作，变速器操纵机构必须满足下列要求：

①能够防止自动挂挡及自动脱挡，并保证各挡传动齿轮以全齿长啮合，为此，在操纵机构中应设有自锁装置。

②能够保证不同时挂入两个挡，以免使同时啮合的两挡齿轮因其传动比不同而互相卡住，造成运动干涉甚至零件损坏。为此，在操纵机构中必须设有互锁装置。

③能够防止误挂倒挡，防止汽车在前进中因误挂倒挡而造成极大的冲击，使零件损坏，并防止在汽车起步时误挂倒挡而造成安全事故。为此，在操纵机构中应当设有倒挡锁止装置。

变速器定位锁止装置的结构和工作原理如下。

①自锁装置。

所谓自锁就是对各挡拨叉轴进行轴向定位锁止，以防止其自动产生轴向移动而造成自动挂挡或自动脱挡。大多数变速器的自锁装置都是采用定位钢球对拨叉轴进行轴向定位锁止。图 11 －43 所示的自锁装置是在变速器盖 3 的前端凸起部钻有三个深孔，在孔中装入自锁钢球 1 及自锁弹簧 2，其位置正处于拨叉轴 6 的正上方，每根拨叉轴对着钢球的表面沿轴向设有三个凹槽，槽的深度小于钢球的半径。中间的凹槽对正钢球时为空挡位置，前边或后边的凹槽对正钢球时则处于某一工作挡位置，相邻凹槽之间的距离保证齿轮处于全齿常啮合或是完全退出啮合。凹槽对正钢球时，钢球便在自锁弹簧的压力作用下嵌入该凹槽内，拨叉轴的轴向位置被固定，其拨叉及相应的接合套或滑动齿轮便被固定在空挡位置或某一工作挡位置，而不能自行挂挡或自行脱挡。当需要换挡时，驾驶员通过变速杆对拨叉轴施加一定的轴向力，克服弹簧的压力而将自锁钢球从拨叉轴凹槽中挤出并推回孔中，拨叉轴便可滑过钢球进行轴向移动，并带动拨叉及相应的接合套或滑动齿轮轴向移动，当拨叉轴移至其另一凹槽与钢球相对正时，钢球又被压入凹槽，此时拨叉所带动的接合套或滑动齿轮便被拨入空挡或被拨入另一工作挡位。

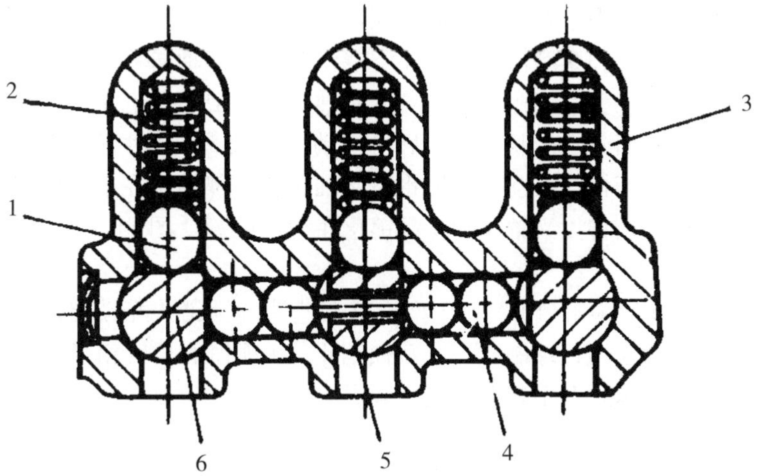

图 11－43　汽车变速器自锁和互锁装置

1—自锁钢球；2—自锁弹簧；3—变速器盖（前端）；4—互锁钢球；5—互锁销；6—拨叉轴

②互锁装置。

互锁装置的作用是阻止两个拨叉轴同时移动，即当拨动一根拨叉轴轴向移动时，其他拨叉轴都被锁止，从而可以防止同时挂入两个挡位。互锁装置的结构形式很多，最常用的有锁球式和锁销式。汽车变速器所采用的互锁装置即为锁球式（图 11－43），它由互锁钢球 4 和互锁顶销 5 组成。在变速器盖前端三根拨叉轴孔的中心平面内，沿垂直于轴线的方向钻出与拨叉轴孔相通的横向孔道，在每两根拨叉轴之间的孔道中各装有两个互锁钢球，每根拨叉轴朝向互锁钢球的侧面上都制有一个深度相等的凹槽，中间拨叉轴的两侧都有凹槽，凹槽之间钻有通孔，互锁顶销 5 就装在此孔中。两个互锁钢球的直径之和正好等于相邻两拨叉轴圆柱表面之间的距离加上一个凹槽的深度，互锁顶销的长度则等于拨叉轴的直径减去一个凹槽的深度。

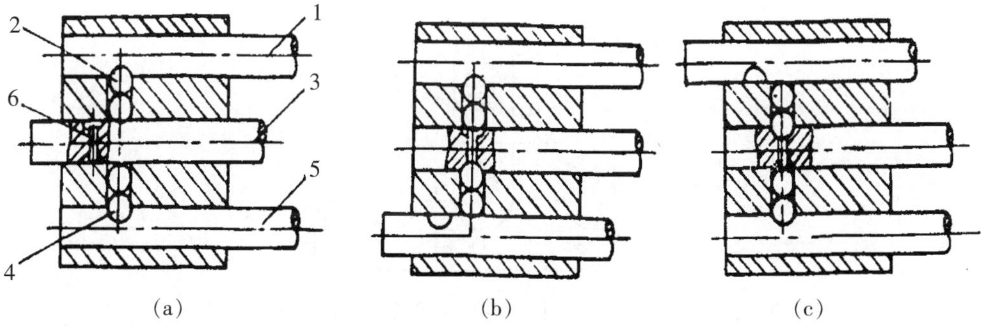

图 11－44　互锁装置工作示意图

1、3、5—拨叉轴；2、4—互锁钢球；6—互锁顶销

当变速器处于空挡位置时，所有拨叉轴侧面的凹槽同钢球都在一条直线上，此时拨叉轴和互锁钢球及顶销都处于自由状态，相互之间不卡紧，每一根拨叉轴都可以沿轴向拨动。但要挂挡，移动某一根拨叉轴时，例如图 11－44（a），为移动中间拨叉轴 3，轴 3 两

侧的钢球便从其侧面凹槽中被挤出，而两外侧钢球2和4则分别嵌入拨叉轴1和5侧面的凹槽中，因而将拨叉轴1和5刚性地锁止在空挡位置，不能轴向移动。如果要移动拨叉轴5（即要想挂入另1挡位）时，则必须先将拨叉轴3退回到空挡位置［图11－44（b）］，使拨叉轴及互锁钢球都回到自由状态，然后再拨动拨叉轴5，这时钢球4便从轴5的凹槽中被挤出，于是四个互锁钢球及互锁顶销将拨叉轴3和1都锁止在空挡位置。同理，当要移动拨叉轴1时，则必须将拨叉轴3和5都锁止在空挡位置［图11－44（c）］，因而可防止同时挂入两个挡位。

图11－44（d）所示为解放CA1092型汽车变速器的锁销式互锁装置，它是将上述相邻两拨叉轴之间的两个互锁钢球制成一个互锁销4，互锁销的长度相当于两个互锁钢球的直径，其工作原理与钢球式互锁装置完全相同。

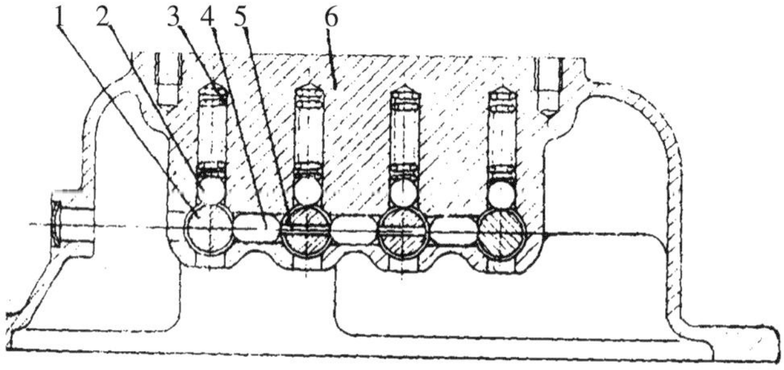

图11－44（d） 锁销式互锁装置

1—拨叉轴；2—自锁钢球；3—自锁弹簧；4—互锁销；5—互锁顶销；6—变速器盖

有的3挡变速器，由于其操纵机构中只有两根拨叉轴，因而将自锁和互锁装置合二为一，如汽车变速器的自锁和互锁装置［图11－44（e）］。两根空心锁销1内装有自锁弹簧2，在图示的空挡位置时，两锁销内端面间的距离等于一个槽深b，因而同时拨动两根拨叉轴是不可能的。自锁弹簧2的预压力使锁销1对拨叉轴具有自锁定位作用。

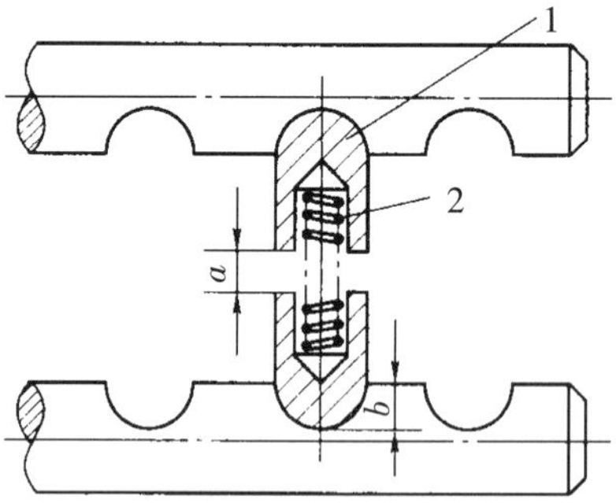

图11－44（e） 同时起自锁与互锁两重作用的锁止装置

1—锁销；2—自锁弹簧

③倒挡锁装置。

倒挡锁装置要求驾驶员必须进行与挂前进挡不同的操纵方式或对变速杆施加更大的力，才能挂入倒挡，从而防止无意中误挂倒挡。

倒挡锁也有多种类型，最常用的是弹簧锁销式倒挡锁。东风EQ1090E型汽车变速器所用的弹簧锁销式倒挡锁装置如图 11－45 所示。倒挡锁销 1 及倒挡锁弹簧 2 安装在一、倒挡拨块 3 相应的孔中，锁销 1 内端与拨块 3 的侧面平齐，锁销 1 可以在变速杆 4 下端球头推压下，压缩弹簧 2 而轴向移动。当驾驶员要挂倒挡（或 1 挡）时，必须有意识地用较大的力向侧面摆动变速杆（从图上看为向左侧摆动），使其下端球头右移，克服倒挡锁弹簧的张力将锁销推入孔中，这样才能使变速杆下端球头进入拨块 3 的凹槽内，以拨动 1 挡、倒挡拨叉轴进行挂挡。

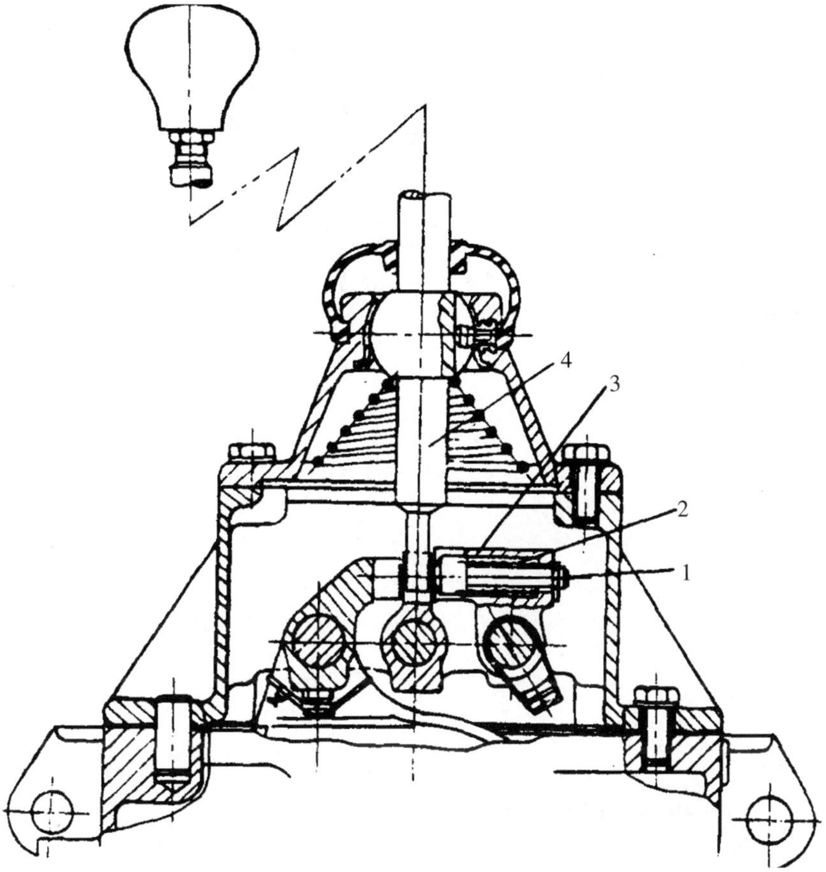

图 11－45　东风 EQ1090E 型汽车变速器倒挡锁装置

1—倒挡锁销；2—倒挡锁弹簧；3—倒挡拨块；4—变速杆

解放 CA1092 型汽车变速器也是采用弹簧锁销式倒挡锁装置（图 11－46），其组成和工作原理与上述变速器倒挡锁装置基本相同，只是在倒挡锁销 4 靠近内端处制有一道定位环槽，在倒挡拨块 6 上与定位环槽相对应的位置处装有定位钢球及弹簧（图中未画出），当倒挡锁销处于内端位置时，定位钢球在其弹簧的作用下正好伸入定位环槽内，对锁销起到定位作用。当要挂倒挡时，驾驶员必须用力向左扳动变速杆，使叉形拨杆 17 的下端向右摆动，克服倒挡锁弹簧 2 及定位钢球弹簧的弹力，将锁销 4 推入拨块上的销孔中，叉形拨杆 17 下端球头才能进入倒挡拨块 6 的凹槽中，这时才能拨动倒挡拨叉轴 7 而挂入倒挡。另外，该变速器还设有选挡销装置，它由选挡锁销 14、弹簧 13 和锁片 15 组成，其作用是便于准确地选择 3、4 挡和 5、6 挡，其作用原理与倒挡锁装置相同。

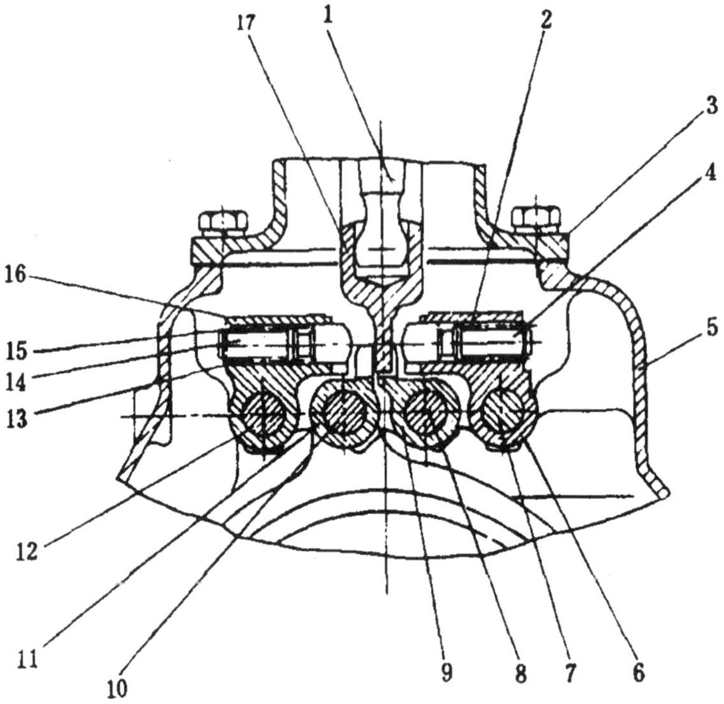

图 11－46　汽车变速器倒挡锁及选挡锁装置

1—变速杆；2—倒挡锁弹簧；3—变速器顶盖；4—倒挡锁销；5—变速器上盖；
6—倒挡拨块；7—倒挡拨叉轴；8—1、2 挡拨叉轴；9—1、2 挡拨块；
10—3、4 挡拨叉轴；11—3、4 挡拨块；12—5、6 挡拨叉轴；
13—选挡锁销弹簧；14—选挡锁销；15—锁片；16—5、6 挡拨块；17—叉形拨杆

11. 2. 5　变速器的拆装

11. 2. 5. 1　变速传动机构的拆装

1. 拆卸。

变速传动机构包括输入轴、输出轴及其上的齿轮。输入轴和输出轴的分解分别如图 11－47和图 11－48 所示。

（1）整套齿轮的拆卸：拆卸变速器—拆下变速器后盖—拆下轴承支座—拆下整套齿轮。

（2）输入轴的拆卸：拆下 4 挡齿轮的卡环—取下 4 挡齿轮、同步环和滚针轴承—拆下同步器锁环—取下 3 挡和 4 挡同步器、3 挡同步环和齿轮—取下 3 挡齿轮的滚针轴承—取下输入轴的中间轴承内座圈。

（3）输出轴的拆卸：拆下输出轴内后轴承和 1 挡齿轮—取下滚针轴承和 1 挡同步环—取下滚针轴承的内座圈、同步器和 2 挡齿轮—取下 2 挡齿轮的滚针轴承—拆下 3 挡齿轮的卡环、3 挡齿轮—拆下 4 挡齿轮的卡环、4 挡齿轮—拆下输出轴的前轴承。

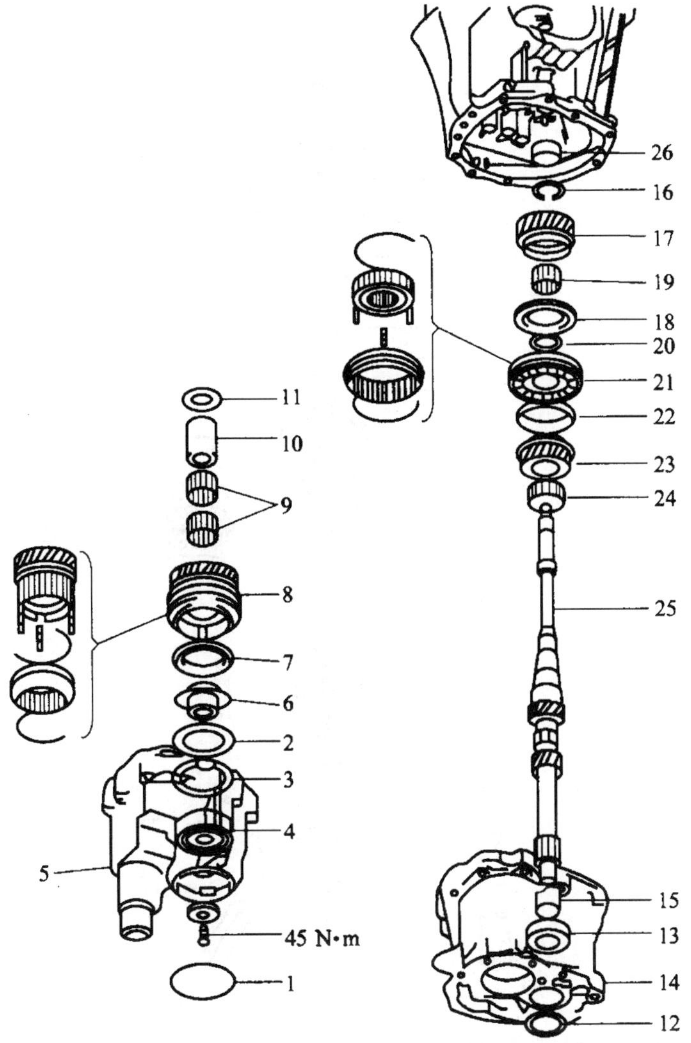

图 11－47　输入轴分解图

1—后轴承的罩盖；2—挡油圈；3—卡环；4—输入轴后轴承；5—变速器后盖；6—5 挡同步套管；7—5 挡同步环；8—5 挡同步器和齿轮；9—5 挡齿轮滚针轴承；10—5 挡齿轮滚针轴承内座圈；11—固定垫圈；12—卡环；13—中间轴承；14—轴承支座；15—中间轴承内座圈；16—卡环；17—4 挡齿轮；18—4 挡同步环；19—4 挡齿轮滚针轴承；20—卡环；21—3 挡和 4 挡同步器；22—3 挡同步环；23—3 挡齿轮；24—3 挡齿轮滚针轴承；25—输入轴；26—输入轴滚针轴承

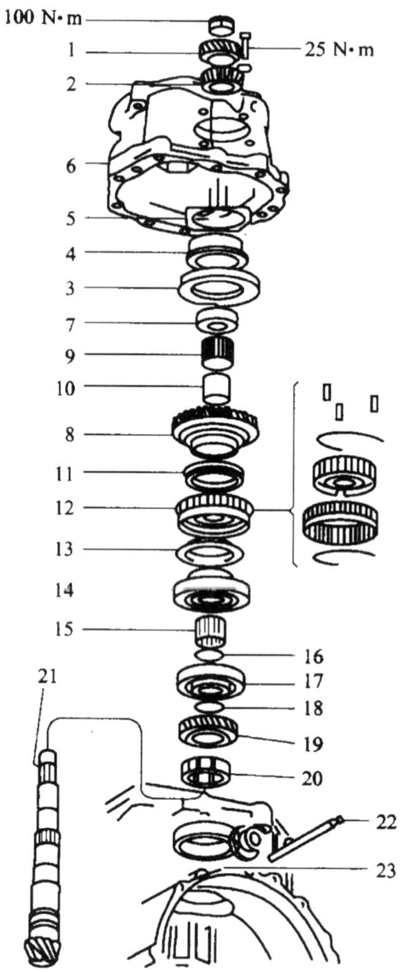

图 11－48　输出轴分解图

1—5 挡齿轮；2—输出轴外后轴承；3—轴承保持架；4—后轴承外圈；5—调整垫片；6—轴承支座；7—输出轴内后轴承；8—1 挡齿轮；9—1 挡齿轮滚针轴承；10—1 挡齿轮滚针轴承内座圈；11—1 挡同步环；12—1 挡和 2 挡同步器；13—2 挡同步环；14—2 挡齿轮；15—2 挡齿轮滚针轴承；16—挡环；17—3 挡齿轮（凸缘应转向 4 挡齿轮）；18—挡环；19—4 挡齿轮（凸缘应转向主动锥齿轮）；20—输出轴前轴承；21—输出轴；22—回柱销；23—输出轴前轴承外圈

2. 装配。

装上中间轴承的内座圈。将预先润滑过的 3 挡齿轮滚针轴承装上，把油槽转向 2 挡齿轮。组装 3 挡、4 挡同步器，装上 3 挡齿轮和 3 挡、4 挡同步器，装上卡环。装上同步环、滚针轴承和 4 挡齿轮，再装卡环。用 2 kN 的力将 3 挡齿轮、同步器和 4 挡齿轮紧紧压在卡环上，把总成固定好。将前轴承装在输出轴上，装上 4 挡齿轮。用手扶住前轴承，齿轮有凸缘的一边应朝向轴承。用卡环将 4 挡齿轮固定好，卡环的厚度有 2. 35 mm、2. 38 mm、2. 41 mm、2. 44 mm、2. 47 mm 等几种。安装 3 挡齿轮，凸缘应朝向 4 挡齿轮。用塞尺测量卡环的厚度，根据测量结果，选择适当的卡环装上。安装滚针轴承、齿轮和 2 挡同步环。

装配 1 挡和 2 挡同步器。装上 1 挡和 2 挡同步器，同步器壳体的槽应朝 1 挡齿轮。装上 1 挡齿轮滚针轴承的内座圈。装上 1 挡同步环、1 挡齿轮、1 挡齿轮滚针轴承。装上内后轴承，将输入轴和输出轴装在轴承支座上，将轴承支座装在变速器壳体上。将变速器后盖装在变速器轴承支座上。

11.2.5.2 变速器操纵机构的拆装

以桑塔纳 2000 型乘用车 5 挡手动变速器的操纵机构为例进行介绍，如图 11－49 所示为桑塔纳 2000 型乘用车 5 挡手动变速器操纵机构分解图。

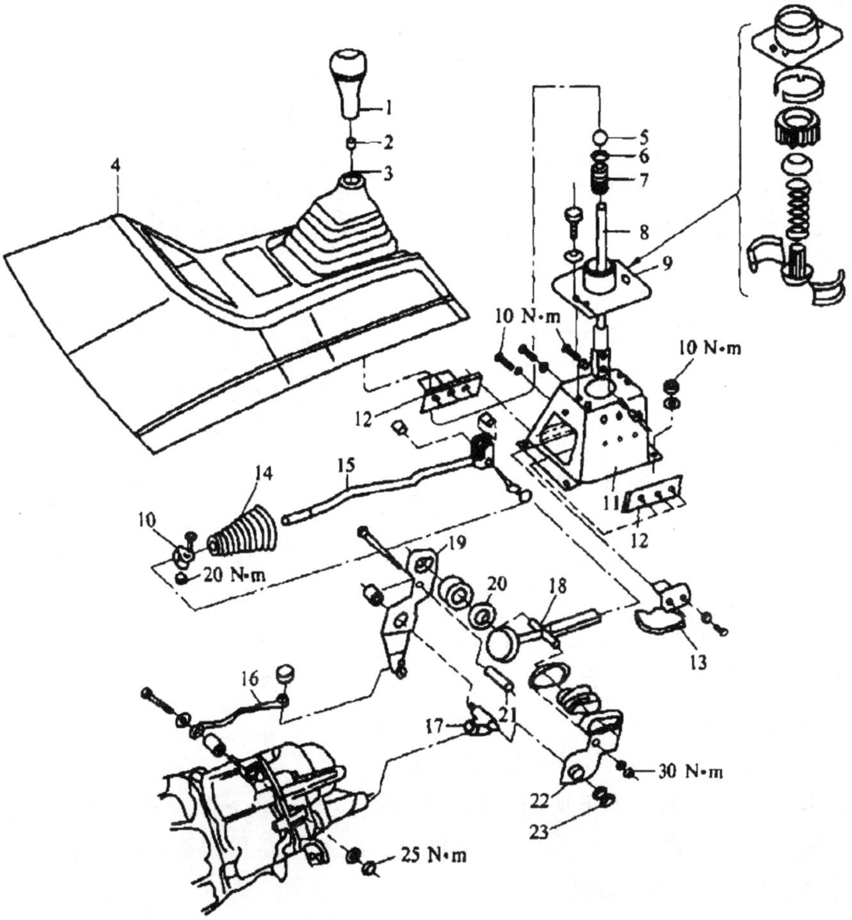

图 11－49 桑塔纳 2000 型乘用车 5 挡手动变速器操纵机构分解图

1—换挡手柄；2—防尘罩衬套；3—防尘罩；4—仪表板；5—长簧；6—挡圈；7—弹簧；8—上换挡杆；9—换挡杆支架；10—夹箍；11—变速杆罩壳；12—缓冲垫；13—倒挡缓冲垫；14—密封罩；15—下换挡杆；16—支撑杆；17—离合块；18—换挡连接套；19—轴承右侧压板；20—罩盖；21—支撑轴；22—轴承左侧压板；23—塑料衬套

1. 变速器操纵机构的调整。

挂入 1 挡，将上换挡杆向左推至缓冲垫处。慢慢松开上换挡杆，上换挡杆应朝右返回 5～10 mm。挂入 5 挡，将上换挡杆向右推至缓冲垫，慢慢松开上换挡杆，上换挡杆应朝左返回 5 ~ 10 mm。

当上换挡杆朝 1 挡和 5 挡压去时，上换挡杆大致返回同样的距离；如有必要，可通过移动换挡杆支架的椭圆形孔进行调整。检查各挡齿轮啮合是否平滑。如果啮合困难，要进行调整。将上换挡杆置于极限位置上。旋松夹箍的螺母，移动上换挡杆，要求下换挡杆在连接时自由滑动。取下换挡手柄和防尘罩，将换挡杆支架孔与变速杆罩壳的孔对准，并旋紧螺栓。用专用工具 VW5305/7 进行安装，将其嵌入换挡杆支架前孔中，将上换挡杆放在“C”位置上，如图 11 – 50 所示。轻轻地旋紧下面的螺栓，将专用工具 VW5305/7 固定好。将上换挡杆放到最右面，直至缓冲垫，旋紧定位器螺栓。将上换挡杆放在“B”位置上，如图 11 – 51 所示。

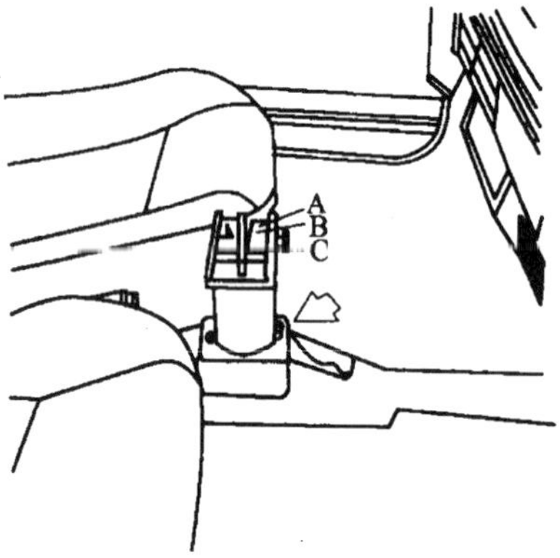

图 11 – 50　将上换挡杆放在“C”位置上

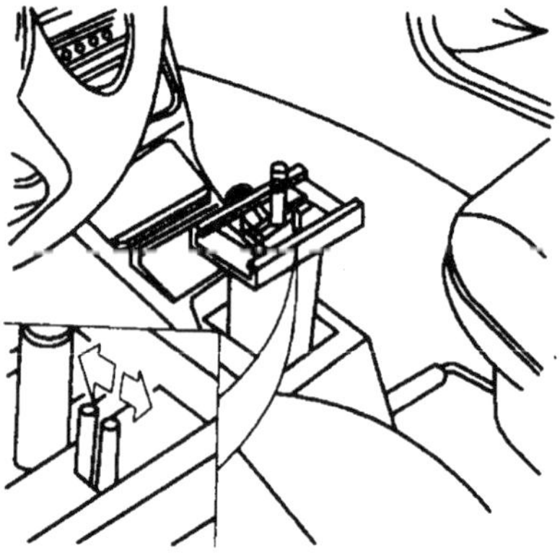

图 11 – 51　将上换挡杆放在“B”位置上

用 20 N · m 的力矩旋紧夹箍螺母。取下专用工具 VW5305/7，挂入 1 挡，将上换挡杆向左压到底。松开上换挡杆，由于弹簧的作用上换挡杆返回到右边。挂入 5 挡，将上换挡杆向右压到底。松开上换挡杆，由于弹簧的作用上换挡杆返回到左边。先后挂入所有的挡位，特别要注意倒挡的锁止功能。装上仪表板、防尘罩和换挡手柄。

2. 变速器操纵机构的拆装。

拆装时要参看图 11 – 49 所示的机构分解图。

（1）上换挡杆的拆卸：拆下换挡手柄，取下防尘罩。取下仪表板。拆下固定在上换挡杆的弹簧锁圈（注意：锁圈一经拆卸就要更换），取下挡圈和弹簧。拆下换挡杆支架。拆下变速杆罩壳，使上、下换挡杆脱离。

（2）上换挡杆的安装：上换挡杆的安装按照与拆卸相反的顺序进行，但注意以下事项：检查所有零件的完好情况，更换已经损坏的零件；润滑衬套和挡圈；调整上换挡杆；用快干胶固定换挡手柄。

（3）换挡杆支架的拆卸：取下换挡手柄和防尘罩。拆下锁圈、挡圈和弹簧（锁圈一经拆卸就要更换）。拆下换挡杆支架的固定螺栓，取下换挡杆支架。换挡杆支架只有加润滑油时才分解，一旦发现任何零件损坏，就要全部更换。

（4）换挡杆支架的安装：用润滑脂润滑换挡杆支架内部件，装上换挡杆支架，螺栓不用旋紧，将换挡杆支架上的孔与变速杆罩壳上的孔对准时，用 10 N · m 的力矩旋紧螺栓。装上弹簧挡圈和新的锁圈。检查各挡的啮合情况。装上防尘罩和手柄。

11.2.6　分动器

分动器一般单独安装在车架上，其输入轴直接（或通过万向传动装置）与变速器第二轴相连，其输出轴则有若干个，分别用万向传动装置与各驱动桥连接。

分动器与变速器一样，也由齿轮传动机构和操纵机构两部分组成。

分动器的齿轮传动机构由一系列齿轮、轴和壳体等零件组成。

图11－52所示为两轴驱动越野汽车的两挡分动器。其输入轴通过万向传动装置与变速器第二轴相连，前桥输出轴8和后桥输出轴5分别经万向传动装置通往前、后驱动桥。

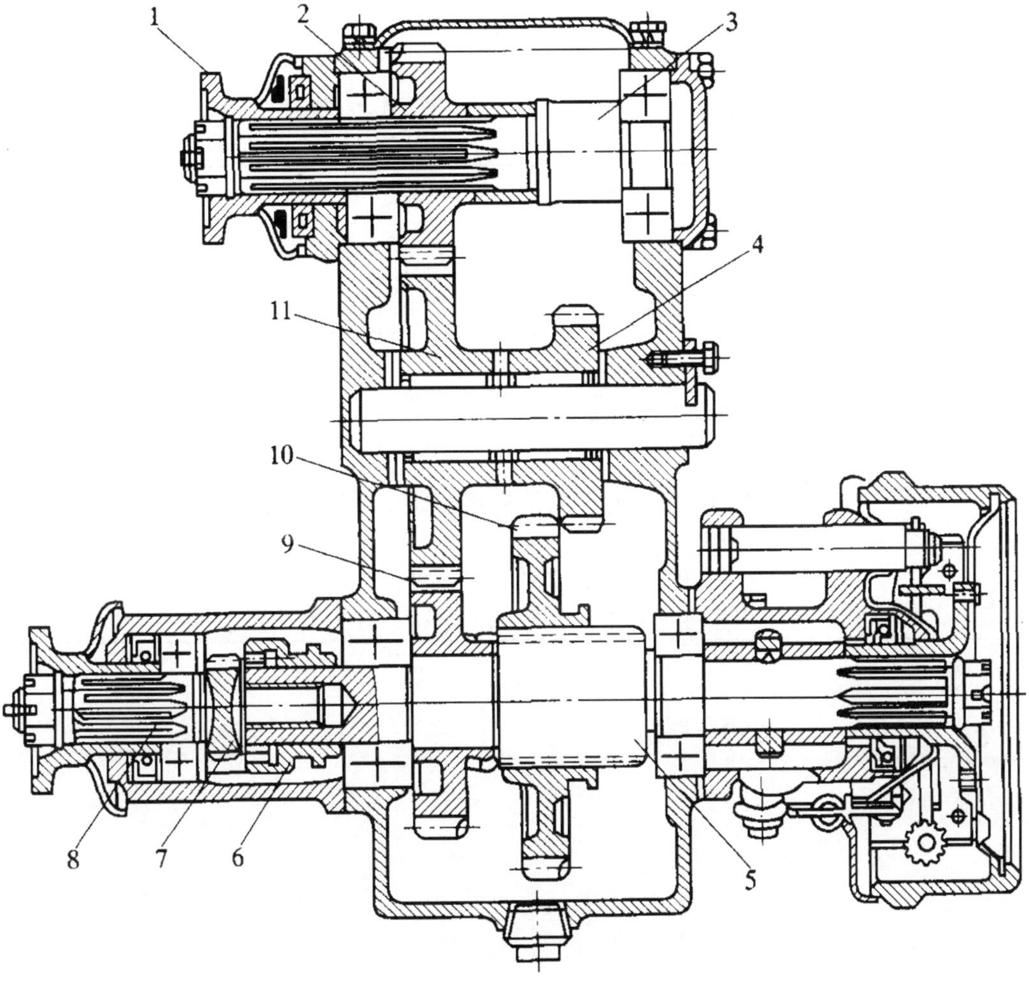

图11－52　两轴越野汽车分动器

1—凸缘盘；2—主动齿轮；3—输入轴；4—中间轴小齿轮；5—后桥输出轴；6—前桥接合套；7—花键齿轮；8—前桥输出轴；9—常啮合高速挡齿轮；10—变速滑动齿轮；11—中间轴大齿轮

对于多轴驱动的越野汽车，在良好路面上行驶时，应以后桥驱动为主，尽量不用前桥参与驱动，并且尽量使用分动器的高速挡，以减少功率损耗，减轻轮胎及传动系统零件的磨损。在坏路或无路情况下行驶或爬陡坡时，为了提高汽车的附着利用率，则应使前桥参加驱动，并使用分动器低速挡。因为分动器挂入低速挡工作时，其输出转矩较大，为避免中、后驱动桥超负荷，需使前桥参加驱动，分担一部分载荷。为了能够根据需要接合或摘除前桥驱动，通常在前桥输出轴与中桥或后桥输出轴之间装有接合套进行控制。如图 11－50 所示的分动器，在前桥输出轴 8 与后桥输出轴 5 之间装有前桥接合套 6。当前桥接合套与前桥输出轴上的花键齿轮 7 不接合时（如图 11－50 所示的位置），只有后桥驱动，动力不能传至前桥；当前桥接合套向左移动与花键齿轮 7 相接合时，前、后桥输出轴连成一体，则前、后驱动桥同时驱动。分动器的操纵机构由操纵杆、拨叉、拨叉轴和一系列传动杆件以及自锁和互锁装置等组成。其操纵杆包括高、低挡换挡操纵杆和前桥摘接操纵杆，自锁和互锁装置的结构原理与变速器的自锁装置相类似。

☞学习工作页

<table>
<tr><td rowspan="2">学习工作页</td><td>学习单元</td><td colspan="4">汽车传动系统结构与拆装</td></tr>
<tr><td>学习任务</td><td colspan="4">手动变速器与分动器</td></tr>
<tr><td>姓　名</td><td></td><td>班　级</td><td></td><td>小　组</td><td></td></tr>
<tr><td>日　期</td><td></td><td>开始时间</td><td></td><td>结束时间</td><td></td></tr>
<tr><td>场　地</td><td colspan="5">整车或底盘理实一体教室</td></tr>
<tr><td>用品、用具、工具、设备</td><td colspan="5">桑塔纳轿车一辆、通用工具及变速器拆装专用工具</td></tr>
<tr><td>工作记录</td><td colspan="5">1. 认识汽车变速器的类型及工作原理。
2. 说出汽车变速器的结构及部件名称，并会对变速器进行拆装。</td></tr>
</table>

1. 资讯。

（1）将图 1 下方对应的零件名称的序号标注在图 1 中。

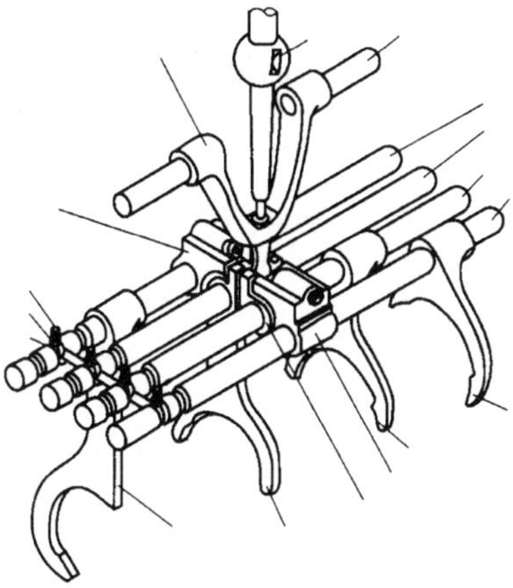

图 1

1—叉形拨杆；2—变速杆；3—换挡轴；4—5、6 挡拨叉轴；5—3、4 挡拨叉轴；6—1、2 挡拨叉轴；7—倒挡拨叉轴；8—倒挡拨叉；9—1、2 挡拨叉；10—倒挡拨块；11—1、2 挡拨块；12—3、4 挡拨叉；13—5、6 挡拨叉；14—互锁销；15—互锁钢球；16—互锁弹簧；17—5、6 挡拨块

（2）图 2 是汽车自锁装置示意图，请标出对应零件序号，并说明自锁装置的作用。

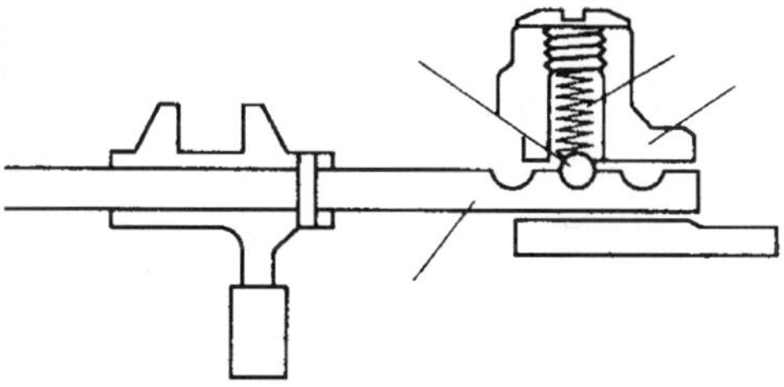

图 2

1—自锁钢球；2—自锁弹簧；3—变速器盖；4—拨叉轴

（3）图 3 是汽车互锁装置示意图，将各组件名称对应序号填入图中，并说明互锁装置的作用。

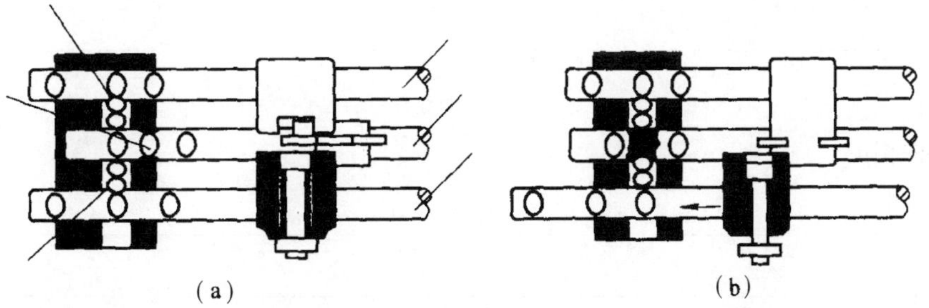

（a）　　（b）

图 3

1、5、6—拨叉轴；2、4—互锁钢球；3—互锁顶销

2. 决策与计划。

根据任务要求，确定所需要的设备、工具，并对小组成员进行合理分工，制订详细的工作计划。

(1) 讨论确定进行变速器操纵机构调整所需要的设备、工具。

____

____

____

(2) 小组成员分工。

____

____

____

(3) 制定调整变速器操纵机构的操作步骤。

____

____

____

3. 实施。

(1) 你实践所用车辆变速器操纵机构的类型是什么？有何特点？

____

____

____

(2) 总结调整变速器操纵机构时应该注意的问题。

____

____

____

指导教师评语：

____

____

教师签字：__________ 日期：______年______月______日

学习任务11.3　自动变速器

☞学习情境

为了能够对自动变速器进行拆装，我们需要掌握自动变速器的具体组成、构造和工作原理。

一辆奥迪A6L自动挡车辆，行驶里程为8万公里，近期出现发动机“丢转”现象(指发动机转速高，但车速上不去)，而且逐渐严重。经维修人员分析判断是由于变矩器打滑所导致的，然后对变矩器进行拆装、检查，最终确认故障是由于变矩器单向离合器打滑，导致离合器打滑、发动机丢转。

☞学习目标

通过本任务的学习，应能：

1. 叙述自动变速器的功用。
2. 正确操作自动变速器。
3. 在车上找到自动变速器的位置，并描述其功用和基本原理。
4. 了解自动变速器的分类。
5. 对自动变速器进行正确的拆装。
6. 掌握液力变矩器的基本组成及功用。

☞学习场所和设备

1. 汽车底盘实训室。
2. 装配自动变速器的车辆，举升机，拆装专用工具。
3. 汽车底盘实训室或整车实训室。
4. 分解或解剖的液力变矩器总成。
5. 游标卡尺、钢直尺、厚薄规、百分表、从动盘支架、卡环钳、旋具、维修手册、工作台。

☞学习任务

1. 会正确叙述汽车自动变速器的类型。
2. 掌握汽车自动变速器的结构及工作原理。
3. 会正确操作自动变速器。
4. 会正确选用工具拆装自动变速器。

☞学习信息

自动变速器是指汽车驾驶中离合器的操纵和变速器的操纵都实现了自动化，简称 AT，是英文 Automatic Transmission 的缩写。目前自动变速器的自动换挡过程都是由自动变速器的电子控制单元（英文缩写为 ECU，俗称“车载电脑”）控制的，因此自动变速器又可简称为 EAT、ECAT、ECT 等。

11.3.1 自动变速器认识

11.3.1.1 自动变速器的发展

现代汽车使用的动力装置大多仍然是活塞式发动机，由于发动机的输出转矩变化范围比较小，不能满足汽车的行驶需求，因此汽车都安装了离合器、变速器和主减速器。

因为每次换挡都需要操作离合器，在交通繁忙的驾驶环境下，对于驾驶员的体力和精神来说都是一种负担。在汽车发展的历史中，伴随着轿车大量进入家庭，出现了大量非职业驾驶员，因此自动变速器应运而生。

20 世纪 40 年代，美国的主要汽车厂家如通用公司、克莱斯勒（Chrysler）公司等都相继推出了各自的自动变速器。美国的汽车开始普遍采用自动变速器。与此同时，欧洲的汽车制造厂也相继采用自动变速器技术。近年来，由于自动变速器能够根据发动机的负荷和车辆的行驶速度自动地变换合适的挡位，减轻了驾驶员的操作强度，驾驶员不需要掌握使用离合器时复杂的换挡动作，加之采用液力传递动力，发动机和传动系统均不易产生过载，所以自动变速器的装车率逐年上升。

20 世纪 70 年代，欧洲及美国的商用汽车自动变速器的装车率在 80% 以上；20 世纪 80 年代液力自动变速器成为美国轿车的标准装备，1983 年通用公司自动变速器的装车率达到 94%。在日本，1985 年轿车自动变速器的装车率达到 49%。20 世纪末，城市客车自动变速器的装车率在美国基本为 100%，在欧洲为 95%。工程机械车辆自动变速器的装车率在美国为 70%，在欧洲是 30% 左右。

近年来，电子技术和计算机技术的发展也带动了自动变速器技术的发展，日本丰田公司在世界上首先推出了电控自动变速器 A140E，提高了自动变速器的使用性能和经济性，开创了自动变速器发展的新领域。

在我国，从 20 世纪 50 年代开始将自动变速器装在红旗高级轿车上，目前生产的上海通用别克、一汽捷达都市先锋、二汽富康轿车等都装有自动变速器。

11.3.1.2 自动变速器的组成及各部分功用

自动变速器由液力传动装置、机械传动装置、液压控制系统、人机联动装置以及电子控制系统五部分组成。如图 11－53 所示。

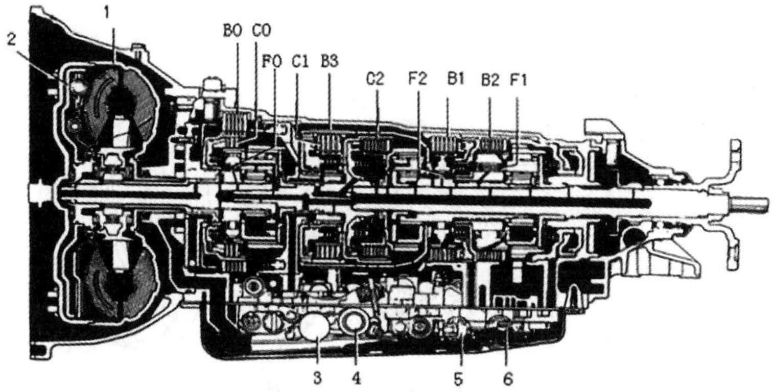

图 11－53　自动变速器的总体构造（丰田 A341E）
1－变矩器；2－锁止离合器；3－锁止电磁阀；4－油压电磁阀；
5－换挡电磁阀 B；6－换挡电磁阀 AC0－直接离合器；C1－倒挡及高档离合器；
C2－前进挡离合器；B0－超速制动器；B1－2 挡制动器；B2－低档及倒挡制动器；
B3－2 挡强制制动器；F0－直接单向离合器；F1－低档单向离合器；F2－2 挡单向离合器

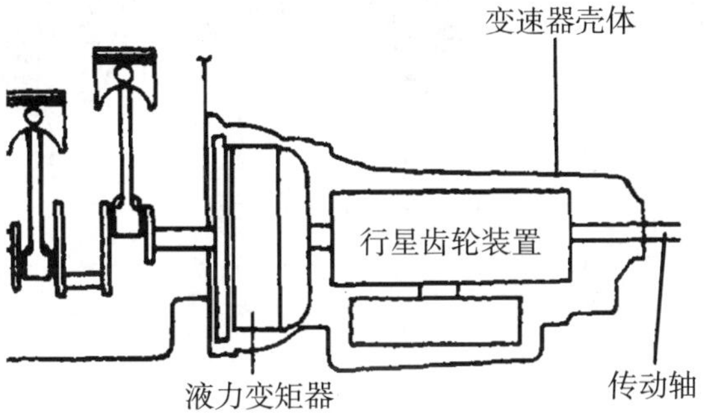

图 11－54　自动变速器的组成

1. 液力传动装置。

(1) 作用。

将发动机的转矩传递给机械传动装置中的齿轮系统。

(2) 组成。

由液力耦合器和液力变矩器组成。

(3) 结构，如图 11－54、11－55 所示。

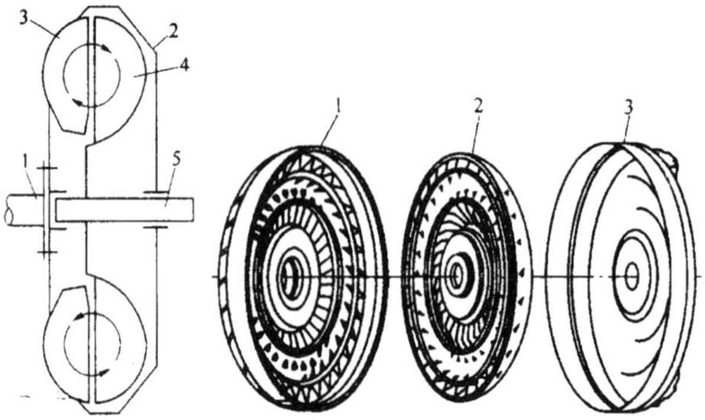

图 11－55　液力耦合器

1—发动机曲轴；2—耦合器外壳；3—泵轮；4—涡轮；5—从动轴

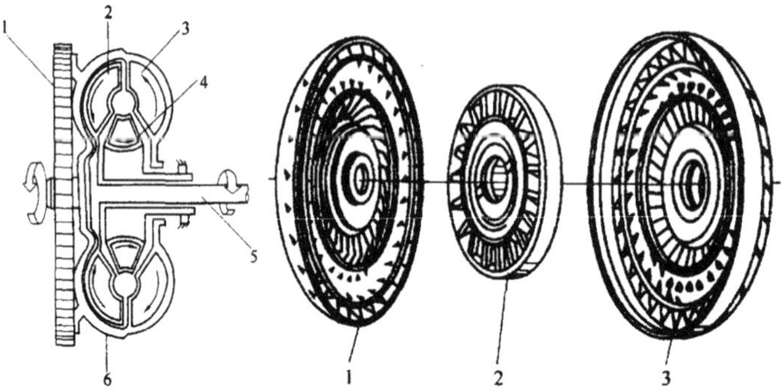

图 11－56　液力变矩器

1—飞轮；2—涡轮；3—泵轮；4—导轮；5—变矩器输出轴；6—变矩器外壳

2. 机械传动装置。

机械传动装置由齿轮传动装置和换挡执行元件两部分组成。

(1) 齿轮传动装置。

有辛普森行星齿轮机构、平行轴式（定轴斜齿式）、拉维娜式（拉维萘尔赫式）三种。

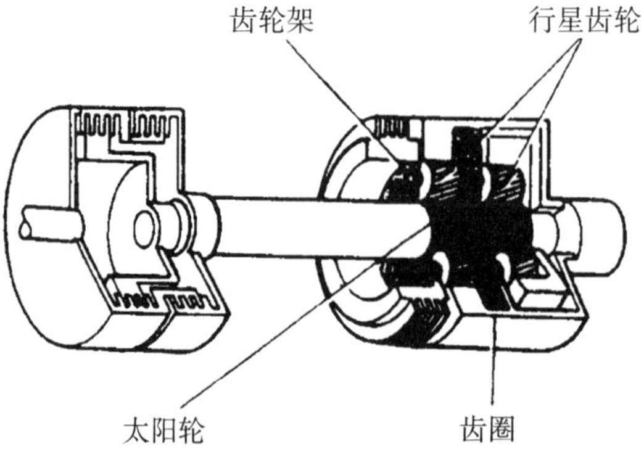

图 11－57　行星齿轮机构示意图

（2）换挡执行元件。

换挡执行元件包括离合器、制动器及单向离合器，如图 11－58、11－59 所示。

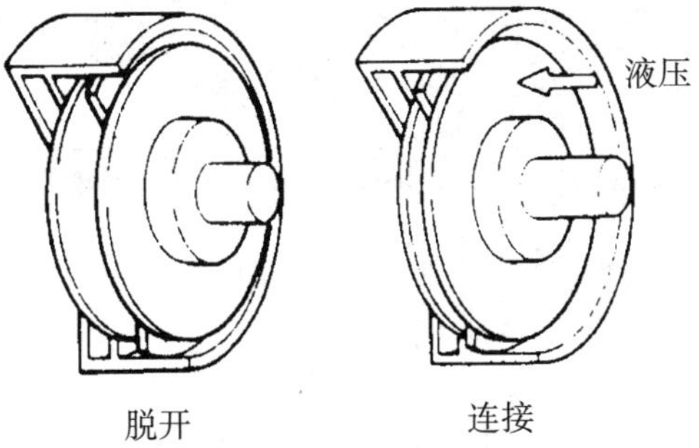

图 11－58　离合器示意图

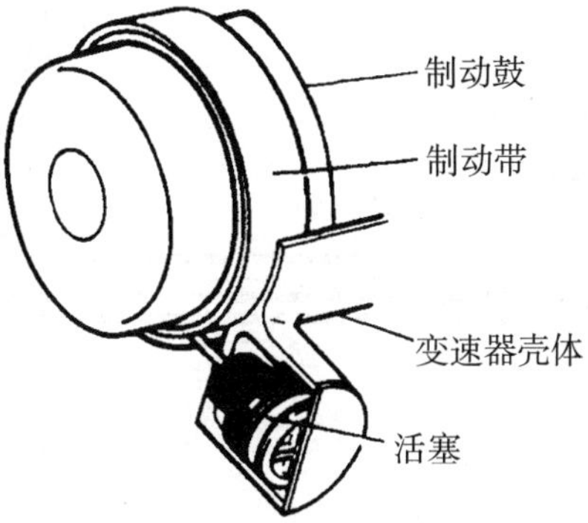

图 11－59　带式制动器示意图

3. 液压控制系统。

（1）作用。

控制换挡。把发动机节气门信号及行驶信号传递到变速器的控制系统，由控制系统运算处理后发出指令给电磁阀，使电磁阀动作来改变油路从而实现自动换挡。如图 11－60 所示。

（2）组成。

由油泵、控制阀、液压油、管路等组成。如图 11－61 所示。

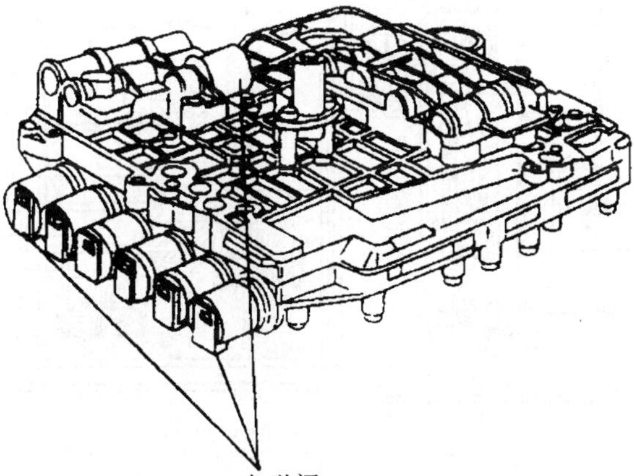

图 11－60　电磁阀及阀板

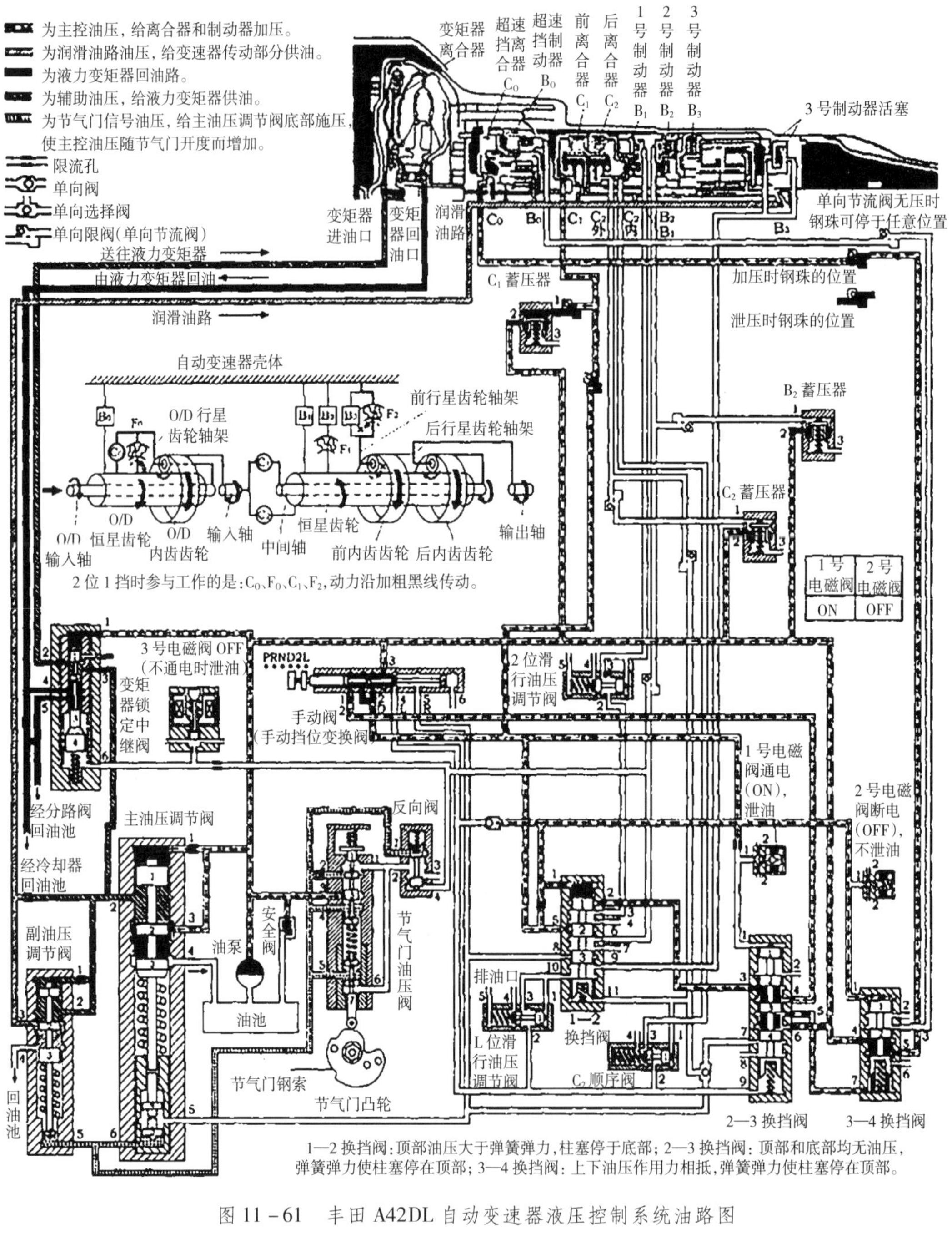

图 11－61　丰田 A42DL 自动变速器液压控制系统油路图

4. 人机联动装置。

人机联动装置包括换挡模式手柄和节气门拉索。

换挡模式手柄是驾驶员将行驶的意图通过该装置告诉变速器电脑。如图 11－62 所示。

节气门拉索是将发动机的负荷型号通过该装置告诉变速器电脑，以使变速器电脑来控制变速器换挡。如图 11－63 所示。

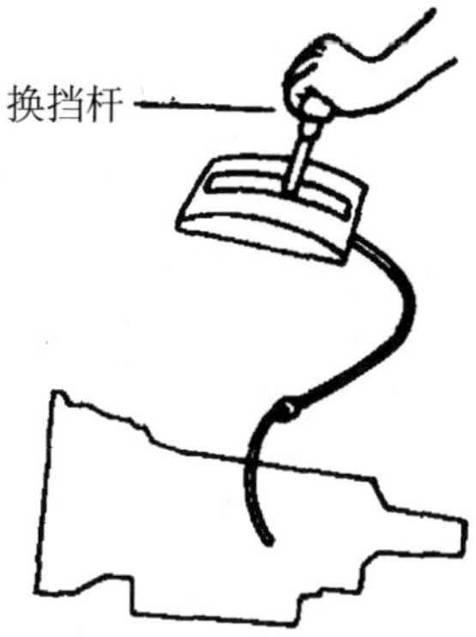

图 11－62　换挡模式手柄

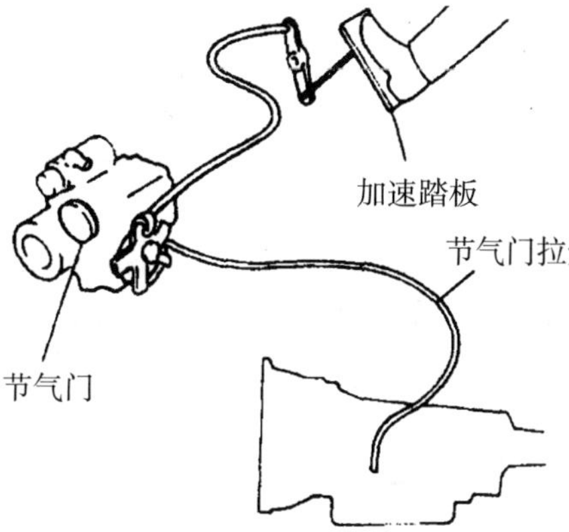

图 11－63　节气门拉索

5. 电子控制系统。

变速器电子控制器简称 ECT，是将汽车行驶的情况及发动机转速等信号接收、运算、发出指令给电磁阀控制换挡，是自动变速器的控制核心。

电子控制系统由传感器、ECT、执行器（电磁阀）三部分组成。如图 11－64 所示。

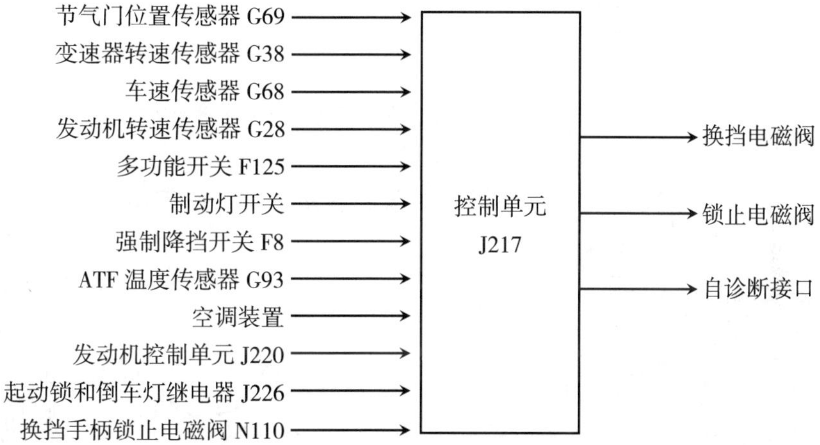

图 11－64　自动变速器控制系统图

11.3.1.3　自动变速器的分类

1. 按汽车驱动方式分为：前驱和后驱式变速器。

2. 按前进挡的挡数分为：4 挡变速器、5 挡变速器等。

3. 按齿轮结构形式分为：平行轴式、行星齿轮式。

4. 按操作方式分为：普通自动变速器和手自一体式变速器。

5. 按控制方式分为：液压控制式自动变速器和电液控制式自动变速器。其主要区别如图 11－65 所示。

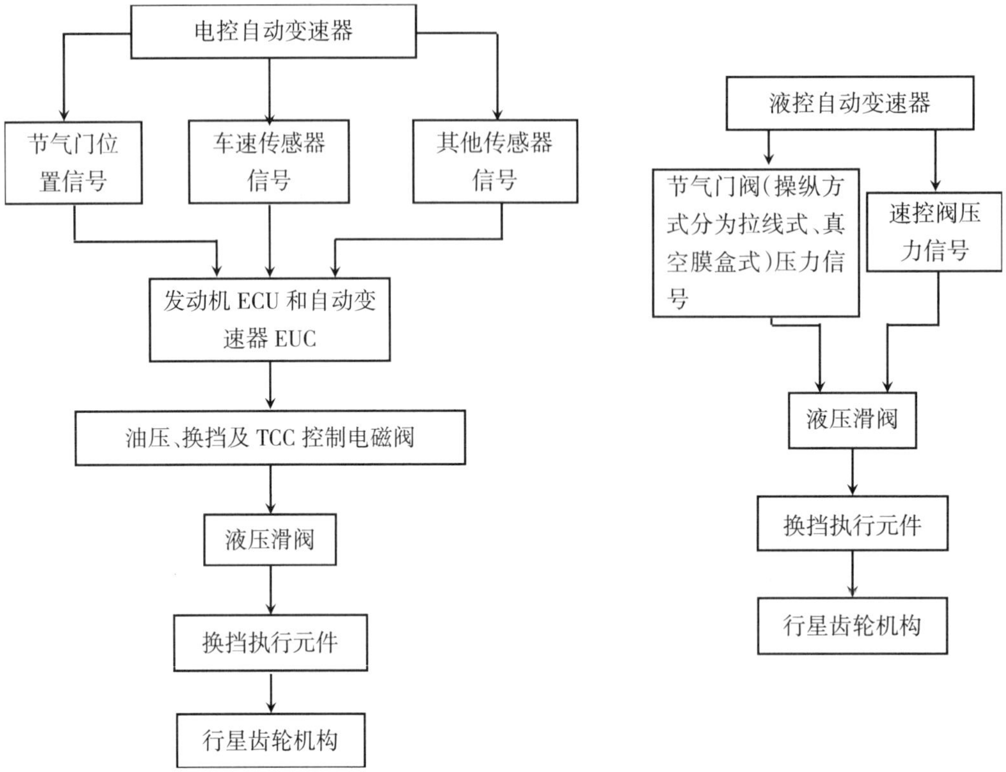

图 11－65　电控自动变速器和液控式自动变速器的主要区别

11.3.1.4　自动变速器操纵手柄各位置的含义及其正确使用

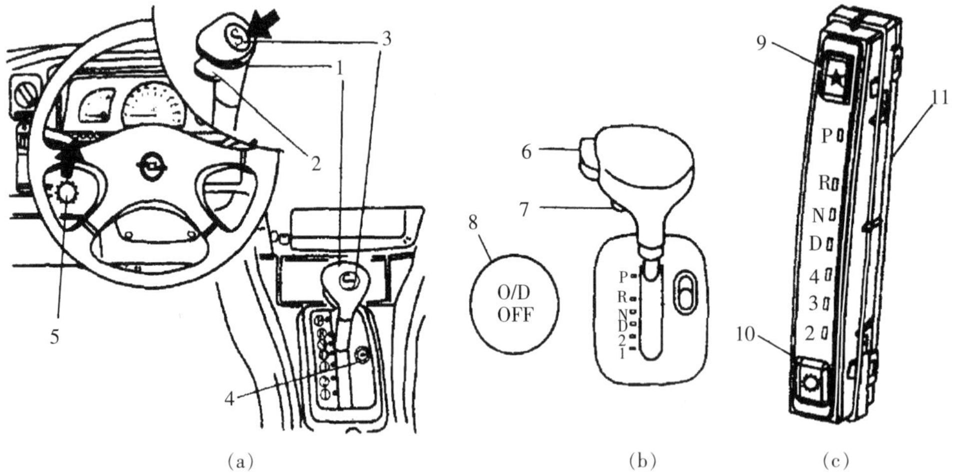

图 11－66　自动变速器操纵手柄和挡位指示器
(a) AF13 型自动变速器操纵手柄及其指示部件；
(b) 81－40LE 型自动变速器操纵手柄与 O/D OFF 开关；
(c) 凯迪拉克 CTS 操纵手柄位置指示器
1—操纵手柄；2—操纵手柄锁止按钮；3—运动模式开关；4—雪地模式按钮；
5—运动模式/故障指示灯；6—操纵手柄锁止按钮；7—O/D OFF 开关；8—指示灯；
9—雪地模式开关；10—运动模式开关；11—挡位指示器

操纵手柄有 6 个位置（P、N、D、2、1 和 R）或 7 个位置等多种形式，自动变速器操纵手柄位置的含义与手动变速器有很大的不同。

1. P 位——停车挡。

停放车辆时使用 P 位。

2. N 位——空挡。

3. D 位——前进挡。

大部分轿车的自动变速器在操纵手柄位于前进挡位置时可以实现 4 个不同传动比的挡位，即 1 挡、2 挡、3 挡（直接挡）和 4 挡（超速挡）。超速挡可以通过超速挡开关控制。

4. S 位和 L 位或 2 位和 1 位——前进低挡。

前进低挡一般有 S 和 L 两个位置或 2 位和 1 位。当操纵手柄位于 S 位（即 2 位）时，自动变速器只能在 1 挡、2 挡之间变换挡位；当操纵手柄位于 L 位（即 1 位）时，自动变速器则只能在 1 挡行驶，无法升入高挡。

5. R 位——倒车挡。

6. 操纵手柄使用注意事项。

（1）操纵手柄只有处于 N 或 P 挡位时，才能起动发动机。

（2）发动机运转时，将操纵手柄挂入任何挡位都要踩下行车制动器踏板。

（3）停止的轿车操纵手柄置于某一行驶挡，而又需要打开发动机舱进行工作时，应拉紧驻车制动器，挡住车轮，禁止拉动节气门传动装置，以防轿车突然起步，发生意外。

（4）在对运转的发动机进行检查时，必须把操纵手柄移至 P 挡位，并拉紧驻车制动器。

（5）在行驶中若误将操纵手柄挂入 N 挡位（空挡）时，应立即抬起加速踏板，使发动机转速降到怠速，再将操纵手柄置于所需挡位。

（6）发动机不要超速运转，即转速表不能进入红色区域。

11.3.1.5　控制开关的正确使用

电控自动变速器除了用操纵手柄操纵外，还可以通过操纵手柄上的超速挡开关 O/D 和一些控制开关来进行其他控制。不同车型电控自动变速器的控制开关名称往往不同，其作用也不完全相同。

1. 超速挡选择开关 O/D。

操纵手柄为 6 个位置，4 个前进挡的自动变速器的 4 挡是超速挡，当操纵手柄处于 D 位时，打开 O/D 开关后，超速挡控制电路接通，自动变速器随车速的提高而升挡，最高可升至 4 挡，即超速挡。关闭 O/D 开关时，仪表板上的“O/D OFF”指示灯随之亮起，表示限制超速挡使用，自动变速器最高只能升到 3 挡（相当于 7 个位置的“3”位）。当操纵手柄在 D 位时，自动变速器能否升入 4 挡，除了与超速挡控制开关有关外，还与发动机冷却液温度、节气门开度、车速等因素有关。

2. 换挡模式选择开关。

模式选择开关，用来选择自动变速器的控制模式，以适应不同的道路条件，发挥车辆本身的动力性和提高燃油经济性。控制模式也就是自动变速器的换挡规律。常见的自动变速器的控制模式有以下几种：

（1）经济模式（ECONOMY）。这种控制模式是以获得最佳燃油经济性为目标来设计换挡规律的。当车辆在城市道路行驶时，接通经济模式，其换挡规律应能使发动机转速经常处于经济转速范围，从而提高燃油经济性。

使用经济模式时，在相同的节气门开度，自动变速器电控单元（ECU）将控制升挡时刻稍早一些，降挡时刻推迟一些，使液力变矩器锁止离合器工作范围增宽，可在较低挡位上实现直接传动。由于锁止离合器的接合，使液力变矩器的涡轮和泵轮接合起来直接传动，减少了液力损失，提高了传动效率，发动机的燃油经济性也得到提高。

（2）动力模式（POWER）。这种控制模式是以获得最佳动力性为目标来设计换挡规律的。当车辆上坡、在山路上行驶或希望发动机在高转速下工作时，可选择动力模式，此时车辆加速能力很强。发动机经常处于大功率范围运转，可大大发挥它的动力性和爬坡能力。在此模式行驶时，高挡换低挡和低挡换高挡的换挡点比标准模式要高。

（3）标准模式（NORMAL）。标准模式的换挡规律介于经济模式和动力模式之间。它兼顾了动力性和经济性。

另外有些车辆设定的模式分别是手动换挡模式（MANUAL）、经济模式（ECON－OMY）、动力模式（POWER）或舒适模式（COMFORT）、自动模式（AUTO）、雪地模式（SNOW）等。

富康988轿车的AL4型自动变速器设有专门的程序选择器，其上有“s”“＊”“1”三个程序选择按键，分别对应“运动”“雪地”“强制1挡”三种程序。

3. 巡航控制（CC）开关。

巡航控制开关一般安装在转向柱或仪表板上。行驶中，当加速到一定的车速时接通此开关，巡航控制系统自动控制汽车以稳定车速持续行驶，使驾驶操作简便、节省燃油。当驾驶者关闭巡航控制开关或使用制动时，巡航控制随即解除。

4. 保持（HOLD）开关。

有些轿车如尼桑、马自达929、福特等，在自动变速器上装有保持开关，亦称挡位锁定开关，它安装在操纵手柄锁止按钮的下方。HOLD实际上是一个定挡行驶控制开关。当HOLD开关断开时，各挡位自动变速；接通HOLD开关时，行星齿轮机构的挡位完全由操纵手柄的位置决定：当手柄在D位时固定在3挡行驶，S位时固定在2挡行驶，L位时固定在1挡行驶。

5. S4挡控制开关。

在许多运动型跑车上都设有S挡位，自动变速器在S挡位工作时加速性能比D挡位好，但它只能使自动变速器在1～3挡之间自动变换。增加S4挡控制开关后，当自动变速器在S挡位行驶时，打开S4挡控制开关，自动变速器就能自动换到4挡。4挡控制开关只在S挡位起作用，在其他位置时均自动解除S4挡控制。当采用S4挡控制时，相当于其他车型的动力换挡模式。

11.3.1.6 电控自动变速器在各运行状态下的正确操纵及其注意事项

1. 起动发动机时。

（1）正常起动。起动发动机时，应拉紧驻车制动或踩住制动踏板，将自动变速器的操纵手柄置于P位或N位，此时将点火开关转至起动位置，使起动机带动发动机转动。操纵手柄在 P 位或 N 位之外的其他任何位置将点火开关转至起动位置，起动机都不会转动。

（2）汽车行驶途中熄火后起动。自动变速器汽车在行驶途中熄火时，操纵手柄仍处于行驶挡位置，此时若转动点火开关起动发动机，起动机将不会转动。必须先将操纵手柄移到 N 位置或车辆静止后将操纵手柄移到 P 位置后，才能起动发动机。

2. 汽车起步时。

（1）冬季发动机起动后，应等待发动机运行一段时间使温度升高、转速降至正常怠速转速再挂挡起步。否则，会造成汽车起步时窜动。

（2）起步时应先踩住制动踏板再挂挡，并查看挡位指示器，确认所挂挡位正确后松开驻车制动，抬起制动踏板，缓缓踩下加速踏板起步。

（3）必须先挂挡后踩加速踏板。不允许边踩加速踏板边挂挡，或挂挡后还未松开驻车制动就踩加速踏板。

（4）发动机怠速要调好，怠速过高起步时汽车窜动；过低在坡道上起步时，松开驻车制动后没有及时加油，发动机可能熄火或车辆后溜，增加坡道起步的难度。

（5）D 挡位起步时制动时间不要过长，否则自动变速器油温会迅速上升，易损坏其中橡胶件，使油液变质。

3. 一般道路行驶时。

（1）通常情况。由于自动变速器的自动换挡规律都是根据节气门开度和车速预先设定好的，因此驾驶装有自动变速器的汽车在一般道路上行驶时，只要将操纵手柄置于 D 挡位，并打开超速挡开关（O/D OFF），自动变速器就能根据车速、节气门开度等信号，自动升挡或降挡，以选择最适合汽车行驶的挡位。

（2）特殊情况。在实际驾驶装有自动变速器的汽车时，只按上述通常情况使用自动变速器，往往还不能满足某些特殊条件对车辆使用性能的要求，这就要求驾驶员在操作中，根据其预先设定的换挡规律的原理灵活操作。例如，为了节省燃油，应将模式开关置于经济模式或标准模式位置。选用经济模式或标准模式加速时，应平稳地踩下加速踏板，并尽量使节气门开度保持在小于 80% 的范围内。也可以采用“提前升挡”的操作方法（汽车起步后，先将汽车迅速加速至 20～30 km/h，然后将加速踏板迅速地松开，并持续 2～3 s，这时自动变速器就能立即从 1 挡升至 2 挡）。当感觉到升挡后发动机转动有力，车速仍迅速升高，可用同样方法让变速器从 2 挡升至 3 挡和 4 挡。这种操作可节省燃油，同时还能减少发动机的磨损，减小噪声。

再如，为了提高汽车的动力性，可将模式开关设置在动力模式位置上。在急加速超车时，还可以采用“强制低挡”的操作方法（将加速踏板迅速踩到底，此时变速器会自动下降一个挡位，使汽车获得突然的加速效果）。但加速要求得到满足之后，应立即松开加速踏板，以防止发动机转速超过极限转速，导致自动变速器中摩擦片磨损和自动变速器油温过高而造成损坏。“强制低挡”一般是在高速超车时使用，在这种情况下换挡离合器和制动器交替工作，摩擦发热量大，摩擦片容易碎裂或黏结。所以行驶中若非紧急超车等情况，尽量少用“强制低挡”。

（3）汽车在一般道路上行驶时自动变速器的操作还应注意以下事项：

①欲将自动变速器操纵手柄从高挡向低挡变换（如按 D 位—2 位—1 位）时，必须先使汽车减速至相应的车速后才能进行。如果将操纵手柄由高挡位换至低挡位时车速过高，

尽管阀体在换低挡位时能保证变速器顺次降挡，但这种降挡方式是人为地手动强制低挡，这时汽车会受到发动机的强烈制动作用，使低挡换挡执行元件受到较剧烈的摩擦而损坏。在换入低挡后，不要猛踩加速踏板，否则容易使发动机的转速过高，并造成自动变速器中的摩擦片磨损加剧和自动变速器油温过高。

②在驾驶时，如无特殊需要，不要将操纵手柄在 D 挡、S 挡、L 挡之间来回拨动。

4. 上、下坡行驶时。

（1）在较长且坡陡的道路上上坡行驶时，应视坡度将操纵手柄由 D 位移至 S 位或 L 位，以免汽车在 D 位上坡时因高挡动力不足而循环地升、降挡，造成换挡执行元件离合器、制动器加速磨损。

（2）汽车下坡时，如果加速踏板完全松开车速仍然很高，可将操纵手柄置于 2 挡。此时汽车驱动轮经传动轴、变速器、变矩器反拖发动机运转，这样可利用发动机的怠速运转阻力使汽车减速，这种情况称为发动机制动。

注意：当车速较高时，应先用行车制动降低车速，再把操纵手柄从 D 挡移至 2 挡。如果在高速时就把手柄从 D 挡移至 2 挡，会导致自动变速器摩擦片因急剧摩擦而损坏。

5. 雪地或泥泞路面上行驶时。

在雪地或泥泞路面上行驶，当操纵手柄置于 D 位驱动轮打滑时，如果驾驶员立刻松开加速踏板，由于打滑的驱动轮转速较快，自动变速器会出现提前升挡的现象，从而进一步加剧了驱动轮的打滑。此时可将操纵手柄置于 S 挡位或 L 挡位，强制自动变速器在低挡行驶。可利用加速踏板来控制车轮的转速，以防止驱动轮打滑。设有雪地程序控制开关的车辆，应及时按下雪地模式（SNOW）开关，以发挥其特殊的控制功能。设有 HOLD（保持）开关的自动变速器，在雪地或泥泞路面上行驶时可打开此开关，然后将操纵手柄置于合适的行驶挡位。使用 HOLD（保持）开关时，将操纵手柄置入 S 或 L 挡位，使自动变速器固定在低挡行驶，可有效地防止驱动轮打滑。

6. 倒车时。

在换入 R 挡位前，一定要先让汽车停稳，不允许在汽车还未停稳时就将操纵手柄在前进挡与倒挡间切换，否则会损坏自动变速器中的摩擦片和制动带。有些轿车自动变速器的液压控制系统中装有倒挡限制阀，如果车速高于某值，倒挡齿轮不会啮合，从而起到换挡保护作用。奔驰轿车安装的 5 挡机械变速器，倒挡设置了同步器，同样可起到换挡保护作用。倒车时，还应注意使用制动踏板控制车速。

7. 停车时。

（1）短时间临时停车。汽车在十字路口等待交通信号或因堵车等原因而需要临时停车时，停车时间较短，可让操纵手柄保持在 D 位，只用行车制动器停车，这样一旦放松制动踏板，汽车就可以重新起步；若停车时间稍长，也可以让操纵手柄保持在 D 位，但最好同时使用行车制动和驻车制动，以免不小心松开制动踏板时汽车向前冲动而发生意外；若停车时间较长，最好把操纵手柄换到 N 位，并拉紧驻车制动器，以免造成自动变速器油升温过高。

（2）驻车停留。应先用行车制动器将汽车停稳，再将操纵手柄移至停车挡（P），然后拉紧驻车制动器，关闭点火开关，使发动机熄火。

8. 自动变速器在几种特殊情况下的处置。

（1）锁止离合器的使用。一般车速为 60 km/h 以上即可锁止离合器，操纵手柄在 D 位时锁止离合器才能起作用。锁止离合器解除锁止的时机有三个：制动开关产生制动信号、节气门位置传感器怠速触点 IDL 闭合、冷却液温度低于 60 ℃。美国 Chrysler 公司按照美国环保局规定的燃油经济性试验规范进行过对比试验，液力变矩器设置锁止离合器后，在城市和公路上节油率分别为 4% 和 6%，所以在使用中应尽量发挥锁止离合器的功能。

（2）超过 100 km/h 的速度一般不要强制降挡。若超过降挡车速强制降挡，发动机转速虽然降低，但自动变速器转速仍然很高，这一转速差将使自动变速器油温迅速上升，导致自动变速器性能降低，橡胶件损伤。

9. 使用注意事项。为充分发挥自动变速器的性能，防止因使用操作不当而造成早期损坏，驾驶装有自动变速器的汽车时，应注意以下事项：

（1）在用操纵手柄挂挡时，不要踩下加速踏板；挂上挡后，则应缓慢踩下加速踏板，而不要立即猛踩加速踏板。否则自动变速器中的离合器、制动器容易受损。

（2）在汽车停稳后才能将操纵手柄置于 R 位或 P 位，否则，会损坏变速器停车锁止机构。

（3）将操纵手柄从 D 位移至 S 位或 L 位时，其实质是手动“强制降挡”控制。因此，除了前面所说的不要在车速较高时从 D 位换入 S 位或 L 位，以免损坏换挡执行元件外，换入低挡后，不要猛踩加速踏板，以免发动机转速过高，造成齿轮机构中的摩擦片磨损加剧和自动变速器油温度过高。

（4）在驾驶汽车时，如无特殊需要，不要将操纵手柄在 D 位、S 位、L 位之间来回拨动。禁止在行驶中将操纵手柄拨入 N 位或在下坡时用空挡滑行。否则，由于发动机怠速运转，自动变速器内由发动机驱动的油泵出油量减少，而自动变速器内的齿轮等零件在汽车的拖动下仍做高速旋转，这样可导致零件因润滑不良而损坏。

（5）按标准调整发动机怠速。怠速过高，会使汽车在挂挡起步时产生强烈的窜动；怠速过低，起步容易熄火。特别是在坡道上起步时，若松开制动后没有及时踩下加速踏板，汽车会后溜。

11.3.1.7　自动变速器的优缺点

1. 自动变速器的优点。

（1）汽车起步平稳，低速稳定性好，能吸收和衰减传动系统的振动与冲击，从而提高乘坐舒适性和通过性。

（2）能自动适应行驶阻力的变化，在一定范围内进行无级变速，因此使发动机的功率得到充分利用，有利于提高汽车的动力性。

（3）能很好地与发动机协同工作，特别是目前采用锁止离合器和巡航控制装置的电控自动变速器，能使发动机经常在经济、排污少的工况下工作，从而节省燃油和降低污染。

（4）取消了离合器及其踏板，无须像手动挡那样频繁换挡，因此，使驾驶员驾驶操作简单、省力，精力集中在行车安全上，提高了行车安全性。

（5）液力传动的工作介质是液体，具有缓冲作用，能减轻冲击载荷，因而可延长发动机和传动系统零部件的使用寿命。

2. 自动变速器的缺点。

自动变速器的主要缺点是结构较复杂，因此购置和维修费用较高。

总之，由于自动变速器克服了机械式变速器的缺点，特别是在20世纪70年代以后，由于变矩器结构的改进和电子控制技术的应用，使长期以来一直未能很好解决的自动液力变速器传动效率低的缺点有了很大的改善，甚至在某些条件下自动变速器比机械式变速器更能使发动机省油。所以，目前自动变速器在汽车上的应用越来越广泛，特别是在轿车上装用自动变速器已成为一种潮流。

11.3.2 液力传动装置

液力耦合器和液力变矩器是以液体动能进行动力传递的装置，又称液力传动装置。以其特有的性能广泛应用于汽车自动变速器上。液力耦合器或液力变矩器安装在发动机曲轴后端的连接板上，如图11－67所示，其作用是将发动机动力传递至变速器，它们可以起到离合器和飞轮的作用。又因是用液体传递动力，可以缓和发动机与传动系统的扭转振动和吸收刚性冲击。使用液力变矩器，在汽车起步或低速行驶时更具有增加扭矩的特性，所以几乎所有的现代自动变速器都使用液力变矩器进行动力传递。液力耦合器在其他商业机械中还有应用。为了帮助认识液力变矩器，下面仍然先介绍液力耦合器。

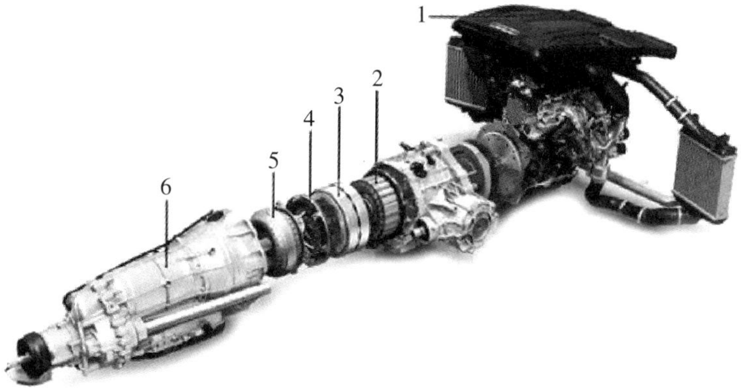

图11－67 液力变矩器与发动机

1—发动机曲轴；2—挠性联接盘；3—液力变矩器；4—自动变速器

5—变速器行星齿轮；6—变速器外壳

11.3.2.1　液力耦合器

1. 液力耦合器的结构。

液力耦合器发明于 20 世纪 20 年代。最早被用于轮船上，将发动机的动力耦合到螺旋桨上。1924 年起被应用于伦敦市的公共汽车上。液力耦合器的结构如图 11－68 所示。耦合器的主要元件是两个直径、结构相同的叶轮，统称为工作轮，其形状如图 11－69 所示。由发动机曲轴驱动的叶轮称为泵轮，与变速器输入轴相连的叶轮称为涡轮。工作轮里面有许多半圆形的径向叶片。两工作轮装合后相对之间有 3～4 mm 的间隙，封闭的壳体内充满了油液。当发动机驱动泵轮转动时，泵轮上的叶片推动液体同方向转动。运动的油液冲击在相对位置的涡轮叶片上，使涡轮随之转动，可将动力传递至变速器输入轴。图 11－69 中箭头即表示液体的循环圆运动。

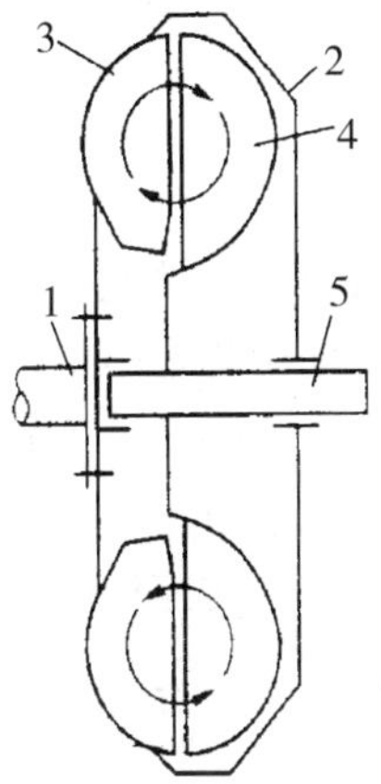

图 11－68　液力耦合器结构示意图

1—发动机曲轴；2—耦合器壳；3—泵轮；4—涡轮；5—从动轴

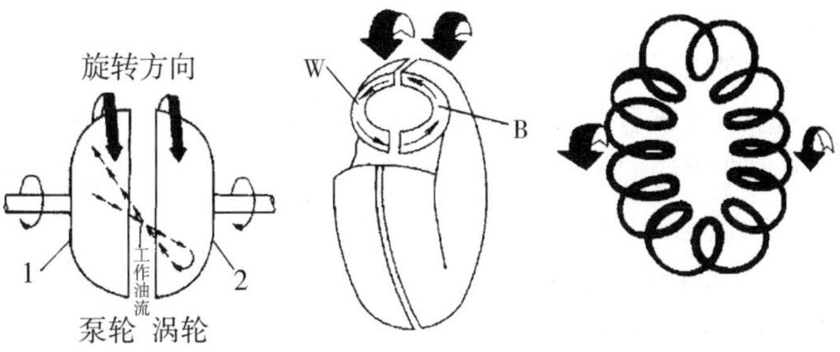

图 11－69　液力耦合器主要零件

1—泵轮；2—涡轮

2. 液力耦合器的工作原理。

如图 11－70 所示，当工作轮旋转时，其中的工作液也被叶片带动一起旋转。在离心力作用下，工作液从叶片内缘向外缘流动。因此，叶片外缘处压力较高，而内缘处压力较低，其压力差取决于工作轮半径和转速。由于泵轮和涡轮的半径是相等的，故当泵轮的转速大于涡轮时，泵轮叶片外缘的液压大于涡轮叶片外缘的液压。于是，工作液不仅随着工作轮绕其轴线做圆周运动，并且在上述压力差的作用下，沿循环圆依箭头所示方向做循环流动。液体质点的流线形成一个首尾相连的环形螺旋线。泵轮对工作液做功，使之从泵轮叶片内缘流向外缘的过程中，其圆周速度和动能渐次增大；而从涡轮叶片外缘流向内缘的过程中，其圆周速度和动能渐次减小。故液力耦合器的传动过程是：泵轮接受发动机传动来的机械能，传给工作液，使其提高动能，然后再由工作液将动能传给涡轮。由此可知，液力耦合器实现传动的必要条件是工作液在泵轮和涡轮之间有循环流动。而循环流动的产生，是由两个工作轮转速不等，使两轮叶片的外缘产生液压差所致。因此，液力耦合器在正常工作时，泵轮转速总是大于涡轮转速。

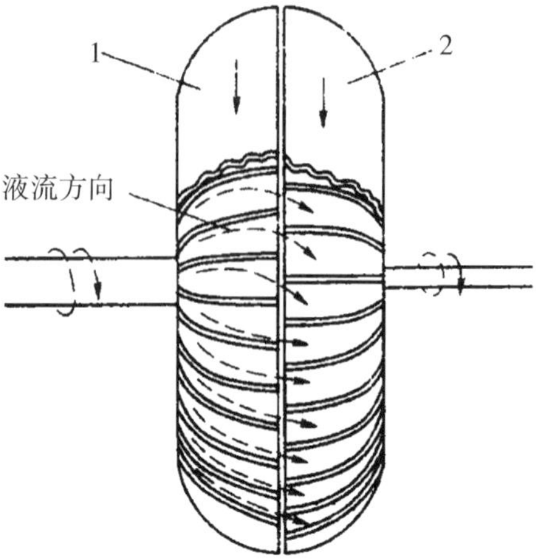

图 11－70　液力耦合器工作示意图

1—泵轮；2—涡轮

3. 液力耦合器的工作特点。

由于液力耦合器是用液体作为传动介质，泵轮与涡轮间允许有较大的转速差，因此，可以保证汽车平稳起步和加速。由于液体形状可变，所以能够吸收传动系统中的扭转振动并防止传动系统过载，从而延长传动系统和发动机部件的使用寿命。由液力耦合器工作原理可知，液体在循环过程中没有受到任何附加外力，如果不考虑液流损失，则发动机作用于泵轮上的转矩与涡轮所获得并传给传动轴的转矩相等，即耦合器只能起传递转矩的作用，而不能改变转矩的大小。此外，液力耦合器不能使发动机与传动系统彻底分离，故在采用普通变速器时，还要使用机械离合器，以便换挡时切断动力，如图 11－71 所示。另外，液力耦合器中存在液流损失，传动效率比机械离合器低。所以现代汽车上已不再采用液力耦合器。

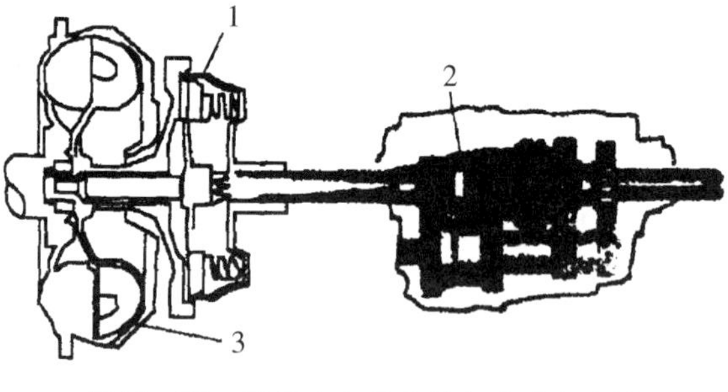

图 11－71　早期液力耦合器与手动变速器

1—摩擦式离合器；2—手动变速器；3—液力耦合器

11. 3. 2. 2　液力变矩器

1. 普通液力变矩器。

(1) 结构：普通液力变矩器主要由泵轮、涡轮和导轮等三元件组成，如图 11－72 所示。

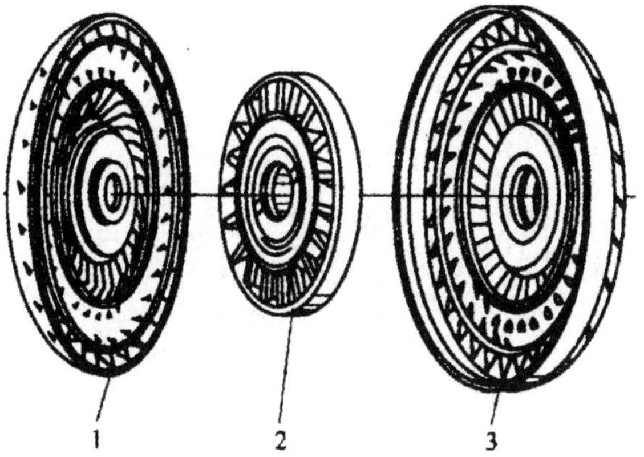

图 11－72　普通液力变矩器基本零件
1—涡轮；2—导轮；3—泵轮

①泵轮。泵轮的结构如图 11－73（a）所示，泵轮与变矩器壳制成一体，用螺钉固定在发动机曲轴后端的凸缘上，是液力变矩器的主动件。壳体制成两半，装配焊成一体或用螺钉固定成一体，壳体周边装有起动齿圈。

②涡轮。涡轮的结构如图 11－73（b）所示，涡轮与输出轴（即齿轮变速机构的输入轴）连接，是液力变矩器的从动件。涡轮的轴孔有花键槽，与变矩器输出轴的花键相配合，以便把涡轮的转矩输送给自动变速器的齿轮机构。

③导轮。导轮的结构如图 11－73（c）所示，导轮固定在不动的导轮固定套上，而固定套固定在变矩器的壳体上。其功用是改变涡轮上的输出转矩。上述结构的液力变矩器称为普通液力变矩器或三元件液力变矩器。

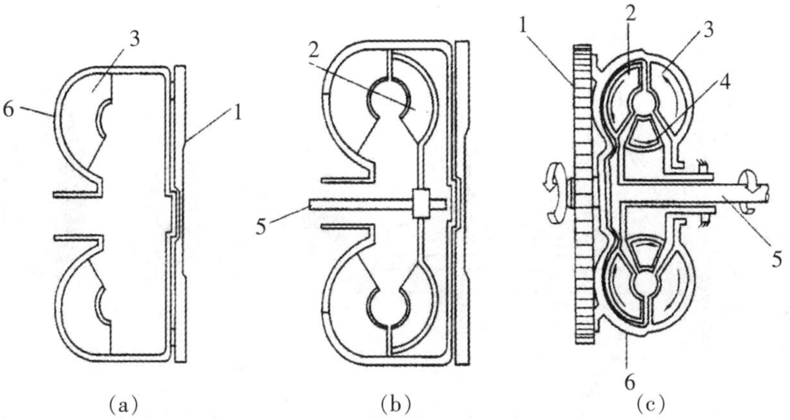

图 11－73　普通液力变矩器的组成示意图
（a）泵轮结构；（b）涡轮结构；（c）导轮结构
1—飞轮；2—涡轮；3—泵轮；4—导轮；5—变矩器输出轴；6—变矩器壳

（2）工作原理：如图 11－74 所示，液力变矩器工作时，储于环形内腔的自动传动油液不仅绕变矩器的轴线做圆周运动，而且还在泵轮、涡轮和导轮中做循环流动。

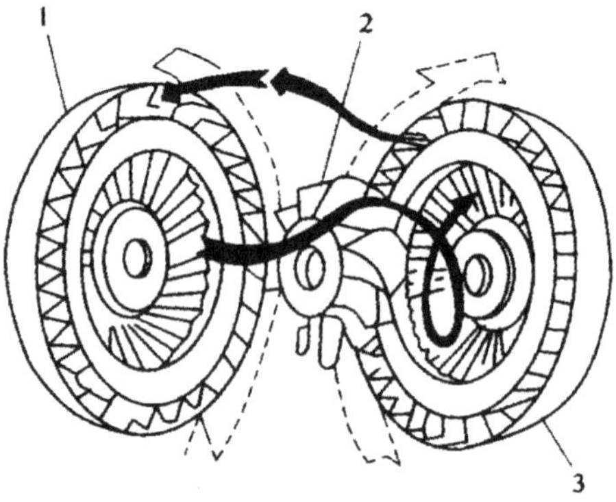

图 11－74　传动油液在变矩器内的流动情况示意图

1—涡轮；2—导轮；3—泵轮

与耦合器不同的是，液力变矩器不仅能传递转矩，而且能在泵轮转矩不变的情况下，随着涡轮的转速（反映汽车行驶速度）不同而改变涡轮的输出转矩。液力变矩器所以能起变矩作用，是由于设置了导轮。在传动油液循环流动的过程中，固定不动的导轮给涡轮一个反作用力矩，使涡轮输出转矩不同于泵轮输入的转矩。

2. 综合式液力变矩器。

（1）结构：综合式液力变矩器是在普通液力变矩器的基础上改进而成的，即在导轮与导轮固定套之间安装一单向离合器，如图 11－75 所示。人们亦称这种变矩器为四元件液力变矩器。单向离合器是一个方向传递转矩而在其反方向允许自由转动的机械装置。它使导轮可以顺时针方向旋转（从发动机前面看），但不能逆时针方向旋转。

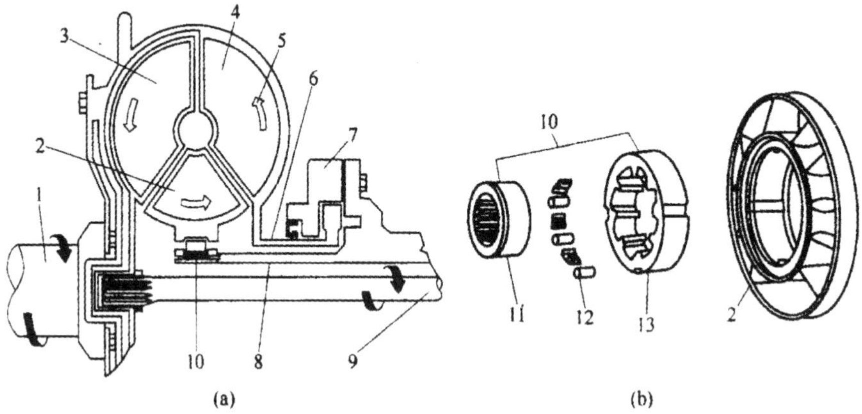

图 11－75　综合式液力变矩器

（a）结构示意图；（b）单向离合器

1—曲轴；2—导轮；3—涡轮；4—泵轮；5—油液流；6—变矩器轴套；7—油泵；

8—导轮固定套；9—涡轮输出轴；10—单向离合器；11—内座圈；

12—滚柱和弹簧；13—外座圈

（2）工作原理。

①增大转矩的变矩工况。发动机起动后，曲轴带动泵轮旋转，使泵轮叶片间的工作液

沿叶片从内缘向外缘甩出。这些工作液冲击涡轮叶片，推动涡轮与泵轮同方向转动。当涡轮转速较小时，从涡轮流出的工作液向后流动，冲击导轮叶片的前面。因为导轮被单向离合器限定不能向后转动，所以导轮叶片将向后流动的工作液导向前推动泵轮叶片，促进泵轮旋转。这相当于导轮、泵轮都对工作液施加了正向力矩。当输入与输出转速稳定时，两正向力矩之和在大小上等于涡轮对工作液施加的反向力矩，从而使涡轮的输出转矩大于泵轮的输入转矩，也就是此时液力变矩器处于增大转矩的变矩工况。涡轮的转速越低，导轮改变工作液流动方向的作用越强，变矩器增大转矩的效果越明显。考虑到传动效率（液力变矩器的传动效率为输出功率与输入功率之比）等因素，一般把变矩器的输出转矩与输入转矩之比（称为变矩比）的最大值设计为 2 ~2. 5。

②耦合作用—高效率传动范围。随着涡轮转速的增加，从涡轮流出的工作液逐渐转为向前流动，当工作液开始流向导轮叶片的背面时，变矩器到达临界点。由于单向离合器允许导轮一同向前旋转，在向前流动工作液的带动下，导轮沿泵轮转动方向自由旋转（空转），工作液顺利地回流到泵轮。当从涡轮流出的工作液正好与导轮叶片出口方向一致时，自由转动的导轮对工作液没有反作用力矩，工作液只受到泵轮和涡轮的反作用力矩作用，此时变矩器不起增加转矩的作用，只起耦合作用。由于这时涡轮转速较高，变矩器处在高效率传递转矩范围。由上述分析可知，综合式变矩器既具有液力耦合器高传动比时效率高的特点，又具有增大转矩的特点。其工作特性见图 11 –76，分别是变矩器效率和耦合器效率随传动比 i 变化的规律曲线，K 是变矩系数随传动比 i 变化的曲线。当传动比 $i < i_k = 1$（变矩系数 $K = 1$ 时的传动比）范围内，变矩器效率大于耦合器的效率；当 $i > i_k = 1$，变矩器效率迅速下降，而耦合器的效率却继续升高。也就是说，综合式液力变矩器在低速时，按变矩器特性工作；当传动比达到 $i = 1$ 时，转为按耦合器特性工作，从而扩大了高效率的工作范围，见图中实线所示。导轮开始空转的工作点称为耦合点。综合式液力变矩器在涡轮转速由零到耦合点的工作范围内按液力变矩器的特性工作，在涡轮转速超过耦合点转速之后按液力耦合器的特性去工作。所以，综合式液力变矩器既有增加转矩作用又有传动效率高的特性，因此说综合式液力变矩器综合了普通液力变矩器和液力耦合器的优点。

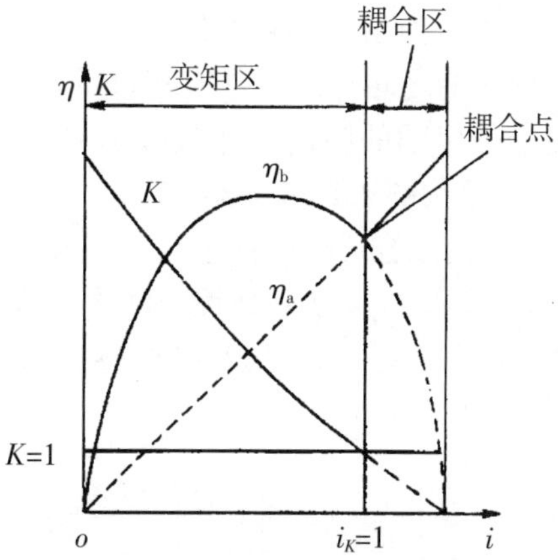

图 11 –76　综合式液力变矩器特性

η_a—液力耦合器的传动效率；η_b—液力变矩器的传动效率；

i_1—变矩比为 1 时的液力变矩器传动比；K—变矩系数

(3) 单向离合器。

单向离合器除应用在综合式液力变矩器上之外，还常应用在自动变速器的换挡执行机构上。单向离合器有多种形式，目前最常见的有滚柱式和楔块式两种。

①滚柱式单向离合器：滚柱式单向离合器由内座圈、外座圈、滚柱和回位弹簧等组成(图 11 -77)。外座圈大多用铆钉与导轮连接。内座圈用花键与导轮固定套连接，是固定不动的。外座圈的内表面处制有与滚柱数量相同的楔形槽，楔形槽内装有滚柱和回位弹簧。平时在回位弹簧弹力的作用下滚柱被推到楔形槽较窄的一端。

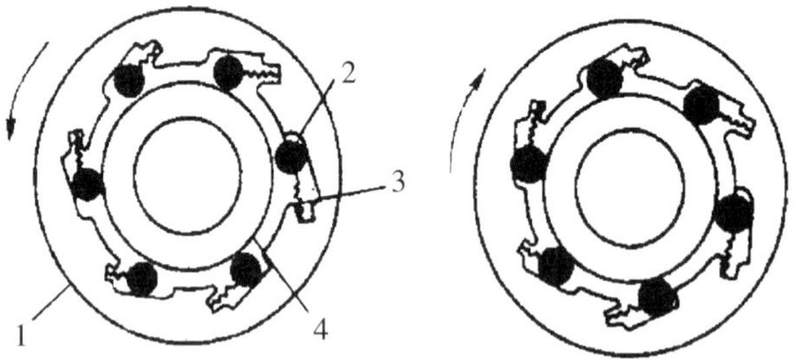

图 11 -77　滚柱式单向离合器
(a) 自由状态；(b) 锁止状态
1—外座圈；2—滚柱；3—回位弹簧；4—内座圈

当涡轮转速较低且与泵轮转速差较大时，从涡轮流出的液流冲击导轮叶片，力图使导轮按逆时针方向旋转 [图 11 -77 (a)]。此时，由于滚柱被推到楔形槽较窄的一端，单向离合器处于锁止状态，导轮便同外座圈一起被卡紧在内座圈上而固定不动，液力变矩器便起到增大转矩的作用。当涡轮转速升高到一定程度时，液流对导轮的冲击方向相反，于是导轮同外座圈便按顺时针方向旋转 [图 11 -77 (b)]。滚柱在回位弹簧弹力的作用下移向楔形槽较宽的一端，单向离合器便脱离锁止进入自由状态。此时，导轮与涡轮同向转动，液力变矩器便转入液力耦合器的工作状况。

②楔块式单向离合器：楔块式单向离合器由外座圈、内座圈、楔块等组成，如图 11 -76 所示，楔块装在外座圈和内座圈之间。楔块具有特殊的形状，如图 11 -78 (c) 所示，在 *A* 方向上的尺寸略大于内、外座圈的距离（半径差）*B*，而在 *C* 方向上的尺寸略小于 *B*。因此，当外座圈相对于内座圈按顺时针方向旋转时，楔块在摩擦力的作用下立起，被卡死在内、外座圈之间，此时单向离合器处于锁止状态，如图 11 -78 (b) 所示。当外座圈相对于内座圈按逆时针方向旋转时，楔块在摩擦力的作用下倾斜，内、外座圈可以做相对滑转，此时单向离合器处于自由状态，如图 11 -78 (a) 所示。

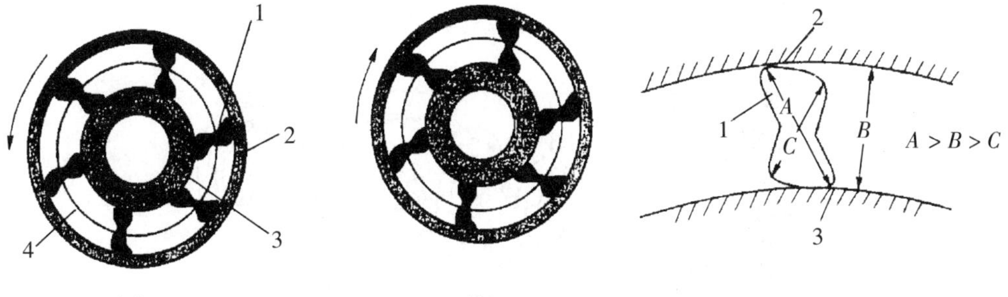

图 11－78　楔块式单向离合器

(a) 自由状态；(b) 锁止状态；(c) 楔块尺寸

1—楔块；2—外座圈；3—内座圈；4—保持架

11.3.2.3　带锁止离合器的液力变矩器

1. 锁止离合器的功用。

液力变矩器锁止离合器的功用是使液力变矩器由液力传动变为机械的直接传动。装有锁止离合器的液力变矩器称为锁止式液力变矩器。目前生产的电控自动变速器已全部采用带锁止离合器的变矩器。由于普通液力变矩器的涡轮与泵轮之间存在转速差和液力损失（最高效率时转速差有 4% ~5%），液力变矩器的传动效率不如机械式变速器高，最高传动效率只有 95%，因此采用液力变矩器的老式款型汽车燃料经济性较差。为提高液力变矩器在大传动比工况下的传动效率，当代轿车在综合式液力变矩器内设置一个锁止离合器。当锁止离合器处于分离状态时，锁止式液力变矩器与综合式液力变矩器一样，仍具有改变转矩和耦合器工作两种工况。当锁止离合器处于接合状态，即锁止工况时，发动机功率经输入轴、液力变矩器壳体和锁止离合器直接传至涡轮输出轴。

2. 锁止式液力变矩器结构。

锁止式液力变矩器的结构如图 11－79 所示，它由泵轮、导轮、涡轮、单向离合器和锁止离合器 TCC 以及壳体等组成（即概括为由“三轮”“二器”组成）。其中锁止离合器为湿式离合器，由主动部分、从动部分和控制部分组成。锁止离合器的主动部分为液力变矩器壳，从动部分为一个可做轴向移动的压盘，压盘的工作面上粘有一环形摩擦片，亦称离合器盘。压盘通过其轴孔花键套与涡轮轴键齿配合，即与变矩器输出轴连接，这样锁止离合器压盘在涡轮架（轴）上只能轴向移动。有些锁止离合器的压盘是通过压盘背面的伸出臂与涡轮相连接（如 olm 型自动变速器）；有的锁止离合器的压盘外圆上有许多均布的键齿，它与涡轮架外圆上的键槽相配合连接。压盘右侧的传动液与液力变矩器泵轮、涡轮等中的传动液相通，压盘左侧（压盘与液力变矩器壳之间）也是油腔。锁止离合器的控制装置（液压控制式的液压阀和电子控制式的锁止电磁阀两种）有油道与压盘的左、右油腔相接，通过改变压盘两侧的油压使锁止离合器处于分离或接合状态。

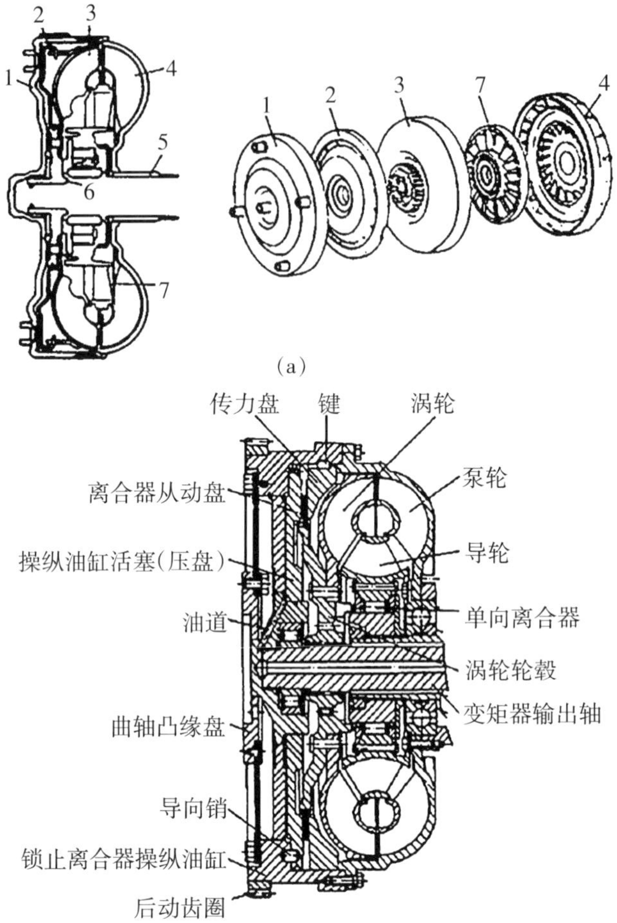

图 11－79　锁止式液力变矩器的组成

(a) 零件图；(b) 实物解剖图

1—泵轮；2，5—止推轴承；3—导轮；4—单向离合器；

6—涡轮；7—锁止离合器（压盘及减振器总成）

3. 锁止式液力变矩器的工作情况。

电控自动变速器液力变矩器锁止离合器的工作由自动变速器电控单元（ECU）控制，当 ECU 决定可以进行完全锁止时，ECU 给锁止电磁阀发出控制 OFF 信号，锁止电磁阀动作，以控制锁止液压控制阀，即通过锁止控制阀再控制锁止离合器接合（锁止）与分离（释放），其工作过程如图 11－80 所示。

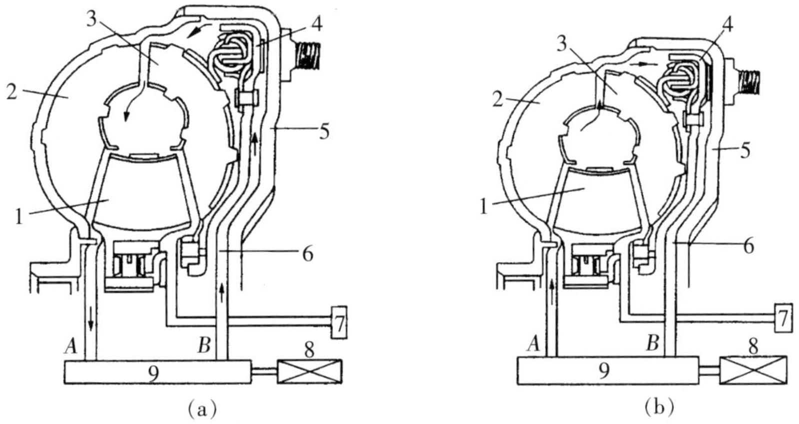

图 11－80　锁止式液力变矩器的工作原理

(a) 锁止离合器处于分离状态；(b) 锁止离合器处于接合状态

1—导轮（带单向离合器）；2—泵轮；3—涡轮；4—液力变矩器壳；5—压盘（活塞）；
6—液力变矩器前腔；7—油液冷却器；8—锁止电磁阀；9—锁止控制阀；
A、B—锁止离合器控制油道

(1) 分离（释放）状态。当自动变速器电控单元（ECU）决定锁止离合器分离时，ECU 给锁止电磁阀发出 OFF 信号，液压油经由锁止控制阀控制流入变矩器前腔，经变矩器作用腔然后转入释放［见图 11－80（a）］，使锁止离合器分离。

(2) 接合（锁止）状态。当自动变速器电控单元（ECU）决定锁止离合器锁止接合时，ECU 给锁止电磁阀发出控制 ON 信号，锁止电磁阀以控制锁止液压控制阀打开通往液力变距器前腔的油路 B，释放其前腔压力。此时，压力油由 A 油道进入变矩器工作腔，将锁止离合器压盘（活塞）紧紧地压在变矩器壳体上［见图 11－80（b）］，即锁止离合器完全接合，涡轮和泵轮连为一体。

(3) 滑动锁止状态。有些新型轿车电控自动变速器为了减小或防止锁止离合器锁止接合时液力变矩器的振动和撞击，使车辆行驶更加平顺，在电控自动变速器电控单元（ECU）中设有滑动锁止控制程序。即当电控自动变速器电控单元（ECU）决定滑动锁止接合，向锁止电磁阀发出逐渐减小的电信号，使锁止液压控制阀缓慢地释放液力变矩器前腔的液压，直至发动机转速与涡轮轴转速之差接近预先设定标准值（柔和接合）时，锁止离合器完全锁止接合。

(4) 锁止离合器进入锁止工况的条件。电控自动变速器液力变矩器锁止离合器进入锁止工况的必备条件如下：①发动机冷却液温度不得低于 53 ℃～65 ℃（车型不同略有差异）。②空挡开关信号指示自动变速器处于行驶挡，即在 N 位和 P 位不能锁止。③制动开关信号必须指示没有进行制动。④车速必须高于 37～65 km/h（车型不同略有差异，大部分自动变速器在 3 挡进入锁止工况，少数变速器在 2 挡时进入锁止工况）。⑤来自节气门位置传感器的信号必须高于最低电压，即指示节气门处于开启状态。目前装在次级调压阀上的负责变矩器锁止的锁止电磁阀大都是常开式的。在未进入锁止工况前它保持常开，来自主调压阀的液压油大都经锁止电磁阀泄入油底壳，使进入液力变矩器的油压保持在较低压力状态。

只有满足了上述5个条件后，自动变速器ECU才接通锁止电磁阀线圈负极，锁止电磁阀进入锁止工况，即使泄油口处于密封状态。进入变矩器的油压升高，压盘（活塞）被紧紧地压在变矩器的后壳体上。由于压盘的卡口和涡轮的卡口始终保持着连接状态（互相啮合），压盘便开始带动涡轮旋转。车辆在行驶过程中，轻踩制动踏板，使制动踏板臂和制动开关脱离接触，自动变速器ECU会立刻断开锁止电磁阀负极，液力变矩器内油压急剧下降，离开了油压的支持，压盘（活塞）离开后壳体，变矩器解除锁止。

11.3.3 机械传动装置（行星齿轮机构）

行星齿轮变速器由行星齿轮机构和换挡执行机构两部分组成。

行星齿轮机构的作用是改变传动比和传动方向，即构成不同的挡位；换挡执行机构的作用是自动实现挡位的变换。

液力自动变速器的行星齿轮机构由多个单行星齿轮机构组成，其多少取决于挡位数；换挡执行机构包括片式离合器、片式制动器、带式制动器和换挡单向离合器等。

行星齿轮式变速器具有结构简单、体积小，不需要中间轴和中间齿轮；操纵容易，各齿轮处于常啮合状态，不存在换挡啮合冲击；传动比范围大等突出优点，因此现代轿车装用的液力自动变速器基本上都采用行星齿轮式变速器。

11.3.3.1 行星齿轮机构的变速原理

1. 行星齿轮机构的结构。

行星齿轮机构有很多类型，其中最简单的行星齿轮机构由一个太阳轮、一个内齿圈、几个行星齿轮和行星齿轮轴、一个行星架组成。

太阳轮、内齿圈及行星架有一个共同的旋转轴线，行星齿轮支承在固定于行星架的行星齿轮轴上，并同时与太阳轮和齿圈啮合。当行星齿轮机构运转时，空套在行星架上的几个行星齿轮，一方面可以绕自己的轴线旋转，另一方面又可以随行星架一起绕着太阳轮旋转，就像天上的行星运动。太阳轮、齿圈和行星架称为行星齿轮机构的三个基本元件。

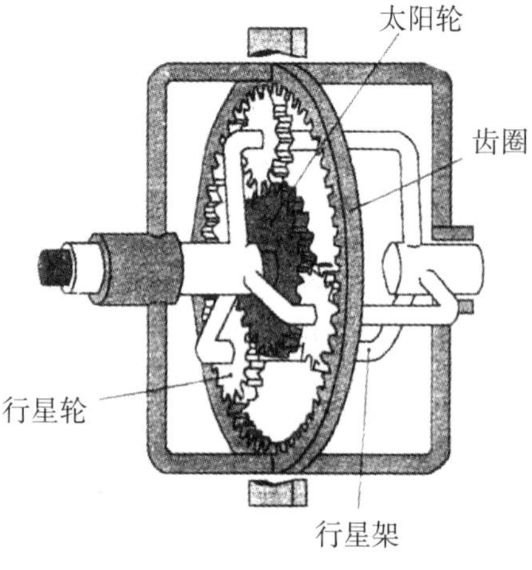

图11-81　行星齿轮机构图

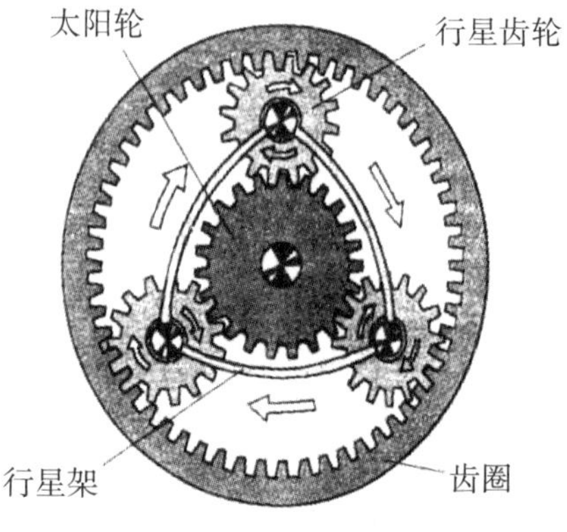

图11-82　行星齿轮平面结构图

2. 行星齿轮机构的变速原理。

（1）由机械原理可知：$n_1 + an_2 - (1+a)\ n_3 = 0$，$z_1 + z_2 = z_3$

式中：n_1——太阳轮转速；

n_2——齿圈转速；

n_3——行星架转速；

z_1——太阳轮齿数（最小）；

z_2——齿圈齿数（中间）；

z_3——行星架齿数（最大）。

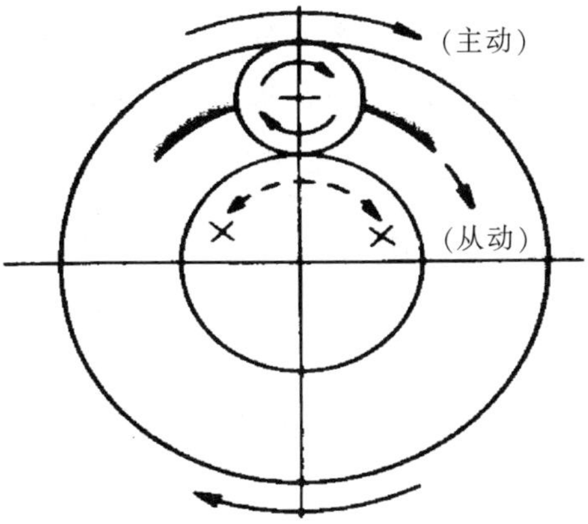

图 11－83　行星齿轮传动（减速）

传动比 $i = \frac{n_1}{n_2} = \frac{z_2}{z_1} = \alpha$。

（2）齿圈制动。

由太阳轮输入，行星架输出。

若输入轴驱动太阳轮以顺时针方向旋转时，将引起行星齿轮分别绕各自的行星齿轮轴做逆时针旋转，这使与行星齿轮啮合的齿圈有逆时针转动的趋势，但它已被制动，于是行星齿轮必然绕行星轴逆时针自转，同时沿齿圈按顺时针方向绕太阳轮公转，即行星架顺时针转动。由单行星齿轮运动规律特征方程，再根据所给定条件即可求得该状态下的传动比。

$$i = \frac{n_1}{n_3} = \frac{z_1 + z_3}{z_1}$$

因为齿圈的齿数 z_2 大于太阳轮的齿数 z_1，因而这一传动比的数值大于 2，为减速运动。

由行星架输入，太阳轮输出。

行星齿轮按顺时针方向沿齿圈转动，引起行星齿轮在各自行星齿轮轴上逆时针旋转，使太阳轮与输入轴同向旋转。所以传动比 i 为：

$$i = \frac{n_3}{n_1} = \frac{z_1}{z_1 + z_3}$$

该传动比小于 1，是增速运动。

（3）太阳轮制动。

由行星架输入，齿圈输出。

行星架按顺时针方向旋转，即行星齿轮按顺时针方向沿太阳轮转动，引起各行星齿轮分别在各自的行星齿轮轴上顺时针旋转，使齿圈与输入轴同向旋转。

所以传动比 i 为：

$$i=\frac{n_3}{n_2}=\frac{1}{(1+\alpha)}=\frac{z_2}{z_1+z_2}$$

该值小于1，因此是增速传动。

由齿圈输入，行星架输出。

齿圈顺时针旋转，引起各行星齿轮分别在各自的轴上做顺时针旋转。同时，它们还将沿太阳轮顺时针转动，即行星架顺时针转动。可求得传动比 i 为：

$$i=\frac{n_2}{n_3}=\frac{(1+\alpha)}{\alpha}=1+\frac{z_1}{z_2}$$

此方案也是一种增矩减速传动，但传动比大于1小于2。

（4）行星架制动。

由太阳轮输入，齿圈输出。

因行星架制动，各行星齿轮只有自转而无公转，此时它们作为惰轮工作，使齿圈与太阳轮反向旋转。所以传动比 i 为：

$$i=\frac{n_1}{n_2}=-\alpha=\frac{z_2}{z_1}$$

因传动比大于1，故为反向减速传动。

由齿圈输入，太阳轮输出。

很容易看出太阳轮与齿圈反向旋转，所以传动比 i 为：

$$i=\frac{n_2}{n_1}=-\frac{1}{\alpha}=\frac{z_1}{z_2}$$

由于传动比小于1，故为反向升速传动。

（5）直接挡传动。

若太阳轮与齿圈同时输入同一转速 $n_1=n_2$ 时，可求得行星架的转速为

$$n_3=\frac{(n_1+\alpha n_2)}{(a+\alpha)}=n_1=n_2 \qquad i=1$$

故可知：太阳轮、行星架和齿圈三者中，有任意两个构件被连锁成一体，各个齿轮间均无相对运动，整个行星轮机构将成为一个整体而旋转，此时为直接挡传动。

（6）空挡。

如果太阳轮、行星架和齿圈三者中，无任何一个构件被制动，而且也无任何两个构件被锁成一体，各构件自由转动，行星齿轮机构就不能传递动力，从而得到空挡。

一个行星齿轮机构的传动比范围有限，往往不能满足汽车的实际要求，因此在实际应用的行星齿轮变速器中，是由2~3个单排行星齿轮机构组成的，从而组成不同的传动比或挡位，但其工作原理，仍与单一行星齿轮机构相同，可由其运动规律特性方程对导出传动比。

11.3.3.2　换挡执行元件的结构和工作原理

1. 离合器。

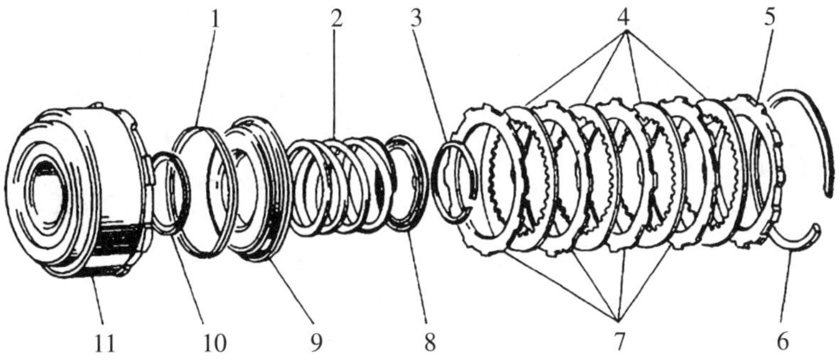

图 11－84　离合器零件分解图

1—活塞外密封圈；2—回位螺旋弹簧；3—挡圈；4—离合器钢片；5—压盘；6—波形挡圈；7—离合器摩擦片；8—弹簧座圈；9—活塞；10—活塞内密封圈；11—离合器毂组件

当液压油通过油道进入活塞前方的油腔内时，液压力推动活塞后移，使离合器盘与片接合。由于离合器盘和片之间有很大的摩擦系数，在液压力的作用下产生很大的摩擦力，使从动部分的离合器毂连接，转矩经离合器鼓、离合器盘、离合器片、离合器毂、中间轴传给后齿圈。当液压油排出时，复位弹簧使活塞复位，离合器脱开。

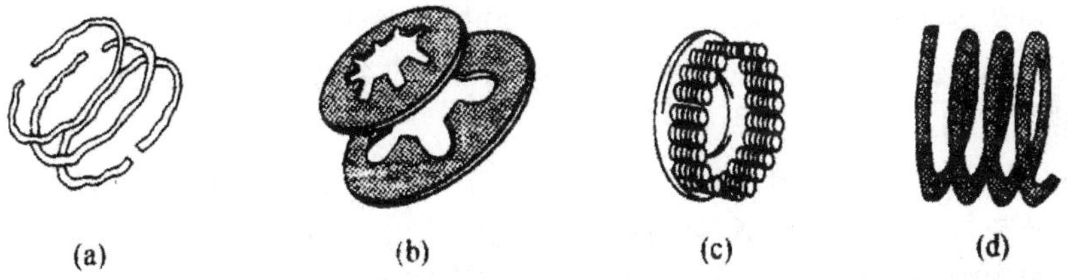

图 11－85　离合器回位弹簧的类型

(a) 波形弹簧；(b) 膜片弹簧；(c) 圆周均布螺旋弹簧；(d) 中央螺旋弹簧

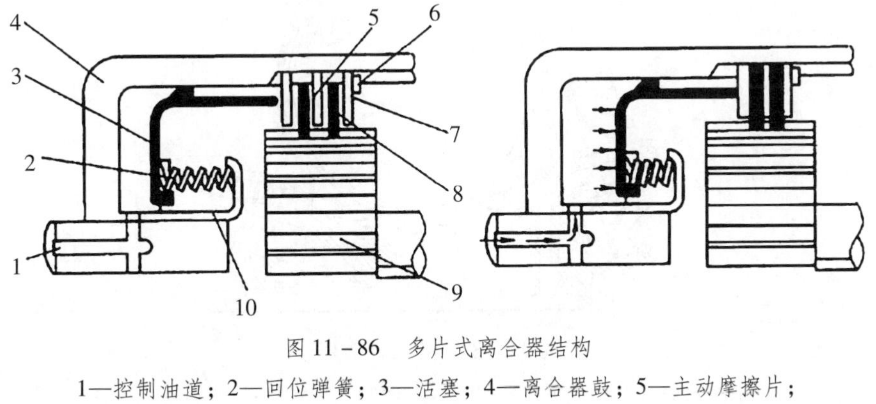

图 11－86　多片式离合器结构

1—控制油道；2—回位弹簧；3—活塞；4—离合器鼓；5—主动摩擦片；6—卡环；7—压盘；8—从动钢片；9—花键毂；10—弹簧座

2. 制动器。

（1）多片湿式制动器。

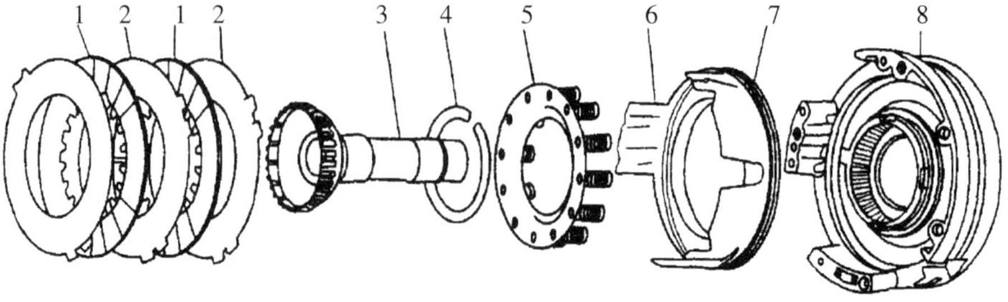

图 11－87　别克轿车 4T65E 自动变速器 4 挡多片湿式制动器

1—摩擦片；2—钢片；3—4 挡轴（连接前排太阳齿轮）；4—卡环；5—回位弹簧；6—活塞；7—密封圈；8—制动器毂（与变速器壳体连接）

①结构。多片湿式制动器的组成如图 11－87 所示，它由制动毂、制动器活塞、活塞回位弹簧、钢片（带外花键齿）、摩擦片（带内花键齿）和制动器花键毂等组成。它的结构与多片湿式摩擦离合器基本相同，所不同的是将离合器毂变为制动器毂，将离合器花键毂变为制动器花键毂，而且片式制动器的制动毂是固定在自动变速器壳体上的或直接以自动变速器壳体作为制动器毂。钢片通过其外花键齿安装在制动毂的内花键齿圈中，摩擦片则通过其内花键齿与制动器花键毂上的外花键齿连接。

②工作情况。当制动器不工作时，钢片和摩擦片之间没有压力，制动器花键毂可自由转动。当制动器工作时，来自液压控制系统的自动变速器油液进入制动器毂内油腔中，其油压作用在制动器活塞上，推动活塞将制动器摩擦片和钢片压紧在一起，制动器花键毂及与其相连接的行星齿轮机构某一元件（图 11－87 中的 4 挡轴）被固定住。

（2）带式制动器。

①结构。带式制动器由制动鼓、制动带和伺服装置（液压缸）等组成，如图 11－88 所示。制动鼓与行星排的某一基本元件连接。制动带的一端支承在自动变速器壳体上的制动带支架或制动带调整螺钉上，另一端与制动伺服装置液压缸中的活塞推杆连接。制动带内表面为一层摩擦系数较高的摩擦材料。

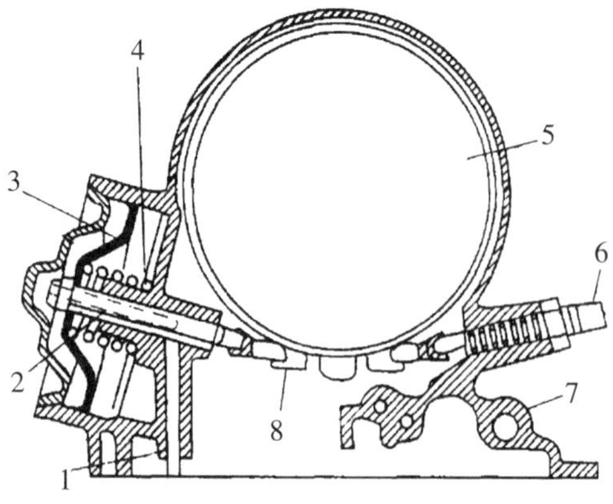

图 11－88　带式制动器

1—油道；2—活塞推杆；3—活塞；4—回位弹簧；5—制动鼓；6—制动带调整螺钉；7—自动变速器壳体；8—制动带

②工作情况。制动时，当自动变速器油液进入液压缸活塞的左侧时，在油压作用下活塞推杆向外伸出，将制动带箍紧在制动鼓上，制动器便处于制动状态。当液压油由液压缸排出时，在回位弹簧弹力的作用下活塞带动推杆回缩，制动带放松，制动器即处于释放状态。当带式制动器不工作时，制动带与制动鼓之间应有适当间隙。这一间隙的大小可用制动带调整螺钉来调整（有的带式制动器间隙则是通过长度可调的支承销或长度可调的活塞推杆来调整）。在装配时，应将制动带调整螺钉拧紧到说明书上要求的拧紧力矩，然后再退回规定的圈数。

3. 单向离合器。

（1）单向离合器的功用：单向离合器除应用于综合式液力变矩器之外，也常用于行星齿轮变速器的换挡执行机构。它的功用与前面介绍的离合器、制动器一样，在锁止时可以驱动或固定某个部件，但是工作原理不同。单向离合器是依靠其单向锁止原理发挥作用的，无须控制机构，其工作完全由与之相连接的行星齿轮机构构件的受力方向（即相对运动趋势）来控制。当与之相连接的构件的受力方向与锁止方向相同时，该构件即处于锁止状态；当与之相连接的构件的受力方向与锁止方向相反时，该构件即处于自由状态。

（2）单向离合器的结构：单向离合器的类型、结构和具体工作原理见本单元学习任务1。但是，用作行星齿轮机构变速器操纵机构的单向离合器的内座圈通常用内花键与行星齿轮机构的某个基本元件连接，或与变速器壳体连接；而外座圈则通过外花键与行星排的另一个基本构件连接，或与自动变速器壳体连接。

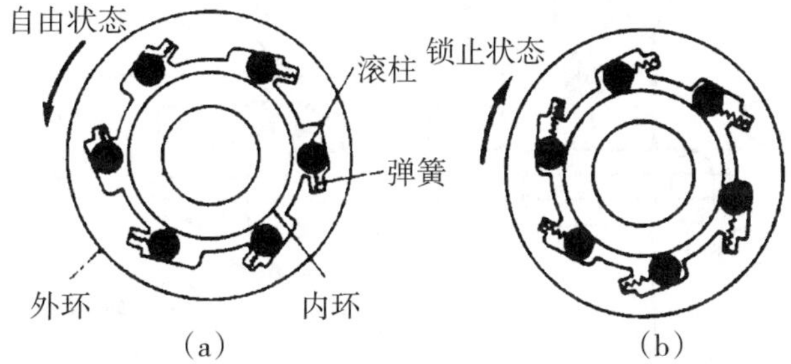

图 11－89 滚柱式单向离合器的结构和工作原理

（3）单向离合器的类型。

按其结构的不同分为楔块式和滚柱式两种。

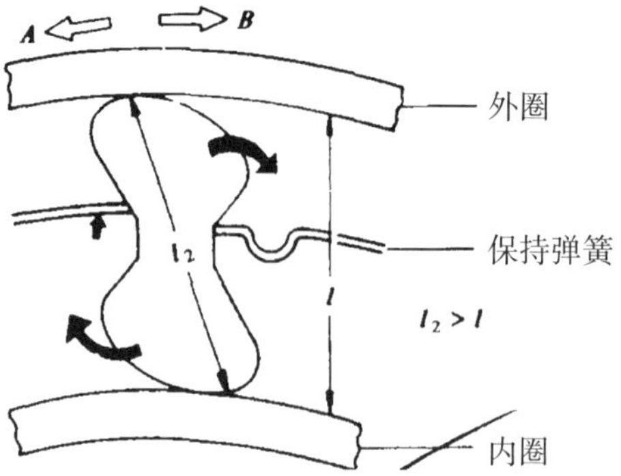

图 11－90　辛普森行星齿轮机构的结构及工作原理图

11.3.3.3　辛普森行星齿轮机构

1. 辛普森行星齿轮机构的结构。

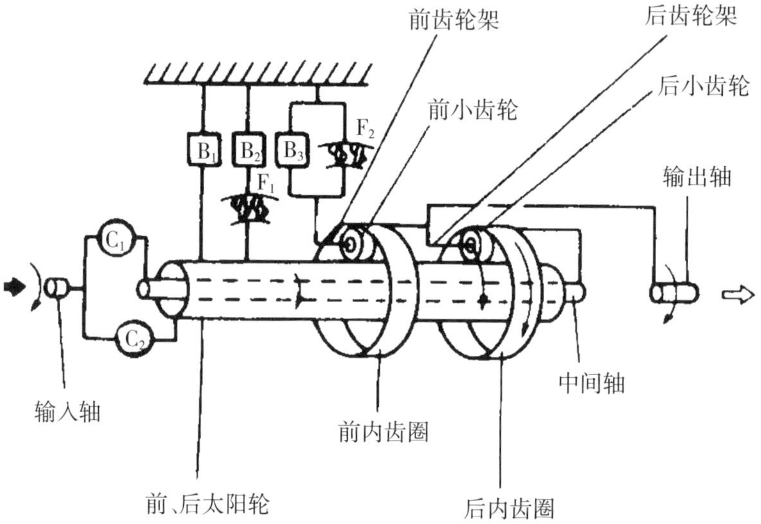

图 11－91　辛普森行星齿轮机构

辛普森行星齿轮机构是一种双排行星齿轮机构，由两个单排行星齿轮组连接而成。由 2 个离合器、3 个制动器、2 个单向离合器组成。

其结构特点是：两排行星齿轮共用太阳轮，后行星架与前齿圈连接并作为整个行星齿轮机构的输出单元。整个行星齿轮机构有 4 个独立元件，即前后行星齿轮组公用的太阳轮、前行星架、前齿圈与后行星架和后齿圈。

2. 辛普森行星齿轮机构的工作原理。

辛普森行星齿轮机构由 2 个离合器、3 个制动器、2 个单向离合器组成，与换挡执行元件结合，可以获得 3 个前进挡、1 个倒挡和 1 个空挡。

（1）D_1 和 2_1 或 L 挡（低速发动机制动挡）。

D 与 2 代表换挡手柄的位置，下脚标 1 代表 1 挡传动比。由于这两个挡位的工作情况完全相同，合并在一起介绍。在 D_1（2_1）挡行车时，离合器 C_1 和单向离合器 F_2 工作。

（2）D_2 和 2_2 挡（高速发动机制动挡）。

在 D_2 和 2_2 挡行车时，离合器 C_1、制动器 B_2 和单向离合器 F_1 工作。

（3）D_3 和 D 挡（行车挡）。

在 D_3 和 D 挡行车时，离合器 C_1、C_2 同时工作（两个元件共同约束是直接挡 $i=1$）。

（4）R 倒挡。

在 R 挡行车时，离合器 C_2 和制动器 B_3 工作。

（5）N 空挡。

在 N 挡位置时，没有任何离合器和制动器工作，从变矩器到动力输出轴的路线是中断的，没有转矩的输出。

（6）P 停车挡（锁止挡）。

在 P 挡位置时，只有制动器 B_3 工作，但离合器 C_1 和 C_2 均不参加工作，因此没有动力的传递过程，行星齿轮系统处于空挡位置，此时制动器工作的原因在于避免换挡手柄从 P 位置移动到 R 位置时，两个液压元件离合器 C_2 和制动器 B_3 同时工作，防止 C_2 和 B_3 工作不同步引起换挡冲击。

3. 超速行星齿轮组。

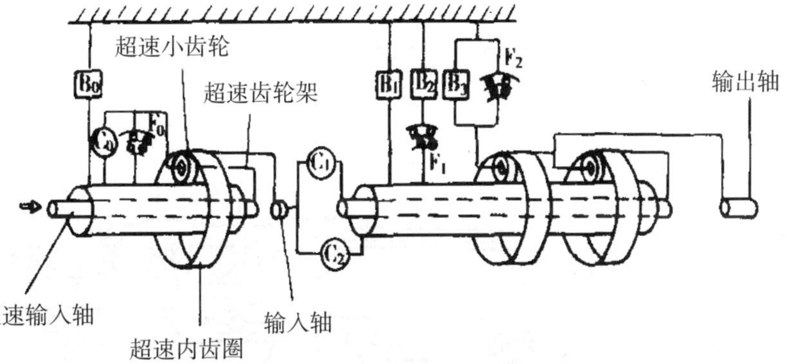

图 11－92　超速行星齿轮组的结构

前述的辛普森行星齿轮机构才有 3 个前进挡的传动比，为了获得 4 个前进挡的传动比，一般是在原有辛普森行星齿轮机构的基础上增加一组行星齿轮，即增加超速行星齿轮组。超速行星齿轮组的位置比较灵活，可以在输入轴一端，也可以在输出轴一端。

超速行星齿轮组由行星架作为动力输入单元，齿圈作为动力输出单元，与其配合的有 3 个换挡执行元件：离合器 C_0、制动器 B_0 与单向离合器 F_0，离合器 F_0 的作用与 C_1 和 C_2 不同，它起连接超速行星架与超速太阳轮的作用。制动器 B_0 的作用是固定超速太阳轮，单向离合器 F_0 的作用是阻止超速太阳轮超前行星架转动。

表 11－3 为采用辛普森行星齿轮机构的 4 个前进挡传动比自动变速器的执行元件工作程序。

表 11－3　辛普森行星齿轮机构换挡执行元件工作情况

换挡手柄位置	挡位	C_0	F_0	B_0	C_1	C_2	B_1	B_2	B_3	F_1	F_2
P	停车	○									
R	倒挡	○	○			○		○			
N	空挡	○									
D	D_1（2_1）	○	○		○						○
	D_2	○	○		○			○		○	
	D_3	○	○		○	○		○			
	OD 超速			○	○	○		○			
2	2_2	○	○		○		○	○		○	
L	L_1	○	○		○				○		

4. 辛普森改进型。

辛普森改进型行星齿轮机构是在原辛普森行星齿轮机构的基础上做了一些改进，改变了行星齿轮机构的连接关系，增加了换挡执行元件的数量，虽然还是使用两排行星齿轮，但却可以获得包括超速挡的 4 个前进挡传动比，结构更加紧凑，在车辆上的使用逐渐广泛。

（1）辛普森改进型行星齿轮机构的组成：

图 11－93 为辛普森改进型行星齿轮机构的组成示意图。

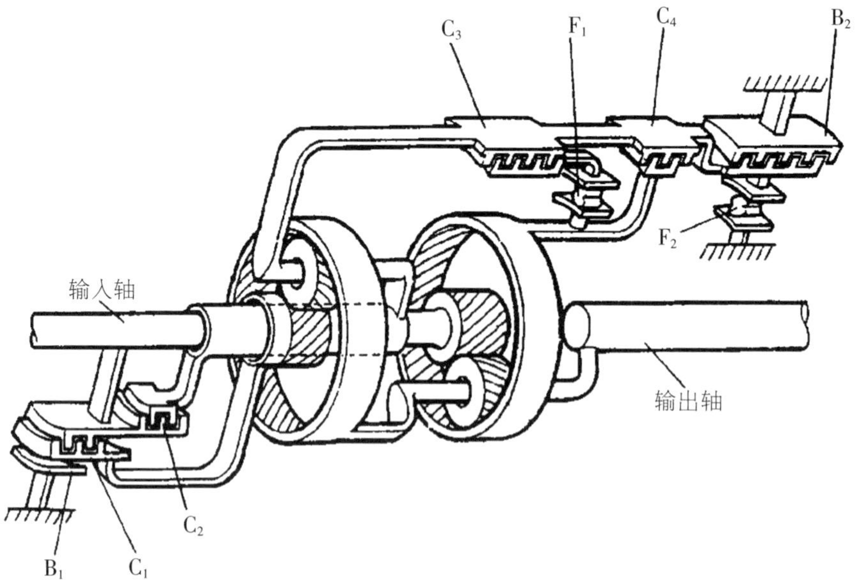

图 11－93　辛普森改进型行星齿轮机构组成示意图

辛普森改进型行星齿轮机构采用双排行星齿轮，其中的前齿圈仍然与后行星架连接并作为动力的输出元件，因此仍然将其称为辛普森。但由于双排行星齿轮不再共用太阳轮，因此将其称为辛普森改进型。

①动力输入。

辛普森改进型行星齿轮机构有 3 个动力输入的路径。

后太阳轮：后太阳轮与动力输入轴连接，发动机转矩经变矩器输出轴直接输入后太阳轮。

前太阳轮：前太阳轮通过倒挡离合器 C_1 与变矩器输出轴连接，在倒挡时作为主动元件工作。

前行星架：前行星架通过高挡离合器 C_2 从变矩器输出轴获得动力，在直接挡和超速挡时参与工作。

②起连接作用的离合器。

除了两个传递转矩的离合器以外，还有两个起连接作用的离合器：

前进挡离合器：前进挡离合器 C_3 可以将前行星架和前进挡单向离合器的外圈连接起来。前进挡离合器和前进挡单向离合器与前进挡强制离合器并联布置，提供没有发动机制动的挡位。

前进挡强制离合器：前行星架和后齿圈可以通过前进挡强制离合器 C_4 的连接作用连成一体，共同转动，提供有发动机制动的挡位。

③其他执行元件。

在辛普森改进型行星齿轮机构的换挡执行元件中，还有两个制动器和两个单向离合器：

带式制动器：带式制动器 B_1 可以固定前太阳轮。

低、倒挡制动器：低、倒挡制动器的作用是固定前行星架。

向前单向离合器：向前单向离合器 F_1 与前进挡离合器 C_3 组合提供没有发动机制动的挡位。

低挡单向离合器：低挡单向离合器 F_2 与低、倒挡制动器 B_2 并联，在没有发动机制动的挡位工作。

（2）辛普森改进型行星齿轮机构的工作情况：

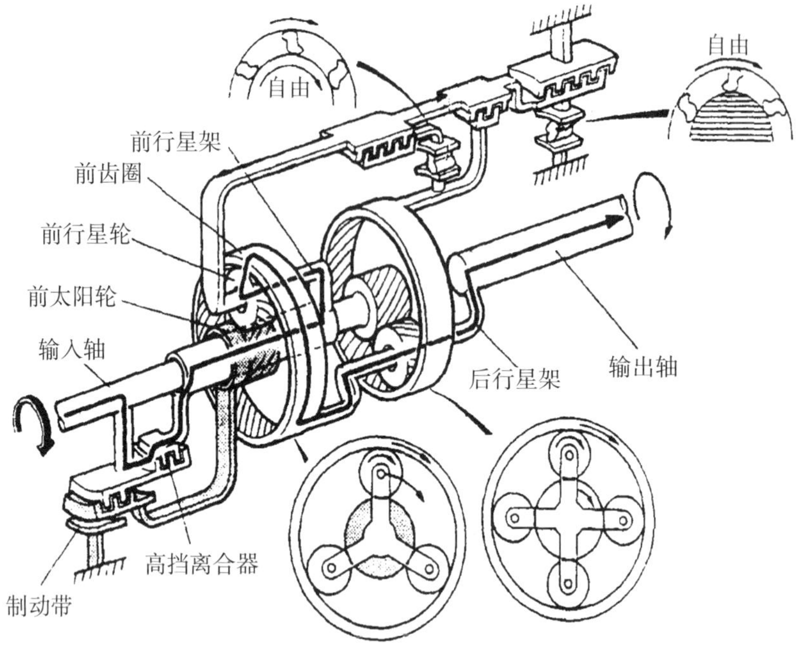

图 11－94　辛普森改进型行星齿轮机构

表 11－4　辛普森改型行星齿轮机构的换挡执行元件工作顺序表

换挡手柄位置	挡位	换挡执行元件							
		高挡离合器	倒挡离合器	前进挡离合器	前进挡强制离合器	向前单向离合器	低挡单向离合器	带式制动器	低、倒挡制动器
D	1 挡			○		○	○		
	2 挡			○		○		○	
	3 挡	○		○		○			
	OD 挡	○		●				●	
低速挡	1 挡			●	○				○
	2 挡			●	○			○	
	3 挡	○		●	○				
R	倒挡		○					○	

注：●代表有动作，但不参加动力传递。

表 11－4 中前进挡离合器在有●标记的挡位虽然有动作，但不参加动力的传递，其动作的目的是为了升降挡或者换挡手柄在各前进挡位变换时的衔接，不致出现换挡冲击。例如在 OD 挡时由于前进挡单向离合器的作用，前进挡离合器的动作不会影响动力的传递。在执行降 3 挡的任务时，只需带式制动器退出工作，前进挡单向离合器马上会进入工作状态，不会出现空挡。在低速挡时前进挡离合器也处于工作状态，其目的在于低速挡不是经

常使用的挡位，当换挡手柄移动到D挡位置时，只要前进挡强制离合器退出工作，前进挡离合器马上会配合前进挡单向离合器使变速器进入相应的D挡挡位，也不会出现任何换挡衔接方面的问题。

由于辛普森改型行星齿轮机构只使用2排行星齿轮就实现了包括超速挡在内的4个前进挡传动比，使用的换挡执行元件也比辛普森行星齿轮机构少，在自动变速器中得到越来越广泛的应用，国产二汽神龙富康轿车自动变速器就采用了辛普森改进型行星齿轮机构。

11.3.3.4　拉维萘尔赫（拉维娜）式行星齿轮机构结构及其工作原理

与辛普森行星齿轮齐名的Ravigneavx（我国一般译作拉维萘尔赫，也有人译作拉维脑、腊文脑、拉维尼克斯）行星齿轮机构也是一种常用的行星齿轮机构。由于换挡执行元件的配置比较灵活，在行星齿轮机构结构不做大的改变的前提下，可以通过换挡执行元件的不同组合方式，获得3个或4个前进挡的传动比。因此在自动变速器中得到了广泛的应用。

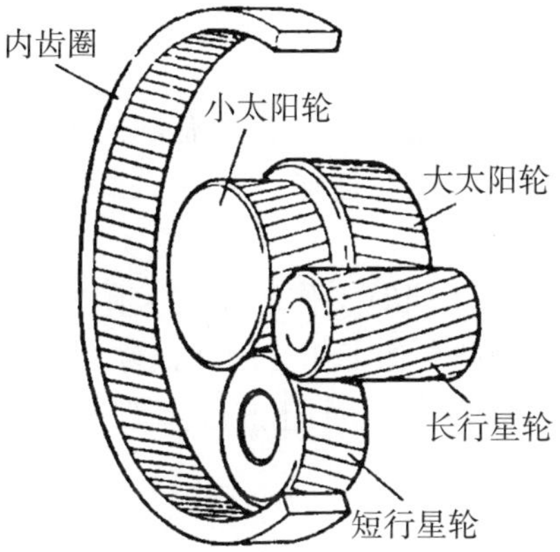

图11－95　拉维萘尔赫行星齿轮机构

图11－95为拉维萘尔赫行星齿轮机构的示意图。它的最大特点是在一个行星架上安装了互相啮合的两套行星齿轮——长行星轮和短行星轮。短行星轮内与小太阳轮接触，外与长行星轮啮合，但与齿圈没有啮合关系；长行星轮除了与短行星轮接触以外，在另一端的内侧还与大太阳轮啮合，外侧与输出元件齿圈啮合。行星齿轮机构的大、小太阳轮都可以作为动力的输入元件。

1. 简单的拉维萘尔赫（拉维娜）式行星齿轮变速器。

（1）换挡执行元件。

最简单的拉维萘尔赫3挡自动变速器只使用了5个换挡执行元件：2个离合器、2个制动器和1个单向离合器（图11－96）。

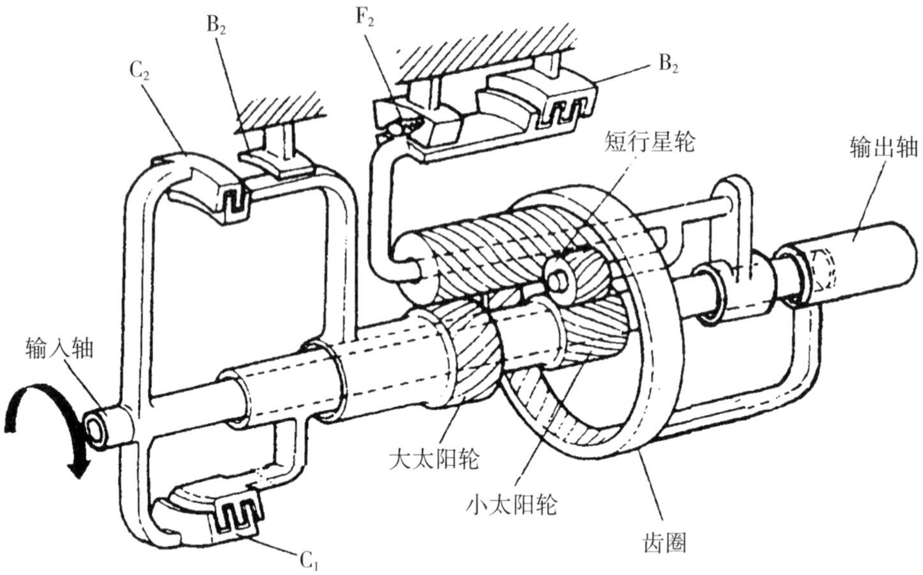

图 11－96　最简单的拉维萘尔赫行星齿轮机构

①离合器：离合器 C_1 与小太阳轮连接，在所有的前进挡都参加工作，因此又称为前进挡强制离合器；离合器 C_2 与大太阳轮连接，在 R 挡和 3 挡参加工作，又称为高挡及倒挡离合器。

②制动器：制动器 B_1 用于在 2 挡时工作固定大太阳轮，又称为 2 挡制动器。制动器 B_2 用于固定行星架，在低挡和倒挡参加工作，因此被称为低挡及倒挡制动器。

③单向离合器：单向离合器在 1 挡时阻止行星架逆时针转动，被称为 1 挡单向离合器。

（2）各挡工作情况。

表 11－5　简单的拉维萘尔赫行星齿轮变速器换挡执行元件

换挡手柄位置	挡位	换挡执行元件				
		前进挡强制离合器 C_1	高挡、倒挡离合器 C_2	2 挡制动器 B_1	低挡、倒挡制动器 B_2	1 挡单向离合器 F_1
D	1	○			○	
	2	○		○		
	3	○	○			
低速挡	1	○			○	
	2	○		○		
R	倒挡		○		○	

注：○代表工作。

2. 改进的拉维萘尔赫（拉维娜）式行星齿轮变速器。

（1）改进的拉维萘尔赫式 3 挡行星齿轮变速器：

简单的拉维萘尔赫 3 挡自动变速器的挡位变化比较少，只有在 D_1 挡没有发动机制动，其余挡位都有发动机制动。如前所述，一个挡位有无发动机制动是根据使用要求确定的，没有好坏之分，但挡位少为驾驶员提供的选择就少，不能满足在各种不同的道路环境的行驶要求。为了改进变速器的性能，可以通过增加换挡执行元件的数量来增加挡位，为驾驶员提供更多的选择余地。

在动力的输入方式上增加前进挡离合器 C_3 和前进挡单向离合器 F_2（图 11－97），通过新增加的两个元件仍然将动力输入到小太阳轮，就可以增加多个没有发动机制动的挡位供驾驶员选择。

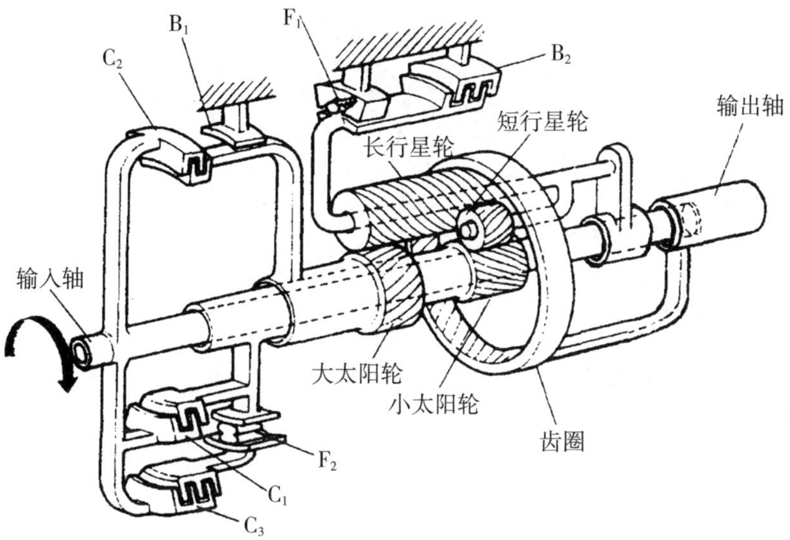

图 11－97　改进的拉维萘尔赫行星齿轮变速器

表 11－6　改进的拉维萘尔赫行星齿轮变速器换挡执行元件的工作情况

换挡手柄位置	挡位	换挡执行元件						
		前进挡强制离合器 C_1	高挡、倒挡离合器 C_2	前进挡离合器 C_3	2 挡制动挡 B_1	低挡、倒挡制动器 B_2	1 挡单向离合器 F_1	前进挡单向离合器 F_2
D	1			○			○	○
	2			○	○			○
	3		○	○				○
低速挡	1	○				○		
	2	○			○			
R	倒挡		○			○		

注：○代表工作。

（2）改进的拉维萘尔赫式4挡行星齿轮变速器：

如果再增加动力的输入方式，就可以成为具有超速挡的4前进挡自动变速器。图11－98为拉维萘尔赫行星齿轮4挡自动变速器。

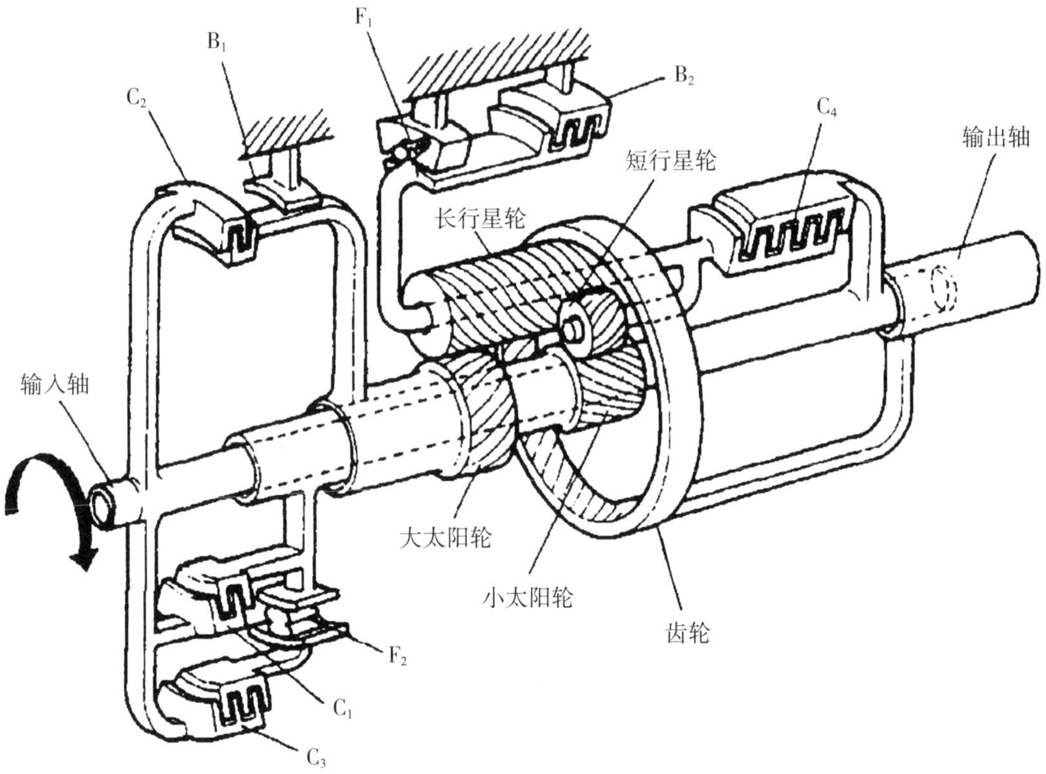

图11－98　拉维萘尔赫行星齿轮4挡自动变速器

拉维萘尔赫行星齿轮4挡自动变速器新增加的高挡离合器 C_4 可以将行星架与变矩器连接，在3挡和4挡时传递动力。与拉维萘尔赫3挡变速器比较，其1、2挡和R挡完全相同，区别在于：

①D_3 挡。

为了减小 D_3 挡与OD挡变换时的冲击，在 D_3 挡时不是高挡、倒挡离合器 C_2 与前进挡离合器 C_3 同时工作，而是高挡离合器 C_4 与前进挡离合器 C_3 同时工作，由 C_3 和 C_4 将行星齿轮组锁死提供直接挡。进入OD挡时，只需制动器 B_1 参加工作，减少了同时操作的液压执行元件的数量，减小了换挡冲击。

②OD挡。

在OD挡时，制动器 B_1 将大太阳轮固定，高挡离合器 C_4 将动力传递给行星架，行星架驱动长行星轮在固定的大太阳轮上顺时针滚动，带动齿圈顺时针转动将动力输出，此时的传动比为：$i_{OD}<1$。

4挡拉维萘尔赫行星齿轮自动变速器的换挡执行元件工作情况见表11－7。

由于拉维萘尔赫行星齿轮机构的结构比较简单，换挡执行元件的配置比较灵活，在自动变速器中得到广泛的应用。国产一汽捷达轿车的自动变速器就采用了拉维萘尔赫行星齿轮机构。

表11－7　4挡位拉维萘尔赫行星齿轮自动变速器的换挡执行元件工作情况

车　　型	主销后倾角	主销内倾角	前轮外倾角	前束值/mm
CA1091	1°30′	8°	1°	2～4
EQ1090	2°30′	6°	1°	1～5
奥迪100	1.16°	14.2°	0°30′±30′	0.5～1
上海桑塔纳			－0°30′±20′	－1～－3
南京依维柯	0°30′～1°	0°	1°	1.5～2.5
北京切诺基	7.5°		0°	0
天津夏利	2°55′	12°	0°	1

11.3.4　液压控制系统

液压控制系统由油泵（动力源）和控制阀体等组成。

动力源是受液力变矩器泵轮驱动的油泵，它除了向控制机构供给压力油以实现换挡外，还向液力变矩器提供油液进行冷却和补偿，向行星齿轮机构提供油液进行润滑。

控制阀体包括主油路调压装置、换挡信号装置、换挡阀和手动阀、换挡品质控制装置、变矩器控制装置等。

11.3.4.1　**液压油泵**

油泵的功用是向液力变矩器、控制系统、换挡执行机构和需要润滑的摩擦副供给工作润滑液，通常安装在变矩器后端，由变矩器的泵轮通过一个轴套驱动，即与发动机同速。发动机转动，油泵就转动，发动机停转，油泵即停转。有内啮合齿轮泵、转子泵和叶片泵等三种类型。

1. 内啮合齿轮泵。

(1) 组成。

由主动齿轮、从动齿轮、泵体、泵盖、月牙隔板和密封环等组成。

（2）结构：如图 11－99 所示。

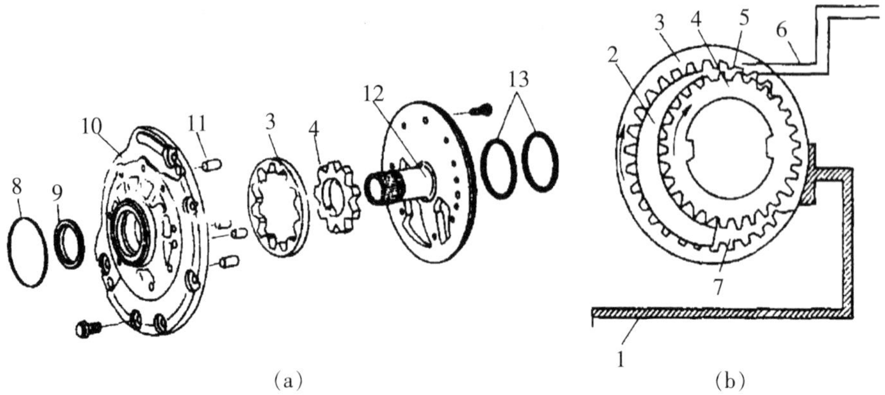

图 11－99　内啮合齿轮泵

1—进油道；2—月牙形隔板；3—从动齿轮；4—主动齿轮；5—压油腔；6—出油道；7—吸油腔；8—O 形圈；9—变矩器油封；10—油泵壳；11—销；12—导轮支座及油泵盖总成；13—油封环

（3）工作原理。

发动机运转时，液力变矩器壳体后端轴套带动油泵的主动齿轮，主动齿轮又带动从动齿轮转动。此时在吸油腔，主动齿轮和从动齿轮不断地脱离啮合，容积不断地增加，产生吸力，将自动变速器油液从进油道吸入，且随着齿轮的转动，齿间的自动变速器油液被带到压油腔。在压油腔，由于主动齿轮和从动齿轮不断地进入啮合，容积不断地减少，油压升高，将自动变速器油液从出油道压出。

2. 转子泵

（1）组成。

转子泵主要由内转子、外转子、泵体和泵盖等组成。

（2）结构。

转子泵的结构如图 11－100 所示。

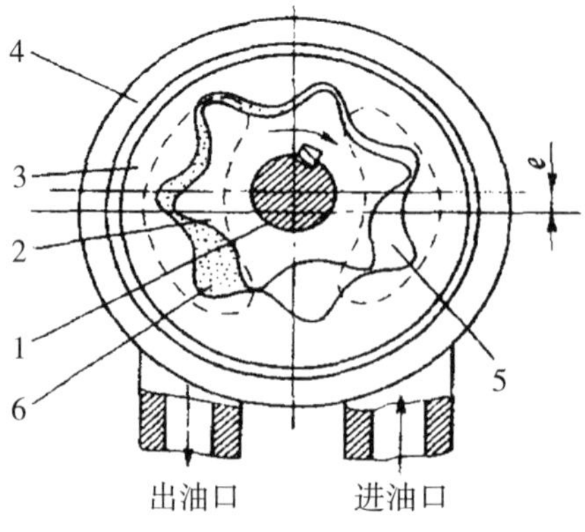

图 11－100　摆线转子泵

1—驱动油；2—内转子；3—外转子；4—泵体；5—吸油腔；6—压油腔；e—偏心距

(3) 工作原理。

发动机运转时，带动油泵的内、外转子按相同的方向旋转。由于内转子的齿廓和外转子的齿廓是一对共扼曲线，它能保证油泵在运转时，不论内、外转子转到什么位置，各齿均处于啮合状态，从而在内、外转子之间形成与内转子齿数相同个数的工作腔。这些工作腔的容积随着转子的旋转而不断变化。当转子按顺时针方向旋转时，内、外转子中心线右侧的各个工作腔的容积由小变大，将自动变速器油液从进油口吸入；而在内、外转子中心线左侧的各个工作腔的容积由大变小，将自动变速器油液从出油口压出。

转子泵内、外转子齿顶之间的间隙应不超过规定值（上海大众 POLO 轿车 001 型自动变速器油泵此间隙不大于 0. 15 mm）。

3. 叶片泵。

叶片泵是一种变量泵。

(1) 叶片泵的组成。

叶片泵由定子、转子、叶片、壳体和泵盖组成。

(2) 叶片泵的结构，如图 11－101 所示。

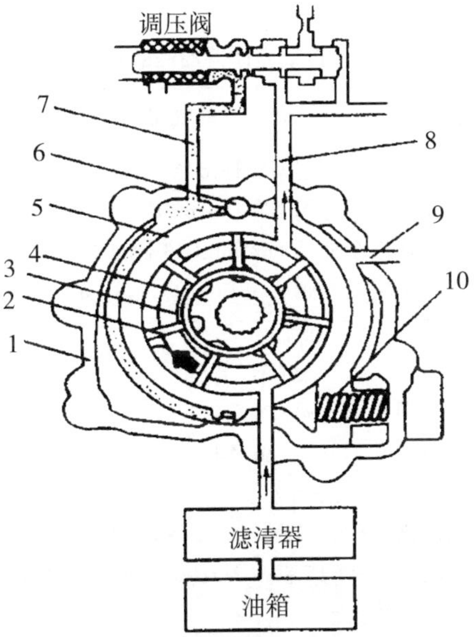

图 11－101　变量叶片泵

1—泵体；2—叶片；3—叶片环；4—转子；5—可摆动的定子；6—销轴；7—反馈油道；8—出油口；9—泄油口；10—弹簧

(3) 叶片泵的工作原理。

在油泵运转时，定子的位置由定子侧面控制腔内来自调压阀的反馈油压来控制。当油泵转速较低时，泵油量较小，调压阀将反馈油道关小，使反馈油压下降，定子在弹簧的作用下绕销轴按顺时针方向摆动一个角度，加大定子与转子的偏心距，油泵泵油量随之增大；当油泵转速增高时，泵油量增大，调压阀将反馈油道开大，使反馈油压上升，定子在反馈油压的作用下绕销轴按逆时针方向摆动一个角度，以减小定子与转子的偏心距，从而使油泵的泵油量减小。

11.3.4.2 液压油的使用性能及规格

自动变速器油液常写为 ATF。它是一种多功能的工作液，具有传递动能及控制、润滑和冷却等多种作用。

1. ATF 的使用性能。

(1) 适当的黏度以及良好的黏温性和低温流动性。

自动变速器油液工作时温度变化较大（一般为 -40℃ ~190℃），黏度变化较大。

(2) 良好的热氧化安定性。

(3) 良好的抗磨性。

(4) 对橡胶密封材料有良好的适应性。

(5) 良好的抗泡性。

2. ATF 的分类和规格。

国际上普遍采用由美国材料试验学会（ASTM）和美国石油学会（API）共同提出的 PTF 使用分类法，将自动变速器油液分为 PTF -1、PTF -2 和 PTF -3 三类，见表 11 -8。

表 11 -8 自动变速器油液的使用分类

分类	适用范围	进口产品规格	国产产品规格
PTF -1	适用于轿车、轻型载货汽车的自动变速器	通用汽车公司 GM Dexron 通用汽车公司 GM Dexron II 福特汽车公司 Ford M2C33 -E/F 克莱斯勒汽车公司 Chrysler MS -4228	8 号自动变速器油液（Q/SY 018.4403 -86）
PTF -2	适用于重型载货汽车、越野汽车和工程机械等的液力变速器	通用汽车公司 GM Truck 通用汽车公司 GM Coach 通用汽车公司 GM Allison C -3	6 号自动变速器油液（Q/SY 018.4403 -86）
PTF -3	适用于农业和野外建筑机械的液压、齿轮和制动等装置	约翰·狄尔（John -Deers）J20 -A 玛赛·费格森（Massey - Ferguson）M -1135 福特（Ford）M2C11A	拖拉机液压、传动两用油（Q/SH007.1.23 -87）

PTF -1 类主要用于轿车、轻型载货汽车的自动变速器，其特点是低温起动性、低温流动性和黏温性好。

PTF -2 和 PTF -3 自动变速器油液不适用于轿车的自动变速器。

3. 自动变速器油的更换。

自动变速器油在使用中因长久升温、发热，将逐渐破坏原有的良好性能，应在使用一定时期后更换，避免因液压油不良导致液压系统中各传动件、密封件受到损坏。因此，建议在以下使用期间内更换新油。

(1) 行车环境良好：在换挡不频繁、汽车负荷不大的良好行车环境，每行驶 16 万千米应更换新油，但在一般情况下汽车很难经常处于良好的行车环境。因此，通常将换油周期折半，即每行车 8 万千米左右更换新油。

（2）行车环境恶劣。

如果车辆经常在城市交通拥挤的街道、高温地区、崎岖路面、拖挂其他车辆等情况下行驶，由于使用条件恶劣，每行驶 2.4 万千米左右就应更换 ATF 油。汽车维修单位推荐的换油周期为 4.8 万 ~5 万千米。在一般情况下，应按照汽车使用说明书中的换油周期更换正确品牌的 ATF 油。

11.3.4.3　压力调节阀

自动变速器的压力调节阀主要有主调节阀、第二调节阀、节气门阀和速控阀四类。

1. 主调节阀。

（1）作用。

主油路调压阀的作用是调节主油路内的油压不随发动机的转速变化而变化（因为油泵是由发动机带动），将油泵输出的压力调节到所需压力后再输入主油路，以满足自动变速器各种工况对油压的要求，油压一般稳定在 0.5 ~1 MPa。（小负荷时，执行元件离合器、制动器不易打滑，因而只需低的油压即可，在 0.3 ~0.8 MPa；低速、大负荷时易打滑，需大油压，为 1.4 MPa；倒挡时需油压最大，为 1.6 ~1.8 MPa）

（2）结构。

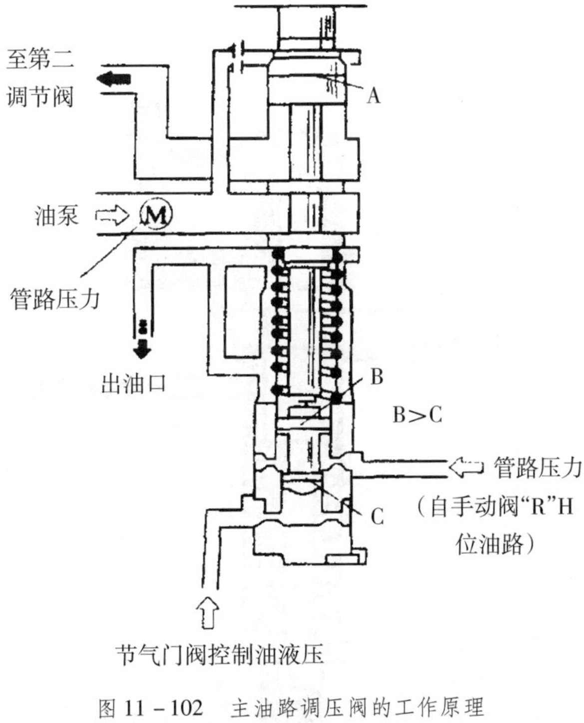

图 11 -102　主油路调压阀的工作原理

（3）工作原理。

来自油泵的油液压力作用在阀的上端 A 处，下端则受到柱塞下部 C 处的来自发动机节气门所控制的节气门阀的油液压力作用，以及调压弹簧的作用力。滑阀所处的位置完全由 A、C 两端所受作用力的平衡决定。

若油泵压力升高，作用在 A 处向下的油液压力大，推动阀体下移，泄油孔打开，油泵输出的部分油液经泄油孔排回到油底壳，使工作油液压力被调整到规定值。当踩下加速踏板时，油泵转速随着发动机转速的增加而加快，由油泵产生的油液压力升高，A 处向下的油液压作用力增大，但此时，加速踏板控制的节气门油液压力升高，使得向上的作用力也增大，于是主油路调压阀继续保持平衡，这就满足了发动机负荷增大、功率增加时，主油路油压应该相应增大的要求。倒挡时，手动阀将压力油引入主油路调压阀柱塞的 B 腔，使得向上推动阀体的油压作用力增大，阀芯上移，泄油孔被关小，主油路压力升高，从而获得了高于所有前进挡等挡位的主油路压力。

2. 第二调节阀。

（1）作用。

第二调节阀用于调节液力变矩器和润滑所需的油压。由于发动机的转矩都要经过变矩器传递，而变矩器传递转矩的能力与其工作油压有关，因此变矩器的油压变化必须与发动机的负荷变化一致。

（2）结构。

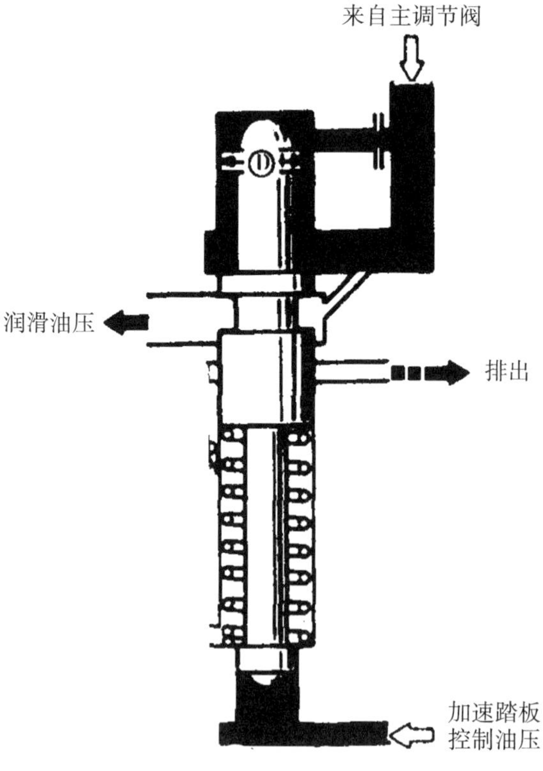

图 11－103　第二调节阀结构

（3）工作原理。

第二调节阀的下方仍然作用着弹簧和负荷油压（加速踏板控制油压），其上方来油的油道与通向变矩器的油道并联，仍然作用着经调节后的变矩器油压。向上的作用力为：弹簧力 + 负荷油压 × 面积，向下的作用力为：变矩器油压 × 面积。驾驶员踩下加速踏板时，负荷油压增加破坏了第二调节阀的平衡位置，第二调节阀上移封闭其中部的回油油道。与此同时，主油压的增加使通向变矩器的油压也增加，当反馈到第二调节阀上方的油压克服阀下方的阻力使其下移时，回油通道开启泄油，第二调节阀进油口处油压（即变矩器油压）不再增加并稳定在与此时加速踏板位置相适应的数值上。由于第二调节阀的进油口与变矩器的油道并联，通向变矩器的油压也会稳定在相同的数值上，即变矩器的工作油压被调节。如果放松加速踏板，第二调节阀因下方负荷油压减小而下移，回油油道开度加大，变矩器油压下降，于是发动机负荷的减小使主油压下降。当变矩器油压下降到一定程度时，第二调节阀上移使变矩器油压不再继续下降，又稳定在与此时加速踏板位置相适应的数值上。与第二调节阀中部连接的油道通向变速器所有的旋转元件，并通过壳体和零件上的油道为其提供润滑油，以免零件产生过量的磨损。

3. 换挡压力信号装置——节气门阀和速控阀。

自动变速器操纵手柄处于前进挡位置时，其挡位的升降（换挡工作）由两个油压来决定，即发动机的负荷油压和车速油压。

（1）节气门调节阀。

①作用。

调节与发动机相关的负荷油压，向主油路调节阀和换挡阀等提供节气门油压信号来控制换挡。负荷油压受控于加速踏板，由节气门拉线来控制，因此也称之为加速踏板控制油压。

但是，目前广泛采用的电控自动变速器中，已采用节气门位置传感器信号（已经没有拉线控制）代替通过拉线操纵的节气门阀油压信号，所以与节气门相对应的是断流阀和强制降挡阀。

②结构。如图 11－104 所示。

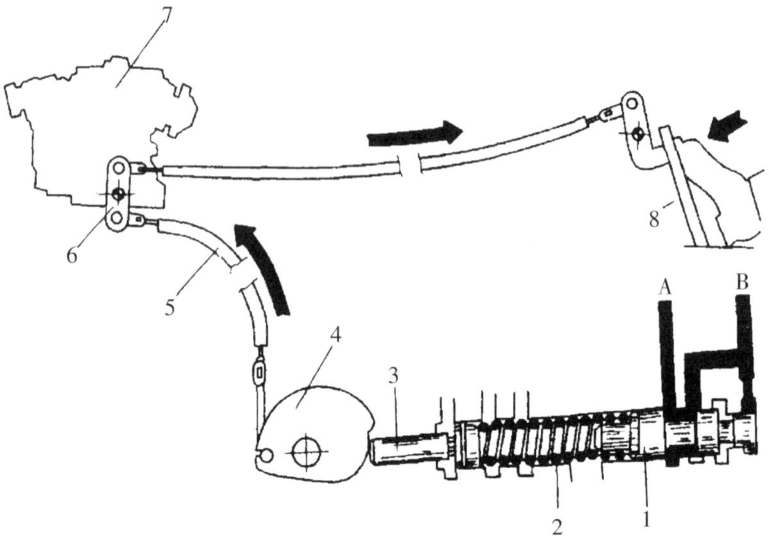

图 11－104　液压控制自动变速器的机械式节气门压力调节阀

1—油阀；2—调压弹簧；3—挺杆；4—凸轮；5—拉线；6—节气门摇臂；7—节气门体；8—加速踏板；A—主油路油压进油口；B—节气门油压出油口

（2）速控阀。

①作用。

速控压力调节阀简称速控阀，它的功用是为自动变速器换挡阀提供一个随车速大小而变化的控制油压。速控阀通常利用旋转时重块所产生的离心力来控制滑阀阀芯的位置，故称离心式速控阀。一般都安装在自动变速器的输出轴上，和输出轴一起转动；或安装在自动变速器壳体上，由自动变速器输出轴通过齿轮驱动，根据工作原理的不同，速控阀可分为节流式和泄压式两种。

②结构。

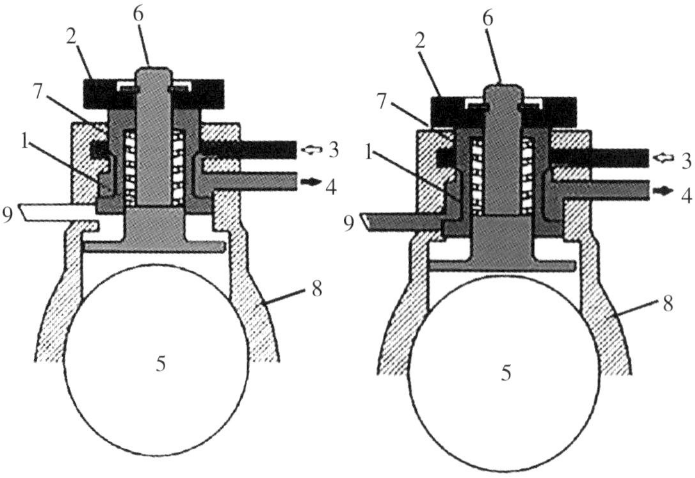

（a）输出轴不转　　（b）输出轴旋转

图 11－105　节流式双级速控阀

1—滑阀；2—重块；3—进油孔 B；4—出油孔 C；5—输出轴；6—销轴；7—弹簧；8—调速器外壳；9—泄油孔 A

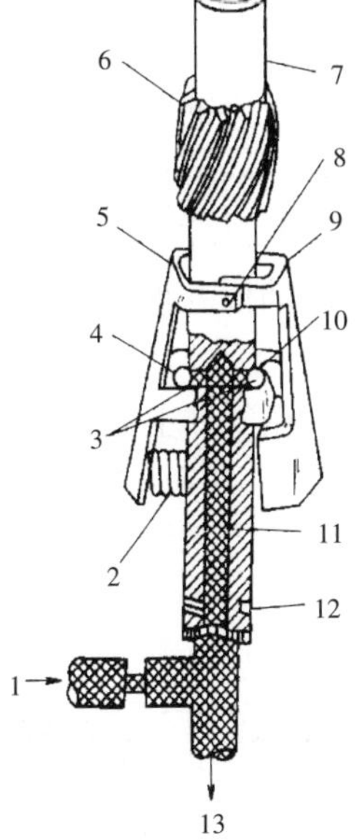

图11－106　齿轮驱动的泄压式双级速控阀

1—主油路压力油入口；2—副重块弹簧；3—泄油孔；4—主重块止回球；5—副重块；6—驱动齿轮；7—速控阀轴；8—速控阀重块销；9—主重块；10—副重块止回球；11—中心油道；12—油封环；13—速控阀压力油出口

11.3.4.4　手控阀

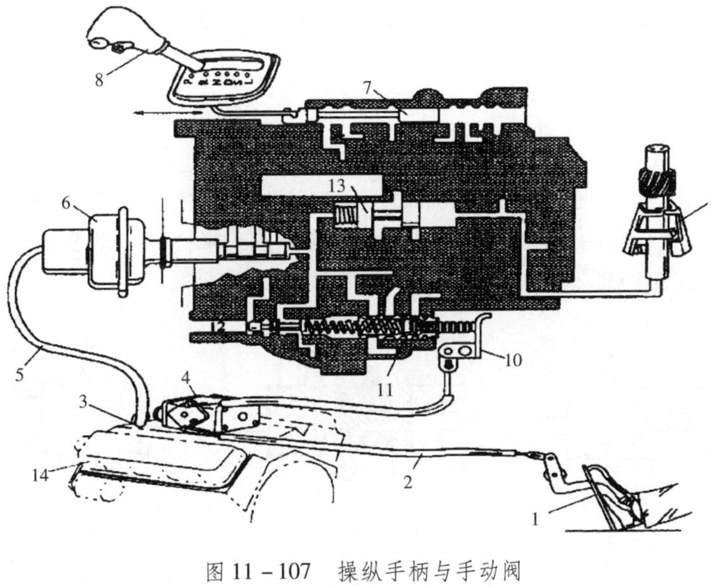

图11－107　操纵手柄与手动阀

1—加速踏板；2—节气门拉线；3—进气支管；4—节气门壳体；5—真空管；6—真空压力调节器；7—手动阀；8—操纵手柄；9—速控阀；10—节气门阀及联动装置；11—强制降挡阀；12—节气门压力调节阀；13—换挡阀；14—发动机

1. 手控阀的功用。

手控阀由几段直径相同的阀芯组成，控制阀体上不同油道的开通和关闭，手控阀所处的位置与换挡手柄的位置相同，只有一个进油口，但在不同的挡位却有不同的出油口，对不同的换挡执行元件进行控制，实现不同的换挡要求。

手控阀由换挡手柄通过联动装置控制，在换挡手柄的位置确定后，液压控制系统中油道的初始状态即被唯一地确定，以后的挡位变换只能在此基础上进行。

2. 手控阀的结构。

手控阀的结构如图 11－108 所示，在阀体上有多条油道，一条进油道与油泵主油路相连，其余为出油道，分别通至“D”“2”“L”“P”和“R”挡位相应的滑阀或直接通往换挡执行元件。

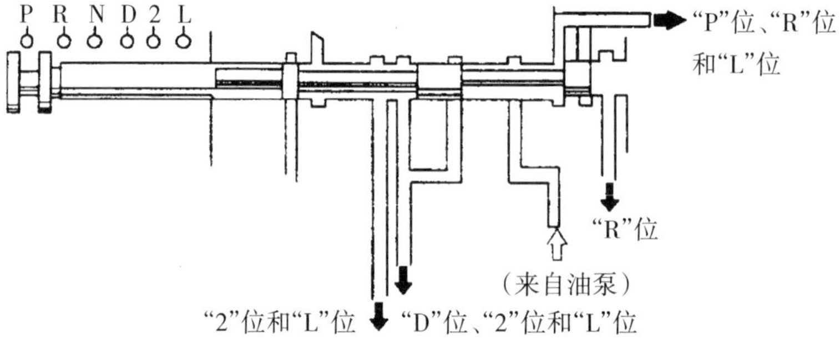

图 11－108 手控阀

当驾驶员操纵手柄使其处于不同位置时，将不参加工作的控制油路与泄油孔接通，使这些油路中的压力油液泄空，从而使控制系统及自动变速器处于不同挡位的工作状态。

11.3.4.5 换挡阀

1. 换挡阀的作用。

换挡阀的功用主要是通过变换压力油的流动方向，从而控制齿轮变速器执行元件的工作（接合与释放）。它有两个工作位置，可以实现升挡或降挡的自动变换。

2. 换挡阀的控制原理。

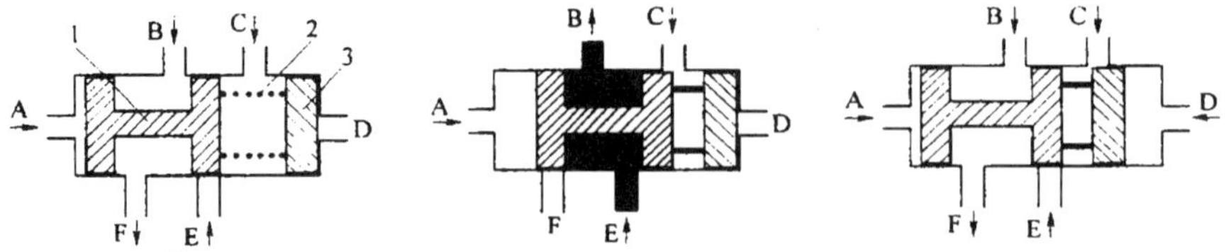

(a)低挡工作　(b)高挡工作　(c)强制低挡

图 11－109 换挡阀工作示意图

1—换挡阀；2—弹簧；3—强制低挡阀；A—速控油压；B—至换挡执行元件；C—节气门油压；D—强制低挡油压（来自手动阀）；E—主油压；F—泄油孔

在自动变速器中，液压控制系统已经将发动机负荷和车辆行驶速度转换成为液压信号——负荷油压和速控油压，然后用这两个油压来控制变速器升挡或降挡。

(1) 当车速较低、发动机节气门开度较大时：换挡阀阀芯右端的节气门阀油压较高，对阀芯向左的作用力大；左端的速控阀油压较小，对阀芯向右的作用力小，阀芯被推至左位［如图11－109（a）所示］。此时，主油路油压E至高挡换挡执行元件油路B之间的通路被切断，油路B与泄油口F相通而泄压，此时主油路油压E只能通往低速挡的执行元件，自动变速器在低速挡工作。

(2) 当车速增高时：阀芯左端的速控阀油压随之升高，对阀芯向右的作用力增大，当速控油压增至大于节气门阀油压和弹簧作用力时，阀芯被推至右位［如图11－109（b）所示］，此时主油路E与高挡换挡执行元件油路B接通，泄油口F关闭，高挡换挡执行元件接合，自动变速器自动升挡。

(3) 当车速下降时：速控阀油压也随之降低，换挡阀阀芯在节气门阀油压和弹簧力的作用下左移，主油路与高挡油路断开，同时泄油口F与油路B接通而泄压，自动变速器又回到低速挡工作。

(4) 在手动低挡（如S或L挡），从手动阀来的低挡油压D加至强制低挡阀右侧，换挡阀被强制推向左端低挡位置，自动变速器不能升入高挡，如图11－109（c）所示。

11.3.4.6 蓄压器

蓄压器又称为蓄能器或减震器，它由活塞和弹簧等组成，如图11－110所示。通常在自动变速器中每个前进挡都有一个蓄压器，它与该挡换挡阀执行机构离合器或制动器的油路相通（并联）。当自动变速器换挡时，由换挡阀输出的主油路液压油在输入到执行机构液压缸的同时，也进入蓄压器活塞的下部。在换挡执行机构接合的初期，油压迅速增大，使换挡执行元件的活塞迅速克服自由行程，让换挡执行元件开始接合。当油压增大到一定程度时，活塞下方的油压大于活塞上方弹簧的弹力，活塞开始上移，让油路中的部分液压油进入蓄压器，以延长换挡执行元件液压缸的充油时间，使换挡执行元件液压缸中的油压增长比较缓慢，从而减小换挡过程的冲击。

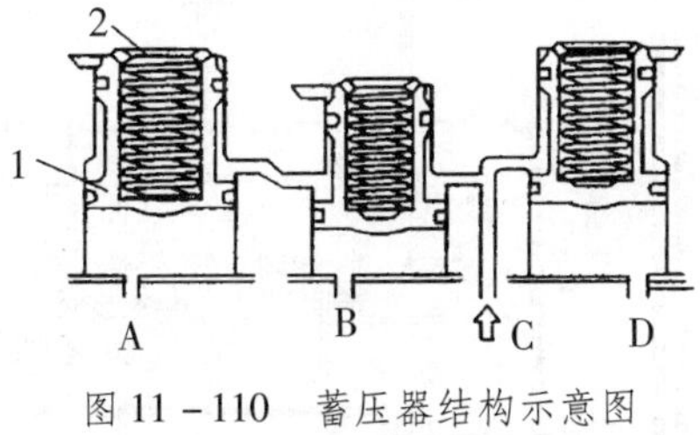

图11－110　蓄压器结构示意图

1—活塞；2—弹簧

A、B、C—换挡执行机构油路口；C—节气门油压入口

11.3.4.7 强制降挡阀

在车辆行驶过程中，如果将加速踏板踩到底（节气门开度大于85%），变速器会在原来挡位的基础上自动降低一个挡位，这个过程叫作强制降挡。

强制降挡的过程一般通过两个阀门来实现：锁止调节阀和强制降挡阀。

11.3.4.8 液压控制系统油路分析

1. 丰田 A140E 自动变速器。

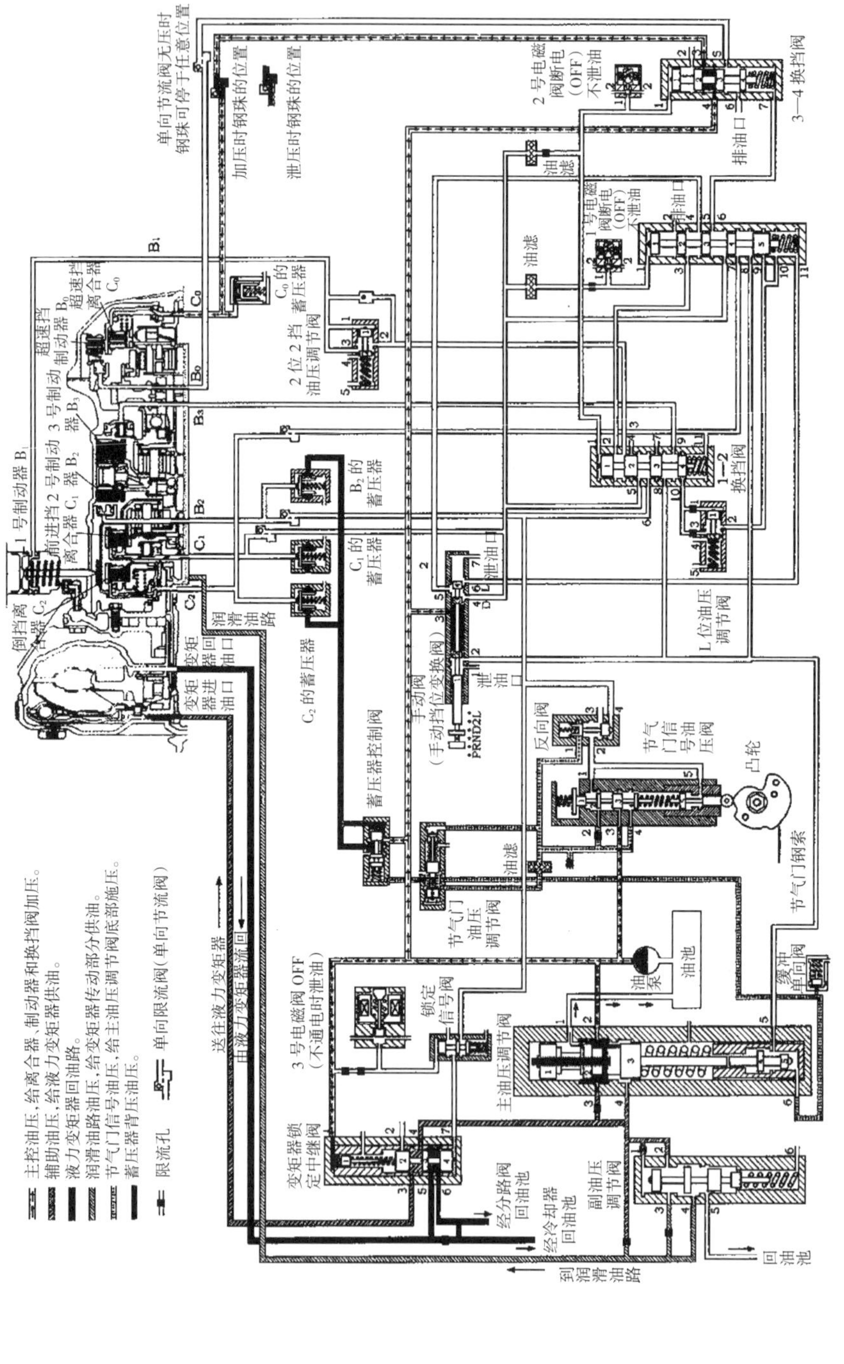

图 11-111 A140E 自动变速器 N 位时的油路图

2. 三菱四速自动变速器。

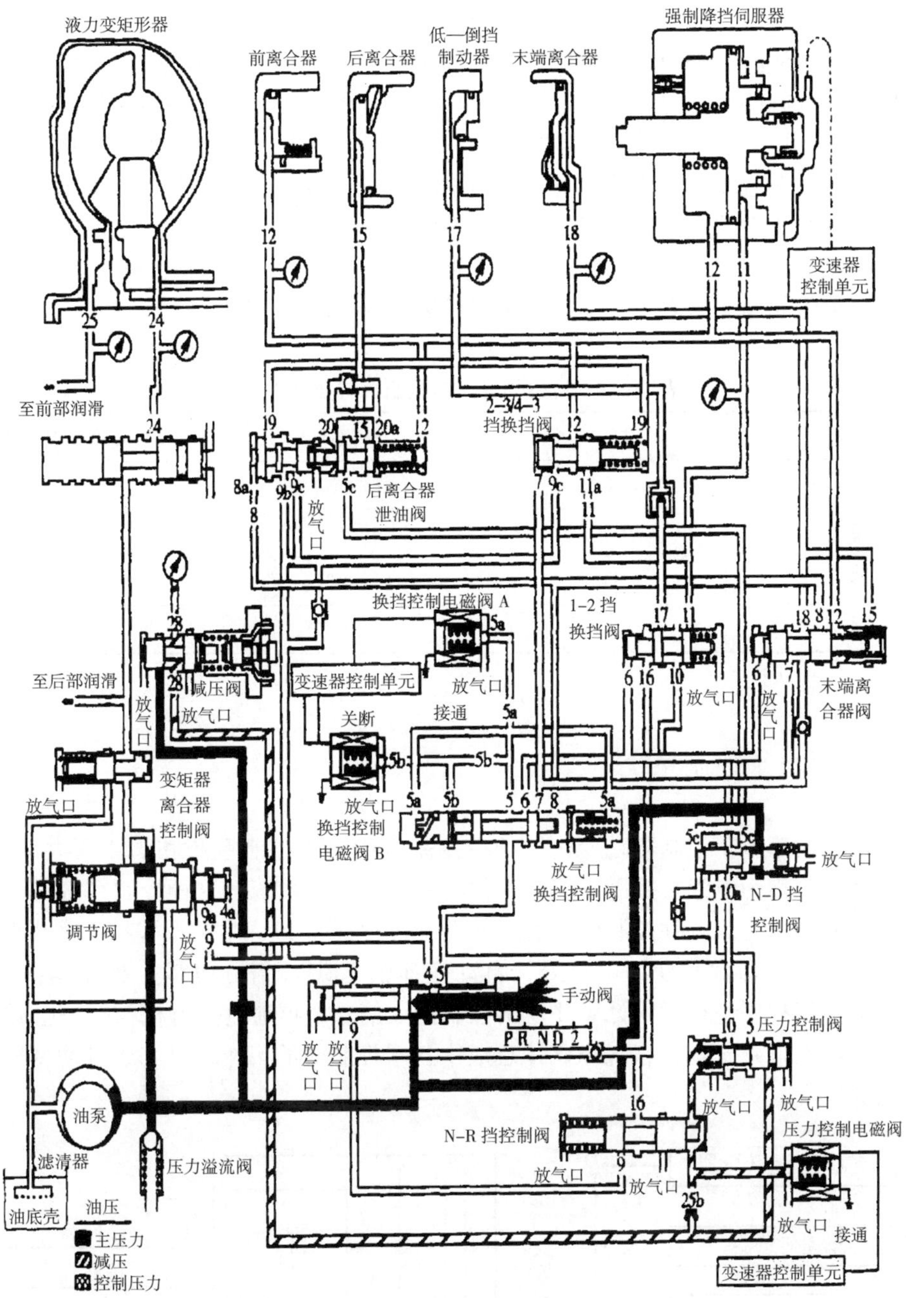

图 11－112　三菱油路图

1—泄压阀；2—液压阀；3—油盘；4—调节阀；5—变矩器控制阀；6—减压阀；7—锁止离合器控制电磁阀；8—锁止离合器控制阀；9—自动变速器电子控制装置；10—变矩器；11—前离合器；12—后离合器；13—低挡、倒挡制动器；14—终端离合器；15—强制降挡伺服器；16—倒挡离合器释放阀；17—2—3、3—4 挡换挡阀；18—换挡控制电磁阀 A；19—换挡控制电磁阀 B；20—换挡控制阀；21—1—2 挡换挡阀；22—终端离合器阀；23—空挡、前进挡控制阀；24—手动阀；25—压力控制阀；26—压力控制电磁阀；27—空挡、倒挡控制阀

图 11－112 所示为三菱四速自动变速器换挡控制系统。该系统的特点是：在电磁阀与液压换挡阀之间使用一个换挡控制阀。由两个电磁阀控制换挡控制阀的位置，再由换挡控制阀改变主油路流向，进而改变液压换挡阀的位置，从而实现相应的换挡操作。本部分着重介绍换挡控制阀的工作原理。关于换挡过程，读者可随换挡控制阀的变化，结合油路图 11－112 自行分析。为便于介绍换挡控制阀工作原理。该系统中，换挡控制阀由换挡主阀 1、换挡副阀 2、柱塞套 3 和弹簧 4 组成。换挡控制阀有 4 个停止位置。电磁阀 A、B 的工作状态控制油路压力的变化，可同时作用于左侧的副阀与右侧的柱塞阀。换挡控制阀的运动受控于两侧的作用力，而换挡主阀的位置控制着 6、7、8 油路，6、7、8 油路分别控制各换挡阀。电磁阀通、断电组合与挡位关系见表 11－9。

表 11－9　电磁阀通、断电组合与挡位关系表

挡位	电磁阀 A	电磁阀 B	换挡控制油路
1	ON	ON	
2	OFF	ON	6
3	OFF	OFF	6、7
4	ON	OFF	6、7、8

11.3.5　电子控制系统

目前新款轿车电子控制自动变速器的控制系统由电子控制系统和阀体两大部分组成，将这种控制形式称为电液式控制系统，简称电控液压操纵系统。这种控制系统是利用电子自动控制的原理来完成各种控制任务的。其控制过程如图 11－113 所示。传感器将汽车及发动机的各种运动参数转变为电信号，自动变速器 ECU（俗称电脑）根据这些电信号，按照设定的控制程序进行对比计算并发出控制指令信号，再通过执行机构——电磁阀（换挡电磁阀、油压电磁阀等）来操纵阀体总成中各个控制阀的工作，以完成自动变速器的各项控制任务。

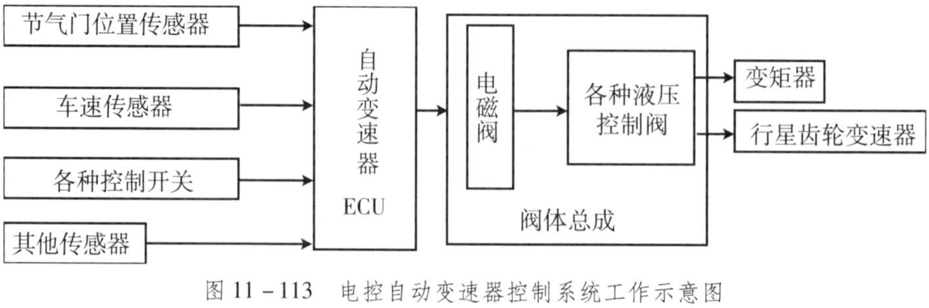

图 11－113　电控自动变速器控制系统工作示意图

11.3.5.1　电子控制系统的组成

自动变速器电子控制系统由传感器、控制开关、自动变速器电子控制器（ECU）、执行器等部件组成，如图 11－114 所示。

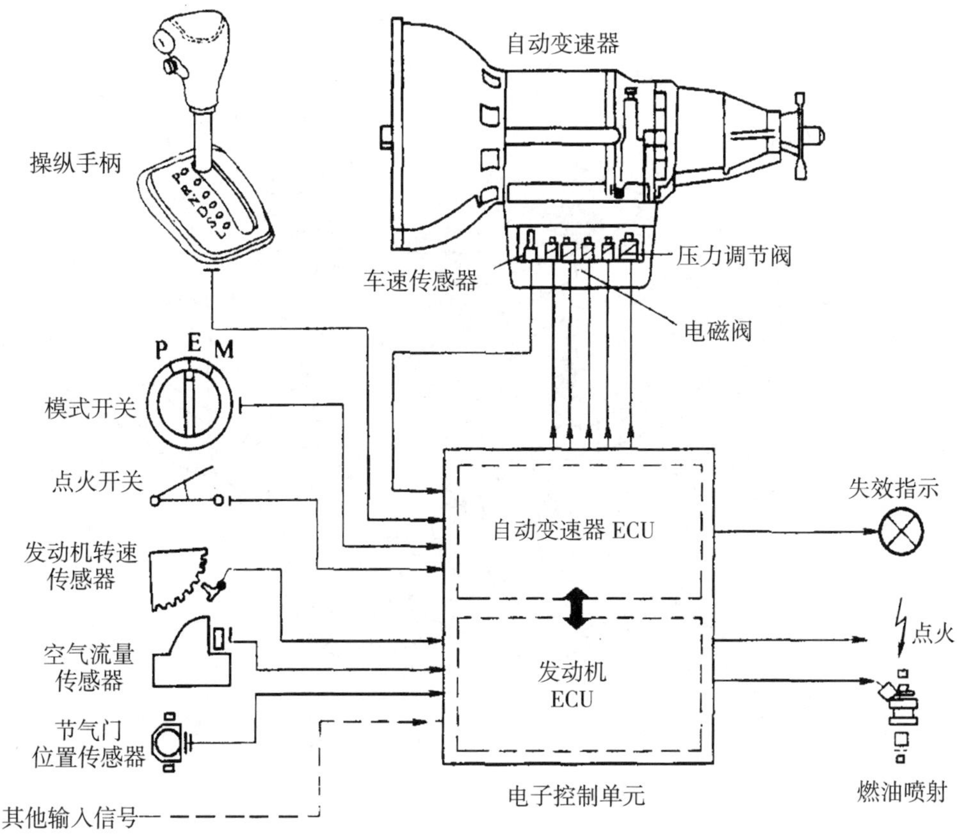

图 11－114　电控自动变速器的控制系统

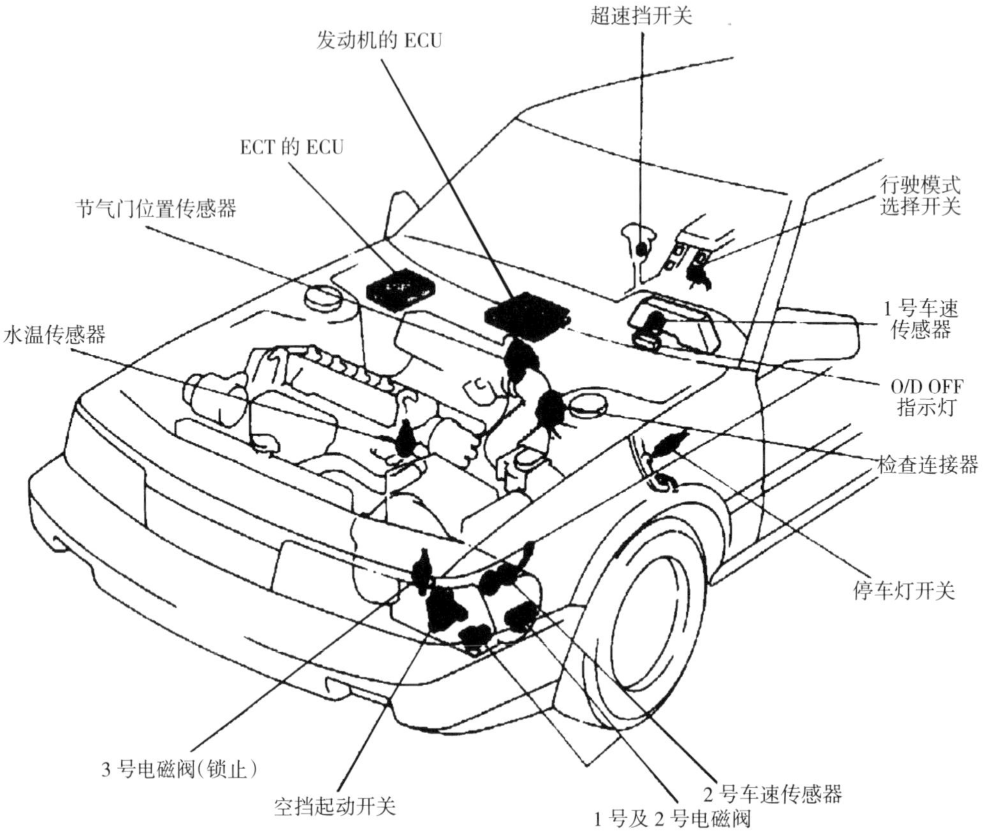

图 11－115　电控系统元件在车上的安装位置

11. 3. 5. 2　传感器

1. 节气门位置传感器（TPS）。

节气门位置传感器的功用：节气门位置传感器（TPS）安装在发动机节气门体上并与节气门联动，由驾驶员通过加速踏板控制。其功用是测量发动机节气门开度（发动机的负荷）的大小和变化的快慢，使 ECU 及时了解发动机负荷，并以此作为确定自动变速器换挡时刻和控制换挡油压及控制调节主油压的一个主要依据。

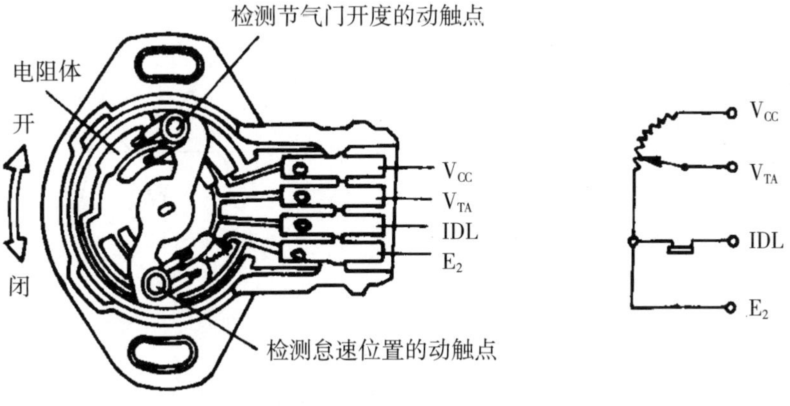

（a）　　　　　　　　　　　　（b）

图 11 - 116　线性输出型节气门位置传感器结构和电路

（a）构造；（b）电路

V_{CC}—电源；V_{TA}—节气门开度输出信号；IDL—怠速触点信号；E_2—地线

2. 车速传感器（VSS）。

（1）车速传感器的功用：车速传感器（VSS）也称自动变速器输出轴转速传感器，其功用是检测变速器输出轴的转速并将其变为电压信号输送给电子控制器（ECU），ECU 则根据车速传感器的信号计算出车速，并将它作为进行以下控制的重要依据之一。

①自动变速器 ECU 利用车速传感器信号与节气门位置传感器信号一起确定换挡（换挡时刻曲线）。

②自动变速器 ECU 利用车速传感器信号与输入轴转速信号一起计算变速器的传动比。

③有些车型没有自动变速器输入轴转速传感器（如大众的 01M 和 01N 自动变速器），则车速信号还用来计算变矩器锁止离合器的滑差。

④对于装有自动定速巡航装置的车辆，它还用于车速调节。

⑤自动变速器 ECU 利用车速传感器信号调节主油压。车辆在低速挡行驶时，自动变速器所传递的力矩较大，主油路压力要增高；在高速挡行驶时，所传递的力矩较小，主油压可以降低。

（2）车速传感器的结构。

车速传感器有磁感应式和霍尔式两种。

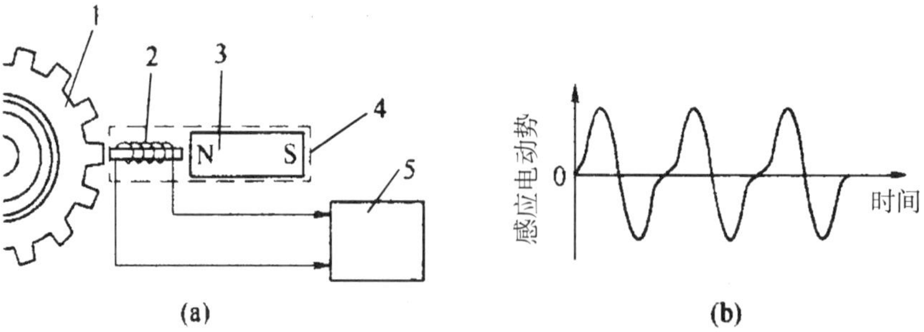

图 11－117　车速传感器

（a）结构；（b）信号电压波形

1—停车锁止齿轮；2—电磁感应线圈；3—永久磁铁；4—车速传感器；5—自动变速器 ECU

（3）车速传感器的安装位置及电路图。

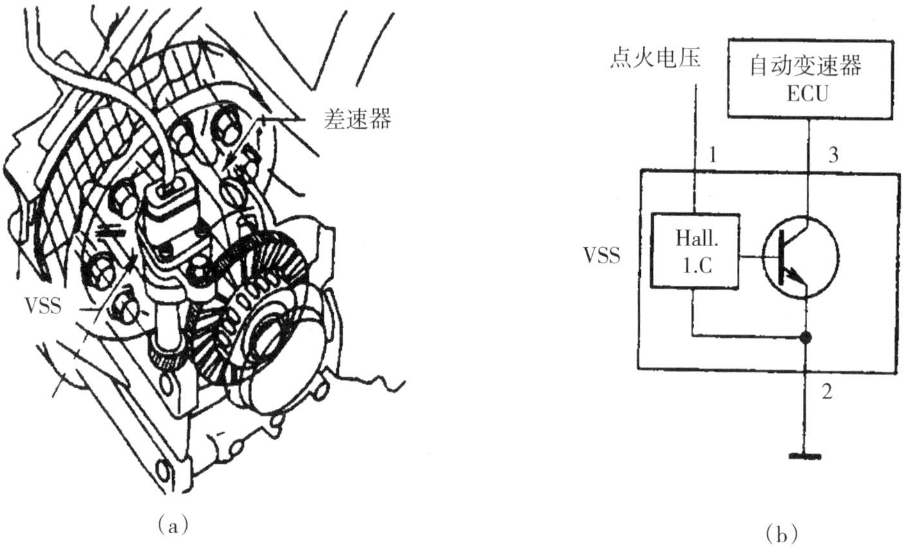

图 11－118　车速传感器的安装位置及电路图

（a）车速传感器的安装位置；（b）车速传感器电路图

3. 输入轴转速传感器（ISS）。

输入轴转速传感器也可分为霍尔式和电磁感应式两种，用得较多的是电磁感应式转速传感器，其结构与车速传感器类似。它安装在自动变速器壳体上，与行星齿轮机构输入轴（液力变矩器涡轮输出轴）上的信号触发轮靠近或与输入轴连接的离合器鼓靠近。

功用：该传感器的功用是用于检测输入轴转速，并将信号送入 ECU，以便 ECU 利用该信号和输出轴（车速）传感器信号计算出自动变速器的传动比。另外，它作为变矩器涡轮的转速信号，供 ECU 将该转速信号与发动机转速（即变矩器泵轮转速）信号进行比较，计算出变矩器锁止离合器的打滑状态，使锁止离合器的控制过程更加优化，以减小换挡冲击和改善汽车的行驶平顺性。

（2）安装位置及电路图。

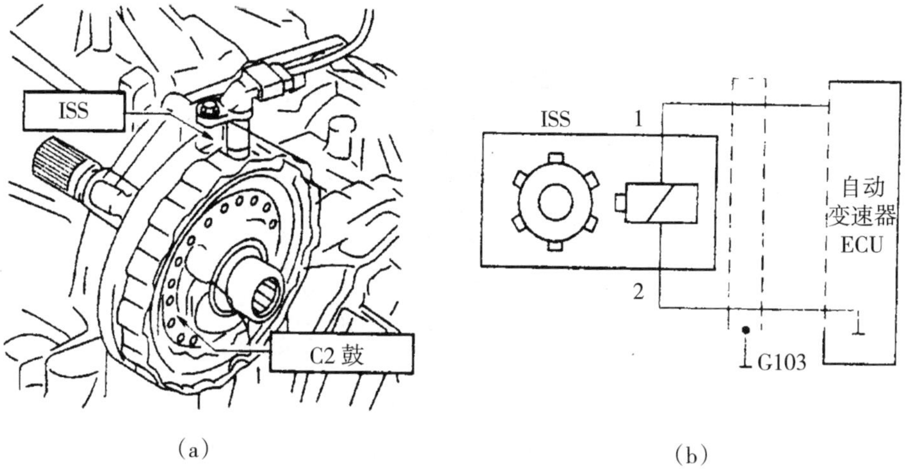

图 11－119 转速传感器（ISS）安装位置及电路图
（a）安装位置；（b）电路图

4. 发动机转速传感器（CKP）。

（1）功用。

自动变速器 ECU 利用发动机转速信号与变速器输入轴转速信号进行比较以判断锁止离合器的打滑状态，从而通过控制变矩器锁止离合器（TCC）电磁阀的调制脉冲（脉冲的占空比），达到控制锁止离合器的目的。

（2）结构。

一般是采用磁脉冲式和霍尔式两种。

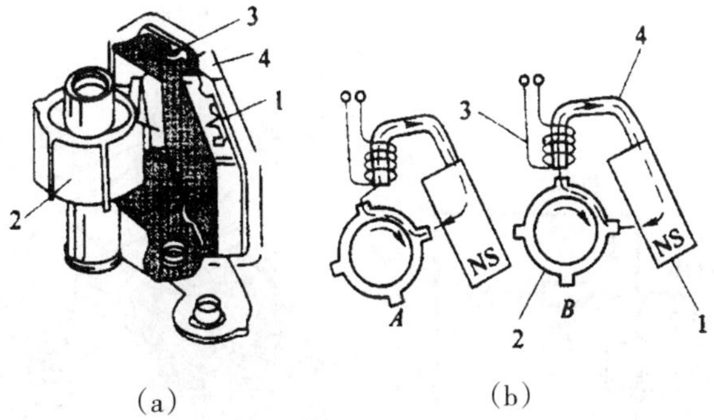

图 11－120 安装在分电器内的发动机转速传感器
（a）结构 （b）工作原理
1—永久磁块；2—信号转子；3—信号线圈；4—托架

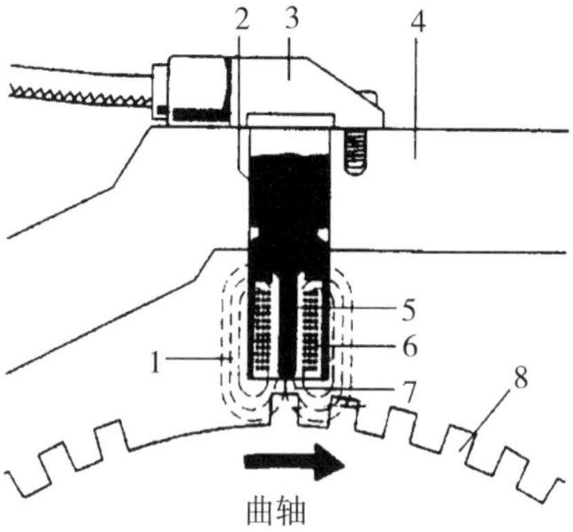

图 11-121　安装在发动机体上的发动机转速传感器

1—磁场；2—永久磁铁；3—传感器壳；4—缸体；5—铁芯；6—线圈绕阻；7—间隙；8—带参考标记的信号转子

检测方法同前述。

5. 发动机冷却水温度传感器（CTS）。

（1）作用。

自动变速器 ECU 根据该信号确定换挡时刻（换挡曲线）。当发动机温度低时，换挡延迟使发动机以高怠速运转，以便尽快地暖机升温，并保持其动力性。自动变速器 ECU 还根据该传感器信号控制锁止离合器的接合，即当发动机温度低于某规定值（视车型而定，一般为 60 ℃～70 ℃）时，锁止离合器不接合。

（2）结构及电路图如图 11-122 所示。

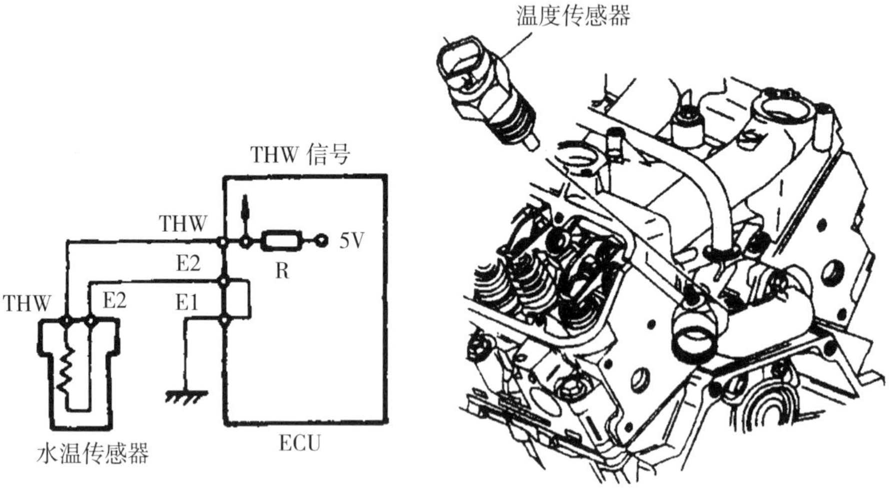

图 11-122　发动机冷却水温度传感器结构及电路图

6. 自动变速器油液温度传感器（OTS）。

（1）功用。

监控自动变速器油液的温度，是 ECU 进行换挡控制、油压控制、锁止离合器控制的依据。汽车在起步或低速大负荷行驶时，液力变矩器转速比小，传动效率低，发热严重，造成油液温度高。当超过某一温度界限时（如大众 01m 型电控自动变速器为 130 ℃，大宇新典雅为 140 ℃），表明自动变速器内部负荷过大或散热不良或油液过少。为防止其内部机件损坏，自动变速器 ECU 控制变矩器锁止离合器接合。如果温度还降不下来，则自动变速器 ECU 控制自动变速器降低一个挡位工作。随着汽车行驶速度的提高，变矩器的转速比增大，发热减少，油液温度下降，自动变速器又重新开始正常的换挡行驶程序。

（2）结构。

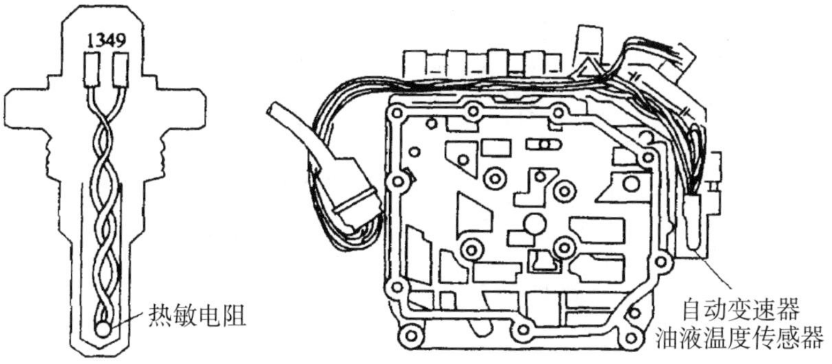

图 11－123　自动变速器油液温度传感器及其安装位置

11. 3. 5. 3　控制开关

电控自动变速器的电子控制系统中常用的开关有超速挡开关、模式开关、空挡起动开关、强制降挡开关和制动灯开关等。

1. 超速挡开关（O/D）。

（1）功用：超速挡开关通常安装在自动变速器操纵手柄上，如图 11－124 所示，其功用是控制自动变速器的超速挡。如果超速挡开关接通，变速器操纵手柄又处于“D”位，则自动变速器随着车速的提高而升挡时，最高可升到超速挡；而开关断开时，无论车速怎样高，自动变速器都不能升至超速挡。

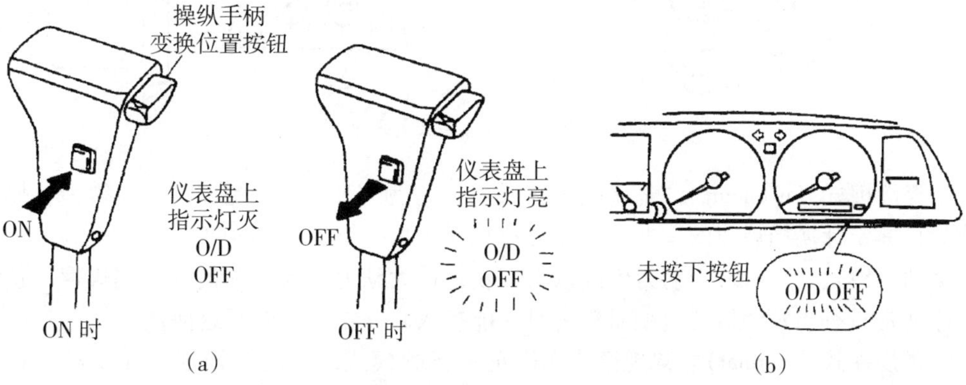

图 11－124　超速挡开关与超速挡切断“O/D OFF”指示灯

（a）超速挡开关；（b）超速挡切断“O/D OFF”指示灯

（2）电路及显示。

超速挡开关的电路连接如图 11－125 所示。在驾驶室仪表盘上，有“O/D OFF”指示灯显示超速挡开关的状态。当超速挡开关接通时，“O/D OFF”指示灯熄灭；而当超速挡开关断开时，“O/D OFF”指示灯亮起（见图 11－125）。

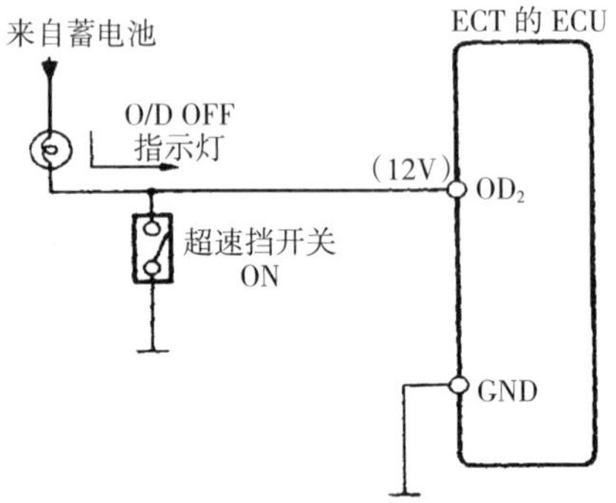

图 11－125　超速挡开关电路图

2. 模式选择开关。

（1）功用。

模式选择开关又称程序选择开关，用于选择自动变速器的控制模式，即选择自动变速器的换挡规律，以满足不同的使用要求。

（2）工作模式及其电路。如图 11－126 所示。

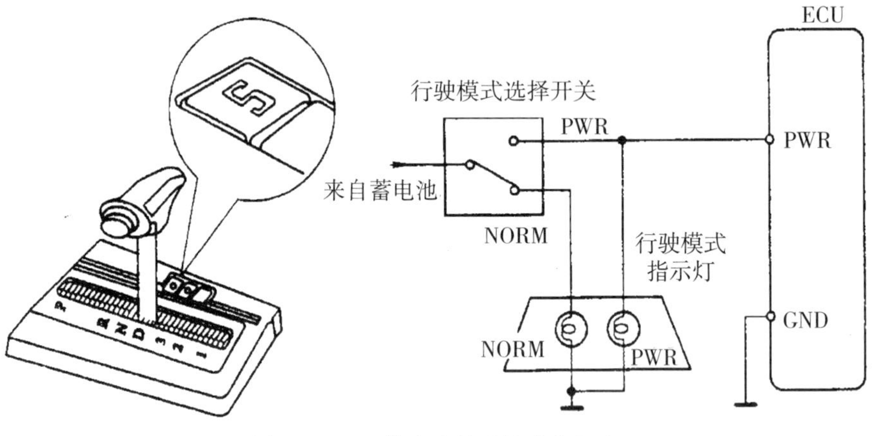

图 11－126　模式选择开关及其电路

①经济模式（economy）。经济模式（英文缩写为“E”），它是以汽车获得最佳燃油经济性为目标设计换挡规律的，即发动机转速相对较低时就提前换入高 1 挡位。

②动力模式（power）。动力模式以汽车获得最大动力性为目标设计换挡规律。这种换挡规律就是只有当发动机转速相对较高时才能换入高一挡位，即延迟换挡。

③常规模式（normal）。常规模式亦称正常行驶模式，它的换挡规律介于经济模式与动力模式之间。

④手动模式（manual）。手动模式让驾驶员可在 1 至 4 挡之间以手动方式选择合适的

挡位，使汽车像装用了手动变速器一样行驶，而又不必像手动变速器那样换挡时必须踩下离合器踏板。

某些新型自动变速器采用了手动/自动一体化操作模式，当把操纵手柄移到手动（manual）一侧时，若要升挡可将操纵手柄向前（+）拨，若要减挡，则将操纵手柄向后（-）拨，如图 11-127 所示。但这种升、降挡的方式并不是手动操纵变速器内部齿轮的啮合与分离，它只是通过操纵手柄给自动变速器控制器 ECU 一个换挡信号，具体换挡操作还是由自动变速器 ECU 控制。

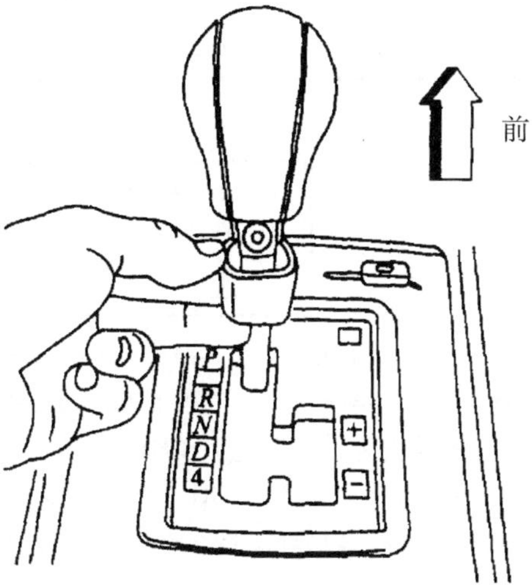

图 11-127　Cadillac 手动/自动一体化操纵手柄

图 11-128 所示为上海通用 Cadillac 轿车自动变速器手动操纵控制电路，当将操纵手柄推向右侧手动位置后，车身控制模块（BCM）的 C1-4 端子收到来自手动开关的操纵信号，BCM 通过数据总线向自动变速器控制模块（TCM）发出手动操作的指令，自动变速器控制模块（TCM）即将 F14 端子接地，这就接通了手动模式开关的控制电路。其电路是 BCM 的 C4-E8 端子向外电路输出 12 V 电压，经电阻 R1、R2、R3 和 TCM 内部电阻分压后，在 TCM 之 F14 端子接铁得到换挡信号电压。将操纵手柄推向升挡"+"（Tap up）时，将电阻 R1 和 R2 并联；将操纵手柄推向降挡"-"（Tap down）时，将 R1 和 R3 并联，这就使 TCM 从 F14 端子得到不同的换挡信号电压，TCM 便根据不同的换挡信号电压进行升挡或降挡控制。

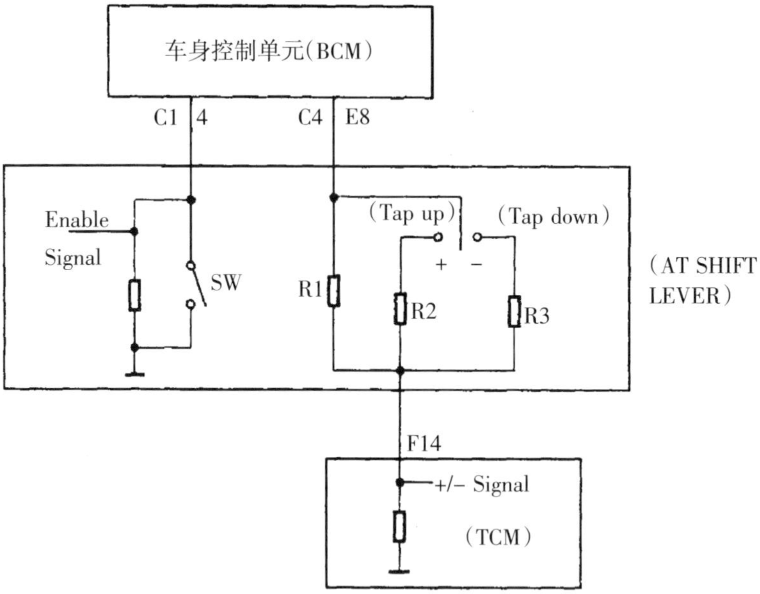

图 11－128 Cadillac 轿车手动模式控制电路

BCM—车身控制模块；SW—手动操纵允许开关；Tap up/down—升/降挡；
AT SHIFT LEVER—自动变速器操纵手柄；TCM—自动变速器控制模块；
Enable Signal—手动操纵允许信号；R1—分压电阻（8.25 kΩ）；
R2—分压电阻（4.42 kΩ）；R3—分压电阻（1.5 kΩ）

⑤雪地模式（snow）。雪地模式是适用于雪地上行驶的方式。当操纵手柄置于“2”位时，自动变速器保持在2挡工作。而操纵手柄置于“1”位时，自动变速器保持在1挡工作。如初始位置在2挡，则车速降至1挡后，不再升挡。

3. 空挡起动开关。

（1）功用。

空挡起动开关是一个多功能开关，它具有以下功能：

①控制起动继电器电路和倒车灯开关电路。

②将变速器操纵手柄位置的信号输送给电控自动变速器的ECU。

③操纵手柄置于P或N位时，可起动发动机；操纵手柄在除此以外的位置，起动机不工作。

（2）结构及电路图。

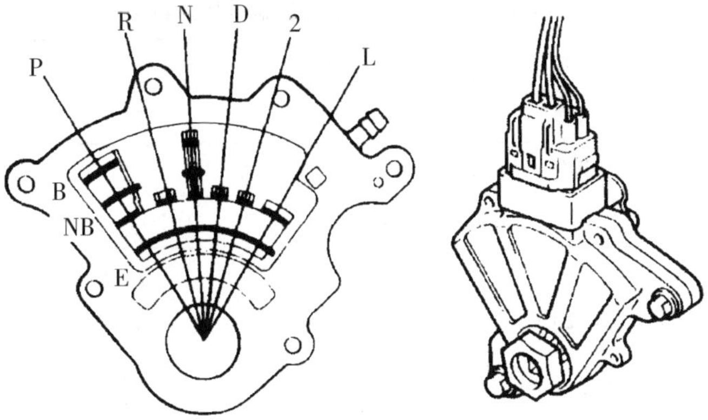

图 11－129　空挡起动开关结构

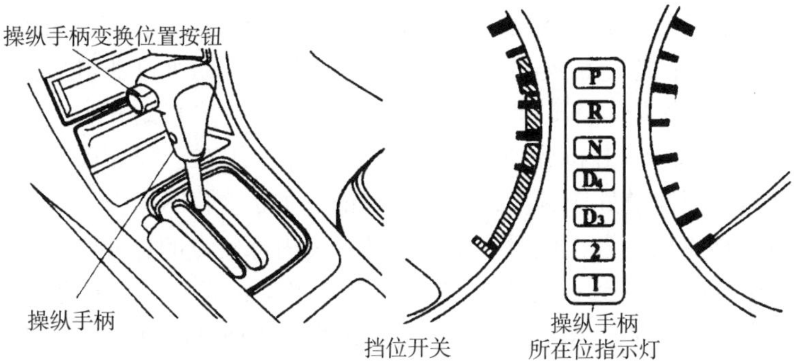

图 11－130　空挡起动开关及其显示

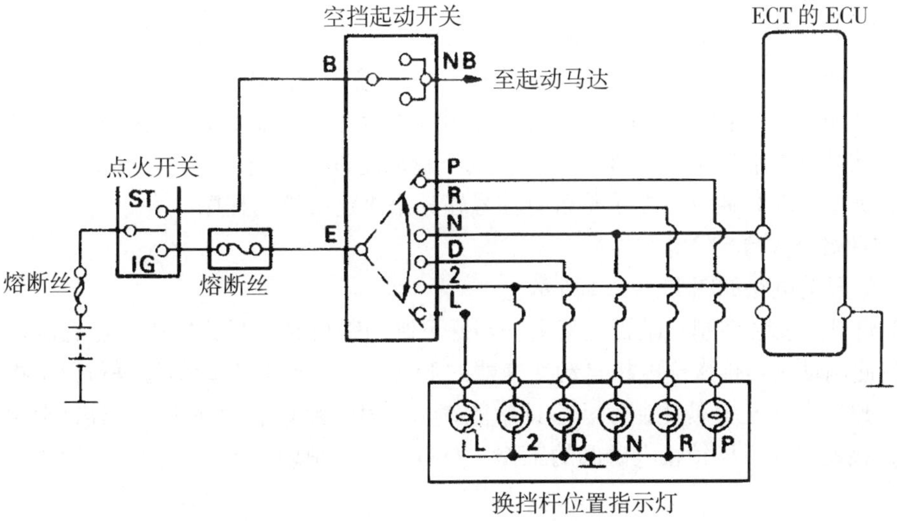

图 11－131　换挡杆位置指示灯

表 11－10　空挡起动开关内部触点的连接情况

车　型	主销后倾角	主销内倾角	前轮外倾角	前束值/mm
CA1091	1°30′	8°	1°	2～4
EQ1090	2°30′	6°	1°	1～5
奥迪 100	1. 16°	14. 2°	0°30′±30′	0. 5～1
上海桑塔纳			－0°30′±20′	－3～－1
南京依维柯	0°30′～1°	0°	1°	1. 5～2. 5
北京切诺基	7. 5°		0°	0
天津夏利	2°55′	12°	0°	1

当点火开关处于起动位置，空挡起动开关只有在 R 和 P 挡时，起动机的控制线路才能接通，发动机才能起动，避免了换挡手柄在行驶挡位起动发动机可能造成的危险。发动机起动后点火开关回到点火挡，随着换挡手柄位置的改变，空挡起动开关除了接通换挡手柄位置的指示灯，还在 N、2、L 挡分别向 ECU 的输入端子 N、2、L 输入 12 V 的电压信号，ECU 接到上述信号后便知道处于 N、2 或 L 挡。如果 ECU 接收不到上述信号，ECU 便认为当前处于 D 挡。换挡手柄在各挡位时，空挡起动开关内部触点的连接情况见表 11－10。

当换挡手柄在 D 挡时，ECU 按照 D 挡的程序控制电磁阀，可以在所有的传动比中选择合适的挡位。换挡手柄在 2 挡时，电控自动变速器的 2 挡可以升入直接挡，ECU 只是不发出升 OD 挡的指令，当 ECU 的 2 挡信号线发生断路情况时，ECU 认为是处于 D 挡位置并按照 D 挡的程序发出指令，但由于液压油路的设计，3－4 挡换挡阀会被固定在直接挡的位置，不能升入 OD 挡。在电控自动变速器的 L 挡可以升一次挡，当换挡手柄在 L 挡时，ECU 不会发出升直接挡和 OD 挡的指令，在 ECU 的 L 信号线发生断路时，ECU 仍认为是 D 挡并按照 D 挡的程序发出指令，但 2－3 挡和 3－4 挡换挡阀会被固定在跳挡的位置，不能升入直接挡和 OD 挡。换挡手柄在 R 挡位置时，由换挡手柄来控制 R 挡油路进行倒挡的操作。

ECU 接收 N 挡信号是要对车辆起步时的车辆后座进行控制。

综上所述，ECU 通过各端子是否有信号输入来决定换挡的程序。

4. 制动灯开关（STP）。

制动灯开关电路如图 11－132 所示。

制动灯开关安装在制动踏板支架上。当踩下制动踏板时，开关接通，点亮制动灯，同时开关将此制动信号传送给电控自动变速器的 ECU，ECU 根据制动信号进行以下控制：

（1）ECU 知道已经使用制动，立即解除锁止信号，变矩器的锁止离合器即分离。

（2）控制操纵手柄锁止电磁阀的工作，只有当踩下制动踏板后，操纵手柄才能从 P 挡拨出。

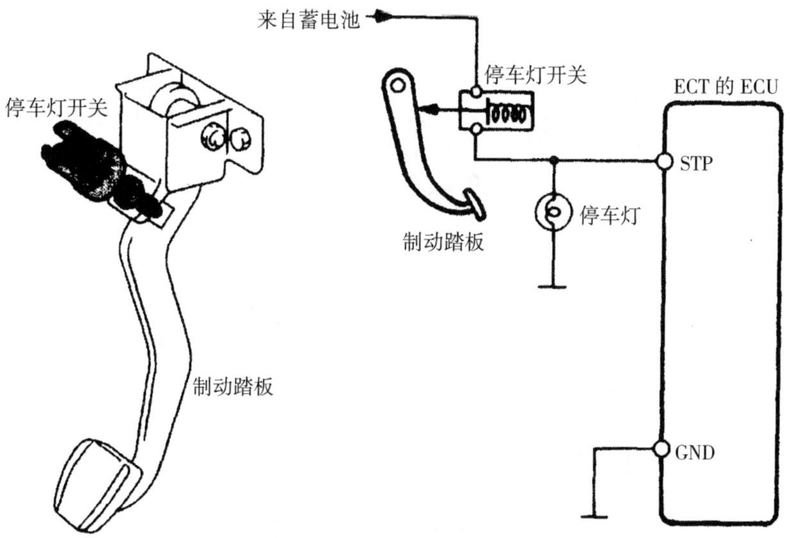

图 11－132　制动灯开关及其电路

11.3.5.4　执行器（电磁阀）

1. 功用与类型。

（1）功用：电控自动变速器的电磁阀是自动变速器控制系统的执行器。其功用是根据自动变速器 ECU 的指令接通或切断液压回路，以实现对自动变速器换挡、液力变矩器锁止、主油压以及发动机制动等多项内容的控制。

（2）类型与区分。

①按功用不同分类。按功用不同可分为换挡电磁阀、锁止电磁阀和调压电磁阀三类。

②按控制方式分类。按控制方式不同可分为间接控制式和直接控制式两类。所谓间接控制式，是指电磁阀装在控制阀体上，由电磁阀控制机械滑阀的动作，再由机械滑阀控制换挡执行元件的油路；而直接控制式，是指电磁阀直接位于行星齿轮系统执行器（离合器、制动器）的油路中，直接控制通向执行元件的油压。目前绝大部分自动变速器都采用前者，只有少数几种电控自动变速器采用后者，如本田车系和日产车系后轮驱动的汽车采用了直接控制式电磁阀。

③按工作方式分类。按电磁阀工作方式的不同，可分为开关式电磁阀和脉冲宽度调制（PCM）式电磁阀两大类。其中开关式电磁阀又分为常开式和常闭式两种。所谓常开式是指电磁阀未接通电源之前阀的柱塞离开阀座，打开泄油孔，此时与其相关的执行元件与主油路压力不通；常闭式电磁阀是指通电之前阀的柱塞与阀座是接触的，即将油路密封，通电后阀打开，油路通过泄油孔泄压。在电控自动变速器的电磁阀中，只有锁止电磁阀和超速挡电磁阀以及超越离合器电磁阀为常开式电磁阀。其余大都是常闭式电磁阀。

④区分。根据以上原理可鉴别和区分拆下的电磁阀是哪种电磁阀。例如，在未通电的情况下，用嘴吹电磁阀油路接头，气流畅通的是锁止电磁阀，不通的是换挡电磁阀。

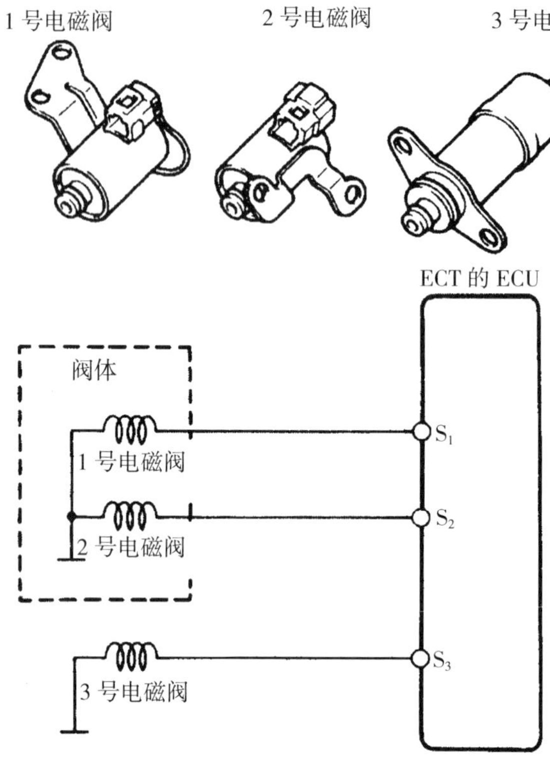

图 11－133　电磁阀结构及电路图

2. 开关式电磁阀。

(1) 功用：开关式电磁阀有接通（ON）和断开（OFF）两种状态，故称开关式电磁阀，其功用是开启和关闭电控自动变速器的油路。目前换挡电磁阀多采用开关式电磁阀。

(2) 结构：开关式电磁阀由电磁线圈、衔铁、球阀、弹簧和壳体等组成，如图 11－134 所示。这种电磁阀断电时，油道打开；通电时，油道关闭。在电控自动变速器中，ECU 根据各传感器和开关提供的信号控制电磁阀的接通和断开。当线圈不通电时，柱塞在弹簧的作用下向左侧移动，阀球脱离阀座，信号油压通过泄油孔泄放；当线圈通电时，电磁力克服弹簧张力使铁芯柱塞右移，推动阀球位于阀座上，关闭进油孔，使信号油压与泄油孔隔离，换挡信号油压随即建立，以推动液压换挡阀动作，从而实现挡位的升降。

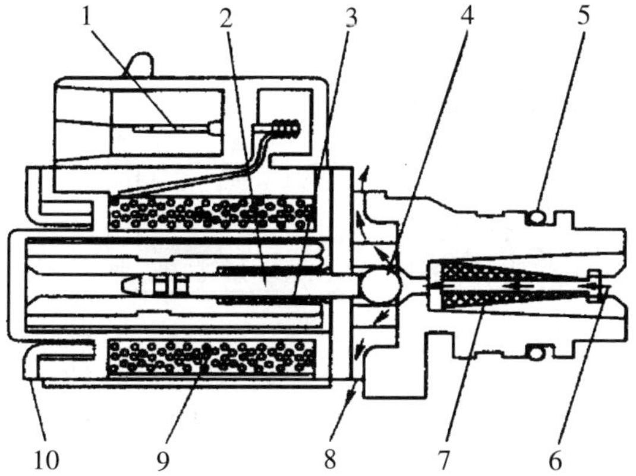

图 11－134　开关式电磁阀

1—连接器；2—衔接（柱塞）；3—弹簧；4—球阀；5—“O”形圈；
6—信号油路；7—进油滤网；8—泄放口；9—线圈；10—壳体

3. 脉冲宽度调制（PWM）电磁阀。

（1）功用：脉冲宽度调制（PWM）电磁阀的功用是控制油路中油压的大小及锁止离合器的接合。它通常安装在主油路或蓄压器背压油路中，由 ECU 控制，在电控自动变速器自动升挡及降挡瞬间，或者在锁止离合器接合及分离动作开始时使油压下降，以减少换挡和锁止离合器接合与分离时的冲击力，使车辆行驶更平稳。

（2）结构：脉冲宽度调制（PWM）式电磁阀的结构如图 11－135（a）所示，由电磁线圈、衔铁、阀芯膜片、弹簧等组成。它与开关式电磁阀的不同之处是，控制脉冲宽度调制（PWM）电磁阀工作的电信号是一个频率固定的脉冲电信号，而不是恒定不变的电压信号。电磁阀在脉冲电信号的作用下不断反复地开启和关闭泄油孔，ECU 通过改变脉冲的宽度，即改变每个脉冲周期内电流接通和断开的时间比例，俗称占空比。例如在一个脉冲周期内，通电的时间为 A，断电的时间为 B，则占空比 $=A/(A+B)\times100\%$，其变化范围为 0～100%。通过改变电磁阀开启和关闭的时间比例，从而达到控制油路压力的目的。占空比越大，经电磁阀泄出的自动变速器油液就越多，油路压力就越低；反之，占空比越小，油路压力就越高。其工作原理如图 11－135（b）所示。目前，有些自动变速器采用脉冲宽度调制（PWM）式电磁阀作为换挡电磁阀和锁止离合器 TCC 电磁阀，使其换挡或锁止平顺，且更易实现重叠换挡技术。

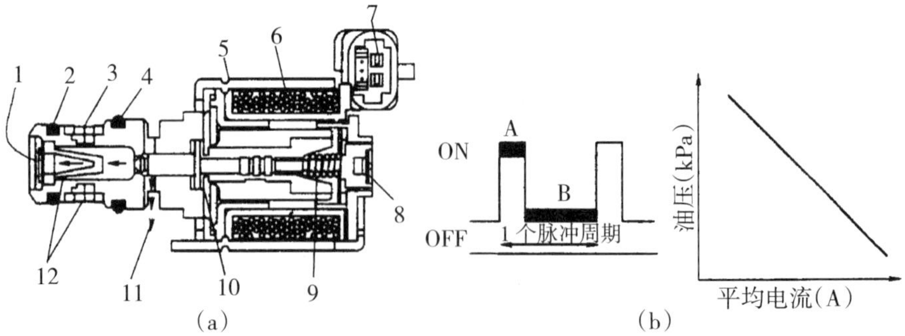

图 11－135 脉冲宽度调制（PWM）电磁阀
（a）结构；（b）工作原理
1—压力控制信号；2、4—“O”形圈；3—供油入口；5—充体；6—线圈；7—连接器；
8—调整螺钉；9—弹簧；10—膜片；11—泄油口；12—滤网

4. 常见电控自动变速器电磁阀数量、位置与区分。

（1）常见电控自动变速器电磁阀的数量、位置与区分见表 11－11。

表 11－11 电控自动变速器电磁阀数量、位置与区分

车型	自动变速器型号	电磁阀		位置与区分
		数量	名称	
凌志 300、佳美 3.0	A540E	1	换挡电磁阀	自动变速器右侧中部靠近油底壳
五十铃、奥拓		1	锁止电磁阀	
马自达、科罗娜	R4A－EL	2	换挡电磁阀（3⇌挡用），锁止电磁阀	未加电压时畅通（或直径较粗）的是锁止电磁阀
皇冠 佳美 2.2 切诺基	A340E A43DE A140E 30RH（AW4）	3	有两个是换挡电磁阀①，一个锁止电磁阀①	通过外形与颜色区分，通常将两个换挡电磁阀的外形和颜色做成一样的（如黑色），其他电磁阀为黄色
沃尔沃 940 本田雅阁 2.2	AW40 MPXA、 MPOA	4	1 号、2 号电磁阀为换挡电磁阀，3 号为锁止电磁阀，4 号是主油压电磁阀	

续　表

车型	自动变速器型号	电磁阀		位置与区分
		数量	名称	
日产 福特	L4N71B RE4F02A AXOD－E	5	1号、2号、3号和4号电磁阀的作用同上4个电磁阀，而5号电磁阀的作用则因车型而异，如装有巡航控制的汽车5号电磁阀[②]，装有强制降挡开关的，则是强制降挡电磁阀[②]	拆下油底壳直接能看见的是锁止电磁阀，卸下控制阀后看到的单独电磁阀是主油路压力电磁阀，前端装在一个阀座上的电磁阀中，前边的两个是换挡电磁阀，第三个则是5号超越离合器电磁阀
奥迪、帕萨特、捷达、高尔夫		7	1号、2号、3号、4号电磁阀为控制各离合器和制动器的换挡电磁阀，6号为主油压电磁阀，5号和7号是换挡缓冲电磁阀	

注：①有两个以上换挡电磁阀的电控自动变速器，其中一个换挡电磁阀有故障，所有换挡电磁阀必须同时更换，以保证自动变速器各挡换挡点不变。

②只要换有故障的电磁阀。

（2）捷达都市先锋的01M型自动变速器。

01M型自动变速器采用了拉维萘尔赫行星齿轮机构，具有包括超速挡在内的4个前进挡，其换挡控制采用了先进的模糊逻辑控制理论，可以根据驾驶员的习惯、交通和道路情况实现挡位的合理变换，而且控制系统可以不执行驾驶员的错误操作。其结构如图11－136所示。

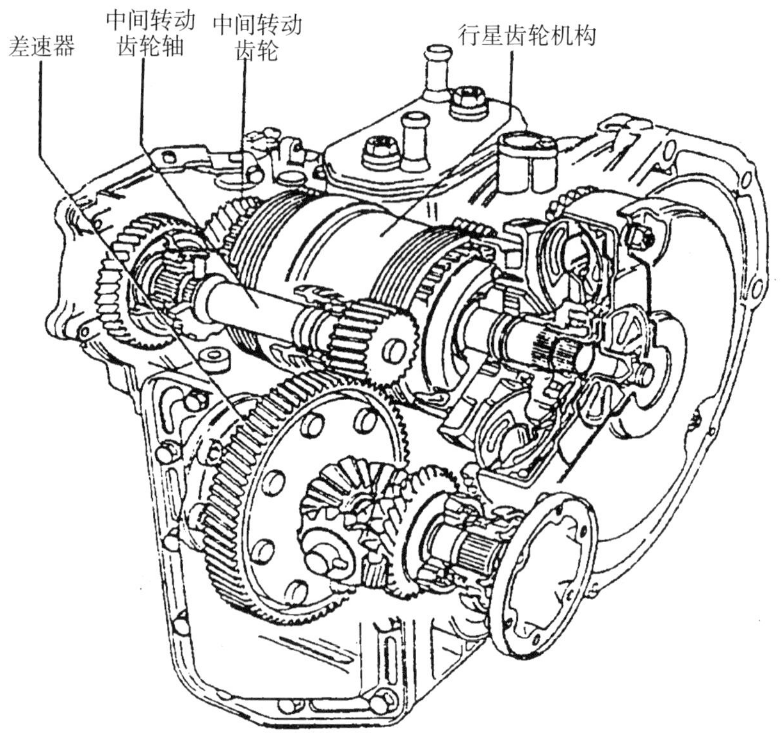

图 11－136　01M 型自动变速器

01M 型自动变速器的换挡手柄有 7 个位置：P、R、N、D、3、2、1。

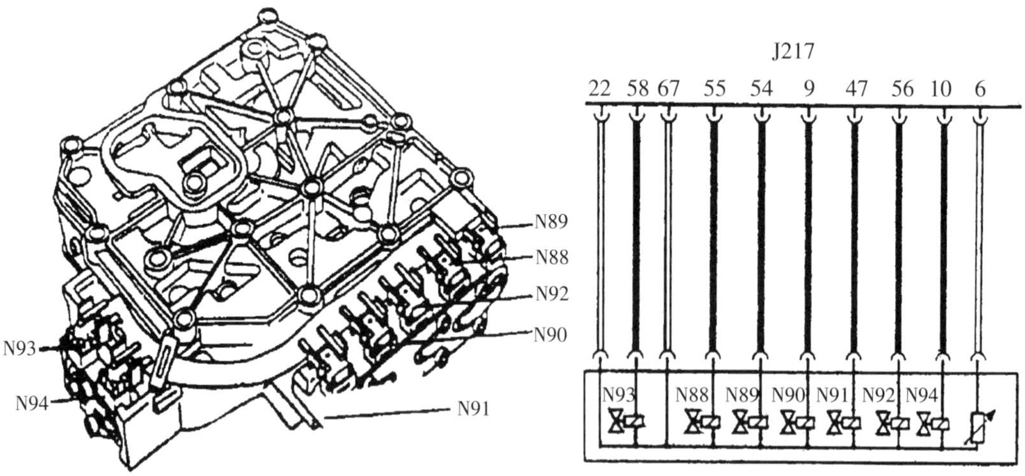

图 11－137　01M 型自动变速器阀板及电路

电磁阀 N88、N89 和 N90 控制油路的通断实现挡位的变换，电磁阀 N92、N94 可以使换挡过程更加平稳，减小换挡冲击。电磁阀 N91 和 N93 属于压力调节阀，电磁阀 N91 用于调节变矩器的压力，N93 用于调节主油压。

（3）富康轿车用 AL4 自动变速器。安装位置如图 11－138 所示。

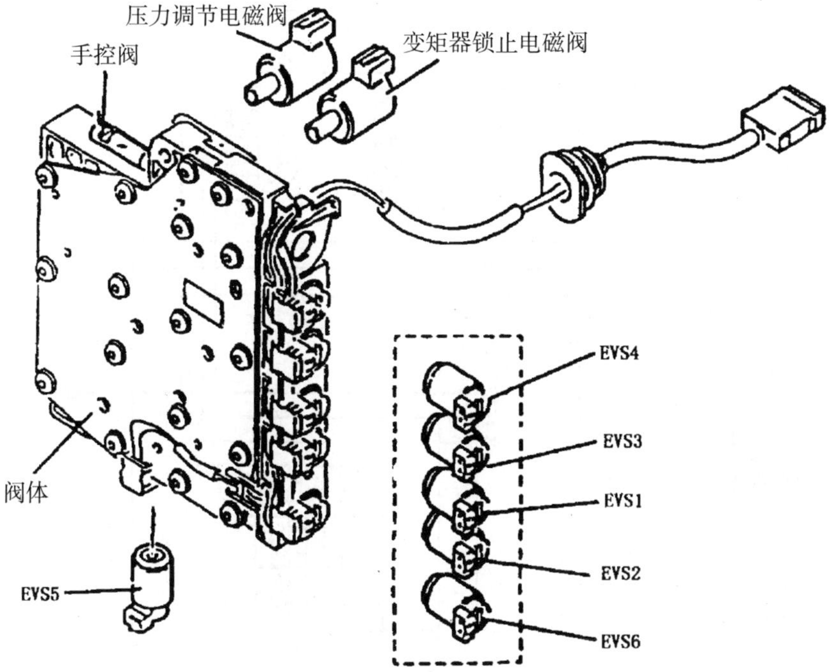

图 11－138　电磁阀的安装位置

11.3.5.5　电控系统电路

虽然各种车型的电控自动变速器因其 ECU 和控制程序的不同，以及传感器、执行器、控制开关的多少不同而有较大的差别，但在控制功能（内容）及其工作原理等方面仍是相同的。图 11－139 是郑州日产帕拉丁 RE4R01A 型自动变速器电控系统电路图，自动变速器 ECU 线束连接器端子的作用与检测见表 11－12。

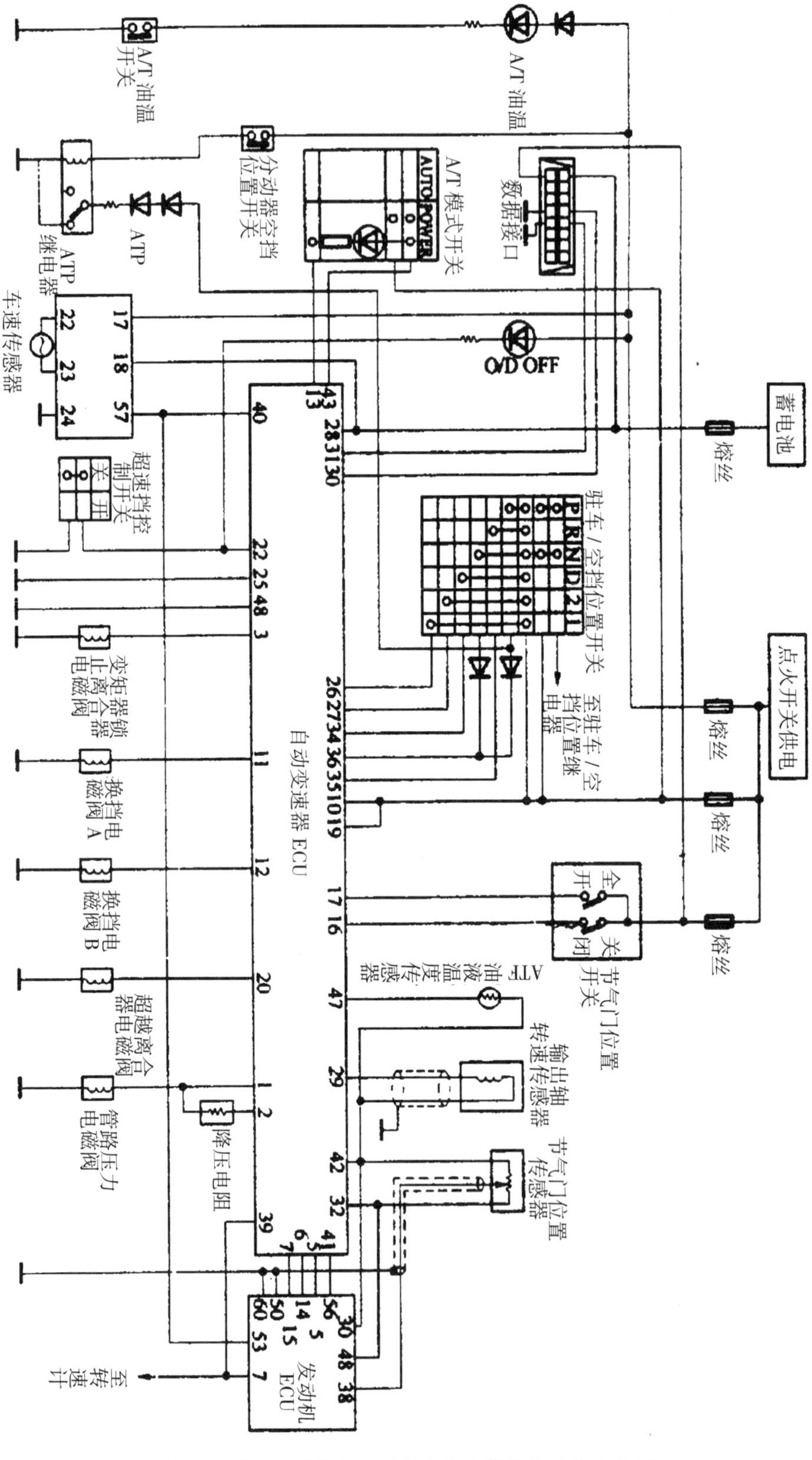

图 11－139　RE4R01A 型自动变速器电控系统电路图

表 11－12　自动变速器 ECU 各端子的作用与检测

端　子	作　用	检测条件	正常值
1	管路压力电磁阀	发动机预热后，释放加速踏板时	1.5～2.5 V
		发动机预热后，完全踩下加速踏板时	0 V
2	管路压力电磁阀（带压降电阻）	发动机预热后，释放加速踏板时	4～14 V
		发动机预热后，完全踩下加速踏板时	0 V
3	变矩器锁止离合器电磁阀	变矩器锁止离合器锁止时	—
4	—	变矩器锁止离合器释放时	—
5	DT1（与发动机 ECU 端口相连）	—	—
6	DT2（与发动机 ECU 端口相连）	—	—
7	DT3（与发动机 ECU 端口相连）	—	—
8	—	—	—
9	—	—	—
10	供电	点火开关 ON 时	蓄电池电压
		点火开关 OFF 时	0 V
11	换挡电磁阀 A	换挡电磁阀 A 工作时（D1 或 D4 挡）	蓄电池电压
		换挡电磁阀 A 不工作时（D2 或 D3 挡）	0 V
12	换挡电磁阀 B	换挡电磁阀 B 工作时（D1 或 D2 挡）	蓄电池电压
		换挡电磁阀 B 不工作时（D3 或 D4 挡）	0 V
13	A/T 模式开关（指示灯）	A/T 模式开关置于“POWER”位置	0 V
		A/T 模式开关置于“AUTO”位置	蓄电池电压
14	—	—	—
15	—	—	—
16	节气门关闭位置开关	发动机预热后，释放加速踏板时	蓄电池电压
		发动机预热后，踩下加速踏板时	0 V
17	节气门全开位置开关	发动机预热后，踩下加速踏板超过半程时	蓄电池电压
		发动机预热后，释放加速踏板时	0 V
18	—	—	—
19	供电	点火开关 ON 时	蓄电池电压
		点火开关 OFF 时	0 V
20	超越离合器电磁阀	超越离合器电磁阀工作时	蓄电池电压
		超越离合器电磁阀不工作时	0 V

续 表

端 子	作 用	检测条件	正常值
21	—	—	—
22	超速挡（O/D）控制开关	超速挡（O/D）控制开关 ON 时	蓄电池电压
		超速挡（O/D）控制开关 OFF 时	0 V
23	—	—	—
24	—	—	—
25	接地	—	0 V
26	PNP 开关“1”位置	操纵手柄位于“1”时	蓄电池电压
		操纵手柄位于其他位置时	0 V
27	PNP 开关“2”位置	操纵手柄位于“2”时	蓄电池电压
		操纵手柄位于其他位置时	0 V
28	供电（内存备用电源）	点火开关 ON 时及 OFF 时	蓄电池电压
29	转速传感器（AC 挡测量）	车速以 30 km/h 行驶时	1 V 或更高
		车辆停止	0 V
30	CONSULT－II 数据接口（RX）	—	—
31	CONSULT－II 数据接口（TX）	—	—
32	节气门位置传感器（电源）	点火开关 ON 时	4.5～5.5 V
		点火开关 OFF 时	0 V
33	—	—	—
34	PNP 开关“D”位置	操纵手柄位于“D”时	蓄电池电压
		操纵手柄位于其他位置时	0 V
35	PNP 开关“R”位置	操纵手柄位于“R”时	蓄电池电压
		操纵手柄位于其他位置时	0 V
36	PNP 开关“N”位置	操纵手柄位于“N”时	蓄电池电压
		操纵手柄位于其他位置时	0 V
37	—	—	—
38	—	—	—
39	发动机转速信号	—	—
40	车速传感器	车辆以 1～3 km/h 的车速移动 1 m 或更多时	电压在 1～4.5 V 间变化
41	节气门位置传感器	发动机预热后，慢慢踩下加速踏板时	0.5～4 V
42	节气门位置传感器接地	—	0 V

续　表

端　子	作　用	检测条件	正常值
43	A/T 模式开关	A/T 模式开关置于"POWER"位置	蓄电池电压
		A/T 模式开关置于"AUTO"位置	0 V
47	ATF 油液温度传感器	当 ATF 油液温度为 20 ℃时	1.5 V
		当 ATF 油液温度为 80 ℃时	0.5 V
48	接地	—	0 V

11.3.5.6　换挡正时控制

所谓换挡正时控制就是控制电控自动变速器的换挡时刻，即汽车在一定的节气门开度且达到某一行驶速度时，使自动变速器自动升挡或降挡。电子控制自动变速器可使汽车在任何行驶条件下都能按最佳换挡时刻进行换挡，其控制原理如图 11－140 所示。

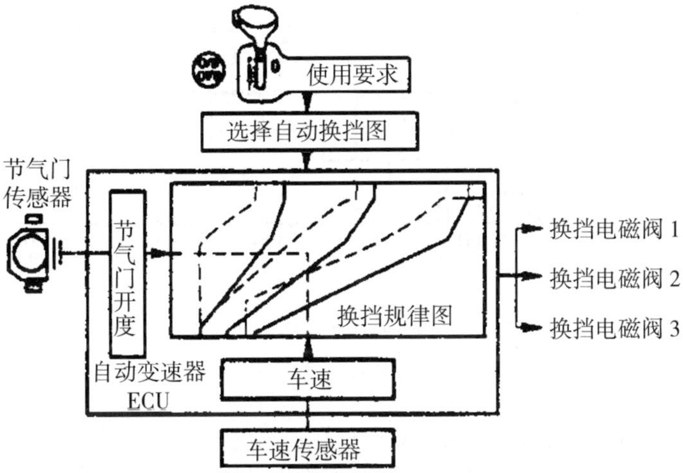

图 11－140　自动换挡正时控制

当电控自动变速器的操纵手柄或模式开关处于不同位置时，即对汽车的使用要求不同，换挡规律也不同。因此在设计制造时，将汽车在不同使用要求下的最佳换挡规律以自动换挡图的形式储存在自动变速器 ECU 的存储器中。汽车在行驶时，自动变速器 ECU 根据模式开关和操纵手柄所在位置的信号，从存储器中选出相应的自动换挡图，再将车速传感器、节气门位置传感器测得的车速信号、节气门开度信号与所选的自动换挡图进行比较。如在一定节气门开度下行驶的汽车达到设定的换挡车速时，自动变速器 ECU 便向换挡电磁阀发出指令（电信号），由电磁阀控制液压机械滑阀的动作，从而控制自动变速器自动升挡或降挡。

1. 换挡点。

通常自动变速器的维修手册都给出不同模式下的换挡曲线图或表格，这些换挡曲线图、表就是某自动变速器在不同模式和行驶状况下的换挡点。所谓换挡点就是在一定的节气门开度下，自动变速器升、降挡的车速范围，这是维修自动变速器进行路试，判断自动变速器升、降挡控制是否正常的依据。

汽车在不同模式下的最佳换挡车速主要取决于行驶时的节气门开度。图 11－141 所示为某电控自动变速器在不同节气门开度下的自动换挡图。

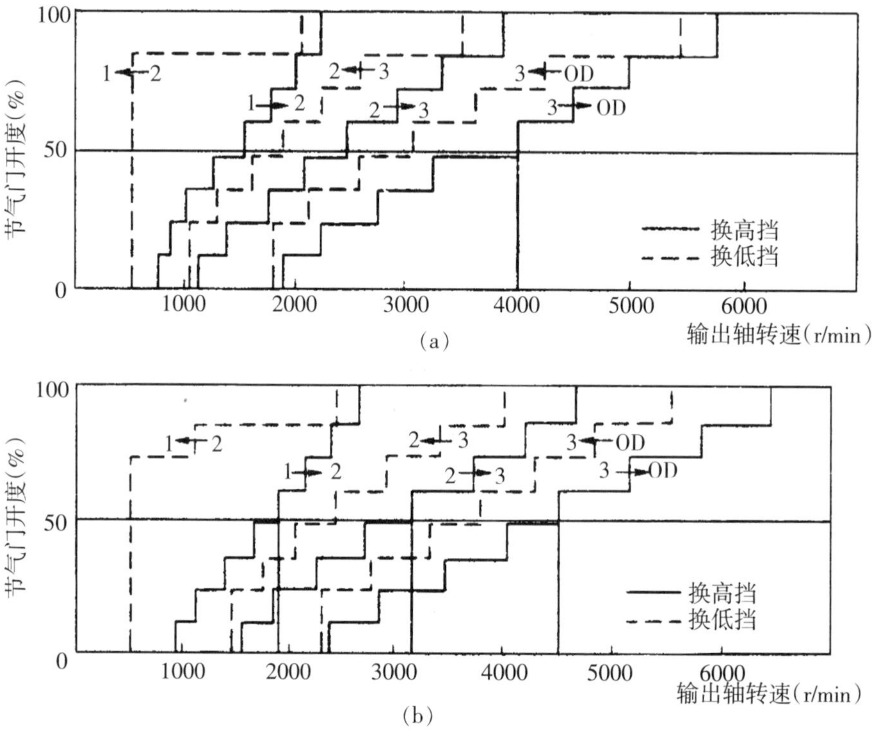

图 11－141　操纵手柄在 D 位时的换挡规律
(a) 常规模式；(b) 动力模式

在图 11－141 (a) 所示的常规模式下，节气门的开度固定在 50%，电控自动变速器输出轴转速在 1500 r/min 时，变速器从第 1 挡换高挡至第 2 挡；转速为 2500 r/min 时，从第 2 挡换高挡至第 3 挡；转速在 4000 r/min 时，从第 3 挡换高挡至超速挡。

在图 1－141 (b) 所示的动力模式下汽车加速性能最好。因此，在同一节气门开度下，电控自动变速器换高挡或低挡的车速会高于常规模式。节气门开度同样固定在 50%，在变速器输出轴转速为 1800 r/min 时，变速器从第 1 挡换高挡至第 2 挡；转速在 3100 r/min 时，从第 2 挡换高挡至第 3 挡；转速在 4000 r/min 时，从第 3 挡换高挡至超速挡。

由以上分析可知，节气门开度越小，汽车的升挡车速和降挡车速越低；反之，升挡和降挡车速越高。当节气门开度相同时，动力模式下的各挡自动升挡车速和降挡车速都要比常规模式下的各挡自动升挡车速和降挡车速要高。通常升挡车速越低，汽车燃油经济性越好；反之，升挡车速越高，则汽车的加速性能越好，但燃油经济性变差。

2. 重叠换挡控制。

有些电控自动变速器（如 4HP－16 型自动变速器）内部没有单向离合器，在换挡时，如果需放松的执行元件放松过早或待接合的执行元件接合过晚，会造成换挡时有空挡间隙；如果需放松的执行元件放松过晚或待接合的执行元件接合过早，会使换挡执行元件过度磨损。显然，这种换挡方式增加了换挡控制的难度，要求放松的执行元件和待接合的执行元件的工作要有一定的重叠，同时通过调整发动机转矩来使换挡更加平顺，见图11－142。

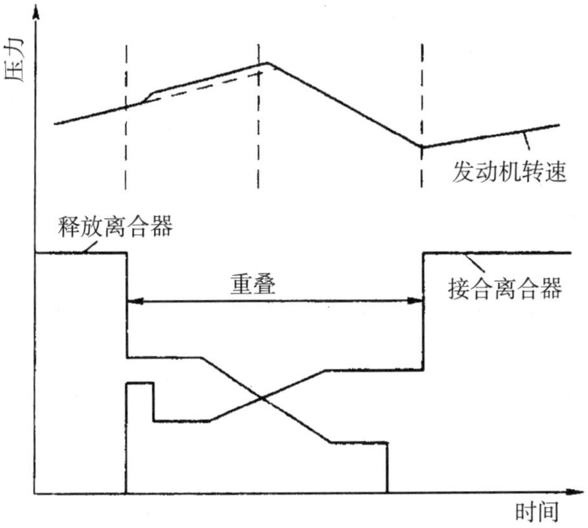

图 11－142　重叠换挡控制

3. “模糊逻辑”控制。

目前一些新款汽车自动变速器取消了换挡模式开关，而是采用计算机“模糊逻辑”控制技术。“模糊逻辑”的英文含义是“目标确定得不精确”，自动变速器 ECU 根据以下因素确定最佳换挡时刻：

（1）行驶阻力：即路面状况，如上坡、下坡、风向造成的不同空气阻力等。

（2）行车状况：如车速、节气门位置、发动机转速、变速器油温等。

（3）驾驶习惯：司机踩下加速踏板，就产生了一个运动系数（如踩加速踏板的速度及加速度），模糊逻辑识别出该系数，即能识别驾驶类型，适配出最佳的换挡规律，从而按驾驶者的意愿确定最佳换挡时刻，这是模糊逻辑控制的关键。

对于采用“模糊逻辑”控制的自动变速器，操纵手柄处于 D 位时，如果自动变速器 ECU 检测加速踏板被踩下的速度及加速度较低，则会自动选择经济模式，将换挡点提前；如果 ECU 检测到驾驶者迅速踩下加速踏板，则自动将换挡点推迟，相当于自动进入动力模式，换挡点的推迟量根据节气门开度的大小及开度的变化率决定，这也可以理解为在“经济”和“动力”模式之间存在许多随意的换挡时刻，“经济”和“动力”模式两条换挡曲线被无数条曲线代替，因而对不同的行驶情况和驾驶者反应更灵敏。

11. 3. 5. 7　主油路油压控制

电控自动变速器控制系统中的主油路油压是由主油路调压电磁阀控制调节的。主油路油压应随发动机负荷增大而增高，以满足传递大功率时离合器、制动器等执行元件对液压缸工作压力的要求。

主油路调压电磁阀是脉宽调制（PWM）式电磁阀，电控自动变速器的 ECU 根据节气门位置传感器测定的节气门开度控制主油路调压电磁阀脉冲信号的占空比，使主油路油压随节气门开度而变化。节气门开度越大，脉冲电信号的占空比越小，主油路调压电磁阀排油孔开度越小，节气门油压也就越大。节气门油压被作为控制油压反馈到主油路调压阀，使主油路调压阀随着节气门开度的变化调节主油路油压的高低，以获得发动机不同负荷下主油路压力的最佳值，并将发动机驱动油泵的动力减到最小。

除正常的主油路压力控制之外，电控自动变速器 ECU 还可以根据各个传感器测得的自动变速器的工作条件，在一些特殊情况下，对主油路油压做适当的修正，使油路压力控制获得最佳效果。如在操纵手柄位于前进低挡（S、L 或 2、1）位置时，汽车驱动力相应较大，自动变速器 ECU 自动使主油路油压高于前进挡（D 位）时的油压，以满足动力传递的需要。为减小换挡冲击，自动变速器 ECU 还在换挡过程中按照换挡时节气门开度的大小，通过主油路调压电磁阀适当减小主油路油压，如图 1－143（a）、（b）所示，以改善换挡质量。自动变速器 ECU 还可以根据液压油温度传感器的信号，在自动变速器油液温度未达到正常工作温度（低于 60 ℃）时，将主油路油压调至低于正常值［见图 1－141（C）］，以防止因油温低、黏度较大而产生换挡冲击；当自动变速器油温过低（低于 －10 ℃）时，自动变速器 ECU 使主油路压力升至最大值，以加速换挡执行器的离合器、制动器的接合，防止温度过低时因变速器油液黏度过大而使换挡过程过于平缓［见图 11－143（d）］。

在海拔较高时，发动机输出功率降低，自动变速器 ECU 将主油路油压调至低于正常值，以防止换挡时出现冲击［见图 11－143（e）］。

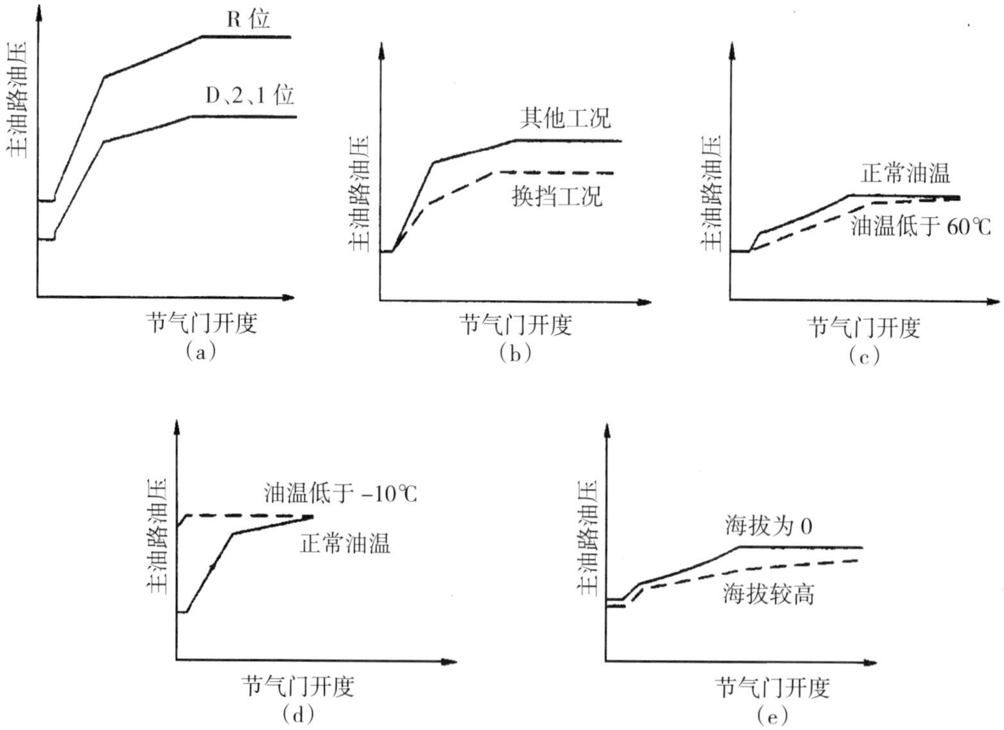

图 11－143　主油路压力修正曲线

（a）基本油压控制；（b）换挡修正；（c）油温低修正；（d）油温过低修正；（e）海拔修正

11.3.5.8　变矩器锁止离合器（TCC）控制

电控自动变速器ECU按照设定的控制程序，通过锁止控制电磁阀来控制变矩器锁止离合器的接合或分离。电控自动变速器在各种工作条件下的最佳锁止离合器控制程序被事先储存在自动变速器ECU的存储器内，ECU根据自动变速器的挡位、选取的控制模式等工作条件从存储器内选择出相应的锁止控制程序，再将车速、自动变速器油温、节气门开度与锁止控制程序进行比较。当满足锁止条件时，ECU即向锁止电磁阀发出指令（电信号），使锁止离合器接合，液力变矩器按机械传动工况工作。

在以下几种情况下可强制解除锁止：当汽车采取制动或节气门全闭时，为防止发动机失速，自动变速器ECU切断通向锁止电磁阀的电路以强行解除锁止；在自动变速器升降挡过程中，自动变速器ECU暂时解除锁止，以减小换挡冲击；如果发动机冷却液的温度低于60 ℃，锁止离合器应处于分离状态，以加速预热和提高汽车的使用性能。郑州日产帕拉丁RE4R01A型自动变速器的锁止条件见表11－13，从变矩离合器锁止电磁阀OFF到ON，占空比的范围为4%～94%。不同型号的自动变速器锁止离合器的接合条件也不同，如新款奔驰轿车采用的7速自动变速器，其锁止离合器从1挡到7挡都有可能接合，这大大降低了自动变速器的功率损耗和整车油耗。对于不同的自动变速器，TCC锁止电磁阀既有开关式，也有脉宽调制式（PWM），新生产的车型多数都采用了脉宽调制式电磁阀，如01M型、4T65E型、AF13型等都是PWM电磁阀。自动变速器ECU通过发动机转速传感器和变速器输入轴转速传感器计算锁止离合器的滑转速度，从而使锁止离合器的接合速率得到控制，锁止离合器的工作更加平稳。

表11－13　锁止离合器锁止条件

超速挡控制开关	ON	OFF
操纵手柄位置	D	
挡位	D4	D3
车速传感器	超过设定值	
节气门位置传感器	小于设定开度	
节气门关闭开关	OFF	
ATF油液温度传感器	高于40 ℃	

目前电控自动变速器大多采用脉冲宽度调制（PWM）式电磁阀，以线性地改变控制油压，使变矩器锁止离合器的接合过程变得柔和，以改善汽车的行驶平顺性。

11.3.5.9　自动模式选择控制

自动变速器ECU通过各个传感器测得汽车行驶状况和驾驶员的操作方式，经过运算分析，自动选择采用经济模式、动力模式或常规模式进行换挡控制，以满足不同的行驶要求。

自动变速器 ECU 在进行自动模式选择控制时，主要参考操纵手柄的位置及加速踏板被踩下的速率高低，以判断驾驶员的操作目的，从而自动选择控制模式。

（1）当操纵手柄位于前进低挡（SL 或 2、1 时），自动变速器 ECU 只选择动力模式。

（2）在前进挡“D”位，当加速踏板被踩下的速率较低时，自动变速器 ECU 选择经济模式；当加速踏板被踩下的速率超过控制程序中所设定的速率时，自动变速器 ECU 由经济模式转变为动力模式。自动变速器 ECU 将车速和节气门开度的组合分为一定数量的区域，每个区域有不同的节气门开启速率的程序设定值。车速越低或节气门开度越大时，其设定值越小，也就越容易选择动力模式。

（3）在前进挡“D”位，自动变速器 ECU 选择动力模式时，一旦节气门开度小于 1°，换挡规律即由动力模式转换为经济模式。

11.3.5.10 发动机制动作用控制

自动变速器 ECU 按照设定的控制程序，在操纵手柄位置、车速、节气门开度等满足一定条件（如操纵手柄位于前进低挡位置，且车速大于 10 km/h，节气门开度小于 1/8）时，向强制离合器电磁阀或强制制动器电磁阀发出电信号，打开强制离合器或强制制动器的控制油路，使其接合或制动，这样自动变速器就具有反向传递动力的能力，从而使汽车下坡或滑行时可以实现发动机怠速牵阻制动，以保证行车安全。

郑州日产帕拉丁型自动变速器的超越离合器就是用于控制发动机制动的。在需要发动机制动时，超越离合器由自动变速器 ECU 通过电磁阀控制进行工作。RE4R01A 型自动变速器发动机制动工作条件见表 11－14。

表 11－14 发动机制动工作条件

挡位	P/N	R	D_1	D_2	D_3	D_4	2_1	2_2	1_1	1_2
超越离合器			＊1D	＊1A	＊1A		O	O	O	O

注：＊1——当超速挡控制开关 OFF 时工作；O——工作；A——节气门开度小于 3/16 时工作，使发动机制动有效；D——节气门开度小于3/16时工作，但不影响动力传递。

11.3.5.11 超速行驶控制

只有当操纵手柄位于 D 位且 OD 开关接通时，汽车才能升入超速挡。当汽车以巡航方式在超速挡行驶时，若实际车速低于 40 km/h，巡航控制单元向自动变速器 ECU 发出信号，要求自动退出超速挡，自动变速器 ECU 还可以控制防止自动变速器在发动机冷却液温度低于 60 ℃时进入超速挡工作。

11.3.5.12 坡道逻辑控制

电控自动变速器 ECU 根据传感器的信号，如判断汽车行驶在坡路上，则启动坡道逻辑控制，改变换挡点。电控自动变速器在不同模式下的换挡点如图 11－144 所示。

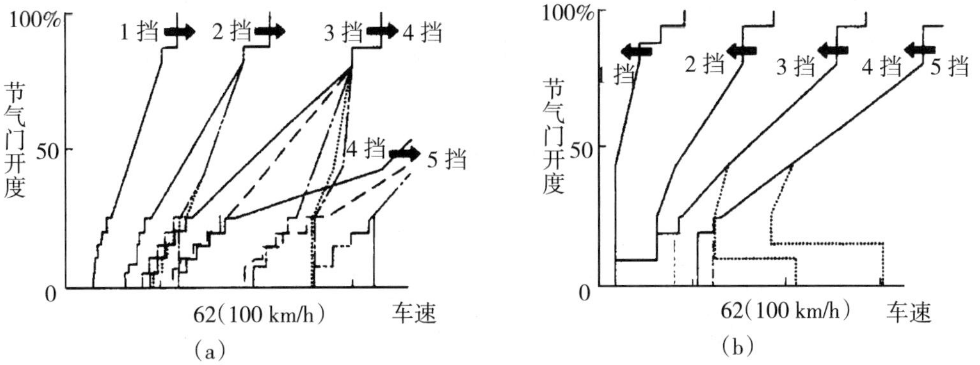

图 11－144　变速器在不同模式下的换挡点图示

(a) 上坡模式（换高速挡程序）；(b) 下坡模式（换低速挡程序）

——平路模式；—・・—中等坡度上坡模式；—・—特陡坡上坡模式

－－－－缓坡上坡模式；……陡坡上坡模式

(1) 上坡控制：当自动变速器 ECU 确认车辆正在用“D”位置上坡时，系统会拓宽 2 挡、3 挡和 4 挡挡位区间，以防止自动变速器在 2 挡与 3 挡之间、3 挡与 4 挡之间频繁变换，这样车辆就可以平稳行驶，而且在需要时有更多的动力。存储在自动变速器 ECU 内的 2 挡与 3 挡之间、3 挡与 4 挡之间的换挡程序，可以使车辆根据坡度的大小自动选择最合适的挡位。

(2) 下坡控制：当自动变速器 ECU 确认车辆正在用“D”位置下坡时，为了拓宽 4 挡、3 挡、2 挡的行驶范围，从 4 挡换 5 挡、3 挡换 4 挡和 2 挡换 3 挡（节气门关闭时）的换挡速度要比在平路行驶的换挡速度快。车辆下坡时，这种措施与减速锁止引起的发动机制动共同使车辆保持平稳的行驶速度。根据自动变速器 ECU 中内置的坡度大小，系统提供 3 种下坡模式，具有不同的 4 挡行驶范围、3 挡行驶范围和 2 挡行驶范围。

当车辆以 4 挡行驶，驾驶员在陡度减速时，自动变速器将变换到更低挡行驶。加速时，自动变速器又变换回高速挡。

11. 3. 5. 13　自动变速器 ECU 与发动机 ECU 通信

电控自动变速器 ECU 要获得部分发动机运行参数，才能正确控制自动变速器换挡，这些信号包括节气门位置、发动机转速、发动机冷却液温度等；同时发动机 ECU 还要从自动变速器 ECU 处获得一些信息，如换挡时间等，以便协调工作。这要求自动变速器 ECU 与发动机 ECU 进行数据交换，有以下几种方式：

(1) 采用一体化动力总成控制单元：这种控制方式将发动机控制单元和自动变速器控制单元合二为一，它不但能控制发动机燃油喷射和点火系统，还能控制自动变速器的换挡及变矩器锁止离合器，允许使用共同的信号输入，发动机和变速器传感器的数据共享，减少了传感器的数量和外部信号连线。

(2) 采用专线通信方式：这种方式在自动变速器 ECU 和发动机 ECU 间有多条连线，每条连线有一个信号传送内容，如赛欧轿车 AF13 型自动变速器，其通信线路见图 11－145。自动变速器 ECU 与发动机 ECU 间共有 4 条数据线，分别传送发动机转速、节气门位置（负荷）、驻车Z空挡开关信号和转矩控制信号。对于AF13型自动变速器，在操纵手柄位于除P和N挡以外的位置时，发动机ECU控制发动机怠速转速降低50 r/min，以减少入挡冲击。

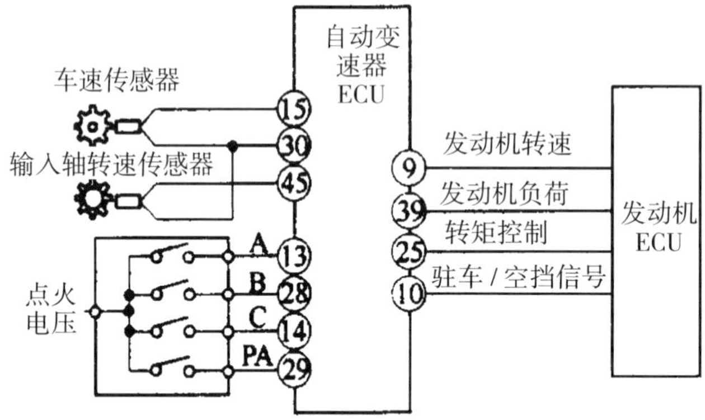

图11－145　AF13自动变速器ECU与发动机ECU通信电路

（3）数据总线通信方式：目前生产的新款轿车自动变速器ECU与发动机ECU间的通信普遍采用了数据总线通信方式（如CANBUS控制器局域网络或SAEJ1850通信网络），传输速度非常快，而且简化了电路连接，大大提高了可靠性。

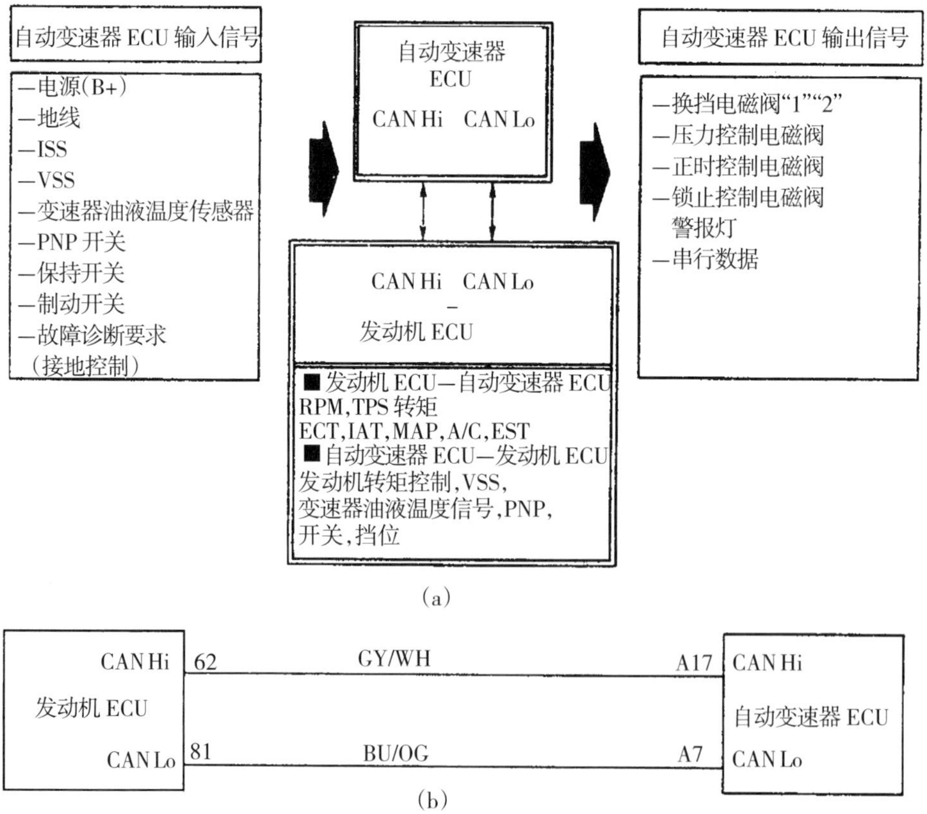

图11－146　自动变速器ECU与发动机ECU通信
(a) 自动变速器ECU与发动机ECU交换信息示意图；(b) CAN数据总线电路

11.3.5.14 系统故障自诊断与失效保护功能

所谓的失效保护功能是指电控自动变速器的 ECU 能够及时发现电子控制系统中的故障，并在出现故障时尽可能地使电控自动变速器保持最基本的工作能力，以维持汽车行驶到维修站检修的功能。

（1）故障灯警告：在汽车行驶时，仪表盘上的自动变速器故障警告灯闪亮，以提醒驾驶员自动变速器有故障，应立即将汽车送至修理厂维修。目前，大部分日产汽车以超速挡指示灯 OD/OFF 兼做自动变速器故障警告灯。如超速挡指示灯闪烁，拨动超速挡开关也不能将它熄灭，即说明自动变速器电子控制系统出现故障。而一些欧洲产车型，则用操纵手柄位置指示灯作为故障警告灯。

（2）故障代码：将检测到的故障内容以故障代码的形式存在自动变速器 ECU 内存储器中，只要不切断蓄电池电路，被测到的故障代码就会一直保存在自动变速器 ECU 内，即使是汽车行驶中偶尔出现的一次故障，自动变速器 ECU 也会及时地检测到，并记录下来。在修理时，维修人员可以采用一定的方法将储存在自动变速器 ECU 内的故障代码读出，为查找故障部位提供可靠的依据。

（3）起动失效保护程序：在产生故障后，自动变速器 ECU 按设定的失效保护程序控制自动变速器的工作，保持汽车的基本行驶能力。

①传感器出现故障。

当某传感器出现故障时，自动变速器 ECU 会采取失效保护功能。例如，节气门位置传感器出现故障时，自动变速器 ECU 根据怠速开关的状态进行控制。当怠速开关断开（加速踏板被踩下）时，按节气门开度为 1/2 进行控制，同时节气门油压按最大值输出；当怠速开关接通（加速踏板完全放松）时，按节气门处于全闭状态进行控制，同时节气门油压按最小值输出。

当车速传感器出现故障，ECU 不能进行自动换挡控制时，自动变速器的挡位可由操纵手柄的位置决定：操纵手柄在“D”位或“S”（或“2”）位，变速器为超速挡或 3 挡；操纵手柄在“L”或“1”位，为 2 挡或 1 挡；或不论操纵手柄在任何前进挡，变速器均为 1 挡（也有汽车锁定在高挡），以保证汽车具有最基本的行驶能力。许多汽车的自动变速器有两个车速传感器，其中一个用于自动变速器的换挡控制（常称为第二车速传感器），另一个为仪表盘上车速表用的传感器（常称为第一车速传感器）。这两个传感器都与自动变速器 ECU 连接，当用于换挡控制的车速传感器损坏时，自动变速器 ECU 可利用车速表传感器的信号来控制换挡。输入轴转速传感器出现故障时，自动变速器 ECU 停止减小转矩控制，此时换挡冲击会有所增大。自动变速器油液温度传感器出现故障时，自动变速器 ECU 按设定的油液温度为 80 ℃进行控制。

②执行器出现故障。

换挡电磁阀出现故障时，ECU 采取的失效保护功能有：一种是不论有几个电磁阀出现故障，自动变速器 ECU 都将停止所有换挡电磁阀的工作，此时自动变速器的挡位完全由操纵手柄的位置决定，如操纵手柄在“D”位或“S”（或“2”）位时，变速器被固定在 3 挡，在“U”或“1”位时被固定在 2 挡；另一种是几个换挡电磁阀中有若干个出现故障时，自动变速器 ECU 控制其他无故障的电磁阀工作，以保证自动变速器仍能自动升挡或降挡，此时会失去某些挡位的功能，而且升挡或降挡规律有所变化，例如，可能直接由1挡升至3挡或超速挡。

强制离合器或强制制动器电磁阀出现故障时，自动变速器ECU停止电磁阀的工作，让强制离合器或强制制动器停止工作，车辆以低挡行驶。

11.3.5.15 换挡锁止系统

1. 换挡锁止系统的功用。

（1）只有踩下制动踏板并打开点火开关才能将操纵手柄从P位移至其他位置。

（2）必要时（比如蓄电池电压低时）可以操作紧急超越开关以释放锁止了的操纵手柄。

（3）操纵手柄处于P、N位以外的其他挡位时，点火钥匙不能转至“LOCK”位置。

（4）点火钥匙拔下后，不能将操纵手柄从P位移至其他挡位。

2. 换挡锁止系统的组成。

换挡锁止系统的布置如图11－147所示，它主要由换挡锁止机构、互锁拉线、制动灯开关和钥匙互锁装置等组成。

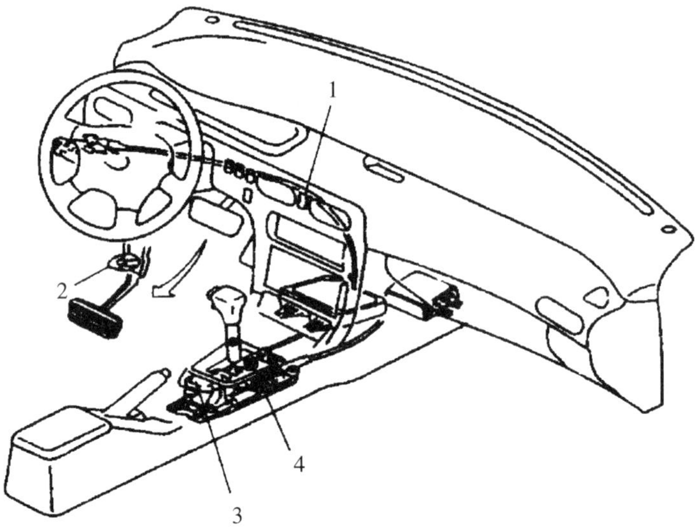

图11－147　换挡锁止系统布置图

1—互锁拉线；2—制动灯开关；3—P挡位开关；4—换挡锁止执行器

3. 换挡锁止机构的结构。

换挡锁止机构由换挡锁止执行器、P挡位开关、锁止杆等组成，如图11－148所示。该机构由换挡锁止执行器中的换挡控制单元来控制。

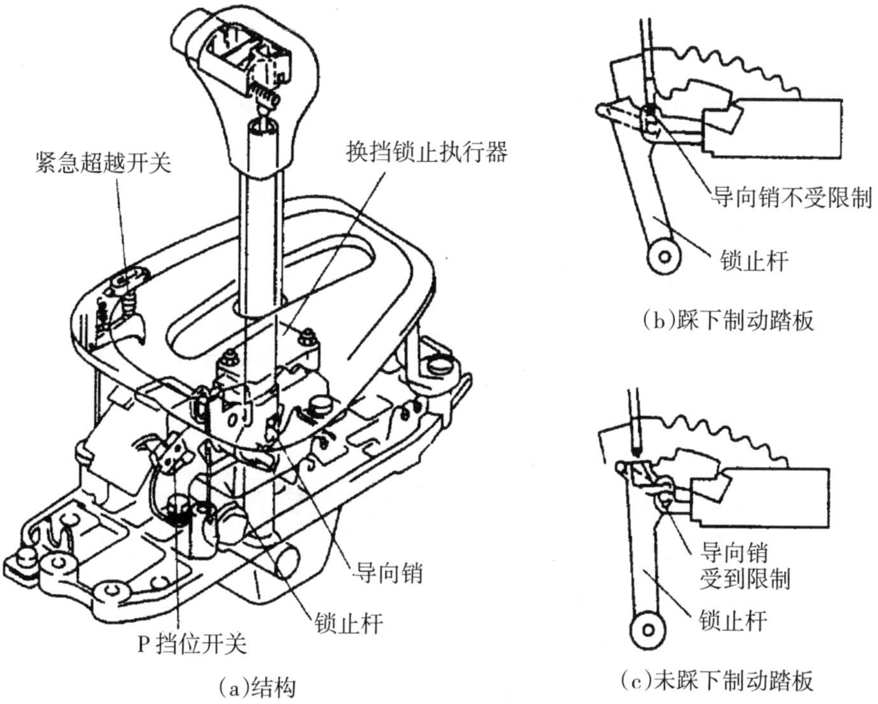

图 11－148　换挡锁止机构

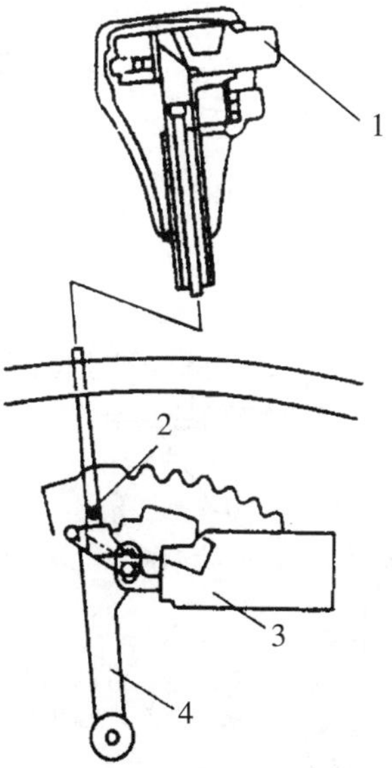

图 11－149　换挡锁止执行器

1—操纵手柄按钮；2—导向销；3—换挡锁止执行器；4—锁止杆

4. 工作情况。

只有当以下条件满足时操纵手柄才能从 P 位换至其他挡位：

（1）点火开关为 ON。

（2）制动灯开关为 ON（制动踏板踩下）。

（3）P 挡位开关为 ON（操纵手柄在 P 位置且操纵手柄按钮释放）。

5. 钥匙互锁装置。

钥匙互锁装置由互锁拉线、拉线接头、锁块、弹簧及凸轮等组成（安装在钥匙筒组件中）。

（1）当操纵手柄不在 P 位时，拉线接头定在钥匙锁止位置上，如图 11－150（a）所示。如果在这种状况下关闭发动机并试图将点火钥匙转至 LOCK 位置，凸轮欲将锁块向上推，但是，由于拉线接头限制了锁块向上运动，点火钥匙不能转动。

（2）当操纵手柄在 P 位时，拉线接头处于钥匙未锁止的位置上，如图 11－150（b）所示。此时由于拉线接头不限制锁块的运动，点火钥匙可以转至 LOCK 位置。

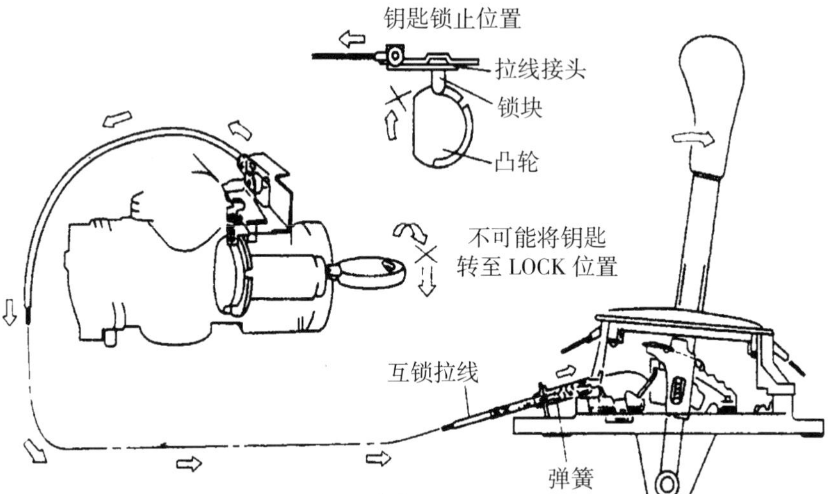

（a）

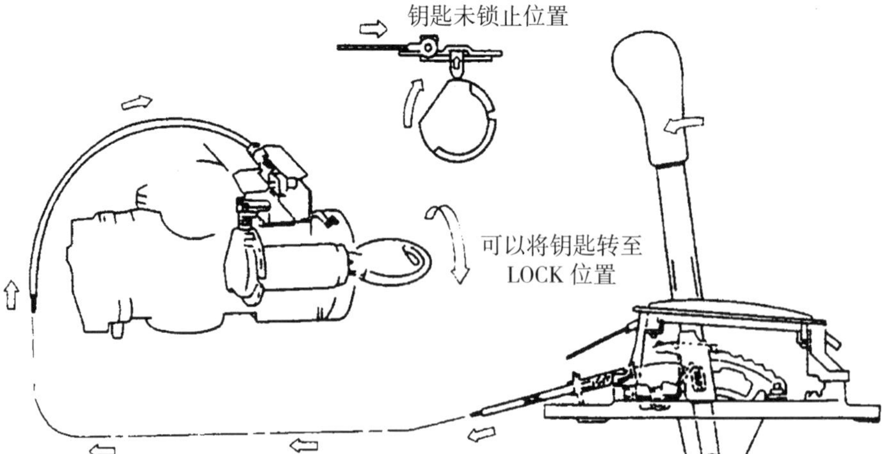

（b）

图 11－150　钥匙互锁装置

（a）操纵手柄不在 P 位时；（b）操纵手柄在 P 位时

11.3.6　自动变速器的拆装

以日本凌志 LS400 轿车的 A341E 自动变速器为例介绍自动变速器的拆装和调整过程。凌志 LS400 采用 A341E 及 A342E 四速自动变速器。采用特大流量液力变矩器，改善了变速效率。A341E 和 A342E 自动变速器主要由带锁定离合器的变矩器、四速行星齿轮机构、液压控制系统和电子控制系统组成。A341E 和 A342E 自动变速器的差别仅仅在于超速挡齿轮速比不同，其余的零部件和动作是相同的，如图 11－151 所示。

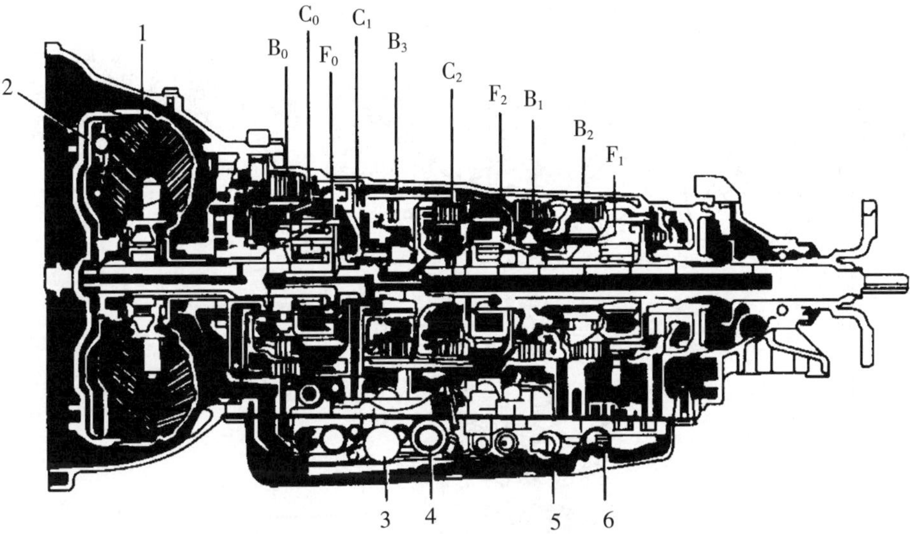

图 11－151　A341E 自动变速器的结构

1—变扭器；2—锁止离合器；3—锁止电磁阀；4—油压电磁阀；5—换挡电磁阀 B；6—换挡电磁阀 A；C_0—直接离合器；C_1—倒挡及高挡离合器；C_2—前进离合器；B_0—超速制动器；B_1—2 挡制动器；B_2—低挡及倒挡制动器；B_3—2 挡强制制动器；F_0—直接单向超越离合器；F_1—低挡单向超越离合器；F_2—2 挡单向超越离合器

11.3.6.1　**自动变速器的拆卸**

自动变速器的拆卸方法和普通齿轮变速器有所不同，必须按照正确的步骤进行，以避免损坏自动变速器。在拆卸自动变速器之前，应关闭汽车的点火开关，拆下蓄电池负极电缆，放掉自动变速器中的液压油，然后按下列步骤进行拆卸。

（1）拆下与节气门摇臂连接的自动变速器节气门拉索，拔下自动变速器上的所有线束插头，拆除车速表软轴、液压油加油管、散热器油管、操纵手柄与手动阀摇臂的连接杆等所有与自动变速器连接的零部件。

（2）拆去排气管中段，拆除自动变速器下方的护罩、护板等。

（3）松开传动轴与自动变速器输出轴的连接螺栓，拆下传动轴。

（4）拆下飞轮壳盖板，用螺丝刀撬动飞轮，逐个拆下飞轮与变扭器的连接螺栓。

（5）拆下起动机。

（6）拆下自动变速器与车架的连接支架，用千斤顶托住自动变速器。

（7）拆下自动变速器和飞轮壳的连接螺栓，将变扭器和自动变速器一同抬下。在抬下自动变速器时，应扶住变扭器，以防止滑落。

1. 拆卸自动变速器前、后壳体油底壳及阀板。

自动变速器前、后壳体油底壳及阀板如图 11－152 所示。

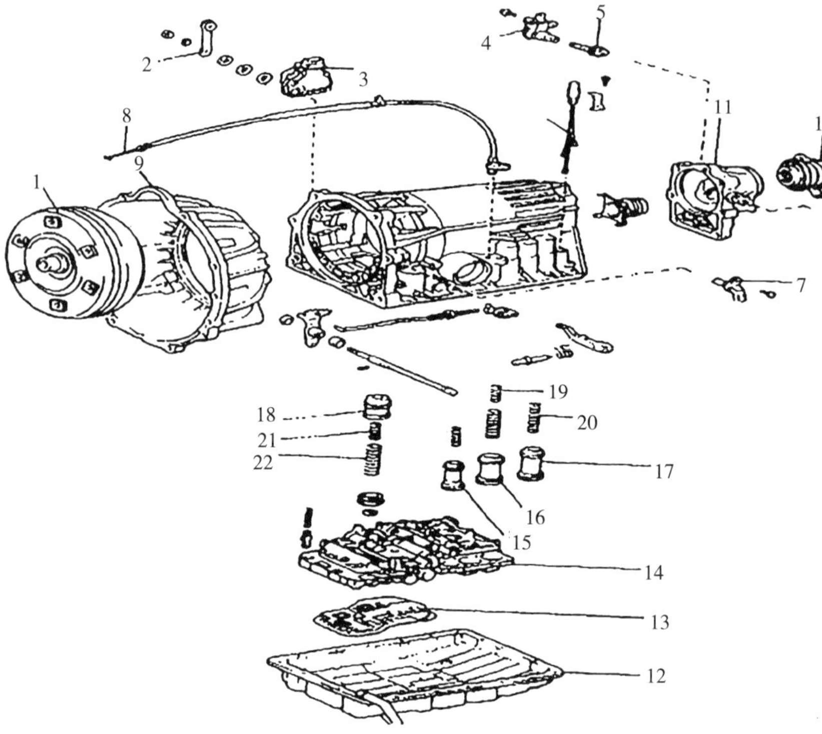

图 11－152　A341E 型自动变速器分解图（一）

1—变矩器；2—手动阀摇臂；3—挡位开关；4—车速表传感器；5—车速表传感器驱动齿轮；6—车速传感器；7—输入轴转速传感器；8—节气门拉索；9—ES 变矩器壳；10—输出轴凸缘；11—后端壳；12—油底壳；13—进油滤网；14—阀板；15、16、17、18—减震器活塞；19、20、21、22—减震弹簧

（1）清洁变速器外部，拆除所有安装在自动变速器壳体上的零部件，如加油管、空挡启动开关、车速传感器和输入轴转速传感器等。

（2）从自动变速器前方取下液力变矩器，松开紧固螺栓，拆下自动变速器前端的液力变矩器壳，拆除输出轴凸缘和自动变速器后端壳，从输出轴上拆下车速传感器的感应转子。

（3）拆下油底壳，取下 19 根油底壳连接螺栓后，用维修专用工具的刃部插入变速器与油底壳之间，切开所涂密封胶，注意不要损坏油底壳凸缘。

（4）检查油底壳中的颗粒。拆下磁铁，观察其收集的金属颗粒，若是钢（磁性）性材料，则说明轴承、齿轮和离合器钢片存在磨损，若是黄铜（非磁性）材料，则说明是衬套磨损。

（5）拆下连接在阀板上的所有线束插头，拆下 4 个电磁阀，拆下与节气门阀连接的节气门拉索，用螺丝刀把液压油管小心地撬起取下，松开进油滤网与阀板之间的固定螺栓，从阀板上拆下进油滤清器。

（6）拆下阀板与自动变速器壳体之间的连接螺栓，取下阀板总成，取出自动变速器壳体油道中的止回阀、弹簧和蓄压器活塞，拆下手控阀拉杆和停车闭锁爪，必要时也可拆下手控阀操纵轴。

2. 拆卸油泵总成。

拆下油泵固定螺栓，用专用工具拉出油泵总成。

3. 拆卸行星齿轮变速器。

行星齿轮变速器如图 11－153 所示。

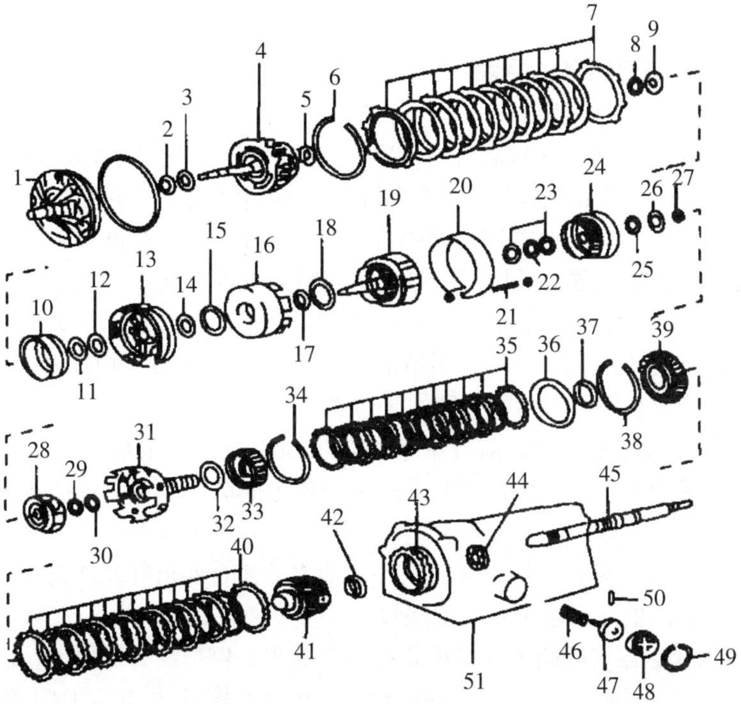

图 11－153　A341E 自动变速器分解（二）

1—液压泵；2、5、9、11、14、23、26、28—止推垫片；3、8、12、17、22、25、30、32、42、44—止推轴承；4—超速行星架和直接离合器组；6、27、34、38、49—卡环；7—超速制动器钢片和摩擦片；10—超速齿圈；13—超速制动器鼓；15、18、32、37—尼龙止推垫圈；16—倒挡及高挡离合器组件；19—前进离合器组件；20—2 挡强制制动带；21—制动带销轴；24—前齿圈；28—前行星架；31—前后太阳轮组件；33—2 挡单向超越离合器；35—2 挡制动器摩擦片和钢片；36—活塞衬套；39—2 挡制动器鼓；40—低挡及倒挡制动器摩擦片和钢片；41—后行星架和行星轮组件；43—后齿圈；45—输出轴；46—弹簧；47—2 挡强制制动带活塞；48—2 挡强制制动带液压缸缸盖；50—超速制动鼓进油孔油封；51—变速器壳体

（1）从自动变速器前方取出超速行星架和超速（直接）离合器组件及超速齿圈。

（2）拆卸超速制动器，用螺丝刀拆下超速制动器卡环，取出超速制动器钢片和摩擦片。拆下超速制动器鼓的卡环，松开壳体上的固定螺栓，用拉具拉出超速制动器鼓。

（3）拆卸2挡强制制动带活塞，从外壳上拆下2挡强制制动带液压缸缸盖卡环，用手指按住液压缸缸盖，从液压缸进油孔吹入压缩空气，将液压缸缸盖和活塞吹出。

（4）取出中间轴，拆下高、倒挡离合器和前进挡离合器组件，拆出2挡强制制动带销轴，取出制动带，拆出前行星排，取出前齿圈，将自动变速器立起，用木块垫住输出轴，拆下前行星架上的卡环，拆出前行星架和行星齿轮组件，取出前后太阳轮组件和低挡单向离合器，拆卸2挡制动带，拆下卡环，取出2挡制动器的所有摩擦片、钢片及活塞衬套。

（5）拆卸输出轴、后行星排和低、倒挡制动器组件。拆下卡环，取出输出轴，后行星排，前进挡单向离合器，低、倒挡制动器和2挡制动器鼓组件。在分解自动变速器时，应将所有组件和零件按分解顺序依次排放，以便于检修和组装。要特别注意各个止推垫片、止推轴承的位置，不可错乱。

11.3.6.2 自动变速器的组装

1. 行星齿轮变速器的组装。

（1）将止推轴承和装配好的输出轴、后行星排和低、倒挡制动器组件装入变速器壳，装入2挡制动器鼓，注意将制动器鼓上的进油孔朝向自动变速器下方。

（2）用厚薄规测量低、倒挡制动器的自由间隙，使其符合标准自由间隙。如不符合标准，应取出低、倒挡制动器，更换不同厚度的挡圈，予以调整。

（3）装入2挡制动器活塞衬套、止推垫片和低挡单向离合器，将2挡制动器的钢片和摩擦片装入变速器壳体，装入卡环。用厚薄规测量2挡制动器自由间隙，使之符合标准。如不符合标准，应更换不同厚度的挡圈，予以调整。

（4）装入前后太阳轮组件、前行星架和行星齿轮组件及止推轴承，将自动变速器立起，用木块垫住输出轴，安装前行星架上的卡环及止推垫片，安装2挡强制制动带及制动带销轴。

（5）将已装配好的高、倒挡离合器组件，前进挡离合器组件及前齿圈组装在一起，注意安装好各组件之间的止推轴承及止推垫片。

（6）让自动变速器前部朝下，将组装在一起的高、倒挡离合器组件，前进挡离合器组件及前齿圈装入变速器，让高、倒挡离合器鼓上的卡槽插入前后太阳轮驱动鼓上的卡槽内。

（7）用厚薄规测量高、倒挡离合器鼓与前后太阳轮驱动鼓卡槽之间的轴向间隙，其值应为9.8～11.8 mm。如不符，说明安装不当，应拆检并重新安装。安装2挡强制制动带活塞及液压缸缸盖。

（8）在2挡强制制动带活塞推杆上做一记号，将压缩空气吹入2挡强制制动带液压缸进油孔，使活塞推杆伸出，然后用厚薄规测量推杆的移动量，该值即为2挡制动带自由间隙。如不符合标准，应更换不同长度的活塞推杆，予以调整。

（9）安装止推轴承、止推垫片和超速制动器鼓。注意使超速制动器鼓上的进油孔和固定螺栓孔朝向阀板一侧。拧紧制动鼓固定螺栓，装上卡环；测量自动变速器输出轴的轴向间隙，其值应为1.23～2.49 mm。如不符，说明安装不当，应拆检后重新安装。安装超速制动器钢片和摩擦片，装上卡环。

（10）将压缩空气吹入超速制动器进油孔，检查超速制动器工作情况，并测量超速制动器自由间隙，如不符合标准，应更换不同厚度的挡圈，予以调整；装入超速齿圈和止推轴承、止推垫片；装入超速行星架、超速离合器组件及止推轴承；安装液压油泵，拧紧液压油泵固定螺栓，其拧紧扭矩为 21 N · m。

（11）用手转动自动变速器输入轴，应使它在顺时针和逆时针方向都能自由转动。如有异常，应拆检后重新安装，再次将压缩空气吹入各个离合器、制动器的进油孔，检查其工作情况。在吹入压缩空气时，应能听到离合器或制动器活塞移动的声音。如有异常，应重新拆检并找出故障。

2. 阀板、油底壳及前后壳体的组装。

（1）安装 4 个蓄压器活塞及其弹簧，装入壳体油道上的止回阀，将阀板总成装入自动变速器，安装节气门拉索，将节气门拉索与节气门阀连接，接上各个电磁阀的线束插头，安装进油滤网、油底壳。

（2）将车速传感器装到输出轴上，安装自动变速器后端壳和输出轴凸缘。输出轴凸缘的紧固螺母的拧紧扭矩为 123 N · m。用冲子将紧固螺母锁死在输出轴上，安装自动变速器前端壳。其固定螺栓有大小两种规格，大螺栓的拧紧扭矩为 57 N · m，小螺栓的拧紧扭矩为 34 N · m。

（3）安装自动变速器外壳上的其他部件，如车速传感器、输入轴转速传感器、空挡起动开关、加油管等。向液力变矩器内倒入 2 L 干净的自动变速器油，将加满液压油的液力变矩器装入自动变速器前端。

☞学习工作页

<table>
<tr><td rowspan="2">学习工作页</td><td>学习单元</td><td colspan="4">汽车传动系统结构与拆装</td></tr>
<tr><td>学习任务</td><td colspan="4">自动变速器</td></tr>
<tr><td>姓　名</td><td></td><td>班　级</td><td></td><td>小　组</td><td></td></tr>
<tr><td>日　期</td><td></td><td>开始时间</td><td></td><td>结束时间</td><td></td></tr>
<tr><td>场　地</td><td colspan="5">汽车传动系统实训室</td></tr>
<tr><td>用品、用具、工具、设备</td><td colspan="5">奥迪轿车一辆、自动变速器拆装工具</td></tr>
<tr><td>工作记录</td><td colspan="5">1. 认识汽车自动变速器的类型及工作原理。
2. 说出汽车自动变速器的结构及部件名称，并会拆装自动变速器。</td></tr>
</table>

1. 填空题。

(1) 汽车自动变速器是由__________、__________、__________、__________、__________、__________六部分组成。

(2) 自动变速器挡位 D 表示__________，N 表示__________，R 表示__________。

2. 判断题。

(1) 自动变速器又可简称为 EAT、ECAT、ECT、EBA 等。 (　　)

(2) 自动变速器与手动变速器相比，自动变速器效率不够高。 (　　)

3. 完成任务。

在教师提供的自动变速器车辆上，说出汽车自动变速器的类型及拆装步骤。

车型：______________________________

汽车自动变速器类型及拆装步骤：______________________________

____

____

____

____

____

____

____

____

指导教师评语：

____

____

教师签字：__________ 日期：______年______月______日

学习任务11.4　万向传动装置与驱动桥

☞学习情境

一位车主开着一辆发动机前置后驱的货车到4S店反映自己的车高速时抖震，经维修人员检查，判断是由于万向传动装置动不平衡导致的。然后维修人员进一步拆检发现是由于万向节损坏导致。

为了能够对万向传动装置进行拆装、检修、排除故障，我们需要掌握万向传动装置的具体组成、构造和工作原理。

☞学习目标

通过本任务的学习，应能：

1. 了解万向传动装置的功用、组成及其在车上的应用。
2. 掌握万向传动装置正确的拆装方法。
3. 掌握十字轴刚性万向节，球笼式、球叉式万向节的结构。
4. 了解等速万向节和准等速万向节。

☞学习场所和设备

1. 汽车整车。
2. 汽车底盘实训室或整车实训室。
3. 分解或解剖的主减速器总成。
4. 游标卡尺、钢直尺、厚薄规、百分表、从动盘支架、卡环钳、旋具、维修手册、工作台。

☞学习任务

1. 会正确叙述汽车万向传动装置及驱动桥的类型。
2. 掌握汽车万向节的形式。
3. 会正确拆装主减速器及差速器。

☞学习信息

万向传动装置与驱动桥是汽车传动系统中的一个总成，安装在变速器与驱动桥之间。

11.4.1 万向传动装置

11.4.1.1 万向传动装置的功用及组成

1. 功用。

万向传动装置在汽车上有很多应用，结构也稍有不同，但其功用都是一样的，即在轴线相交且相互位置经常发生变化的两转轴之间传递动力。

如图 11－154 所示为在汽车中最常见的应用，是位于变速器与驱动桥之间的万向传动装置。由于汽车布置、设计等原因，变速器输出轴和驱动桥输入轴不可能在同一轴线上，并且变速器虽然是安装在车架（车身）上，可以认为位置是不动的，但由于悬架的变形会引起驱动桥位置经常发生变化，所以在变速器和驱动桥之间装有万向传动装置正好可以满足这些使用、设计的要求。

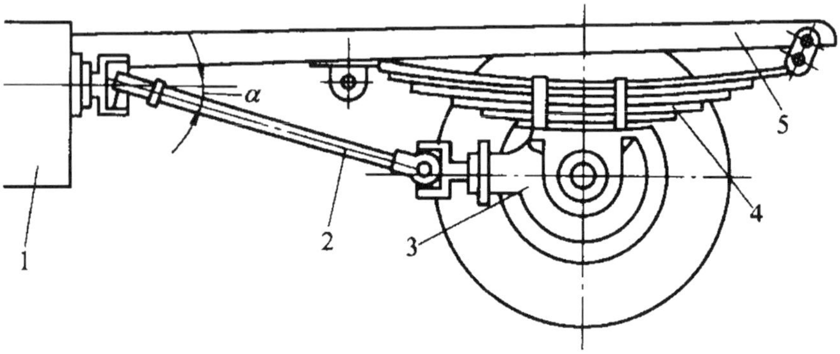

图 11－154　变速器与驱动桥之间的万向传动装置
1—变速器；2—万向传动装置；3—驱动桥；4—后悬架；5—车架

2. 组成。

万向传动装置主要包括万向节和传动轴，对于传动距离较远的分段式传动轴，为了提高传动轴的刚度，还设置有中间支承，如图 11－155 所示。

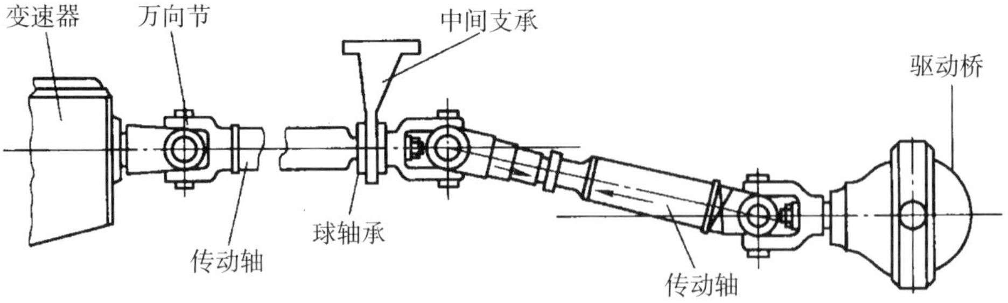

图 11－155　万向传动装置的组成

11.4.1.2 万向传动装置在汽车上的应用

1. 变速器（或分动器）与驱动桥之间。

以发动机前置、后轮驱动的汽车为例，其变速器通常与发动机、离合器连成一体支承在车架的前部，而驱动桥则通过弹性悬架与车架连接，如图 11 – 156 所示。变速器输出轴线与驱动桥的输入轴线难以布置重合，并且在汽车行驶过程中，由于路面不平而产生冲击等因素，造成弹性悬架系统的振动，从而使两轴相对位置（距离和夹角）经常发生变化。要适应两轴之间的动力传递，必须设置由两个万向节和一根传动轴组成的万向传动装置。如图 11 – 156（a）所示，当传动距离较远时，将传动轴分成两段（或三段），即中间传动轴 3 和主传动轴 5，并用万向节 2 相连，且在中间传动轴后端设置中间支承 4。同理，如图 11 – 156（b）所示，越野汽车分动器与后驱动桥之间也应设置万向传动装置。

2. 离合器与变速器或变速器与分动器之间。

如图 11 – 156（c）所示，当离合器与变速器或变速器与分动器之间分开布置时，虽然它们都支承在车架上，且轴线也可以设计为重合，但为了消除制造和装配产生的误差以及车架变形对传动的影响，在其中间也设有万向传动装置。

3. 转向驱动桥和断开式驱动桥中。

如图 11 – 156（e）所示，在转向驱动桥中，前轮既是转向轮又是驱动轮。作为转向轮，要求它能在最大转角范围内任意偏转；作为驱动轮，要求半轴不间断地把动力传给驱动轮。因此，转向驱动桥中的半轴需要分段，并用万向节连接。如图 11 – 156（d）所示，在断开式驱动桥中（配用独立悬架），主减速器与车架固定，而驱动轮可以相对于主减速器上下摆动。因此，在靠近主减速器处，半轴也要分段并用万向节相连接。

4. 汽车转向操纵机构中。

如图 11 – 156（f）所示，有些汽车的转向操纵机构受整体布置的限制，转向盘轴线与转向器输入轴轴线不能重合，因此转向操纵机构中也常采用万向传动装置适应两轴间的夹角。

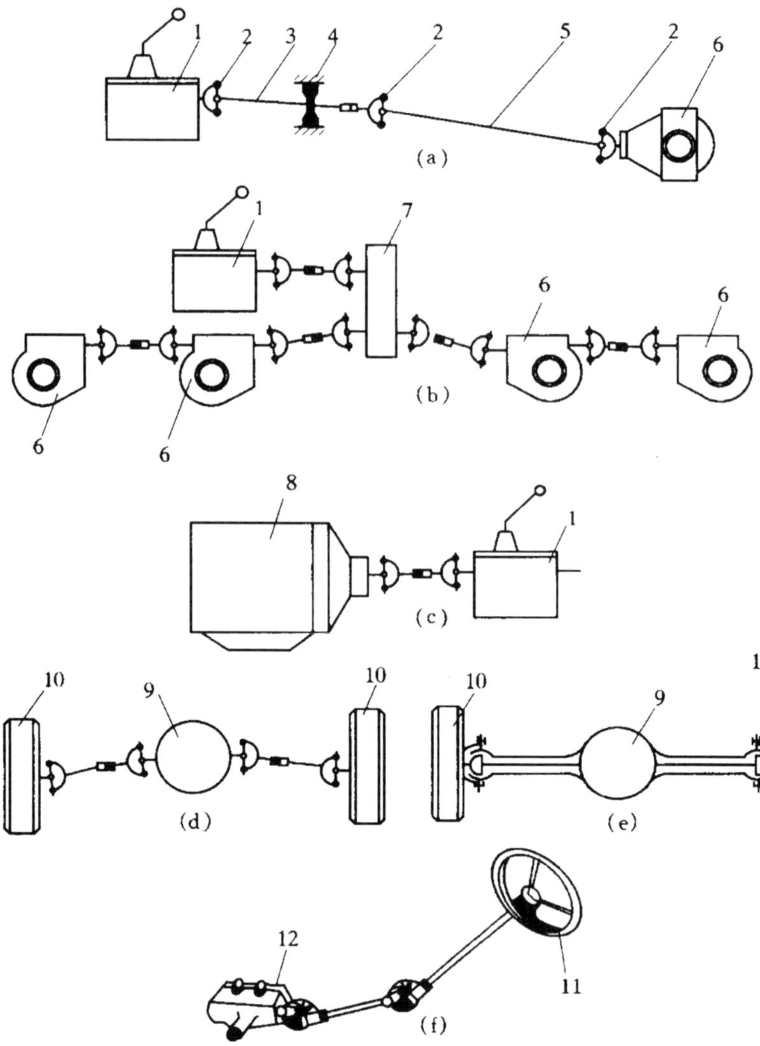

图 11－156　万向传动装置在汽车上的应用

1—变速器；2—万向节；3—中间传动轴；4—中间支承；5—主传动轴；6—驱动桥；7—分动器；8—发动机；9—主减速器；10—驱动轮；11—方向盘；12—转向盘

11. 4. 1. 3　万向节

在汽车上使用的万向节可以从不同的角度分类。按其刚度大小，可分为刚性万向节和柔性万向节。刚性万向节按其速度特性可分为不等速万向节（常用的为十字轴式）、准等速万向节（双联式和三销轴式）和等速万向节（包括球叉式和球笼式）。目前在汽车上应用较多的是十字轴式刚性万向节和等速万向节。十字轴式刚性万向节主要用于发动机前置后轮驱动的变速器与驱动桥之间，等速万向节主要用于发动机前置前轮驱动的内、外半轴之间。

1. 十字轴式刚性万向节。

十字轴式刚性万向节如图 11－157 所示，它允许相邻两轴的最大交角为 15°～20°。

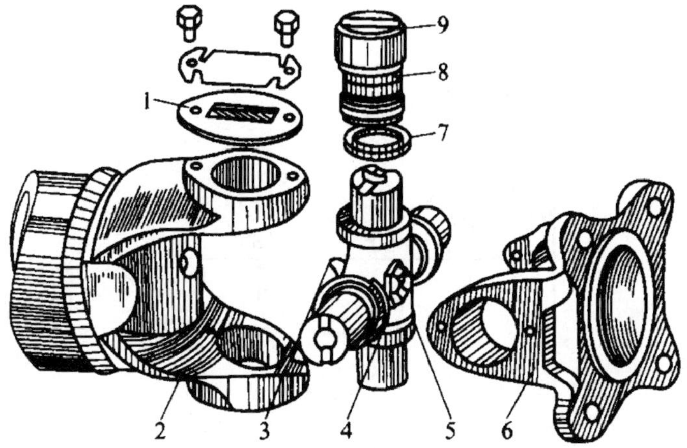

图11－157　十字轴式刚性万向节

1—轴承盖；2、6—万向节叉；3—油嘴；4—十字轴；5—安全阀；7—油封；8—滚针；9—套筒

（1）构造。

十字轴式刚性万向节主要由十字轴、万向节叉等组成。万向节叉上的孔分别套在十字轴的4个轴颈上。在十字轴轴颈与万向节叉孔之间装有滚针和套筒，用带有锁片的螺栓和轴承盖使之轴向定位。为了润滑轴承，十字轴内钻有油道，且与油嘴、安全阀相通，如图11－157所示。为避免润滑油流出及尘垢进入轴承，十字轴轴颈的内端套装着油封。安全阀的作用是当十字轴内腔润滑脂压力超过允许值时，阀打开，润滑脂外溢，使油封不会因油压过高而损坏。现代汽车多采用橡胶油封，多余的润滑油从油封内圆表面与十字轴轴颈接触处溢出，故无须安装安全阀。

万向节轴承的常见定位方式，除了用盖板定位外，还有用内、外弹性卡环进行定位。

（2）拆装。

①拆卸：打开锁片的锁爪，拆下轴承盖固定螺栓，取下锁片和轴承盖。用手推出轴承套筒及滚针。对于较紧的轴承，可用手握住传动轴或伸缩套，用锤子敲击万向节叉，使十字轴撞击轴承套筒，振出滚针。

②装配按与拆卸相反的顺序进行。

（3）速度特性。

单个十字轴式刚性万向节在主动轴和从动轴之间有夹角的情况下，当主动叉等角速转动时，从动叉是不等角速的，这称为十字轴式刚性万向节的不等速特性。且两转轴之间的夹角 a 越大，不等速性就越大，如图11－158所示。

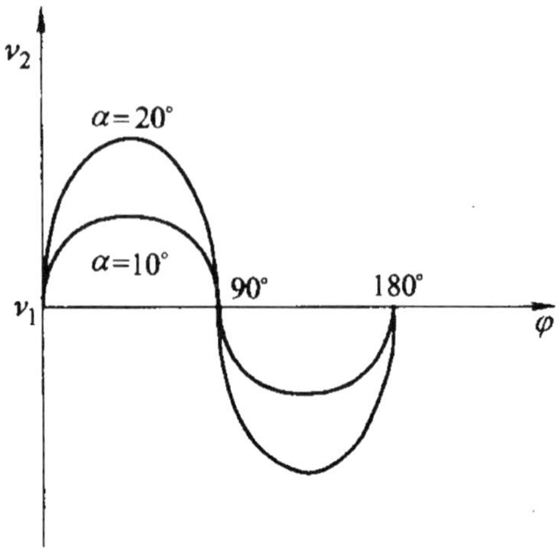

图 11－158　十字轴式刚性万向节的不等速特性

十字轴式刚性万向节的不等速特性，将使从动轴及与其相连的传动部件产生扭转振动，从而产生附加的交变载荷，影响部件寿命。所以可以采用如图 11－159 所示的双十字轴刚性万向节的传动方式，第一万向节的不等速特性可以被第二万向节的不等速特性所抵消，从而实现两轴间的等角速传动。具体条件是：①第一万向节两轴间夹角 α_1 与第二万向节两轴间夹角 α_2 相等；②第一万向节的从动叉与第二万向节的主动叉处于同一平面。由于悬架的振动，不可能在任何时候都保证 $\alpha_1=\alpha_2$，因此这种双十字轴刚性万向节的传动只能近似地解决等速传动问题，且由于两轴夹角最大只能是 20°，因此使用上受到限制。

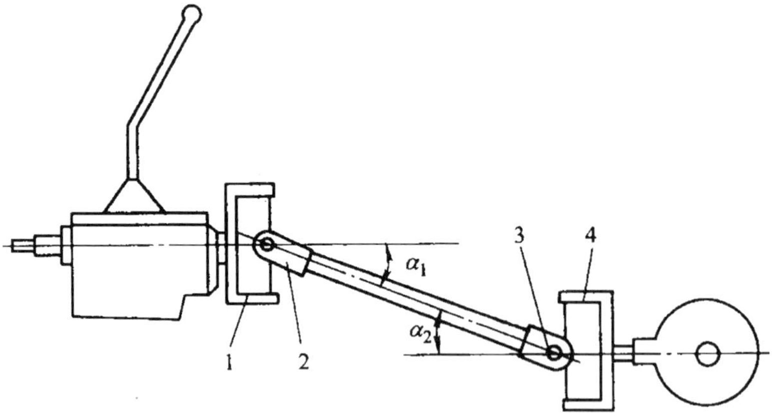

图 11－159　双十字轴刚性万向节等速传动布置图

1、3—主动叉；2、4—从动叉

2. 等速万向节。

等速万向节的基本原理是传力点永远位于两轴交点的平分面上。如图 11－160 所示为等速万向节的工作原理图。一对大小相同的锥齿轮的接触点 P 位于两齿轮轴线交角的平分面上，由 P 点到两轴的垂直距离都等于 r。P 点处两齿轮的圆周速度相等，两齿轮的角速度也相等。可见，若万向节的传力点在其交角变化时，始终位于两轴夹角的平分面上，就能保证等速传动。

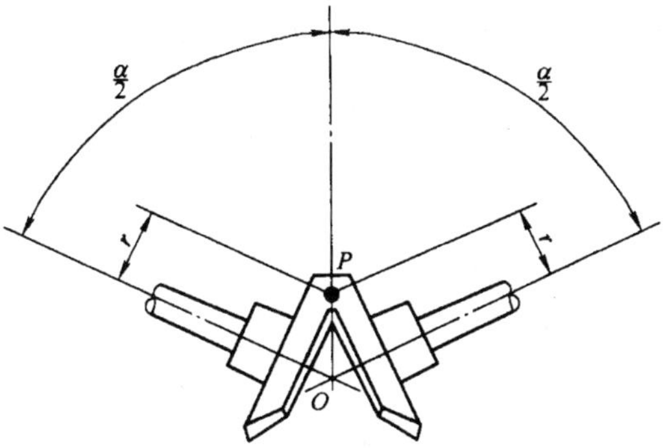

图 11－160　等速万向节的工作原理

等速万向节的常见结构形式有球笼式和球叉式。

(1) 球笼式等速万向节。

如图 11－161 所示，球笼式等速万向节由 6 个钢球、星形套、球形壳和保持架等组成。万向节星形套与主动轴用花键固接在一起，星形套外表面有 6 条弧形凹槽滚道，球形壳的内表面有相应的 6 条凹槽，6 个钢球分别装在各条凹槽中，由球笼使其保持在同一平面内。动力由主动轴、钢球、球形壳输出。

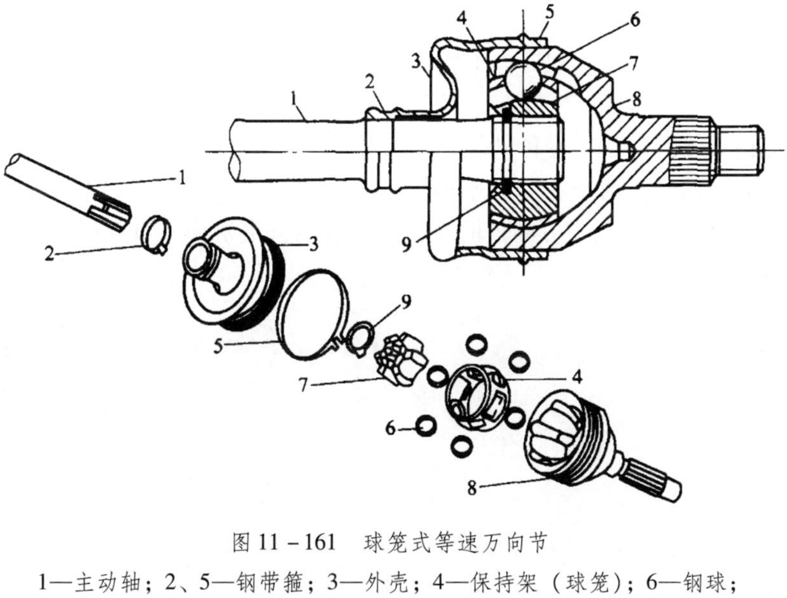

图 11－161　球笼式等速万向节

1—主动轴；2、5—钢带箍；3—外壳；4—保持架（球笼）；6—钢球；
7—星形套（内滚道）；8—球形壳（外滚道）；9—卡环

球笼式等速万向节工作时 6 个钢球都参与传力，故承载能力强、磨损小、寿命长。它被广泛应用于各种型号的转向驱动桥和独立悬架的驱动桥。

(2) 球叉式等速万向节。

球叉式等速万向节如图 11－162 所示，它是由主动叉、从动叉、4 个传动钢球、中心钢球、定位销、锁止销组成。主动叉与从动叉分别与内、外半轴制成一体。在主、从动叉上，分别有4个曲面凹槽，装配后，则形成两个相交的环形槽，作为钢球滚道。4个传动钢球放在槽中，中心钢球放在两叉中心的凹槽内，以定中心。球叉式等速万向节在工作的时候，只有两个钢球传力，磨损快，影响使用寿命，现在应用越来越少。

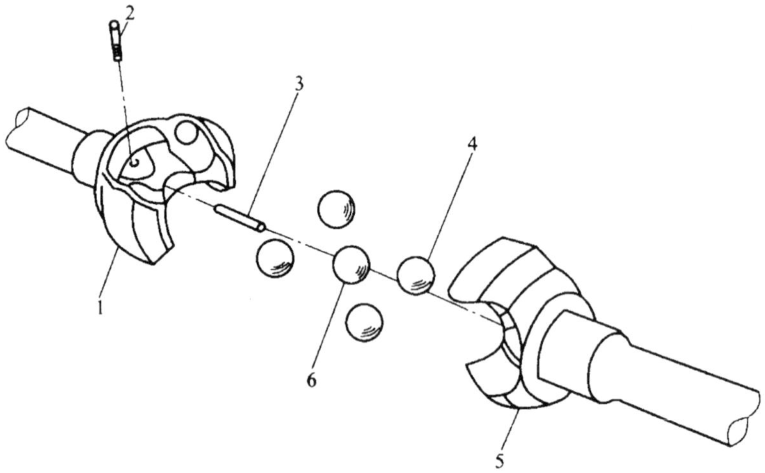

图 11－162　球叉式等速万向节

1—从动叉；2—锁止销；3—定位销；4—传动钢球；5—主动叉；6—中心钢球

3. 准等速万向节。

准等速万向节是根据上述双万向节实现等速传动的原理设计的，常见的有双联式和三销轴式万向节。

双联式万向节实际上是一套传动轴长度减缩至最小的双万向节等速传动装置。图11－163中的双联叉3相当于两个在同一平面上的万向节叉。欲使轴1和轴2的角速度相等，应保证 $\alpha_1 = \alpha_2$，为此在双联式万向节的结构中，装有分度机构，以保证双联叉的对称线平分所连两轴的夹角。

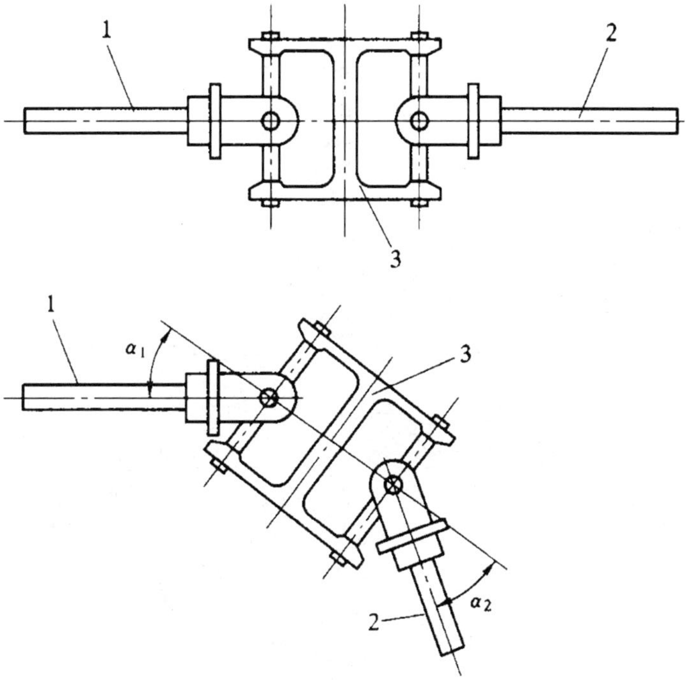

图 11－163　双联式万向节示意图
1、2—轴；3—双联叉

三销轴式万向节是由双联式万向节演变而来的准等速万向节。如图 11－164 所示，三销轴式万向节主要由两个偏心轴叉（主动偏心轴叉 1 和从动偏心轴叉 3）、两个三销轴 2 和 4 以及 6 个轴承、密封件等组成。主、从动偏心轴叉分别与转向驱动桥的内、外半轴制成一体。叉孔中心线与叉轴中心线互相垂直但不相交。两叉由两个三销轴连接。三销轴的大端有一穿通的轴承孔，其中心线与小端轴颈中心线相重合。靠近大端两侧有两轴颈，其中心线与小端轴颈中心线垂直并且相交。装合时每一偏心轴叉的两叉孔与一个三销轴的大端两轴颈配合，而后两个三销轴的小端轴颈互相插入对方的大端轴承孔内，这样便形成了 Q_1-Q_1'，Q_2-Q_2'，$R-R'$三根轴线。在与主动偏心轴叉 1 相连的三销轴 4 的两个轴颈端面和轴承座 6 之间装有推力垫片 10。其余各轴颈端面均无推力垫片，且端面与轴承座之间留有较大的空隙，以保证在转向时三销轴万向节不致发生运动干涉现象。

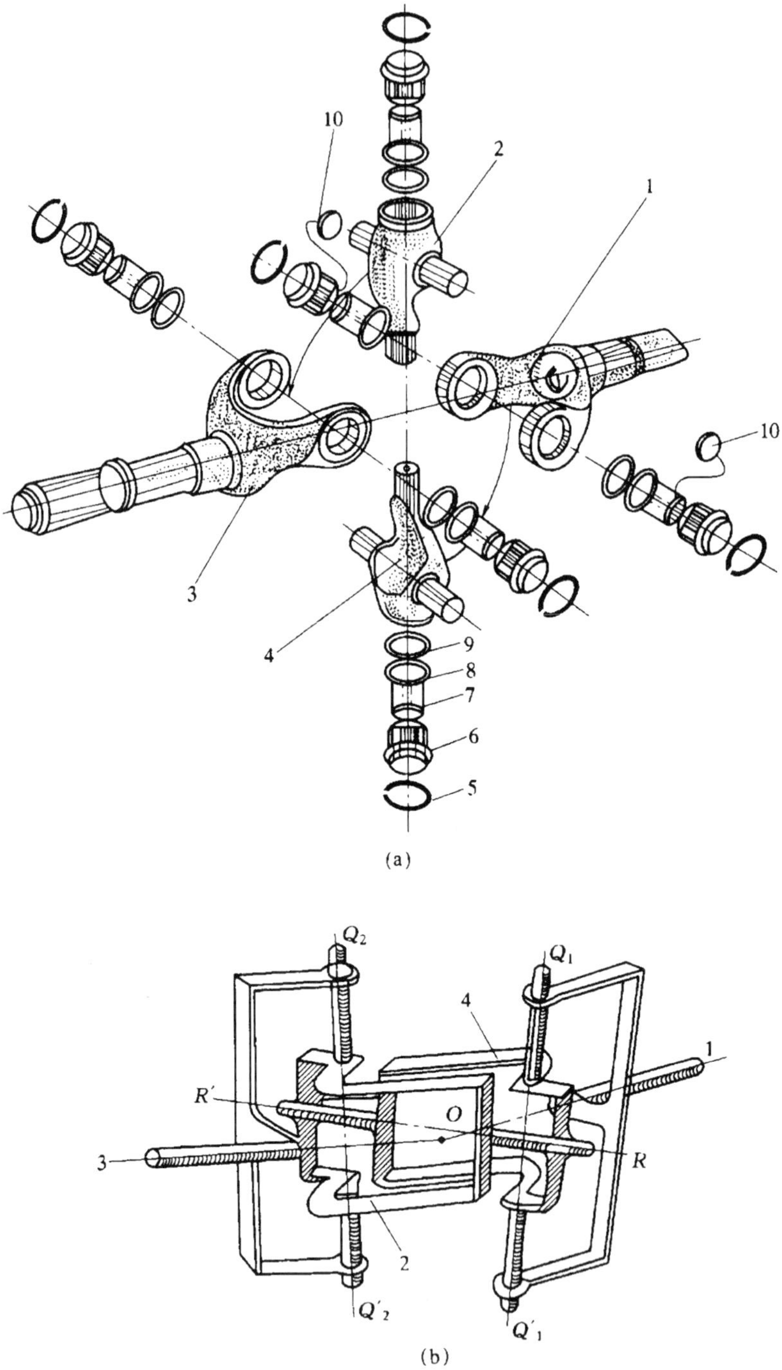

图 11-164　三销轴式准等速万向节

1—主动偏心轴叉；2、4—三销轴；3—从动偏心轴叉；5—卡环；6—轴承座；7—衬套；8—毛毡圈；9—密封罩；10—推力垫片

三销轴式万向节的最大特点是允许相邻两轴有较大的交角，最大可达 45°。在转向驱动桥中采用这种万向节可使汽车获得较小的转弯半径，提高了汽车的机动性。其缺点是占

用空间较大。

11.4.1.4　传动轴和中间支承

1. 传动轴。

（1）功用。

传动轴是万向传动装置中的主要传力部件。通常用来连接变速器（或分动器）和驱动桥，在转向驱动桥和断开式驱动桥中，则用来连接差速器和驱动车轮。

（2）构造。

传动轴有实心轴和空心轴之分。为了减轻传动轴的质量，节省材料，提高轴的强度、刚度，传动轴多为空心轴，一般用厚度为 1.5～3.0 mm 的薄钢板卷焊而成，超重型货车则直接采用无缝钢管。转向驱动桥、断开式驱动桥或微型汽车的传动轴通常制成实心轴。

如图 11－165 所示为解放 CA1092 汽车的万向传动装置，因传动轴过长时，自振频率降低，易产生共振，故将其分成两段并加中间支承，中间传动轴前端焊有万向节叉，后端焊有花键轴，其上套装带内花键的凸缘盘；主传动轴前端焊有花键轴，其上套装滑动叉并在花键轴上可轴向滑动，适应变速器与驱动桥相对位置的变化，滑动部位用润滑脂润滑，并用油封（即橡胶伸缩套）防漏、防水、防尘，滑动叉前端装有带小孔的堵盖，保证花键部位伸缩自由。

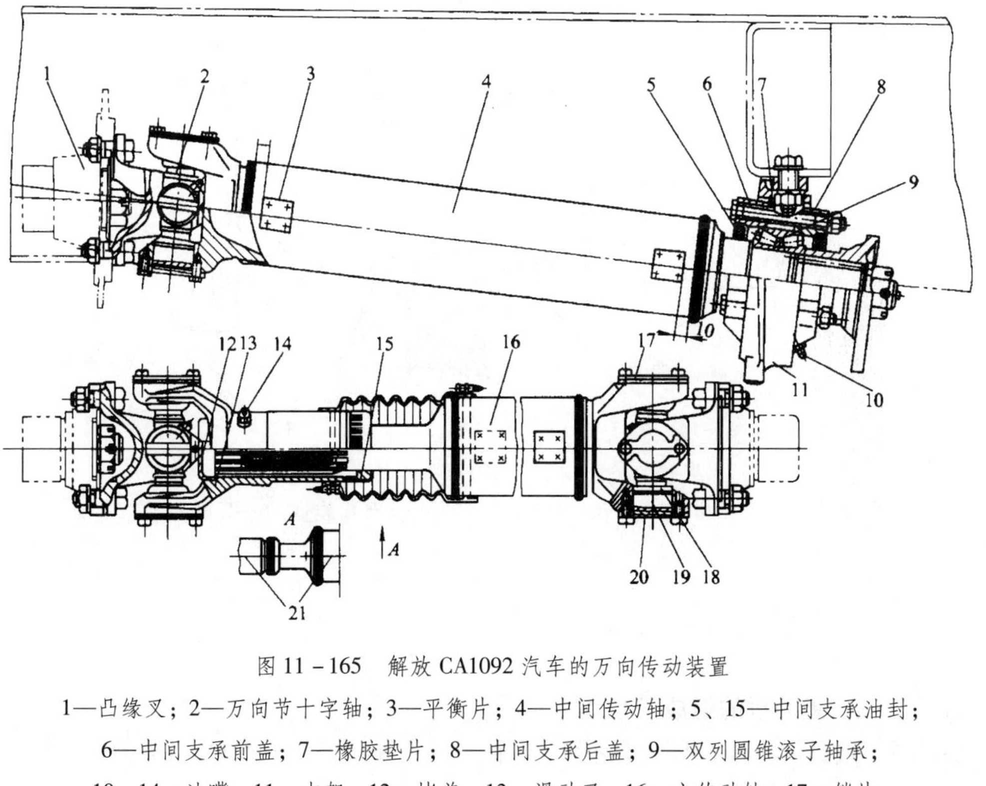

图 11－165　解放 CA1092 汽车的万向传动装置

1—凸缘叉；2—万向节十字轴；3—平衡片；4—中间传动轴；5、15—中间支承油封；6—中间支承前盖；7—橡胶垫片；8—中间支承后盖；9—双列圆锥滚子轴承；10、14—油嘴；11—支架；12—堵盖；13—滑动叉；16—主传动轴；17—锁片；18—滚针轴承油封；19—万向节滚针轴承；20—滚针轴承轴承盖；21—装配位置标记传动轴两端的连接件装好后，应进行动平衡试验。在质量轻的一侧补焊平衡片，使其不平衡量不超过规定值。为防止装错位置和破坏平衡，滑动叉、轴管上都应刻有带箭头的记号。为保持平衡，油封盖上两个带箍的开口销应装在间隔180°位置上，万向节的螺栓、垫片等零件不应随意改换规格。为加注润滑脂方便，万向传动装置的油嘴应在一条直线上，且万向节上的油嘴应朝向传动轴。

2. 中间支承。

（1）功用。

传动轴分段时需加中间支承，中间支承通常装在车架横梁上，能补偿传动轴轴向和角度方向的安装误差，以及汽车行驶过程中因发动机窜动或车架变形等引起的位移。

（2）结构。

中间支承常用弹性元件来满足上述功用，如图11－166所示的中间支承是由支架和轴承等组成，双列圆锥滚子轴承固定在中间传动轴后部的轴颈上。带油封的支承盖之间装有弹性元件橡胶垫环，用3个螺栓紧固。紧固时，橡胶垫环会径向扩张，其外圆被挤紧于支架的内孔。东风EQ1090汽车的中间支承如图11－166所示。轴承可在轴承座内轴向滑动，轴承座装在蜂窝形橡胶垫内，通过U形支架固定在车架横梁上。

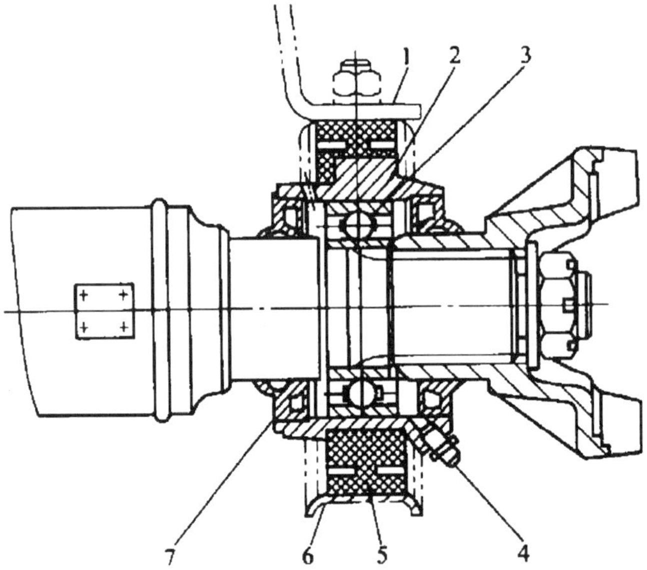

图11－166　东风EQ1090汽车的中间支承

1—车架横梁；2—轴承座；3—轴承；4—油嘴；5—蜂窝形橡胶垫；6—U形支架；7—油封

11.4.2　驱动桥

11.4.2.1　驱动桥的组成及功用

驱动桥一般是由主减速器、差速器、半轴、桥壳等组成，如图11－167所示。

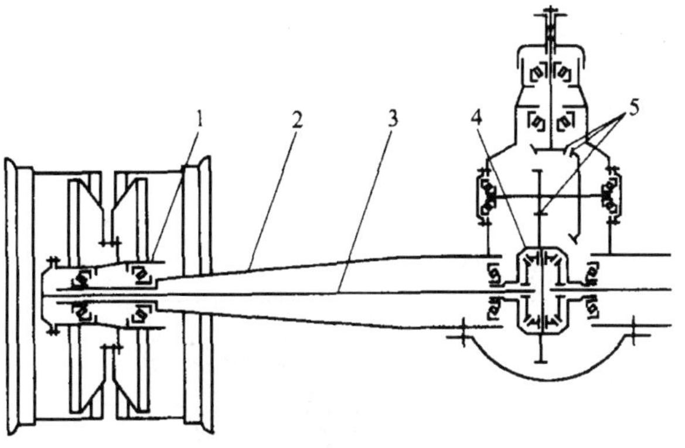

图 11－167　驱动桥的组成

1—轮毂；2—桥壳；3—半轴；4—差速器；5—主减速器

驱动桥是传动系统的最后一个总成，发动机的动力传到驱动桥后，首先传到主减速器，在这里将转矩放大并降低转速后，经差速器分配给左右半轴，最后通过半轴外端的凸缘传到驱动车轮的轮毂。驱动桥的主要零部件都装在驱动桥的桥壳中。桥壳由主减速器壳和半轴套管组成。

驱动桥的功用是将由万向传动装置传来的发动机转矩传给驱动车轮，并经降速增矩、改变动力传动方向，使汽车行驶，而且允许左右驱动车轮以不同的转速旋转。具体来说，主减速器的功用为降速增矩，改变动力传动方向；差速器的功用是允许左右驱动车轮以不同的转速旋转；半轴将动力由差速器传给驱动车轮。

1. 主减速器。

为满足不同的需要，主减速器的结构形式也是不同的。按参加减速传动的齿轮副数目分，有单级式主减速器和双级式主减速器。按主减速器挡位数分，有单速式和双速式。单速式的传动比是固定的，双速式有两个传动比可供驾驶员选择，以适应不同行驶条件的需要。按齿轮副结构形式分，有圆柱齿轮式（又可分为轴线固定式和轴线旋转式及行星齿轮式）、螺旋锥齿轮式和准双曲面齿轮式等。

（1）单级主减速器。

单级主减速器因结构简单、体积小、质量小和传动效率高等优点，可以满足轿车和中型货车动力性的要求，因此在轿车和中型货车中采用较多。在部分轿车上，将主减速器与变速器合为一体。单级主减速器的减速传动机构由一对齿轮组成，主减速比为：

$$i_0 = \frac{Z_2}{Z_1}$$

式中：Z_1——主动齿轮齿数；

Z_2——从动齿轮齿数。

主减速比一般不会是整数，是为了防止同一对齿在周期内总是啮合的现象，从而使各齿磨损均匀。通常高性能轿车的主减速比介于 3 到 5 之间，用于载重的卡车主减速比则在 5 到 8 之间。图 11－168 所示为典型货车单级主减速器。其动力传递过程是：万向传动装置传来的动力由叉形凸缘 11 经花键传给主动锥齿轮 18，传至从动锥齿轮 7 减速变向后，通过螺栓传给差速器壳 5，由差速器传给两侧半轴驱动车轮旋转。其减速传动机构是由一对双曲面锥齿轮 18、7 及支承装置组成。其主减速比为：

$$i_0 = \frac{38}{6} = 6.33$$

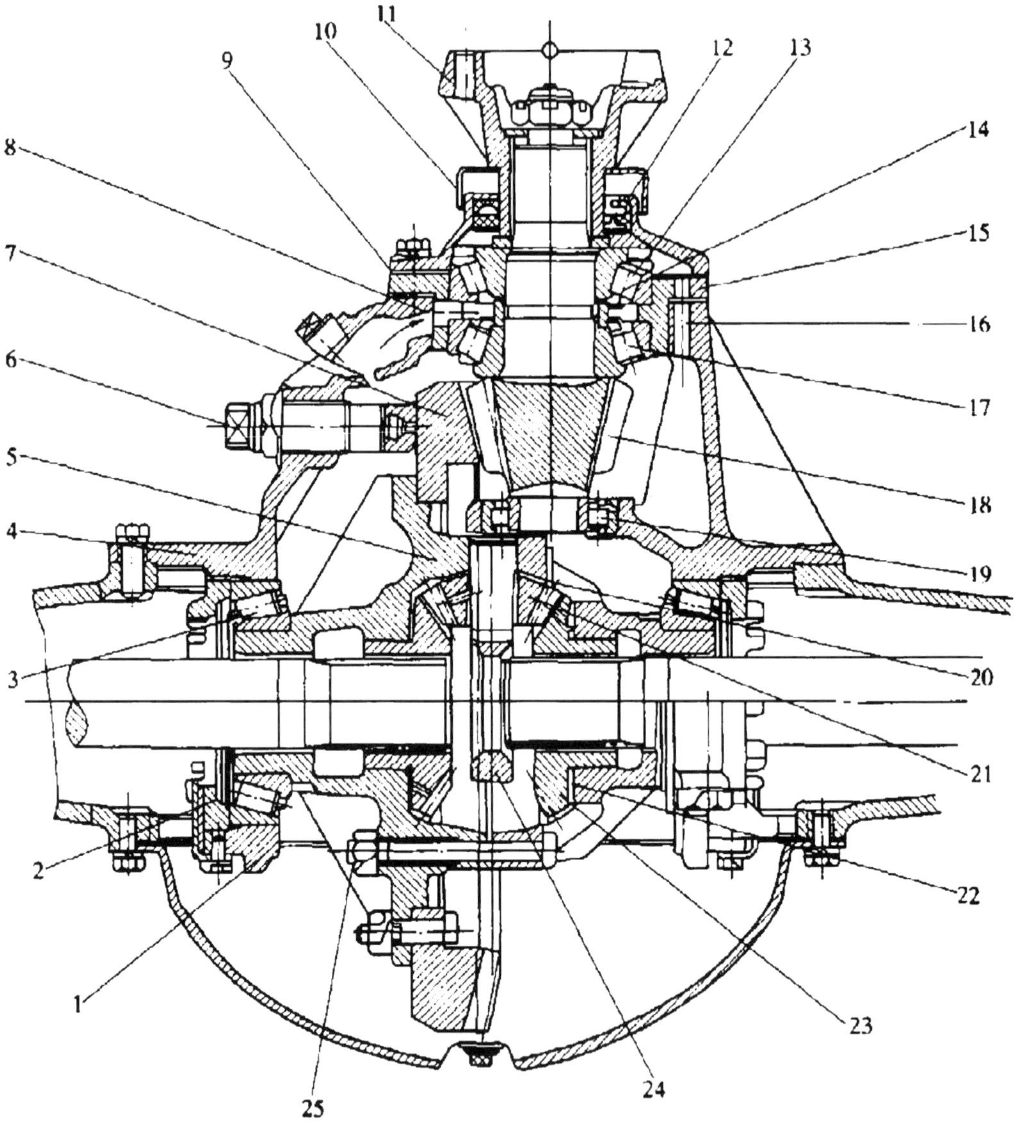

图 11－168　东风 EQ1090E 型汽车单级主减速器及差速器

1—差速器轴承盖；2—轴承调整螺母；3、13、17—圆锥滚子轴承；4—主减速器壳；5—差速器壳；6—支承螺栓；7—从动锥齿轮；8—进油道；9、14—调整垫片；10—防尘罩；11—叉形凸缘；12—油封；15—轴承座；16—回油道；18—主动锥齿轮；19—圆柱滚子轴承；20—行星齿轮垫片；21—行星齿轮；22—半轴齿轮推力垫片；23—半轴齿轮；24—行星齿轮轴（十字轴）；25—螺栓

主动锥齿轮 18 与输入轴制成一体，通过三个轴承 19、17 和 13 支承在主减速器壳 4

上，构成跨置式支承，保证了主动锥齿轮具有足够的支承刚度。从动锥齿轮 7 通过螺栓固定在差速器壳 5 上，差速器壳两侧通过两个圆锥滚子轴承 3 支承在主减速器壳上。为限制从动锥齿轮过度变形，在从动锥齿轮啮合处的背面装有支承螺栓 6。支承螺栓 6 在小负荷时与齿轮背面留有一定间隙，当负荷超过一定值时，因从动锥齿轮及支承轴承的变形，抵在支承螺栓端面上，既限制了齿轮的变形量，又承受部分负荷，保护差速器侧轴承。圆锥滚子轴承 17 紧套在轴上，圆锥滚子轴承 13 松套在轴上，二者之间装有隔套和一组厚度不同的调整垫片 14。接触面处装有调整垫片 9。轴承盖上装有油封 12，叉形凸缘上焊有防尘罩 10，两个轴承盖 1 有装配记号，不能互换。圆锥滚子轴承 3 外侧装有调整螺母 2。通过改变调整垫片 14 的厚度，可以实现圆锥滚子轴承 13 和 17 预紧度的调整，目的是保证锥齿轮副的正常啮合。

注意：该轴承预紧度的调整必须在齿轮啮合调整前进行。锥齿轮啮合间隙的调整是指齿面啮合印迹和齿侧间隙的调整。通过调整垫片 9 的厚度可得到正确的啮合印迹；齿侧间隙的调整通过利用调整螺母 2 改变从动锥齿轮的位置得到。主减速器采用从动锥齿轮转动时甩溅到各齿轮、轴承和轴上的油进行润滑。为使圆锥滚子轴承 13 和 17 得到充分的润滑，壳体 4 侧面铸有进油道 8 和回油道 16，差速器壳转动时，将齿轮油飞溅到进油道中，润滑轴承的油又从轴承 13 的前方经壳体 4 下方的回油道 16 流回主减速器壳底部。在桥壳上方有通气孔，防止温度升高时壳体内的气压过高冲开油封而漏油。

主动锥齿轮的支承方式有跨置式和悬臂式两种。

跨置式是指主动锥齿轮前、后方均有轴承支承［图 11－169（a）］。

采用这种形式，主动锥齿轮支承刚度大，适用于负荷较大的单级主减速器。当前方两圆锥滚子轴承出现间隙时，齿轮将会轴向窜动而导致齿面啮合印痕发生变化，但变化较小。

悬臂式是指主动锥齿轮只在前方有支承，后方没有支承，其支承刚度较差。多用于负荷较小的单级主减速器［图 11－169（b）］。有一部分中、重型汽车的双级主减速器主动锥齿轮也采用这种支承形式。有的重型汽车为提高其支承刚度，主减速器主动锥齿轮采用三个轴承支承［图 11－169（c）］。

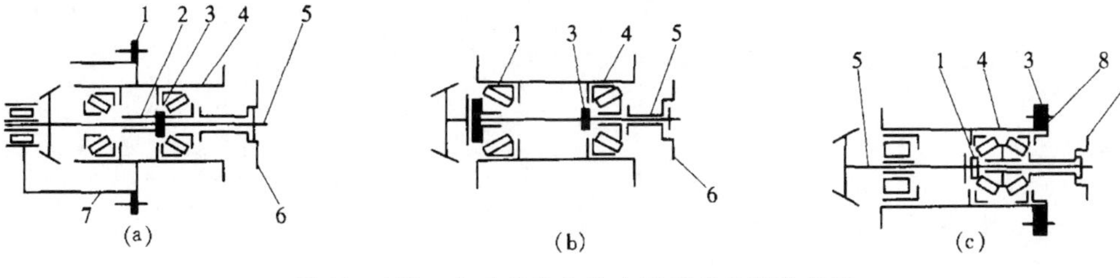

图 11－169　主动锥齿轮的支承形式及调整装置

（a）跨置式；（b）、（c）悬臂式

1—主动锥齿轮啮合状况调整垫片；2—隔套；3—轴承预紧度调整垫片；

4—主动锥齿轮轴承座；5—主动锥齿轮；6—凸缘叉；7—主减速器壳；8—油封盖

（2）双级主减速器。

根据汽车使用条件不同，有时要求主减速器具有较大的传动比和较好的通过性，单级主减速器已不能保证需要，故多采用两对齿轮降速的双级主减速器。汽车双级主减速器剖面图如图 11－170 所示。

该车主减速第一级传动为一对螺旋锥齿轮，采用悬臂式支承。第二级传动为一对斜齿轮。第一级从动锥齿轮 16 加热后套在中间轴 14 的凸缘上并用铆钉铆紧。第二级主动圆柱齿轮与中间轴制成一体。在该车双级主减速器中，主动齿轮轴采用悬臂式支承的原因有两点：①第一级齿轮传动比较小，相应的从动锥齿轮直径较小，因而在主动齿轮外端要再加一个支承，布置上很困难；②传动比小，主动锥齿轮及轴径尺寸有可能做得较大，同时尽可能将两轴承的距离加大，同样可得到足够的支承刚度。中间轴 14 两端通过锥形轴承装在主减速器壳上，由于其后端靠近从动锥齿轮，受力大，因此该端轴承大于左端的轴承，圆柱从动齿轮夹在两半轴之间，用螺栓与差速器壳紧固在一起。主动锥齿轮轴轴承的预紧度，可用增减调整垫片 8 的厚度来调整。为了便于锥齿轮副的啮合调整，主动和从动锥齿轮的轴向位置都可以略加移动。通过调整垫片 7 的厚度，主动锥齿轮 11 沿轴向离开从动锥齿轮，反之则相反。若减少左轴承盖 4 处的调整垫片 6，同时将这些卸下来的垫片都加到右轴承盖 15 处，则从动锥齿轮 16 右移，反之则左移。若两组垫片 6 和 13 的总厚度的增量和减量不相等，则将破坏已调整好的中间轴轴承的预紧度。

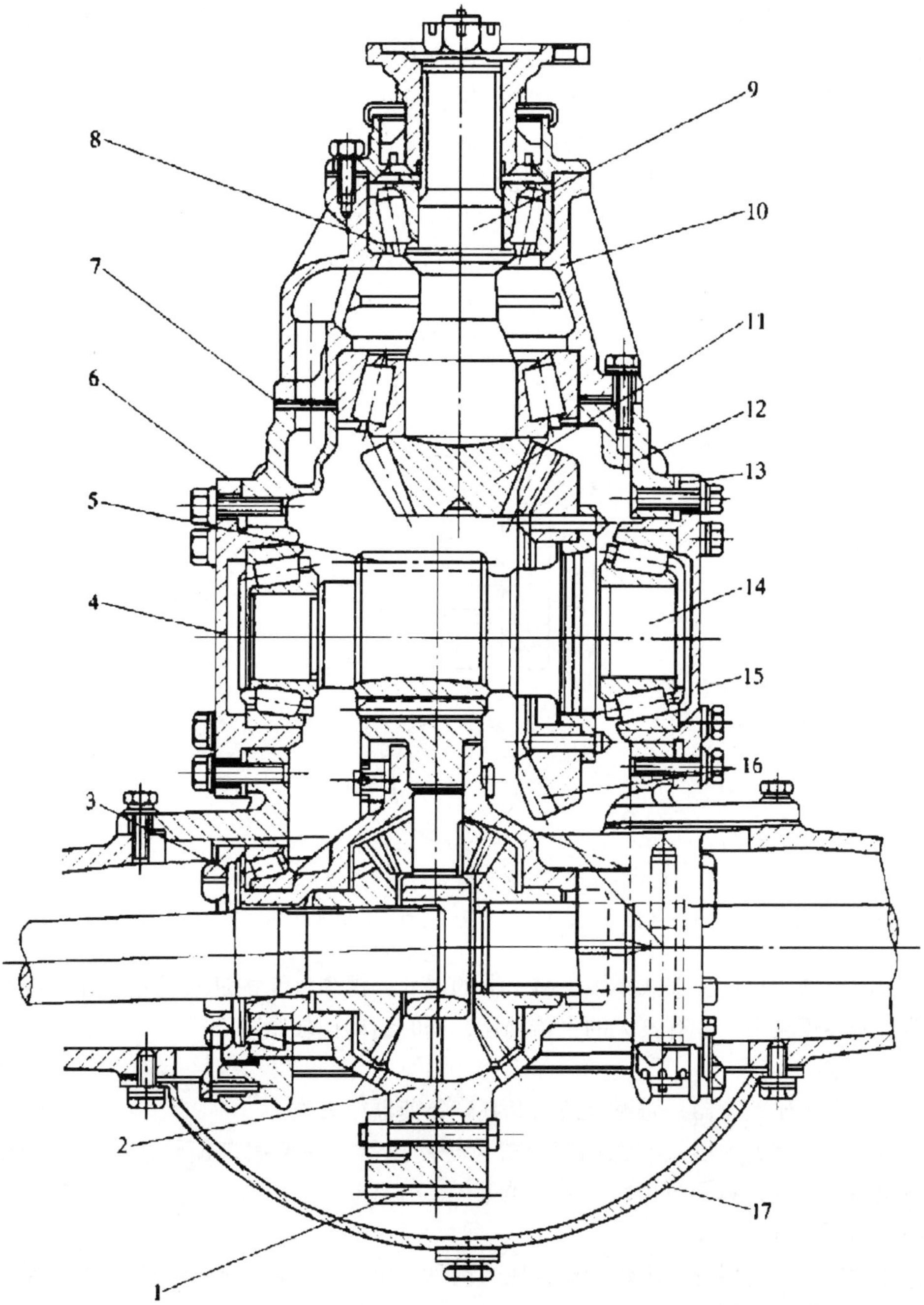

图 11－170　双级主减速器及差速器剖面图

1—第二级从动齿轮；2—差速器壳；3—调整螺母；4、15—轴承盖；5—第二级主动齿轮；6、7、8、13—调整垫片；9—第一级主动齿轮轴；10—轴承座；11—第一级主动齿轮；12—主减速器壳；14—中间轴；16—第一级从动齿轮；17—后盖

（3）轮边减速器。

在重型货车、大型客车或越野车上，需有较大的主传动比和离地间隙。可将双级主减

速器的第二级减速齿轮机构制成结构相同的两套，分别安装靠近两侧驱动车轮位置上，称为轮边减速器。轮边减速器分为外啮合圆柱齿轮式、内啮合齿轮齿圈式和行星齿轮式等多种形式。图 11－171 所示为一种行星齿轮式轮边减速器。外齿圈 6 与桥壳 1 连成整体。半轴 2 与半轴齿轮（中心轮）3 连成整体。半轴齿轮 3 带动行星齿轮 4 自转与公转，行星齿轮轴 5 随着公转，通过行星架 7 带动车轮旋转，起到减速作用。其减速比为：

$$i_0 = 1 + \frac{\text{齿轮 6 的齿数}}{\text{半轴齿轮 3 的齿数}}$$

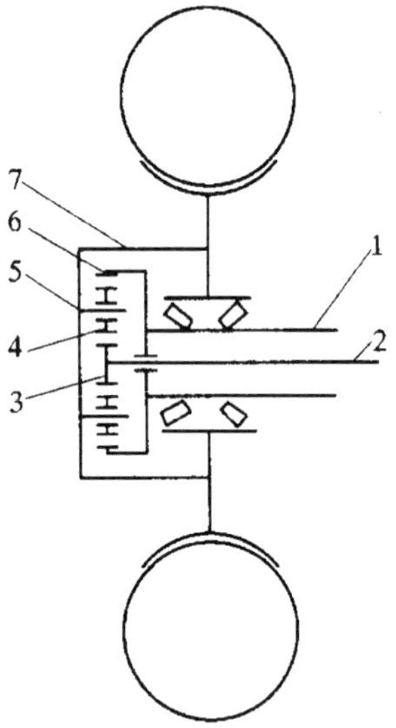

图 11－171　行星齿轮式轮边减速器示意图

1—桥壳；2—半轴；3—半轴齿轮；4—行星齿轮；5—行星齿轮轴；6—外齿圈；7—行星架

轮边减速器的特点：①减小了主减速器的尺寸，提高汽车的通过性；②作用在半轴和差速器上的转矩较小；③有较大的主传动比，同时结构比较紧凑。

2. 差速器。

差速器有齿轮差速器、防滑差速器和托森差速器三大类。

防滑差速器常见的形式有强制锁止式齿轮差速器、高摩擦自锁差速器（包括摩擦片式、滑块凸轮式等）以及自由轮式差速器等。

（1）普通齿轮差速器。

普通齿轮式差速器有锥齿轮和柱齿轮式两种，由于锥齿轮差速器结构简单、紧凑，工作平稳，因此目前应用最为广泛。

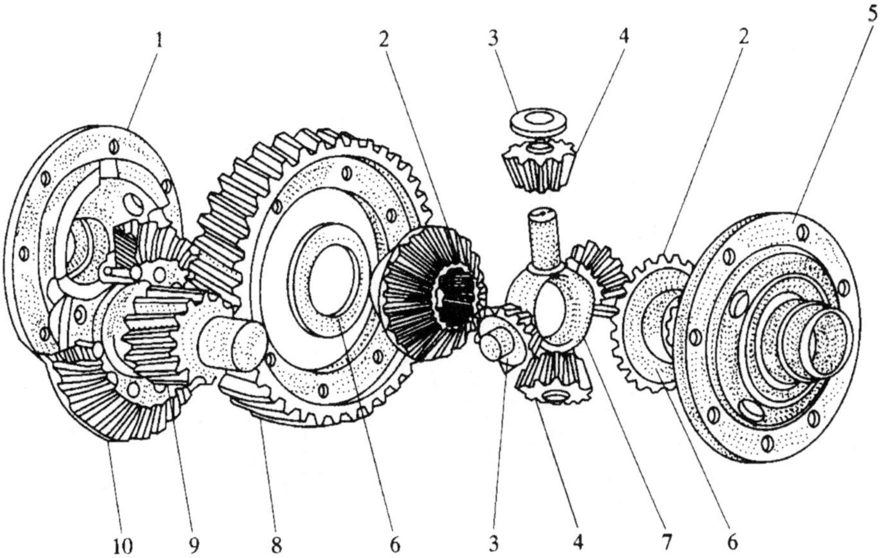

图 11－172　行星锥齿轮差速器

1、5—差速器壳；2—半轴锥齿轮；3—行星锥齿轮球形垫片；4—行星锥齿轮；
6—半轴锥齿轮推力垫片；7—十字轴；8、9、10—主减速器齿轮

图 11－172 所示为行星锥齿轮差速器。它由行星锥齿轮 4、十字轴 7、两个半轴锥齿轮 2、两半差速器壳 1 和 5 及垫片 3 和 6 组成。主减速器从动圆柱齿轮 8 夹在两半差速器壳 1 和 5 之间，用螺栓将它们固定在一起，十字轴的轴颈嵌在两半差速器壳端面半圆槽所形成的孔中，行星锥齿轮 4 分别松套在四个轴颈上，两个半轴锥齿轮 2 分别与行星锥齿轮啮合，以其轴颈支承在差速器壳中，并以花键孔与半轴连接。行星锥齿轮背面和差速器壳的内表面均制成球面，以保证行星齿轮的对中性，使其与两个半轴锥齿轮能正确啮合。行星齿轮和半轴锥齿轮的背面与差速器壳之间装有推力垫片 3 和 6，用以减轻摩擦，降低磨损，且可以延长差速器的使用寿命，还可以用来调整齿轮的啮合间隙。十字轴孔是在差速器左、右壳装合后加工而成的，装配时不能周向错位。差速器靠主减速器壳内的润滑油来润滑，因此差速器上开有供润滑油进出的窗孔。为了保证行星齿轮和十字轴轴颈之间的润滑，在十字轴轴颈上铣有平面，并在行星齿轮齿间钻有油孔与其中心孔相通。同样，半轴齿轮上也钻有油孔，与其背面相通，以加强背面与差速器壳之间的润滑。工作时，主减速器的动力传至差速器壳，依次经十字轴 7、行星锥齿轮 4、半轴锥齿轮 2 传给半轴，再由半轴传给车轮。

在中型以下的货车或轿车上，因传递的转矩较小，故可采用两个行星齿轮，相应的行星齿轮轴（十字轴）变为一根直轴。图 11－173 所示为上海桑塔纳轿车的差速器，差速器壳为一整体框架结构。行星齿轮轴 5 装入差速器壳后用止动销 6 定位，半轴齿轮 2 背面也制成球形。其背面的推力垫片与行星齿轮背面的推力垫片制成一个整体，称为复合式推力垫片。螺纹套 3 用来紧固半轴齿轮。

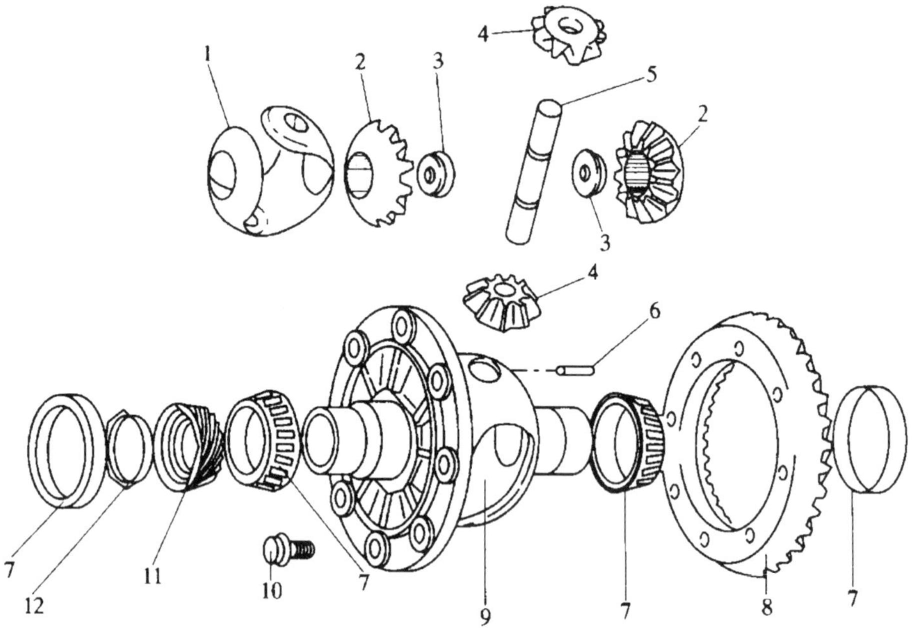

图 11－173　上海桑塔纳轿车的差速器

1—复合式推力垫片；2—半轴齿轮；3—螺纹套；4—行星齿轮；5—行星齿轮轴；
6—止动销；7—圆锥滚子轴承；8—主减速器从动锥齿轮；9—差速器壳；10—螺栓；
11—车速表齿轮；12—车速表齿轮锁紧套筒

图 11－173 所示为差速器的运动原理图。差速器壳 3 与行星齿轮轴 5 连成一体，并由主减速器从动锥齿轮 6 带动一起转动，是差速器的主动件，设其转速为 n_0。半轴齿轮 1 和 2 为从动件，设其转速分别为 n_1 和 n_2。A、B 两点分别为行星齿轮 4 与半轴齿轮 1 和 2 的啮合点。C 为行星齿轮 4 的中心。A、B、C 到差速器旋转轴线的距离相等。差速器行星齿轮有三种运动状态，即公转、自转和既公转又自转。

当汽车直线行驶时，行星齿轮相当于一个等臂的杠杆保持平衡，即行星齿轮不自转，而只随行星齿轮轴 5 及差速器壳体一起公转，所以两半轴无转速差（图 11－173），差速器不起差速作用，即

$$n_1 = n_2 = n_0$$

$$n_1 + n_2 = 2n_0$$

当汽车转弯行驶时，行星齿轮 5 除了随差速器壳体一起公转外，还绕行星齿轮轴自转，设其自转的速度为 n_4，方向如图 11－173 所示，则半轴齿轮 1 的转速加快，半轴齿轮 2 的转速减慢，因 $AC = CB$，所以半轴齿轮 1 转速的增加值等于半轴齿轮 2 转速的减小值。设半轴齿轮转速的增加值为 $\triangle n$，则两半轴齿轮转速分别为：

$$n_1 = n_0 + \triangle n$$

$$n_2 = n_0 - \triangle n$$

这就是差速器的差速作用，即汽车在转弯或其他情况下行驶时，两侧车轮可以不同的转速在地面上滚动，但仍然有：

$$n_1 + n_2 = 2n_0$$

上式即为行星锥齿轮差速器的差速特性方程式（即 n 特性）。它表明，差速器无论差速与否，两半轴齿轮转速之和始终等于差速器壳体转速的两倍，而与行星齿轮自转转速无关。差速器起差速作用的同时，还要分配转矩给左、右两侧的驱动轮。如图 11 – 174 所示，主减速器传至差速器壳体的转矩 M_0，经行星齿轮轴和行星齿轮传给两半轴齿轮的转矩分别为 M_1/M_2。

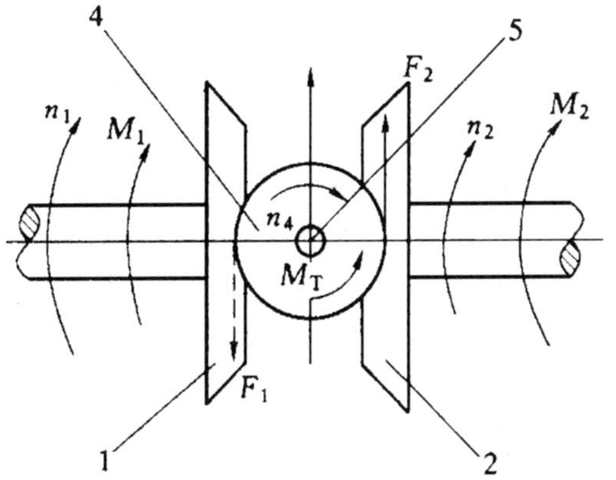

图 11 – 174　行星锥齿轮差速器转矩分配示意图

1、2—半轴齿轮；3—差速器壳体（图中未画出）；4—行星齿轮；5—行星齿轮轴

当行星齿轮不自转时，即 $n_4=0$，$M_T=0$（M_T 为行星齿轮自转时内孔和背面所受的摩擦力矩），行星齿轮相当于一个等臂杠杆，均衡拨动两半轴齿轮转动，所以差速器将转矩 M_0 平均分配给两半轴齿轮，即 $M_1=M_2=M_0/2$。

当行星齿轮按图 11 – 173 中 n_4 方向自转时（即 $n_1>n_2$），行星齿轮所受的摩擦力矩 M_T 与其自转方向相反，从而使行星齿轮分别对半轴齿轮 1、2 附加作用了两个大小相等、方向相反的圆周力 F_1 和 F_2，F_1 使传到转得快的半轴齿轮 1 上的转矩减小，却使传到转得慢的半轴齿轮 2 上的转矩增大，且 M_1 的减小值等于 M_2 的增大值，等于 $M_T/2$。所以，当两侧驱动轮存在差速时（$n_1>n_2$），

$$M_1=\frac{M_1-M_T}{2}$$

$$M_2=\frac{M_0+M_T}{2}$$

即转得慢的车轮分配到的转矩大于转得快的车轮分配到的转矩，差值为差速器内部摩擦力矩 M_T，由于 M_T 很小，可忽略不计，则

$$M_1=M_2=\frac{M_0}{2}$$

可见，无论差速器差速与否，行星齿轮差速器都具有转矩等量分配的特性（m 特性）。上述普通锥齿轮差速器转矩等量分配的特性对于汽车在好路面上行驶时是有利的，但汽车在坏路面上行驶时，却会严重影响其通过能力。当汽车的一个驱动轮处于泥泞的路面因附着力小而打滑时，由于差速器等量分配转矩特性，附着力大的驱动轮也只能同样分配较小的转矩，可能会出现总的驱动力不足以克服行驶阻力的现象，因此汽车便陷入泥泞的路中

不能通过。采用普通锥齿轮差速器，使汽车通过坏路面的行驶能力受到了限制，为了提高汽车在坏路面上的通过能力，一些越野汽车、高速小客车和载重汽车采用了防滑差速器。

汽车常用的防滑差速器有人工强制锁止式和自锁式两大类。前者通过驾驶员操纵差速锁，人为地将差速器暂时锁住，使差速器不起差速作用；后者是在汽车行驶过程中，根据路面情况自动改变驱动轮间的转矩分配。自锁式差速器又有托森式、摩擦片式和滑块凸轮式等多种结构形式。

（2）强制锁止式齿轮差速器。

强制锁止式差速器就是在普通行星锥齿轮差速器上设计了差速锁。当一侧驱动轮滑转时，利用差速锁使差速器不起作用，改善了汽车通过性。图 11 - 175 所示为一种汽车强制锁止式差速器结构。它的差速锁由牙嵌式接合器及操纵机构两大部分组成。牙嵌式接合器的固定接合套 8 用花键与差速器壳 7 左端连接，并用弹性挡圈 9 轴向限位。滑动接合套 10 用花键与半轴 11 连接，并可轴向滑动。操纵机构的拨叉 19 装在拨叉轴 18 上并可沿导向轴 21 轴向滑动，其叉形部分插入滑动接合套 10 的环槽中。当汽车在好路面上行驶不需要锁止差速器时，牙嵌式接合器的固定接合套 8 滑动与滑动接合套 10 不嵌合，即处于分离状态。当汽车通过坏路面需要锁止时，通过驾驶员的操纵，压缩空气由进气管接头 12 进入气动活塞缸左腔，推动活塞向右移，并经调整螺钉 15 和拨叉轴 18 推动拨叉 19 压缩复位弹簧 20 右移，从而拨动滑动接合套 10 右移与固定接合套接合，将左半轴 11 与差速器壳 7 连成一个整体，则左、右两半轴被连为一体转动，即差速器被锁止，不起差速作用。这样，转矩可全部分配给好路面上的车轮。当解除差速器的锁止时，操纵放掉气缸内压缩空气，拨叉及滑动接合套在复位弹簧 20 作用下左移复位，接合器分离，差速器恢复差速作用。

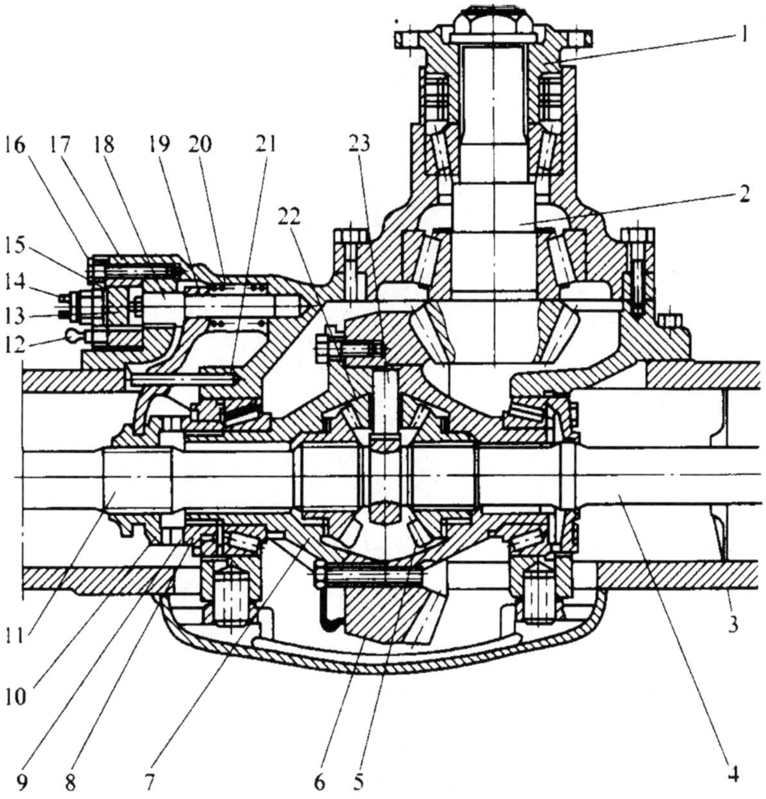

图 11－175　强制锁止式差速器结构示意图

1—传动凸缘；2—主减速器主动齿轮；3—挡油盘；4、11—半轴；5—半轴齿轮；6—主减速器从动齿轮；7—差速器壳；8—固定接合套；9—弹性挡圈；10—滑动接合套；12—进气管接头；13—带密封圈的活塞；14—差速锁指示灯开关；15—调整螺钉与其锁紧螺母；16—缸盖；17—缸体；18—拨叉轴；19—拨叉；20—复位弹簧；21—导向轴；22—行星齿轮；23—十字轴

强制锁止式差速器的特点是：结构简单，易于制造，但操纵不便，一般要在停车时进行。

（3）托森差速器。

“托森”这个名称表示“转矩—灵敏差速器”的意思，它采用了蜗轮—蜗杆传动的基本原理。托森差速器是一种中央轴间差速器，适用于四轮驱动汽车，其结构如图 11－176 所示。托森差速器主要由空心轴 2、差速器外壳 3、后轴蜗杆 5、前轴蜗杆 9、蜗轮轴 7 和蜗轮 8 等组成。当汽车驱动时，来自发动机的驱动力通过空心轴 2 传至差速器外壳 3，差速器外壳 3 通过蜗轮轴 7 传到蜗轮 8，再传到蜗杆，前轴蜗杆 9 通过差速器齿轮轴 1 将驱动力传至前桥，后轴蜗杆 5 通过驱动轴凸缘盘 4 将驱动力传至后桥，从而实现前、后驱动桥的驱动牵引作用。当汽车转向时，前、后驱动轴出现转速差，通过啮合的直齿圆柱齿轮相对转动，使一轴转速加快，另一轴转速下降，实现差速作用。差速器可使转速低的轴比转速高的轴分配得到的驱动转矩大，即附着力大的轴比附着力小的轴得到的驱动扭矩大。

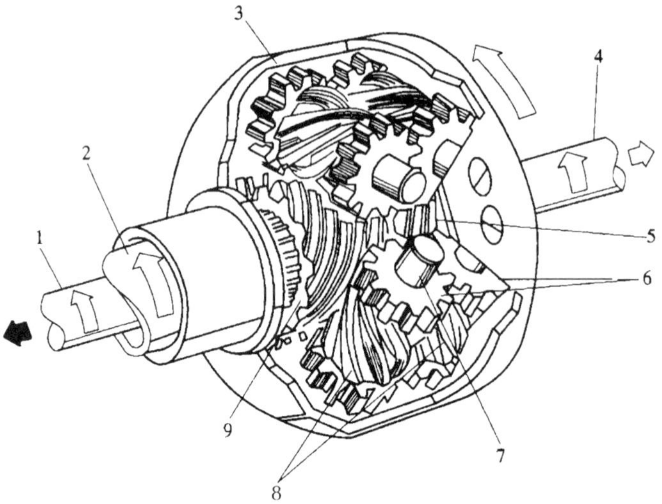

图 11－176　托森差速器的结构

1—差速器齿轮轴；2—空心轴；3—差速器外壳；4—驱动轴凸缘盘；5—后轴蜗杆；
6—直齿圆柱齿轮；7—蜗轮轴；8—蜗轮；9—前轴蜗杆

（4）摩擦片式差速器。

摩擦片式差速器是在对称式锥齿轮差速器的基础上发展而成的，如图 11－177 所示。为增加差速器内摩擦力矩，在半轴齿轮与差速器壳 1 之间装有摩擦片 6。十字轴由两根互相垂直的行星齿轮轴组成，其端部均切出凸 V 形斜面 5，相应地，差速器壳孔上也有凹 V 形斜面，两根行星齿轮轴的 V 形面是反向安装的。每个半轴齿轮的背面有推力压盘 2 和主、从动摩擦片 6。推力压盘以内花键与半轴相连，而其轴颈处用外花键与从动摩擦片连接。主动摩擦片则用花键与差速器壳 1 相连。推力压盘和主、从动摩擦片均可做微小的轴向移动。

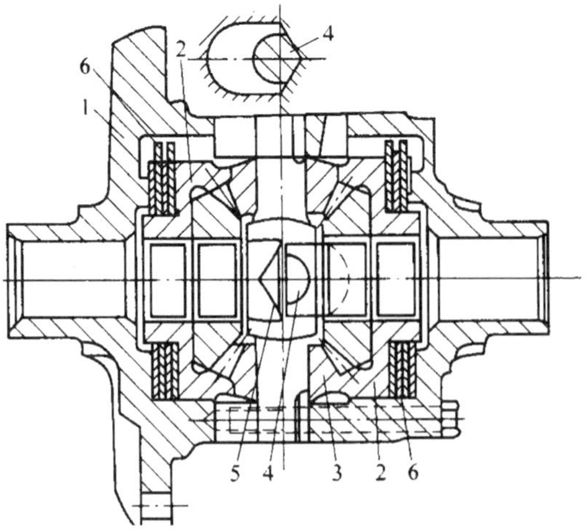

图 11－177　摩擦片式差速器

1—差速器壳；2—推力压盘；3—行星齿轮；4—十字轴；5—V 形斜面；6—主、从动摩擦片

当汽车直线行驶，两半轴无转速差时，转矩平均分配给左、右两半轴，由于差速器壳

通过斜面对行星齿轮轴两端压紧，斜面上产生的轴向力迫使两行星齿轮轴分别向左、右方向（向外）略微移动，通过行星齿轮使推力压盘压紧摩擦片。此时转矩经两条路线传给半轴：一路经行星齿轮轴、行星齿轮和半轴齿轮将大部分转矩传给半轴；另一路则由差速器壳经主、从动摩擦片，推力压盘传给半轴。当一侧车轮在路面上滑转或汽车转弯时，行星齿轮自转，起差速作用，左、右半轴齿轮的转速不等。由于转速差的存在和轴向力的作用，主、从动摩擦片间在滑转同时产生摩擦力矩，其数值大小与差速器传递的转矩和摩擦片数量成正比。而摩擦力矩的方向与快转半轴的旋向相反，与慢转半轴的旋向相同。较大数值内摩擦力矩作用的结果，使慢转半轴传递的转矩明显增加。

摩擦片式差速器结构简单、工作平稳，锁紧系数可达 5 或更高。常用于轿车和轻型货车上。

3. 半轴和桥壳。

（1）半轴。

半轴在差速器与驱动轮之间传递较大的扭矩，一般都是实心轴。半轴的内端一般用花键与半轴齿轮连接，外端与轮毂连接。汽车常用的半轴支承形式主要有全浮式和半浮式两种。半轴的支承形式决定了其受力情况。

①全浮式半轴。

图 11－178 所示为全浮式半轴支承形式的驱动桥示意图。这种支承形式的半轴除受扭矩外，两端均不承受任何弯矩，故称为全浮式。全浮式半轴用内端花键与差速器半轴齿轮相连。外端有凸缘盘，通过螺栓与轮毂 4 固定在一起，轮毂通过两锥轴承 5 支承于桥壳 1 上。路面对驱动轮作用力反映到车桥上的情况是：除切向反力 F_X 作为该轮的牵引力传到半轴，使半轴受扭矩外，切向反力 F_X、垂直反力 F_Z、侧向反力 F_Y，以及由它们所产生的弯矩都经两轴承 5 直接传到桥壳上，由桥壳承受。

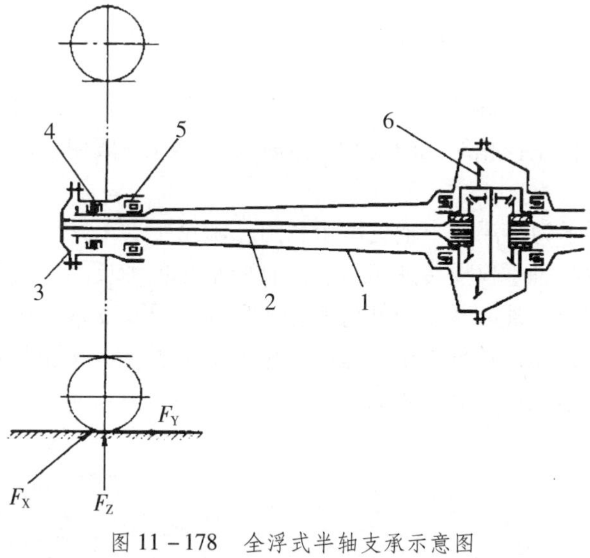

图 11－178　全浮式半轴支承示意图

1—桥壳；2—半轴；3—半轴凸缘；4—轮毂；5—轴承；6—主减速器从动锥齿轮

图 11－179 所示为全浮式半轴支承结构示意图。半轴 6 外端锻出凸缘，借轮毂螺栓 7

与轮毂9连接，轮毂9通过两个相距较远的圆锥滚子轴承8、10支承在半轴套管1上，半轴套管与桥壳12压配成一体。

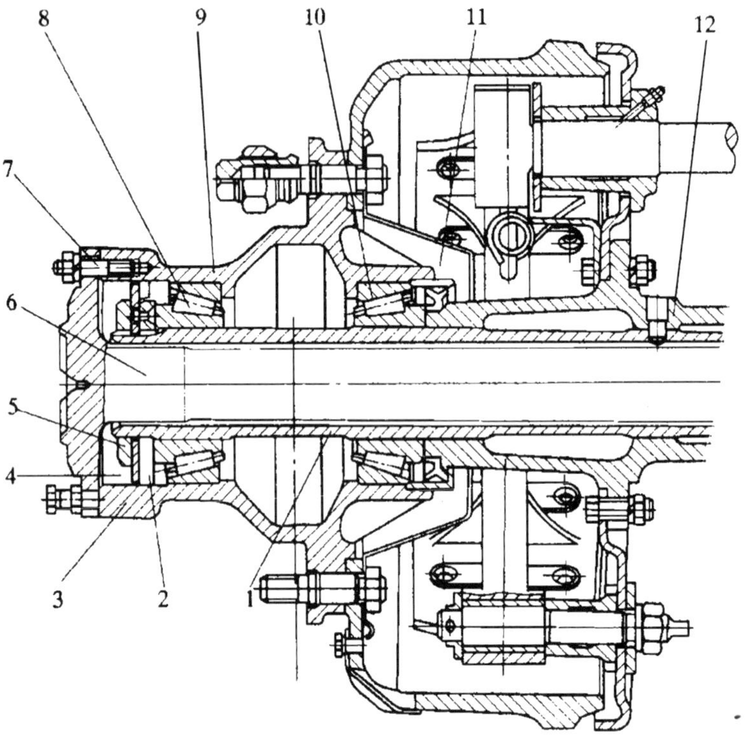

图11－179 全浮式半轴支承结构示意图

1—半轴套管；2—调整螺母；3—油封；4—锁紧垫圈；5—锁紧螺母；6—半轴；7—轮毂螺栓；8、10—圆锥滚子轴承；9—轮毂；11—油封；12—桥壳

全浮式支承的半轴易于拆装，只需拧下半轴凸缘上的螺钉，即可抽出半轴，而车轮与桥壳照常支承汽车，但结构相对比较复杂。这种支承形式一般用于承载量较大的汽车上。

②半浮式半轴。

如图11－180所示为半浮式半轴支承示意图。车轮所受X、Y、Z方向的各种反力都经过半轴传给桥壳，使半轴不仅要传递扭矩，而且要承受各种反力及其引起的各种弯矩，因这种半轴内端不受弯矩，外端承受全部弯矩，故称为半浮式支承。半浮式半轴的内端通过花键与半轴齿轮连接，靠外端处与桥壳之间只用一轴承支承。车轮与桥壳无直接联系而支承于半轴外端，与支承轴承之间的距离为b。

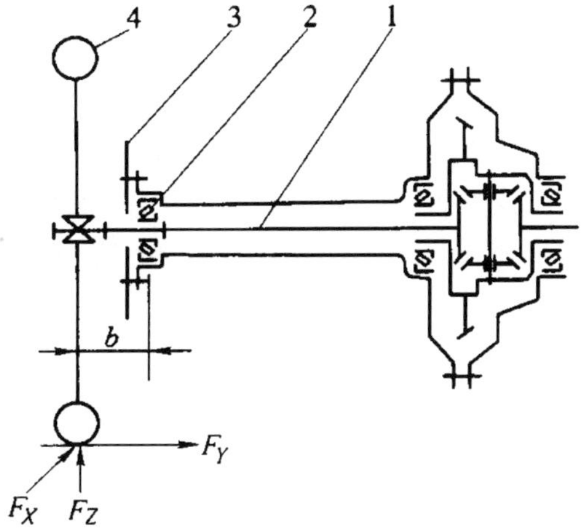

图 11－180　半浮式半轴支承示意图

1—半轴；2—锥轴承；3—轴承盖；4—车轮

图 11－181 所示为一轿车的半浮式半轴外端的支承结构。支承在桥壳内的轴承 5 被用螺栓固定于桥壳凸缘上的轴承盖 2 轴向定位。外端带凸缘盘的半轴 3 支承在轴承 5 上并靠圆角处的凸肩和热压配在半轴上的定位环 4 进行轴向定位。制动鼓 6 和轮毂分别用螺钉和螺栓安装在半轴凸缘盘 7 上。

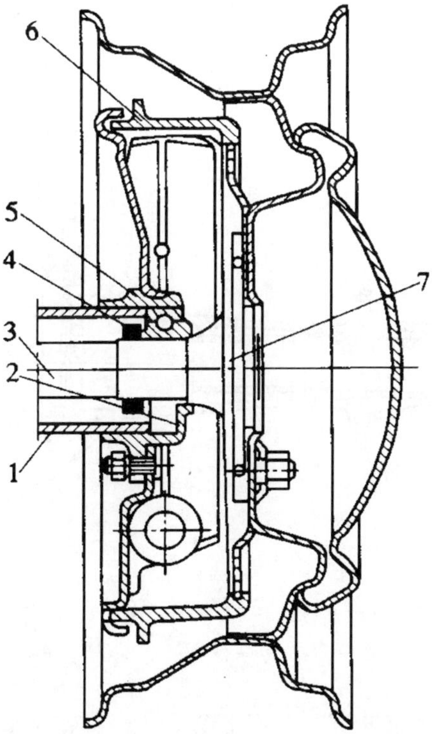

图 11－181　半浮式半轴的外端支承结构示意图

1—桥壳；2—轴承盖；3—半轴；4—定位环；5—轴承；6—制动鼓；7—半轴凸缘盘

半浮式支承具有结构紧凑、质量小，但半轴受力情况复杂且拆装不方便等特点，广泛应用于弯矩较小的轿车及微型车上。

(2) 桥壳。

桥壳是安装主减速器、差速器、半轴、轮毂和悬架的基础件，并使左、右两侧的车轮位置相对固定。它承受驱动轮传来的各种反力、力矩，并通过悬架传给车架或车身。桥壳应具有足够的强度和刚度，质量小，便于主减速器的拆装和调整。其结构尽可能地便于制造。

①驱动桥壳的结构形式。

驱动桥壳分为整体式和分段式两种。

整体式：铸造的整体式桥壳刚度和强度较大，但质量也大，目前仍广泛应用。图 11 - 182 所示为铸造的整体式驱动桥壳。其中部为一环形空心的桥壳 7，用球墨铸铁铸成。两端压入半轴套管 8，并用止动螺钉 2 止动。半轴套管露出部分安装轮毂轴承，端部制有螺纹，用于安装轮毂轴承调整螺母和锁紧螺母。凸缘盘 1 用来固定制动底板，桥壳 7 的端部加工有油封颈和轮毂配合，以密封轮毂空腔，防止润滑脂外溢。因主减速器壳前、后端面，中间轴支承孔轴线定位，保证主减速器、差速器和半轴之间的正确位置关系。桥壳后端面的大孔可用来检查主减速器的技术状况，平时用后盖 6 封住。后盖 6 上有螺塞 5，用以检查油面高度。

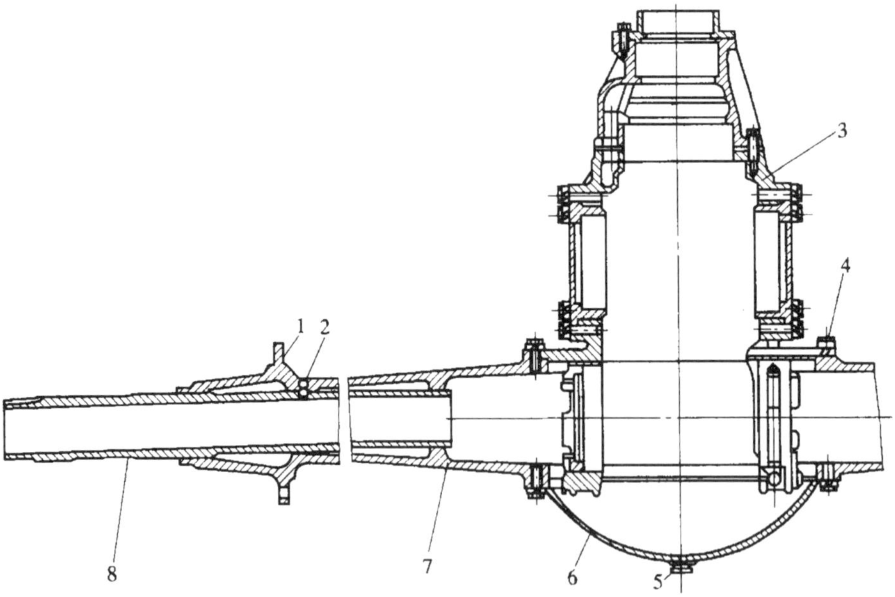

图 11 - 182　整体式桥壳结构示意图

1—凸缘盘；2—止动螺钉；3—主减速器壳；4—固定螺钉；5—螺塞；6—后盖；7—桥壳；8—半轴套管

钢板冲压焊接式桥壳有质量小、工艺比较简单、成本低等优点。目前，在轿车和轻型货车上采用较多。整体式桥壳在检查、拆装和调整主减速器、差速器时，不必把整个桥从汽车上拆下来，因此适用于各类汽车。

分段式：分段式桥壳一般由两段组成，也有由三段甚至多段组成的，各段之间用螺栓连接。图 11－183 所示为两段组成的桥壳，用螺栓 1 连成一体。它主要由铸造的主减速器壳 10、盖 14、两钢制半轴套管 4 组成。

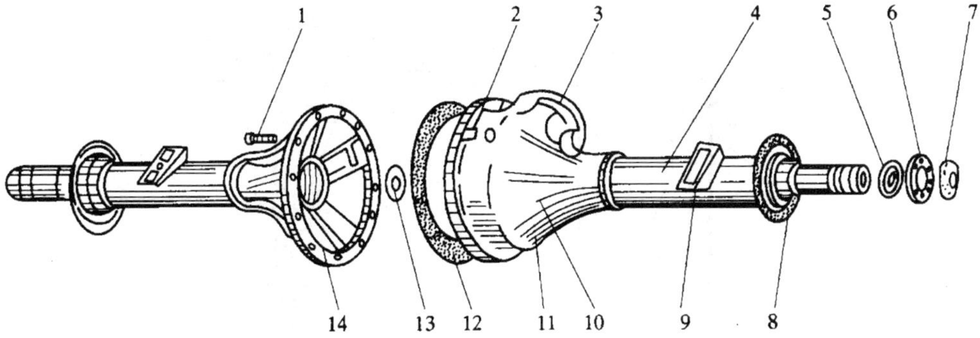

图 11－183　分段式桥壳

1—螺栓；2—注油孔；3—主减速器壳颈部；4—半轴套管；5—调整螺母；6—止动垫片；7—锁紧螺母；8—凸缘盘；9—钢板弹簧座；10—主减速器壳；11—放油孔；12—垫片；13—油封；14—盖

有的分段式桥壳各段之间可相对运动，采用独立悬架。分段式桥壳上的主减速器、差速器维修不方便。

②桥壳的材料。桥壳经常承受冲击性载荷，允许有少量变形，防止脆断，因此铸造式桥壳多采用可锻铸铁或球墨铸铁，有的也可采用铝合金制造。

11.4.2.2　驱动桥的分类

按照悬架结构的不同，驱动桥可以分为整体式驱动桥和断开式驱动桥。整体式驱动桥又称为非断开式驱动桥。

1. 整体式驱动桥。

整体式驱动桥如图 11－184 所示，与非独立悬架配用。其驱动桥壳为一刚性的整体，驱动桥两端通过悬架与车架或车身连接，左右半轴始终在一条直线上，即左右驱动轮不能相互独立地跳动。当某一侧车轮通过地面的凸出物或凹坑升高或下降时，整个驱动桥及车身都要随之发生倾斜，车身波动大。

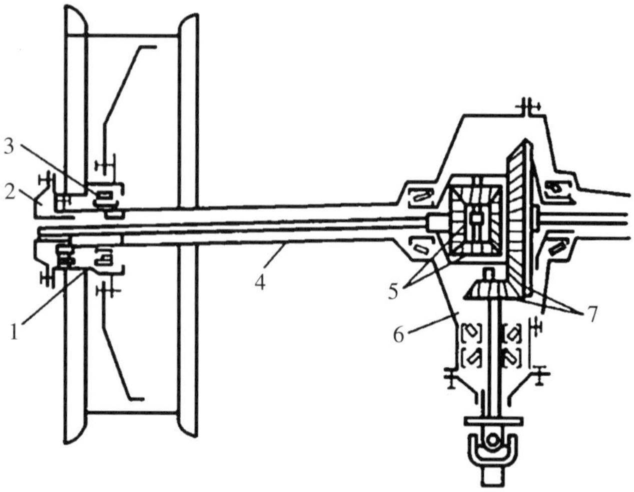

图 11－184　整体式驱动桥结构示意图

1—轮毂；2—凸缘；3—轴承；4—半轴；5—差速器；6—桥壳；7—主减速器

2. 断开式驱动桥。

断开式驱动桥如图 11－185 所示。当驱动桥采用独立悬架时，两侧车轮和半轴可以随路面的变化彼此独立相对于车架上下跳动，主减速器固定在车架上。这时驱动桥结构多使用断开式驱动桥。断开式驱动桥是指驱动桥应制成分段，并用铰链连接。这样车身不会随车轮的跳动而跳动，提高车辆的平顺性和舒适性。断开式驱动桥的总体结构如图 11－184 所示，又分为单铰接摆动式和双铰接摆动式［图 11－185（a）、（b）］。

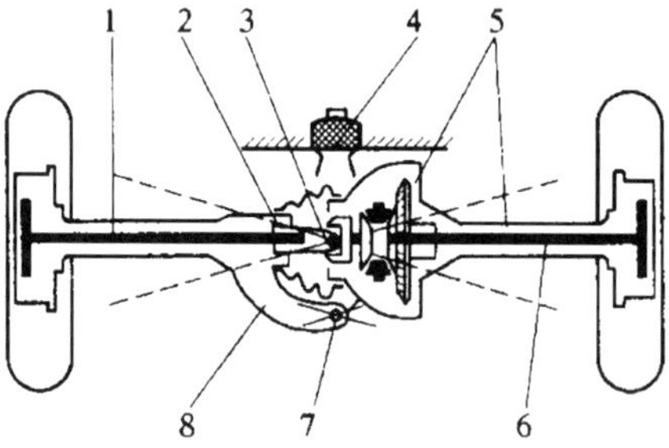

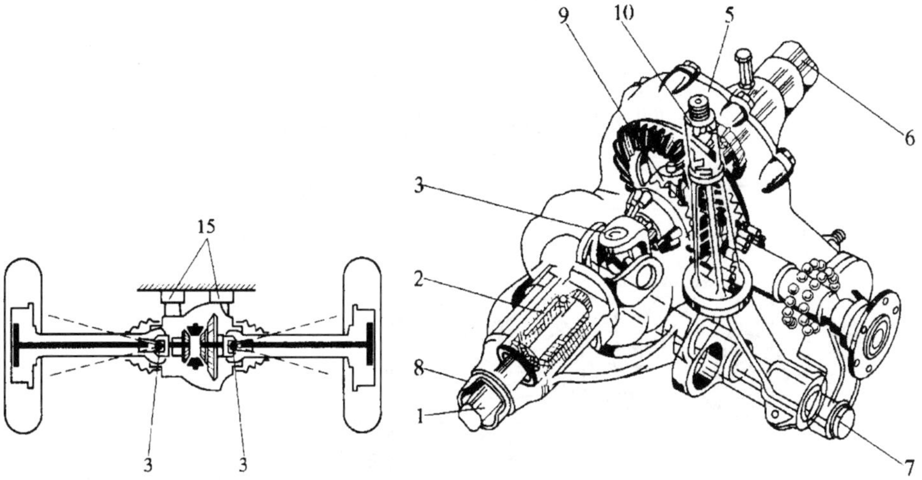

(a)

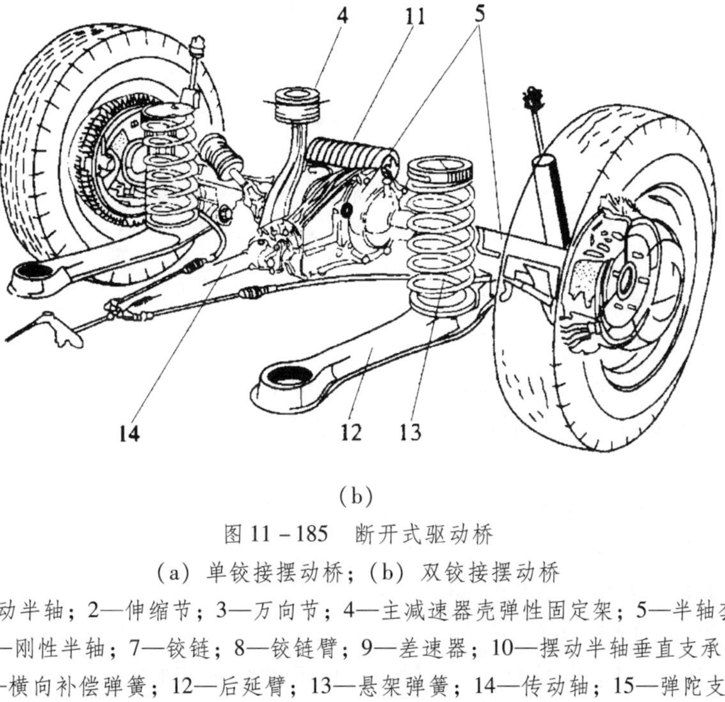

(b)

图 11－185　断开式驱动桥

(a) 单铰接摆动桥；(b) 双铰接摆动桥

1—摆动半轴；2—伸缩节；3—万向节；4—主减速器壳弹性固定架；5—半轴套管；6—刚性半轴；7—铰链；8—铰链臂；9—差速器；10—摆动半轴垂直支承；11—横向补偿弹簧；12—后延臂；13—悬架弹簧；14—传动轴；15—弹陀支架

11.4.2.3　驱动桥的拆装

1. 主减速器的拆卸。

桑塔纳 2000 轿车主减速器的分解图如图 11－186 所示。其拆卸步骤如下：

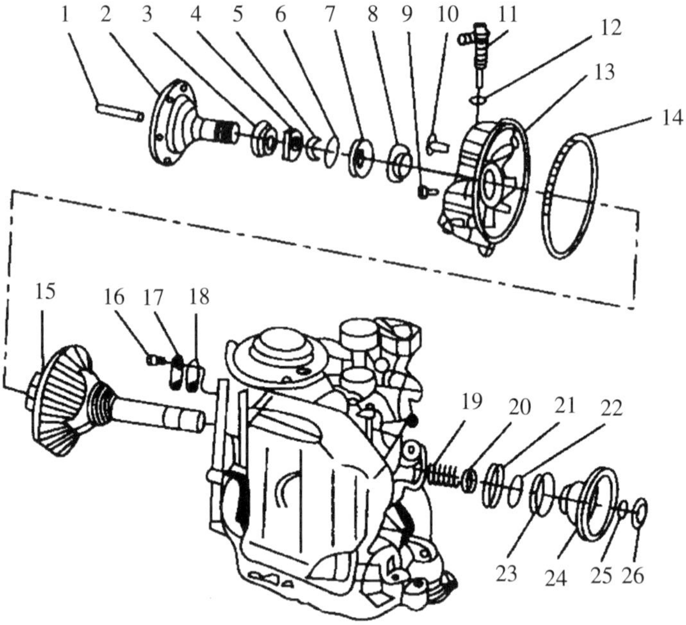

图 11－186　桑塔纳 2000 轿车主减速器的分解图

1、9、16—螺栓；2—凸缘轴；3、19—弹簧；4—止推垫圈；5、20—锥形环；
6、22、25—卡簧；7、23—油封；8—里程表齿轮；10、18—密封圈；
11—里程表传感器；12、14—“O”形密封圈；13—轴承盖；15—差速器；
17—通风盖；21—滚珠轴承；24—凸缘；26—密封盖

（1）拆下内半轴凸缘的固定螺栓。

（2）取下带弹簧的凸缘轴。

（3）从凸缘轴上拆下卡簧，取出锥形环、止推垫圈和弹簧。

（4）先用心轴支撑住减速器总成，然后松开轴承盖螺栓，取下轴承盖、“O”形密封圈。

（5）拆下左侧凸缘上的密封盖，取下卡簧。

（6）拆下凸缘。

（7）取出差速器总成。

（8）从输出轴上拆下卡簧。

（9）从输出轴上用顶拔器拆下滚珠轴承，取下锥形环和弹簧。

（10）从差速器壳上拆下里程表齿轮。

（11）用顶拔器拆下差速器圆锥滚子轴承。

（12）将差速器夹持在台虎钳上，松开从动锥齿轮与差速器壳的连接螺栓。

（13）用压床从差速器壳上取下从动锥齿轮。

2. 主动锥齿轮的拆卸。

主动锥齿轮的分解图如图 11－187 所示。其拆卸步骤如下：

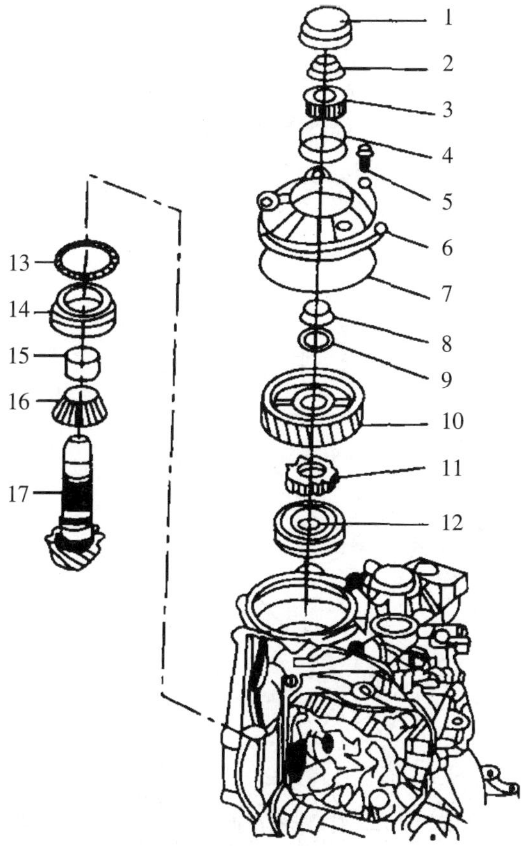

图11－187　主动锥齿轮的分解图

1—盖板；2—螺母；3—轴承内圈；4—轴承外圈；5—螺栓；6—轴承盖；7—“O”形密封圈；8—套管；9—调整垫片；10—减速器输入齿轮；11—驻车锁止齿轮；12—油封；13—调整垫圈；14、16—轴承；15—衬套；17—主动锥齿轮

（1）拆下盖板。

（2）拆下主动锥齿轮轴的固定螺母。

（3）取下圆锥滚子轴承。

（4）拆下轴承盖固定螺栓，取下轴承盖。

（5）取下套管和调整垫片。

（6）用顶拔器拆下减速器输入齿轮，如图11－188所示。

（7）拆下驻车锁止齿轮。

（8）从变速器内取出主动锥齿轮及衬套。

（9）从主动锥齿轮轴上取下衬套。

（10）用压床拆下轴承。

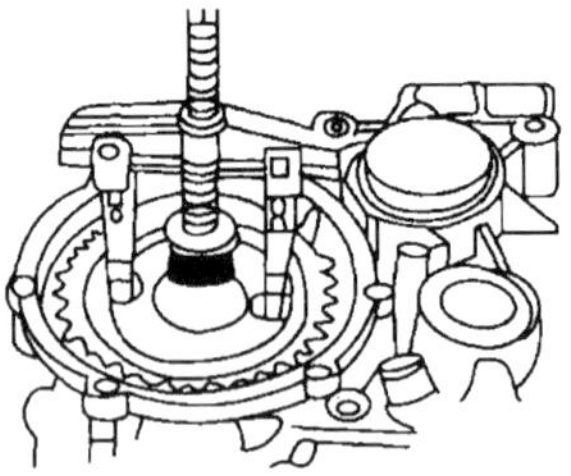

图 11－188　拆下减速器输入齿轮

3. 差速器的拆卸。

差速器的分解图如图 11－189 所示。其拆卸步骤如下：

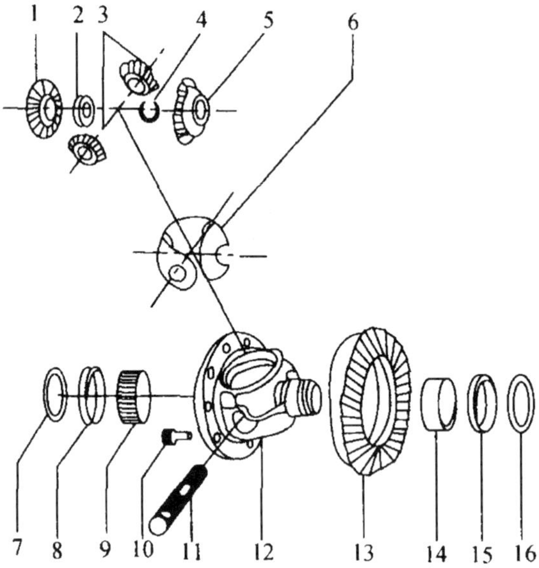

图 11－189　差速器的分解图

1—半轴齿轮；2—防转螺母；3—行星齿轮；4—卡簧；5—半轴齿轮；6—球形垫圈；7、16—调整垫片；8、15—轴承外圈；9、14—轴承；10—螺栓；11—行星齿轮轴；12—差速器壳；13—从动锥齿轮

（1）用锤子和木棒敲出行星齿轮轴。

（2）拆下防转螺母。

（3）从差速器壳的窗孔中取出行星齿轮。

（4）拆下输出轴上的凸缘卡簧。

（5）拆下输出轴。

（6）取出半轴齿轮和球形垫片。

4. 差速器的装复。

（1）用齿轮油润滑球形垫圈。

（2）将球形垫圈装入差速器壳。

（3）将输出轴装入差速器壳体。有两个轴承位置的一端朝着差速器。

(4) 将半轴齿轮装到传动轴上，装上卡簧。

(5) 将凸缘装到差速器壳体内，如图 11－190 所示。

(6) 用螺栓和防转螺母将半轴齿轮锁定在凸缘轴上。

(7) 从差速器壳的窗孔装入行星齿轮，并使它定位在凸缘轴上。

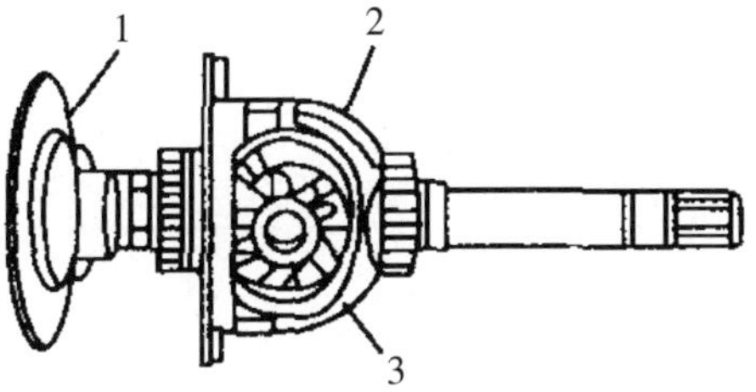

图 11－190 凸缘装到差速器壳体内

1—凸缘；2—差速器壳；3—行星齿轮

(8) 小心装上行星齿轮轴，不要损坏球形垫圈。

(9) 装上差速器壳体上的凸缘。

5. 主动锥齿轮的装复。

(1) 用压床将轴承装入主动锥齿轮轴。

(2) 将衬套装在主动锥齿轮轴上。

(3) 将主动锥齿轮及衬套装入变速器壳内。

(4) 装上驻车锁止齿轮。

(5) 装上减速器输入齿轮。

(6) 装上套管和调整垫片。

(7) 装上轴承盖，以 25 N · m 的扭矩扭紧轴承盖固定螺栓。

(8) 装上圆锥滚子轴承。

(9) 装上主动锥齿轮轴的固定螺母，并将其锁紧。

(10) 用专用工具敲入盖板。

6. 主减速器的装复。

(1) 将从动锥齿轮加热到 100 ℃后安装在差速器壳上，并用螺栓以 80 N · m 的扭矩将其紧固。

(2) 装上圆锥滚子轴承。

(3) 装上车速表齿轮。

(4) 将弹簧、锥形环和滚球轴承装在传动轴上。

(5) 装上卡簧。

(6) 将差速器装入变速器壳体。

(7) 将油封装在轴承盖上。

(8) 装上“O”形密封圈和轴承盖，并以 25 N · m 的扭矩交叉将固定螺栓拧紧。

(9) 将弹簧、止推垫圈、锥形环装入凸缘轴上，卡上卡簧。

(10) 装上带有弹簧的凸缘轴。

☞学习工作页

<table>
<tr><td rowspan="2">学习工作页</td><td>学习单元</td><td colspan="4">汽车传动系统结构与拆装</td></tr>
<tr><td>学习任务</td><td colspan="4">万向传动装置与驱动桥</td></tr>
<tr><td>姓　名</td><td></td><td>班　级</td><td></td><td>小　组</td><td></td></tr>
<tr><td>日　期</td><td></td><td>开始时间</td><td></td><td>结束时间</td><td></td></tr>
<tr><td>场　地</td><td colspan="5"></td></tr>
<tr><td>用品、用具、工具、设备</td><td colspan="5">汽车底盘实训室、整车</td></tr>
<tr><td>工作记录</td><td colspan="5">1. 认识汽车的万向传动装置及驱动桥的类型及型号。
2. 说出汽车万向传动装置及驱动桥各部件的名称，并能正确拆装。</td></tr>
</table>

1. 判断题。

(1) 为实现不等速万向传动装置正常工作，汽车总装配时，钢板弹簧的规格、发动机固定支架下垫子厚度等应符合原厂技术要求。(　　)

(2) 传动轴动量超过规定时，可在传动轴两端加焊平衡片，但两端加焊平衡片数量不得超过三片。(　　)

(3) 传动轴在工作过程中由于重力的大小、方向是不变的，而离心力的大小、方向是变化的，故传动轴在运转中伴随着振动。(　　)

(4) 传动轴经过修理，由于零件按照技术要求经过了严格的检验，因此在装复后无须再进行动平衡试验。(　　)

(5) 解放 CA1091 型车用传动轴中间支承 97210 双列圆锥滚子轴承，两内圈间的隔套是供轴承磨损后调整轴向间隙用的。(　　)

(6) 十字轴滚针轴承如个别磨损、疲劳剥落、折断，换去损伤滚针轴承即可。(　　)

(7) 传动轴修理后，传动轴轴端到轴管叉轴承孔轴线距离不得大于原设计规定，比原设计基本尺寸缩短量不得大于 10 mm。(　　)

(8) 普通十字轴万向节是等角速万向节。(　　)

(9) 所有的传动轴都应加中间支承。(　　)

(10) 球笼式万向节 RF 型是伸缩型，而 VL 型无轴向伸缩。(　　)

(11) 球笼式万向节比球叉式万向节承载能力强。(　　)

(12) 传动轴和万向节装配后，要经过动平衡试验，并装配平衡片。(　　)

(13) 主减速器若采用双曲面齿轮，应用专门的双曲面齿轮油，若一时没有，也可使用普通齿轮油代替。(　　)

(14) 双曲面齿轮的主要特征是主、从动锥齿轮轴线不相交，主动锥齿轮轴线低于（也有的高于）从动锥齿轮一个距离。(　　)

(15) 汽车运行时，差速器行星齿轮有公转、自转和不转三种运动状态。(　　)

2. 选择题。

(1) 发动机安装时，固定支架的位置及固定支架下的垫子厚度（　　）。

A. 可以随意变动　　B. 只能增加不能减少

C. 不可随意变动，必须保持厚度和位置不变

(2) 传动轴由于零件的磨损、变形及安装位置不正确等会使其临界转速（　　）。

A. 降低　　B. 提高　　C. 不变

(3) 同一轴承壳内十字轴滚针轴承（　　）。

A. 长度、直径应一致　　B. 直径应一致，而长度允许不一致

C. 长度应一致，直径允许有差异

(4) 东风 EQ1090 型和解放 CA1091 型汽车的传动轴中间支承轴承（　　）。

A. 东风 EQ1090 型中间支承轴承可在轴承座内滑动，而解放 CA1091 型中间支承轴承则不能

B. 解放 CA1091 型汽车传动轴中间支承轴承可在轴承座内滑动，东风 EQ1090 型中间支承轴承则不能

C. 都不能在轴承座内滑动

(5) 东风 EQ1090 型和解放 CA1091 型汽车传动轴中间支承轴承磨损，轴向间隙增大(　　)。

A. 东风 EQ1090 型可以调整，解放 CA1091 型则不能

B. 解放 CA1091 型可以调整，东风 EQ1090 型则不能

C. 解放 CA1091 型和东风 EQ1090 型都不能调整

(6) 组装解放 CA1091 型车用传动轴中间支承 97210 轴承时，两内圈间的间隙增大(　　)。

A. 可以互换使用　　B. 不能互换使用　　C. 隔套个别情况也可以不装

(7) 解放 CA1091 传动轴中间支承轴承磨损，当轴向间隙超过规定极限时，可以(　　)来调整。

A. 在两内圈间适当增加调整垫片

B. 取掉两内圈间的隔套

C. 把两内圈间隔套适当磨薄

(8) 为便于加注润滑脂，十字轴的安装方向是（　　）。

A. 油盅朝向传动轴　　B. 油盅朝向汽车前进方向　　C. 油盅必须朝向汽车后方

(9) 普通十字轴万向节在应用中最广泛，允许两轴最大交角为（　　）。

A. 5°～10°　　B. 10°～15°　　C. 15°～20°　　D. >30°

(10) 球笼式万向节两轴间最大夹角为（　　）。

A. >30°　　B. 32°　　C. 35°～34°　　D. 42°

(11) 为适应传动轴工作时在长度方面的变化，通常在传动轴中应采取（　　）布置。

A. 伸缩花键　　B. 万向节叉　　C. 空心轴管　　D. 扭转减震器

(12) 在越野车上得到广泛应用的万向节是（　　）。

A. 球叉式万向节　　B. 球笼式万向节　　C. 三销式万向节　　D. 双联式万向节

3. 完成任务。

在教师提供的车辆上，请按以下步骤记录一些信息。

(1) 查阅维修手册，寻找到汽车上万向传动装置各大部件的位置。请记录具体名称及位置：______________________________

____

(2) 叙述底盘万向传动装置各总成的功用。记录结果：______________________________

(3) 按照具体安装位置，画出结构框图：______________________________

指导教师评语：

____

____

教师签字：______________ 日期：________年________月________日

☞拓展学习

四轮驱动系统

越野汽车和部分轿车将四个车轮全部作为驱动轮，这样有效地改善了在泥泞、雪地中等条件下行驶的驱动性能，同时改善在汽车转弯时的操纵性能。四轮驱动系统又可分为四轮驱动4WD（也称为短时四轮驱动）和全轮驱动AMD（也称为常时四轮驱动）。

四轮驱动系统装有分动器，并由驾驶员控制，来选择将动力传到两轮或四轮，如图11－191所示，而全轮驱动系统不使用分动器，驾驶员不能选择两轮或四轮驱动。发动机的动力通过轴间差速器、黏液偶合器把动力同时送给前桥和后桥，一直以四轮驱动行驶。全轮驱动车型不适用于越野行驶，而是设计成在附着不良情况下（如在有冰或雪的道路上）改善汽车的行驶性能。全轮驱动系统通过把大部分发动机动力传递到有最大附着力的驱动桥上，使汽车具有最优的操控性。

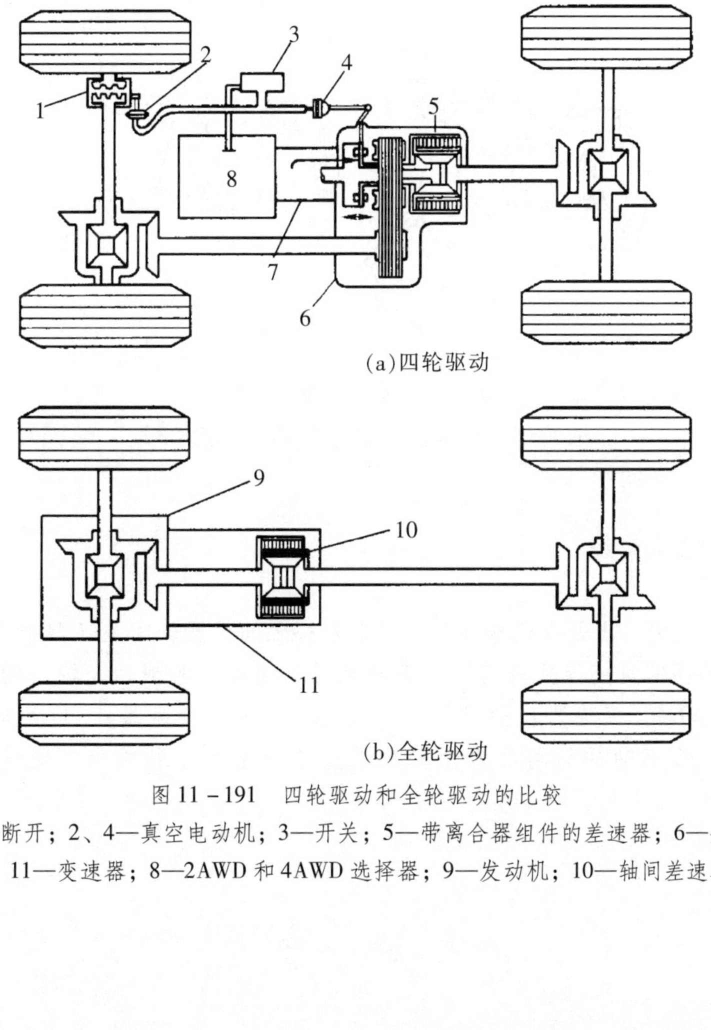

(a)四轮驱动　(b)全轮驱动

图11－191　四轮驱动和全轮驱动的比较

1—前桥断开；2、4—真空电动机；3—开关；5—带离合器组件的差速器；6—分动器；7、11—变速器；8—2AWD和4AWD选择器；9—发动机；10—轴间差速器

一、四轮驱动系统

典型四轮驱动系统由前置发动机，变速器，前、后传动轴，前、后驱动桥及分动器等组成。为了改善汽车的驱动条件，许多分动器均设有高、低挡。大多数四轮驱动的越野汽车使用了前轮锁定毂。当两轮驱动时，它可以使前轮脱离接合，此时前轮作为自由轮转动，整个前轴、前差速器、前减速器、前传动轴及分动器中的某些零件停止转动，减少了这些部件的磨损，降低了行驶阻力。当四轮驱动时，前毂必须锁定。锁定毂是一种从轮毂脱离半轴外端啮合的离合器。当转动锁定毂至锁定位置时轮毂与半轴被锁定，从而一起转动。当锁定毂脱离锁定，半轴并不转动，车轮在毂的轴承上自由运转，而不带动差速器、前传动轴等发生转动。转动一个位于锁定毂中心的锁柄可锁定毂或使锁定毂脱离锁定，通过控制手柄施加或释放在毂离合器上的弹簧张力。当毂处于锁定位置时，弹簧压力使离合器接合到与半轴相连的内毂（图 11－192）。由于离合器连接到外毂，则离合器的接合将半轴与毂连接起来。在脱离锁定的位置，离合器不与内毂接合，车轮可以在轴承上自由旋转。

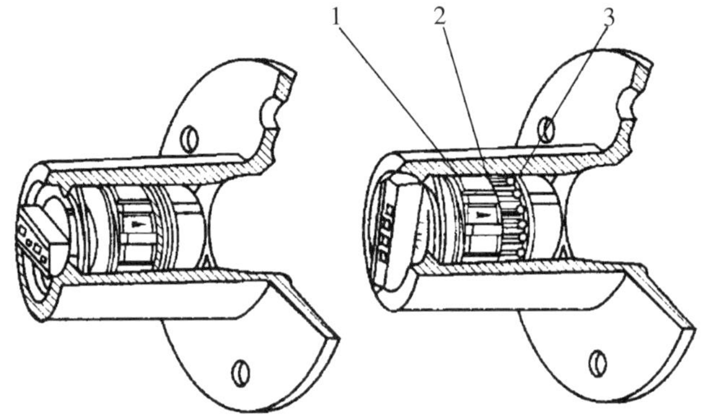

图 11－192　锁定毂的动作

1—内离合器环；2—压力弹簧；3—半轴套环

二、全轮驱动系统

全轮驱动的主要特点是在汽车的前、后驱动桥之间设置轴间差速器来吸收由于前、后驱动轮因滚动半径不同或行驶距离不同而产生的转速差。典型的全轮驱动系统如图 11－193 所示，由发动机、变速器、轴间差速器（也称为中央差速器）、传动轴及前、后驱动桥组成。按前、后驱动桥之间动力分配方式可分为固定分配式和可变分配式四轮驱动两种。

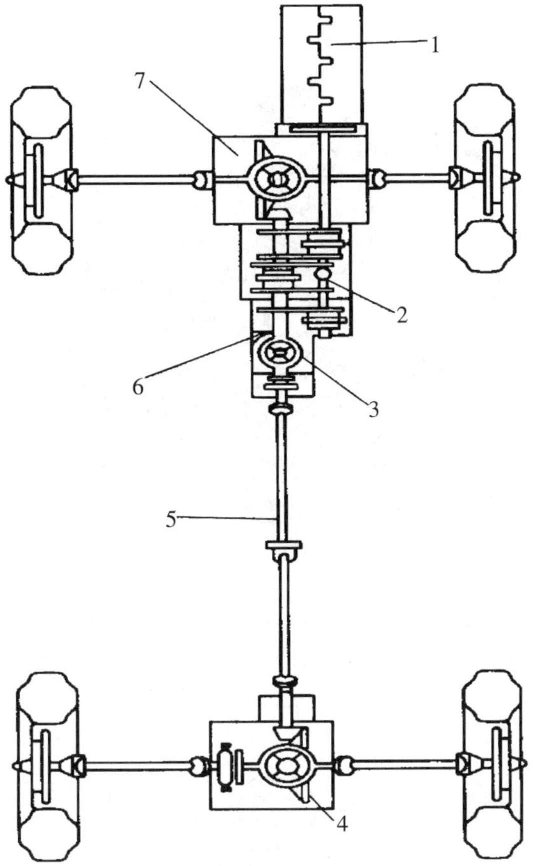

图 11－193　典型的全轮驱动系统

1—发动机；2—五速手动变速器；3—轴间差速器；4—后桥总成；
5—传动轴；6—变速器第二轴；7—前桥总成

1. 固定分配式四轮驱动

固定分配式四轮驱动就是将变速器输出的动力平均分配给前、后驱动桥，并且可以在传递转矩的同时使前、后驱动桥的车轮以不同的转速旋转。由于齿轮式差速器具有平均分配动力的特点，若采用固定分配式四轮驱动汽车，其中某一个车轮打滑，都会因打滑侧车轮路面附着力的下降而限制其驱动力的提高，使得打滑车轮的驱动力也无法提高，导致汽车的总驱动力不大，严重影响汽车的通过性。为了克服这个缺点，固定分配式的四轮驱动汽车一般采用带差速锁的中央差速器。

按中央差速器结构形式可分为锥齿轮式和行星齿轮式。

（1）锥齿轮式轮间差速器。这种差速器结构和工作原理与轮间差速器基本相同，在这里就不再论述。

（2）行星齿轮式轮间差速器。行星齿轮式轮间差速器构造如图 11－194 所示，其装配关系如图 11－195 所示。从图 11－194 可以看出，该差速器主要由外行星轮 2 和内行星轮 5 构成的双行星齿轮，行星架 3、太阳轮 1、齿圈 4 和差速器锁 6 等组成。齿圈 4 既是行星齿轮机构的齿圈，同时也是主减速器从动齿轮。内、外行星齿轮都是采用圆柱齿轮。

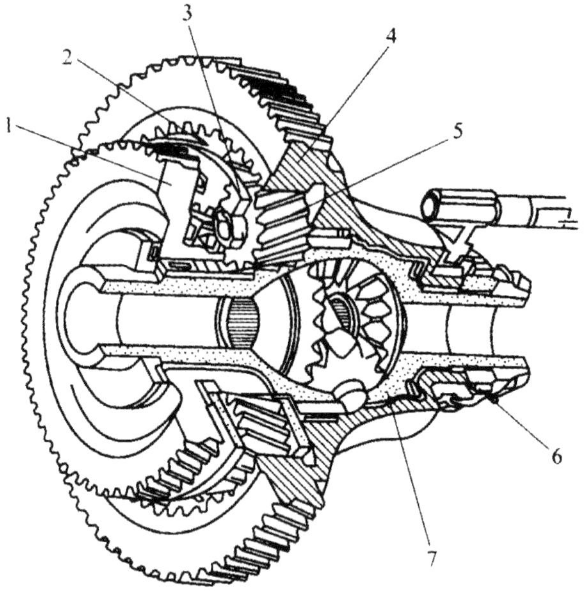

图 11－194　行星齿轮式中央差速器的构造

1—太阳轮；2—外行星轮；3—行星架；4—齿圈；5—内行星轮；6—中央差速器锁止齿套；7—差速器壳

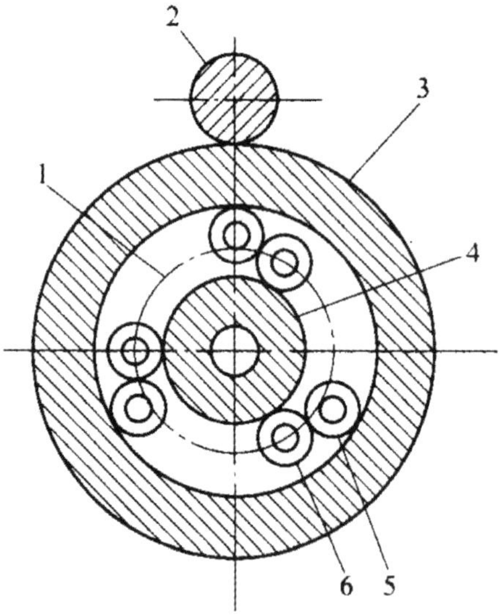

图 11－195　行星齿轮式中央差速器的装配关系

1—行星架（向前桥输送动力）；2—主减速器主动齿轮；3—齿圈（兼主减速器从动齿轮）；
4—太阳轮（向后桥输送动力）；5—外行星轮；6—内行星轮

从图 11－195 可以看出行星齿轮式轮间差速器的行星轮、行星架、内齿圈和太阳轮彼此之间的啮合和装配关系。

图 11－196 所示为这种差速器的动力传递路线。从图中可以看出，由变速器传递的动力传到差速器后就分为两部分：一部分动力通过行星轮 1 传到太阳轮 3 后再传往后驱动桥；另一部分动力由行星轮 1 通过行星架 5 传给前桥轮间差速器 6，再传往前轮。行星齿

轮1与行星架5组合在一起，行星齿轮1可以相对于太阳轮3一边公转一边自转，在完成动力传递的同时还起差速运动的作用。差速器6的工作原理与强制锁止差速器相似，不再进行论述。

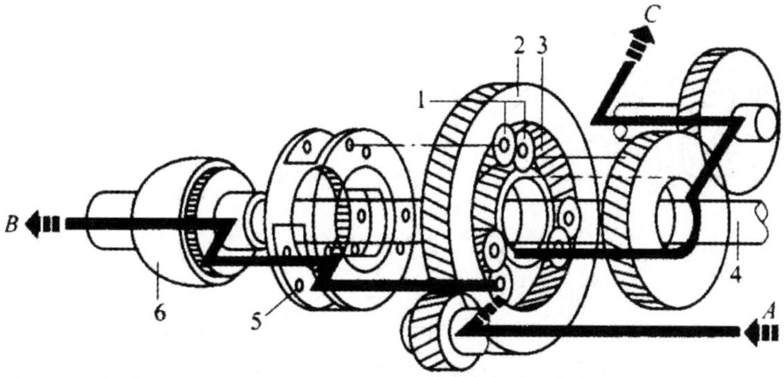

图11－196　行星齿轮式中央差速器的动力传递路线图
1—内、外行星轮；2—齿圈；3—太阳轮；4—前桥半轴；5—行星架；6—前桥轮间差速器
A—变速器传来的动力；B—输向前桥的动力；C—输向后桥的动力

2. 可变分配式四轮驱动

可变分配式四轮驱动可以根据汽车行驶状态自动地改变前、后驱动桥之间的驱动力分配，有利于提高汽车的操纵稳定性和通过性。可变分配式四轮驱动有黏性联轴器和液压多片离合器两种形式。黏性联轴器可根据前、后驱动轮的转速差来自动地改变前、后桥的驱动力分配。液压多片离合器是通过液压来控制传递驱动力的大小。黏性联轴器的整体结构如图11－197所示，拆分结构如图11－198所示。

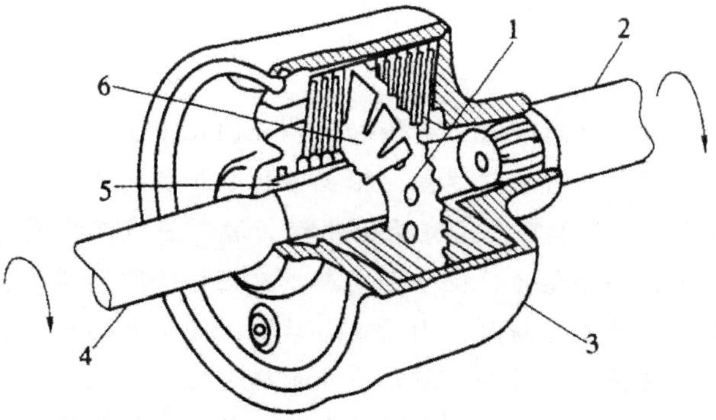

图11－197　黏性联轴器整体结构图
1—外盘；2—输出轴；3—连接器壳；4—输入轴；5—毂；6—内盘

黏性联轴器（图11－198）主要由输入轴1、输出轴3、内盘2和外盘4等组成。外盘4与外壳用花键连接在一起，与外壳一同转动，内盘2用花键与轴连在一起转动，内盘相对于轴可做微小的轴向移动。在外壳与轴之间充满了高黏度的硅油。黏性联轴器之所以能够传递动力，就是因为内、外盘组相对转动时不断切割硅油，在高黏度的硅油内部产生剪切力（黏滞阻力），黏滞阻力产生的力矩就是所要传递的驱动力矩。

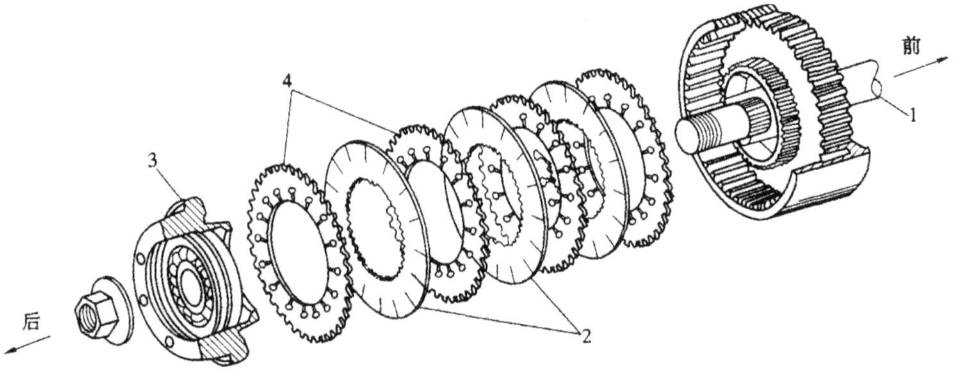

图 11－198　黏性联轴器的分解图

1—输入轴；2—内盘；3—输出轴；4—外盘

黏性联轴器的工作原理如图 11－199 所示。当使轴 *A* 转动而轴 *B* 不转动时，两个板之间由于硅油的黏滞作用，就会有转矩由轴 *A* 传到轴 *B*。传递的转矩的大小与输入轴和输出轴之间的相对转速差有关。

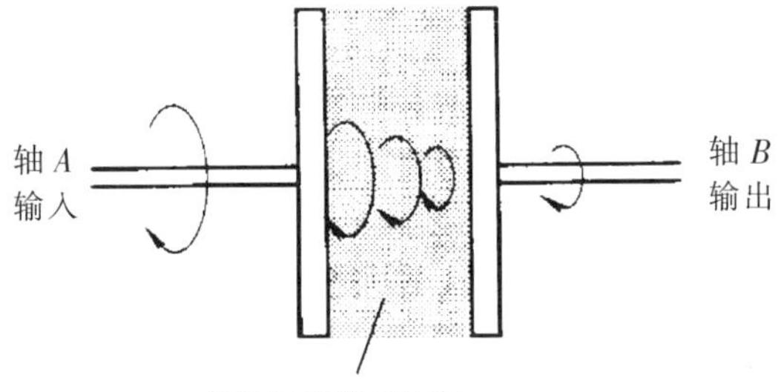

图 11－199　黏性联轴器的工作原理

当汽车在平直的好路面上行驶时，前轮和后轮之间几乎不存在转速差，因此黏性联轴器的输入轴和输出轴之间也不存在转速差。根据黏性联轴器的工作特性，这时黏性联轴器不传递扭矩，这时 AWD 的汽车实际只有两轮驱动行驶。当汽车急转弯行驶时，在前、后轮之间存在转速差，黏性联轴器会产生一定的黏性转矩传给驱动桥。当汽车前轮一侧车轮或者两侧车轮失去附着力产生空转时，由于前、后轮之间存在较大的转速差，黏性联轴器会产生很大的黏性，转矩传递到后轮，驱动汽车前进。

目前，许多自动全轮驱动系统是由电子控制的，并以前轮驱动传动系统为基础。按需求起动的四轮驱动系统仅在第一驱动桥开始分离之后才向第二驱动桥供给动力。全轮驱动系统电子控制装置亦称为变速器控制装置或 TCU。为把动力传递到后部，使用了多片离合器。这种离合器用作轴间差速器，并使得前、后驱动桥之间产生速度差。传感器监视前、后驱动桥的速度，发动机速度以及发动机和动力传动系统上的负载。电子控制装置接收来自传感器的信号，并控制在负载循环（也称跳动循环）上运行的螺线管，从而控制接合分动器离合器的液流（图 11－200）。负载螺线管的脉动非常迅速地循环开、关，这种循环产生一种受控制的分离状况。结果，分动器离合器的运行有如一个轴间差速器，使得动力从95%前轮驱动和5%后轮驱动分流至50%前轮驱动和50%后轮驱动。这种动力分流发生得相当迅速，以致驾驶员意识不到驱动力的问题。

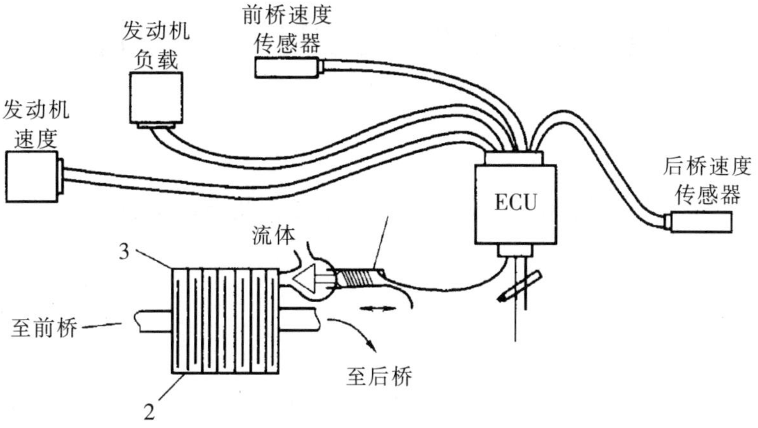

图11－200　由电子控制的全轮驱动系统的结构简图

1—负载螺线管；2—多盘离合器组件；3—轴间差速器；ECU—电子控制装置

☞小结

驱动桥主要由桥壳、主减速器、差速器和半轴组成。汽车驱动桥的作用是减速增扭，改变动力方向，通过半轴将动力传递分配到左、右驱动轮。

驱动桥主要部分的功用如下。主减速器：降低转速，增加扭矩，且改变扭矩的传递方向以适应汽车的行驶方向；差速器：使左、右轮可以以不同转速旋转，适应汽车转弯及在不平路面上行驶；半轴：将转矩从差速器传至驱动轮；桥壳：用以安装主减速器、差速器等传动装置。四轮驱动有效改善汽车的操纵性能，改善汽车在不好路面条件下行驶的驱动性能，同时改善在汽车转弯时的操纵性能。

四轮驱动系统可分为四轮驱动（4WD）和全轮驱动（AMD）两种基本形式。通过本单元对驱动桥的主要零部件功用、结构形式和工作原理的介绍，同时对四轮驱动与四轮全驱动系统的构成和特点介绍等，能够解释一些关于驱动桥方面的问题。

☞复习思考题

1. 驱动桥的功用是什么？
2. 试分析双速主减速器的特点和工作原理。
3. 驱动桥中为什么设置差速器？试述齿轮式差速器的工作原理。
4. 试述全浮式半轴与半浮式半轴在结构上各有什么特点。
5. 整体式桥壳的制造普遍采用铸造式或冲压焊接式的原因是什么？

单元 12　行驶系统的结构与拆装

学习任务 12.1　汽车行驶系统概述

☞学习情境

随着汽车行驶的里程增多和使用时间过久，每辆汽车都容易出现一些故障，这些故障是无论哪个品牌的汽车、什么车型都会发生的，我们称之为汽车常见故障。汽车行驶时有异响这个故障，是平时驾驶时容易遇到的。行驶过程中发出的这些异响到底是从哪里产生的呢？

一般来说，汽车行驶当中的异响大多数情况是以下零部件存在故障或者损坏产生的：底盘控制臂胶损坏漏油、立足脚球头、避震缓冲胶、避震顶胶、车轮的轴承、平衡杆胶、底板松动等。这种情况下使用电脑程序一般是诊断不出来的，维修人员需要通过试车、将车升起观察等维修经验来找出问题所在。

☞学习目标

通过本任务的学习，应能：

1. 掌握汽车行驶系统的功用。
2. 了解汽车行驶系统的组成及各部分功用。
3. 掌握汽车行驶系统的总体布置。

☞学习场所和设备

1. 汽车底盘实训室。
2. 游标卡尺、卡环钳、维修手册、工作台、举升机。
3. 分解或解剖的行驶系统总成。

☞学习任务

1. 会正确叙述汽车行驶系统的类型。
2. 掌握汽车行驶系统的组成。
3. 能说出行驶系统的受力情况。
4. 认识汽车行驶系统的结构。

☞学习信息

12.1.1 汽车行驶系统的功用

汽车行驶系统的功用是：

1. 承受由传动系统传来的扭矩，并通过驱动轮与路面间附着作用，产生驱动力；

2. 传递并承受路面作用在车轮上的各种反作用力及其所形成的力矩；

3. 缓和行驶时由于路面不平对车身造成的冲击和振动，与转向系统配合，实现汽车行驶方向的控制，保证汽车行驶平顺性和操纵稳定性。

12.1.2 汽车行驶系统的组成

汽车行驶系统的基本组成和结构形式主要取决于汽车行驶路面的性质。汽车行驶系统结构形式有轮式、履带式等。轮式汽车应用最为广泛，故下面以轮式汽车为例进行介绍。

轮式汽车行驶系统一般由车架、车桥、车轮和悬架组成，如图 12－1 所示。

车架是装配和支承的基础，它将汽车的各相关总成连接成一整体。车轮（前轮 5 和后轮 4）分别安装在从动桥 6 和驱动桥 3 上。为减少车辆在不平路面上行驶时车身所受到的冲击和振动，在车桥与车架之间又安装了弹性系统——前悬架 7 和后悬架 2。在某些没有整体车桥的行驶系统中，两侧车轮的轴心也可分别通过各自的弹性悬架与车架连接，受力作用时互不干扰，即独立悬架。

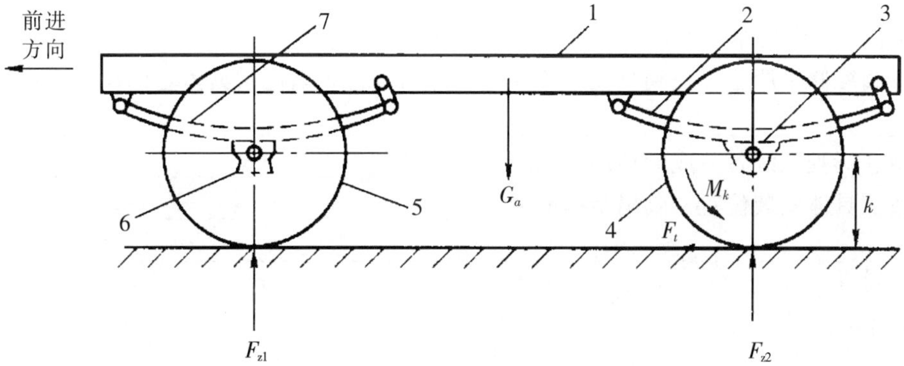

图 12－1 行驶系统的组成及部分受力情况

1—车架；2—后悬架；3—驱动桥；4—后轮；5—前轮；6—从动桥；7—前悬架

汽车行驶系统的受力情况如图 12－1 所示，在垂直方向上，汽车总重力 G_a 通过前、后车轮传到地面，引起地面作用于前轮和后轮上的垂直反力 F_{z1} 和 F_{z2}；在水平方向上，当汽车动力通过传动系统传到驱动轮 4 上时，产生扭矩 M_k，由于车轮与路面存在附着作用，产生推动汽车前进的纵向反力——驱动力 F_t；在汽车制动时，产生一个与 M_k 相反的制动力矩，作用于车轮上便产生一个与汽车行驶方向相反的制动力，迫使汽车减速或停车。

汽车的驱动力 F_t 一部分用以克服驱动轮本身的滚动阻力，其余大部分则通过驱动桥壳、后悬架传到车架1，用来克服作用于汽车上的空气阻力、坡道阻力和加速阻力；还有一部分牵引力由车架经过前悬架传至从动桥，作用于自由支承在从动桥两端转向节上的从动轮中心，使前轮克服滚动阻力向前滚动。只有当驱动力足以克服上述各种阻力之和时，汽车才能前进。

☞学习工作页

<table>
<tr><td rowspan="2">学习工作页</td><td>学习单元</td><td colspan="4">行驶系统的结构与拆装</td></tr>
<tr><td>学习任务</td><td colspan="4">汽车行驶系统概述</td></tr>
<tr><td>姓　名</td><td></td><td>班　级</td><td></td><td>小　组</td><td></td></tr>
<tr><td>日　期</td><td></td><td>开始时间</td><td></td><td>结束时间</td><td></td></tr>
<tr><td>场　地</td><td colspan="5">整车理实一体教室</td></tr>
<tr><td>用品、用具、工具、设备</td><td colspan="5">汽车底盘实训室，整车，车架及悬挂系统台架等</td></tr>
<tr><td>工作记录</td><td colspan="5">认识汽车行驶系统的各大部件</td></tr>
<tr><td colspan="6">1. 填空题。
汽车行驶系统是由__________、__________、__________、__________四部分组成的。
2. 完成任务。
在教师提供的车辆上，请按以下步骤记录一些信息。
（1）查阅维修手册，寻找到行驶系统各大部件的位置。请记录具体名称及位置：______
____
（2）叙述行驶系统各总成的功用。记录结果：______________________
（3）按照具体安装位置，画出结构框图：______________________
____

指导教师评语：
____
____

教师签字：______________　日期：________年________月________日</td></tr>
</table>

学习任务 12.2　车架与车桥

☞学习情境

客户反映一辆行驶 10 万公里的汽车出现行驶跑偏及制动不灵的问题，同时汽车在加速时会出现焦糊味等故障现象。

☞学习目标

通过本任务的学习，应能：

1. 叙述车架的功用及类型。
2. 掌握转向桥及驱动桥的拆装及检修。
3. 掌握转向轮定位的参数及四轮定位的方法。

☞学习场所和设备

1. 汽车底盘实训室。
2. 车辆、举升机、拆装专用工具。
3. 游标卡尺、卡环钳、维修手册、工作台。
4. 汽车底盘实训室或整车实训室。

☞学习任务

1. 会正确叙述汽车车架与车桥的类型。
2. 掌握车架和车桥的拆装方法及步骤。
3. 能说车轮定位的内容及方法。

☞学习信息

12.2.1　车　架

12.2.1.1　车架的功用和要求

汽车车架是连接在各车桥之间形似桥梁的一种结构，是整个汽车的基础。其功用是支承连接汽车的各零部件和总成，并使它们保持正确的相对位置；承受来自车上和地面上的各种静、动载荷。对车架的要求如下：

（1）应满足汽车总布置的要求。

（2）应具有足够的强度与适当的刚度，以保证其上各总成和部件之间的相对位置。因为当汽车在各种路况行驶过程中，车架在载荷作用下可能会发生变形，如扭曲变形、弯曲变形等。

（3）其质量要尽可能小，结构简单。

（4）尽可能降低汽车重心位置和获得较大的转向角，提高汽车行驶的稳定性和机动性，这一点对轿车和客车来说更为重要。

12.2.1.2 车架的类型和构造

汽车的车架按结构形式可分为边梁式、中梁式和综合式几种类型。汽车绝大多数的车架为独立的，有些客车和轿车车身同时具有车架的作用，即承载式车身（也称为无梁式车架）。

1. 边梁式车架。

边梁式车架由两根位于两边的纵梁和若干根横梁组成，用铆接法或焊接法将纵梁与横梁连接成坚固的刚性构架。纵梁通常用低合金钢钢板冲压而成，断面一般为槽形。也有的做成Z字形或箱形断面。根据汽车形式的不同和结构布置的要求，纵梁可以在水平面内或纵向平面内做成弯曲的以及等断面或非等断面的。横梁不仅用来保证车架的扭转刚度和承受纵向载荷，还用以支承汽车上的主要部件。通常货车约有5根至6根横梁。

边梁式车架的结构特点是：便于安装车身（包括驾驶室、车厢及一些特种装备等）和布置其他总成，有利于改装变型车和发展多品种汽车。因此，被广泛采用在货车和大多数特种汽车上。图12－2所示为CA1091K2型汽车车架，它由2根纵梁和8根横梁铆接而成。

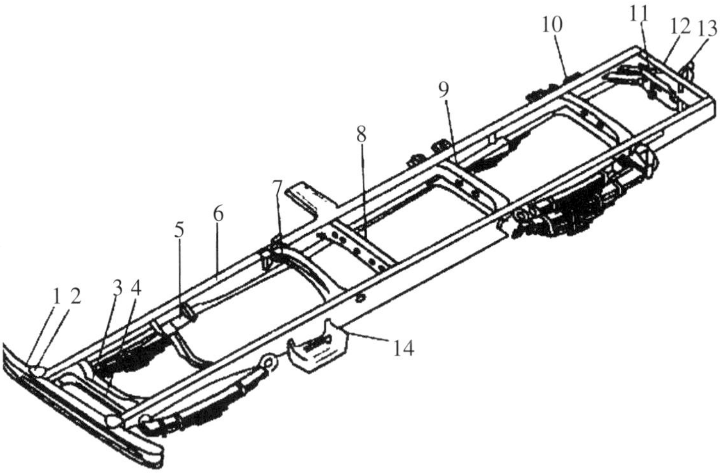

图12－2 CA1091K2型汽车车架

1—保险杠；2—挂钩；3—前横梁；4—发动机前悬置横梁；5—发动机后悬支架及横梁；6—纵梁；7—驾驶室后悬置横梁；8—第四横梁；9—后钢板弹簧前支架横梁；10—后钢板弹簧后支架横梁；11—角撑横梁组件；12—后横梁；13—拖钩；14—蓄电池托架

该车纵梁采用槽形不等高断面梁，纵梁中部向两端断面高度逐渐减小，这种结构可使应力分布较均匀，同时又减小了质量。在左、右纵梁上有很多的安装用孔，用以安装转向机、钢板弹簧等。横梁一般是用冲压成槽形的钢板制成，为增强车架的抗扭强度，也有采用管形或箱形断面横梁的。车架的前端还装有拖钩，以便在汽车发生故障或陷入泥坑的情况下，可以用别的汽车来拖拽它。后横梁上装有拖带挂车用的拖钩部件，因为后横梁要承受拖钩传来的很大作用力，故用角撑加强。

某些越野汽车在车架纵梁前端两侧装有加长梁，以便在加长梁前端安装绞盘装置和专用的保险杠。在未装有加长梁的纵梁上，其前端两侧备有一组冲孔，以便需要加装绞盘等装置时，可以紧固左、右加长梁。

因轿车车速较高，为保证其稳定高速行驶，应使其重心高度尽量降低，即需要降低车架的位置。同时，为了不影响前轮转向时的转角空间和悬架变形时车轮的跳动，车架的前端做得比较窄，后端局部向上弯曲。采用横梁X形，以提高车架的扭转刚度，如图12－3所示。

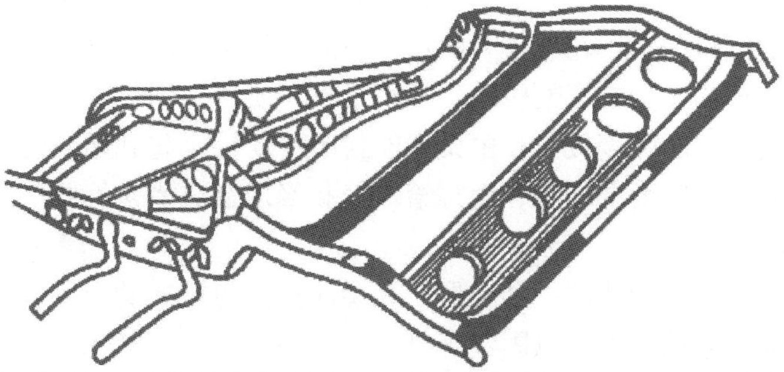

图12－3　轿车（X形）车架

大型客车的车架在前、后两车桥的上面有较大的弯度，保证了汽车重心和底盘都较低，因此在提高了汽车行驶时的稳定性的同时又给旅客上下车带来了方便。车架纵梁一般是用槽钢制成的，车架纵梁剖面形状如图12－4所示。在应力很大的地方常采用图12－4（b）所示的剖面形状来加强。在有些汽车车架上，为将车架局部加强，可装上加强板或在某处槽形断面内嵌入板件。

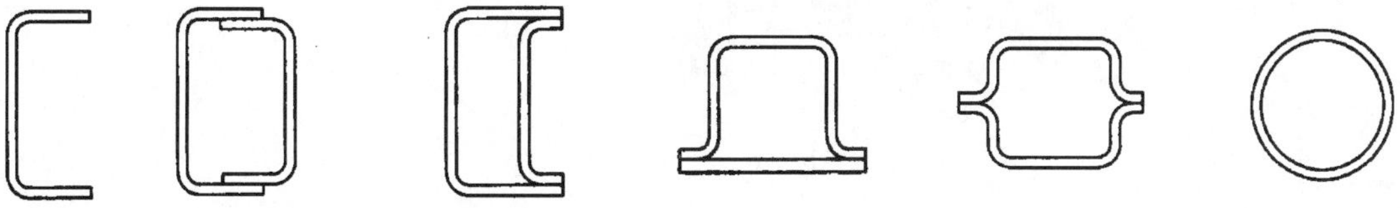

(a)　(b)　(c)　(d)　(e)　(f)

图12－4　车架纵梁的剖面形状

（a）槽形；（b）叠槽形1；（c）叠槽形2；（d）礼帽箱形；（e）对接箱形；（f）管形

2. 中梁式车架。

中梁式车架只有一根位于中央贯穿前后的纵梁，因此也称为脊式车架。中梁的断面可做成管形或箱形。这种车架有较大的扭转刚度，并使车轮有较大的运动空间，因此被采用在某些轿车和货车上。图 12－5 所示的是具有中梁式车架的轿车底盘。中梁是管式的，传动轴装在管内。主减速器壳通常固定在中梁的尾端而形成断开式驱动桥。中梁的前端做成伸出的支架，以固定发动机。

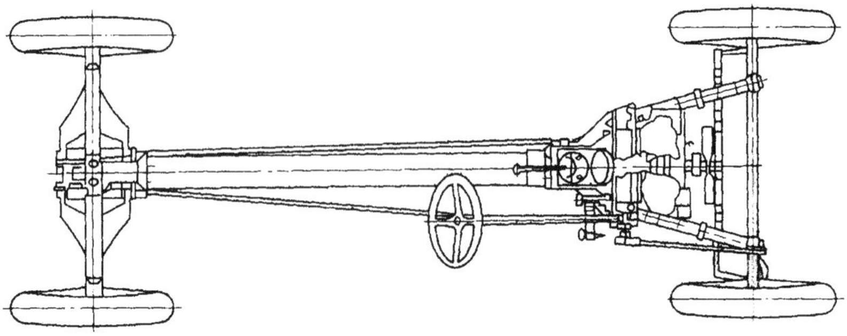

图 12－5　具有中梁式车架的汽车发动机及底盘示意图

中梁式车架的优点是：车轮有较大的运动空间，便于采用独立悬架，提高汽车的越野性；与同吨位的货车相比，其车架较轻，减小了整车质量；同时重心也较低，因此行驶的稳定性好；车架的刚度和强度较大；中梁还能封闭传动轴，起到防尘套的作用。但是这种车架的制造工艺复杂，精度要求高，而且给保养和修理造成诸多不便。

3. 综合式车架。

综合式车架是中梁式车架的一种变形。纵梁前段是边梁式的，用以安装发动机；中后段是中梁式的，伸出来的支架可以固定车身（图 12－6）。

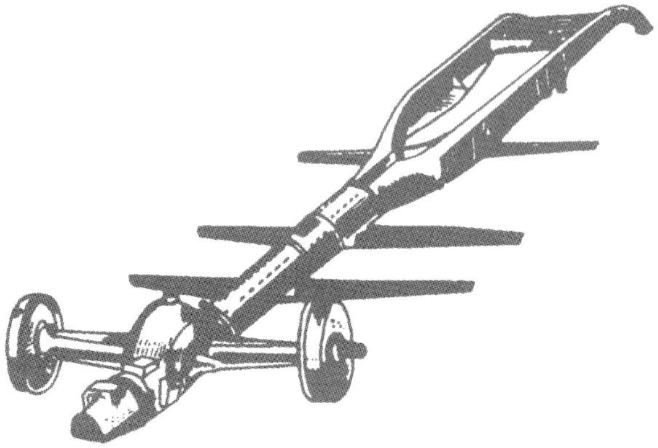

图 12－6　综合式车架

近年来车架结构形式也日益多样化和复杂化。如立体结构式，主要用于竞赛汽车以及特种汽车。它由钢管组合焊接而成，这样车架兼有车架和车身的作用。

12.2.2　车　桥

车桥（也称车轴）通过悬架与车架（或承载式车身）相连接，其两端安装车轮。车架所受的垂直载荷通过车桥传给车轮，车轮所受到的驱动力、制动力和侧向力以及这些力所形成的力矩通过车桥和悬架传给车架，故车桥的功用是传递车架和车轮之间的作用力以及这些力所形成的力矩。

按悬架的结构形式，车桥分为断开式和整体式两种，如图 12 – 7 所示。断开式车桥为活动关节式结构，与独立悬架配合使用；整体式车桥的中部是刚性实心或空心梁，与非独立悬架配合使用。

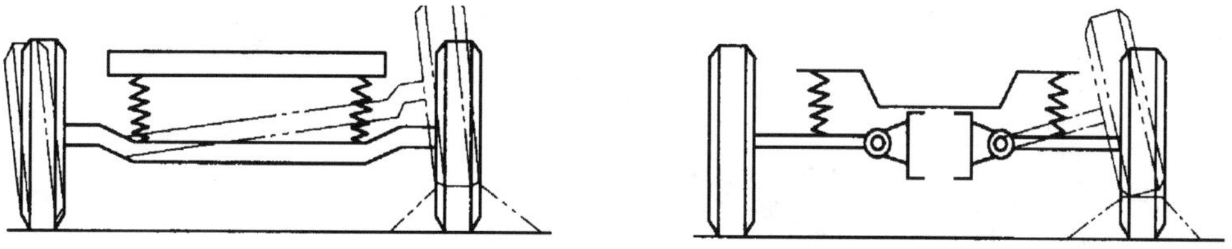

(a)整体式车桥　　(b)断开式车桥

图 12 – 7　整体式和断开式车桥

按车桥上车轮的作用，车桥又可分为转向桥、驱动桥、转向驱动桥和支承桥四种类型。一般汽车多以前桥为转向桥而以后桥或中、后两桥为驱动桥。越野汽车和一些轿车的前桥既是转向桥也是驱动桥，故称为转向驱动桥。有些单桥驱动的三轴汽车的中桥或后桥是支承桥。挂车上的车桥也是支承桥。

本学习任务主要介绍转向桥和转向驱动桥。

12. 2. 2. 1　**转向桥**

转向桥通常位于汽车前部，能使装在其两端的车轮偏转一定的角度，以实现汽车转向。同时还要承受车架与车轮之间的作用力及其产生的弯矩和转矩。

转向桥的结构、组成：各种车型的转向桥结构基本相同，主要由前轴、转向节和主销等组成，如图 12 – 8 所示。

前轴是转向桥的主体，一般由中碳钢经模锻而成。其端面采用“工”字形断面以提高抗弯强度；接近两端逐渐过渡为方形，以提高抗扭刚度。中部加工出两处平面用以支承钢板弹簧弹簧座（图上未画出），其上钻有 4 个安装 U 形螺栓（俗称骑马螺栓）的通孔和 1 个位于中心的钢板弹簧定位凹坑。中部向下弯曲，使发动机位置得以降低，从而降低汽车重心，扩宽驾驶员视野，并减小传动轴与变速器输出轴之间的夹角。前轴两端各有一个加粗部分，呈拳形，称为拳部，其中有通孔，主销即装入此孔内。用带有螺纹的楔形锁销将主销固定在拳部孔内，使之不能转动。

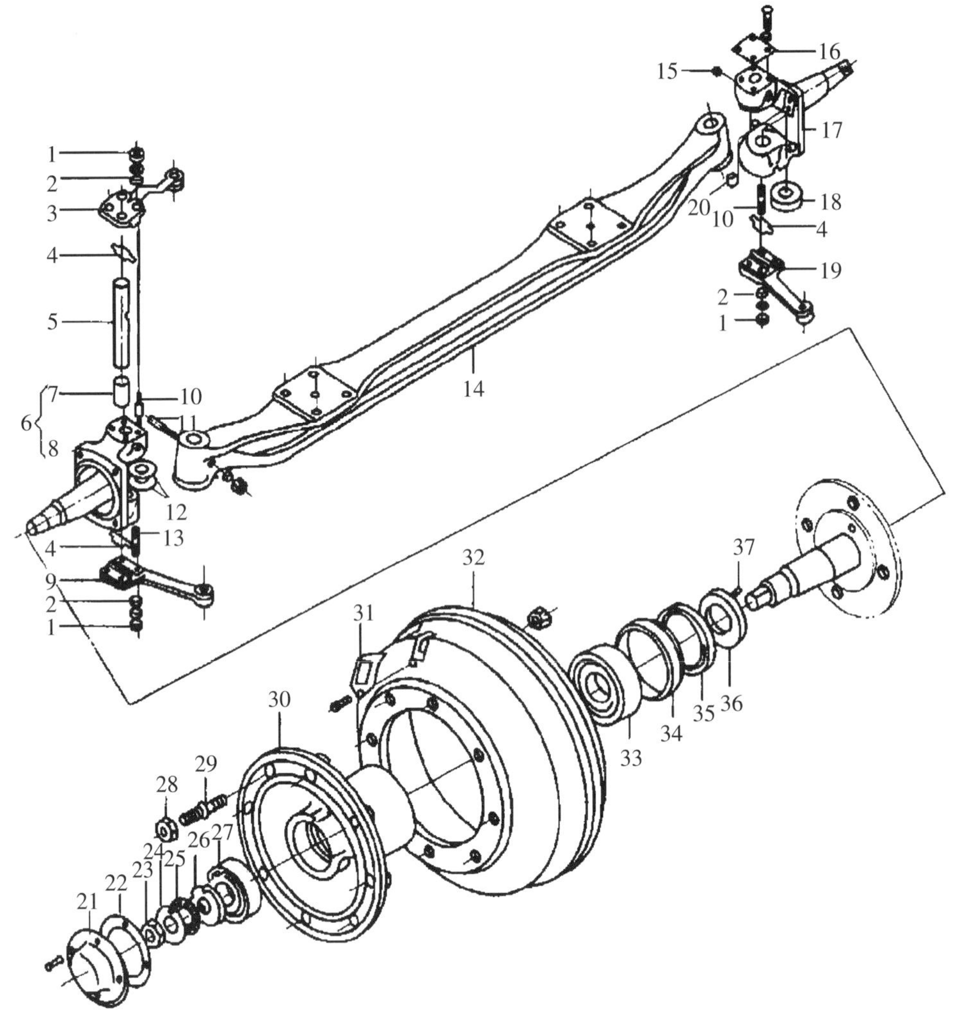

图 12－8　转向桥分解图

1—紧固螺母；2—锥套；3—转向节臂；4—密封垫；5—主销；6—左转向节总成；7—衬套；8—左转向节；9—左转向梯形臂；10、13—双头螺柱；11—楔形锁销；12—调整垫片；14—前轴；15—油嘴；16—右转向节上盖；17—右转向节；18—止推轴承；19—右转向梯形臂；20—限位螺栓；21—轮毂盖；22—衬垫；23—锁紧螺母；24—止动垫圈；25—锁紧垫圈；26—调整螺母；27—前轮毂外轴承；28—螺母；29—螺栓；30—车轮轮毂；31—检查孔堵塞；32—制动鼓；33—前轮毂内轴承；34—轮毂油封外圈；35—轮毂油封总成；36—轮毂油封内圈；37—定位销

转向节是一个叉形部件。上下两叉制有同轴销孔，通过主销与前轴的拳部相连，使前轮可以绕主销偏转一定角度而使汽车转向。为了减小磨损，转向节销孔内压入青铜衬套，衬套上的润滑油槽在上端部是接通的，用装在转向节上的油嘴注入润滑脂润滑。为使转向灵活轻便，在转向节下耳与前轴拳部之间装有滚子推力轴承。在转向节上耳与拳部之间装有调整垫片，以调整其间的间隙。在左转向节的上耳上装有与转向节臂制成一体的凸缘，在下耳上则装有与转向梯形臂制成一体的凸缘，此两凸缘上均制有一矩形键，因此在左转向节的上、下耳上都有与之配合的键槽。转向节即通过矩形键及带有锥形套的双头螺栓与

转向节臂及梯形臂相连。

车轮轮毂通过两个圆锥滚子轴承支承在转向节轴颈上。轴承的松紧度可用调整螺母加以调整。轮毂外端用冲压的金属罩盖住。转向节上还装有限位螺栓，与前轴上的限位凸台相配合，可以限制并调整转向轮的最大偏转角。

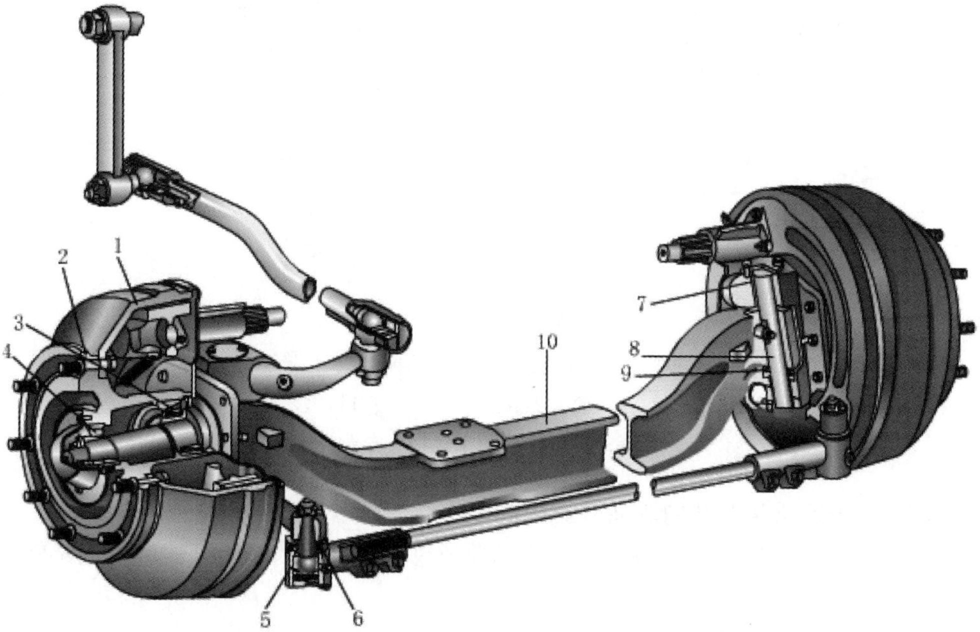

图 12－9　转向驱动桥

1—制动毂；2—轮毂；3、4—轮毂轴承；5—转向节；6—油封；7—衬套；8—主销；9—滚子止推轴承；10—前轴

12.2.2.2　转向驱动桥

越野汽车前轮驱动汽车和全轮驱动汽车的前桥，既起转向桥的作用，又兼起驱动桥的作用，故称为转向驱动桥。转向驱动桥如图 12－10 所示，它同一般驱动桥一样，由主减速器、差速器、半轴和桥壳组成。但由于转向时转向车轮需要绕主销偏转一个角度，故与转向轮相连的半轴必须分成内外两段（内半轴和外半轴），其间用万向节（一般多用等角速万向节）连接，同时主销也因此而分制成两段（或用球头销代替）。转向节轴颈部分做成中空的，以便外半轴穿过其中。下面以桑塔纳 2000 乘用车的转向驱动桥为例介绍其构造、拆装和检修。

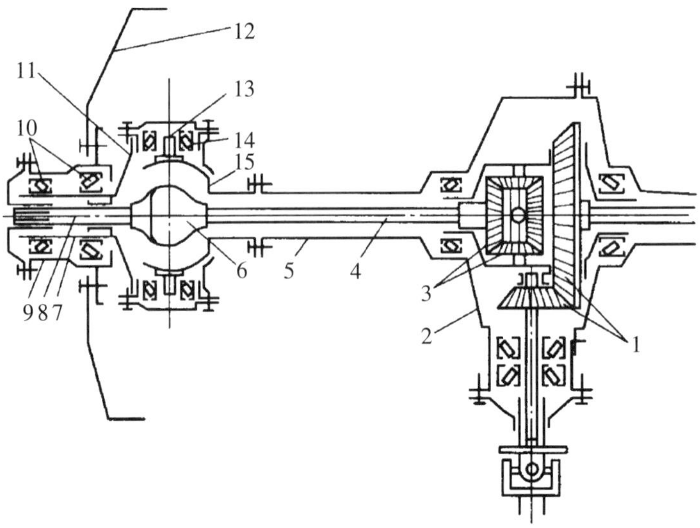

图 12－10　转向驱动桥示意图

1—主减速器；2—主减速器壳；3—差速器；4—内半轴；5—半轴套管；6—万向节；7—转向节轴颈；8—外半轴；9—轮毂；10—轮毂轴承；11—转向节壳体；12—车轮；13—主销；14—主销轴承；15—球形支座

1. 桑塔纳 2000 乘用车转向驱动桥的构造。

如图 12－11 所示为桑塔纳 2000 乘用车的前桥总成，采用的是断开式独立悬架转向驱动桥。

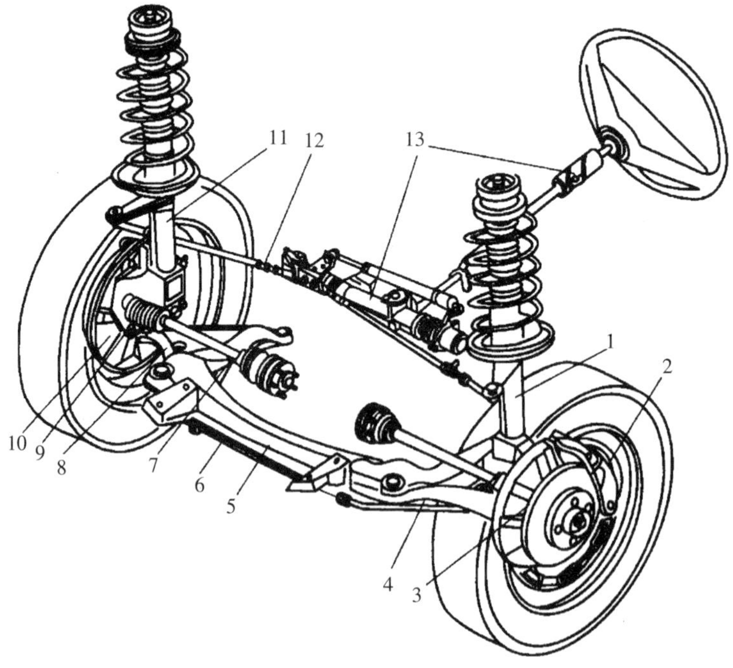

图 12－11　桑塔纳 2000 乘用车的转向驱动桥（主减速器和差速器未画出）

1、11—悬架；2—前轮制动器总成；3—制动盘；4、8—下摆嘴；5—副车架；6—横向稳定器；7—传动半轴总成；9—球形接头；10—车轮轴承壳；12—转向横拉杆；13—转向装置总成车桥上端通过左、右悬架与承载式车身相连接，下端通过左、右下摆臂与固定在车身上的副车架相连接。悬架车轮轴承壳与下摆臂之间通过可移动球形接头连接，从而使前轮固定，并可通过下摆臂上的长孔调整车轮外倾角，为了减小车辆转向时的车身倾斜，在副车架与下摆臂之间还装有横向稳定器。

桑塔纳乘用车的动力由主减速器、差速器经传动半轴驱动车轮旋转。传动半轴总成如图12－12所示。

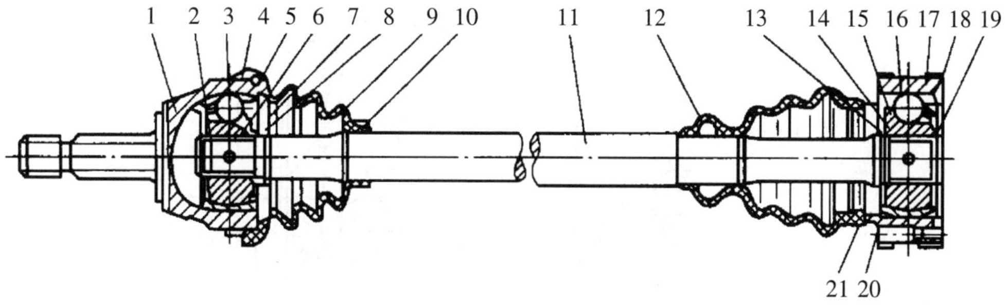

图12－12　传动半轴总成

1—外万向节球形壳；2、19—卡摘；3、16—钢球；4、10、21—夹箍；5—外万向节球笼；6—外万向节星形套；7—中间挡圈；8、13—碟形弹簧；9、12—橡胶护套；11—花键轴；14—内万向节星形套；15—内万向节球笼；17—内万向节球形壳；18—密封垫片；20—内万向节护盖

2. 桑塔纳2000乘用车转向驱动桥半轴总成的拆装。

（1）拆卸。

①在车轮着地时，拧下传动轴与轮毂的紧固螺母。

②拧下传动轴凸缘上的紧固螺栓。

③将传动轴与凸缘分开。

④从车轮轴承壳内拉出传动轴，或者利用压力装置V. A. C1389拉出传动轴。

（2）安装。

①擦净传动轴和花键上的油污，涂上锉基润滑脂。

②在外万向节的花键上涂上一圈5 mm的防护剂D6，然后装上传动轴花键套。涂防护剂后的传动轴安装后应停车60 min，然后才可使用汽车。

③将球头销重新装配在原位置，并拧紧螺母。在安装球头销时，不能损坏波纹管护套。

④必要时检查前轮外倾角。

⑤车轮着地后，拧紧轮毂固定螺母。

12. 2. 2. 3　转向轮定位

为了保证汽车直线行驶的稳定性和操纵的轻便性，减少轮胎和其他机件的磨损，转向轮、转向节和前轴三者与车架的安装应保持一定的相对位置关系，这种安装位置关系称为转向车轮定位，也称前轮定位。对于两端装有主销的转向桥，汽车转向时，转向车轮会围绕主销轴线偏转，如图 12－13（a）所示。但在大多数断开式转向桥中没有主销，采用上、下球头销代替主销，上、下球头销球头中心的连心线相当于主销轴线，如图 12－13（b）所示。转向轮定位包括前轮外倾、主销后倾、主销内倾及前束 4 个参数。现以有主销的转向桥为例说明转向车轮定位。

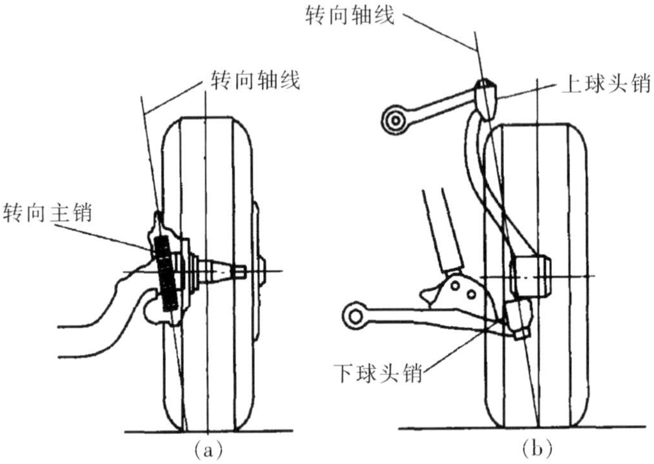

图 12－13　主销的不同形式

1. 主销后倾。

（1）定义。

主销安装在前轴上，其上端略向后倾斜，这种现象称为主销后倾。在垂直于汽车支承平面的纵向平面内，主销轴线与汽车支承平面垂线之间的夹角，叫主销后倾角，如图 12－14 所示。

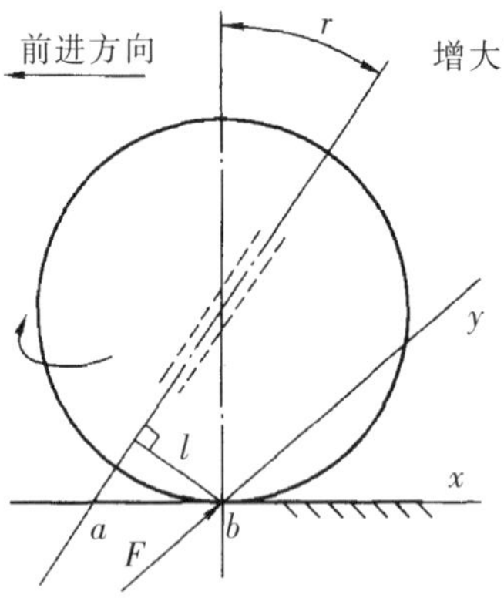

图 12－14　主销后倾图

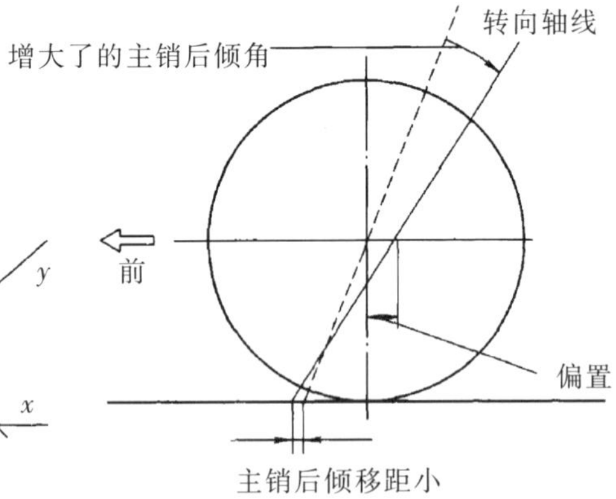

图 12－15　Voriauf 几何结构示意图

（2）功用。

主销后倾的功用是对车轮形成回正力矩，保证汽车直线行驶的稳定性，并使汽车转向后回正操纵轻便。

（3）原理。

主销后倾，使主销轴线的延长线与地面的交点 a 位于车轮与路面的接触点 b 之前，a、

b 两点之间的距离称为主销后倾移距。设 b 点到主销轴线延长线之间的距离为 1，汽车直线行驶时，若转向轮偶然受到外力作用而偏转（图 12－14 中所示为向右偏转），汽车将偏离行驶方向而右转弯。由于汽车本身离心力的作用，在轮胎与路面接触点 b 处将产生一个路面对车轮的侧向反作用力 F，由于反作用力 F 没有通过主销轴线，因而形成了一个使车轮绕主销轴线旋转的力矩 F_1，其方向正好与车轮偏转方向相反。在力矩作用下，使车轮具有回复到原来中间位置的作用，从而保证了汽车直线行驶的稳定性。同理，在汽车转向后的回正过程中，此力矩具有帮助驾驶员使转向车轮回正的作用，使汽车转向后回正操纵轻便。

主销后倾角越大、车速越高，回正力矩越大，转向轮偏转后自动回正的能力也越强。但主销后倾角也不宜过大，一般不超过 3°，否则在转向时为了克服此力矩，驾驶员需在转向盘上施加较大的力，使转向沉重。为了解决这个问题，现代乘用车常采用 Voriauf 几何结构，可使主销轴线偏移至车轮中心之后，如图 12－15 所示，从而可以在不增加后倾移距的情况下，增大后倾角，以提高汽车直线行驶的稳定性。这样，可将主销后倾角增大。这种几何结构在 Lexus（雷克萨斯）LS40O 型（UCF10 系列）和 Celica 型（ST184 系列）乘用车上都有应用。

此外，有些汽车由于采用超低压轮胎，弹性增加，转向时因轮胎弹性变形而使轮胎与路面的接触点后移，使回正力矩增加，故主销后倾角可以减小，甚至为负值（即主销前倾）。

（4）形成。

主销后倾角一般是将前轴连同悬架安装在车架上时，使前轴向后倾斜而形成的。

2. 主销内倾。

（1）定义。

主销安装在前轴上，其上端略向内侧倾斜，这种现象称为主销内倾。在垂直于汽车支承平面的横向平面内，主销轴线与汽车支承平面垂线之间的夹角称为主销内倾角，如图12－16 所示。

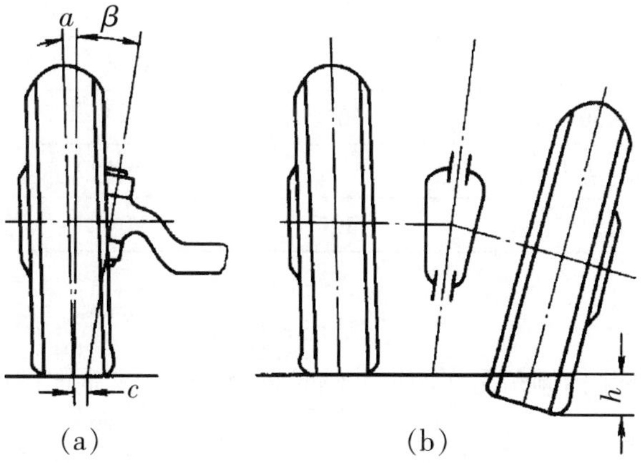

图 12－16　主销内倾

（2）功用。

主销内倾的功用是使转向轮自动回正，并使转向操纵轻便。

（3）原理。

①主销内倾具有使转向轮转向操纵轻便的作用。

如图 12－16（a）所示，由于主销内倾，使主销轴线的延长线与地面的交点至车轮中心平面与地面交点之间的距离缩短（在有些维修资料中将距离称为偏置或磨胎半径），转向时，路面作用在转向轮上的阻力对主销轴线产生的力矩减小，从而可减少转向时驾驶员施加在转向盘上的力，使转向操纵轻便。同时还可以减小因路面不平而从转向轮传到转向盘上的冲击力。

②主销内倾具有使转向轮自动回正的作用。

如图 12－16（b）所示，当转向轮在外力作用下绕主销旋转（为了解释方便，假设旋转 180°，即由图（b）中左边位置转到右边位置）而偏离中间位置时，由于主销内倾，车轮的最低点将陷入路面以下 h 处，即车轮必须将路面压低距离 h 后才能旋转过来，但实际上路面不可能被压低，车轮下边缘不可能陷入路面之下，而是车轮连同整个汽车前部被向上抬起相应高度 h。一旦外力消失，转向轮就会在汽车前部重力作用下力图自动回正到旋转前的中间位置。主销内倾角越大、转向轮偏转角越大，汽车前部就抬起得越高，转向轮自动回正的作用就越大。主销内倾角既不宜过大，也不宜太小。

主销内倾角过大（偏置 c 减小），转向时，车轮在滚动的同时将与路面产生较大的滑动，增加轮胎与路面的摩擦阻力，这不仅使转向沉重，而且加速轮胎的磨损，故主销内倾角一般不大于 8°，偏置一般为 40～60 mm；主销内倾角过小（偏置大），汽车行驶的稳定性和制动稳定性将变差。在一些发动机前置前轮驱动的乘用车上，为了使汽车具有良好的行驶稳定性，特别是制动稳定性，其主销内倾角均较大，见表 12－1。

表 12－1　转向轮定位参数对照表

车　型	主销后倾角	主销内倾角	前轮外倾角	前束值/mm
CA1091	1°30′	8°	1°	2～4
EQ1090	2°30′	6°	1°	1～5
奥迪 100	1.16°	14.2°	0°30′±30′	0.5～1
上海桑塔纳			－0°30′±20′	－1～－3
南京依维柯	0°30′～1°	0°	1°	1.5～2.5
北京切诺基	7.5°		0°	0
天津夏利	2°55′	12°	0°	1

（4）形成。

整体式转向桥的主销内倾角是在制造前轴时将销孔轴线上端向内倾斜而获得的。

3. 车轮外倾。

（1）定义。

转向轮安装在转向节上时，其旋转平面上端向外倾斜，这种现象称为转向车轮外倾。车轮旋转平面与垂直于车辆支承面的纵向平面之间的夹角 a 称为车轮外倾角，如图 12－17 所示。

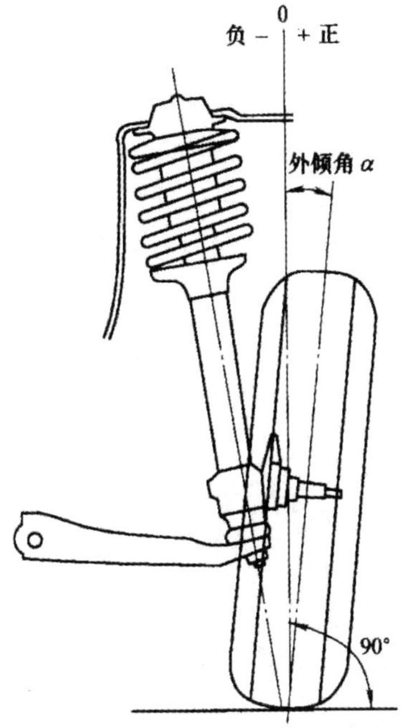

图 12－17　车轮外倾图

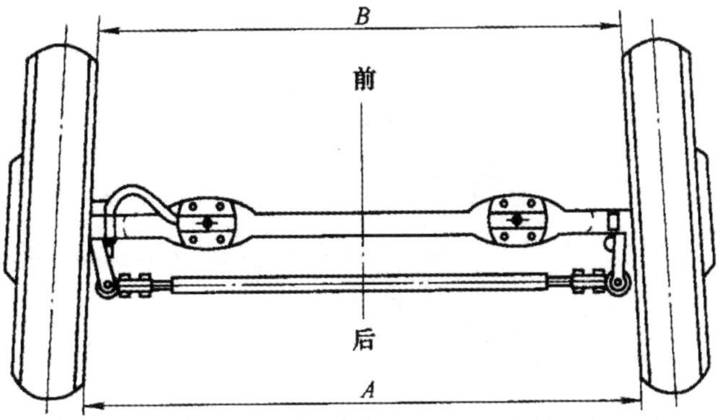

图 12－18　前束

（2）功用。

车轮外倾角的功用是提高车轮工作的安全性和转向操纵的轻便性。

（3）原理。

由于主销与衬套之间、轮毂与轴承等处都存在着装配间隙，若空车时车轮的安装正好垂直于路面，则满载时上述间隙将发生变化，车桥也因承载而变形，从而引起车轮向内倾斜。车轮内倾将使路面对车轮的垂直反作用力的轴向分力压向轮毂外端的小轴承，使该轴承及其锁紧螺母等部件承受的载荷增大，缩短了它们的使用寿命，严重时会损坏锁紧螺母而使车轮脱落。为此，安装车轮时预先留有一定的外倾角，以防止上述不良影响。车轮外倾与主销内倾相配合可进一步缩短距离 C［图 12－16（a)］，使汽车转向轻便。此外，车轮有一定的外倾角也可以与拱形路面相适应。但车轮外倾角不宜过大，否则会使轮胎产生不正常磨损。一般前轮外倾角为 1°左右，有的汽车前轮外倾角为负值（见表 12－1），这样在汽车转向时可避免车身过分倾斜。

4. 前轮前束。

（1）定义。

车轮安装在车桥上，两前车轮的中心平面不平行，其前端略向内侧收紧，这种现象称为前轮前束。两前轮后端距离 A 大于前端距离 B，其差值 $A-B$ 称为前轮前束值，如图 12－18所示。

（2）功用。

前轮前束的功用是消除因车轮外倾所造成的不良后果，保证车轮不向外滚动，防止车轮侧滑和减轻轮胎的磨损。

（3）原理。

由于车轮外倾，汽车行驶时，两个车轮的滚动类似于两个锥体的滚动，其轨迹不再是直线而是逐渐向各自的外侧滚开，如图 12－19 所示。但因受车桥和转向横拉杆的约束，两侧车轮不可能向外滚开，这样，车轮在路面上滚动行驶的同时又被强制地拉向内侧，产生向内的侧滑，从而加剧轮胎的磨损。有了前束，车轮滚动的轨迹是向内侧偏斜，只要前束值与车轮外倾角配合适当，车轮向内、外侧滚动的偏斜量就会相互抵消，使车轮每一瞬间的滚动方向都朝着正前方，从而消除了侧滑，减轻了轮胎的磨损。前轮前束值可以通过改变转向横拉杆的长度来调整，一般前束值为 0～12 mm。

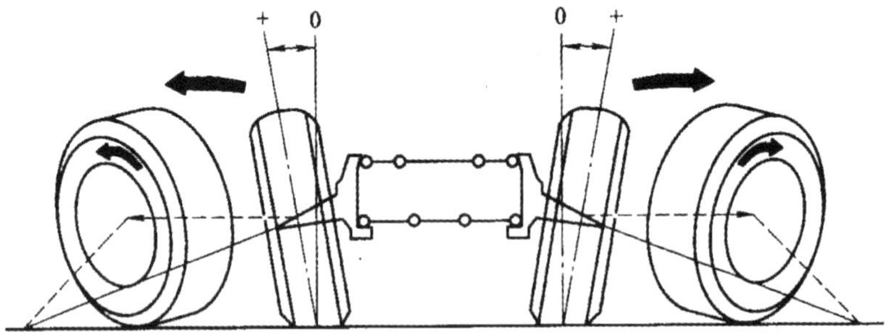

图 12－19　车轮外倾产生的车轮运动示意图

12.2.2.4　四轮定位

四轮定位仪如图 12－20 所示。

图 12－20　四轮定位仪

1. 定位准备。

（1）转向轮定位参数测定时，汽车的载荷应符合被测车辆制造厂的规定。

（2）检查轮胎气压是否符合规定，检查转向轮轮胎有无异常磨损。

（3）检查车轮的轮毂轴承、转向主销衬套等是否松旷，检查车轮制动器是否良好。

（4）将电子转盘按其标记 L 和 R 分别放置在四柱举升机器左右支撑板凹槽内。

（5）将被测车辆停放在举升机上，并将前轮停放在转盘上（车轮与转盘对正）。

（6）将仪器的 4 个夹具分别安装在前后轮上，同时将测试头装在夹具上，如图 12－21 所示为右后轮的连接方法。

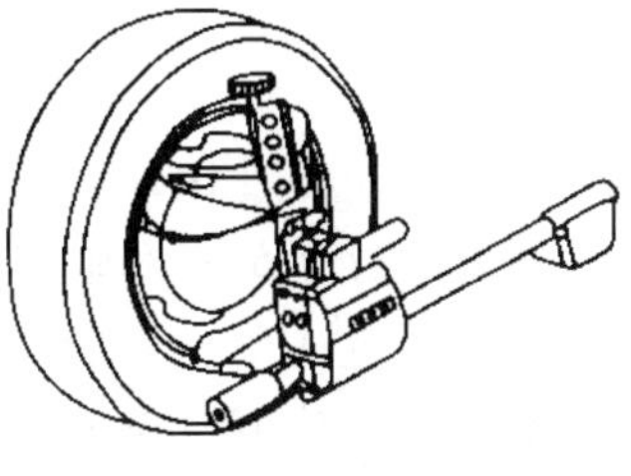

图 12－21　右后轮的连接

（7）分别将每侧前后车轮上的测试头连线、接口的 O 口连到控制柜相应接口上，电子转盘分别与对应车轮测试头连接；分别调整 4 个测试头水平，如图 12－22 所示。

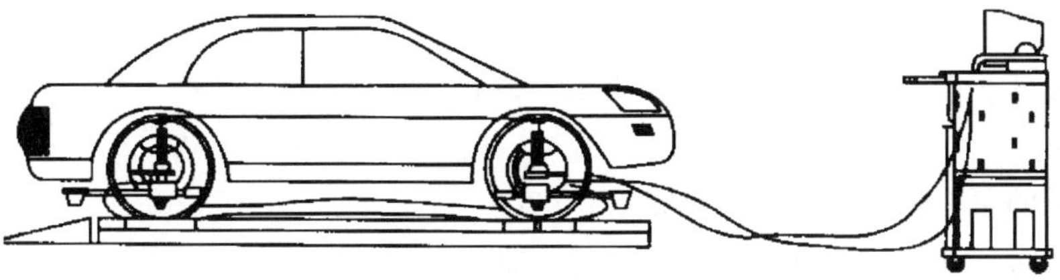

图 12－22　探测杆水平状态

2. 定位步骤。

（1）接通电源，开启计算机。

（2）被测车辆数据输入，可得到被测车辆的标准数据（用于与检测数据对照，便于调整）。

（3）轮辋跳动补偿操作。分别将前、后轮利用二次举升机举起，车轮每次转动 90°，按补偿输入键（测试头中间键），转动 4 次完成跳动补偿（此程序不做会导致测量数值有 0.1°～0.5°误差）。

（4）使用抵压板将制动压板压下，并固定。

（5）拔下电子转盘固定销。

（6）按显示屏幕上所提示的项目操作。分别将方向盘转至“车轮正直方向”“右侧至极限位置”“右侧测量位置”“左侧测量位置”“左侧极限位置”，每次须出现“绿柱”并待消失后再进行下一程序。

（7）测试完毕，显示出测试数据与标准数据。

（8）车辆调整。调整时的顺序：先调后轮，再调前轮；后轮先调外倾角，后调束角；前轮先调主销后倾角，后调车轮外倾角，再调车轮束角。可对照显示数据调整到数字变绿为合格。

（9）试车：四轮定位检测调整后，应进行试车，以检查车辆异常行驶情况是否解除，如未达到标准应当进行检测和调整。

(10) 打印结果：将 A4 打印纸放入打印机插入口，按打印键即可打印出测试报告；下一车辆的测试应在前辆车完成后，进入“下一车辆”测试操作。

3. 四轮定位的结果分析。

(1) 跑偏。

造成跑偏的原因归纳起来主要有以下几点：

①前轮主销后倾角左、右不对称，偏差超过 0.5°，车辆向主销后倾角小的一侧跑偏。

②前轮外倾角左、右不对称，偏差超过 0.5°，车辆向外倾角正值最大的一侧跑偏。

③后轮外倾角左、右不对称，偏差超过 0.5°，车辆向后轮外倾角最小的一侧跑偏。

④根据前后轴的退缩角可以观察到车辆轴距的变化，前后退缩角之和超过 0.2°，就会出现可感觉到的跑偏，跑偏朝向轴距小的一侧。

另外，四轮定位仪无法测知的跑偏因素还有以下几点：

①侧滑。多数由轮胎引起。

②胎压不均匀。

③刹车不对称，打滑。

④转向助力不平衡。

⑤悬挂零件磨损、失调（如弹簧弹力不一致）。

(2) 吃胎。

造成吃胎的原因归纳起来主要有以下几点：

①前轮同时吃外侧或同时吃内侧——前轮前束不对。

②前轮单轮吃胎——外倾角不对。

③后轮吃胎——外倾角、束角的原因。

另外，四轮定位仪无法测知的吃胎因素还有以下几点：

①轮胎气压过高，吃轮胎胎面中心线附近。

②轮胎气压过低，同时吃轮胎两侧。

③底盘零件有问题。

(3) 车辆发飘。

主销后倾角接近于零或主销后倾角为负。

(4) 方向盘沉重。

①主销后倾角过大。

②外倾角不正确。

③前轮前束角为负值。

④悬挂零件变形。

(5) 方向盘回正能力差。

①主销后倾角过小。

②转向机有问题。

③主销内倾角过小。

④轮胎有问题。

(6) 遇到轻微颠簸后或加速时车辆甩尾，主要是由后轮束角不正确引起的。

☞学习工作页

<table>
<tr><td rowspan="2">学习工作页</td><td>学习单元</td><td colspan="4">行驶系统的结构与拆装</td></tr>
<tr><td>学习任务</td><td colspan="4">车架与车桥</td></tr>
<tr><td>姓　名</td><td></td><td>班　级</td><td></td><td>小　组</td><td></td></tr>
<tr><td>日　期</td><td></td><td>开始时间</td><td></td><td>结束时间</td><td></td></tr>
<tr><td>场　地</td><td colspan="5">整车理实一体教室</td></tr>
<tr><td>用品、用具、工具、设备</td><td colspan="5">桑塔纳轿车一辆、通用工具</td></tr>
<tr><td>工作记录</td><td colspan="5">1. 会正确拆装车架和车桥。
2. 说出汽车车架和车桥的结构及部件名称。</td></tr>
<tr><td colspan="6">1. 填空题。
(1) 汽车的车架按结构形式可分为边梁式、________和________式几种类型。
(2) 转向轮定位包括________、________、________、________四个参数。
2. 判断题。
(1) 车桥的功用是传递车架和车轮之间的作用力以及这些力所形成的力矩。(　　)
(2) 四轮定位是在汽车行驶中车轮发生异常磨损时进行的一项作业项目。(　　)

指导教师评语：
____
____

教师签字：________________　日期：________年________月________日</td></tr>
</table>

学习任务 12.3　车轮与轮胎

☞学习情境

一辆行驶 8 万公里的长城汽车出现轮胎鼓包需要更换的问题，该款汽车轮胎为 15 寸。客户到轮胎市场购买了 4 个 15 寸的轮胎，准备更换，结果更换时发现其宽度不够。要能正确地更换轮胎，需要我们全面了解轮胎的型号及规格。

☞学习目标

通过本任务的学习，应能：

1. 叙述汽车轮胎的品牌及功用。
2. 了解汽车车轮的组成及型号。
3. 掌握汽车车轮和轮胎的更换方法。

☞学习场所和设备

1. 汽车底盘实训室。
2. 手动变速器车辆、举升机、拆装专用工具。
3. 游标卡尺、卡环钳、维修手册、工作台。

☞学习任务

1. 会正确叙述汽车轮胎的规格及厂牌型号。
2. 会正确拆装车轮及轮胎。

☞学习信息

车轮与轮胎是汽车的行走部件，安装在车架上，连接车轴，接触地面，可以绕车轴转动并沿地面滚动。轮胎及车轮将汽车发出的作用力传给地面，同时将地面给予的反作用力传回汽车，是汽车行驶系统中的重要部件，其基本功用如下：

（1）支承整车的质量，使汽车能够承载；

（2）缓和由路面传来的冲击力，改善承载条件；

（3）传递驱动力、制动力和转向力，使驾驶人员能够对汽车的运动进行操纵控制；

（4）减小行驶阻力和能量的消耗，提高运输效率；

（5）有效提高通过性。

轮胎及车轮与汽车多种性能密切相关，如整车动力性、经济性、平顺性、通过性、制动性及操纵稳定性等，通过轮胎及车轮的特性配合实现匹配和优化。安全性和可靠性在很大程度上取决于所用轮胎和车轮的制造质量和使用寿命。

12. 3. 1　车　轮

车轮由轮毂、轮辋以及这两元件间的连接部分（称轮辐）所组成。

按轮辋和辐板连接形式，车轮可分为组合式结构和整体式结构。此外，还有对开式车轮、可反装式车轮、可调式车轮等。组合式结构将轮辋与辐板用焊接或铆接方式进行连接，整体式结构将轮辋与辐板用铸造成形或锻造成形方式进行连接。前者主要用于钢制车轮，而后者则用于合金制车轮。目前，货车上广泛采用辐板式车轮，轿车上多采用合金车轮。

12. 3. 1. 1　**辐板式车轮**

这种车轮如图 12－23 所示，由挡圈、轮辋、辐板和气门嘴伸出口、轮毂组成。

车轮中用以连接轮毂和轮辋的钢质圆盘称为辐板。辐板上的孔可以减轻质量，有利于制动毂的散热，方便于接近气门嘴，同时可作为安装时的把手。螺栓孔多加工成锥形，以便在将辐板固定在轮毂上时对正中心。辐板大多是冲压制成的，少数和轮毂铸成一体，后者主要用于重型汽车。

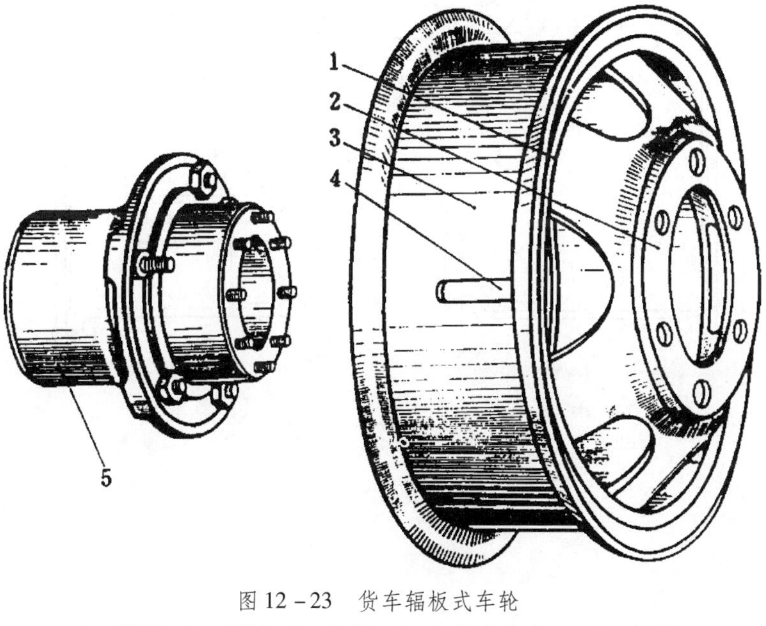

图 12－23　货车辐板式车轮

1—挡圈；2—辐板；3—轮辋；4—气门嘴伸出口；5—轮毂

轿车的辐板所用板料较薄，常冲压成起伏多变的形状，以提高其刚度。由于货车后轴所受负荷比前轴大得多，为使后轮轮胎不致过载，后桥一般装用双式车轮（图 12－24）。在同一轮毂上安装了两套辐板和轮辋，为了便于互换，辐板的螺栓孔两端面都做成锥形［图 19－25（a）］。内轮辐板 3 靠在轮毂 4 凸缘的外端面上，用具有锥形端面的特制螺母 1

固定在螺栓 5 上。螺母 1 还具有外螺纹。外轮辐板 2 紧靠着内轮辐板，并用锁紧螺母 6 来固定。采用这种双螺母固定形式时，为了防止汽车在行驶中固定辐板的螺母自行松脱，汽车两侧车轮上的辐板固定螺栓 5 一般采用旋向不同的螺纹，左侧用左旋螺纹，右侧用右旋螺纹。一些载货汽车上，后桥双式车轮采用了单螺母的固定形式［图 12－25（b）］，由于在该结构中采用了球面弹簧垫圈 7，可以防止螺母 1 的自行松脱，故汽车左、右车轮上固定辐板的螺栓 5 均可用右旋螺纹，从而减少了零件品种。

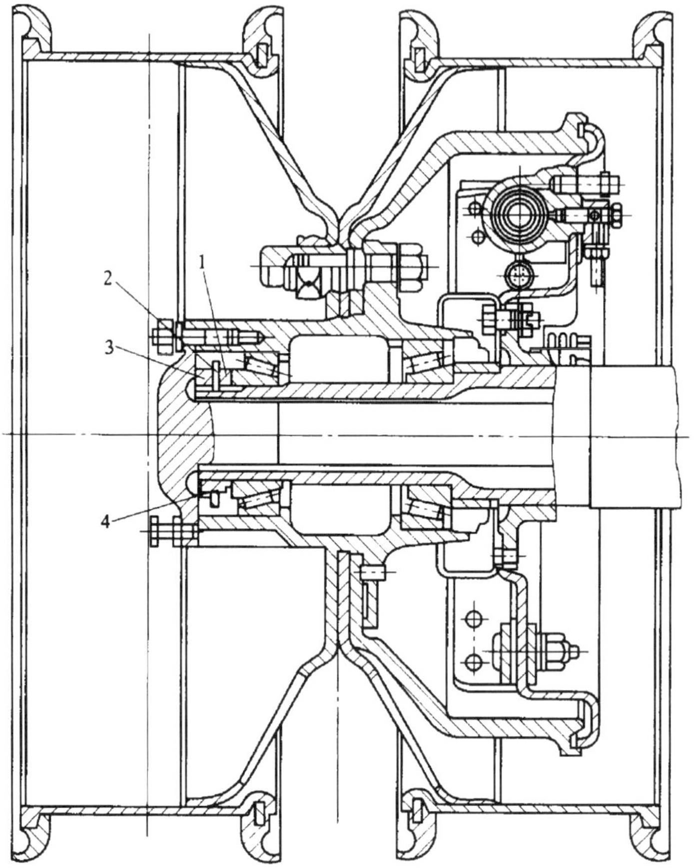

图 12－24　载货汽车双式后轮结构示意图

1—调整螺母；2—锁止垫片；3—锁紧螺母；4—销钉

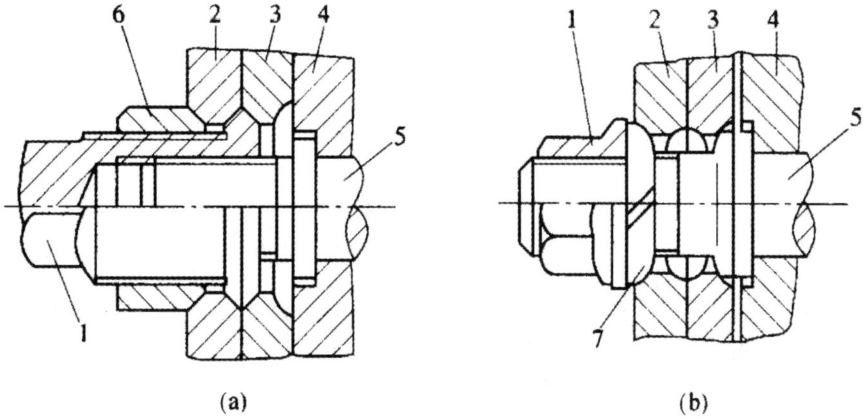

图 12－25 双式车轮辐板的固定

（a）双螺母固定形式；（b）单螺母固定形式

1—螺母；2—外轮辐板；3—内轮辐板；4—轮毂；5—螺栓；6—锁紧螺母；7—球面弹簧垫圈

12.3.1.2 辐条式车轮

这种车轮的轮辐是钢丝辐条［图 12－26（a）］或者是和轮毂铸成一体的铸造辐条［图 12－26（b）］。辐条式车轮一般仅用于赛车和某些高级轿车上。铸造辐条式车轮用于装载质量较大的重型汽车上。在这种结构的车轮上，轮辋 1 用螺栓 3 和特殊形状的衬块 2 固定在辐条 4 上，为了使轮辋与辐条很好地对中，在轮辋和辐条上都加工出配合锥面 5。

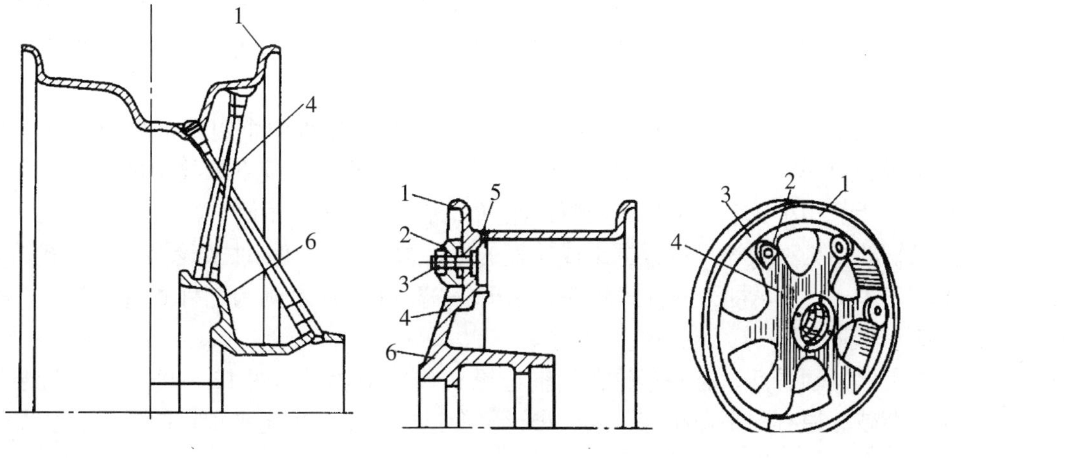

图 12－26 辐条式车轮

（a）钢丝辐条；（b）铸造辐条

1—轮辋；2—衬块；3—螺栓；4—辐条；5—配合锥面；6—轮毂

12.3.1.3 轮 辋

轮辋的作用是用以安装轮胎。按结构分为深槽式、平底式和对开式［12 － 29

(c)] 等。

1. 轮辋的型式。

轮辋是装配和固定轮胎的基础。按其结构特点不同，轮辋的常见型式主要分为两种：深槽轮辋和平底轮辋，如图 12－27 所示。

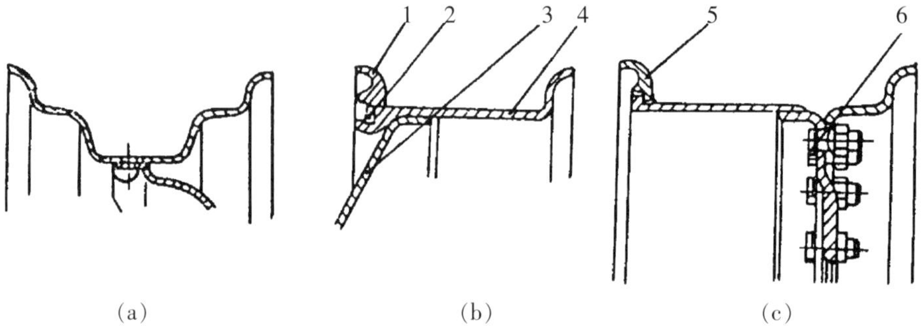

图 12－27 轮辋的型式
(a) 深槽轮辋；(b) 平底轮辋；(c) 对开式轮辋
1、3—挡圈；2—锁圈；4—轮辐；5—轮辋；6—螺栓

深槽轮辋［图 12－27 (a)］是用钢板冲压成形的整体结构。中部制成深凹槽，以便于拆装轮胎，凹槽两侧略向中间倾斜。这种轮辋结构简单、刚度大、质量轻，适于安装尺寸小、弹性较大的轮胎。深槽轮辋主要用于轿车及轻型越野汽车（如上海桑塔纳轿车、北京切诺基吉普车）。

平底轮辋［图 12－27 (b)］适于装用尺寸较大而弹性较小的轮胎。这种轮辋底部呈平环状，其一边制有凸缘，而另一边则是可拆卸的挡圈 1，具有弹性的开口锁圈 2 嵌入轮辋 5 边缘的环槽内以防止挡圈脱出。解放 CA1092 型和东风 EQ1090E 型汽车均采用这种轮辋。

对开式轮辋［12－27 (c)］也是一种平底轮辋。这种轮辋由两部分组成（其中一部分与轮辐制成一体），二者用螺栓 6 连成一体。拆装轮胎时旋下螺栓上的螺母即可。对开式轮辋只能装用单轮胎，多用于越野汽车（如东风 EQ2080 型汽车）。

轮辋的结构型式还可以根据组成轮辋的零件数目，分为一件式轮辋和多件式轮辋。如图 12－27 (a) 所示即为一件式轮辋，图 12－27 (b) 所示则为三件式（轮辋 5、挡圈 1、锁圈 2）轮辋。

为了保持动平衡，有些车轮在轮辋边缘夹装平衡块，如图 12－28 所示。拆装、维修车轮，会破坏原有的平衡状态，故应进行平衡试验以重新确定平衡块的质量和装夹位置。

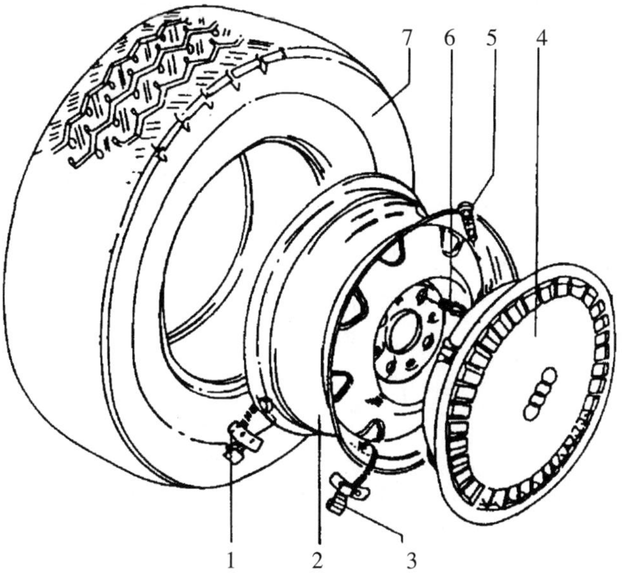

图 12－28　一汽奥迪 100 型轿车车轮与轮胎

1—平衡块；2—轮辋；3—平衡块定位弹簧；4—车轮装饰罩；5—气门嘴；6—螺栓；7—轮胎

2. 国产轮辋规格的表示方法。

国产轮辋规格用一组数字、符号和字母表示，分为几部分，各部分的含义及具体内容如下：

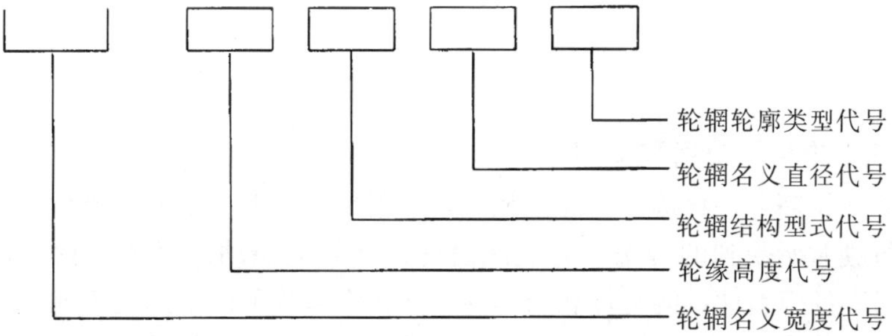

（1）轮辋名义宽度代号：以数字表示，一般取小数点后两位，单位为英寸（当以 mm 表示时，要求轮胎与轮辋的单位一致）。

（2）轮缘高度代号：用一个或几个拉丁字母表示，如 C、D、E、F、JJ、JK、L、V 等。常用代号及相应高度值（mm）列表如下：

C	D	E	F	G	H	J	K	L	P	R	S	T	V	W
15. 88	17. 45	19. 81	22. 23	27. 94	33. 73	17. 27	19. 26	21. 59	25. 40	28. 58	33. 33	38. 10	44. 45	50. 80

（3）轮辋结构型式代号：用符号“X”表示一件式轮辋，用“—”表示多件式轮辋。

（4）轮辋名义直径代号：以数字表示，单位为英寸（当以 mm 表示时，要求轮胎与轮辋单位一致）。

（5）轮辋轮廓类型代号：用几个字母表示，每个代号所表示的轮辋轮廓类型参见图 12－29。

对于不同型式的轮辋，以上代号不一定同时出现。例如，解放 CA1092 型汽车轮辋为 6.5－20，表明该轮辋是名义宽度和名义直径分别为 6.5 英寸和 20 英寸的多件轮辋；上海桑塔纳轿车轮辋规格为 5.5JX13，表明其轮辋名义宽度和名义直径分别为 5.5 英寸和 13 英寸，轮缘高度为 17.27mm，属一件式轮辋。

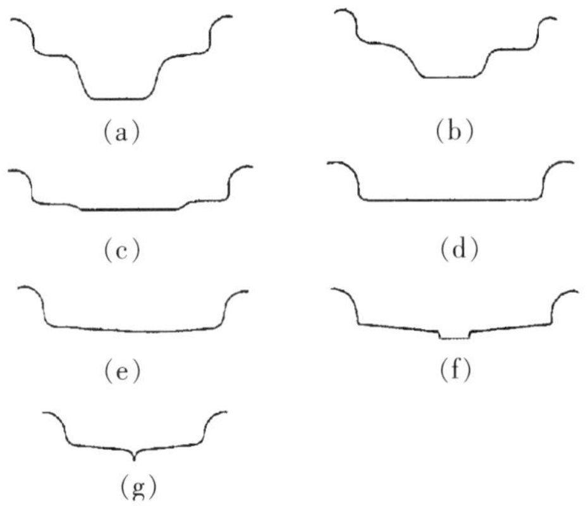

图 12－29　轮辋轮廓类型及其代号

（a）深槽轮辋（DC）；（b）深槽宽轮辋（WDC）；（c）半深槽轮辋（SDC）；（d）平底轮辋（FB）；（e）平底宽轮辋（WFB）；（f）全斜底轮辋（TB）；（g）对开式轮辋（DT）

12.3.2　轮　胎

12.3.2.1　轮胎的功用和类型

轮胎安装在轮辋上，直接与路面接触，其功用是：支承汽车的总质量；与汽车悬架共同缓和汽车行驶时所受到的冲击，并衰减由此而产生的振动；保证车轮与路面的良好附着，以提高汽车的牵引性、制动性和通过性。现代汽车几乎都采用充气轮胎。充气轮胎又分为有内胎式和无内胎式两种型式。充气轮胎按胎内空气压力的大小可分为高压胎（0.5～0.7 MPa）、低压胎（0.15～0.45 MPa）和超低压胎（0.15 MPa 以下）。由于制造轮胎的材料性能不断改善，轮胎的负荷能力大幅度提高，相应的轮胎气压也提高了，按上述标准有些已属于高压胎气压范围的轮胎，因其保持了低压胎的良好性能而仍划归为低压胎。如国产 9.00～20.14 层级尼龙胎，气压为 0.67 MPa，仍属低压胎。目前汽车上广泛采用低压胎。

12.3.2.2　充气轮胎的构造

1. 普通轮胎。

普通充气轮胎由外胎 4、内胎 3 和垫带 2 组成，如图 12－30 所示。

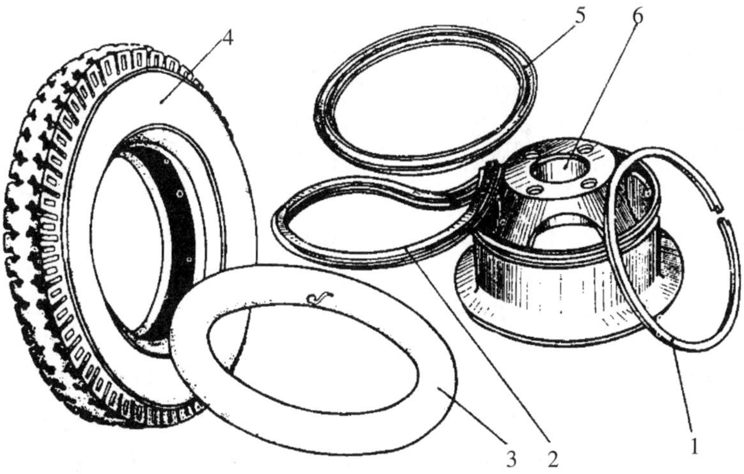

图 12－30　普通充气轮胎的组成

1—锁圈；2—垫带；3—内胎；4—外胎；5—压环；6—车轮

图 12－31 所示为外胎构造。外胎由胎面、帘布层 4、缓冲层 2 及胎圈 6 组成。

胎面是外胎的外表层，由胎冠 1、胎肩 3 和胎侧 5 组成。胎冠用耐磨橡胶制成，它与路面接触，直接承受全部载荷、冲击和摩擦。为使轮胎与地面有良好的附着性能，防止纵、横向滑移，在胎面上制有各种形状的凹凸花纹，主要有普通花纹、混合花纹和越野花纹等，如图 12－32 所示。胎肩是较厚的胎冠与较薄的胎侧间的过渡部分，一般也制有花纹，以利散热。胎侧是贴在帘布层侧壁的薄橡胶层，用以保护该处帘布层免受机械损伤和潮湿。帘布层（也称胎体）是外胎的骨架。用以保持外胎的形状和尺寸，并使其具有必要的强度。帘布层通常由成双数的多层挂胶布（帘布）用橡胶贴合而成，构成帘布的帘线与轮胎子午断面（即横断面）的交角为 52°～54°，相邻层的帘线交叉排列。帘布层数愈多，轮胎的强度愈大，但弹性愈小。帘线可以是棉线、人造丝、尼龙和钢丝。

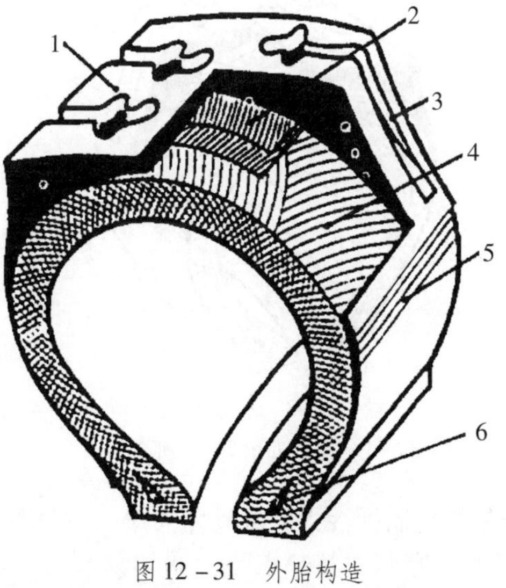

图 12－31　外胎构造

1—胎冠；2—缓冲层；3—胎肩；4—帘布层；5—胎侧；6—胎圈

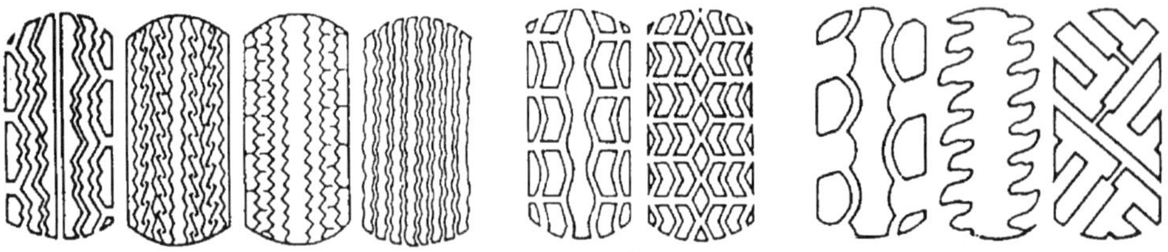

图 12－32　轮胎花纹
(a) 普通花纹；(b) 混合花纹；(c) 越野花纹

缓冲层位于胎面和帘布层之间，由两层或数层较稀疏的帘布和橡胶制成，弹性较大。其作用是加强胎面与帘布层之间的结合，能防止汽车紧急制动时胎面与帘布层脱离，并缓和汽车行驶时所受到的不平路面的冲击。胎圈由钢丝圈、帘布层包边和胎圈包布组成，有很大的刚度和强度。胎圈使外胎牢固地装在轮辋上。内胎是一个环形的橡胶管，上面装有气门嘴，以便充入或排出空气。为使内胎在充气状态下不产生皱褶，其尺寸应稍小于外胎的内壁尺寸。垫带是一个环形的橡胶带，它垫在内胎与轮辋之间，保护内胎不被轮辋和胎圈磨伤。

2. 子午线轮胎。

图 12－33 所示为子午线轮胎的构造图。与普通轮胎相比，其特点是：

(1) 帘布层帘线排列方向与轮胎的子午断面一致。这种排列使帘线的强度得到充分利用，故子午线轮胎的帘布层数比普通轮胎减少 40%～50%。

(2) 带束层层数较多。由于帘线横向平行排列，使帘线在圆周方向上只靠橡胶来联系，因此为了承受行驶时产生的较大切向（纵向）力，子午线轮胎具有多层类似缓冲层的带束层 1。带束层帘线与子午断面呈 70°～75°交角，通常采用强度较高、拉伸变形很小的织物帘布或钢丝帘布制造。

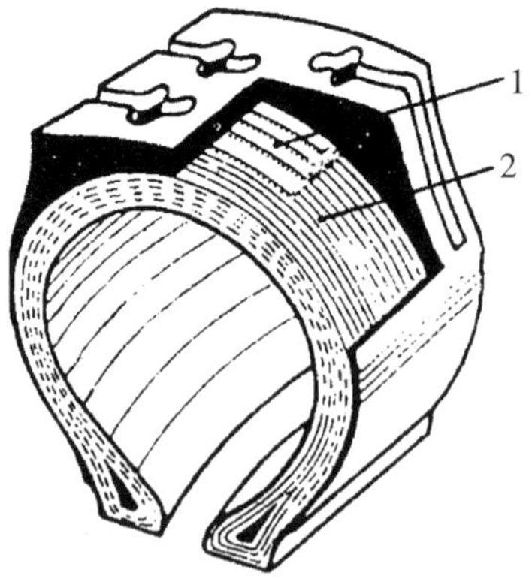

图 12－33　子午线轮胎图
1—带束层；2—帘布层

与普通轮胎相比，子午线轮胎弹性大，滚动阻力小，耐磨性好，附着性能好，缓冲性能好，承载能力大，胎面不易穿刺。其缺点是：胎侧易裂口，侧向稳定性较差，制造成本高。

解放 CA1092 型，东风 EQ1090E 型、EQ2080 型等货车和越野汽车均采用子午线轮胎。由于子午线轮胎明显优于普通轮胎，因此有着广阔的应用前景。

3. 无内胎充气轮胎。

无内胎轮胎（图 12－34）外形与有内胎轮胎近似。但它没有内胎和衬带，空气直接压入外胎中，其密封性是由外胎、轮辋及两者之间的紧密嵌合保证的。

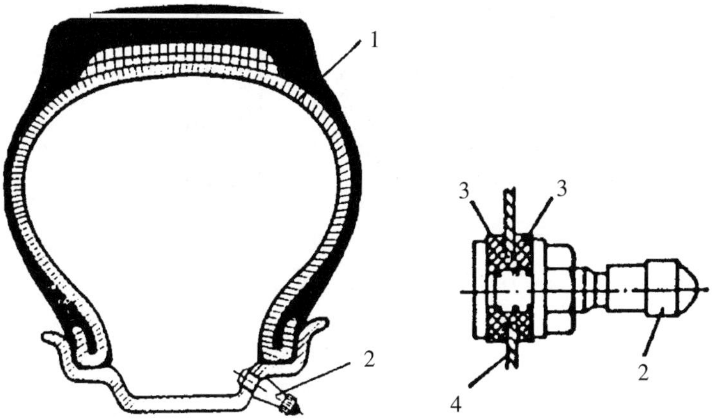

图 12－34　无内胎轮胎

1—橡胶密封层；2—气门嘴；3—橡胶密封衬垫；4—轮辋

在无内胎轮胎的外胎内壁上附加了一层厚 2 ~ 3 mm 的橡胶密封层 1（有的还在该层下面贴一层自粘层，能自行将刺穿的小孔粘住），以提高外胎的密封性。在胎圈外侧也附有一层橡胶层，以增加外胎与轮辋 4 之间的密封性。轮辋底部涂有均匀的漆层。气门嘴 2 直接固定在轮辋上，用橡胶密封衬垫 3 和旋紧的螺母密封。铆接轮辋和轮辐的铆钉从内侧塞入，并涂上一层橡胶。无内胎轮胎穿孔时，压力不会急剧下降，只有在轮胎爆破时才会失效。由于不存在内胎与外胎之间的摩擦，且可直接通过轮辋散热，所以工作温度低，适于高速行驶。

无内胎轮胎近年来在轿车和一些货车上的使用日渐广泛。一汽奥迪 100 型轿车和上海桑塔纳轿车均使用无内胎轮胎。

12. 3. 2. 3　轮胎规格的标注方法

充气轮胎尺寸的标记方法见图 12－35。目前充气轮胎的尺寸习惯于用英制表示，欧洲国家则常用公制。我国采用英制。

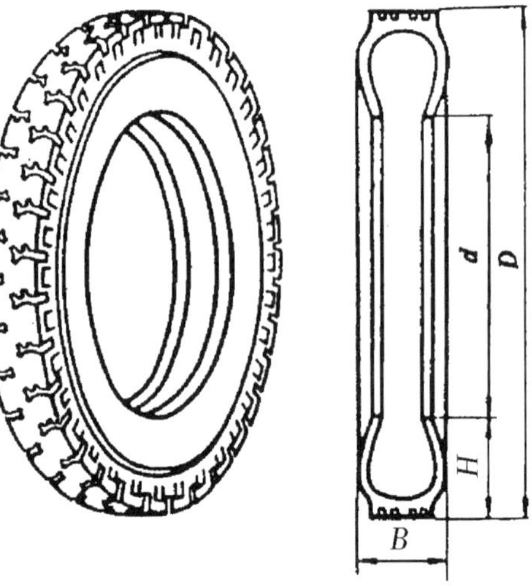

图 12－35　轮胎尺寸标记

D—轮胎名义直径；*d*—轮辋直径；*H*—轮胎断面高度；*B*—轮胎断面宽度

高压胎用 DxB 表示。单位均为英寸，“x”表示高压胎。高压胎在汽车上已很少使用。低压胎用 B－d 表示。单位均为英寸，“－”表示低压胎。例如标记为 9.00－20，表示轮胎断面宽度和轮辋直径分别为 9（英寸）和 20（英寸）的低压胎，如果是子午线轮胎则用 9.00R20 标记，置于中间的字母 R 代表子午线轮胎。我国曾以汉语拼音第一个字母来表示不同纤维材料的轮胎，如 m（棉帘线轮胎）、R（人造丝帘线轮胎）、N（尼龙帘线轮胎）、G（钢丝帘线轮胎）、Z（子午线结构轮胎）。这些字母均写在轮胎尺寸标记的后面，如 9.00－20ZG 表示钢丝子午线轮胎。随着轮胎品种的增加，轮胎规格标记也出现了新的变化，如上海桑塔纳轿车轮胎规格标记及其含义如下：

185　/　70　S　R　13

- 13 — 轮辋直径为 13 英寸
- R — 子午线轮胎
- S — 车速极限标志，用于车速<180 km/h
- 70 — 扁平轮胎，扁平率（即轮胎断面高度 *H* 与断面宽度 *B* 之比）为 70%
- 185 — 轮胎断面宽度为185 mm

12.3.3　车轮及轮胎的拆装

1. 轮胎的拆装。

轮胎是车轮总成的重要部件，必须采用上海大众汽车有限公司规定的轮胎，才能保证桑塔纳 2000 系列轿车具有良好的路面附着性和行驶安全性。

（1）拆装轮胎要在清洁、干燥、无油污的地面上进行。

（2）拆装轮胎要用专用工具，不允许用大锤敲击或用其他尖锐的用具拆胎。

（3）外胎、内胎、垫带和轮辋必须符合规格要求才能组装。要特别注意子午线轮胎胎围部分的完好。

（4）内胎装入外胎前，须紧固气门嘴，以防漏气，并在外胎内部和垫带上涂上滑石粉。

（5）气门嘴应装在轮辋气门嘴孔中。胎侧有平衡标记（彩色胶片）的，标记应在与气门嘴相对的位置上，以便于平衡。轮辊上有平衡块的，应用动平衡机进行平衡调整。

（6）安装有方向花纹的轮胎，应注意滚动方向的标记。拆装子午线轮胎应做记号，使安装后的子午线轮胎滚动方向保持不变。

2. 车轮动平衡检测。

汽车的车轮是由轮胎、轮辋组成的一个整体。但由于制造上的原因，这个整体各部分的质量分布不可能非常均匀。当汽车车轮高速旋转起来后，就会形成动不平衡状态，造成汽车在行驶中车轮抖动、方向盘振动的现象。为了避免这种现象或是消除已经发生的这种现象，就要使车轮在动态情况下通过增加配重的方法来校正各边缘部分的平衡。这个校正的过程就是动平衡。

离车式车轮动平衡机如图 12 – 36 所示。其上装有专用卡尺。目前应用最多的是硬式二面测定车轮动平衡机。该动平衡机一般由驱动装置、转轴与支承装置、显示与控制装置、制动装置、机箱和车轮防护罩等组成。驱动装置一般由电动机、传动机构等组成，可驱动转轴旋转。转轴由两个滚动轴承支承，每个轴承均有一个能将动力变为电信号的传感器。转轴的外端通过锥体和大螺距螺母等固定被测车轮。驱动装置、转轴与支承装置等均装在机箱内。车轮防护罩可防止车轮旋转时其上的平衡块或花纹内的夹杂物飞出伤人。制动装置可使车轮停转。

图 12 – 36　离车式车轮动平衡机

（1）离车式车轮动平衡机的使用步骤。

①准备好动平衡试验所需的材料、工具，如平衡块、手锤等。接好动平衡机的电源。

②使用专用工具去掉轮胎上的泥土、沙石等。

③拆掉旧平衡块。使用专用工具的钳子部分，拆去外侧的挂钩式平衡块；使用专用工具的螺丝刀部分，拆去内侧的粘贴式平衡块。

④使用干净的抹布对被测车轮进行清洁。

⑤选择合适的锥套套在轮胎动平衡机的主轴上，以固定轮胎。

⑥将轮胎安装到平衡机上，并使用快速螺母将轮胎锁固定。

⑦打开轮胎动平衡机的电源开关并检查指示装置是否指示正确。

⑧使用轮胎动平衡机上测量尺测量轮机距离。注意尺子顶端接触处与轮胎侧面轮辋的台阶对准。

⑨通过显示面板的右侧按钮进行测量数据的修改（轮机距离、轮辋宽度和轮胎直径等）。

⑩使用专用宽度测量尺进行轮辋宽度的测量，测量尺顶端接触处为轮胎侧面轮辋的台阶处。在宽度测量尺上刻有刻度，直接读取数值即可。通过显示面板进行轮辋宽度数值的输入。

⑪直接从轮胎侧面读取轮辋直径，并通过显示面板进行输入。

⑫放下防护罩，按下 start 开关进行测量。读取不平衡数值。左侧数据为内侧的不平衡量，右侧数据为外侧的不平衡量。

⑬用手慢慢旋转车轮，使左侧数据下方的 5 个显示灯都变亮，此时即可对内侧不平衡量进行修正。

⑭选择大小合适的挂钩式平衡块，使用专用工具中的手锤部分，在轮辋内侧的 12 点方向敲上合适的平衡块。

⑮使用同样的方法找到外侧的不平衡位置，选择大小合适的粘贴式平衡块，撕去平衡块背面的贴纸。

⑯将手沿着 12 点的方向伸向内侧，贴上不平衡块。紧靠外侧轮辋边缘。

⑰重新放下轮罩，按下 start 开关，测量动不平衡量。当不平衡量变成小于等于 5 g 时，即为调整完毕。

⑱关闭动平衡机电源，取下车轮，拔下电源接头。

⑲使用专用工具，轻轻地敲击新贴的平衡块，使之贴合得更加牢固。

（2）轮胎的使用和维护。

①保持正常的气压。检查轮胎气压时应在常温下进行，冬季轮胎气压应增高 20 kPa。

②若轮胎上 12 mm 宽、1.6 mm 深的磨损指示条已经磨去，应立即更换轮胎，因为此时已经很难保证轮胎的附着性和安全性。

③轮胎更换时应成对更换，并且花纹深的轮胎应装在前轮。

④应使轮胎磨损均匀。如果发现前轮比后轮磨损大，为了保证安全，应该进行轮胎换位，并保持原来的滚动方向。

⑤同一轴应使用同种规格和同种花纹的轮胎。

⑥从安全的角度出发，装上新的无内胎轮胎时应同时装上新的橡胶气门嘴。

⑦用千斤顶顶起汽车时，千斤顶应顶在指定的位置上。

⑧轮胎与轮辋必须配套使用。拆装时要用轮胎拆装机，不许对轮辋进行敲击和使用撬

棒，以防轮辋变形和破坏气密性。

⑨新换的轮胎或修理过的轮胎必须进行动平衡试验才可以装车。如果不平衡，可以通过轮辋两侧边缘上安放的平衡块来调节不平衡量，要求轮辋边缘上的不平衡量小于 80 g。

⑩车轮及车轮螺栓是相互配对的。调整不同规格的车轮，必须采用长度及锥度合适的螺栓，因为车轮螺栓会影响车轮的紧固程度及制动系统功能。

⑪保证车轮螺栓的紧固力矩为 110 N · m。

⑫保持正确的车轮定位，防止轮胎异常磨损。

⑬经常检查轮胎气压及磨损情况，剔除嵌在轮胎花纹内的异物。

⑭轮胎不可接触润滑油和燃油，避免长期暴晒。

☞学习工作页

<table>
<tr><td rowspan="2">学习工作页</td><td>学习单元</td><td colspan="4">行驶系统的结构与拆装</td></tr>
<tr><td>学习任务</td><td colspan="4">车轮与轮胎</td></tr>
<tr><td>姓　名</td><td></td><td>班　级</td><td></td><td>小　组</td><td></td></tr>
<tr><td>日　期</td><td></td><td>开始时间</td><td></td><td>结束时间</td><td></td></tr>
<tr><td>场　地</td><td colspan="5">整车理实一体教室</td></tr>
<tr><td>用品、用具、
工具、设备</td><td colspan="5">轿车一辆，轮胎拆装机及工具。</td></tr>
<tr><td>工作记录</td><td colspan="5">1. 认识汽车轮胎的规格及厂牌型号。
2. 说出汽车轮胎的结构及部件名称。</td></tr>
</table>

1. 资讯。

(1) 根据下图所示说明辐板式车轮的各部分名称。

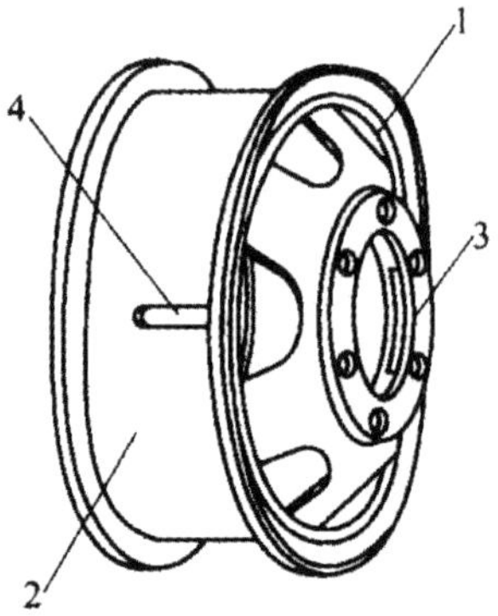

(2) 根据下图所示解释子午线轮胎和无内胎轮胎各部分名称。

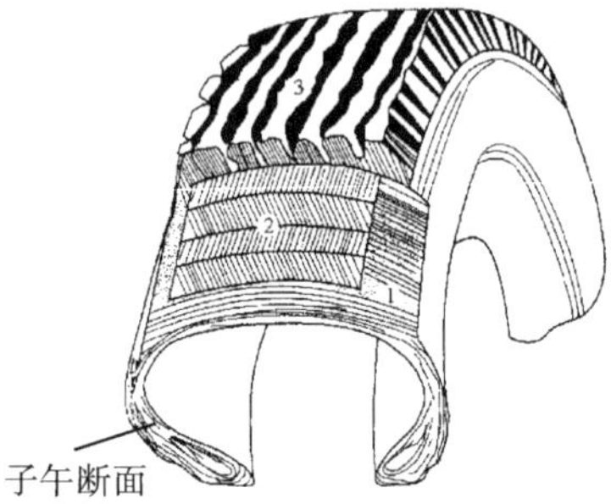

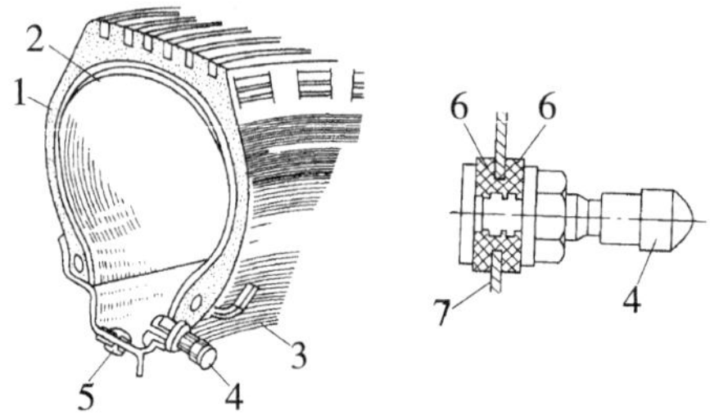

无内胎轮胎结构示意图

1—橡胶密封层；2—自粘层；3—槽纹；4—气门嘴；5—铆钉；6—橡胶密封衬垫；7—轮辋

(3) 解释下列轮胎规格代号含义。

165／70R13：____

____

2. 决策与计划。

根据任务要求，确定所需要的设备、工具，并对小组成员进行合理分工，制订详细的工作计划。

（1）讨论确定更换车轮和轮胎所需要的设备、工具。

（2）小组成员分工。

（3）制定更换车轮和轮胎的操作步骤。

3. 实施。

（1）你实践所用车辆车轮轮胎的类型是什么？有何特点？

（2）总结更换车轮时应该注意的问题。

（3）记录操作使用车辆车轮换位的操作特点。

4. 检查与评估。

（1）检查车轮的安装是否正确。

（2）请根据自己任务完成的情况，对自己的工作进行自我评估，并提出改进意见。

（3）教师对小组工作情况进行评估，并进行点评。

（4）学生本次任务成绩：

学习任务12.4　悬　　架

☞学习情境

客户的捷达GIX，已经行驶7.3万公里，客户反映汽车在转向时车身前部发出“嘎吱”异响，并感觉异常振动；用手下压汽车四角，发现右前车头下压费力，放手明显缺少阻尼弹性。拆卸右悬架后，检查右前减震器，发现其损坏，更换减震器，故障排除。

减震器是汽车悬架的重要组成部分，在悬架中主要起减震作用，减震器损坏不仅影响汽车的舒适性，而且影响到汽车行驶及操控性，汽车经长期使用或长期在恶劣路况下行驶，会导致减震器损坏，是汽车底盘中较常见的故障。因此，应掌握汽车悬架减震器的更换方法。

☞学习目标

通过本任务的学习，应能：

1. 了解汽车悬架系统的结构组成。
2. 熟悉汽车悬架系统的工作原理。
3. 掌握汽车悬架系统的拆装方法。

☞学习场所和设备

1. 汽车底盘实训室或整车实训室。
2. 车辆、举升机、悬架拆装专用工具。
3. 游标卡尺、卡环钳、维修手册、工作台。
4. 分解或解剖的悬架总成。

☞学习任务

1. 会正确叙述汽车悬架的类型。
2. 掌握汽车悬架系统的结构及工作原理。
3. 能使用专用工具正确拆装汽车悬架系统。

☞学习信息

12.4.1　悬架的作用与组成

悬架的主要作用是把路面作用于车轮上的垂直反力（支承力）、纵向反力（驱动力和制动力）和侧向反力以及这些反力所形成的力矩传递到车架（或承载式车身）上，以保证汽车的正常行驶。如图 12－37 所示，悬架主要由弹性元件、导向装置和减震器等三部分组成。

弹性元件使车架与车桥之间做弹性连接，承受和传递垂直载荷，缓和不平路面所引起的冲击；导向装置用来传递纵向力、侧向力及其力矩，并保证车轮相对于车架或车身具有一定的运动规律；减震器用以加快振动的衰减，限制车身和车轮的振动。由此可见，上述三个组成部分分别起缓冲、导向和减震作用，三者共同实现传力的作用。为防止车身在不平路面行驶或转向时发生过大的横向倾斜，部分汽车还装有辅助弹性元件——横向稳定器平衡杆。

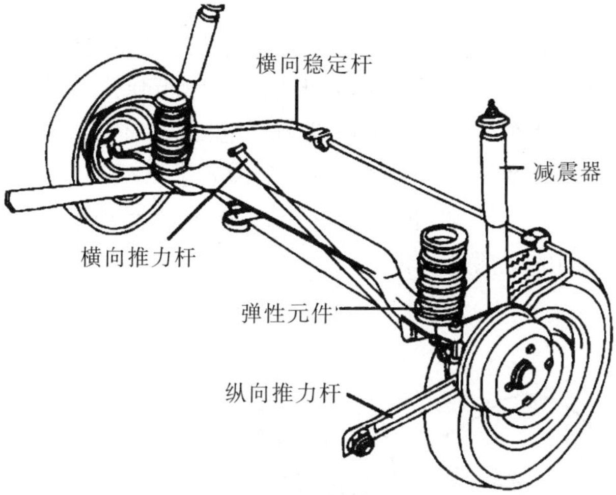

图 12－37　悬架组成示意图

需要指出的是：任何悬架只需具备上述功用，在结构上并非必须有以上全套装置。如汽车上广泛采用的多片钢板弹簧悬架，它既有缓冲、减震的功能，又有传力和导向的作用，因此，安装有此悬架的汽车不需要再安装导向机构，甚至不要减震器（如后悬架）。

12.4.2　悬架的分类

根据汽车两侧车轮运动是否相互关联，汽车悬架可分为非独立悬架和独立悬架两种。

1. 非独立悬架。

非独立悬架［见图 12－38（a）］的结构特点是汽车两侧车轮分别安装在一根整体式的车轴两端，车轴则通过弹性元件与车架相连接。当一侧车轮因道路不平而跳动时，必然影响另一侧车轮的工作。非独立悬架又称为相关悬架。

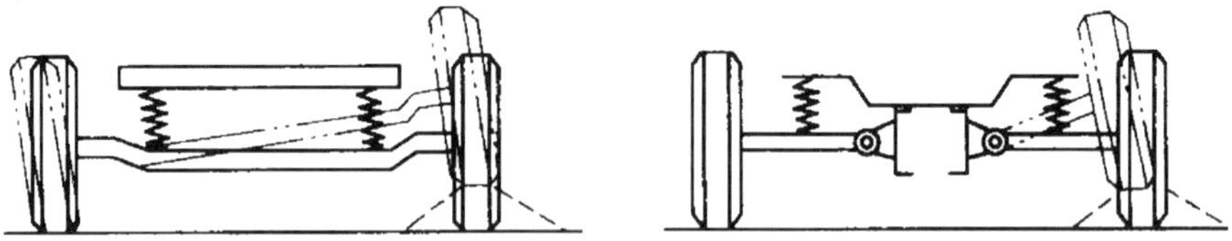

(a)　　(b)

图 12－38　非独立悬架与独立悬架示意图
(a) 非独立悬架；(b) 独立悬架

非独立悬架结构简单，广泛应用于货车和客车上，用在轿车上时只作为后悬架。

(1) 钢板弹簧式非独立悬架。

钢板弹簧被用作非独立悬架的弹性元件，由于它兼起导向机构的作用，使得悬架系统大为简化。如图 12－39 所示，悬架中部用 U 形螺栓将钢板弹簧“死吊耳”，它由钢板弹簧销钉将钢板弹簧前端固定在车桥上。悬架前端为固定铰链，俗称“卷耳部”，与钢板弹簧前支架连接在一起。为减少磨损，前端卷耳孔中装有衬套。后端卷耳通过后钢板弹簧吊耳销与后端吊耳和吊耳架相连，后端可以自由摆动，形成“活动吊耳”。当车架受到冲击，弹簧变形时，两卷耳之间的距离是变化的。

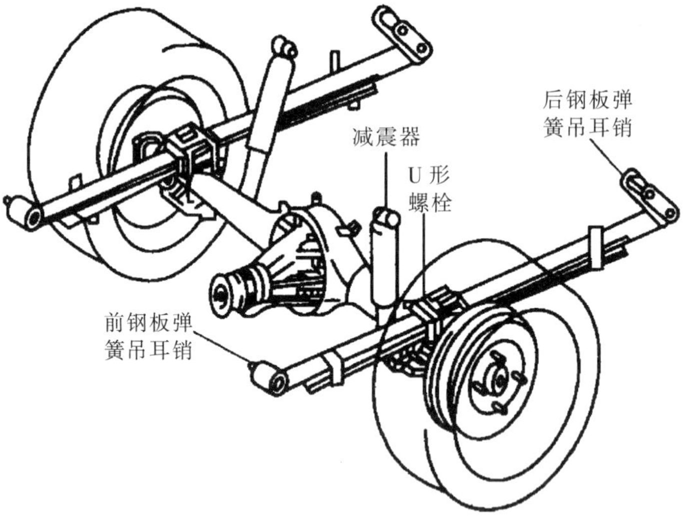

图 12－39　钢板弹簧式非独立悬架

(2) 螺旋弹簧式非独立悬架（拖拽臂式非独立悬架）。

因为用螺旋弹簧作为弹性元件，只能承受垂直载荷，所以其悬架系统要加设导向机构和减震器。螺旋弹簧式非独立悬架一般只用作轿车的后悬架，如桑塔纳、捷达、红旗轿车等，如图 12－40 所示。

两个后轮用一根整体后桥 2 相连，纵摆臂 1 的一端和车轴固定，另一端通过橡胶衬套的孔和车身相连。橡胶衬套可在各个方向产生较小的变形来防止运动干涉。

图 12-40　螺旋弹簧非独立悬架

2. 独立悬架。

独立悬架的结构特点是两侧车轮分别安装在断开式车轴的两端，每段车轴和车轮单独通过弹性元件与车架相连。当一侧车轮跳动时，对另一侧车轮不产生影响。独立悬架的前轮可调整其定位，故在轿车上被广泛应用；而非独立悬架因结构简单、制造和维修方便，故被中、重型汽车普遍采用。

（1）横臂式独立悬架。

横臂式独立悬架分为单横臂式和双横臂式独立悬架两种。

①单横臂式独立悬架。图 12-41 所示为单横臂式独立悬架示意图。采用单横臂式独立悬架的车轮上下运动时，车轮平面将产生倾斜而改变轮距的大小，并使主销内倾角及车轮外倾角均发生较大变化。轮距变化使轮胎产生横向滑移，破坏轮胎与地面的附着，因此这种悬架很少被用在转向轮中。

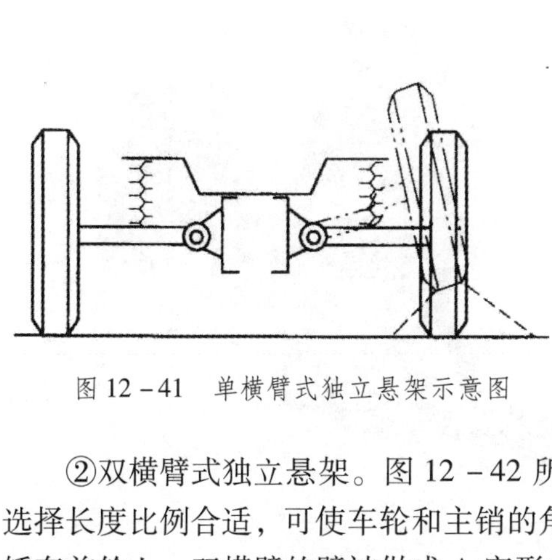

图 12-41　单横臂式独立悬架示意图

图 12-42　双横臂式独立悬架

②双横臂式独立悬架。图 12-42 所示为双横臂式独立悬架。上、下两摆臂不等长，选择长度比例合适，可使车轮和主销的角度及轮距变化不大。这种独立悬架被广泛应用在轿车前轮上。双横臂的臂被做成 A 字形或 V 字形。V 形臂的上、下两个 V 形摆臂以一定

的距离分别安装在车轮上，另一端安装在车架上。

（2）纵臂式独立悬架。

①单纵臂式独立悬架。单纵臂式独立悬架在车轮上下跳动时，主销后倾角会产生很大变化，一般不用在前悬架中。

②双纵臂式独立悬架。如图 12－43 所示，悬架的两个纵臂长度一般制成相等，形成平行四连杆机构。这样可使车轮上下跳动时，主销后倾角不变，因而这种形式的悬架适用于转向轮。

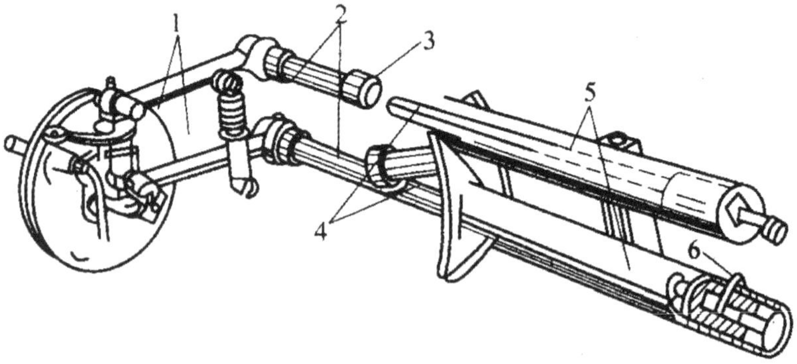

图 12－43　双纵臂扭杆弹簧式前独立悬架

1—纵臂；2—摆臂轴；3—衬套；4—扭杆弹簧；5—横梁；6—螺钉

（3）多连杆式独立悬架。

多连杆悬架系统分为 5 连杆后悬架和 4 连杆前悬架系统。5 连杆后悬架系统包含 5 条连杆，分别为控制臂、后置定位臂、上臂、下臂和前置定位臂，其中控制臂可以调整后轮前束，如图 12－44 所示。5 连杆后悬架的优点是构造简单、质量小，可减少悬架系统占用的空间。5 连杆后悬架能实现主销后倾角的最佳位置，大幅度减少来自路面的前后方向力，从而改善加速和制动时的平顺性和舒适性，同时也保证了直线行驶的稳定性。因为由螺旋弹簧拉伸或压缩导致的车轮横向偏移量很小，不易造成非直线行驶。

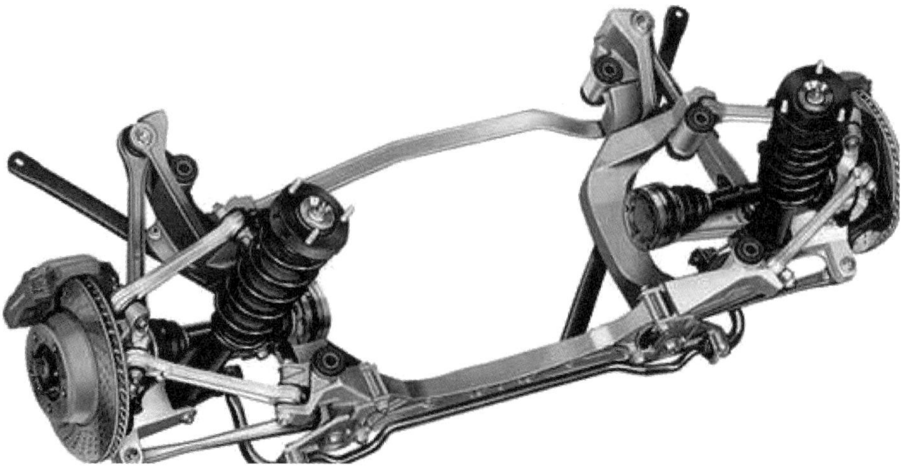

图 12－44　典型的多连杆独立悬架结构图

多连杆独立后悬架能提供给车辆比普通悬架更好的操控性和舒适性。

（4）车轮沿主销移动的悬架。

车轮沿主销移动的悬架包括两种型式：一种是车轮沿固定不动的主销轴线移动的烛式独立悬架；另一种是车轮沿摆动的主销轴线移动的麦弗逊式独立悬架。

①烛式独立悬架。

烛式独立悬架的车轮沿固定不动的主销轴线移动。主销刚性地固定在车架上，转向轮、转向节则装在套筒上。这种悬架的主销定位角不变化，使汽车转向操纵及行驶稳定性较好，但侧向力全部由套在主销上的套筒和主销承受，套筒与主销之间的摩擦阻力大，磨损严重。

②麦弗逊式独立悬架。

这种悬架的车轮沿摆动的主销轴线移动。目前，麦弗逊式独立悬架在轿车中采用很多，如图 12－45 所示。麦弗逊式独立悬架将减震器作为引导车轮跳动的滑柱，螺旋弹簧与其装于一体。这种悬架将双横臂上臂去掉并以橡胶做支承，允许滑柱上端做少许角位移；内侧空间大，有利于发动机布置，并降低汽车的重心。车轮上下运动时，主销轴线的角度会有变化，这是因为减震器下端支点随横摆臂摆动。一汽奥迪 100、捷达/高尔夫、富康及上海桑塔纳轿车均采用这种悬架。

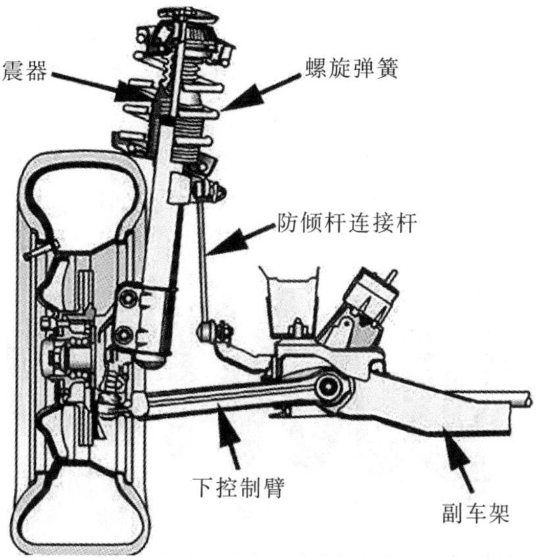

图 12－45　麦弗逊式独立悬架

12. 4. 3　弹性元件

汽车悬架所用的弹性元件有钢板弹簧、螺旋弹簧、扭杆弹簧、气体弹簧和橡胶弹簧等。一般载货汽车的非独立悬架广泛采用钢板弹簧，大多数轿车的独立悬架应用螺旋弹簧和扭杆弹簧，而在重型载货汽车上广泛地使用气体弹簧。

1. 钢板弹簧。

钢板弹簧是汽车悬架中应用最广泛的一种弹性元件。它是由若干片长度不等、曲率半径不同、厚度相等或不等的弹簧钢片叠合在一起组成的一根近似等强度的弹性梁（见图

12－46）。

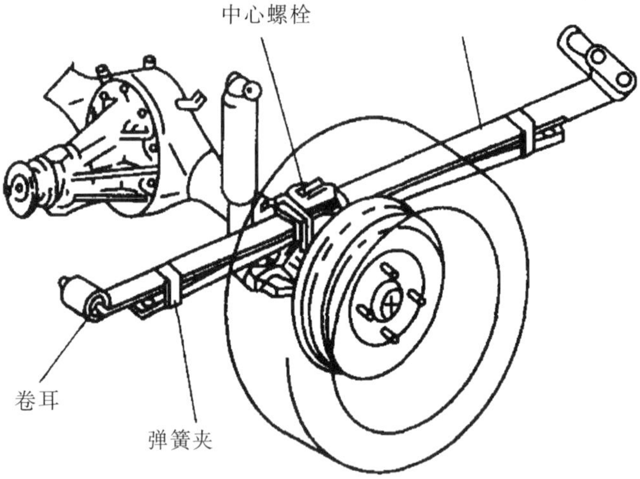

图 12－46　钢板弹簧

钢板弹簧中部一般由 U 形螺栓与车桥刚性固定，其两端用钢板弹簧销铰接在车架的支架上。为加强第一片的卷耳，常将第二片末端也弯成卷耳，并把第一片卷耳包住。弹簧受压变形时，为防止它们之间产生相对滑动，在第一片与第二片卷耳之间留有较大的空隙。

2. 螺旋弹簧。

螺旋弹簧广泛地应用于前独立悬架。螺旋弹簧（见图 12－47）与钢板弹簧相比，具有不需润滑、不忌泥污、所占纵向空间不大、弹簧质量小等优点。

图 12－47　轿车悬架螺旋弹簧

螺旋弹簧本身没有减震作用，因此在螺旋弹簧悬架中必须另装减震器。此外，螺旋弹簧只能承受垂直载荷，故必须装设导向机构以传递垂直力以外的各种力和力矩。螺旋弹簧通常用弹簧钢棒料卷制而成，可做成等螺距或变螺距的，前者刚度不变，后者刚度是可变的。

3. 扭杆弹簧。

扭杆弹簧是一根具有扭转弹性的直线金属杆件（见图 12－48）。其断面一般为圆形，少数为矩形或管形。它的两端可以制成花键、方形、六角形或带平面的圆柱形等，以便将一端固定在车架上，另一端通过摆臂固定在车轮上。当车轮跳动时，摆臂便绕着扭杆轴线摆动，使扭杆产生扭转弹性变形，借以保证车轮与车架的弹性联系。有的扭杆由一些矩形断面的薄扭片组合而成，这样弹簧更为柔软。

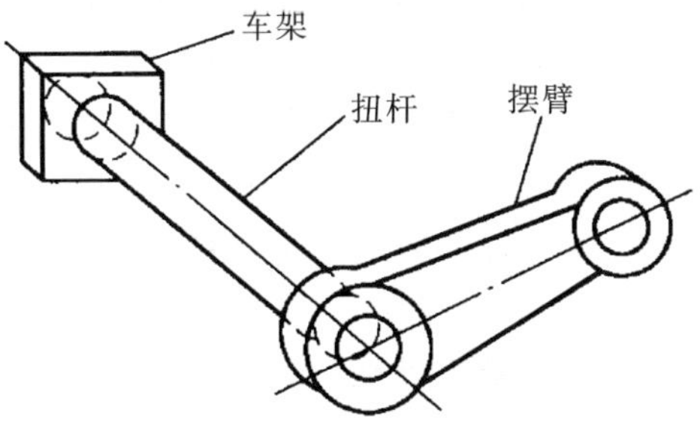

图 12－48 扭杆弹簧

扭杆本身的扭转刚度虽然是常数，但采用扭杆的悬架刚度却是可变的。若将扭杆的固定端转过一个角度，则摆臂的初始位置将改变，可借其调节车架与车轮间的距离，即调节车身高度。扭杆弹簧与钢板弹簧相比较，具有质量小、不需润滑的特点。

4. 气体弹簧。

气体弹簧是在一个密封的容器中充入压缩气体，利用气体的可压缩性实现其弹簧作用的。这种弹簧的刚度是可变的，因为作用在弹簧上的载荷增加时，容器内的定量气体气压升高，弹簧的刚度增大；反之，当载荷减小时，弹簧内的气压下降，刚度减小，故它具有较理想的弹性特性。气体弹簧可以通过专门的高度控制阀自动调节气室中的初始充气压力，以调节车身与地面的高度。

5. 橡胶弹簧。

橡胶弹簧是利用橡胶本身的弹性来缓和冲击、减小振动的。它可以承受压缩载荷与扭转载荷。橡胶弹簧的优点是：单位质量的储能量较金属弹簧多，隔声性能好，多用在悬架的副簧和缓冲块上。

12.4.4 减震器

减震器的作用是吸收弹簧起落时车辆的振动，使其迅速恢复平稳的状态，以改善汽车行驶的平稳性。减震器和弹性元件是并联安装的，如图 12－49 所示。

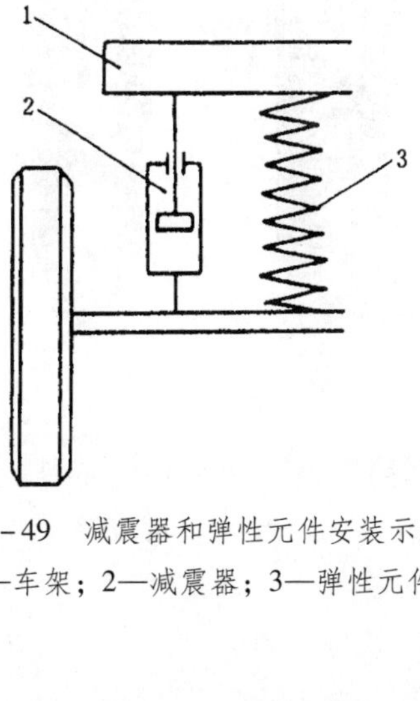

图 12－49 减震器和弹性元件安装示意图

1—车架；2—减震器；3—弹性元件

汽车悬架系统中广泛采用液力减震器。其工作原理是利用液体流动的阻力来消耗振动的能量。当车架与车桥相对运动时，活塞在缸筒内上下移动，减震器壳体内的油液便反复地从一个内腔通过一些窄小的孔隙流入另一个内腔。此时，孔壁与油液间的摩擦及液体分子内摩擦便形成对振动的阻尼，使车身和车架的振动能量转化为热能而被油液和减震器壳体吸收，最后散到大气中去。减震器的阻尼力大小随车架与车桥的相对运动速度的增减而增减，并且与油液的黏度有关。

减震器的阻尼力越大，振动衰减得越快，但却使得并联的弹性组件的作用不能充分发挥。另外，过大的阻尼力可能会导致减震器连接件及车架损坏。为解决弹性组件与减震器之间的这一矛盾，对减震器提出以下要求：

1. 在悬架压缩行程（车桥与车架相对移近的行程）内，减震器阻尼力应较小，以便充分利用弹性组件的弹性，缓和冲击。

2. 在悬架伸张行程（车桥与车架相对远离的行程）内，减震器阻尼力应较大，以求迅速减震。

3. 当车桥（或车轮）与车架的相对速度过大时，减震器应当能自动加大液流通道面积，使阻尼力始终保持在一定限度之内，以避免承受过大的冲击载荷。

在压缩行程和伸张行程内均能起作用的减震器，称为双向作用式减震器。目前，汽车上广泛采用双向作用筒式减震器。

图 12－50 所示为双向作用筒式减震器结构示意图。它一般具有压缩阀、伸张阀、流通阀和补偿阀。流通阀和补偿阀是一般的单向阀，其弹簧很软，当阀上的油压作用力与弹簧力同向时，阀处于关闭状态，完全不通液流；而当油压作用力与弹簧力反向时，只要有很小的油压，阀便能开启。压缩阀和伸张阀是卸压阀，其弹簧较强，预紧力较大，只有当油压增高到一定程度时，阀才能开启；而当油压减低到一定程度时，阀即自行关闭。

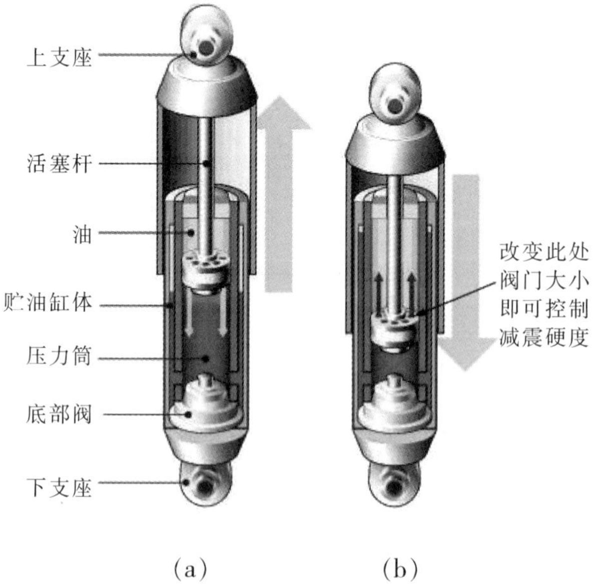

图 12－50　双向作用筒式减震器结构示意图

(a) 拉伸行程；(b) 压缩行程

（1）压缩行程。当车桥移近车架（或车身）时，减震器受压缩，减震器活塞下移，活塞下面的腔室容积小，油压升高，油液经流通阀流到活塞上面的腔室。由于活塞杆占去上腔室的部分容积，使上腔室增加的容积小于下腔室减少的容积，因此还有一部分油液不能进入上腔室而只能打开压缩阀，流回储油缸筒。油液流经上述阀孔时，受到一定的节流阻力，为克服这种阻力而消耗了振动能量，使振动衰减。

（2）伸张行程。当车桥相对车架移开时，减震器受拉伸。此时减震器活塞向上移动，活塞上腔油压升高，流通阀关闭，上腔的油液便推开伸张阀流入下腔。同样，由于活塞杆的存在，自上腔流来的油液还不足以充满下腔所增加的容积，下腔内会产生一定的真空度，这时储油缸中的油液便推开补偿阀流入下腔进行补充。这时，这些阀的节流作用即造成对悬架伸张运动的阻尼力。压缩阀的节流阻力应设计成随活塞运动速度而变化。例如，当车架或车身振动缓慢时，油压不足以克服压缩阀弹簧的预紧力而推开阀门，此时多余部分的油液便经一些常通的缝隙流回储油腔。当车身振动剧烈（即活塞向下运动的速度大）时，则活塞下腔油压骤增，达到能克服压缩阀弹簧的预紧力时，便推开压缩阀，使油液在很短的时间内通过较大的通道流回储油腔。这样油压和阻尼力都不会超过一定限度，以保证压缩行程中弹性组件的缓冲作用得到充分发挥。

同理，伸张行程中减震器的阻尼力也应设计成随活塞运动速度而变化。当车轮向下运动速度不大时，油液经伸张阀的常通孔隙流入下腔，由于通道截面积很小，便产生较大的阻尼力，从而消耗了振动能量，使振动迅速衰减。当车身振动剧烈，活塞上移速度增大到使油压足以克服伸张阀弹簧的预紧力时，伸张阀开启，通道截面积增大，使油压和阻尼力保持在一定限度以内。这样，可使减震器及悬架系统的某些零件不会因超载而损坏。

12.4.5　悬架的拆装

12.4.5.1　**桑塔纳轿车前桥与前悬架的拆卸**

1. 车轮的拆卸。

桑塔纳轿车前桥与前悬架的立体图如图12-51所示。取下装饰外壳，旋松钢圈螺栓及传动轴轴头固定螺母，顶起车身，取下车轮。

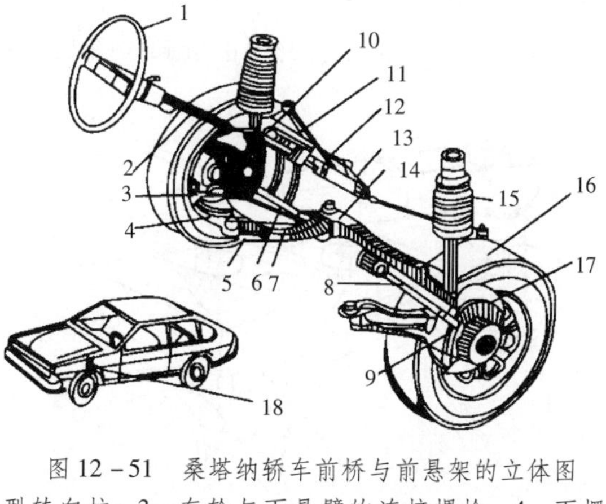

图12-51　桑塔纳轿车前桥与前悬架的立体图

1—转向盘；2—安全型转向柱；3—车轮与下悬臂的连接螺栓；4—下摆臂；5—下摆臂橡胶轴承；6—稳定杆；7—副车架；8—传动轴；9—前轮制动钳；10—车轮轴承壳；11—横拉杆；12—转向减震器；13—齿条式转向装置；14—副车架前橡胶轴承；15、18—减震支柱；16—前车轮；17—轮毂

2. 传动轴的拆卸。

（1）压下下摆臂，以专用工具利用钢圈螺栓孔，由轮毂上顶出传动轴外万向节。

（2）旋下螺栓，取下护板，撬开内防尘罩，拆下螺栓及锁止垫片，由变速器上取下传动轴。

3. 减震器支柱组件的拆卸。

减震器支柱组件的分解图如图 12－52 所示。

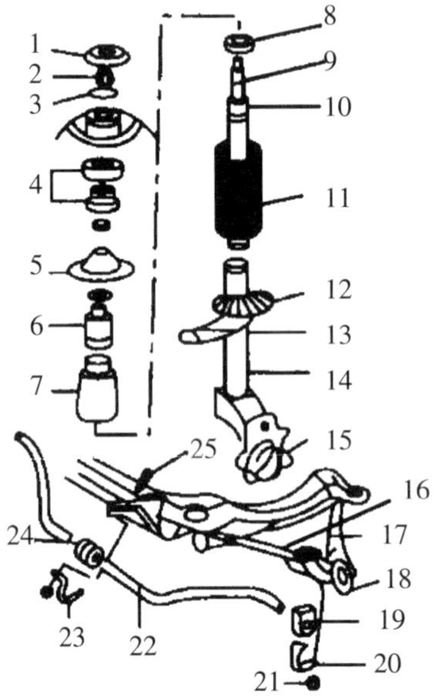

图 12－52　减震器组件的分解图

1—罩盖；2、21—螺母；3—垫圈；4—支承轴承；5—上弹簧座；6—缓冲块；7—防尘罩；8—螺母盖；9—活塞杆；10—减震器；11—螺旋弹簧；12—弹簧座；13—转向横拉杆球接头固定座；14—减震器支柱；15—转向节；16、25—螺栓；17—下摆臂；18—下摆臂球接头；19—缓冲橡胶套；20、23—固定夹；22—横向稳定杆；24—横向稳定杆中间缓冲橡胶套

（1）由车身上方撬下罩盖（左右各一个），用内六角扳手顶住活塞杆，自下方固定住转向节，以专用扳手旋下活塞杆螺母。活塞杆螺母的拆卸如图 12－53 所示。

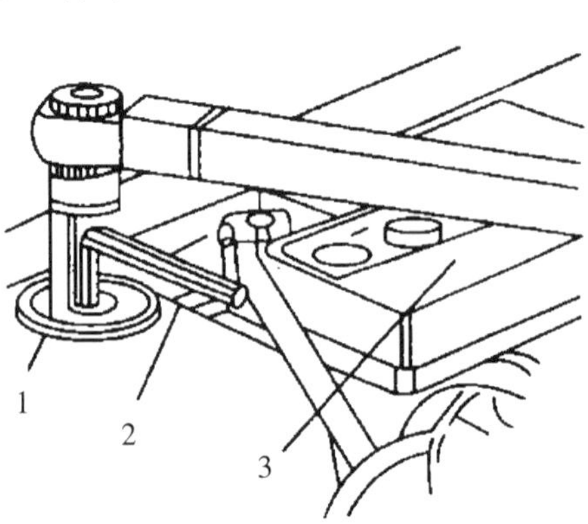

图 12－53　活塞杆螺母的拆卸

1—专用扳手；2—内六角扳手；3—蓄电池

（2）制动钳的拆卸。如图 12－54 所示，旋下固定螺栓，拆下制动软管支架，勿放出制动液并与软管一起用钢丝缚挂在车身上。

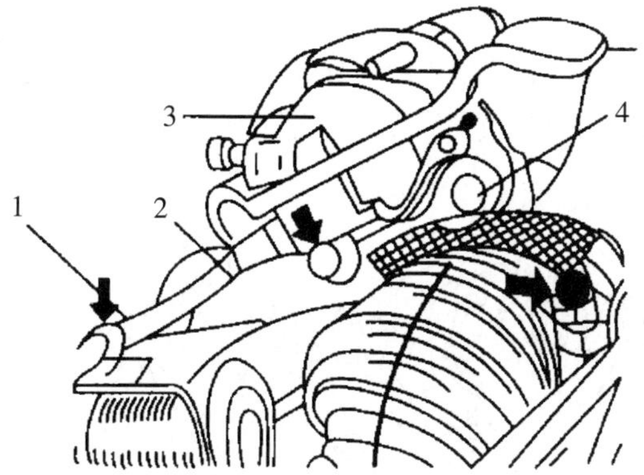

图 12－54　制动钳的拆卸
1—制动软管支架；2—制动软管；
3—制动钳；4—制动钳固定螺栓

（3）转向横拉杆的拆卸。如图 12－55 所示，自左右减震器支柱旋下左右横拉杆的球头销螺母。由减震器支柱上的固定座，用专用工具顶出横拉杆球接头。

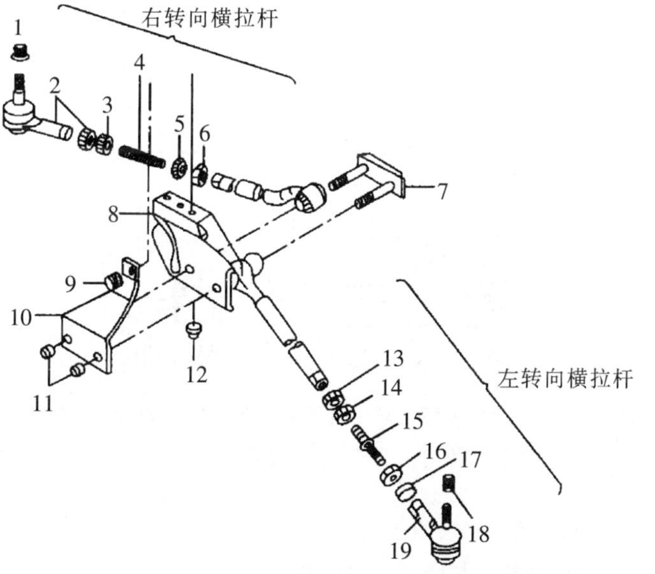

图 12－55　转向横拉杆的拆卸分解图
1、18—球头销螺母；2、6、9、15—调整杆；3、5、14、16—调整螺母；4—调整螺杆；
7—转向减震器连接板；8—转向机齿条连接板；10—转向减震器支架；
11、12、13、17—螺母；19—球接头

（4）由左、右下摆臂上旋下横向稳定杆紧固螺栓、螺母及固定夹螺栓，取下横向稳定杆。

（5）由减震器支柱下端（转向节）旋下自锁螺母，取下螺栓，使下摆臂的球接头与减震器支柱分离，取下减震器支柱组件。

4. 减震器支柱组件的分解。

（1）制动盘与挡泥板的拆卸。如图 12－56 所示，旋下螺栓 1，由轮毂上取下挡泥板。旋下螺栓 10，由减震器支柱下端（转向节上）取下挡泥板。

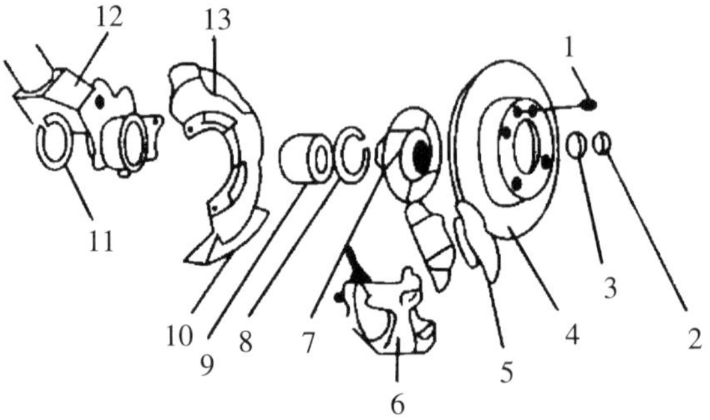

图 12－56　制动盘与挡泥板的拆卸

1、10—螺栓；2—螺母；3—垫圈；4—制动盘；5—制动钳衬片；6—制动钳；7—轮毂；8—挡圈；9—轴承；11—挡圈；12—减震器支柱；13—挡泥板

（2）螺旋弹簧的拆卸。以专用工具压缩螺旋弹簧，用内六角扳手固定住活塞杆，旋下杆端锁紧螺母（减震器活塞杆锁紧螺母的拆卸如图 12－57 所示），拆下压缩弹簧专用工具，取下螺旋弹簧及弹簧座。

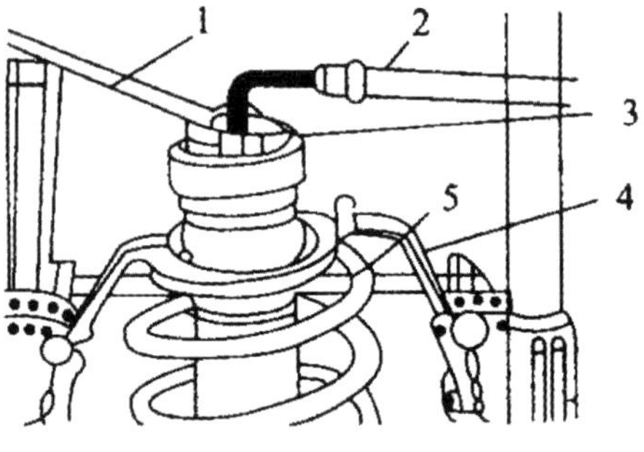

图 12－57　减震器活塞杆锁紧螺母的拆卸

1—扳手；2—内六角扳手；3—活塞杆锁紧螺母；4—工具；5—螺旋弹簧

（3）轮毂及轴承的拆卸。

①压出轮毂，由减震器支柱上取下两挡圈。

②拆卸轴承内圈。

③压出轴承。

（4）减震器的取出。以专用工具旋下螺母盖，由减震器支柱内取出减震器。

5. 副车架与下摆臂的拆卸与分解。

（1）由副车架上拆下下摆臂，用专用工具压出下摆臂两端衬套。

（2）压出前后支承套。

12.4.5.2　桑塔纳轿车前桥与前悬架的装复

1. 副车架与下摆臂的装复。

（1）下摆臂的装复。压入各个衬套，装上球接头锁紧板和球接头。

（2）安装副车架、下摆臂及横向稳定杆。

2. 减震器支柱的安装。

（1）压入减震器支柱轴承（黄油脂润滑）及轮毂轴承（G6 润滑），使弹簧挡圈开口位置相差 180°，检查轴承转动情况，装上挡泥板。

（2）制动件的安装。擦净制动盘工作表面，装合后用手转动制动盘，应无明显卡滞、异响。

（3）减震器支柱的安装。用虎钳夹住减震器，旋紧螺母盖，按拆卸顺序装合螺旋弹簧、护套、缓冲器、上支座、支承轴承、支承套、垫圈、自锁螺母等。

（4）传动轴与轮毂的装配。轮毂花键部位预涂黄油脂，配用液压转向机的必须于传动轴花键轴外端涂以 5 mm 宽的密封剂 D6，再将传动轴内等速万向节与变速器半轴连接，紧固螺栓并锁牢。

（5）减震器支柱与下摆臂的连接。用钳子将球接头安装在原装配标记位置，再装上锁紧螺栓及螺母。检查球接头与挡泥板的间距（上下晃动减震器支柱，其值变化不得大于 0.5mm），若不符合规定，则说明球接头安装不当或需更换。

（6）装上转向横拉球接头及球头销螺母。装上车轮及轮毂固定螺母，旋紧钢圈螺栓，支起车轮检查轮毂轴向间隙。车轮着地后，在车辆全负荷下用手上下摆动车头前部，停摆后，车辆晃动 2～3 次即应停止，否则表明减震器性能不良，应予以更换。

☞学习工作页

<table>
<tr><td rowspan="2">学习工作页</td><td>学习单元</td><td colspan="4">汽车行驶系统的结构与拆装</td></tr>
<tr><td>学习任务</td><td colspan="4">悬架</td></tr>
<tr><td>姓　名</td><td></td><td>班　级</td><td></td><td>小　组</td><td></td></tr>
<tr><td>日　期</td><td></td><td>开始时间</td><td></td><td>结束时间</td><td></td></tr>
<tr><td>场　地</td><td colspan="5">整车理实一体教室</td></tr>
<tr><td>用品、用具、工具、设备</td><td colspan="5">桑塔纳轿车一辆、通用工具及悬架拆装工具</td></tr>
<tr><td>工作记录</td><td colspan="5">1. 认识汽车悬架的类型及工作原理。
2. 说出汽车悬架的结构及部件名称。</td></tr>
</table>

1. 资讯。

（1）根据图说明汽车悬架的组成。

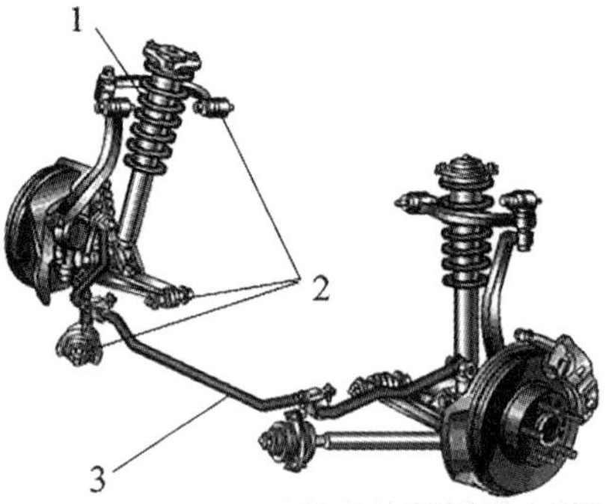

（2）指出以下 2 个图分别属于哪种类型的悬架。

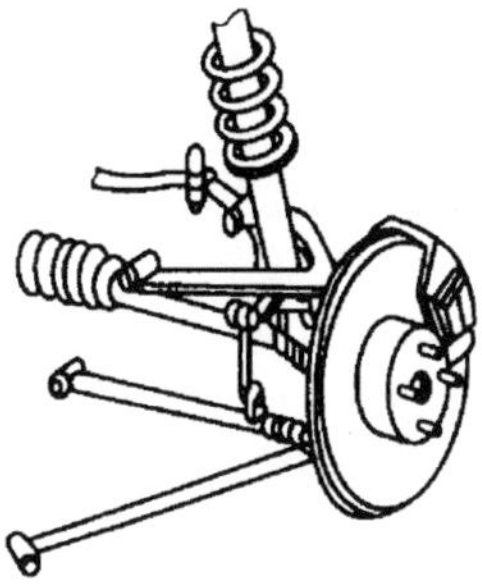

（a）

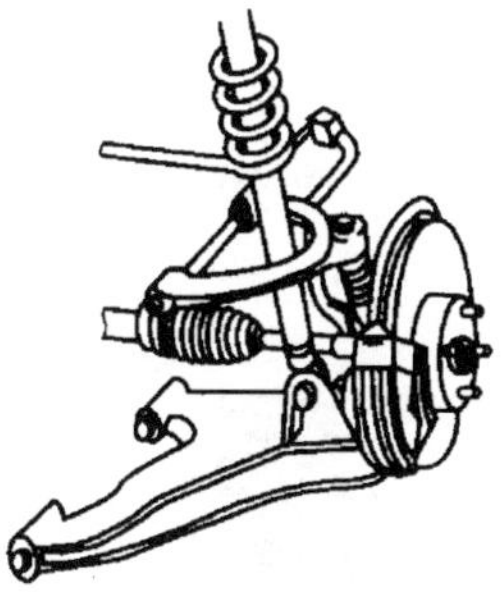

（b）

（3）对照下图，说明减震器是如何工作的。

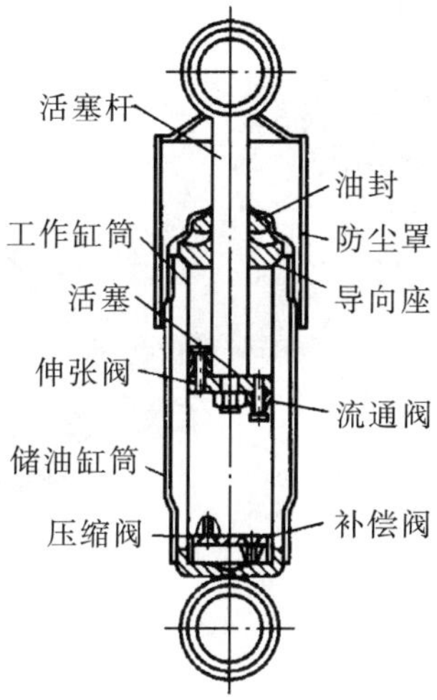

2. 决策与计划。

根据任务要求，确定所需要的设备、工具，并对小组成员进行合理分工，制订详细的工作计划。

（1）讨论确定更换减震器所需要的设备、工具。

（2）小组成员分工。

（3）制定更换减震器的操作步骤。

3. 实施。

（1）你实践所用车辆悬架的类型是什么？有何特点？

（2）总结拆装悬架和减震器时应该注意的问题。

（3）记录你是如何检查悬架和减震器的好坏的。

4. 检查与评估。

（1）检查悬架减震器的安装是否正确。

（2）评价减震器检查情况。

（3）请根据自己任务完成的情况，对自己的工作进行自我评估，并提出改进意见。

（4）教师对小组工作情况进行评估，并进行点评。

（5）学生本次任务成绩：____________________。

☞拓展学习

可调式电控空气悬架

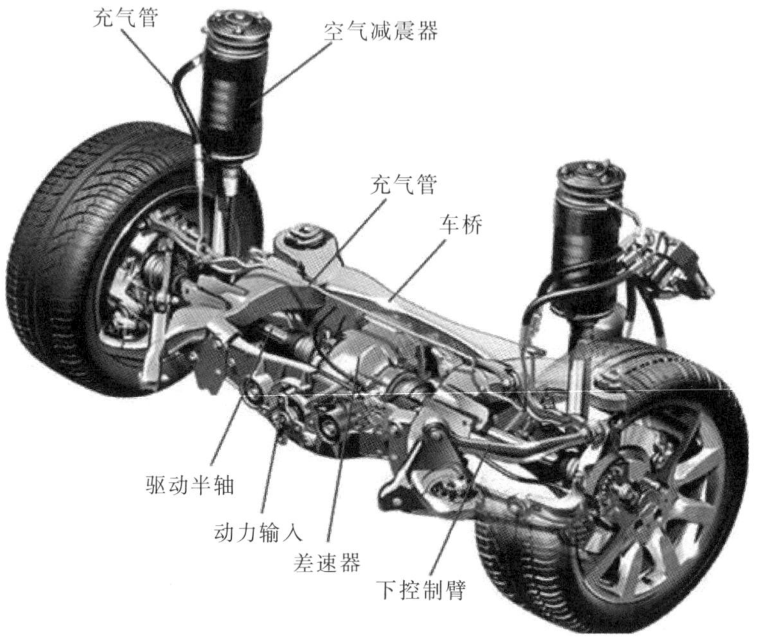

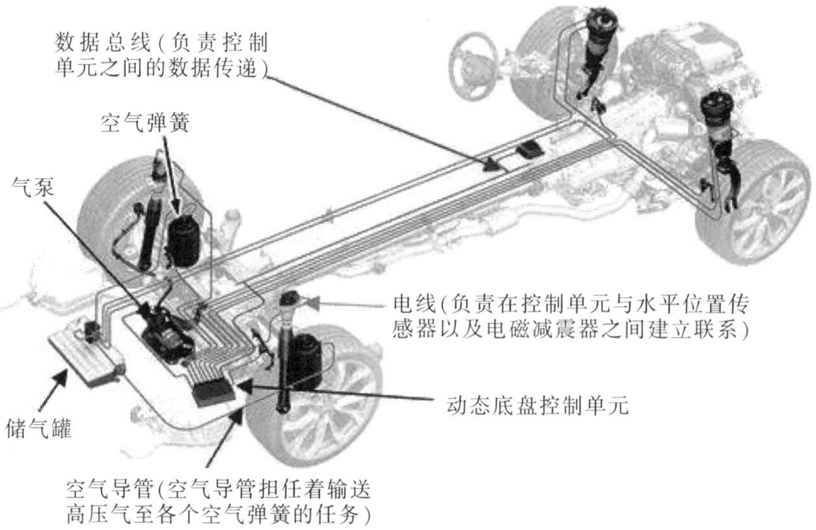

电子控制汽车悬架的基本目的是通过调节悬架的刚度和减震器阻尼，突破被动悬架的局限区域，使汽车的悬架特性与行驶的道路状况相适应，保证平顺性和操纵稳定性两个相互排斥的性能要求都能得到满足。目前，采用电子控制的悬架主要有主动悬架和半主动悬

架两种。由于被动悬架设计的出发点是在汽车平顺性和操纵稳定性之间求平衡，所以，对于不同的使用要求，只能是在满足主要性能要求的基础上牺牲次要性能，而无法适应广泛的性能需求和道路条件。尽管被动悬架在设计上以不断改进被动元件而实现了低成本、高可靠性的目标，但始终无法彻底同时满足平顺性和操纵稳定性的要求。为此，自 20 世纪 60 年代起产生了主动悬架的概念，并且随着现代控制理论和电子技术的发展及其在汽车上的广泛应用，从根本上解决平顺性和操纵稳定性之间要求相矛盾的问题出现了新的途径。

可调式悬架就是根据车辆不同的需求状态来对悬架的高度和软硬进行调整，从而使车辆处在最佳的形式状态。目前汽车的可调式悬架按控制类型可分为三大类。

1. 空气式可调悬架。

空气式可调悬架是指利用空气压缩机形成压缩空气，并通过压缩空气来调节汽车底盘的离地间隙的一种悬架方式。

一般装备空气式可调悬架的车型在前轮和后轮的附近都设有离地距离传感器，按离地距离传感器的输出信号，ECU 判断出车身高度的变化，再控制空气压缩机和排气阀门，使弹簧自动压缩或伸长，从而起到减震的效果。空气式可调悬架中的空气弹簧的软硬能根据需要自动调节。当汽车高速行驶时，空气悬架可以自动变硬来提高车身的稳定性，而长时间在低速不平的路面行驶时，ECU 则会使悬架变软来提高车辆的舒适性。采用空气式可调悬架汽车的代表车型有奥迪 A8、奔驰 S350、保时捷卡宴。空气式可调悬架如图 12－58 所示。

图 12－58 空气式可调悬架

2. 液压式可调悬架。

液压式可调悬架是指根据车速和路况，通过增减液压油的方式调整汽车底盘的离地间隙来实现车身高度变化的一种悬架方式。内置式电子液压集成模块是液压式可调悬架的核心。根据车速、减震器伸缩频率和伸缩程度的数据信息，在汽车重心附近安装有纵向、横向加速度和横摆陀螺仪传感器，用来采集车身振动、车轮跳动、车身高度和倾斜状态等信号，这些信号被传送给 ECU，ECU 再根据输入信号和预先设定的程序操纵前、后 4 个执行油缸工作。通过增减液压油的方式实现车身高度的升或降，也就是根据车速和路况自动调整离地间隙，从而提高汽车的平顺性和操纵稳定性。采用液压式可调悬架汽车的代表车型为宝马7系。

3. 电磁式可调悬架。

电磁式可调悬架是指利用电磁反应来实现汽车底盘的高度变化的一种悬架方式。它可以针对路面情况在1 ms时间内做出反应，抑制振动，保持车身稳定，特别是在车速很高又突遇障碍时更能显出它的优势。它的反应速度比传统的悬架快5倍，即使是在特别颠簸的路面，也能保证车辆平稳行驶。

电磁式可调悬架系统由ECU、车轮位移传感器、电磁液压杆和直筒减震器组成。在每个车轮和车身连接处都有一个车轮位移传感器，传感器与ECU相连，ECU又与电磁液压杆和直筒减震器相连。直筒减震器与传统的液压减震器不同，没有细小的阀门结构，不是通过液体的流动阻力达到减震的目的。电磁减震器中也有减震液，但是，那是一种被称为电磁液的特殊液体，是由合成的碳氢化合物和微小的铁粒组成的。平时，磁性金属粒子杂乱无章地分布在液体中，不起什么作用。如果有磁场作用，它们就会排列成一定结构，减震液就会变成近似塑料的状态。减震液的密度可以通过控制电流流量来精确控制，并且是实时连续地控制。电磁式可调悬架的工作过程是：当路面不平引起车轮跳动时，传感器迅速将信号传至控制系统，控制系统发出指令，将电信号发送到各个减震器的电子线圈，电流的运动产生磁场，在磁场的作用下，减震器中的电磁液的密度改变，控制车身，达到减震的目的。如此变化可以1秒钟进行1000次。电磁式悬架系统可以快速有效地弥补轮胎的跳动，并扩大悬架的活动范围、降低噪声、提高车辆的操控准确性和乘坐舒适性。采用电磁式可调悬架汽车的代表车型为凯迪拉克SLS赛威。其悬架系统如图12－59所示。

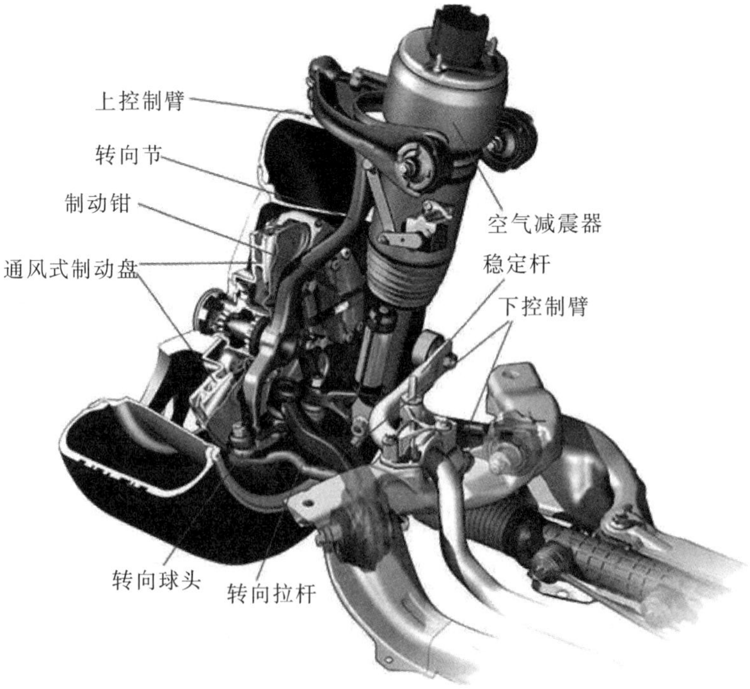

图12－59　凯迪拉克SLS赛威的电磁式可调悬架系统

☞小结

汽车行驶系统主要结构形式为轮式。行驶系统的基本组成和结构形式主要取决于汽车行驶路面的性质。轮式行驶系统一般由车架、车桥、车轮和悬架组成。本单元对轮式汽车行驶系统的受力情况进行了分析，为后续几章的学习奠定了一定的理论基础。

汽车车桥功用是：传递车架（或承载式车身）与车轮之间各方向作用力及其所产生的弯矩和扭矩。根据悬架结构不同，车桥可分为整体式和断开式两种；按其性质可分为转向桥、驱动桥、转向驱动桥和支持桥四种类型。一般汽车多以前桥为转向桥，而以后桥或中、后两桥为驱动桥。

转向轮定位参数有：主销后倾角、主销内倾角、前轮外倾角和前轮前束。当汽车后轮具有一定程度的外倾角和前束时可使后轮获得合适的侧偏角，提高汽车高速行驶的操纵稳定性。故一些高挡轿车设1四轮定位，既不仅要求前轮定位，还要有后轮定位。通过本单元的介绍能够有效区分转向桥与转向驱动桥、驱动桥与转向驱动桥、前轮定位与后轮定位之间的关系和各自的特点。

轮胎及车轮连接车轴，接触地面，在车桥和路面之间传力。当汽车工作时，轮胎及车轮将汽车发出的作用力传给地面，同时将地面给予的反作用力传回汽车。整车动力性、经济性、平顺性、通过性、制动性及操纵稳定性等通过轮胎及车轮的特性配合实现匹配和优化，安全性和可靠性在很大程度上取决于所用轮胎和车轮的制造质量和使用寿命。

车轮是由轮毂、轮辋以及这两元件间的连接部分（称轮辐）所组成的。按轮辋和辐板的连接形式，车轮可分为组合式结构和整体式结构。此外，还有对开式车轮、可反装式车轮、可调式车轮等。子午线轮胎与普通轮胎相比，具有弹性大、耐磨性好（可提高轮胎使用寿命）、滚动阻力小、附着性能好、缓冲性能好、承载能力大、不易穿刺等优点。其缺点是胎侧易裂口，制造技术要求高，成本高。本单元主要对车轮与轮胎功用、类型和其表示方法进行了介绍，能够对车轮和轮辋典型性的一些类型、特征和适用范围等有进一步的掌握。

汽车悬架主要由弹性元件、减震器和导向机构三个基本部分组成。按照控制形式不同，汽车悬架可分为被动式悬架和主动式悬架两大类。根据汽车导向装置的不同，悬架又可分为独立悬架和非独立悬架。汽车悬架的弹性元件常见的有钢板弹簧、螺旋弹簧、扭杆弹簧、气体弹簧和橡胶弹簧。

独立悬架的结构类型很多，主要可按车轮运动形式分成以下三类：

(1) 车轮在汽车横向平面内摆动的悬架（横臂式独立悬架）。

(2) 车轮在汽车纵向平面内摆动的悬架（纵臂式独立悬架）。

(3) 车轮沿主销移动的悬架，其中包括烛式悬架和麦弗逊式悬架（滑柱连杆式悬架）。电控悬架可以调节悬架刚度和阻尼系数，因此电控悬架是一种主动悬架。

电控悬架根据调节悬架的刚度和阻尼系数分为半主动悬架系统和全主动悬架系统。本单元重点对汽车悬架的功用、分类、弹性元件及典型悬架、非独立悬架与独立悬架等进行了介绍，同时简要介绍了电控车身高度自动调节和空气悬架装置的原理。

☞复习思考题

1. 汽车行驶系统的功用是什么?

2. 轮式汽车行驶系统一般由哪些部分组成? 各有什么作用?

3. 整体式车桥和断开式车桥各有什么特点? 它们分别与哪种悬架配合使用? 为什么?

4. 转向轮的定位参数有哪些? 各起什么作用?

5. 试述前束值是如何进行检测和调整的。

6. 后轮定位的参数有哪些? 试述其功用。

7. 常见的车轮有哪几种? 为什么辐板式车轮应用比较广泛?

8. 轮辋轮廓类型及代号有哪些? 其结构形式又有几种? 轮辋的规格是如何表示的?

9. 普通轮胎与子午线轮胎相比，有什么区别和特点? 为什么子午线轮胎使用越来越广泛?

10. 无内胎轮胎是如何实现密封的? 有自粘层和无自粘层的无内胎轮胎有什么不同的应用?

11. 常见的轮胎规格表示方法是什么?

12. 一般汽车的悬架由哪些主要部件组成? 各自的功用是什么?

13. 减震器的作用是什么?

14. 常用的弹性元件有哪几种? 试比较各自的优缺点是什么。

15. 独立与非独立悬架相比，各自的特点是什么?

16. 独立悬架常采用的弹性元件是什么?

17. 试述钢板弹簧能否与独立悬架配合使用。

单元13 汽车转向系统和制动系统的结构与拆装

学习任务13.1 汽车转向系统

☞学习情境

客户桑塔纳2000轿车转向沉重（特别在低速时）。造成汽车转向故障的原因很多，如汽车转向器故障或调节不当、动力转向系统故障、操纵机构及传动装置效率降低等，其中最为常见的故障原因是转向器故障，因此，首先要掌握转向器的结构和检查、调整的方法。

☞学习目标

通过本任务的学习，应能：

1. 掌握转向系统的定义、功用、分类、组成。
2. 掌握汽车性能对转向系统的要求及汽车操纵性能的影响因素。
3. 掌握转向器的类型、功用、转向盘自由转动量。
4. 掌握转向操纵机构的类型、特点。

☞学习场所和设备

1. 汽车底盘实训室。
2. 车辆，举升机，转向系统拆装专用工具。
3. 汽车转向系统实验台架。

☞学习任务

1. 会正确叙述汽车转向系统的类型。
2. 掌握转向系统的工作原理。
3. 能说出汽车转向系统总体结构。
4. 会正确拆装转向系统。

☞学习信息

13.1.1 转向系统概述

1. 定义：控制转向轮偏转的一整套机构。

2. 作用：根据汽车行驶需要，改变或恢复其行驶方向。

3. 组成：尽管现代汽车转向系统的结构形式多种多样，但都包括转向操纵机构、转向器和转向传动机构三个基本组成部分。

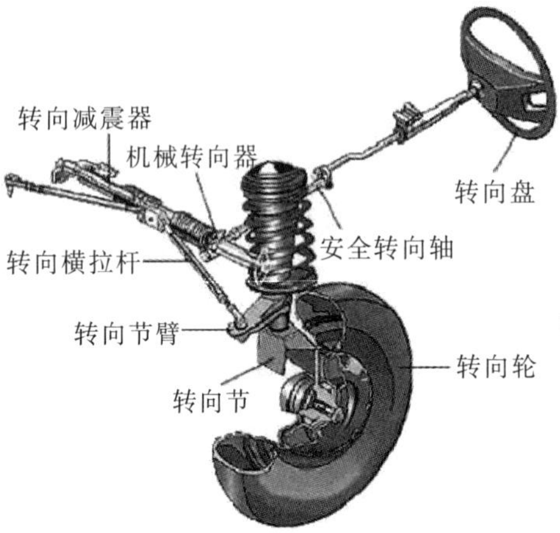

图 13－1　机械转向系统

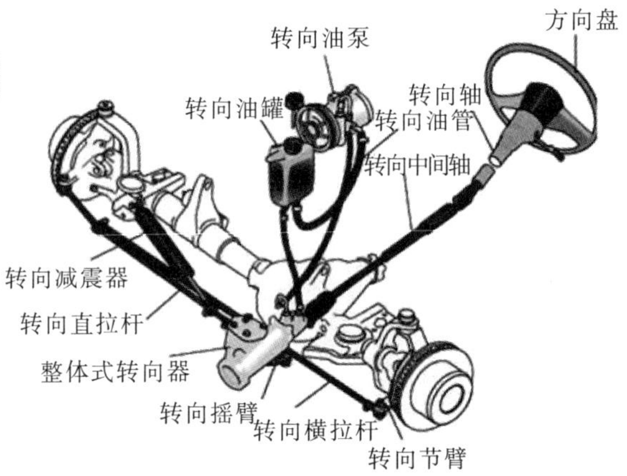

图 13－2　动力转向系统

(1) 转向操纵机构是驾驶员操纵转向器的工作机构，主要由转向盘、转向轴、转向管柱等组成。

(2) 转向器是将转向盘的转动变为转向摇臂的摆动或齿条轴的直线往复运动，并对转向操纵力进行放大的机构。转向器一般固定在汽车车架或车身上，转向操纵力通过转向器后一般还会改变传动方向。

(3) 转向传动机构是将转向器输出的力和运动传给车轮（转向节），并使左右车轮按照一定关系进行偏转的机构。

4. 分类：汽车转向系统按转向动力源的不同，分为机械转向系统和动力转向系统两大类。

机械转向系统是以驾驶员的体力（手力）作为转向动力的转向系统，其中所有传力件都是机械的。

动力转向系统是兼用驾驶员体力和发动机动力为转向动力的转向系统，如图 13－3 所示。

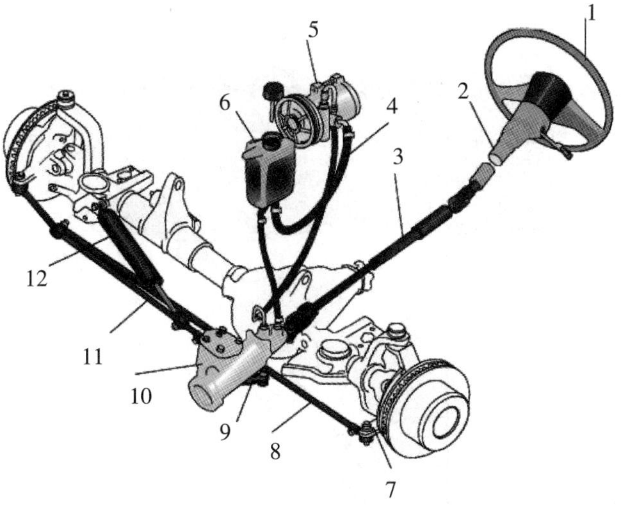

图 13 – 3 动力转向系统示意图

1—方向盘；2—转向轴；3—转向中间轴；4—转向油管；5—转向油泵；6—转向油罐；7—转向节臂；8—转向横拉杆；9—转向摇臂；10—整体式转向器；11—转向直拉杆；12—转向减震器

当驾驶员转动转向盘 1 时，转向摇臂 9 摆动，通过转向直拉杆 11、横拉杆 8、转向节臂 7 使转向轮偏转，从而改变汽车的行驶方向。与此同时，转向器输入轴还带动转向器内部的转向控制阀转动，使转向动力缸产生液压作用力，帮助驾驶员转向操纵。这样，为了克服地面作用于转向轮上的转向阻力矩，驾驶员需要加于转向盘上的转向力矩比用机械转向系统时所需的转向力矩小得多。

5. 对转向系统的要求：

（1）工作可靠，行驶安全——强度、刚度、使用寿命。

（2）操纵轻便——转向力小，回转圈数少，直线行驶稳定，无摆振、抖动。

（3）转向时车轮做纯滚动而无滑动——减少轮胎磨耗。

（4）转向轮受到冲击时，要有正确的“路感”，又不“打手”。

（5）调整应简单方便。

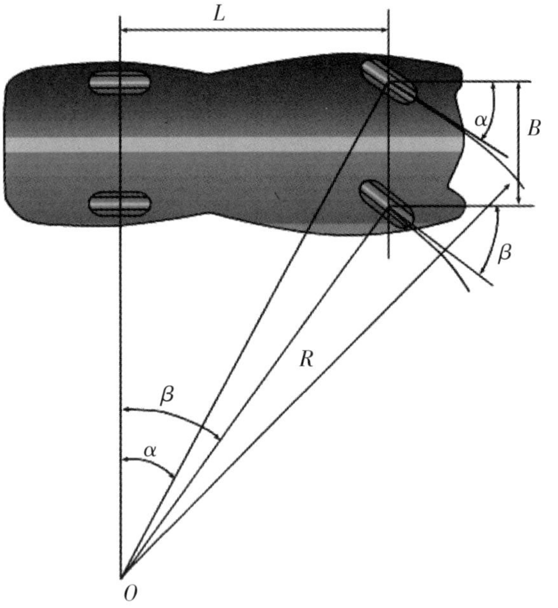

图 13－4　汽车转向示意图

6. 转向梯形：

（1）构造：前轴，横拉杆，左、右梯形臂。

（2）作用：保证左、右转向轮按一定规律偏转，以实现汽车顺利转向，车轮处于纯滚动而不滑移。

（3）布置形式：后置式、前置式。

7. 转向梯形理论特性关系式：

转向时各个车轮都做纯滚动，可减少附加阻力和轮胎磨损。此时，各轮的轴线必须相交于汽车的转向中心 O（也称为瞬时转动中心）。由图 13－4 可看出，这时内偏转角大于外偏转角。有如下关系：$\text{ctg}\ \alpha = \text{ctg}\ \beta + B/L$（转向梯形特性关系）。从式中可以看出，内轮偏转角精确对应一个外轮偏转角，才能满足上述关系。为此必须精心确定转向传动机构中转向梯形的几何参数。但是迄今为止，所有汽车的转向梯形实际上都只能保证在一定的车轮偏转角范围内，使两侧车轮偏转角大体上接近上述关系。

汽车转弯半径：由转向中心 O 到外转向轮与地面接触点的距离。它愈小，则汽车在转向时所需的场地面积就愈小，汽车的机动性也愈好。转向轮内轮的最大偏转角在 34°～42°之间，最小转弯半径一般为 5～12 m。

8. 转向系统角传动比（iω）：

转向盘转角与同侧转向节臂带动的车轮偏转角之比称为转向系统角传动比。而转向盘转角和转向摇臂摆角之比称为转向器角传动比（iω1）。转向摇臂摆角与同侧转向节带动的转向轮偏转角之比称为转向传动机构角传动比。iω 的大小影响操纵力和转向灵敏度。iω 愈大，则克服一定的地面转向阻力矩所需的转向盘上的转向力矩便愈小，愈省力。但不能过大，过大将导致转向操纵不够灵敏，即转向盘转动的圈数增加。有的汽车 iω1 可变。转小弯 iω1 较小，灵敏；转大弯 iω1 较大。

转向传动机构角传动比一般为 1 左右。转向器角传动比货车为 16 ~ 32，轿车为12 ~ 22。

13. 1. 2　转向器及转向操纵机构

13. 1. 2. 1　转向器传动效率及转向盘自由行程

1. 转向器传动效率：转向器的输入功率与输出功率之比。转向器除要保证汽车转向轻便灵活外，还应能防止由于路面反力对转向盘产生过大的冲击（即所谓的“回弹打手”现象），造成操纵困难和驾驶员工作疲劳。为了实现这一目标，转向器应具有较高的正传动效率和适当的逆传动效率。

转向操纵力➡转向盘➡转向器➡转向摇臂——正向传动——正传动效率；路面的冲击力➡转向摇臂➡转向器➡转向盘——逆向传动——逆传动效率。

可逆式转向器正传动效率高，逆传动效率也高；不可逆转向器正传动效率高，逆传动效率为零；半可逆式转向器正传动效率高，逆传动效率较低。所有的转向器都要求正传动效率要高，这样转向力损失少，转向操纵便灵活。好的转向器应有适当的逆传动效率，使驾驶员获得明显的“路感”，又不对转向盘产生过大的冲击。经常在良好路面上行驶的汽车多用可逆式转向器。中型以上的越野汽车、工矿用自卸汽车多用极限可逆式转向器。

2. 转向盘自由行程：当转动转向盘时，消除各连接零件和传动副间隙及克服机件的弹性变形使车轮刚开始偏转的转向盘角度。转向盘自由行程对于缓和路面冲击及避免驾驶员过度紧张是有利的。一般规定直线行驶，转向盘向左、向右的自由行程不超过 15°。当零件磨损、转向盘自由行程大于规定值时，必须进行调整或换件。转向盘自由行程的大小主要是通过调整转向器传动副的啮合间隙和轴承间隙来实现的。因此，转向器一般都设有传动副啮合间隙和轴承间隙调整装置。

13. 1. 2. 2　转向器

主要有齿轮齿条式、循环球式、曲柄指销式、蜗轮蜗杆式、蜗杆滚轮式几种类型。

1. 齿轮齿条式转向器。

齿轮齿条式转向器分两端输出式和中间输出式两种。（富康、CA7220、AUDI100、JATTA、SANTANA、夏利、依维柯均采用两端输出式）。富康采用两端输出的齿轮齿条式转向器，如图 13 -5（a）所示。作为传动副主动件的转向齿轮轴 11 通过轴承 12 和 13 安装在转向器壳体 5 中，其上端通过花键与万向节叉 10 和转向轴连接；与转向齿轮啮合的转向齿条 4 水平布置，两端通过球头座 3 与转向横拉杆 1 相连；弹簧 7 通过压块 9 将齿条压靠在齿轮上，保证无间隙啮合。弹簧的预紧力可用调整螺塞 6 调整。当转动转向盘时，转向齿轮轴 11 转动，使与之啮合的齿条 4 沿轴向移动，从而使左右横拉杆带动转向节左右转动，使转向车轮偏转，实现汽车转向。

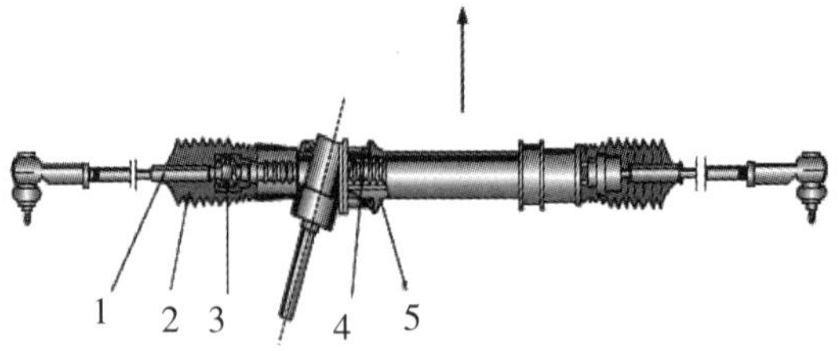

(a)

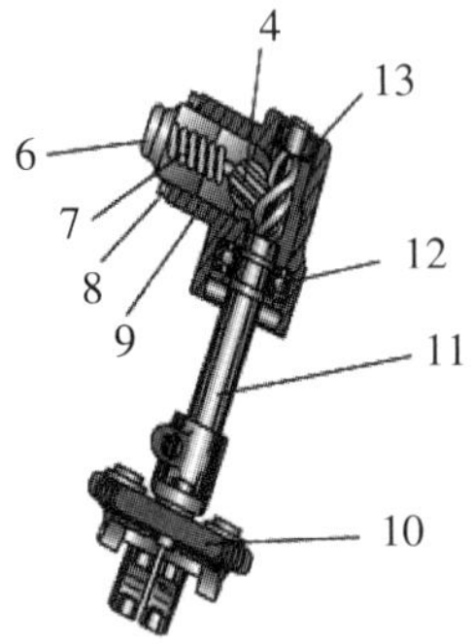

(b)

图 13－5　齿轮齿条式转向器

1—转向横拉杆；2—防尘套；3—球头座；4—转向齿条；5—转向器壳体；6—调整螺塞；7—压紧弹簧；8—锁紧螺母；9—压块；10—万向节；11—转向齿轮轴；12—向心球轴承；13—滚针轴承

奥迪 100 型采用中间输出的齿轮齿条式转向器，如图 13－5（b）所示，其结构原理与两端输出的齿轮齿条式转向器基本相同，不同之处在于它在转向齿条的中部用螺栓 6 与左右转向横拉杆 7 相连。

采用齿轮齿条式转向器可以使转向传动机构简化（不需转向摇臂和转向直拉杆等），齿轮齿条无间隙啮合无须调整，而且逆传动效率很高，故多用于前轮为独立悬架的轿车和微型及轻型货车上。

2. 循环球式转向器。

循环球式转向器是目前国内外应用最广泛的结构形式之一。它一般有两级传动副，第一级是螺杆螺母传动副，第二级是齿条齿扇传动副（如解放 CA1091、北京 BJ104－1、BJ2023、黄河 JN1181C13 等）。

转向螺杆转动时，通过钢球将力传给转向螺母，转向螺母即沿轴向移动。同时，在转向螺杆及转向螺母与钢球间的摩擦力偶作用下，所有钢球便在螺旋管状通道内滚动，形成“球流”。钢球在管状通道内绕行两周后，流出转向螺母而进入导管的一端，再由导管另一端流回螺旋管状通道。故在转向器工作时，两列钢球只是在各自的封闭流道内循环，而不致脱出。

循环球式转向器的正传动效率很高（最高可达 90%～95%），故操纵轻便，使用寿命长。但其逆传动效率也很高，容易将路面的冲击力传到转向盘。不过，对于较轻型的、前轴载质量不大而又经常在好路上行驶的汽车而言，这一缺点影响不大。因此，循环球式转向器广泛应用于各类各级汽车。

3. 蜗杆曲柄指销式转向器。

其传动副以转向蜗杆为主动件，其从动件是装在摇臂轴曲柄端部的指销。转向蜗杆转动时，与之啮合的指销即绕摇臂轴轴线沿圆弧运动，并带动摇臂轴转动。

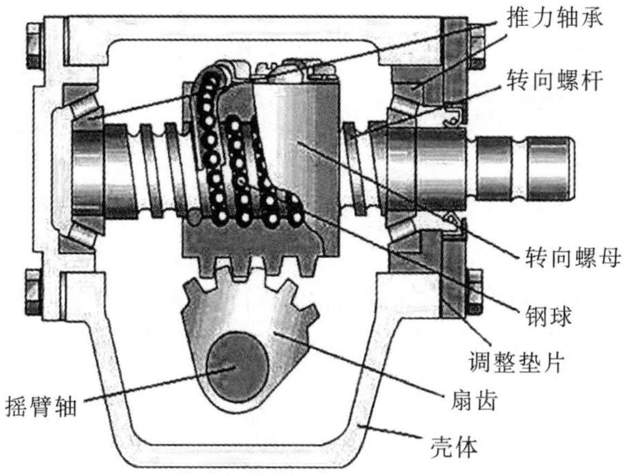

图 13－6　蜗杆曲柄指销式转向器

13. 1. 2. 3　转向操纵机构

1. 功用、组成和安装布置。

（1）功用：将驾驶员转动转向盘的操纵力传给转向器。

（2）组成：转向操纵机构由转向盘、转向轴、转向管柱等组成。

（3）布置：见图 13－7。

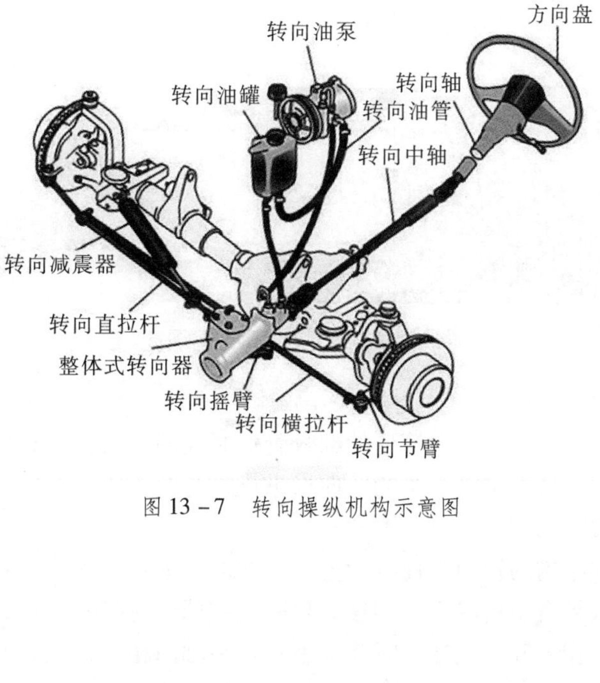

图 13－7　转向操纵机构示意图

2. 转向盘（如图 13－8 所示）。

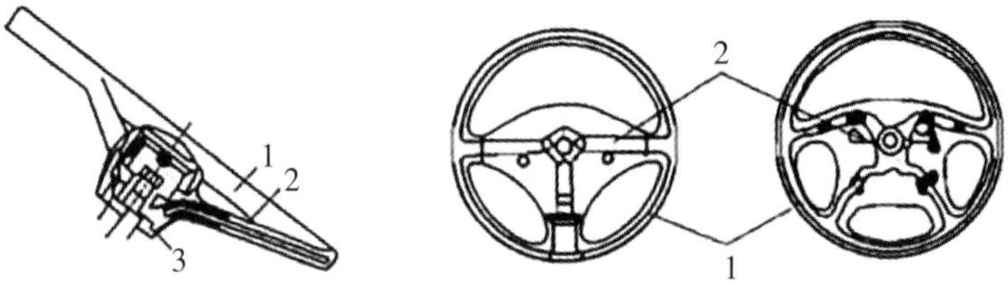

图 13－8　转向盘

1—轮圈；2—轮辐；3—轮毂

主要由轮毂 3、轮辐 2 和轮圈 1 等组成。转向盘与转向轴一般是通过花键或带锥度的细花键连接，端部通过螺母轴向压紧固定。

3. 转向轴和缓冲吸能机构。

许多国内外生产的新车型采用柔性万向节连接，可阻止路面传来的冲击，从而显著地减轻转向盘上的冲击和振动。安装有能改变转向盘工作角度和转向盘的高度（即转向轴轴向长度）的机构，以方便不同体型驾驶员的操纵。可分离式安全转向机构有效地防止转向盘对驾驶员的伤害，但不包含有吸能装置。

缓冲吸能式转向操纵机构（如图 13－9）从结构上能使转向轴和转向管柱在受到冲击后，轴向收缩并吸收冲击能量，从而有效地缓和转向盘对驾驶员的冲击，减轻其所受伤害的程度。

汽车撞车时，首先车身被撞坏（第一次碰撞），转向操纵机构被后推，从而挤压驾驶员，使其受到伤害；接着，随着汽车速度的降低，驾驶员在惯性力的作用下前冲，再次与转向操纵机构接触（第二次碰撞）而受到伤害。缓冲吸能式转向操纵机构对这两次冲击都具有吸收能量、减轻驾驶员受伤程度的作用。

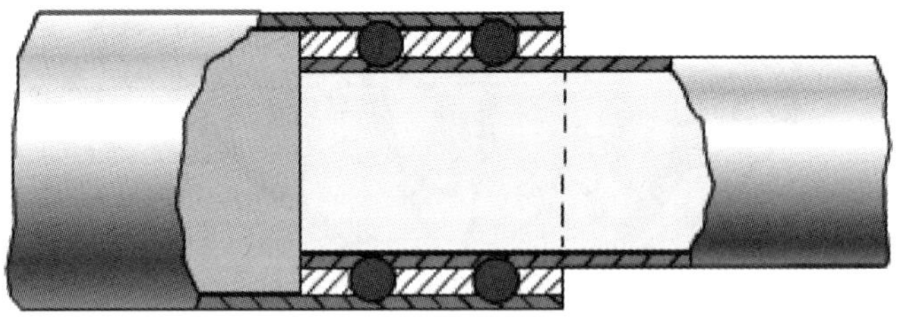

图 13－9　转向轴缓冲吸能机构

（1）网状管柱变形式。

塑料销起安全销的作用。转向管柱的部分管壁制成网格状，受到压缩时很容易轴向变形而消耗能量。北京吉普切诺基汽车的转向操纵机构与此类似。

（2）钢球滚压变形式。

钢球滚压变形式结构的转向管柱分为上、下两段，上转向管柱可套在下转向管柱的内孔里，二者之间压入带有塑料隔圈的钢球。隔圈起钢球保持架的作用，钢球与上、下转向管柱压紧并使之结合在一起。在撞车时，上下管柱在轴向相对移动，这时钢球边转动边在上、下转向管柱的壁上压出沟槽，从而消耗了冲击能量。

(3) 波纹管变形吸能式。

当汽车撞车时，下转向管柱向上移动，在第一次碰撞力的作用下限位块首先被剪断并消耗能量。在受到第二次碰撞时，上转向轴下移，压缩波纹管使之收缩变形并消耗冲击能量。

13.1.3　转向传动机构

功用：将转向器输出的力和运动传到转向节，使转向轮偏转，且偏转角按一定关系变化，以保证转向时车轮与地面的相对滑动尽可能小。

转向传动机构按照悬架的分类可分为与非独立悬架配用的转向传动机构和与独立悬架配用的转向传动机构两大类。

13.1.3.1　与非独立悬架配用的转向传动机构

与非独立悬架配用的转向传动机构主要包括转向器转向摇臂 2、转向直拉杆 3、转向节臂 4、两个梯形臂 5 和转向横拉杆 6 等。

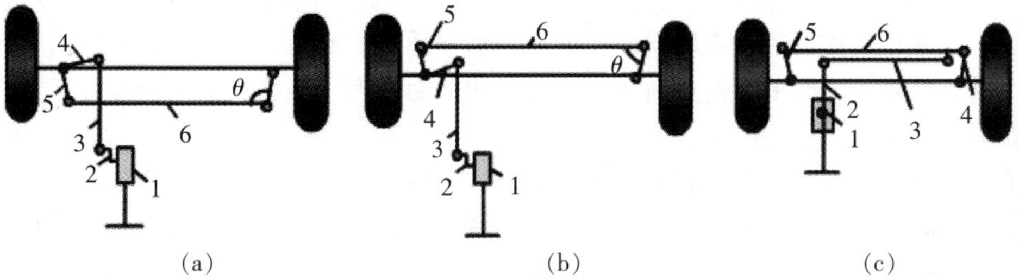

图 13 - 10　非独立式悬架配用的转向传动机构

1—转向器；2—转向摇臂；3—转向直拉杆；4—转向节臂；5—梯形臂；6—转向横拉杆

1. 转向摇臂。

转向摇臂的作用是把转向器输出的力和运动传给转向直拉杆和横拉杆，进而推动转向轮偏转。转向摇臂的典型结构如图 13 - 11 所示，它多采用中碳钢经锻造和机械加工制成。大端具有锥形的三角形细花键孔，与转向摇臂轴连接，并用螺母固定。其小端用锥形孔与球头销柄部连接，也用螺母固定，球头再与纵拉杆做铰链连接。转向摇臂安装后从中间位置到两边的摆角范围应大致相同，故在向转向摇臂轴上安装时，二者的安装记号应对正。

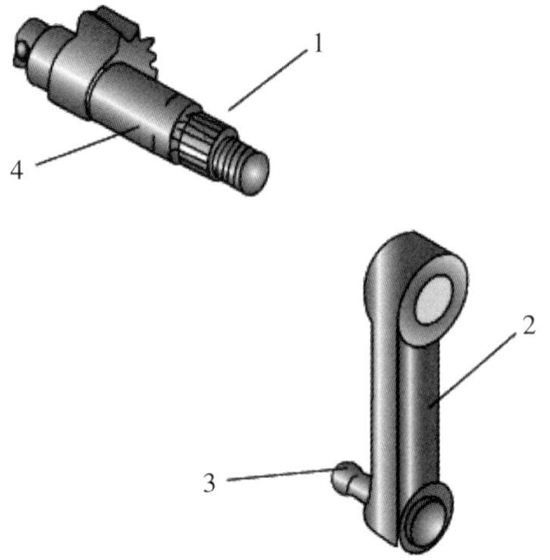

图 13－11　转向摇臂

1—带锥度的三角形齿形花键；2—转向摇臂；3—球头销；4—摇臂轴

2. 转向直拉杆。

转向直拉杆的作用是将转向摇臂传来的力和运动传给转向梯形臂或转向节臂，其结构如图 13－12 所示。它所受的力既有拉力又有压力，因此转向直拉杆都是采用优质特种钢制造的，以保证工作可靠。在转向轮偏转或因悬架弹性变形而相对于车架跳动时，转向直拉杆、转向摇臂及转向节臂的相对运动都是空间运动，为了不发生运动干涉，三者之间的连接都采用球头销。

直拉杆体 9 由两端扩大的钢管制成，其前端带有球头销 2。球头销的尾端可用螺母固定于转向节臂的端部。两个球头座 5 在压缩弹簧 6 的作用下将球头销的球头夹持住。为保证球头与球头座的润滑，可从油嘴 8 注入润滑脂，使其充满直拉杆体端部管腔。装配时，供球头出入的孔口用耐油的橡胶防尘垫 3 封盖，橡胶防尘垫 3 用铁皮包扎在钢管上，以防止润滑脂流出和尘土、泥、水的侵入。压缩弹簧 6 随时补偿球头及球头座的磨损，保证二者间无间隙，并可缓和经车轮和转向节传来的路面冲击。弹簧预紧力可用螺塞 4 调节，调好后用开口销固定住螺塞的位置。当球头销作用在内球头座上的冲击力超过压缩弹簧预紧力时，弹簧便进一步变形而吸收冲击能量。弹簧变形增量受到弹簧座自由端的限制，这样可以防止弹簧过载超载，并保证在弹簧折段的情况下球头销不致从管腔中脱出。直拉杆体后方嵌装转向摇臂的球头销 10。这一端的压缩弹簧也装在球头座后方。这样，两个压缩弹簧可分别在沿轴线的不同方向上起缓冲作用。

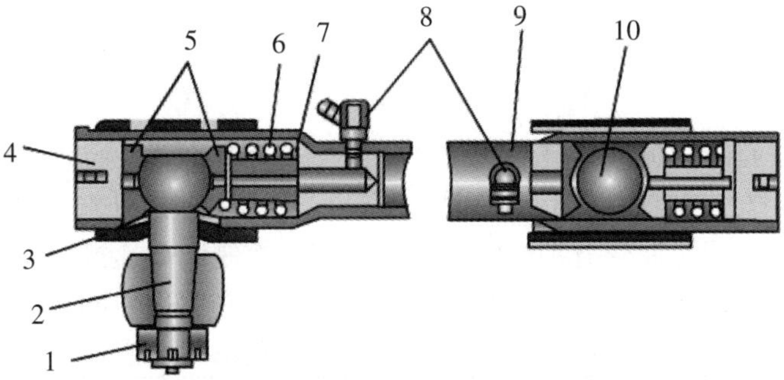

图 13－12　转向直拉杆

1—螺母；2—球头销；3—橡胶防尘垫；4—螺塞；5—球头座；6—压缩弹簧；7—弹簧座；8—油嘴；9—直拉杆体；10—转向摇臂球头销

3. 转向横拉杆。

转向横拉杆是联系左、右梯形臂并使其协调工作的连接杆。它在汽车行驶过程中反复承受拉力和压力，因此多采用高强度冷拉钢管制造。横拉杆体两端的螺纹，一为右旋，一为左旋，因此在旋松夹紧螺栓后，转动横拉杆体，即可改变转向横拉杆的总长度，从而调整转向轮前束。

4. 转向减震器。

随着汽车车速的提高，现代汽车的转向轮有时会产生摆振，进而引起整车车身的振动，这不仅影响汽车行驶的稳定性，而且还影响汽车的舒适性，加剧前轮轮胎的磨损。在转向传动机构中设置转向减震器是克服转向轮摆振的有效措施。

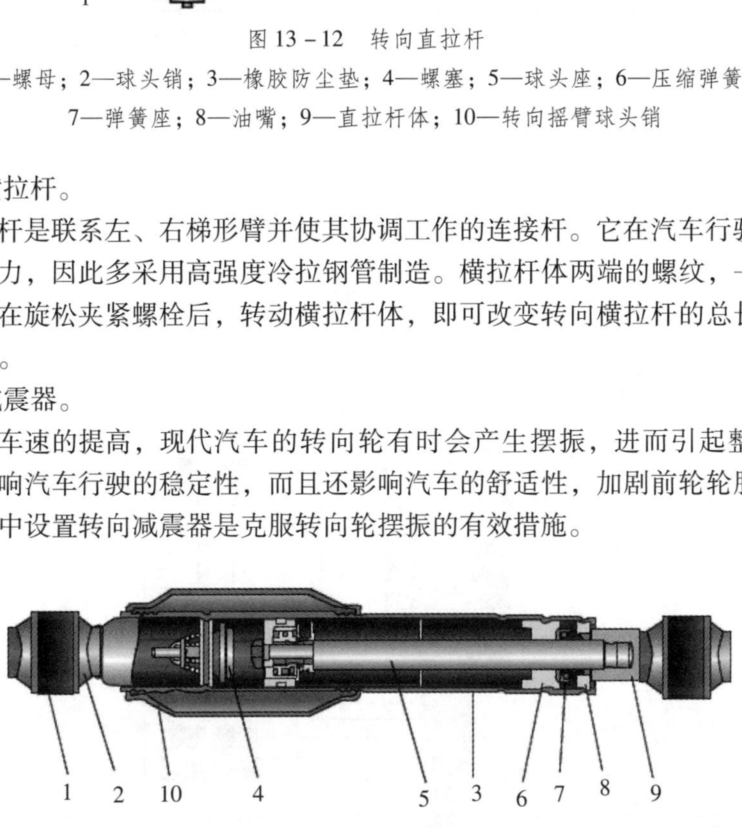

图 13－13　转向减震器

1—连接环衬套；2—连接环橡胶套；3—油缸；4—压缩阀总成；5—活塞及活塞杆总成；6—导向座；7—油封；8—挡圈；9—轴套及连接环总成；10—橡胶储液缸

转向减震器的一端与车身或前桥铰接，另一端与转向直拉杆或转向器铰接，如图 13－13 所示的是 AUDI00 转向减震器的结构及零件分解图，其结构和工作原理类似于悬架减震器，这里不再赘述。

13.1.3.2　与独立悬架配用的转向传动机构

当转向轮采用独立悬架时，由于每个转向轮都需要相对于车架（或车身）做独立运动，所以转向桥也必须是断开式的。相应地，转向传动机构中的转向梯形也必须是断开式的。

13.1.4 动力转向装置

动力转向系统是在机械式转向系统的基础上加一套动力辅助装置组成的，如图13-14所示。转向油泵6安装在发动机上，由曲轴通过皮带驱动并向外输出液压油。转向油罐5有进、出油管接头，通过油管分别与转向油泵和转向控制阀2连接。转向控制阀用以改变油路。机械转向器和缸体形成左右两个工作腔，它们分别通过油道和转向控制阀连接。

当汽车直线行驶时，转向控制阀2将转向油泵6泵出来的工作液与油罐相通，转向油泵处于卸荷状态，动力转向器不起助力作用。当汽车需要向右转向时，驾驶员向右转动转向盘，转向控制阀将转向油泵泵出来的工作液与*R*腔接通，将*L*腔与油罐接通，在油压的作用下，活塞向下移动，通过传动结构使左、右轮向右偏转，从而实现右转向。向左转向时，情况与上述相反。

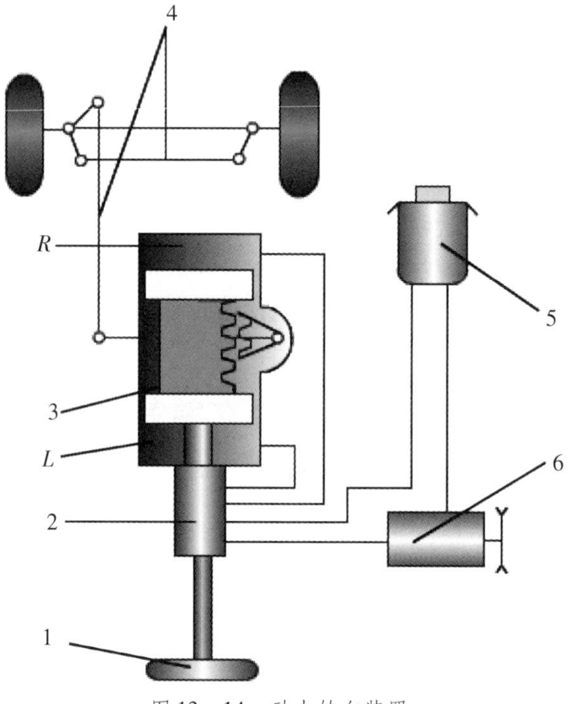

图13-14 动力转向装置

1—方向盘；2—转向控制阀；3—转向器；4—横直拉杆；5—转向油罐；6—转向油泵

13.1.4.1 动力转向装置的功用、组成及类型

前面所述的普通转向系统很难兼顾汽车转向操纵省力且反应灵敏两方面的要求，为解决这一矛盾，越来越多的中型以上的货车和轿车采用了以发动机输出的部分动力为能源的动力转向装置。采用动力转向装置的汽车转向所需的动力，在正常情况下，只有小部分是驾驶员提供的，大部分是发动机（或电机）驱动的油泵（或空气压缩机）所提供的液压能（或气压能）。用以将发动机（或电机）输出的部分机械能转化为压力能，并在驾驶员控制下，对转向传动装置或转向器中某一传动件施加不同方向的液压或气压作用力，以帮

助驾驶员进行转向的一系列零部件，总称为动力转向器。

1. 功用：

（1）转向轻便——减轻对转向盘的操作力，原地转向助力。

（2）转向灵敏——可适当选择传动比。

（3）行驶安全——限制车辆高速或在薄冰上的助力，具有较好的转向稳定性。

2. 对动力转向的要求：

转向轮的转角和驾驶员转动方向盘的转角保持一定的比例关系。动力转向失效时，能保证机械转向系统有效工作。具有很高的灵敏度。减轻驾驶员作用在方向盘上手力的同时，还应有“路感”。具有直线行驶的稳定性，转弯后有自动回正作用。

动力转向装置应具有如下功能：①在汽车转弯时，减小对转向盘的操作力；限制转向系统的减速比。②在原地转向时，能提供必要的助力；限制车辆高速或在薄冰上的助力，具有较好的转向稳定性。③在动力转向装置失效时，能保持机械转向系统有效工作。

3. 组成：动力转向装置由机械转向器、转向控制阀、转向动力缸以及将发动机输出的部分机械能转换为压力能的转向油泵（或空气压缩机）、转向油罐等组成。

4. 分类：动力转向装置按传能介质的不同，可以分为气压式和液压式两种。

气压式动力转向装置主要应用于一部分其前轴最大轴载质量为 3 ~ 7 t，并采用气压制动系统的货车和客车。装载质量特大的货车也不宜采用气压动力转向器，因为气压系统的工作压力较低，用于这种重型汽车上时，其部件尺寸将过于庞大。液压动力转向器的工作压力可高达 10 MPa 以上，故其部件结构紧凑、尺寸很小。液压系统工作时无噪声，工作滞后时间短，而且能吸收来自不平路面的冲击。因此，液压式动力转向装置已在各级各类汽车上得到了广泛应用。

（1）常压式：

①在汽车直线行驶、转向盘保持在中立位置时，转向控制阀 5 经常处于关闭位置。转向油泵 2 输出的压力油充入储能器 3。当储能器压力增长到规定值后，油泵即自动卸荷空转，从而储能器压力得以限制在该规定值以下。

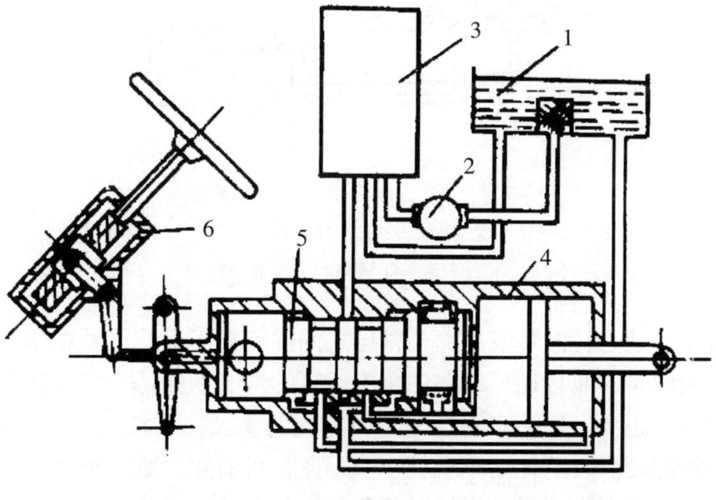

图 13－15　常压式液压动力转向装置示意图

1—转向油罐；2—转向油泵；3—储能器；4—转向动力缸；5—转向控制阀；6—机械转向器

②驾驶员转动转向盘时，机械转向器 6 即通过转向摇臂等杆件使转向控制阀 5 转入开启（工作）位置，此时储能器中的压力油即流入转向动力缸 4。通过动力缸推杆输出的液压作用力，作用在转向传动机构上，以助机械转向器输出力的不足。转向盘一停止运动，转向控制阀便随之恢复到关闭位置，于是转向加力作用终止。由此可见，无论转向盘处于中立位置还是转向位置，也无论转向盘保持静止还是运动状态，液压系统工作管路中总是保持高压。

（2）常流式：①不转向时，转向控制阀 6 保持开启。转向动力缸 8 由于其中活塞两边的工作腔都与低压回油管路相通而不起作用。转向油泵 2 输出的油液流入转向控制阀，又由此流回转向油罐 1。因转向控制阀的节流阻力很小，故油泵输出压力也很低，油泵实际处于空转状态。②当驾驶员转动转向盘，通过机械转向器 7 使转向控制阀处于与某一转弯方向相应的工作位置时，转向动力缸的相应工作腔方与回油管路隔绝，转而与油泵输出管路相通，而动力缸的另一腔则仍然通回油管路。地面转向阻力经转向传动机构传到转向动力缸的推杆和活塞上，形成比转向控制阀节流阻力高得多的油泵输出管路阻力。于是转向油泵输出压力急剧升高，直到足以推动转向动力缸活塞为止。③转向盘回位后，转向控制阀随即回复到中立位置，使动力缸停止工作。

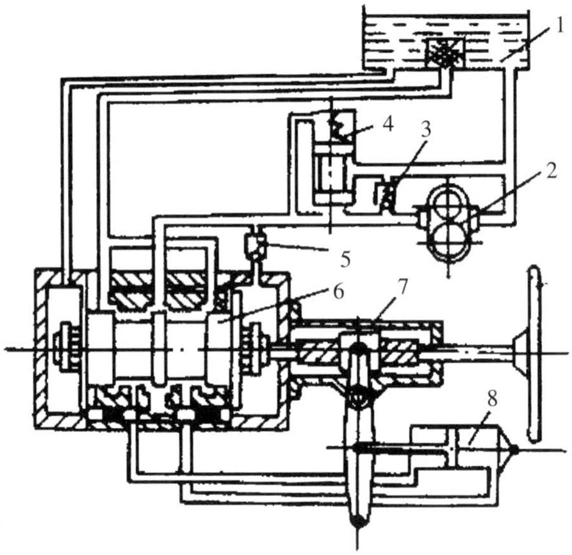

图 13－16　常流式液压动力转向装置示意图

1—转向油罐；2—转向油泵；3—安全阀；4—流量控制阀；5—单向阀；
6—转向控制阀；7—机械转向器；8—转向动力缸

上述两种液压式动力转向装置相比，常压式的优点在于有储能器积蓄液压能，可以使用流量较小的转向油泵，而且还可以在油泵不运转的情况下保持一定的转向加力能力，使汽车有可能续驶一定距离。这一点对于重型汽车尤为重要。常流式的优点则是结构简单，油泵寿命较长，泄漏较少，消耗功率也较小。因此，目前除少数重型汽车采用常压式动力转向装置外，其余多采用常流式动力转向装置。

5. 电动助力转向（EPAS，Electric Power Aided Streering）。

构成：它由机械转向器、电动机、离合器、控制装置、转矩传感器和车速传感器组成。在操纵转向盘时，扭矩传感器根据输入力的大小产生相应的电压信号，由此 EPAS 系统就可以检测出转向力的大小，同时根据车速传感器产生的脉冲信号又可测出车速，再用于控制电动机的电流，从而形成适当的转向助力。

6. 四轮转向。

如果一辆常规的前轮转向的汽车停在人行道旁两辆车之间，那么这辆车驶出停车位置时，前轮尽量向左转，而在驶出停车位置时后轮沿与前轮不相同的方向低速行驶，那么它将会撞到前面的汽车。

若同一辆装有四轮转向装置的汽车停在同样的位置，在驶出停车位置时，后轮将沿与前轮相同的方向低速行驶，那么这辆汽车与前面的汽车之间因有足够的距离而不会撞上。四轮转向的汽车与常规前轮转向的汽车相比有一个较小的转向半径，这会改善汽车停车时的机动性。四轮转向系统中的后轮转向可以根据汽车速度或转向盘的转角来控制。

13.1.4.2　电子控制液压驱动的四轮转向系统

横向加速度-车速感应型四轮转向系统，其结构是在前轮的动力转向器上，再安装一个后轮专用的控制阀，产生一个大致与横向加速度成比例的，与前轮转向器阻力相平衡的油压，把该压力的油液送到后轮执行机构。在执行机构中，装入高刚性弹簧，当与送来的油压达到平衡状态时，输出杆便产生位移，从而带动后轮开始转向。

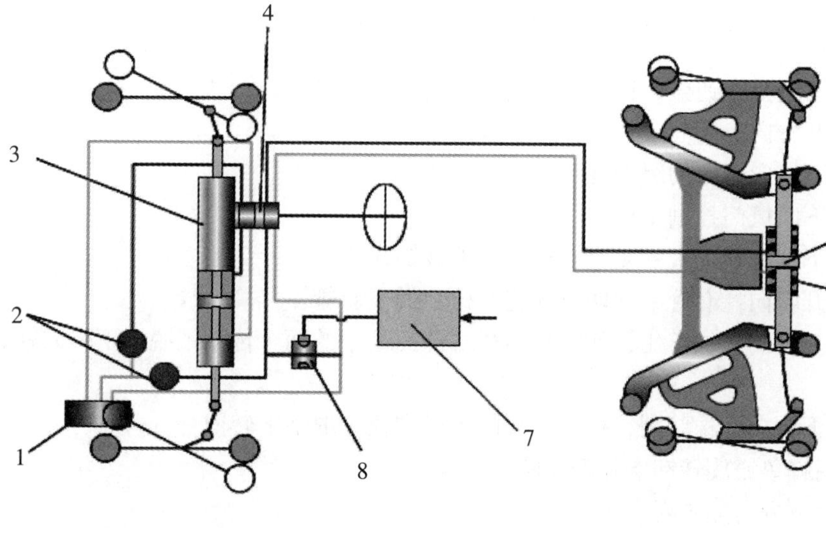

图 13-17　电控液压驱动四轮转向系统

1—储油罐；2—泵；3—前动力缸；4—分配阀；5—后动力缸；6—弹簧；7—控制器；8—电磁阀

13.1.5 转向系统的拆装

13.1.5.1 转向操纵机构的拆卸

（1）按下方向盘中间盖板的橡皮边缘，撬出方向盘盖板。

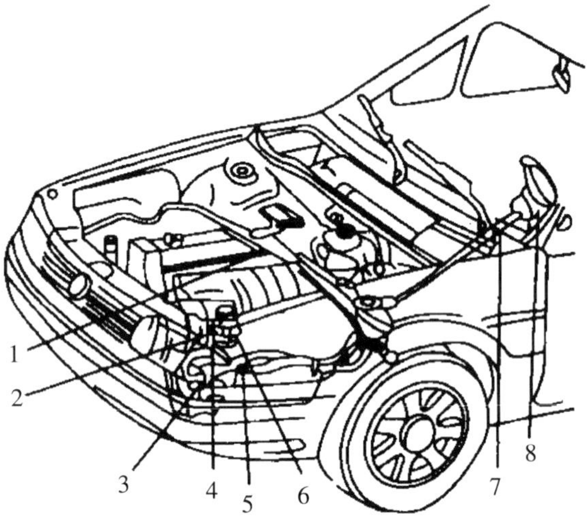

图 13－18 桑塔纳轿车动力转向系统的零部件分布

1—横拉杆；2—动力转向器；3—液压泵；4—进油管；5—回油管；6—储油罐；7—转向柱；8—转向盘

（2）取下喇叭按钮盖，拆下喇叭按钮，拔出喇叭电线。

（3）松开方向盘的固定螺母，拆下方向盘。

（4）拆下转向柱上的组合开关。

（5）拆下阻风门控制手柄。

（6）旋下仪表装饰板的 4 个螺钉，拆下装饰板。

（7）松开转向柱套管上的两只固定螺栓，拆下套管。

（8）将上转向柱往下压，使上转向柱端部凸缘上的两个传动销脱离下转向柱，取出上转向柱。

（9）取下转向柱橡胶圈，松开卡箍的紧固螺栓，取下下转向柱。

（10）用鲤鱼钳旋转卸下弹簧垫圈。

（11）拆下方向盘锁壳。

13.1.5.2 动力转向器的拆卸

（1）用举升器举起车辆。

（2）放净转向液压油。

（3）拆下转向横拉杆固定螺母。

（4）拆下左前轮罩处的转向器固定螺栓，如图 13－19 所示。

(5) 松开转向器转向控制阀外壳上的进油管。
(6) 拆下后围板上转向器的固定螺母。
(7) 放下车辆。
(8) 拆下固定齿条与转向横拉杆的螺栓。
(9) 拆下仪表板侧面下盖、通风管和踏板盖。
(10) 拆下转向齿轮轴与联轴节的紧固螺栓(如图13-20所示),使各轴分开。
(11) 拆下防尘套。
(12) 从车厢内部拆下固定在转向器控制阀外壳上回油管的连接螺栓。
(13) 从后围板上拆下转向器固定螺母,取下转向器。

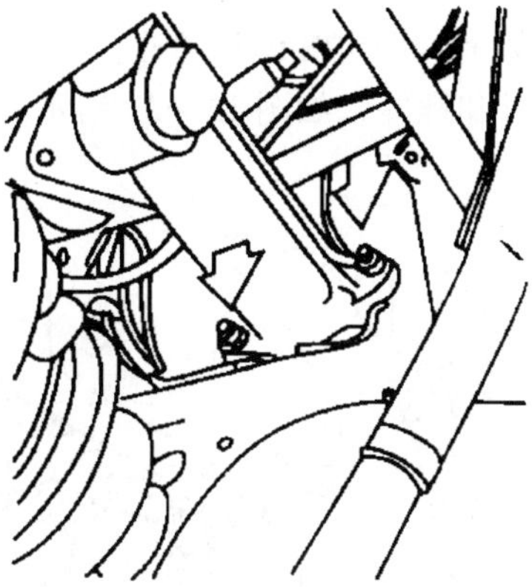

图13-19　拆下左前轮罩处的转向器固定螺栓

图13-20　拆下联轴节的紧固螺栓

13.1.5.3　转向助力泵的拆卸

转向助力泵的分解图如图13-21所示。其拆卸方法如下:

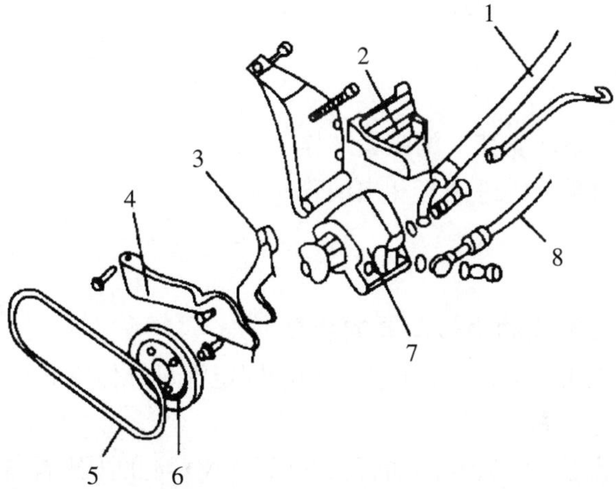

图13-21　转向助力泵的分解图

1—出油管;2—后摆动支架;3—前摆动支架;4—夹紧支架;5—V带;6—V带轮;7—转向助力泵;8—进油管

(1) 举起车辆。
(2) 拆下转向助力泵上的进油管和出油管（如图 13－22 所示），放出液压油。
(3) 拆下转向助力泵前支架上的张紧螺栓。
(4) 拆下转向助力泵后支架上的固定螺栓。
(5) 松开转向助力泵中心支架上的固定螺母和螺栓，取下转向助力泵。
(6) 将转向助力泵固定在台虎钳上，拆下 V 带轮和中间支架。

13.1.5.4 转向助力泵的装复

(1) 将转向助力泵固定在台虎钳上，装上 V 带轮和中间支架。
(2) 举起车辆。
(3) 装 L 转向助力泵，拧紧液压泵中心支架上的固定螺母和螺栓。
(4) 拧紧转向助力泵中心支架上的固定螺母和螺栓，如图 13－23 所示。
(5) 装上并拧紧液压泵后支架上的固定螺栓。

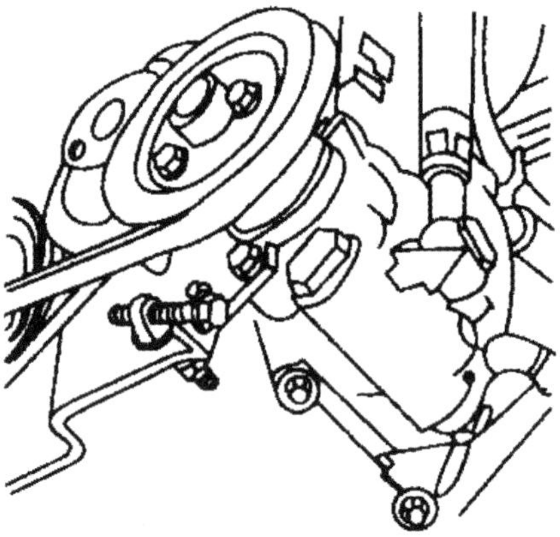
图 13－22 拆下进油管和出油管

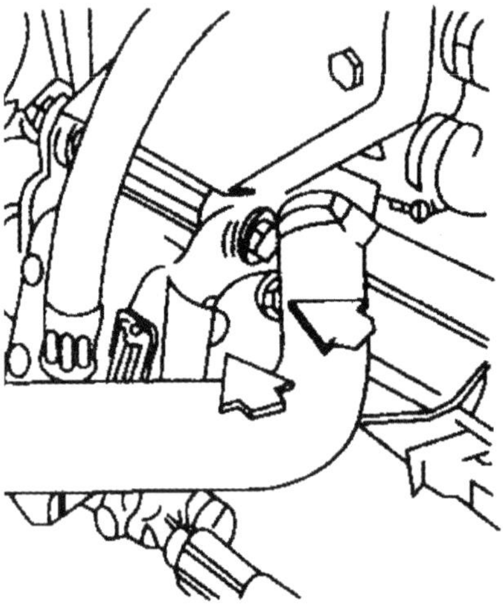
图 13－23 拧紧后支架上的固定螺栓

(6) 装上转向助力泵前支架上的张紧螺栓。
(7) 装上转向助力泵上的进油管和出油管。
(8) 加注液压油。

13.1.5.5 齿轮齿条式动力转向器的装复

(1) 将转向器安装在后围板上，拧上转向器固定螺母，但不必完全拧紧。
(2) 用举升器举起车辆。
(3) 在液压泵上装上进油管和回油管，并以 40 N·m 的力矩拧紧连接螺栓。
(4) 安装左前轮罩上的转向器固定螺栓，并以 20 N·m 的力矩拧紧螺母。
(5) 安装围板上的转向器固定自锁螺母，并以 40 N·m 的力矩拧紧螺母。
(6) 把进油管固定在转向器控制阀外壳上。

（7）将车辆放下。

（8）以 40 N · m 的力矩拧紧在后围板上的转向器固定螺母。

（9）安装转向横拉杆支架固定螺栓，并以 45 N · m 的力矩拧紧。

（10）从车厢内把回油管安装在转向器控制阀外壳上。

（11）装上防尘套。

（12）连接联轴节，装上联轴节固定螺栓，以 25 N · m 的力矩拧紧螺栓。

（13）安装踏板盖、通风管和仪表板盖。

（14）向储油罐内注入液压油，直到达到标有 max 处。

（15）举起车辆，使转向轮离地，转动转向盘数次，以排出系统中的空气。

（16）起动发动机，向左、向右转动方向盘至最大转向角度，观察油面高度，直到油面稳定在标有 max 处。

13. 1. 5. 6　转向操纵机构的装复

（1）装上方向盘锁壳。

（2）用鲤鱼钳旋转装上弹簧垫圈。

（3）装上凸缘管和下转向柱，装上卡箍，拧紧卡箍的紧固螺栓。

（4）装上转向柱橡胶圈。

（5）装上上转向柱并将其往下压，使上转向柱凸缘上的两个传动销插入下传动轴的凸缘。

（6）装上套管，拧紧转向柱套管上的两只固定螺栓。

（7）装上装饰板，旋紧仪表装饰板的 4 个固定螺钉。

（8）装上阻风门控制手柄。

（9）将组合开关装在转向柱上。

（10）使转向轮处于直线行驶位置，装上方向盘，以 45 N · m 的力矩拧紧方向盘的固定螺母。

（11）插上喇叭电线，装上喇叭按钮和喇叭按钮盖。

（12）装上方向盘盖板，按下方向盘中间盖板使其到位。

☞学习工作页

学习工作页	学习单元	汽车转向系统和制动系统的结构与拆装			
	学习任务	汽车转向系统			
姓　名		班　级		小　组	
日　期		开始时间		结束时间	
场　地	整车理实一体教室				
用品、用具、工具、设备	桑塔纳轿车一辆、通用工具及转向系统专用拆装工具				
工作记录	1. 认识汽车转向系统的类型及工作原理。 2. 说出汽车转向系统的结构及部件名称，并会正确拆装。				

1. 资讯。

（1）根据下图所示说明齿轮齿条式转向器各部分名称与工作原理。

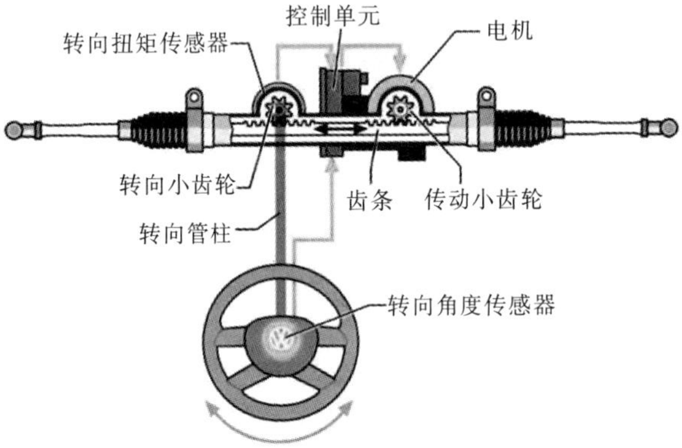

（2）下图所示是桑塔纳轿车的前车轮机械转向系统的工作情况，请说明各部分名称，分析转向操纵的原理。

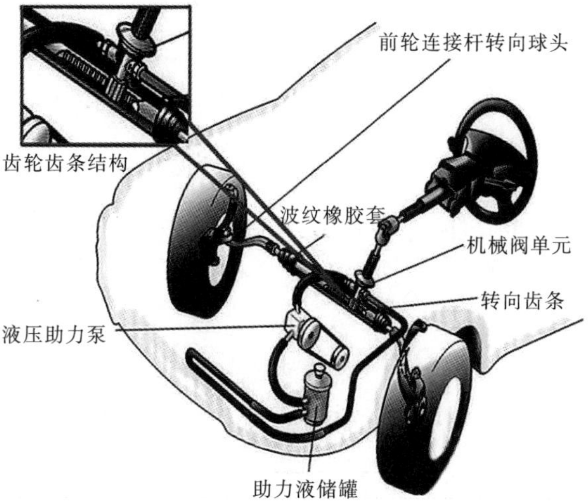

（3）说明下图所示动力转向系统各部分的名称并分析其工作情况。

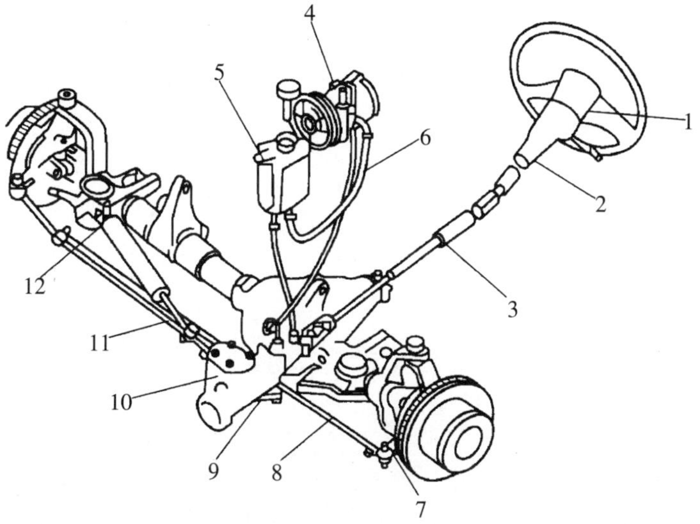

2. 决策与计划。

根据任务要求，确定所需要的设备、工具，并对小组成员进行合理分工，制订详细的工作计划。

（1）讨论确定拆装转向器所需要的设备、工具。

（2）小组成员分工。

（3）制定更换、检查调整转向器的操作步骤。

3. 实施。
（1）试述你实践所用车辆转向器的类型和特点。
（2）总结拆装转向器时应该注意的问题。
（3）记录操作使用车辆转向器的调整特点。
4. 检查与评估。
（1）检查转向器的安装是否正确。
（2）检查转向器的间隙是否正确。
（3）请根据自己任务完成的情况，对自己的工作进行自我评估，并提出改进意见。
（4）教师对小组工作情况进行评估，并进行点评。
（5）学生本次任务成绩：________________。

学习任务13.2　汽车制动系统

☞学习情境

客户反映汽车在制动过程中向右偏，转向盘抖动。此种现象称为“制动跑偏”，原因是两侧车轮上施加的制动力不同，而制动力不同可能是制动间隙不一致、制动效率低等多种原因造成的，因此必须了解制动系统的结构和原理，才能正确地分析和解决故障。

☞学习目标

通过本任务的学习，应能：

1. 叙述汽车底盘的功用。
2. 了解汽车常规制动系统的基本组成和工作原理。
3. 掌握鼓式制动器的结构和工作原理。
4. 正确、熟练地对盘式制动器、鼓式制动器、驻车制动器进行拆装和调整。

☞学习场所和设备

1. 汽车底盘实训室。
2. 车辆，举升机，制动器拆装专用工具。
3. 汽车底盘制动系统试验台架。

☞学习任务

1. 会正确叙述汽车制动系统的类型。
2. 掌握汽车制动系统的结构。
3. 能说出制动系统的工作原理。
4. 会使用通用和专用工具拆装制动系统。

☞学习信息

在汽车行驶过程中会遇到复杂多变的路面状况，如进入弯道、遇到不平的道路、两车交会、突遇障碍物，为了保证行驶安全，就要求汽车在尽可能短的距离内将车速降低，甚至停车。为了提高汽车安全行驶的性能，汽车上设置了制动系统。

13.2.1　制动系统的作用与基本组成

汽车制动系统的功用是根据需要使汽车减速或在最短的距离内停车，以保证行车的安全，使停驶的车辆可靠地驻留在原地不动。

汽车上普遍设置的制动系统一般有两套：

1. 行车制动系统。

行车制动系统用于使行驶中的车辆减速或停车。制动器安装在全部车轮上，通常由驾驶员用脚操纵。

2. 驻车制动系统。

驻车制动系统用于使停驶的汽车驻留在原地，通常由驾驶员用手操纵。

汽车制动系统一般由以下 4 个基本部分组成。

（1）供能装置。包括供给、调节制动所需能量以及改善传能介质状态的各种部件，如图 13－24 所示。

（2）控制装置。包括产生制动动作和控制制动效能的各种部件，如制动踏板。

（3）传动装置。包括将制动能量传输到制动器的各个部件，如制动主缸和制动轮缸。

（4）制动器产生阻碍车辆的运动或运动趋势的力（制动力）的部件。其中也包括辅助制动系统中的缓速装置。

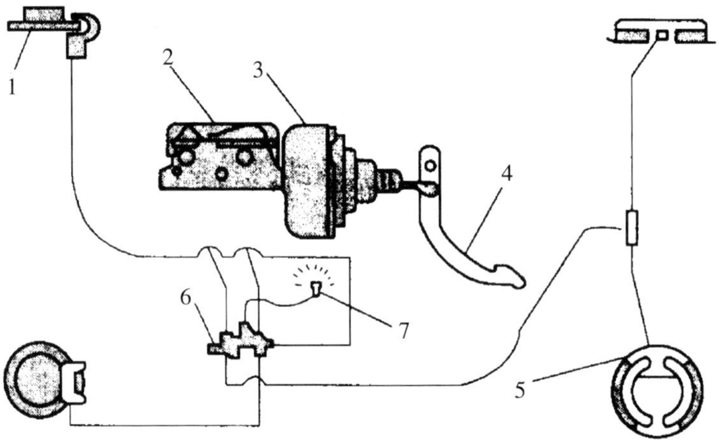

图 13－24　轿车典型制动系统组成示意图

1—前轮盘式制动器；2—制动主缸；3—真空助力器；4—制动踏板机构；5—后轮鼓式制动器；6—制动组合阀；7—制动警告灯

较为完善的制动系统还有制动力调节装置。如用来调节前后车轮制动力的分配元件、防抱死制动系统（ABS）、电子制动力分配系统（EBD）、电子稳定系统（ESP）和驱动防滑系统（或称牵引力控制系统）（TRC/ASR）。

制动传动机构按照制动动力源的不同分为：

（1）人力式制动传动机构。单靠驾驶员施加于制动踏板或手柄上的力作为制动动力源的传动机构。人力式制动传动机构分液压式和机械式两种，机械式仅用于驻车制动。

（2）伺服制动传动机构。利用发动机的动力作为制动动力源，并由驾驶员通过踏板或手柄加以控制的传动机构。伺服制动传动机构分为气压式、真空液压式、空气液压式。

此外，许多汽车还装有第二制动装置，其作用是在行车制动装置失效时保证汽车仍能实现减速或停车。经常在山区行驶的汽车，若单靠行车制动装置来限制下长坡时的车速，则可能导致制动器过热而降低制动效能，甚至完全失效，故还应增装辅助制动装置。另外，较完善的制动系统还具有报警装置、压力保护装置等附加装置。

13.2.2　制动系统的工作原理

制动系统的工作原理是利用与车身或车架相连的非旋转元件和与车轮或传动轴相连的旋转元件之间的相互摩擦，来阻止车轮的转动或转动的趋势，并将汽车的动能转化为摩擦副的热能散到大气中。图 13－25 是一种简单的液压制动系统示意图。以内圆面为工作表面的金属制动鼓 8 固定在车轮轮毂上，随车轮一同旋转。在固定不动的制动底板上，有两个支承销 12，支承着两个弧形制动蹄 10 的下端，制动蹄的外圆面上装有摩擦片 9。制动底板上还装有液压制动轮缸 6，用油管 5 与装在车架上的液压制动主缸 4 相连通。驾驶员踩踏制动踏板 1 时，通过推杆 2 来操纵主缸中的活塞 3。

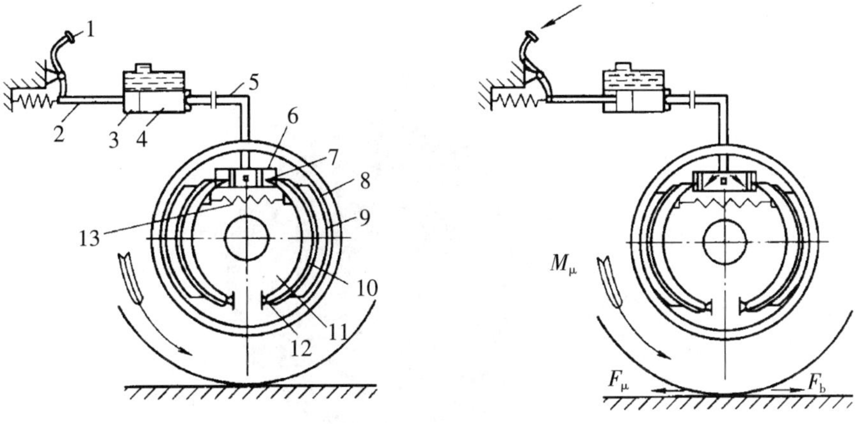

图 13－25　制动系统工作原理示意图

1—制动踏板；2—推杆；3—主缸活塞；4—制动主缸；5—油管；6—制动轮缸；7—轮缸活塞；8—制动鼓；9—摩擦片；10—制动蹄；11—轮缸底板；12—支承销；13—制动蹄回位弹簧

工作过程：制动系统不工作时，制动鼓的内圆面与制动蹄摩擦片的外圆面之间保持一定的间隙（简称制动间隙），它使车轮和制动鼓可以自由旋转。若使行驶中的汽车减速或停车，驾驶员应踩下制动踏板 1，通过推杆 2 推动主缸活塞 3，使主缸内的油液在一定压力下流入轮缸，并通过两个轮缸活塞 7 推动两制动蹄绕支承销旋转，上端向两边分开并以其摩擦片压紧在制动鼓的内端面上。这样，不旋转的制动蹄就对旋转着的制动鼓作用一个摩擦力矩 M_μ，其方向与车轮旋转方向相反。制动鼓将该力矩 M_μ；传到车轮后，由于车轮与路面间有附着作用，车轮对路面作用一个向前的周缘力 F_μ，同时路面也对车轮作用着一个向后的反作用力，即制动力 F_b。制动力 F_b 由车轮经车桥和悬架传给车架及车身，迫使整个汽车产生一定的减速度。制动力越大，则汽车减速度越大。当放开制动踏板时，制动蹄回位弹簧 13 即将制动蹄拉回原位，摩擦力矩 M_μ 和制动力矩 F_b 消失，制动作用即终止。

当然，阻碍汽车运动的制动力 F_0 不仅取决于制动力矩 M_0，还取决于轮胎与路面间的附着条件。在讨论制动系统的结构问题时，一般假定路面都具备良好的附着条件。

13.2.3 制动器

利用固定元件与旋转元件的工作表面摩擦而产生制动作用的制动器都称为摩擦制动器。制动器按其安装位置的不同分为车轮制动器和中央制动器。车轮制动器的旋转元件固装在车轮或半轴上，制动力矩作用于两侧车轮；中央制动器的旋转元件固装在传动轴上，制动力矩需经驱动桥后作用于两侧车轮。制动器按照摩擦工作表面的不同分为鼓式制动器和盘式制动器。鼓式制动器的旋转元件为制动鼓，其工作表面为圆柱面；盘式制动器的旋转元件为圆盘状的制动盘，其端面为工作表面。

13.2.3.1 鼓式车轮制动器

1. 鼓式制动器的组成。简单的鼓式车轮制动器由旋转部分、固定部分、促动装置和定位调整机构组成，如图 13－26 所示。

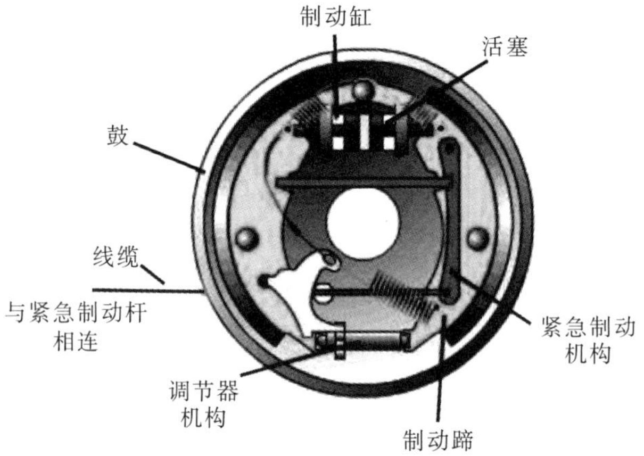

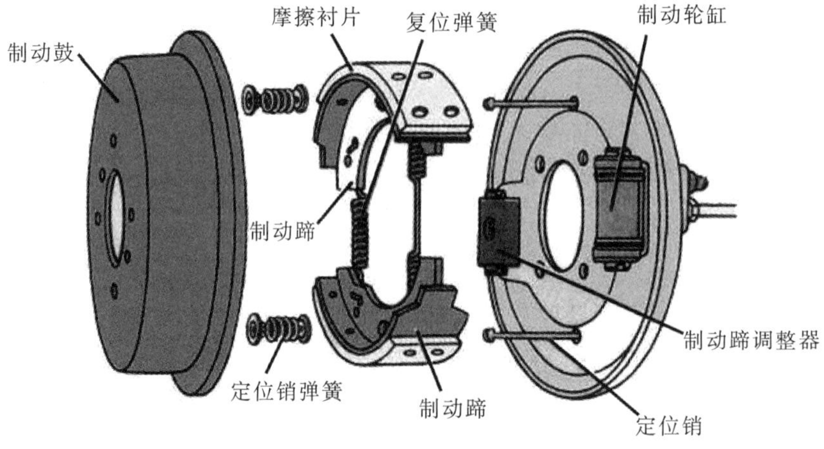

图 13－26 鼓式制动器组成

（1）旋转部分。旋转部分多为制动鼓。制动鼓由螺栓固定在车轮上，工作时随着车轮一起旋转。制动鼓通常为浇铸件，对于受力小的制动鼓也可用钢板冲压而成，如图 13－27 所示。

（2）固定部分。固定部分是制动底板和制动蹄。制动底板固装在车桥的凸缘盘上，通过支承销与制动蹄相连。制动蹄常用钢板冲压后焊接而成或由铸铁或轻合金烧铸，采用 T 形截面，以增大刚度，摩擦片采用粘接或铆接的方式固定于制动蹄上，如图 13－28 所示。

图 13－27　汽车制动鼓

图 13－28　制动底板与制动蹄

（3）促动装置。促动装置的作用是对制动蹄施加力使其向外张开。常用的促动装置有制动凸轮和制动轮缸。

（4）定位调整装置。制动蹄在不工作时，其摩擦片与制动鼓之间应有合适的间隙，此间隙一般在 0.25～0.5 mm 之间。间隙过小易造成制动解除不彻底；但间隙过大会使制动踏板行程过大，导致驾驶员操作不便，同时也会推迟制动器起作用的时刻。但是在制动过程中，摩擦片的不断磨损必将导致此间隙逐渐增大。因此，各种形式的制动器均设有检查、调整此间隙的装置。

定位调整装置的作用是保持和调整制动蹄和制动鼓间正确的相对位置。

2. 鼓式制动器的类型与原理。根据制动过程中两制动蹄产生制动力矩的不同，鼓式制动器可分为领从蹄式制动器、双领蹄式制动器、双从蹄式制动器、自增力式制动器等。

（1）领从蹄式制动器。

①增势和减势作用：领从蹄式制动器如图 13－29 所示。图中箭头所示为汽车前进时制动鼓的旋转方向，即制动鼓的正向旋转方向。制动轮缸 6 所施加给制动蹄的促动力 F_S 使得该制动蹄绕支承点 2 张开时的旋转方向与制动鼓的旋转方向相同，具有这种属性的制动蹄称为领蹄。与此相反，制动轮缸 6 所施加给制动蹄的促动力 F_S 使得该制动蹄绕支承点 3 张开时的旋转方向与制动鼓的旋转方向相反，具有这种属性的制动蹄称为从蹄。当汽车倒驶，即制动鼓反向旋转时，领蹄 1 变成从蹄，而从蹄 4 则变成领蹄。这种在制动鼓正向旋转和反向旋转时，都有一个领蹄和一个从蹄的制动器称为领从蹄式制动器。在图 13－29 所示领从蹄式制动器的结构中，轮缸中的两活塞直径相同，且都可在轮缸内轴向移动，因此，制动时两活塞对两个制动蹄所施加的促动力是相等的。两蹄所受促动力相等的领从蹄式制动器称为等促动力制动器。制动时，在相等的促动力 F_S 的作用下，领蹄 1 和从蹄 4 分别绕各自的支承点 2、3 旋转到紧压在制动鼓 5 上。旋转着的制动鼓即对两制动蹄分别作用着法向反力 F_{N1} 和 F_{N2}，以及相应的切向反力 F_{T1} 和 F_{T2}，这里法向反力 F_{N1} 和切向反力 F_{t1} 均为分布力的合力。两蹄受到的这些力分别被各自的支点 2、3 的支承反力 F_{S1} 和 F_{S2} 所平衡。由图可见，领蹄上的切向力 F_{T1} 所造成的绕支点 3 的力矩与促动力 F_S 所造成的绕同一支点的力矩是同向的。所以力 F_{T1} 的作用结果是使领蹄 1 在制动鼓上压得更紧，即力 F_{N1} 变得更大，从而力 F_{T1} 也更大。这表明领蹄具有“增势”作用。与此相反，切向力 F_{T1} 则使从蹄 4 有放松制动鼓的趋势，即有使 F_{N1} 和 F_{N2} 本身减小的趋势。故从蹄具有“减势”作用。由上述可见，虽然领蹄和从蹄所受促动力相等，但所受制动鼓法向反力 F_{N1} 和 F_{N2} 却不相等，且 $F_{N1} > F_{N2}$，相应的 $F_{T1} > F_{T2}$。故两制动鼓所施加的制动力矩不相等。一般情况下，领蹄产生的制动力矩约为从蹄制动力矩的 2～2.5 倍。倒车制动时，虽然从蹄 4 变成领蹄，领蹄 1 变成从蹄，但整个制动器的制动效能还是和前进制动时一样。显然，由于领蹄与从蹄所受法向反力不等，在两蹄摩擦片工作面积相等的情况下，领蹄摩擦片上的单位压力较大，因而磨损较严重。为了使领蹄和从蹄的摩擦片寿命相近，有些领从蹄式制动器领蹄摩擦片的周向尺寸设计得较大。但这样将使两蹄的摩擦片不能互换，从而增加了零件品种数和制造成本。此外，领从蹄式制动器的制动鼓所受到的来自两蹄的法向力 F_{N1} 和 F_{N2} 不能相互平衡，则两蹄法向力之和只能由车轮轮毂轴承的反力来平衡，这就对轮毂轴承造成了附加径向载荷，使其寿命缩短。制动鼓所受来自两蹄的法向力不能相互平衡的制动器称为非平衡式制动器。

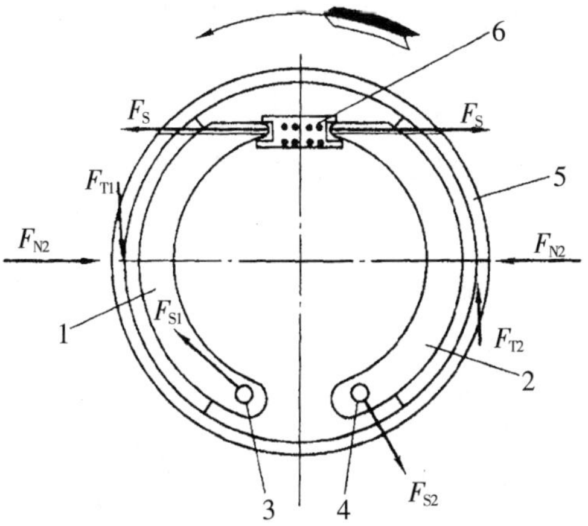

图 13-29　领从蹄式制动器示意图

1—领蹄；2、3—支承点；4—从蹄；5—制动鼓；6—制动轮缸

②制动蹄的支承方式：制动蹄的支承方式可分为固定式和浮动式两种。浮动式支承蹄的支承端呈弧形，支靠在制动底板上的支承块上，需用两个回位弹簧来拉紧定位。它可使整个制动蹄向鼓的方向张开，又可沿支承块的支承平面［图 13-30（c）中垂直方向］移动。

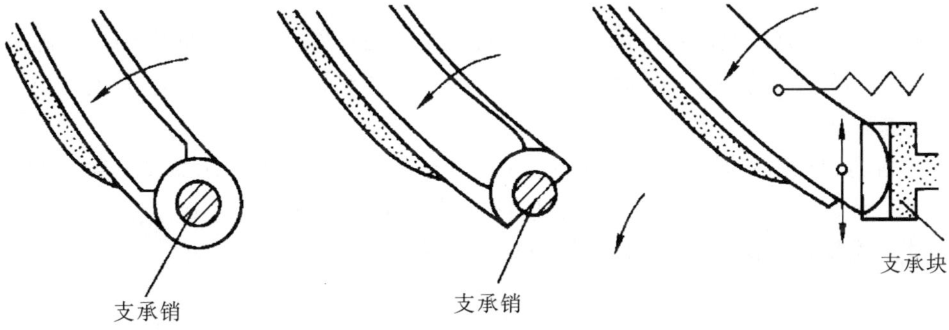

(a)　(b)　(c)

图 13-30　制动蹄的支承方式

（2）双领蹄式制动器。两个制动蹄都为领蹄的制动器称为双领蹄式制动器，如图 13-31所示。双领蹄式制动器与领从蹄式制动器在结构上主要有两点不同：一是双领蹄式制动器的两制动蹄各有一个单活塞轮缸，而领从蹄式制动器的两蹄共用一个活塞式轮缸；二是双领蹄式制动器的两套制动蹄、制动轮缸、支承销在制动底板上的布置是中心对称的，而领从蹄式制动器中的制动蹄、制动轮缸、支承销在制动底板上的布置是轴对称的。

双领蹄式制动器的两个轮缸可借助连接油管连通，使其中油压相等，这样，在前进制动时，两蹄都是领蹄，制动器的效能因而得到提高。但在倒车制动时，两蹄将都变成从蹄。制动器工作时，摩擦所产生的热绝大部分传给了制动鼓，使其温度升高。制动鼓升温后将膨胀而使制动器间隙增大。为了减少升温，应当使制动鼓有较大的热容量，因此制动鼓都具有足够大的质量。

（3）双从蹄式制动器。前进制动时两制动蹄均为从蹄的制动器称为双从蹄式制动器，如图 13 – 32 所示。这种制动器与双领蹄式制动器的结构很相似，两者的差异只在于固定元件与旋转元件的相对运动方向不同。虽然双从蹄式制动器前进制动效能低于双领蹄式和领从蹄式制动器，但其效能对摩擦因数变化的敏感程度较小，即具有良好的制动效能稳定性。

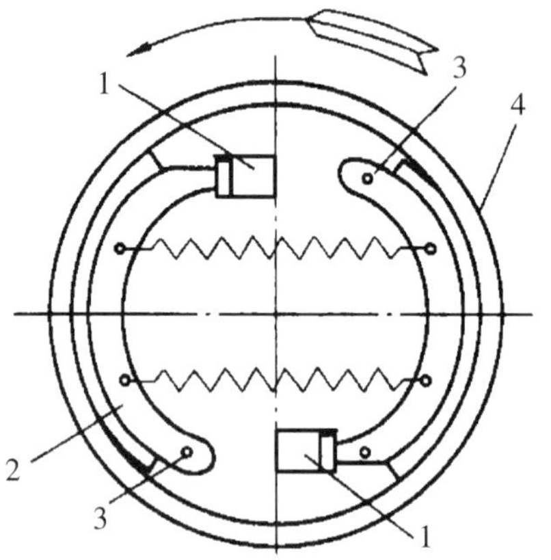

图 13 – 31　单向双领蹄式制动器示意图

1—制动轮缸；2—制动蹄；3—支承销；4—制动鼓

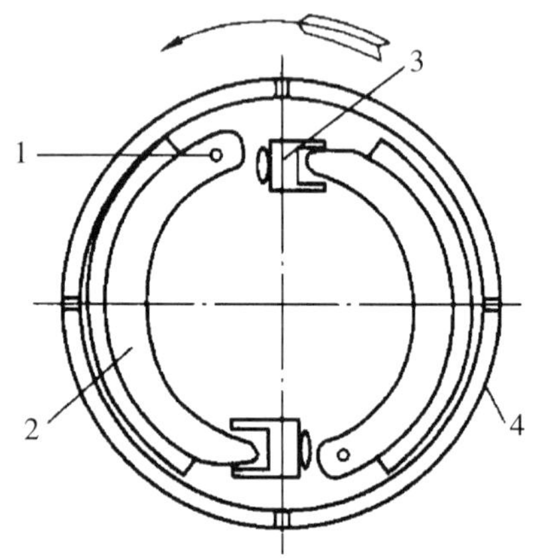

图 13 – 32　双从蹄式制动器示意图

1—支承销；2—制动蹄；3—制动轮缸；4—制动鼓

双领蹄、双从蹄式制动器的固定元件布置都是中心对称的。如果间隙调整正确，则其制动鼓所受两蹄施加的两个法向合力能互相平衡，不会对轮毂轴承造成附加径向载荷。因此，这三种制动器都属于平衡式制动器。

（4）自增力式制动器。图 13 – 33 所示为单向自增力制动器的示意图。第一制动蹄 1 和第二制动蹄 2 的下端分别支在浮动的顶杆 6 的两端。制动器只在上方有一个支承销 4。不制动时，两蹄上端借各自的回位弹簧拉靠在支承销上。

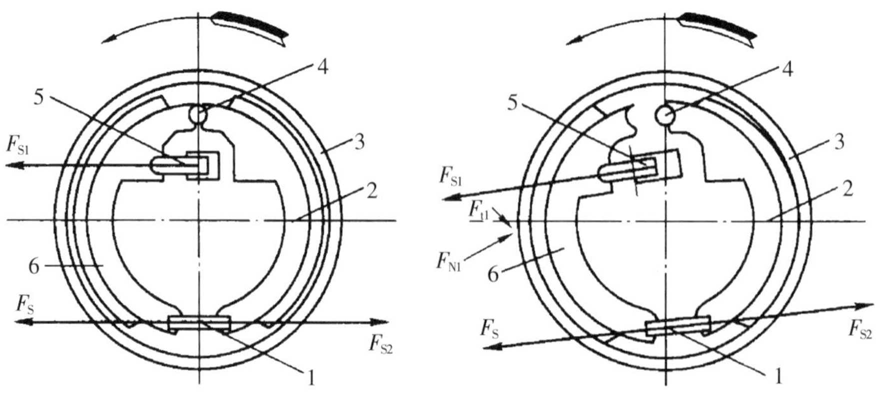

(a)　　(b)

图 13 – 33　单向自增力式制动器示意图

1—第一制动蹄；2—第二制动蹄；3—制动鼓；4—支承销；5—制动轮缸；6—顶杆

汽车前进制动时，单活塞式制动轮缸 5 只将促动力 F_{S1} 加于第一制动蹄，使其上端离开支承销，整个制动蹄绕顶杆左端支承点旋转，并压靠到制动鼓 3 上。第一制动蹄是领蹄，并且在促动力 F_{S1}、法向合力 F_{N1}、切向（摩擦）合力 F_{t1} 和沿顶杆轴线方向的支反力 F_{S2} 的作用下处于平衡状态。由于顶杆 6 是浮动的，自然成为第二制动蹄的促动装置，而将与力 F_{S1} 大小相等、方向相反的促动力 F_{S2} 施加在第二制动蹄的下端，故第二制动蹄也是领蹄。正因为顶杆是完全浮动的，不受制动底板约束，所以作用在第一制动蹄上的促动力和摩擦力的作用没有如一般领蹄那样完全被制动鼓的法向反力和固定于制动底板上的支承件反力的作用所抵消，而是通过顶杆传到第二制动蹄上，形成第二制动蹄促动力 F_{S2}。对第一制动蹄 1 进行受力分析可知，$F_{S2} > F_{S1}$。此外，F_{S2} 对第一制动蹄支承点的力臂也大于 F_{S1} 对第一制动蹄支承点的力臂。因此，第二制动蹄的制动力矩必然大于第一制动蹄的制动力矩。由此可见，在制动鼓尺寸和摩擦因数相同的条件下，这种制动器的前进制动效能不仅高于领从蹄式制动器，而且高于双领蹄式制动器。

倒车制动时，第一制动蹄上端压靠支承销不动。此时第一制动蹄虽然仍是领蹄，且促动力 F_{S1} 仍可能与前进制动时的相等，但其力臂却大为减小，因而第一制动蹄此时的制动效能比一般领蹄的制动效能低很多；第二制动蹄则因未受促动力而不起制动作用。

故此时整个制动器的制动效能甚至比双从蹄式制动器的效能还低。以上各种鼓式制动器各有利弊。就制动效能而言，在基本结构参数和轮缸工作压力相同的条件下，自增力式制动器由于对摩擦助势作用利用得最为充分而居首位，以下依次为双领蹄式、领从蹄式、双从蹄式。但蹄鼓之间的摩擦因数很不稳定，随摩擦片的材料、温度和表面状况（如是否沾水、沾油，是否有烧结现象等）的不同可在很大范围内变化。自增力式制动器的效能对摩擦因数的依赖性最大，因而其效能的热稳定性最差。此外，在制动过程中，自增力式制动器制动力矩的增长在某些情况下显得过于急速。双向自增力式制动器多用于轿车后轮，原因之一是便于兼做驻车制动器；单向自增力式制动器只用于中、轻型汽车的前轮，因倒车制动时对前轮制动器效能的要求不高。双从蹄式制动器的制动效能虽然最低，但却具有良好的稳定性，因此被少数华贵轿车为保证制动可靠性而采用。领从蹄式制动器发展较早，其效能及效能稳定性均居于中游，且有结构简单等优点，故目前仍广泛应用于各种汽车。

13.2.3.2　盘式制动器

盘式制动器的基本结构如图 13 – 34 所示。其旋转元件是制动盘，它和车轮固装在一起旋转，以其端面为摩擦工作表面。其固定元件是制动块、导向支销和轮缸及活塞，它们均被安装于制动盘两侧的钳体上，总称为制动钳。制动钳用螺栓与转向节或桥壳上的凸缘固装，并用调整垫片来调整钳与盘之间的相对位置。

图 13－34　盘式制动器与制动盘

现代汽车上使用的盘式制动器有两种：一种是固定钳盘式制动器，另一种是浮动钳盘式制动器。

1. 固定钳盘式制动器。

固定钳盘式制动器的基本结构简图如图 13－35 所示。其旋转元件是固定在车轮上以端面为工作面、用合金铸铁制成的制动盘 9，固定的摩擦元件是面积不大的制动块总成 4。制动钳的钳形支架 6 通过螺栓与转向节（前桥）或桥壳（后桥）固装，并用调整垫片 2 控制制动钳与制动盘之间的相对位置。

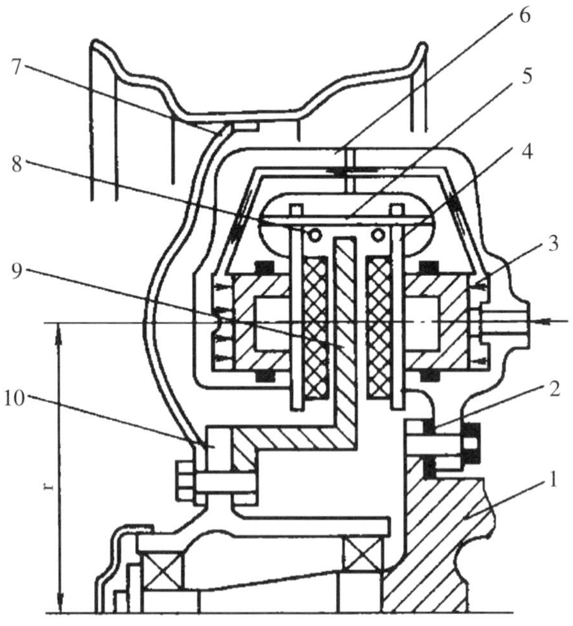

图 13－35　固定钳盘式制动器的基本结构简图

1—转向节或桥壳；2—调整垫片；3—活塞；4—制动块总成；5—导向支承销；6—钳形支架；7—轮盘；8—消声回位弹簧；9—制动盘；10—轮毂－制动盘摩擦半径

制动时，制动油液被压入内、外两油缸中，在液压作用下活塞 3 带动两侧制动块 4 做相向移动压紧制动盘 9，产生摩擦力矩。在活塞移动过程中，矩形橡胶密封圈的刃边在活塞摩擦力的作用下随活塞移动而产生微量的弹性变形。相当于极限摩擦力的密封圈极限变形量，应等于制动器间隙为设定值时的完全制动所需活塞行程，如图 13－36（a）所示。解除制动时，活塞和制动块依靠密封圈的弹力和消声回位弹簧 8 的弹力回位，如图 13－36（b）所示。矩形密封圈的刃边制动时，制动块摩擦片与制动盘之间的间隙每边都只有 0.1 mm 左右，以保证解除制动。制动盘受热膨胀时，厚度只有微小的变化，故不会发生“拖滞”现象。制动油液要求使用特制的合成型制动液。

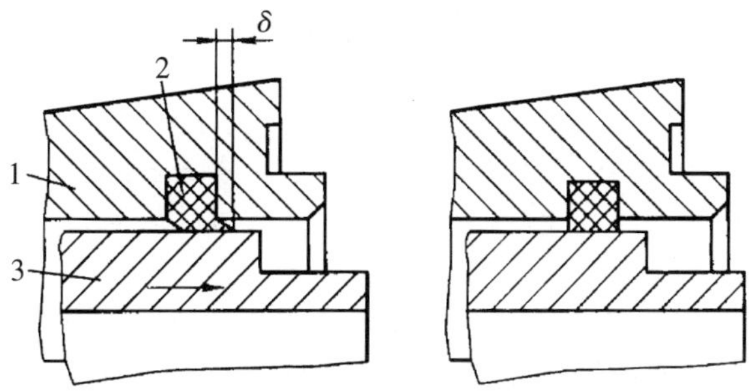

图 13－36　矩形密封圈工作情况图

1—油缸；2—矩形密封橡胶圈；3—活塞

但盘式制动器不能使用受热易膨胀的醇类，若制动块摩擦片与制动盘的间隙因磨损加大，制动时活塞密封圈变形达到极限以后，活塞仍可在液压作用下克服密封圈的摩擦力继续移动，直到摩擦片压紧制动盘为止。但解除制动时，矩形密封圈能将活塞推回的距离与摩擦片磨损之前是相同的，由此可知，矩形密封圈能兼起活塞回位弹簧和自动调整制动器间隙的作用。

2. 浮动钳盘式制动器。

浮动钳盘式制动器由于具有结构简单、紧凑，便于安装等特点，被广泛地使用在轿车和轻型汽车上。桑塔纳、捷达等轿车均采用这种浮动钳盘式制动器。

浮动钳盘式制动器的工作原理示意图如图 13－37 所示。制动时，活动制动块 6 在液压作用力 P_1 作用下，由活塞推靠在制动盘 4 上，同时制动钳上的反力 P_2 推动制动钳沿定位导向销 2 移动，使外侧的固定制动块 7 也压靠在制动盘 4 上，产生制动力，于是制动盘两边都被紧紧抱住，使其停止转动。因制动盘和车轮轮毂装在一起，所以车轮也停止了转动。橡胶套不仅能稍微变形，以便消除制动器的间隙，而且可使导向销免受泥污。

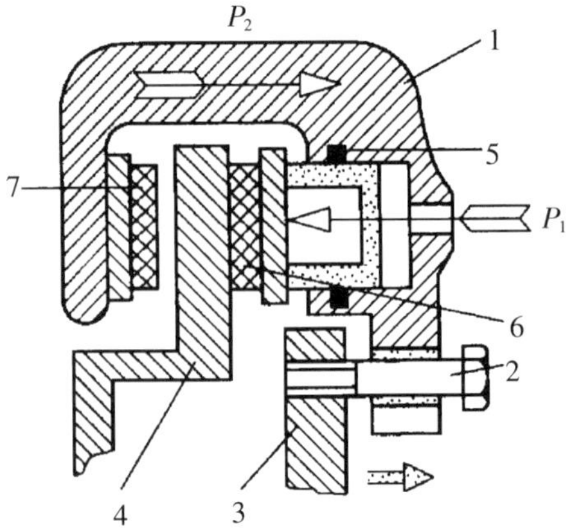

13－37　浮动钳盘式制动器的工作原理示意图
1—制动钳台；2—导向销；3—制动钳安装架；4—制动盘；5—活塞密封圈；
6—活动制动块；7—固定制动块；P_1—液压作用力；P_2—液压反作用力

解除制动时，橡胶衬套所释放出来的弹性有助于外侧制动块离开制动盘。活塞密封圈5在制动时变形，解除制动时就恢复原状，使活塞回位。若制动盘和制动块间产生了过量间隙，则活塞将相对于密封圈滑移，借此实现间隙的自动调整。与固定钳盘式制动器相比较，浮动钳盘式制动器的单侧轮缸结构不需要设置跨越制动盘的油道，故不仅轴向和径向尺寸较小，可以布置得更接近车轮轮毂，而且制动液受热汽化的机会较少。浮动钳盘式制动器现已基本取代了固定钳盘式制动器。

3. 盘式制动器的优点。

盘式制动器与鼓式制动器相比较，有以下优点：

（1）制动盘暴露在空气中，散热能力强。特别是采用通风式制动盘时，空气可以流经内部，加强散热。

（2）浸水后制动效能降低较少，而且只需经一两次制动即可恢复正常。

（3）制动时的平顺性好。由于无摩擦助势作用，产生的制动力矩仅与油缸液压成比例，制动过程中制动力矩增长比鼓式制动器缓和。同时，制动器效能受摩擦因数的影响较小，即效能较稳定。

（4）制动盘沿厚度方向的膨胀量极小，不会像制动鼓的热膨胀那样使制动器间隙明显增加而导致制动踏板行程过大。此外，也便于装设间隙自调装置。

（5）结构简单，摩擦片拆装更换容易，因而维修方便。

4. 盘式制动器的缺点。

（1）因制动时无助势作用，故要求管路液压比鼓式制动器高，一般需在液压传动装置中加装制动加力装置和采用较大缸径的油缸。

（2）由于盘式制动器活塞的回位能力差，且轮缸活塞的断面面积大，制动器间隙较小，故在液压系统中不能留有残余压力。

（3）防污性能差，制动块摩擦面积小，磨损较快。

（4）兼用于驻车制动时，需要加装的驻车制动传动装置较鼓式制动器复杂，因而在后轮上的应用受到限制。

13. 2. 4　液压式制动传动装置

液压式制动传动装置是利用制动液将制动踏板力转换为制动液的压力，通过管路传至车轮制动器，再将制动液的压力转变为制动蹄张开的机械推力。

1. 液压式制动传动装置的基本组成。

图 13 – 38 所示为单管路液压式制动传动装置，它由制动踏板、主缸推杆、制动主缸、储液罐、制动轮缸、油管等组成。

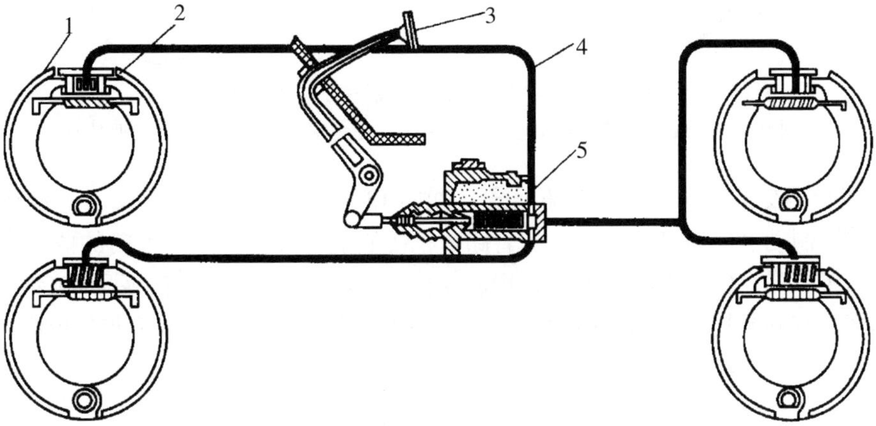

图 13 – 38　单管路液压式制动传动装置

1—车轮制动器；2—制动轮缸；3—制动踏板；4—油管；5—制动主缸

单管路液压式制动传动装置的任何一处漏油都将使整个系统失效，其可靠性差，目前汽车上已极少使用；而应用较多的是双管路液压式制动传动装置。常用的双管路液压式制动传动装置有双管路前后独立方式和双管路交叉方式两种。

（1）双管路前后独立式如图 13 – 39 所示，双管路前后独立式液压制动传动装置由双腔制动主缸通过两套独立的管路分别控制前桥和后桥的车轮制动器。这种布置方式结构简单，如果其中一套管路损坏漏油，另一套仍能起作用，但会破坏前、后桥制动力分配的比例。主要用于发动机前置后轮驱动的汽车，如南京依维柯等。

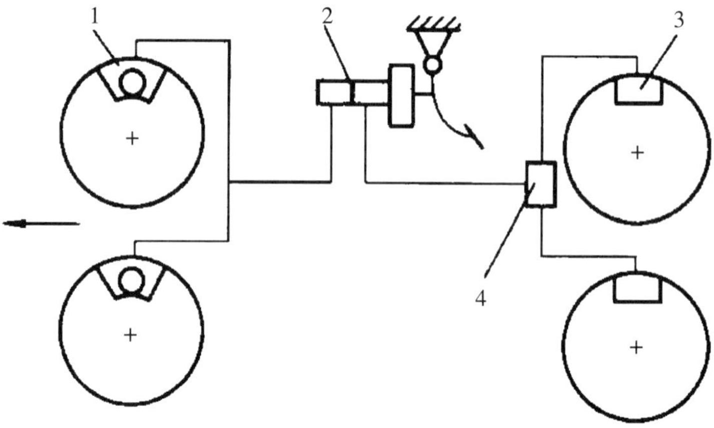

图 13－39　双管路前后独立式液压制动传动装置

1—盘式制动器；2—双腔制动主缸；3—单缸鼓式制动器；4—制动力调节器

（2）双管路交叉式（也称为对角线式）如图 13－40 所示，双管路交叉式液压制动传动装置由双腔制动主缸通过两套独立的管路分别控制前、后桥对角线方向的两个车轮制动器。这种布置方式在任一管路失效时，仍能保持一半的制动力，且前、后桥制动力分配比例保持不变，有利于提高制动方向稳定性。主要用于发动机前置前轮驱动的轿车。

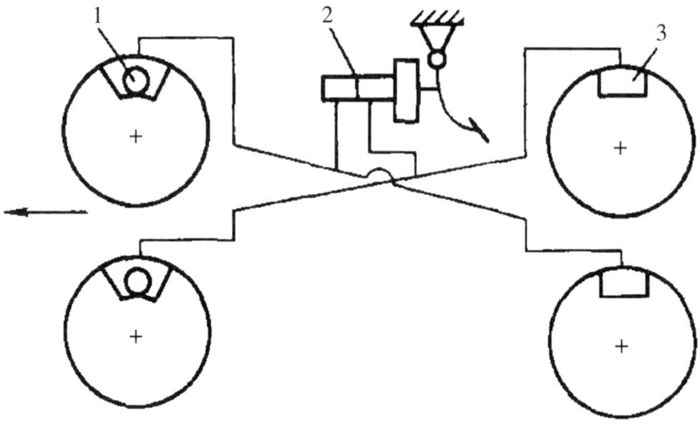

图 13－40　双管路交叉式液压制动传动装置

1—盘式制动器；2—双腔制动主缸；3—鼓式制动器

2. 液压传动装置主要部件。

（1）制动主缸。制动主缸又称为制动总泵，它处于制动踏板与管路之间，其功用是将制动踏板输入的机械力转换成液压力。如图 13－41、图 13－42 所示，串联式双腔制动主缸主要由储液罐、制动主缸外壳、前活塞、后活塞、前后活塞弹簧、推杆、皮碗等组成。

图 13－41　制动总泵

制动主缸缸体内有进油孔和补偿孔，并装有两个活塞，后活塞 9 是主活塞，右端凹陷部与推杆间留有一定的间隙。前活塞 6 位于缸筒的中间部分，将制动主缸内腔分隔为两个工作腔，即前腔 b 和后腔 a。两工作腔分别和前、后两套液压管路相连，前腔 b 产生的液压通过前出油口 11 及管路与后轮制动器相连，后腔 a 产生的液压通过后出油口 10 及管路与前轮制动器相连。当踩下制动踏板时，推杆推动后活塞 9 左移，直到后活塞皮碗 8 将补偿孔盖住后，后腔 a 中液压升高，建立一定液压。

油液一方面通过后出油口流入前制动管路，另一方面又推动前活塞 6 左移。在后腔 a 液压和弹簧的作用下，前活塞向左移动，前腔 b 内的压力也随之提高，油液通过腔内出油口进入后制动管路，于是两制动管路对汽车车轮制动器进行制动。当继续踩下制动踏板时，前腔 b、后腔 a 的液压继续增高，使前、后车轮制动器制动作用加强。解除制动时，活塞在弹簧作用下复位，高压油液自制动管路流回制动主缸。

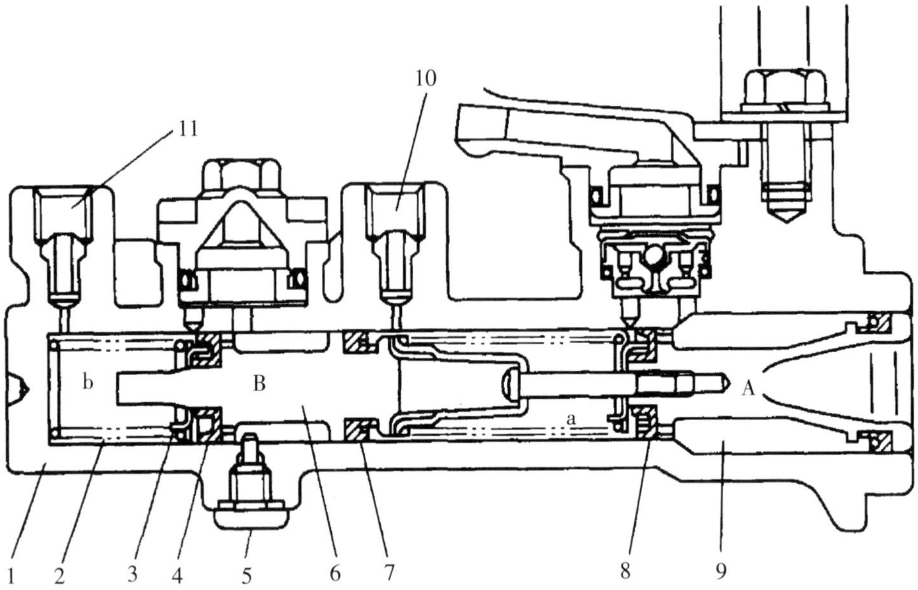

图 13－42　串联式双腔制动主缸

1—主缸缸体；2—前活塞回位弹簧；3—前活塞弹簧座；4—前活塞皮碗；5—限位螺钉；6—前活塞；7—前活塞密封皮碗；8—后活塞皮碗；9—后活塞；10—后出油口；11—前出油口

如活塞复位过快，工作腔容积迅速增大，油压迅速降低，制动管路中的油液由于管路阻力的影响，来不及充分流回工作腔，使工作腔中形成一定的真空度，于是储液室中的油液便经进油口和活塞上的轴向小孔推开垫片及皮碗进入工作腔。当活塞完全复位时，补偿孔开放，制动管路中流回工作腔的多余油液经补偿孔流回储液室。若与前腔 b 相连的制动管路损坏漏油，在踩下制动踏板时只有后腔 a 能建立一定的液压，而前腔 b 中无液压。此时在液压差作用下，前活塞 6 被迅速推到底，直到接触油缸顶部为止。在前活塞推到底以后，后腔 a 的液压才能升高到制动油压。若与后腔 a 相连的制动管路损坏漏油，则踩下制动踏板时，开始只是后活塞 9 前移，而不能推动前活塞 6，因而后腔 a 不能建立液压。在主活塞顶触及前活塞 6 时，推杆便能推动前活塞，使前腔建立液压。由此可见，双管路液压系统中，任何一套管路损坏漏油时，另一套仍能工作，只是所需的踏板行程加大。

（2）制动轮缸。制动轮缸的作用是将制动主缸传来的液压力转变为使制动蹄张开的机械推力。

制动轮缸的缸体通常用螺钉固装在制动底板上，位于两制动蹄之间，如图 13－43 所示。制动轮缸内装铝合金活塞，密封皮碗的刃口方向朝内，并由弹簧压靠在活塞上与其同步运动。活塞外端压有顶块并与制动蹄的上端相抵紧。在制动轮缸缸体的另一端装有防护罩，可防止尘土及泥土的侵入；缸体上方装有放气螺塞，以便放出液压系统中的空气。常见的制动轮缸类型有双活塞式、单活塞式、阶梯式等。单活塞式制动轮缸多用于单向助势平衡式车轮制动器，目前趋于淘汰；阶梯式轮缸仅用于简单非平衡式车轮制动器。目前使用较多的是双活塞式制动轮缸，如图 13－44 所示。有些汽车制动器摩擦片上装有磨损传感器，如图 13－45 所示。如果摩擦片磨损到最小厚度（少于 2 mm）时，则制动警告灯亮，这时需要检查摩擦片的厚度，更换摩擦片。

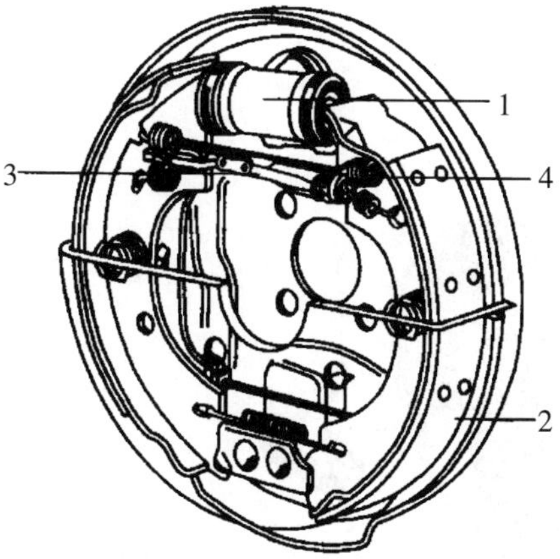

图 13－43　制动轮缸位置

1—制动轮缸；2—摩擦衬片；3—间隙调整杆；4—回位弹簧

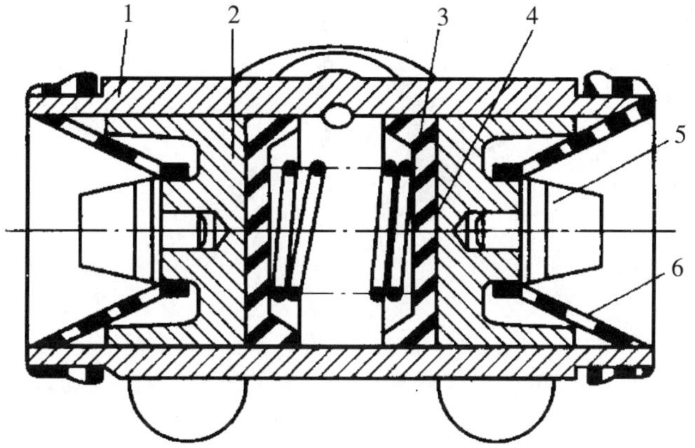

图 13－44　双活塞式制动轮缸

1—缸体；2—活塞；3—皮碗；4—弹簧；5—顶块；6—防护罩

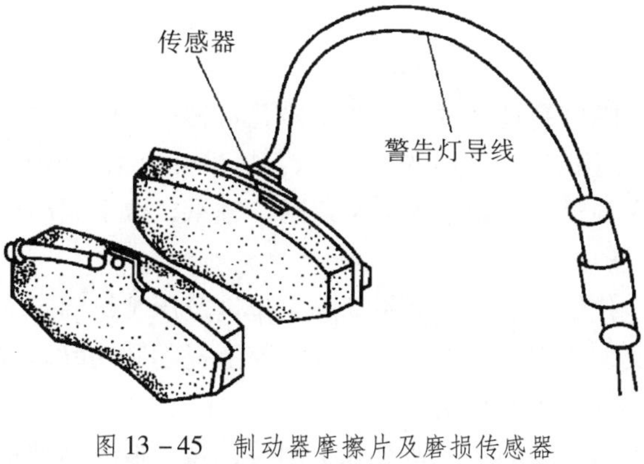

图 13－45　制动器摩擦片及磨损传感器

13.2.5 制动器的拆装

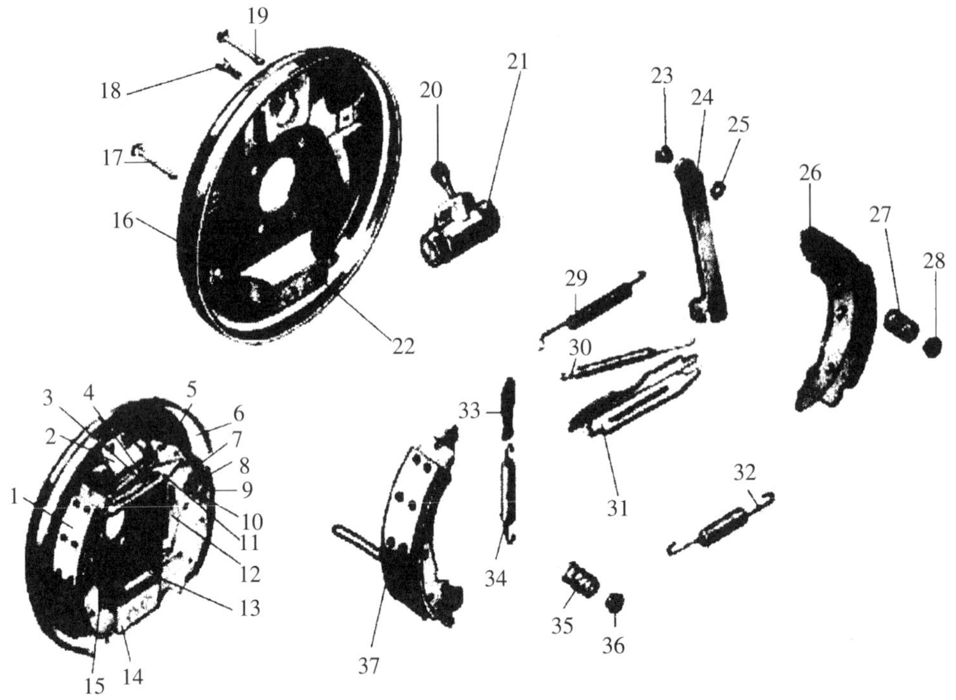

图 13-46 桑塔纳轿车后轮制动器零件分解图

1、37—前制动蹄；2、21—制动轮缸；3—外弹簧；4—内弹簧；5、23—平头销；6、16—制动底板；7—密封堵塞；8—铆钉；9—制动蹄腹板；10—调节齿板；11、31—驻车制动推杆；12、24—驻车制动杠杆；13、32—回位弹簧；14、22—支承板；15—拉力弹簧；17、19—稳定销；18—内六角螺钉；20—排气螺钉及防尘帽；25—弹性垫片；26—后制动蹄；27、35—稳定弹簧；28、36—稳定弹簧座；29—内弹簧；30—外弹簧；33—楔形调节块；34—楔形调节块拉力弹簧

1. 制动鼓的分解。

（1）拆卸前，使用螺钉旋具通过车轮的螺栓孔将楔形件向上压，使制动蹄回位。

（2）用 VW637/2 专用工具拆卸下轮毂轴承，拔出开口销，拆下冠状螺母保险环。

（3）拆下轮毂轴承预紧度的调整螺母及垫圈、轴承，取下制动鼓。

2. 制动蹄的分解。

（1）压下制动蹄定位销压簧，取下制动蹄定位销及压簧垫圈。

（2）借助螺钉旋具、撬棍或用手从下面的支座上提起制动蹄，取出下回位弹簧。

（3）拆下制动杆上的驻车制动钢丝。

（4）用鲤鱼钳取下楔形件的拉力弹簧和上回位弹簧，取下制动蹄。

（5）将带压力杆的制动蹄卡紧在台虎钳上，拆下定位弹簧。

3. 制动蹄、鼓的安装。

（1）装上回位弹簧，并将制动蹄与压力杆（推杆）连接好，装上楔形件（凸块朝向制动器底板）。

（2）将另一个带有传动管的制动蹄装在压力杆上。

（3）装入上回位弹簧（最大允许长度为 130 mm），在制动臂上套上驻车制动绳索，把制动蹄装在车轮制动分泵的活塞外槽上。

（4）装入下回位弹簧，并把制动蹄提起，装到下面的支座上，装上楔形件的拉力弹簧（最大允许长度为 113 mm）。

（5）装入制动蹄定位销、压簧及垫圈。

（6）使制动蹄回位，安装制动鼓。

（7）装上轮毂轴承，调整好轴承预紧度。

（8）用力踩制动踏板一次，使制动蹄能正确就位。

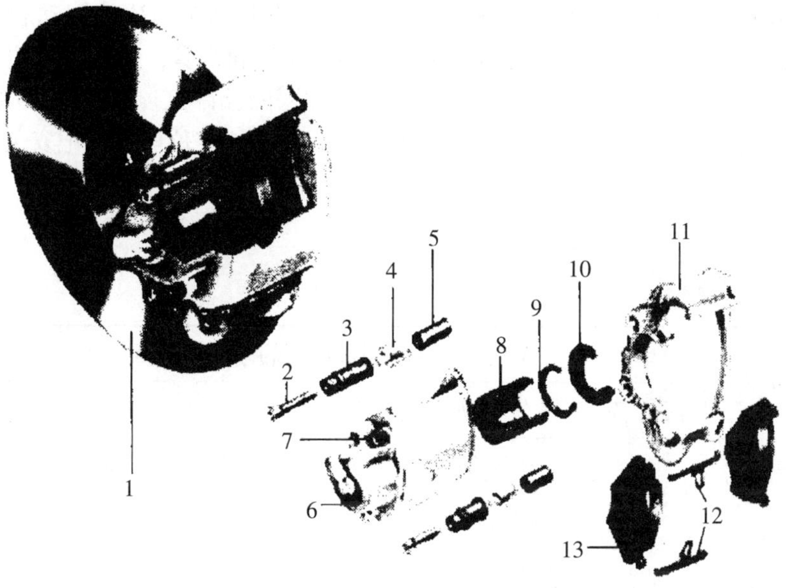

图 13－47　桑塔纳轿车前轮制动器零件分解图

1—制动盘；2—螺栓；3—橡胶衬套；4—导向钢管；5—塑料套；6—制动钳壳体；7—排气塞；8—活塞；9—油封；10—活塞防尘罩；11—制动钳支架；12—保持弹簧；13—制动块

4. 制动钳的拆卸。

（1）拆卸前，先从主缸储液室中放出 2/3 的制动液，以防止在维修时溢出；然后顶起汽车（在车轮与轮毂间做标记，以便恢复原位），拆下前车轮。当制动钳被拆下时，安装并用手拧紧两个带耳螺母以固定转子盘，并使其平的一面朝向转子盘。

（2）安装 C 形卡箍，使卡箍的固定端放在制动钳外壳上，且带螺纹的一端放在外侧衬块上。拧紧 C 形卡箍，直到活塞被推至缸孔内足够远的距离为止，使得制动钳能以转子盘脱离 C 形卡箍。

（3）如果不需要拆下制动钳时，则应转向下一步；如果制动钳需要完全拆下来大修时，则应拆下制动软管和制动钳的开口，以防止制动液的流失和被污染。

（4）拆下制动钳螺栓的衬套后，拆下制动钳。如果制动软管仍然连接在制动钳上，则应将制动钳用铁丝或绳索捆绑在一起，以保护制动软管不受损坏。然后，从制动钳上拆下衬块。

5. 制动块的更换。

（1）用手拆除防振弹簧，并用顶针顶出定位销。

（2）利用顶拔器依次拉出内侧和外侧制动块（制动块若能继续使用，拆卸时应做好标记，装配时原位装复，以免影响其制动效能）。

（3）用专用的活塞复位夹具将活塞压入制动钳的泵腔内。

（4）用活塞量规检查20°的活塞位置，必要时用活塞扭转钳对活塞的位置进行调整。

（5）按解体的相反顺序装入内、外侧制动块，定位销及防振弹簧。

6. 制动钳的安装。

（1）安装时，先均匀地在衬套的内表面涂一层润滑脂，再安装制动钳、制动钳螺栓和衬套。如果用手可以使螺栓顺利穿过衬套，则安装紧固制动钳和连接制动软管到制动钳上，对制动液压系统进行放气；如不能，则应先拆下螺栓和衬套，检查制动钳缸孔是否被腐蚀（若有腐蚀，用干净的酒精清洁缸孔），然后安装并润滑衬套，安装制动钳螺栓。

（2）制动钳装复放气后，应踩下制动踏板几次以使衬块定位。按标记安装车轮，拧紧车轮带耳螺母。

☞学习工作页

<table>
<tr><td rowspan="2">学习工作页</td><td>学习单元</td><td colspan="4">汽车转向系统和制动系统的结构与拆装</td></tr>
<tr><td>学习任务</td><td colspan="4">汽车制动系统</td></tr>
<tr><td>姓　名</td><td></td><td>班　级</td><td></td><td>小　组</td><td></td></tr>
<tr><td>日　期</td><td></td><td>开始时间</td><td></td><td>结束时间</td><td></td></tr>
<tr><td>场　地</td><td colspan="5">整车理实一体教室</td></tr>
<tr><td>用品、用具、工具、设备</td><td colspan="5">桑塔纳轿车一辆、通用工具及制动系统拆装专用工具</td></tr>
<tr><td>工作记录</td><td colspan="5">1. 认识汽车制动系统的类型及工作原理。
2. 说出汽车制动系统的结构及部件名称，并会进行正确拆装。</td></tr>
</table>

1. 资讯。

(1) 根据下图说明盘式制动器的工作原理。

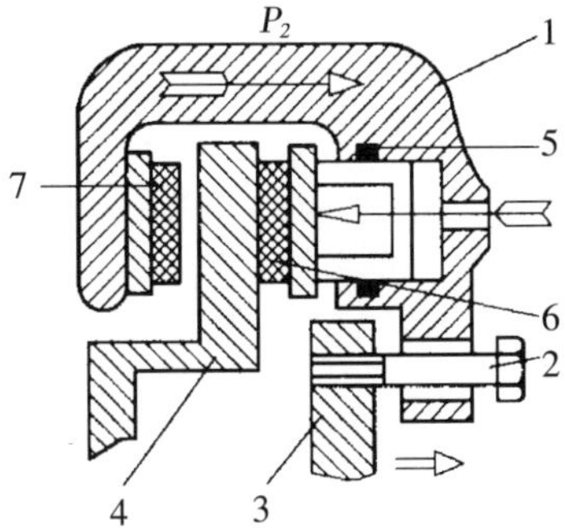

(2) 下图所示是桑塔纳轿车的前车轮制动器密封圈的工作情况，分析间隙自调的原理，说明车轮制动器的装配要点。

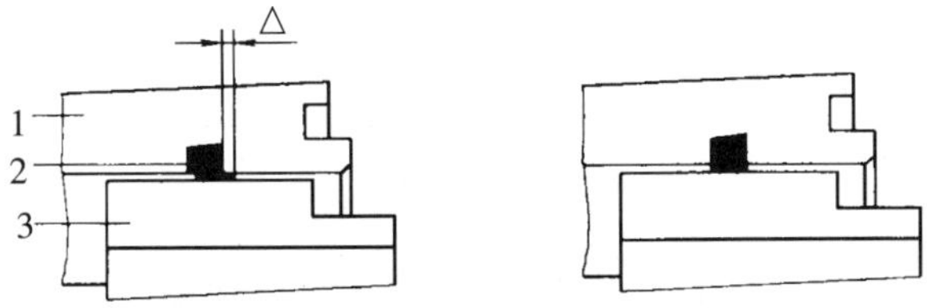

(3) 下图所示是桑塔纳轿车的前车轮制动器，将各组件名称和功能填入下表。

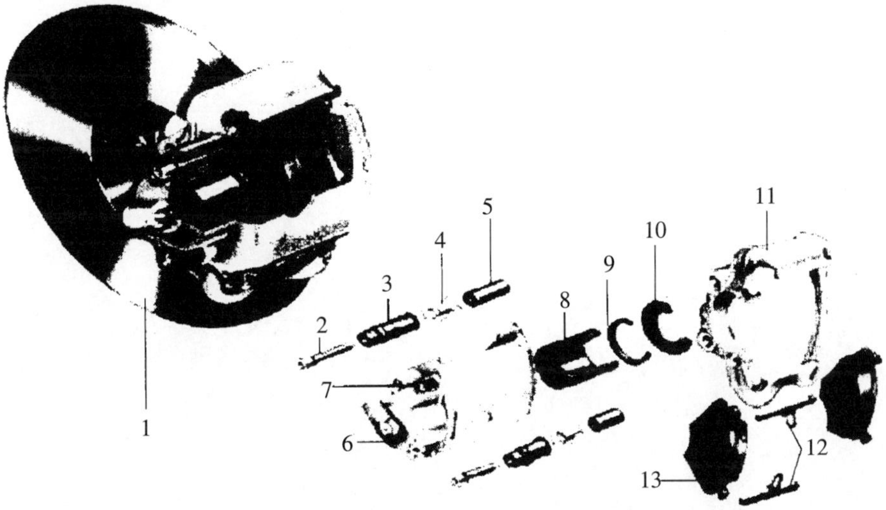

根据桑塔纳车轮制动器结构图填写下表

图中序号	1	2	3	4	5	6	7	8	9	10	11	12	13
部件名称													
部件功能													

2. 决策与计划。

根据任务要求，确定所需要的设备、工具，并对小组成员进行合理分工，制订详细的工作计划。

（1）讨论确定更换制动器片所需要的设备、工具。

（2）小组成员分工。

（3）制定更换制动器片的操作步骤。

3. 实施。

（1）你实践所用车辆制动器的类型是什么？有何特点？

（2）总结更换制动器片时应该注意的问题。

（3）记录操作使用车辆制动器的间隙调整特点。

4. 检查与评估。

（1）检查制动器的安装是否正确。

（2）检查制动器的间隙是否正确。

（3）请根据自己任务完成的情况，对自己的工作进行自我评估，并提出改进意见。

（4）教师对小组工作情况进行评估，并进行点评。

（5）学生本次任务成绩：______________。

☞拓展学习

AWD（quattro）全时四驱系统

全时四轮驱动，简称 AWD，是 All Wheel Drive 的简写。具体的含义是：汽车在行驶的任何时间，都是以四个轮子独立推动，明显区别于其他前轮或后轮以及 4WD 带动的汽车。

全时四轮驱动车辆会比 2WD（分 FWD 和 RWD）更优异与安全。理论上，AWD 比 2WD 多了一倍以上的牵引力，车子的行驶是依据它持续平稳的牵引力，而牵引力的稳定性主要由车子的驱动方法来决定，将引擎动力的输出经传动系统分配到四个轮胎与分配到两个轮胎上做比较，其结果是 AWD 能在 2WD 无法安全行驶的路况中轻易地行驶，使车具有灵活的操控性，达到安全稳定，即无论行驶在何种天气以及何种路面（湿地、崎岖山路、弯路上），驾驶员都能轻松地控制每一个动作，从而保证驾驶员和乘客的安全。也正因为 AWD 的存在，为汽车提供了“主动安全、主动驾驶”的机会。

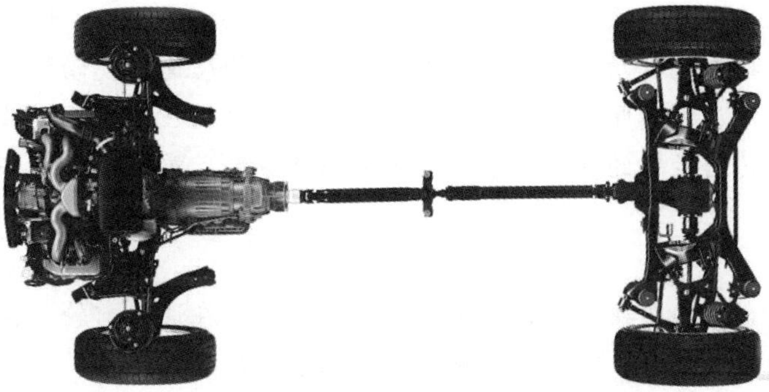

图 13－48　全时四驱系统

非常接合式四轮驱动为越野车采用的传统结构形式，其特点是可以根据路面情况手动地选择四轮驱动或两轮驱动。全时四轮驱动是指 20 世纪 70 年代末出现的以在硬路面上行驶为主的常接合式四轮驱动，由于其在各种路况下尤其在潮湿路面和冬季路面上均有较好的驱动能力，低挡加速性好，驱动力不受汽车轴荷分配改变的影响，在泥泞和雪地上的行驶稳定性好，对侧风的敏感性小，各轮胎的磨损比较均匀，它已成为今后的发展方向。

轿车采用常接合式四轮驱动，虽使其结构复杂、质量增大、造价提高、油耗增加（5%～10%），通常其最高车速也有所降低，但可大大地提高它对各种路面的适应性，提高其行驶安全性及通过性，因此深受用户欢迎，得到迅速发展。以往，常接合式四轮驱动汽车装有轴间差速器及差速锁，后来有的差速锁被黏性离合器或液压多片摩擦离合器所代替；又出现了没有轴间差速器而代之以液压多片离合器、黏性离合器或超越离合器的新型常接合式四轮驱动汽车。

黏性离合器其输入、输出轴分别以花键与内、外圆盘相连，壳内充满硅油，利用内、外圆盘间硅油的黏性剪切力传递转矩。它所传递的转矩随输入、输出轴间转速差的变化而变化，旋转速度改变时转矩变化非常平稳。

装轴间差速器的四轮驱动汽车的一轮滑转时，将导致其他各轮的驱动力下降。加装差速锁锁住轴间差速器，则成为刚性联接的四轮驱动系统，这时动力在车轮间的分配由轮胎与地面的附着力决定，而在轴间差速器壳上的总的驱动转矩 T_0 等于前、后驱动轮转矩 T_F、T_R 之和，且前、后轮转速 ω_F、ω_R 相同。当轴间差速器起作用时，经它传到前、后轮的转矩的分配由差速器的传动比 α 决定，即：

$T_F = \alpha T_0$

$T_R = (1-\alpha)\ T_0$

轿车上采用的几种常接合式四轮驱动系统如图 13－48 所示，在采用黏性离合器传递的四轮驱动系统中，黏性离合器装在汽车的传动轴上，并把转矩 T_v 通过黏性离合器传到后轮，即：

$T_F = T_0 - T_v$

$T_R = T_v$

当采用液压多片离合器作为转矩分配器并装在汽车的传动轴上时，它能在前、后轮间控制适宜的转矩比，以保持平衡。经液压多片离合器传给后轮的转矩 T_C 除与离合器的摩擦面数、摩擦面的平均半径及摩擦系数有关外，还与压紧摩擦片的油压 P 成正比线性关系，而油压又由电控系统自动控制。电控系统是根据车轮转速及发动机节气门开度等汽车行驶信息调节输向油压调节阀的指令电流，后者用于控制油压调节阀、改变油压，从而改变液压多片离合器传给后轮的转矩及前、后轮的转矩分配。前、后轮的转矩分别为：

$T_F = T_0 - T_C$

$T_R = T_C$

在采用超越离合器的四轮驱动系统中，超越离合器加在通向前轮的传动系统中。当前轮的转速高于后轮的转速时，前轮自由旋转；否则前、后轮刚性连接。前、后轮做刚性连接的四轮驱动汽车，最适应在松软或雪地路面上的直行，但很不适应前、后轮需要有转速差的硬路面行驶，急转弯时还会发生急转弯制动。加轴间差速器后则能适应在干燥硬路面上的一切行驶工况，但在打滑路面上的牵引极限较其他系统为低，其特性取决于前、后轮转矩分配系数。

在 1980 年 3 月 3 日，第一辆 quattro 在瑞士的日内瓦车展上成为世人瞩目的焦点。这铸就了一个不朽神话的开始：凭借 quattro 全时四轮驱动技术，奥迪取得了无数赛车比赛的胜利，时至今日仍然不可超越。

quattro

毫无疑问，20世纪80年代，Michele Mouton、Stig Blomqvist、Hannu Mikkola以及Walter Rohrl等车手为汽车拉力赛历史书写了新的篇章，他们为奥迪quattro赢得了4项世界锦标赛冠军。不久之后，配备全时四轮驱动系统的quattro赛车在环形赛道比赛中赢得了同样的胜利，包括1988年美国TransAm系列赛的全胜。同时，奥迪A4 quattro Super Touring赛车赢得了它所参加的7个国家的房车锦标赛的所有冠军。

quattro全时四轮驱动技术为奥迪在赛车运动领域和民用汽车领域奠定了不可动摇的地位。quattro不但意味着全时四驱，同时还代表着非凡动力和快速安全的驾驶体验。quattro技术理念业已成为奥迪品牌成功的主要元素之一，具有重要的市场意义。例如，仅2004年，奥迪就生产了209469辆装配quattro系统的汽车。自1980年至今，共有超过2000000辆配备全时四轮驱动系统的汽车离开装配线行驶在道路上，这一产量超过了任何一家全轮驱动汽车制造商。

☞小结

汽车的转向系统按转向能源的不同分为机械转向系统和动力转向系统，机械转向系统由转向操纵机构、转向器和转向传动机构三大部分组成。与非独立悬架配用的转向器多采用循环球式转向器，与独立悬架配用的转向器多采用齿轮齿条转向器。

助力转向按助力能源分为液压式、气压式、电控动力转向三种形式；按动力缸、控制阀及转向器的相对位置分为整体式、半整体式、转向加力器三种形式。

电控四轮转向系统的基本结构、原理，四轮转向系统中传感器的结构及原理。

制动系统阐述了制动系统的作用，制动系统的组成有驻车制动、行车制动、应急制动、制动装置的基本结构和工作原理，为保证汽车安全行驶对制动系的要求。

鼓式制动器分为简单非平衡式、平衡式和自动增力式三种，分别介绍了这三种制动器的结构和工作原理，还介绍了盘式制动器的结构及特点。介绍了液压式制动传动装置的特点和组成，分别介绍了两桥制动器彼此独立方案的特点、一个制动器两个轮缸彼此独立的方案的特点、前后轮制动器对角彼此独立的方案的特点，还介绍了几种典型制动主缸的结构和原理。气压制动传动装置的基本组成：气源部分和控制部分。

重点介绍了两种双管路制动传动装置。在前后轮制动力分配的调节装置中，主要介绍了液压式限压阀、液压式感载比例阀、三功能复合阀的结构及原理，气压式感载比例阀的结构及原理。防抱死制动系统包括三部分：液压系统、信号器系统和控制系统，并介绍了防抱死制动系统的工作原理。

☞复习思考题

1. 汽车转向系统的作用是什么？
2. 齿轮齿条转向器的特点是什么？
3. 循环球式转向器的特点是什么？
4. 四轮转向系统的主要组成部件有哪些？
5. 何谓汽车制动？分析制动力是如何产生的。
6. 鼓式制动器有几种形式？各有什么特点？
7. 什么是理想的汽车前、后制动力分配比？
8. 防抱死制动系统有几种形式？